westermann

Werner Frisch, Klaus Hegemann, Udo Schaefer

D1618610

Basiswissen IT-Berufe

Grundstufe IT-Systeme

2. Auflage

Bestellnummer 13906

Zusatzmaterialien zur Grundstufe IT-Systeme

Für Lehrerinnen und Lehrer

inkl. E-Book

Lösungen zum Schulbuch Download: 978-3-427-13910-2

BiBox Einzellizenz für Lehrer/-innen (Dauerlizenz): 978-3-427-13914-0
BiBox Kollegiumslizenz für Lehrer/-innen (Dauerlizenz): 978-3-427-13918-8
BiBox Kollegiumslizenz für Lehrer/-innen (1 Schuljahr): 978-3-427-83353-6

Für Schülerinnen und Schüler

inkl. E-Book

BiBox Einzellizenz für Schüler/-innen (1 Schuljahr): 978-3-427-13922-5
BiBox Klassensatz PrintPlus (1 Schuljahr): 978-3-427-82165-6

© 2023 Westermann Berufliche Bildung GmbH, Ettore-Bugatti-Straße 6-14, 51149 Köln
www.westermann.de

Druck und Bindung: Westermann Druck GmbH, Georg-Westermann-Allee 66, 38104 Braunschweig

ISBN 978-3-427-**13906**-5

Vorwort

Zielgruppe
Das vorliegende Buch richtet sich primär an alle Auszubildenden der im Jahr 2020 neu strukturierten informations- und telekommunikationstechnischen Berufe (IT-Berufe).

Konzeption
Die Inhalte dieses Fachbuches decken maßgeblich die im neuen Rahmenlehrplan für den ersten Ausbildungsabschnitt aufgeführten und für alle IT-Berufe identischen *technischen Unterrichtsinhalte* sowie das Thema *IT-Serviceleistungen* ab (siehe Lernfelder 2, 3, 4 und 6). Diese Kenntnisse sind für das Einrichten eines PC-Arbeitsplatzes und somit für den gemeinsamen 1. Teil der Abschlussprüfung erforderlich.

Aufgrund seiner sachlogischen Struktur ist das Buch sowohl für den Einsatz im klassischen Präsenzunterricht als auch im Distanzunterricht geeignet. Darüber hinaus kann es auch zum individuellen Selbststudium verwendet werden. Die Struktur dieses Buches ermöglicht die kompakte und umfassende Darstellung eines sehr breit gefächerten Spektrums an Fachwissen, auf welches man bedarfsorientiert und zielgerichtet zur Bewältigung typischer Handlungssituationen zugreifen kann. Hierzu zählen insbesondere zu vermittelnde Fachkompetenzen in den Bereichen Einrichten, Konfigurieren und Testen eines IT-Arbeitsplatzes, IT-Sicherheit, Datenschutz, Qualitätssicherung sowie den jeweiligen fachlichen und rechtlichen Vorgaben.

Die inhaltlichen Schwerpunkte der oben genannten Lernfelder werden kapitelweise in lerndidaktisch sinnvoller Weise aufbereitet (siehe Lernfeldindikatoren „LF" im Inhaltsverzeichnis). Englische Fachbegriffe sind integriert. Ein ausführliches Sachwortverzeichnis ermöglicht den schnellen und direkten Zugriff auf gesuchte fachliche Inhalte.

Jedes Kapitel schließt mit Fragen zur (Selbst-)Überprüfung erworbener Fachkompetenzen ab. Darüber hinaus fördern zusätzliche fachübergreifende Fragestellungen und lernfeldbezogene Handlungsaufgaben mit eigenständig durchzuführenden Recherchen individuell die Sozial-, die Methoden- und die Lernkompetenz.

Das vorliegende Fachbuch ist sowohl allgemeine Informationsbasis als auch unterrichtsbegleitendes Nachschlagewerk bei der Lösung komplexer Aufgaben zur Förderung von individueller Handlungskompetenz.

Kapitel
Neben den grundlegenden Kapiteln 1 bis 3 über die Hardware, die Betriebssystemsoftware sowie die IT-Sicherheit eines Arbeitsplatz-PCs folgen in Kapitel 4 einführende Basisinformationen zur Client-Einbindung in bestehende Firmennetze und zu den dazu erforderlichen Protokollstrukturen.

Kapitel 5 beinhaltet eine Einführung in grundlegende Strukturen des IT-Service-Managements in Verbindung mit technischem Support auf der Basis zugrunde liegender Service Level Agreements.

Zum besseren Verständnis der technischen Funktionen von IT-Geräten kann bei Bedarf auf Kapitel 6 zurückgegriffen werden, welches grundlegende IT-bezogene Kenntnisse der Informationstechnik, der Digitaltechnik und der Elektrotechnik vermittelt.

Die Autoren

Inhaltsverzeichnis (mit Lernfeldindikatoren)

Die Bezeichnung **IT** wird üblicherweise abkürzend für den Begriff „Informationstechnik" verwendet, den Oberbegriff für die *technische Informations- und Datenverarbeitung*. Die Informationstechnik stellt eine Kombination dar aus der *Elektrotechnik* – insbesondere ihrem klassischen Bereich, der *Nachrichtentechnik* – und der *Informatik* (Lehre von der Darstellung, Verarbeitung und Übertragung von Informationen mittels technischer Systeme).

Für die Verarbeitung von Informationen und Daten sowie deren Übertragung sind entsprechende technische Infrastrukturen erforderlich. Hierzu gehören beispielsweise elektronische Verarbeitungssysteme (Computer, Sensoren, Aktoren) sowie technische Einrichtungen, mit deren Hilfe diese Systeme untereinander kommunizieren können (TP-Kabel, LWL, Funknetz). Erfolgt diese Kommunikation nicht nur standortbezogen, sondern über große räumliche Entfernungen hinweg, spricht man auch von **Telekommunikation**.

Sowohl die Daten*verarbeitung* als auch die Daten*übertragung* erfolgen heute – bis auf wenige Ausnahmen – ausschließlich *digital*. Die Digitaltechnik bildet somit die gemeinsame technische Grundlage heutiger Computer- und Kommunikationstechniken.

Der Begriff **IT** wird auch vielfach abkürzend für **Informations- und Telekommunikationstechnik** *(information technology and telecommunications)* verwendet.

Als **IT-Geräte** *(IT devices)* bezeichnet man – unabhängig von ihrem Komplexitätsgrad – im weitesten Sinne alle elektronischen Geräte, die für die Darstellung, Verarbeitung und Übertragung von Informationen und Daten geeignet sind.

Als **IT-System** *(IT system)* bezeichnet man den Zusammenschluss bzw. die Zusammengehörigkeit technischer Komponenten oder Geräte zum Zweck der elektronischen Datenverarbeitung.

(Hinweis: Im Bereich der Elektroenergieversorgung gibt es ebenfalls die Bezeichnung „IT-System". Hier bezeichnet die Abkürzung IT eine spezielle Verschaltung der Leitungen des Energieversorgungsnetzes.)

Ein einzelner Computer stellt ein vergleichsweise einfaches IT-System dar, welches aus einzelnen elektronischen Bauteilen und Komponenten besteht, die sich in einem gemeinsamen Gehäuse befinden. Ein komplexeres IT-System wäre ein Zusammenschluss verschiedener, räumlich verteilter Computer, die über entsprechende Verbindungsleitungen miteinander kommunizieren.

Computer sind heute die maßgeblichen IT-Geräte in der Datenverarbeitung und daher in allen Bereichen des beruflichen und privaten Lebens zu finden. Sie müssen die verschiedensten datentechnischen Aufgaben erledigen können. Prinzipiell führen sie stets die folgenden drei Funktionen aus:

- Entgegennahme einer strukturierten **Eingabe** von einem Benutzer bzw. einer Benutzerin (User) oder einem technischen Gerät (z. B. einem Sensor)

- **Verarbeitung** der Eingabedaten nach festgelegten Regeln

- **Ausgabe** der erzeugten Ergebnisse an einen Benutzer bzw. eine Benutzerin oder ein technisches Gerät (z. B. einem Aktor)

Trotz unterschiedlichster Einsatzbereiche und Anforderungen weisen sie grundsätzliche Gemeinsamkeiten bezüglich ihres Aufbaus und ihrer Funktionsweise auf:

- Ein Computer muss neben grundlegenden Eingabe- und Ausgabefunktionen die unterschiedlichsten Verknüpfungsoperationen (mathematische Berechnungen, logische Vergleiche) ausführen können. Hierzu ist eine komplex aufgebaute Verarbeitungseinheit erforderlich, der sog. **Prozessor** (**CPU**: *Central Processing Unit*; Kap. 1.3).

- Einen Computer muss man vor der Bearbeitung einer Aufgabe anweisen können, wie diese mit den grundlegenden Verknüpfungsoperationen zu erledigen ist. Da diese Aufgaben häufig sehr umfangreich sind, besteht ihre Formulierung meist aus vielen nacheinander auszuführenden Anweisungen, dem **Programm**.

- Ein Computer benötigt zur Steuerung und Überwachung der vorhandenen elektronischen Komponenten (**Hardware**) sowie der auszuführenden Programme (**Anwendungssoftware**; Kap. 2.2) bestimmte Basisprogramme (**Systemsoftware**; Kap. 2.1). Die Gesamtheit dieser Basisprogramme bezeichnet man als **Betriebssystem** (**OS**: *Operating System*; Kap. 2.3).

- Ein Computer muss das Betriebssystem dauerhaft und das abzuarbeitende Programm mindestens für die Dauer der Bearbeitung festhalten können. Er benötigt hierzu entsprechende **Speichereinheiten** (*storage devices*; Kap. 1.5).

Im einfachsten Fall besteht ein Computer demzufolge aus einer Eingabeeinheit, der Verarbeitungseinheit mit der CPU, die arithmetische und logische Operationen ausführen kann (Rechenwerk) und die Vorgänge in der DV-Anlage entsprechend dem vorgegebenen Programm steuert (Steuerwerk), sowie einer Speicher- und einer Ausgabeeinheit.

> Ein Computer arbeitet nach dem sog. **EVA-Prinzip** (**E**ingabe – **V**erarbeitung – **A**usgabe).

Bild 1.1 stellt diese grundlegende Struktur grafisch als Funktionsblöcke dar; eine solche Darstellung bezeichnet man als **Blockschaltbild** *(block diagram)*.

Mit einem Blockschaltbild lassen sich komplexe Zusammenhänge vereinfacht und modellhaft darstellen, ohne dass man die genaue Funktion der einzelnen Komponenten kennen muss.

Zwischen den dargestellten Funktionsblöcken werden im Betrieb ständig Daten ausgetauscht. Daher müssen diese Einheiten elektrisch so miteinander verbunden werden, dass die Daten von jeder angeschlossenen Baugruppe zu einer beliebigen anderen Einheit der Anlage übertragen werden können. Außerdem muss sichergestellt werden, dass alle Einheiten richtig angesteuert werden.

Um diese Anforderungen zu erfüllen, werden die *internen* Baugruppen eines Computers über elektrische Leitungen miteinander verbunden. *Externe* Komponenten (z. B. Drucker, Tastatur) werden anstatt mit elektrischen Leitungen vielfach auch drahtlos mittels Funktechnik angebunden (z. B. WLAN, Kap. 4.1.3; Bluetooth, Kap. 1.7.8).

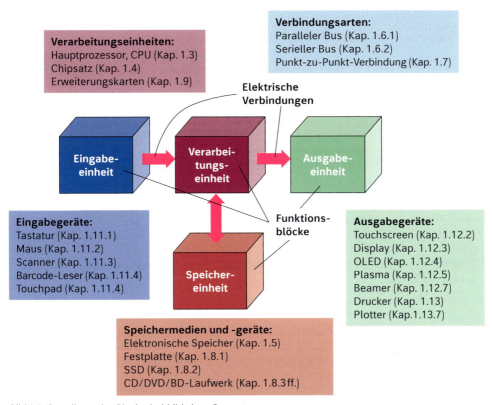

Verarbeitungseinheiten:
Hauptprozessor, CPU (Kap. 1.3)
Chipsatz (Kap. 1.4)
Erweiterungskarten (Kap. 1.9)

Verbindungsarten:
Paralleler Bus (Kap. 1.6.1)
Serieller Bus (Kap. 1.6.2)
Punkt-zu-Punkt-Verbindung (Kap. 1.7)

Elektrische Verbindungen

Eingabe-einheit

Verarbei-tungs-einheit

Ausgabe-einheit

Funktions-blöcke

Speicher-einheit

Eingabegeräte:
Tastatur (Kap. 1.11.1)
Maus (Kap. 1.11.2)
Scanner (Kap. 1.11.3)
Barcode-Leser (Kap. 1.11.4)
Touchpad (Kap. 1.11.4)

Ausgabegeräte:
Touchscreen (Kap. 1.12.2)
Display (Kap. 1.12.3)
OLED (Kap. 1.12.4)
Plasma (Kap. 1.12.5)
Beamer (Kap. 1.12.7)
Drucker (Kap. 1.13)
Plotter (Kap.1.13.7)

Speichermedien und -geräte:
Elektronische Speicher (Kap. 1.5)
Festplatte (Kap. 1.8.1)
SSD (Kap. 1.8.2)
CD/DVD/BD-Laufwerk (Kap. 1.8.3ff.)

Bild 1.1: Grundlegendes Blockschaltbild eines Computers

Dem jeweiligen Stand der Technik entsprechend wurden Computer im Laufe der Entwicklungsgeschichte unterschiedlich realisiert (z. B. mit Elektronenröhren, mit einzelnen Halbleiter-Bauelementen, mit vielen elektronischen Schaltkreisen auf einem Chip). Mit der einsetzenden Massenfertigung in den 1980er-Jahren wurden die Produktionskosten geringer, sodass die Anschaffung eines Computers nun auch für Privatpersonen erschwinglich wurde. Aus dieser Zeit stammt der Begriff „Personal Computer".

> Als **Personal Computer** (**PC:** *Personal Computer*) bezeichnete man ursprünglich ein Datenverarbeitungsgerät, welches für die Nutzung durch eine einzelne Person vorgesehen war, ohne dass die Ressourcen des Gerätes in Bezug auf die Datenverarbeitung mit anderen Nutzenden oder Rechnern geteilt werden mussten (Einzelplatzrechner).

Moderne Computer im privaten Umfeld oder am Arbeitsplatz arbeiten heute kaum noch als „Stand-alone-Geräte", sondern sind lokal, firmenintern oder weltweit vernetzt und greifen auf externe Ressourcen zu (z. B. Netzwerkspeicher, Cloud-Computing). Hierbei werden sie meistens von mehreren Personen bedient. Trotzdem hat sich auch für diese Rechner die Abkürzung „PC" etabliert und wird im allgemeinen Sprachgebrauch als generelle Bezeichnung für ein Datenverarbeitungsgerät verwendet. Zur genaueren Bezeichnung von Datenverarbeitungsgeräten werden aber auch andere Begriffe verwendet, die dann beispielsweise die jeweilige Leistungsfähigkeit wiederspiegeln, z. B. *Thin-Client, Zero-Client, Fat-Client, Stick-PC, Server, Supercomputer* oder *Terminal*. Alternativ orientiert man sich bei der Bezeichnung am Einsatzzweck, z. B. *Arbeitsplatzrechner, Gamer-PC* oder *Industrie-PC*.

Als **Arbeitsplatzrechner** oder **Arbeitsplatzcomputer** *(workplace computer)* wird ein PC bezeichnet, der am Arbeitsplatz eines Menschen steht und zur Bildschirmarbeit genutzt wird. Sein Hauptzweck ist, die Interaktion der Nutzer/-innen mit den jeweils beruflich erforderlichen Anwendungsprogrammen zu ermöglichen.

Ein Arbeitsplatzrechner sollte speziell für seinen jeweiligen Einsatz ausgelegt sein. Das betrifft sowohl die technischen Eigenschaften (Kap. 1) als auch die auf dem Rechner ausgeführten Programme (Kap. 2). Entsprechend den gesetzlichen Vorgaben sind zusätzlich ergonomische Eigenschaften zu erfüllen sowie ökologische Aspekte zu beachten (Kap. 1.14).

Statt der klassischen Desktop-Computer (Kap. 1.1.6) werden inzwischen immer häufiger Notebooks mit Dockingstationen (Kap. 1.1.2) eingesetzt. Das gilt insbesondere, wenn Mobilität eine Rolle spielt (z.B. beim Vor-Ort-Service oder in Homeoffice-Phasen). Im Außendienst Tätige verwenden in der Regel Notebooks oder Tablets (Kap. 1.1.4). Für die betriebliche Kommunikation werden diese vielfach zusätzlich – nicht zuletzt aus Sicherheitsaspekten – auch mit weiteren firmeneigenen IT-Geräten ausgestattet (z.B. Smartphone, Kap. 1.1.5).

Im industriellen Bereich werden Computer weniger zur Bildschirmarbeit als vielmehr zur Steuerung und Überwachung von Betriebsabläufen und Produktionsprozessen verwendet (Kap. 1.1.7). Hierbei werden informations- und softwaretechnische Elemente auch zur Steuerung von mechanischen Komponenten eingesetzt (**Aktoren**: Bauelemente, die elektrische Signale – z.B. die von einer Steuerungseinheit ausgegebenen Befehle – in mechanische Arbeit umsetzen).

In den folgenden Kapiteln werden die Bezeichnungen, die kennzeichnenden Leistungsmerkmale und die technischen Eigenschaften unterschiedlicher aktueller Computertypen sowie erforderlicher peripherer IT-Geräte dargestellt. Diese Informationen dienen als Entscheidungshilfen bei der Auswahl und der Bewertung entsprechender Komponenten für einen PC-Arbeitsplatz (siehe auch Anhang B).

1.1   PC-Geräteklassen

PCs mit bestimmten gleichartigen technischen Merkmalen oder Gehäuseformen ordnet man vielfach einer sog. **Geräteklasse** *(device class)* zu. Für diese Geräteklassen existieren – nicht zuletzt auch aus Marketinggründen – eigene Bezeichnungen.

1.1.1   Barebone

Unter einem **Barebone** versteht man einen PC in einem würfelförmigen Gehäuse in ansprechendem Design mit Abmessungen bis zu einer Größenordnung von ca. 20 cm × 20 cm × 35 cm (B × H × T).

Integriert und in der Regel nachträglich nicht austauschbar sind Netzteil (SFX-Spezifikation, Kap. 1.10), Mini-ITX-Board mit einem angepassten Kühlsystem für die CPU als Basiskomponente sowie eine entsprechende Spezialverkabelung. Üblicherweise sind alle gängigen externen Schnittstellenanschlüsse (Kap. 1.7) sowie die WLAN-Fähigkeit vorhanden. Je nach Einsatz und Kundenwunsch lässt sich ein Barebone – abhängig von der Bauform – begrenzt mit zusätzlichen Komponenten bestücken (z. B. Festplatte, SSD, DVD-/BD-Laufwerk, TV-Tuner, Card-Reader). Inzwischen gibt es Barebones für jede aktuelle **x86-CPU** (Kap. 1.3), in die sich auch marktgängige Speichermodule einbauen lassen. Nutzer/-innen können je nach Wunsch ein aktuelles **Windows**- oder **Linux**-Betriebssystem (Kap. 4.3 und 4.4) installieren. Gegenüber anderen PCs bieten einige Barebones die Möglichkeit, ein eingebautes DVD/BD-Laufwerk oder einen TV-Tuner direkt ohne langen **Bootvorgang** (Kap. 2.5) zu nutzen. Da aufgrund der kompakten Bauweise zusätzliche aktive Maßnahmen zur Wärmeabfuhr aus dem Inneren mittels Lüfter erforderlich sind, kann der Geräuschpegel bei einem Barebone unter Umständen höher liegen als bei größeren Gehäusetypen. Für die kontrollierte

a)

b)

Bild 1.2: Beispiele für Barebones: a) Würfelform, b) Flachbauweise

Bedienung eines Barebones sind jeweils zusätzliche externe Komponenten erforderlich. Hierzu gehören üblicherweise eine Tastatur, eine Maus und ein Bildschirm. Barebones in Flachbauweise (Bild 1.2 b) benötigen auch ein externes Netzteil. Zu den Herstellern zählen die Firmen Shuttle, MSI, Asus, Aopen, Supermicro, Zotac und Elitegroup. Die Firma Intel vertreibt spezielle, meist quadratische Barebones mit einer Kantenlänge von jeweils ca. 10 cm unter der Marketingbezeichnung **NUC** (Next Unit of Computing).

1.1.2 Notebook

Ein **Notebook** ist ein tragbarer PC mit Gehäuseabmessungen in der Größenordnung 35 cm × 28 cm × 3 cm (B × T × H). Im Gehäuse sind sämtliche für die Funktion erforderlichen elektronischen Komponenten, Laufwerke sowie die Tastatur und der Flachbildschirm untergebracht.

Der **TFT-Flachbildschirm** (Kap. 1.12.3) befindet sich im aufklappbaren Gerätedeckel. Die klassische Displaygröße mit einer Bildabmessung im Verhältnis 4:3 (Breite im Verhältnis zur Höhe) wurde bei Notebooks inzwischen von Breitbild-Displays mit einem Seitenverhältnis von 16:9 oder 16:10 verdrängt (Kap. 1.12.1). Die Pixelauflösung beträgt bis zu 3 840 × 2 160 Punkte (UHD: Ultra High Definition). Die Grafikfunktionen (**GPU**: Graphic Processing Unit; Kap. 1.9.1.1) sind auf dem Board implementiert.

Die Steuerung des Bildschirmcursors erfolgt über ein integriertes Touchpad (Mousepad; Kap. 1.11.4) oder durch Anschluss einer externen USB-Maus (Kap. 1.6.3). In der Regel verfügen Notebooks über verhältnismäßig leistungsstarke CPUs sowie ein integriertes optisches (Kombi-)Laufwerk (CD/DVD/BD, Kap. 1.8.3).

Eine mobile Energieversorgung ist für einige Stunden über den eingebauten Akku (Li-Ion, NiMH, Li-Polymer; Kap. 1.10.2) gewährleistet. Die Laufzeit beträgt je nach Modell bis zu zehn Stunden und hängt ab von der Belastung (z.B. Displayhelligkeit) und der Ladekapazität des Akkus. Bei längeren Betriebszeiten und zur Akkuladung muss das mitgelieferte separate Netzteil verwendet werden. Ein Notebook verfügt je nach Ausstattung und Leistungsfähigkeit über die Schnittstellen eines PCs in einem Towergehäuse (z.B. USB, HDMI, DisplayPort, Thunderbolt, eSATA, SD-Kartenslot; Kap. 1.7). Das Gewicht beträgt bis zu 3,5 kg.

Geräte mit kleineren Abmessungen und etwas geringerer Ausstattung werden auch als **Mini-Notebooks** oder **Sub-Notebooks** bezeichnet (Abmessungen ca. 28 cm × 20 cm × 3 cm; Gewicht ≤2 kg; weniger USB-Buchsen, ca. 10 Zoll bis 14 Zoll Bildschirmdiagonale, UXGA-Bildschirmauflösung; 1 Zoll = 2,542 cm). Diese Geräte haben aus Platzgründen meist kleinere und enger liegende Tasten, auch der Ziffernblock (Kap. 1.11.1) und ein optisches Laufwerk fehlen.

Die von Intel geprägte Bezeichnung **Ultrabook** bezieht sich auf ein extrem leichtes und kleines Notebook mit längerer Batterielaufzeit (> 10 Std.) und ähnlichen Eigenschaften wie ein Tablet (Kap. 1.1.4; z.B. schneller Systemstart, Dicke ≤21 mm; Gewicht ≤1,5 kg, 13-Zoll-Display, SSD-Speicher, kein DVD-/BD-Laufwerk).

a) b)

Bild 1.3: Beispiel für ein Notebook (a) und ein Sub-Notebook (b)

Synonym (d.h. bedeutungsgleich) für Notebook wird allgemein auch die im englischen Sprachraum verbreitete Bezeichnung **Laptop** verwendet. Zu den Herstellern gehören die Firmen Elitegroup, Asus, Dell, Compaq, Apple, HP, Fujitsu, Samsung, Sony und andere.

Um sämtliche Komponenten im Gehäuse unterzubringen und einen möglichst langen Akkubetrieb zu gewährleisten, müssen diese äußerst geringe Abmessungen aufweisen, eine minimale Energieaufnahme besitzen und wenig Abwärme erzeugen. Hierzu werden speziell entwickelte **mobile x86-Prozessoren** (ULV-CPU, Kap. 1.3) und **mobile Grafikchips** mit intelligentem Power-Management und Low-Voltage-Betriebsmodus sowie besondere Speicherbausteine eingesetzt (SO-DIMMs, Kap. 1.5.3.5).

Bei den Notebooks unterscheidet man standardmäßig die folgenden klassischen Betriebszustände:

Betriebszustand	Beschreibung
ON	Prozessor arbeitet, Display eingeschaltet, Speicher aktiv
IDLE	Prozessor nicht aktiv, Display ausgeschaltet, Speicher aktiv, d.h., Gerät ist bereit für Aktionen
STAND-BY	Prozessor nicht aktiv, Display und andere nicht benötigte Komponenten ausgeschaltet, Speicherinhalt wird lediglich durch Refresh gesichert, Speicher aber nicht aktiv (d.h. kein direktes Schreiben oder Lesen möglich)

Bild 1.4: Typische Betriebszustände bei Notebooks

Alle gängigen Betriebssysteme für Desktop-PCs lassen sich auch auf Notebooks installieren. In Abhängigkeit vom verwendeten Betriebssystem und den unterstützten ACPI-Spezifikationen (Kap. 1.2.3) können weitere Betriebszustände zur Energieeinsparung aktiviert werden. Notebooks verfügen außer einem Steckplatz für einen zweiten Speicherriegel im Allgemeinen nicht über interne Erweiterungssteckplätze (Slots). Funktionserweiterungen sind daher nur über einen ggf. vorhandenen externen **Karteneinschub** *(card slot)* mit der Bezeichnung **ExpressCard** möglich. Die ExpressCard gibt es in zwei Spezifikationen: ExpressCard/34 und ExpressCard/54. Beide Typen sind jeweils 5 mm dick und passen in den gleichen ExpressCard-Slot (26 einseitig angebrachte Kontakte; Bild 1.5).

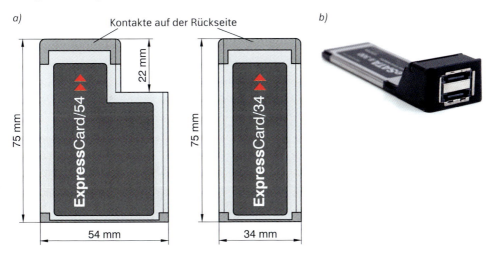

Bild 1.5: a) ExpressCard/54 und ExpressCard/34, b) Beispiel für eine ExpressCard: 2 x eSATA (Kap. 1.7.1)

Die Anbindung erfolgt intern über PCIe × 1 (Kap. 1.7.4). Die ExpressCard ist Hot-Plug-fähig, d.h., sie kann unter Spannung gesteckt und gezogen werden; für den Betrieb sind keine zusätzliche Software und kein Kartentreiber erforderlich.

Zu den Anwendungen, die mittels einer ExpressCard eingebunden werden können, gehören die drahtgebundene und drahtlose Kommunikation (Gigabit-Ethernet, WLAN, LTE, 5G; Kap. 4.1.2, Kap. 4.1.3 und „Fachstufe IT-Systeme" Kap. 5.8.2, Kap. 5.8.3), TV-Empfänger/Decoder, GPS-Empfänger, Ausweiskarten, Messkarten, Massenspeicher (Festplatte) oder Adapter für zusätzliche Schnittstellen (z.B. FireWire, USB, eSATA; Bild 1.5 b).

Da viele der genannten Funktionalitäten sich auch direkt per USB-Stick implementieren lassen, sofern sie nicht bereits on Board vorhanden sind, statten die Hersteller ihre Notebooks für den Consumerbereich aus Kostengründen nicht mehr durchgängig mit ExpressCard-Slots aus.

Notebooks können auch über einen Anschluss für eine Dockingstation verfügen.

Eine **Dockingstation** *(docking station)* ist eine Zusatzeinrichtung, die einem Notebook einen Stromanschluss, Erweiterungssteckplätze und Anschlussmöglichkeiten für Peripheriegeräte zur Verfügung stellt, wodurch das Notebook zu einem „Desktop-PC" wird.

1.1.3 Netbook

Als **Netbook** bezeichnet man eine Geräteklasse für preiswerte, kompakt aufgebaute und portable PCs für gängige Büro- und Multimediaaufgaben, insbesondere für den Internetzugang. Ein Netbook verfügt über wesentlich weniger Ausstattungsmerkmale und eine deutlich geringere Rechenleistung als ein Notebook. Die Abmessungen betragen ca. 25 cm × 18 cm × 2 cm (B × T × H).

Als CPU kommen bei den meisten Geräten ein **Intel-Atom-Prozessor** (Kap. 1.3.3) oder ein vergleichbarer Prozessor anderer Anbieter zum Einsatz (Kap. 1.4), bei dem die Grafikfunktionen bereits im CPU-Chip implementiert sind (**APU:** **A**ccelerated **P**rocessing **U**nit, Kap. 1.3.1).

Sämtliche Komponenten – also auch der Prozessor – sind bei Netbooks fest auf dem Mainboard (**Mini-IPX-Formfaktor**, Kap. 1.2) verlötet und lassen sich nicht austauschen. Das Gewicht liegt bei ca. 1 bis 1,7 kg. Je nach Modell beträgt die Akkulaufzeit (Li-Ion, NiMH, Li-Polymer) zwischen sieben und zwölf Stunden. Die Displaygröße variiert modellabhängig (und damit auch preisabhängig) zwischen 8,9 Zoll (1 024 × 600 Pixel) und 12,1 Zoll, die Auflösung beträgt meist bis zu 1 920 × 1 080 Pixel (Kap. 1.9.1).

Als Massenspeicher kommt heute ein elektronischer **SSD-Flash-Speicher** (Kap. 1.8.2) zum Einsatz. Bis auf wenige darüber hinausgehende Ausnahmen hat der **Arbeitsspeicher** 2 bis 4 GByte DDR4-RAM (Kap. 1.5.3). Ein integriertes optisches Laufwerk fehlt. (Hinweis: zu Unterschieden bei der Verwendung von Dezimal- und Binärpräfixen zur Angabe von Speichergrößen siehe Kap. 6.1.5.1.)

Bild 1.6: Beispiel für ein Netbook

Die Schnittstellenausstattung beschränkt sich in der Regel auf ein bis drei USB-Buchsen, je einen Audio-Ein- und -Ausgang, einen Kartenleser und einen Ausgang für ein externes Display (z. B. Micro-HDMI, Kap. 1.7.6.4). Ein WLAN-Modul ist bei allen Geräten integriert, immer mehr Netbooks verfügen auch über ein LTE- oder 5G-Modem. Meist werden Netbooks mit einem Windows-Betriebssystem (Basisversion, Kap. 4.3) angeboten, sie sind wahlweise aber auch mit Linux (Kap. 4.4) erhältlich.

Als Alternative besteht die Möglichkeit, ein Netbook mit dem von Google entwickelten Betriebssystem **Chrome OS** zu erwerben. Vom Ansatz her ist ein solches Netbook lediglich mit einem kleinen SSD-Speicher (z. B. 32 GByte) ausgestattet und speziell darauf abgestimmt, Anwendungsprogramme *nicht* lokal zu installieren, sondern diese als Cloud-Anwendung (siehe „Fachstufe IT-Systeme", Kap. 3.4.6) über das Internet zu nutzen und sämtliche Daten dort dezentral zu speichern. Da beim Systemstart kaum Software geladen werden muss, liegt die Bootzeit bei ca. 10 Sekunden. Google bezeichnet diese Netbooks werbewirksam als „**Chromebooks**".

1.1.4 Tablet

Ein **Tablet** (engl. „Schreibtafel") ist ein mobiler Computer („Tablet-PC") in einem sehr flachen Gehäuse (≤ 2 cm) ohne Maus und Tastatur. Die Bedienung erfolgt mit einem digitalen Stift (Stiftfunktion) oder direkt mit dem Finger (Touchfunktion) über das berührungsempfindliche Display, welches meist die gesamte Oberseite des Gehäuses ausfüllt.
Ein **konvertibles Tablet** besteht aus prinzipiell zwei zusammengehörenden Komponenten. Der Tablet-Teil sieht wie ein handelsübliches Tablet aus und kann auch so genutzt werden (Tablet-Modus). Durch Kombination mit dem zugehörigen Tastatur-Teil bietet das Gerät erweiterte Funktionalität und kann wie ein handelsübliches Notebook genutzt werden (Notebook-Modus). Alternativ findet man auch die Bezeichnungen **Hybrid-Tablet** oder **Two-in-One**.

Die technische Ausstattung und der Funktionsumfang aktueller konvertibler Tablets sind vergleichbar mit einem klassischen Notebook, d.h., sie arbeiten mit aktuellen Windows- oder Linux-Betriebssystemen und verfügen je nach Ausstattung über die handelsüblichen Schnittstellen (z.B. USB, HDMI, eSATA), eine leistungsstarke CPU (z.B. Core i7), eine SSD und einen bis zu 8 GByte großen Arbeitsspeicher. Die Displaygrößen reichen von 11 Zoll bis zu 13,3 Zoll. Abhängig vom jeweiligen Gerät ist der Tablet-Teil um 360° umklappbar (**Convertible Tablet**; Bild 1.7 a) oder abnehmbar (**Detachable Tablet**; Bild 1.7 b). Zur Bedienung im Tablet-Modus ist eine Unterstützung von Stift- bzw. Touchfunktion seitens des Betriebssystems erforderlich. Diese Funktionen werden bei aktuellen Windows-Versionen während der Installation ebenso automatisch auf einem Tablet installiert wie eine Handschrifterkennung und ein sog. **Mathepad** (Bildschirmbereich zur handschriftlichen Eingabe mathematischer Formeln mit anschließender Editierung). Einige Hersteller stellen zusätzlich Spezialsoftware zur optimalen Bedienung im Tablet-Modus zur Verfügung (z.B. automatische Displayrichtung, Helligkeitssteuerung, Stiftkalibrierung usw.).

a)   b)

Bild 1.7: Beispiele für konvertible Tablets: a) Tablet-Teil um 360° klappbar, b) Tablet-Teil abnehmbar

Hochwertige Tablets können zwischen Finger- und Stifteingabe unterscheiden: Sie schalten die Fingerbedienung automatisch ab, sobald sich der mitgelieferte Stift (Stylus; Kap. 1.11.4) in der Nähe des Displays befindet. Auf diese Weise werden Fehleingaben verhindert (z.B. durch aufliegende Handballen).

Mit der Markteinführung des **iPads** der Firma Apple wurde eine völlig neue Art von Tablet kreiert. Das iPad und die nachfolgenden vergleichbaren Geräte konkurrierender Anbieter unterscheiden sich in wesentlichen Punkten von anderen Tablet-Computern.

a)

b)

Bild 1.8: Beispiele für Tablets: a) iPads mit Darstellung im Hochformat, b) Tablet mit Darstellung im Querformat

Sie sind primär für fingerbedienbare Anwendungen ausgelegt und verwenden meist CPUs auf **ARM-Basis** (Kap. 1.3). Diese benötigen andersgeartete Betriebssysteme als die herkömmlichen Desktop- oder Tablet-PCs. Abhängig vom Tablet-Hersteller werden folgende ARM-kompatible Betriebssysteme eingesetzt (Bild 1.9):

Tablets im Stil eines iPads, auf denen ein klassisches Windows-Desktop-Betriebssystem läuft, haben nach wie vor nur einen geringen Marktanteil.

Tablets des iPad-Typs sind extrem dünn (≤ 1,5 cm) und speziell auf die mobile Kommunikation mit dem Internet ausgelegt. Je nach technischer Ausstattung erfolgt die Internetverbindung

Bezeichnung	Hersteller
Android	Google
iOS	Apple

Bild 1.9: Tablet-Betriebssysteme mit den höchsten Marktanteilen

- mittels eines eingebauten WLAN-Adapters, der den Zugang über einen in Reichweite befindlichen WLAN-Access-Point herstellt und/oder

- über ein eingebautes Mobilfunkmodem, mit dem sich das Gerät per LTE oder 5G in ein vorhandenes Mobilfunknetz (siehe „Fachstufe IT-Systeme", Kap. 5.8) einwählt. Dieses stellt dann die Verbindung zum Internet her. Das direkte Telefonieren wie mit einem klassischen Handy ist über dieses Modem meist nicht möglich, entsprechende Zusatzprogramme (z. B. Whatsapp, FaceTime, Skype) und eine eingebaute Frontkamera ermöglichen allerdings Videotelefonie.

Ein Tablet mit integriertem Mobilfunkmodem kann selbst als privater Hotspot dienen. Hierbei wird eine bestehende LTE- oder 5G-Verbindung über das Tablet per WLAN (Kap. 4.1.3) auch anderen Geräten zur Verfügung gestellt.

> Die Fähigkeit eines Gerätes, über eine Mobilfunkverbindung anderen Geräten per WLAN einen Internetzugang zur Verfügung zu stellen, wird als **Tethering** bezeichnet.

Voraussetzung ist allerdings ein entsprechender Mobilfunktarif, der diese Funktion auch unterstützt.

Weitere gängige Merkmale von Tablets sind:

- geringes Gewicht (z. B. iPad Pro 2022: ca. 640 Gramm bei einer Größe von ca. 28 cm × 22 cm × 0,59 cm)

- je nach Gehäuseabmessungen sensitive Displays von 8 Zoll bis 13 Zoll; die Auflösungen liegen je nach Displaygröße und Preis zwischen 800 × 480 Pixel und 2 880 × 1 920 Pixel (z. B. Surface Pro X; Displayformat: 3:2) bei Helligkeitswerten bis zu 500 cd/m² (Kap. 1.12.1).

- Multitouch-Bedienung durch Fingerberührung (kapazitive Touchtechnologie ermöglicht Gestensteuerung, ohne Druck auf das Display auszuüben; Kap. 1.12.2)

- ohne langen Bootvorgang sofort betriebsbereit und intuitiv bedienbar

- kein integriertes Festplattenlaufwerk, sondern lediglich ein interner SSD-Speicher (Kap. 1.8.2), der nachträglich nicht erweiterbar ist

- keine oder nur eine geringe Anzahl von externen Schnittstellen, auch ein Slot für externe Speicherkarten ist nicht immer vorhanden

- durch sog. **Apps** (Abkürzung für **App**lications, d. h. kleine Anwendungsprogramme) in ihrem Funktionsumfang multimedial erweiterbar

- mobile Energieversorgung durch eingebauten Akku (Li-Ion, NiMH, Li-Polymer; Kap. 1.10.2); Akku-Aufladung meist über einen USB-Anschluss, anschließbar an die USB-Buchse eines Desktop-PCs oder an ein entsprechendes externes Netzteil

Bei Geräten der Firma Apple kommen Hardware, Betriebssystem und Entwicklervorgaben aus einer Hand und sind somit optimal aufeinander abgestimmt. Der Bezug von Software (Programme, Musik, Filme, E-Books) ist prinzipiell nur über den Apple-eigenen Verkaufsshop möglich (Ausnahme: Verwendung entsprechender Tools von Drittanbietern oder **Jailbreak**, d. h. nicht-autorisiertes Entfernen von Nutzungsbeschränkungen).

Für die Nutzung der Angebote des Apple-Stores und den Bezug regelmäßiger Updates ist eine einmalige Registrierung erforderlich. Man erhält eine eindeutige **Apple-ID**, über die sich unterschiedliche Apple-Geräte synchronisieren lassen.

Auch andere Hersteller von (mobilen) Betriebssystemen verwenden dieses Geschäftsmodell und erlauben zunächst nur die Installation von Software aus dem eigenen Verkaufsshop (z. B. Google, Microsoft), jedoch nicht so restriktiv wie Apple (d. h., nach einer Änderung der Systemeinstellungen sind – auch ohne Verwendung von Drittanbieter-Tools – Apps aus alternativen Quellen installierbar).

1.1.5 Smartphone

Als **Smartphone** bezeichnet man einen Kleinst-Computer im Taschenformat (früher: „Pocket-PC"; Abmessungen ca. 7 cm × 15 cm × 0,8 cm), bei dem die Funktionen eines Mobiltelefons (Handy) und eines elektronischen Organizers (**PDA**: **P**ersonal **D**igital **A**ssistant) verknüpft werden. Es verfügt über ein Betriebssystem, welches den Nutzenden die Installation einer Vielzahl individueller Anwendungen (Apps) ermöglicht, die ursprünglich einem Desktop-PC vorbehalten waren.

Aktuell gibt es bei den Smartphones mehrere unterschiedliche Betriebssysteme, wobei Android den weitaus größten Marktanteil hat:

Bezeichnung	Hersteller
Android	Open Handset Alliance, Google
Apple iOS	Apple
Tizen	Intel, Samsung, Linux Foundation

Bild 1.10: Smartphone-Betriebssysteme

Bild 1.11: Beispiel für ein Smartphone

Die Bedienung erfolgt über das sensitive TFT- bzw. AMOLED-Display (Kap. 1.12.3 ff.). Hierbei hat sich durchgängig die Gestensteuerung per Finger gegenüber der Stifteingabe durchgesetzt. Die Texteingabe erfolgt über eine eingeblendete Bildschirmtastatur (Softkeyboard), nur vereinzelt sind Geräte zusätzlich noch mit einer Tastatur ausgestattet. Als CPU werden speziell konfigurierte, energiesparende ARM-Prozessoren mit geringen Abmessungen verwendet, die Taktfrequenzen liegen zum Teil oberhalb von 2 GHz. Gängige Praxis ist inzwischen der Einsatz von Mehrkern-Prozessoren (z. B. Quadcore, Octacore; Kap. 1.3.1).

Abhängig vom Preis werden je nach Modell folgende mögliche Ausstattungsmerkmale zur Verfügung gestellt:

Ausstattung	Merkmale/Apps (Beispiele)
Kommunikation	VoIP-Telefonie Videofonie Chat SMS, MMS E-Mail Internet
Medienwiedergabe	Audioplayer Videoplayer Foto- und Videokamera Bildbetrachter E-Book-Reader PDF-Reader Radio-Empfänger TV-Streaming Sprachaufnahme/Diktiergerät
Datenspeicher	Interner Flash-Speicher Slot für zusätzliche Speicherkarte
Spielekonsole	Diverse Spiele
Navigation	**GPS**-Empfänger (**G**lobal **P**osition **S**ystem; allgemeine Bezeichnung für satellitengestützte Standortbestimmung); Genauigkeitssteigerung durch gleichzeitige Nutzung mehrerer verschiedener Satellitensysteme (z. B. neben dem US-amerikanischen System auch das deutsche **GALILEO**-, das russische **GLONASS**- oder das chinesische **BEIDOU**-System) **A-GPS** (Assisted-GPS = Standortbestimmung durch zusätzliche Auswertung des vom Smartphone gesendeten Funksignals) Landkarten Standortbezogene Dienste („Local Awareness"; **POI**: Points of Interest)

Ausstattung	Merkmale/Apps (Beispiele)
Organizer-Funktionen (PIM: Personal Information Manager)	Office-Anwendungen (Textverarbeitung, Tabellenkalkulation, Grafikerstellung usw.) Adressbuch Terminkalender Notizen, Aufgabenliste, Geburtstagsliste
Daten-verbindungen	USB Bluetooth Tethering WLAN (Wireless Local Area Network) GSM (Global System for Mobile Communication) GPRS (General Packet Radio Service) EDGE (Enhanced Data-Service for GSM-Evolution) LTE (Long Term Evolution) 5G NFC (Near Field Communication: drahtlose Kommunikation über wenige Zentimeter, siehe unten) Fernsteuerungsfunktion (mittels Funktechniken oder per Infrarot; z. B. lokal bei Fernsehgeräten als Alternative zur beigefügten Fernbedienung oder extern via Internet zur Steuerung von Heizung und Rollladen im sog. „Smart Home")
Sensoren	Bewegungssensor Lagesensor Magnetfeldsensor Lichtsensor Näherungssensor LIDAR-Sensor (Light Detection and Ranging); mit Radar vergleichbare, laser-optische Abstands- und Raumvermessung

Bild 1.12: Funktionen und technische Ausstattung von Smartphones (Beispiele)

Exkurs

*NFC basiert auf der **RFID**-Technologie (**R**adio **F**requency **Id**entification). Hierbei handelt es sich um eine Technik zur berührungslosen automatischen Identifikation von Gegenständen und Objekten durch Funksignale über eine Strecke von wenigen Zentimetern. Sie ist in der ISO 15693 spezifiziert.*

Zu den RFID-Anwendungsbereichen gehören – neben dem Datenaustausch zwischen zwei Smartphones – der Einsatz in

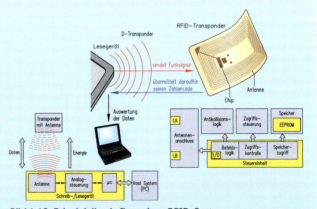

Bild 1.13: Prinzipieller Aufbau eines RFID-Systems

der gesamten Distributionslogistik, die Handhabung und Verfolgung von Gepäck und Paketen, der Einsatz papierloser Eintrittskarten oder Flugscheine, Scheckkarten zum berührungslosen Bezahlen sowie die Personenidentifikation bzw. die Zugangskontrolle.

*Ein **RFID-System** setzt sich prinzipiell aus einer ortsfesten oder tragbaren Leseeinheit mit Antenne und Decoder sowie einem am zu identifizierenden Objekt anzubringenden Funktransponder mit Antenne und Mikrochip zur Datenspeicherung zusammen. Die Datenspeicherung erfolgt in einem integrierten Flash-Speicher (Kap. 1.5.1.1). Über das Lesegerät kann der Mikrochip nicht nur gelesen, sondern auch neu programmiert werden.*

*Aktive Transponder besitzen eine Batterie oder ein Netzteil. Passive Transponder beziehen die Energie, die zum Auslesen oder Neuprogrammieren erforderlich ist, mittels induktiver Kopplung (d. h. über ein magnetisches Feld, Kap. 6.3.6.1) über die Funkschnittstelle zum jeweiligen Lesegerät. Die Größe eines vollständigen **RFID-Labels** (Mikrochip, Transponder, Antenne; auch als **RFID-Tag** oder **Smart-Label** bezeichnet) beträgt nur wenige Millimeter und kann beispielsweise nahezu unsichtbar unter einem dünnen Etikett angebracht werden. Die übertragenen Informationen lassen sich auf direktem Wege datentechnisch auswerten. Zur Übertragung der Informationen werden je nach Anwendung die Frequenzbereiche 125 kHz, 13,56 MHz, 860–930 MHz und 2,45 GHz genutzt. Alle Schreib-/Lesevorgänge erfolgen im Millisekundenbereich, sodass auch Objekte, die sich schnell bewegen, erfasst und ausgewertet werden können.*

Alle im Smartphone gespeicherten Informationen lassen sich mit einer Desktop-Anwendung synchronisieren. Je nach Gerät bzw. Betriebssystem erfolgt der Datenabgleich direkt mit dem Arbeitsplatz-PC oder über das Internet. Teilweise ist die Synchronisation bzw. die Datenspeicherung auch nur im Internet möglich („Cloud-Computing", siehe „Fachstufe IT-Systeme", Kap. 3.4.6). Hierdurch bildet das Smartphone die Basis für eine individuelle, multifunktionale und mobile Büro- und Datenkommunikation mit nur einem Gerät. Eine eindeutige Abgrenzung zwischen den Produktgruppen „Handy" und „Smartphone" ist dabei nicht immer möglich.

Mit einem Smartphone, das sich per WLAN über einen Hotspot ins Internet einwählen kann, sind auch (meist günstigere oder kostenlose) VoIP-Telefonate möglich.

Die meisten Smartphones sind (derzeit noch) mit einer Micro-USB-Buchse oder (ab Mitte 2024 verpflichtend gemäß EU-Verordnung) mit einer USB-Typ-C-Buchse (Kap. 1.6.3.1) ausgestattet, über die ein handelsübliches Ladegerät angeschlossen werden kann, sofern dieses der Norm EN 62684 entspricht. Diese Norm legt einige Sicherheitsvorschriften fest (z. B. Überspannungs- und Überstromabschaltung, maximale Störemissionen). Eine Aufladung ist auch per USB bei Anschluss an einen PC möglich. Vielfach werden auch Smartphones angeboten, die eine kontaktlose Aufladung ermöglichen. Hierzu muss das Gerät lediglich auf eine Ladeschale gelegt werden. Die Energieübertragung erfolgt automatisch mittels induktiver Kopplung (d. h. über ein magnetisches Feld, Kap. 6.3.6).

Bei vielen Smartphones ist der Akku fest eingebaut und kann nicht gewechselt werden. Wird der Akku unbrauchbar (Ladezyklen, Kap. 6.3.4.3), kann das Gerät auch bei noch intakter sonstiger Technik meist nicht weiter verwendet werden (Recycling und Umweltschutz, Kap. 1.14.2).

Für Smartphones mit einem vergleichsweise großen Touchscreen (> 5 Zoll) wurde zwischenzeitlich die Bezeichnung **Phablet** kreiert, eine Wortkombination aus *Phone* und *Tablet*. Diese lassen sich vielfach sowohl mit den Fingern als auch mit einem speziellen Eingabestift bedienen (Kap. 1.11.4). Auch Smartphones mit einem faltbaren Display sind inzwischen auf dem Markt erhältlich.

Jedes Smartphone hat intern eine (eindeutige), international gültige *Gerätekennung* gespeichert, die als IMEI-Nummer bezeichnet wird (**IMEI**: **I**nternational **M**obile **E**quipment **I**dentity). Diese wird angezeigt, indem man die Tastenkombination *#06# eingibt. Wird ein Gerät gestohlen und dann unrechtmäßig genutzt, lässt es sich anhand dieser Nummer, die bei jeder Nutzung übertragen wird, wiedererkennen bzw. sperren (sofern die IMEI nicht mit entsprechender Software manipuliert wurde!). Die Identifizierung einer *teilnehmenden Person*, die mit einem Smartphone in einem Mobilfunknetz kommuniziert, erfolgt anhand der eingelegten **SIM-Karte** (Subscriber Identity Module). Auf dieser ist die international gültige, benutzerspezifische Teilnehmerkennung **IMSI** (International Mobile Subscriber Identity) gespeichert, die beispielsweise für die Gebührenab-

Mini-SIM-Karte
2FF (Second Form Factor)
25 mm × 15 mm

Micro-SIM-Karte
3FF (Third Form Factor)
15 mm × 12 mm

Nano-SIM-Karte
4FF (Fourth Form Factor)
12,3 mm × 8,8 mm

Bild 1.14: SIM-Kartenformate

rechnung benötigt wird. Bei einem Austausch der SIM-Karte in einem Gerät ändert sich somit zwangsläufig die Teilnehmerrufnummer. Für den Netzbetreiber ist dies gleichbedeutend damit, dass eine andere Person telefoniert. Für den Businessbereich interessant sind Smartphones, die sich gleichzeitig mit zwei verschiedenen SIM-Karten betreiben lassen. Hiermit lassen sich beispielsweise die geschäftliche und die private Kommunikation eindeutig voneinander trennen.

SIM-Karten gibt es in unterschiedlichen Größen, um diese möglichst platzsparend in mobile Geräte einbauen zu können (Bild 1.14). Anschlusstechnisch sind diese Formate untereinander kompatibel, sodass durch entsprechendes Zuschneiden bzw. Adaptereinsatz eine Größenanpassung an den vorhandenen Kartenslot möglich ist. SIM-Karten verfügen auch über einen Speicherbereich (meist bis zu 64 KiB, Kap. 6.1.5.1), in dem sich eine begrenzte Anzahl von Kontaktdaten und gesendeten/empfangenen SMS-Nachrichten dauerhaft speichern lässt.

Im Gegensatz zu den genannten SIM-Karten kann man eine **eSIM** (embedded SIM) nicht auswechseln, da sie elektronisch integriert und somit einem entsprechenden Smartphone oder anderen Gerät dauerhaft zugeordnet ist (Einsparung des Kartenslots, bei Anbieterwechsel keine neue Karte, sondern nur Umprogrammierung erforderlich). Eine eSIM wird beispielsweise verwendet beim eCall-System in Kraftfahrzeugen, welches bei einem Unfall automatisch über das Mobilfunknetz Standortinformationen an eine Zentrale absetzen sowie eine Sprechverbindung zu einem Notruf aufbauen kann, oder bei Smartwatches (z.B. für Kinder) zum Abruf des Aufenthaltorts oder Senden eines Notrufs.

1.1.6   Desktop-PC

Ein **Desktop-PC** besteht im Wesentlichen aus einer Hauptplatine, deren Größe genormt ist und auf der die wichtigsten Verarbeitungseinheiten und Anschlüsse des Computers platziert sind. Vom Grundkonzept her lässt sich ein Desktop-PC individuell mit zusätzlichen Komponenten und einbaubaren Peripheriegeräten (z.B. Speicherriegel, Grafikkarte, Festplatte, DVD-/BD-Laufwerk) modular aufbauen.

Abgesehen von den Geräten zur Eingabe und zur Ausgabe (z. B. Tastatur, Maus, Display) befinden sich sämtliche Komponenten in einem genormten Metallgehäuse, dessen Größe die Anzahl der einbaubaren Geräte bestimmt (z. B. Anzahl der Einschübe, Bild 1.15).

Bild 1.15: Beispiele für Desktop- und Towergehäuse

Hierbei handelt es sich um sog. **Desktop-Gehäuse**, die meist auf dem Arbeitstisch stehen, oder um **Tower-Gehäuse**, die meist neben dem Arbeitstisch platziert werden. Die Gehäuse müssen aus Schutzgründen geerdet sein („Fachstufe IT-Systeme"; Kap. 7).

> In Abhängigkeit von ihrer Größe unterscheidet man bei den Tower-Gehäusen **Mini-**, **Midi-** und **Big-Tower**.

Im Konsumerbereich und bei Arbeitsplatzrechnern werden bei dieser Geräteklasse meist **x86-Prozessoren** eingesetzt (Hersteller z. B. Intel, AMD), weniger verbreitet sind die PowerPC-Prozessoren von IBM.

Um den Aufbau und die Arbeitsweise eines Desktop-PCs zu verstehen, reicht eine prinzipielle Darstellung wie in Bild 1.1 in der Regel nicht aus. Um zudem die Eignung als Arbeitsplatzrechner einzuschätzen, ist eine genauere Betrachtung der einzelnen Bauteile, Komponenten und Baugruppen erforderlich. Hierzu zählen insbesondere:

- die Eigenschaften des jeweils verwendeten Hauptprozessors (CPU)
- die Hilfsprozessoren, die den Hauptprozessor bei seiner Arbeit unterstützen (Controller, Chipsatz)
- die verwendeten Bussysteme und Punkt-zu-Punkt-Verbindungen, die sich u. a. in der Anschlusstechnik und der Daten-Übertragungsgeschwindigkeit unterscheiden (z. B. PEG, DMI, PCIe, SATA, Memory Bus)
- die zur schnelleren Verarbeitung eingesetzten Zwischenspeicher (z. B. Cache)
- die verschiedenen Ein- und Ausgabegeräte (z. B. Tastatur, Maus, TFT-Display, sensitiver Touchscreen, Drucker)
- die eingesetzten Medien zur dauerhaften Datenspeicherung (z. B. Festplatte, SSD, DVD, BD, USB-Stick)
- die Erweiterungen durch Zusatzkomponenten, die auf entsprechende Steckplätze (Slots) gesetzt werden, um den PC mit zusätzlichen oder verbesserten Eigenschaften auszustatten (z. B. High-End-Grafikkarte)

- die für den reibungslosen Ablauf erforderlichen weiteren Baugruppen (z.B. Takterzeugung)
- die Funktionsweise der angeschlossenen Peripheriegeräte (Display, Drucker, Maus, Tastatur usw.)

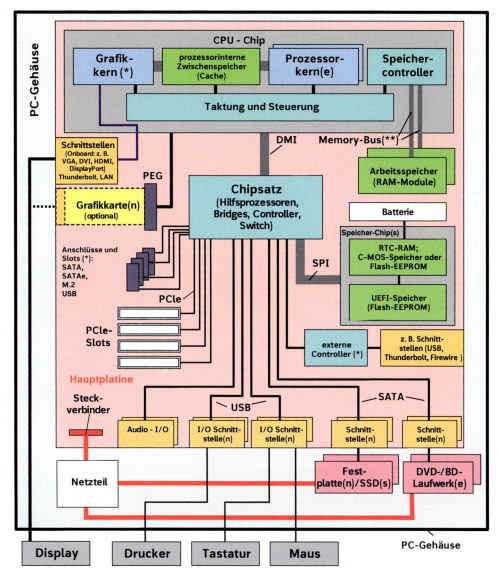

(*): optional, herstellerabhängig sind Abweichungen möglich
(**): bis zu 4 Speicherkanäle

Bild 1.16: Erweitertes Blockschaltbild eines Desktop-PCs

Berücksichtigt man diese Komponenten, so ergibt sich ein komplexeres Blockschaltbild eines PCs (Bild 1.16). Da man in der Lage ist, mehrere Millionen elektronischer Bauelemente (z.B. Transistoren als elektronische Schalter) in einen einzigen Halbleiterchip zu integrieren, werden heutzutage in der Regel mehrere der dargestellten Funktionsblöcke – insbesondere die Controller – auf einem einzigen IC (Integrated Circuit; integrierter Schaltkreis) untergebracht. Der Hauptanteil der integrierten Schaltungen wird auf der Hauptplatine (Trägerplatte) platziert.

Die Blockschaltbilder von anderen Geräteklassen (Barebone, Notebook, Nettop, Tablet) sehen prinzipiell ähnlich wie in Bild 1.16 aus, weisen jedoch keine modulare Struktur auf und verfügen daher über weniger Erweiterungsmöglichkeiten. Auch die Anzahl der Schnittstellen ist geringer.

Die einzelnen in Bild 1.16 dargestellten Funktionsblöcke werden in den folgenden Kapiteln ausführlich behandelt.

1.1.7 Industrie-PC

Ein **Industrie-PC** (kurz: **IPC**) ist ein Computer, der speziell für Aufgaben im industriellen Bereich eingesetzt wird. Hierbei steht die *Verarbeitung von Prozessdaten in Echtzeit* im Vordergrund.

Im Unterschied zu einem Arbeitsplatzrechner, der üblicherweise in einer Büroumgebung platziert wird, befindet sich ein Industrie-PC meist in einer etwas raueren Umgebung (Produktionshallen, Werkshallen, Feuchträume, Außenbereich usw.) und ist damit wesentlich mehr störenden Umwelteinflüssen ausgesetzt. Aus diesem Grund unterscheiden sich die Anforderungen an einen IPC deutlich von denen eines Arbeitsplatzrechners.

Bild 1.17: Beispiel für einen Industrie-PC

Zu diesen Anforderungen zählen insbesondere:

- **Temperaturresistenz** *(temperature resistance)*
  Abhängig vom Einsatzort können im industriellen Umfeld Umgebungstemperaturen zwischen –40 °C und +85 °C herrschen. Innerhalb dieses Temperaturbereiches müssen die Funktion und die Zuverlässigkeit gewährleistet sein.

- **Schockresistenz** *(shock resistance)*
  Vibrationen und Schocks – hervorgerufen durch Maschinen bei Produktionsprozessen – verursachen vielfach Probleme bei Elektronik und mechanischen Kontakten. Daher werden die CPUs vielfach nicht gesockelt, sondern fest verlötet. Zusätzlich werden Vibrationsdämpfer eingesetzt.

- **Wasserdichtheit** *(watertightness)*
  Bei vielen Produktionsstätten ist mindestens ein Spritzwasserschutz (IP65), im Außenbereich ein kompletter Wasserschutz (IP67) erforderlich.
  (Hinweis: **IP**: International Protection; Angabe der jeweiligen Schutzart mit zwei anhängenden Kennziffern; 1. Ziffer: „Schutz gegen Fremdkörper und Berührung", 2. Ziffer: „Schutz gegen Wasser"; der Zahlenwert ist ein Maß für die jeweilige Schutzgüte.)

- **EMV-Schutz** *(EMV protection)*
  In einer Umgebung mit starken elektromagnetischen Störungen (EMV; Kap. 6.3.6) muss das System durch zusätzliche Maßnahmen abgeschirmt werden. Hierzu zählen spezielle elektromagnetisch abgedichtete Gehäuse und Steckverbinder, die mit zusätzlichen Entstörfiltern in den Zuleitungen versehen sind.

- **Ausfallsicherheit** *(fail-safety)*
  Im industriellen Einsatz müssen PCs vielfach über viele Monate unterbrechungsfrei arbeiten. Aus diesem Grunde werden IPCs mit hochwertigen und robusten Komponenten ausgestattet, die speziell auf diese Anforderungen zugeschnitten sind. Darüber hinaus muss der IPC möglichst **wartungsarm** funktionieren, um Ausfallzeiten und somit auch Kosten zu minimieren. Hierzu gehört beispielsweise auch ein *lüfterloses* Design, sodass keine Staubablagerungen angesaugt werden können und eine regelmäßige Reinigung des Gehäuseinneren oder vorhandener Filter überflüssig ist.

- **Langzeitverfügbarkeit** *(long-term availability)*
  Um Computer über einen langen Zeitraum in derselben Ausführung einsetzen zu können, muss die Langzeitverfügung verwendeter Komponenten für erforderliche Reparaturen seitens des Herstellers über mehrere Jahre gewährleistet sein.

Da die Anforderungen an die Prozessorleistung und die Speichergeschwindigkeit bei der industriellen Prozessdatenverarbeitung meist nicht sehr hoch sind, reichen in IPCs vielfach CPUs und Speichermodule mit geringer Performance aus. Neben Prozessoren der Atom-Serie kommen daher auch vielfach ARM-Prozessoren zum Einsatz. Auch Einplatinen-Rechner (**SBC**: **S**ingle **B**oard **C**omputer) wie etwa **Raspberry Pi** werden verwendet.

Man unterscheidet verschiedene Arten von IPCs:

IPC-Art	Merkmale	Einsatzbereich (Beispiele)
Panel PC (auch **Touch Panel PC**)	– Industrie-PC, bei dem PC und Display in einem Gehäuse vereint sind, daher geringer Verkabelungs- und Montageaufwand – Unterscheidung nach Leistungsfähigkeit, Bildschirmgröße, Montageart oder Bauform – Displayausführung als resistiver oder kapazitiver Touchscreen (Kap. 1.12.2), somit teilweise auch mit Handschuhen bedienbar – Vergleichbar mit All-in-One-PC (Kap. 1.1.8)	Fertigungs- und Prozessautomatisierung, Anzeige- und Bediengerät
Embedded PC	– Modular aufgebauter, kompakter Industrie-PC, der in ein größeres technisches System eingebunden ist – Verfügt meist nicht über Eingabegeräte oder ein angeschlossenes Display, die Benutzerkommunikation erfolgt über Datenschnittstellen – Vielfach als Barebone ausgeführt (Kap. 1.1.1)	Klassische Überwachungs-, Steuerungs- und Regelungsfunktionen in einem **CPS** (**C**yber-**P**hysical **S**ystem; „Fachstufe IT-Systeme"; Kap. 5)
Box PC	– Sehr kleiner, robuster und leistungsstarker Industrie-PC für den Einbau in einen Schaltschrank oder für Hutschienenmontage – Keine klare Abgrenzung zum Embedded PC – Box-PC-Serien sind auch als Stand-alone-Gerät in den unterschiedlichsten Ausführungen und Größen erhältlich.	Messen, Steuern, Regeln und Prüfen von industriellen Prozess- und Maschinendaten in kleineren Anlagen, IoT-Applikationen

IPC-Art	Merkmale	Einsatzbereich (Beispiele)
Mobile IPC	– Im Prinzip besonders robuste, gegenüber Umwelteinflüssen und elektromagnetischen Störungen geschützte portable Geräte (Tablets, Laptops, PDAs, Barcode-Leser, Scanner usw.) – Insgesamt weitgehend ausfallsicher ausgelegt	Mobile Datenerfassung in der Logistik und im Service
19-Zoll-PC	– IPC für den Einbau in ein **19-Zoll-Rack** (industriell genormter Baugruppenträger für technische Geräte)	Alle industriellen Steuer-, Regel-, Überwachungs- und Prüfprozesse

Bild 1.18: Arten von Industrie-PCs

1.1.8 Sonstige Geräteklassen

Weitere mögliche Geräteklassen sind im Folgenden zusammengefasst. Hierbei handelt es sich teilweise nur um spezielle Unterfamilien bereits genannter Klassen oder um Marketingbezeichnungen einzelner Herstellerfirmen. Einplatinen-Computer, die in wesentlich kleineren Gehäusen betrieben werden als gewöhnliche PCs, werden allgemein auch als **Small Form Factor** PCs (SFF) bezeichnet (Beispiel: Raspberry Pi).

Nettop

Die Bezeichnung **Nettop** resultiert aus den Begriffen **Net**work und Desk**top** und wurde als Marketingbezeichnung von Intel kreiert. Es handelt sich um kleine und preiswerte Desktop-PCs mit eingeschränkter Funktionalität und geringerem Schnittstellenangebot.

Nettops sind WLAN-fähig und verfügen über eine Netzwerkschnittstelle (Gigabit-Ethernet). Der verwendete Atom-Prozessor kann ohne Lüfter betrieben werden, arbeitet daher geräuschlos und ist meist direkt auf dem Mini-ITX-Mainboard aufgelötet. Als Massenspeicher kommen SSDs (Kap. 1.8.2) zum Einsatz. Die Leistungsaufnahme ist sehr gering (unter 25 W), eine Erweiterung mit zusätzlichen Komponenten ist meist nicht möglich.

All-in-One-PC

Unter einem **All-in-One-PC** (**AiO**-PC) versteht man einen Computer, bei dem die gesamte Rechnertechnik mit in das Displaygehäuse eingebaut wird.

AiO-PCs können als platzsparende Desktop-Computer angesehen werden. Die Leistungs- und Ausstattungsmerkmale sind vergleichbar mit denen eines Desktops. Tastatur und Maus sind meist kabellos verbunden, lediglich das Netzkabel ist am Monitor angeschlossen. Populärer Vorreiter ist der iMac der Firma Apple.

Ultra-Mobile-PC

Unter einem **Ultra-Mobile-PC** (**UMPC**) versteht man einen kleinen portablen Computer, der per WLAN überall kommunizieren kann, eine geringe Leistungsaufnahme hat und mit verschiedenen Büroanwendungen sowie GPS ausgestattet ist.

UMPCs gehören prinzipiell zu den Tablet-PCs und wurden konzeptionell von Intel und Microsoft entwickelt. Sie werden über den 7 bis 10 Zoll großen Touchscreen bedient und arbeiten mit Windows-Betriebssystemen. Neben Büroanwendungen (Office-Paket) kann das Gerät auch zur multimedialen Unterhaltung verwendet werden (Spiele, Video). Darüber hinaus ermöglicht der **GPS**-Empfänger eine mobile Navigation.

E-Book-Reader

> Ein **E-Book-Reader** ist eine Geräteklasse mit Abmessungen von ca. 13 cm × 19 cm × 1,5 cm, die sehr leicht ist und speziell für die Darstellung elektronischer Publikationen konzipiert wurde.

Abhängig von den Gehäuseabmessungen liegen die Displaygrößen bei E-Book-Readern zwischen 6 und ca. 10 Zoll. Hierbei handelt es sich meist um touchscreenfähige monochrome E-Ink-Displays (Kap. 1.12.6), deren Auflösung je nach Modell und Preisklasse zwischen 600×800 Pixeln und $1\,600 \times 1\,200$ Pixeln variiert. Vereinzelt findet man auch farbige Displays mit dieser Technologie (Kap. 1.12.6). Um auch im Dunkeln lesen zu können, verfügen viele Geräte zusätzlich über eine integrierte LED-Beleuchtung (**L**ight **E**mitting **D**iode). Über eine Micro-USB-Buchse (Kap. 1.6.3) lässt sich der interne Akku laden und der Reader mit einem PC verbinden, um dort gespeicherte eBooks in den internen Flash-Speicher (Kap. 1.5.1.1) zu kopieren. Alternativ verfügen die Geräte auch über ein WLAN-Modul, sodass ein eBook direkt aus dem Internet in den Flash-Speicher geladen werden kann. In diesem Speicher können bis zu 1500 eBooks abgelegt werden, über den vorhandenen Micro-SD-

Bild 1.19: Beispiel für einen E-Book-Reader

Kartenslot lässt sich der Speicher auch noch erweitern. Der Lithium-Polymer-Akku (Kap. 1.10.2) ermöglicht einen ununterbrochenen Betrieb über mehrere Tage. Das Gewicht eines Readers beträgt meist weniger als 500 Gramm.

Einige Hersteller statten ihre Geräte mit zusätzlichen Merkmalen aus, z. B. mit

- einem integrierten mp3-Player, um den Buchtext vorzulesen („Text-to-Speech-Funktion", hat jedoch nicht die Qualität eines Hörbuches) oder beim Lesen Musik zu hören;

- einem Staub- und Wasserschutz (Kennzeichnung gemäß DIN EN 60529, z. B. IP67; IP: International Protection; 6: „staubdicht"; 7: „Schutz gegen zeitweiliges Untertauchen").

Zu den Herstellern von E-Book-Readern gehören Acer, PocketBook, Kobo, Tolino und Amazon.

Verbunden mit einem E-Book-Reader ist ein Geschäftsmodell, bei dem man sich bei entsprechenden Anbietern in elektronischer Form vorliegende Bücher oder Zeitschriften auf sein Gerät lädt und diese dann dauerhaft oder für einen bestimmten Zeitraum nutzen kann. Gekaufte Literatur ist meist durch ein **DRM**-Verfahren (**D**igitales **R**echte-**M**anagement) gegen illegales Kopieren bzw. Weitergabe geschützt. E-Books werden in unterschiedlichen Formaten angeboten (z. B. TXT, PDF, EPUB, MOBI, AZW, KF8), jedoch kann nicht jeder eBook-Reader jedes Format lesen.

Wearable Computer

Wearable Computer („tragbarer Computer") oder kurz **„Wearables"** sind intelligente Kleinstcomputer, die am Körper getragen werden, in die Kleidung integriert sind oder sich in Alltagsgegenständen befinden. Im Gegensatz zu anderen mobilen PCs, mit denen die Benutzer/-innen meist aktiv eine Tätigkeit ausführen (z. B. SMS schreiben, Bilder ansehen, spielen), sollen Wearables möglichst unbemerkt im Hintergrund arbeiten und die Nutzer/-innen in alltäglichen Situationen unterstützen oder ihre Körperfunktionen überwachen. Zunehmend verbreiten sich insbesondere die folgenden Wearables:

- **Datenbrillen** (*data glasses*; auch: *smart glasses*, **AR**-Brillen), die beispielsweise Informationen zu gerade betrachteten Sehenswürdigkeiten oder zu Arbeitsprozessen auf die Glasoberfläche der Brille in das Gesichtsfeld der Betrachter/-innen einblenden (orts- oder tätigkeitsbezogene Dienste als „Augmented **R**eality", also „erweiterte Realität")

- **Fitnessarmbänder** *(smart bracelets)*, die beispielsweise über diverse Sensoren medizinische Werte aufzeichnen (z. B. bei sportlichen Aktivitäten Puls, Blutsauerstoff, Körpertemperatur, Kalorienverbrauch), die aber auch – leicht modifiziert z. B. durch Alarmfunktionen – in der Medizin- und Gesundheitstechnik zur permanenten Überwachung von chronisch Kranken (auch während der Arbeit) eingesetzt werden können (**AAL**: Ambient Assisted Living)

- **Fitnessuhren** *(fitness watches*; auch: *smart watches)*, die auf dem Uhrendisplay zusätzlich zu Uhrzeit und gemessenen Körperdaten auch noch Wetterinformationen oder geografische Daten bzw. Trackingdaten (begrenzt) anzeigen können. Auch eine akustische Ausgabe ist teilweise möglich. Die Funktionsvielfalt lässt sich durch zusätzliche Apps individuell erweitern (z. B. Hinweise auf eingegangene Anrufe oder E-Mails).

integrierte Kamera

im Sichtfeld eingeblendete Informationen

Bild 1.20: Beispiele für Wearables

Viele der Geräte nutzen als Betriebssystem **Android Wear**, eine Android-Variante von Google. Die genannten Armbänder und Uhren können aufgenommene Messdaten bei Bedarf drahtlos an ein Smartphone, ein Tablet oder einen PC übertragen. Die Datenübertragung erfolgt über **Bluetooth Low Energy** (Kap. 1.7.8) oder **ANT+** (Funknetzstandard für Sensoren mit ANT-Modulen, die das lizenzfreie ISM-Band nutzen; Frequenzen zwischen 2,403 und 2,480 GHz mit 78 Kanälen, AES-Verschlüsselung mit 128 Bit, Übertragungsrate bis zu 20 Kibit/s; Peer-to-Peer- und Maschennetze sind unidirektional und bidirektional möglich). Aus Datenschutzgründen ist die Verwendung von Wearables (insbesondere Fitnessarmbändern) sehr kritisch zu betrachten, da eine Nutzung aller angebotenen Features nur nach vorheriger Registrierung beim Hersteller möglich ist. An diesen übermitteln die Geräte dann über eine App im Smartphone sämtliche aufgezeichneten Körper- und Bewegungsdaten. Der Nutzer bzw. die Nutzerin kann dies im Regelfall nicht verhindern und besitzt keine Kontrolle über die weitere Verwendung dieser Informationen. Datenbrillen und Geräte für Geotracking können auch über ein integriertes GPS und teilweise auch über einen direkten Internetzugang über ein Mobilfunknetz verfügen. Sie haben eine sehr geringe Leistungsaufnahme (teilweise im µW-Bereich) und werden mit eingebauten Akkus oder wechselbaren Knopfzellen betrieben. Vereinzelt werden auch Verfahren des Energy Harvestings eingesetzt, um die zeitlich eingeschränkte Nutzung bei Batteriebetrieb zu umgehen.

> **Energy Harvesting** nennt man die Gewinnung von kleinen Mengen an Energie aus alltäglichen physikalischen Gegebenheiten, wie beispielsweise Luftströmungen, Umgebungstemperaturen, Lichteinfall, Vibrationen oder elektromagnetischer Strahlung.

1

AUFGABEN

1. Was versteht man im Zusammenhang mit Computern unter dem „EVA-Prinzip"?

2. Die grundlegenden Funktionen eines Computers lassen sich in einem einfachen Blockschaltbild aus vier Funktionseinheiten darstellen. Skizzieren Sie ein solches Blockschaltbild und benennen Sie diese Einheiten.

3. Was verstand man ursprünglich unter einem Personal Computer? Wie wird die Abkürzung PC heute verwendet?

4. Welche Bezeichnungen können alternativ für Datenverarbeitungsgeräte verwendet werden, um ggf. den Einsatzbereich näher zu beschreiben? Erläutern Sie die jeweilige Bezeichnung, ggf. auch mithilfe einer Internetrecherche.

5. Was versteht man unter einer „PC-Geräteklasse"? Nennen Sie verschiedene Geräteklassen.

6. Was versteht man unter einem „Barebone"?

7. Nennen Sie wesentliche Unterschiede, die zwischen einem Desktop-PC und einem Notebook bestehen.

8. Welche drei Betriebszustände sind bei Notebooks spezifiziert? Erläutern Sie die Unterschiede.

9. Bei welchen Computertypen werden sog. Karteneinschübe zur Funktionserweiterung eingesetzt? Welche Kartentypen unterscheidet man? Nennen Sie wesentliche Eigenschaften.

10. Welche Unterschiede bestehen zwischen einem Netbook und einem Ultrabook?

11. Als Massenspeicher findet man bei portablen Geräten Festplattenlaufwerke oder SSD-Flash-Speicher. Nennen Sie jeweils Vor- und Nachteile beider Speichermedien. (Lösungshinweis: Verwenden Sie die Informationen aus Kap. 1.8 oder führen Sie eine Internetrecherche durch.)

12. Erläutern Sie die Unterschiede zwischen einem Tablet und einem konvertiblen Tablet.

13. Was versteht man unter dem Begriff „Tethering"?

14. a) Über welche Ausstattungsmerkmale verfügt ein modernes Smartphone?
    b) Wozu benötigt man bei einem Smartphone die IMSI-Nummer und die IMEI-Nummer? Erläutern Sie die Abkürzungen.

15. Erstellen Sie (sofern möglich mithilfe eines entsprechenden Programms in einem ansprechenden Layout) eine Tabelle oder ein Mind-Map, in der die typischen Komponenten eines Desktop-PC nach folgenden Kriterien aufgelistet werden:
    – Baugruppen auf der Hauptplatine
    – Komponenten innerhalb des Gehäuses
    – externe Komponenten

16. Was versteht man unter der Kurzbezeichnung „Wearables"?

17. Welche zusätzlichen, erhöhten Anforderungen müssen Industrie-PCs erfüllen?

18. Laut Hersteller hat ein IPC die Schutzart IP67.
    a) Welche Bedeutung haben die Abkürzung IP und die nachfolgenden beiden Ziffern?
    b) Recherchieren Sie, welchen Schutzumfang die Kennzeichnung IP67 jeweils bietet.
    c) Recherchieren Sie, welchen Schutzumfang jeweils andere Kennziffern des IP-Schutzes bieten, und listen Sie diese Kennziffern mit ihren Bedeutungen tabellarisch auf.

19. a) Nennen Sie zwei verschiedene Arten von Industrie-PCs und erläutern Sie deren Unterschiede bezüglich technischer Merkmale und Einsatzbereiche.
    b) Recherchieren Sie im Internet drei Anbieter für Ihre unter a) genannten IPC-Arten. Vergleichen Sie deren Internetauftritte und bewerten Sie diese individuell.

1.2 Mainboard

Die industrielle Fertigung von IT-Geräten erfolgt durchgängig automatisiert. Die elektronischen Bauteile (Widerstände, Kondensatoren, ICs, Steckverbinder usw.), die für die jeweilige Gerätefunktion erforderlich sind, werden hierbei von entsprechend programmierten Bestückungsmaschinen auf einer Trägerplatte aus Kunstharz (Platine) platziert. Diese Trägerplatte wird als **Mainboard** oder **Motherboard** bezeichnet. Die Trägerplatte enthält in mehreren Schichten (Layer) elektrisch leitfähige Bahnen, über die die Bauelemente miteinander verbunden sind und über die Daten in Form von elektrischen Strömen fließen können. Allgemein wird eine solche Platine auch als „gedruckte Leiterplatte" (Printed Circuit Board, **PCB**) bezeichnet. Diese Bezeichnung leitet sich aus den speziellen fotodrucktechnischen Verfahren ab, die beim Herstellungsprozess der Leiterbahnen angewendet werden. Da sehr viele elektrische Verbindungen untergebracht werden müssen, sind diese Leiterbahnen, die in der Regel aus Kupfer oder Silber bestehen, sehr dünn. Wegen dieser geringen Abmessungen sind sie mechanisch nur wenig belastbar.

Aufgrund aktueller EU-Richtlinien (RoHS, Kap. 1.14.2) dürfen bei der Herstellung nur Materialien verwendet werden, die wenig umweltbelastend sind („Green Mainboard").

Das **Mainboard** ist Träger der wichtigsten elektronischen Komponenten eines IT-Geräts. Es muss ohne mechanische Verspannung in das jeweilige Gehäuse eingebaut werden, da sich ansonsten Mikrorisse in den Leiterbahnen bilden können, die eine einwandfreie Funktion verhindern.

1.2.1 Formfaktor

Die Abmessungen der Trägerplatinen werden insbesondere bei portablen Geräten jeweils passend für die Größe des Produkts dimensioniert und lassen sich in anderen Geräten nicht verwenden. Dies gilt *nicht* für Trägerplatinen, die in Desktop- oder artverwandten Gehäusen untergebracht werden können. Diese unterliegen in ihrer Größe und ihrem prinzipiellen Aufbau einer Normung, um herstellerübergreifend den Einbau in entsprechende Gehäuse zu ermöglichen.

> Die Normung von Motherboards wird als **Formfaktor** *(form factor)* bezeichnet.

Am weitesten verbreitet bei den Desktop- und den Tower-PCs ist zurzeit der sog. **ATX**-Formfaktor (**A**dvanced **T**echnology E**X**tended). Dieser zeichnet sich insbesondere durch die folgenden Merkmale aus:

- Die Abmessungen des ATX-Boards betragen standardmäßig 12" × 9,6" (12" lies: 12 Zoll; 1 Zoll = 2,542 cm; somit ca. 305 mm × 244 mm).
- Die Anordnung der Löcher zur Befestigung des Boards im PC-Gehäuse ist genau vorgegeben.
- Das Board ist in verschiedene Bereiche aufgeteilt. Innerhalb dieser Bereiche ist jeweils die maximal zulässige Höhe der vorhandenen Bauteile (ICs, Steckkarten, Lüfter, Kühlkörper, Anschlüsse) vorgegeben.
- Die Anordnung der Anschlüsse für die externen Schnittstellen (Kap. 1.7) ist genormt und erfolgt in einem speziellen Bereich an einer Seite des Boards.
- Der ATX-Netzteileinschub besitzt genormte Abmessungen, Eigenschaften und Anschlüsse (Kap. 1.10.1).
- Der Anschluss des Boards an das PC-Netzteil erfolgt mit einem verpolungssicheren Stecker. Die Pin-Anordnung des Anschlusssteckers ist genormt.

Des Weiteren existiert ein spezieller **Mini-ATX-Formfaktor**, bei dem die Board-Abmessungen ca. 11,2" × 8,2" betragen, sowie ein **Micro-ATX-Formfaktor** (µATX) mit den Abmessungen 9,6" × 9,6". Diese kleineren ATX-Boards sind kostengünstiger herstellbar, da einige Komponenten anzahlmäßig reduziert wurden (z.B. weniger Erweiterungsslots, zum Teil auch geringerer Leistungsumfang des UEFI, Kap. 2.5).

Bei den Nettops findet man meist den **Mini-ITX-Formfaktor** (**ITX**: **I**ntegrated **T**echnology e**X**tended). Mini-ITX-Boards weisen mit 17 cm × 17 cm (6,7" × 6,7") wesentlich kleinere Abmessungen als

Bild 1.21: Beispiel für ein Micro-ITX-Board

ein ATX-Board auf. Sie können jedoch in einem ATX-Gehäuse befestigt und von einem ATX-Netzteil über einen 20-poligen Normstecker (Kap. 1.10.1) mit Energie versorgt werden.

1.2.2 Mainboard-Komponenten

Auf einem Mainboard befinden sich in der Regel die folgenden Baugruppen bzw. Komponenten:

- Sockel für den Hauptprozessor (CPU, Kap. 1.3)
- Chipsatz (Hilfsprozessoren, Kap. 1.4)
- IC für das UEFI (Flash-EEPROM, Kap. 1.5.1.1)
- Batterie, die bei Abschaltung vom 230-V-Netz die Energieversorgung der Systemuhr übernimmt
- Hilfskomponenten (Support-Bausteine, z.B. Schwingquarz, Timer-IC als Taktgeber, Echtzeituhr, Controller)
- Steckplätze für den Hauptspeicher (RAM-Speicher, Arbeitsspeicher, Kap. 1.5.3)
- Steckplätze für Erweiterungskarten (Slots, Kap. 1.9)
- Schnittstellenanschlüsse (z.B. HDMI, USB, Firewire, Audio, LAN, SATA, eSATA, Kap. 1.7)
- Anschluss für die Spannungsversorgung des Mainboards; Spannungswandler zur Bereitstellung von Spannungen (3,3 V, 5 V) für die Energieversorgung angeschlossener Komponenten (Spezifikation ATX12VO; Kap. 1.10.1)
- sonstige Anschlusskontakte, **Jumper** und **Pfostenstecker** *(pin head connector)*; Informationen über vorhandene Anschlüsse und deren Funktion sind dem Manual des Motherboards zu entnehmen (z.B. für Power LED, System Speaker, Reset, Lüfter; Bild 1.25 a).

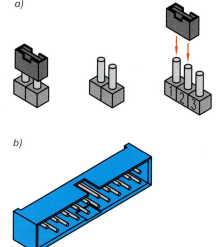

Bild 1.22: a) Jumper, b) USB-Pfostenstecker

Weitere elektronische Bauelemente dienen der sicheren Funktion sowie der Unterdrückung von elektrischen Störungen (z.B. Spannungswandler: ICs zur Erzeugung und Stabilisierung benötigter Versorgungsspannungen; Kondensatoren, engl. *caps*, zur Störunterdrückung).

Mainboards werden von verschiedenen Herstellern angeboten. Trotz der vorgegebenen Spezifikationen unterscheiden sich die Boards verschiedener Hersteller sowohl in der Leistungsfähigkeit (z.B. Prozessor, Chipsatz) als auch in der Anzahl der verwendeten Komponenten (z.B. Slots, Schnittstellen).

Auch die Anordnung einzelner Komponenten ist unterschiedlich, da ein Standard in vielen Fällen lediglich vorgibt, *wie* einzelne Komponenten platziert werden müssen, aber nicht exakt *wo*. Hieraus resultieren ggf. auch geringfügige Größenunterschiede. Zur eindeutigen Unterscheidung der vorhandenen Anschlüsse und Steckplätze sind diese meist farblich gekennzeichnet. Zu jedem Mainboard gehört ein Handbuch *(manual)*, in dem die Lage der einzelnen Komponenten und der Anschlüsse dargestellt ist (Bild 1.24). Ebenso werden im Handbuch die technischen Leistungsmerkmale umfassend beschrieben (Bild 1.25).

Bild 1.23: Beispiel für ein ATX-Board; Lage der Anschlüsse siehe Bild 1.24

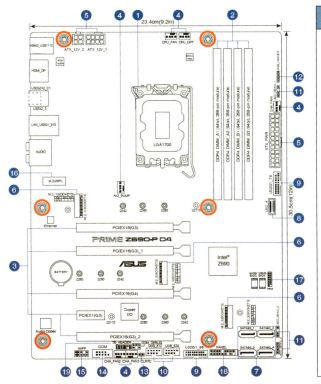

Layout Contents
1. CPU socket
2. DIMM slots
3. Expansion slots
4. Fan and Pump headers
5. Power connectors
6. M.2 slots (SOCKET 3)
7. SATA 6GB/s port
8. USB 3.2 Gen 1 Type-C® Front Panel connector
9. USB 3.2 Gen 1 headers
10. USB 2.0 headers
11. Addressable Gen 2 headers
12. AURA RGB header
13. Clear CMOS header
14. COM Port header
15. Front Panel Audio header
16. V-M.2 slot (Key E)
17. SPI TPM header (14-1pin)
18. System Panel header
19. Thunderbolt™ header

Bild 1.24: Vereinfachte Layoutdarstellung mit nummerierten Anschlüssen (Beispiel aus einem Manual)

CPU	Intel® Socket LGA1700 for 12th Gen Intel® Core™, Pentium® Gold and Celeron® Processors* Supports Intel® Turbo Boost Technology 2.0 and Intel® Turbo Boost Max Technology 3.0** *** Refer to www.asus.com for CPU support list.** **** Intel® Turbo Boost Max Technology 3.0 support depends on the CPU types.**
Chipset	Intel® Z690 Chipset
Memory	4 x DIMM, Max. 128GB, DDR4 5333(OC)/5133(OC)/5000(OC)/4800(OC)/4600(OC)/4400(OC)/4266(OC)/4133(OC)/4000(OC)/3866(OC)/3733(OC)/3600(OC)/3466(OC)/3400(OC)/3333(OC)/3200/3000/2933/2800/2666/2400/2133 Non-ECC, Un-buffered Memory* Dual Channel Memory Architecture Supports Intel® Extreme Memory Profile (XMP) OptiMem II *** Actual Memory data rate depends on the CPU types and DRAM modules, for more information refer to www.asus.com for the Memory QVL (Qualified Vendors Lists).**
Graphics	1 x DisplayPort** 1 x HDMI® port*** *** Graphics specifications may vary between CPU types. Please refer to www. intel.com for any updates.** **** Supports max. 4K@60Hz as specified in DisplayPort 1.4.** ***** Supports 4K@60Hz as specified in HDMI 2.1.**
Expansion Slots	**Intel® 12th Gen Processors*** 1 x PCIe 5.0/4.0/3.0 x16 slot **Intel® Z690 Chipset**** 1 x PCIe 4.0/3.0 x16 slot (supports x4 mode) 2 x PCIe 3.0 x16 slots (support x4 mode) 1 x PCIe 3.0 x1 slot *** Please check PCIe bifurcation table in support site.** **** Supports Intel® Optane Memory H Series on PCH-attached PCIe slot.**
Storage	**Total supports 3 x M.2 slots and 4 x SATA 6Gb/s ports*** **Intel® 12th Gen Processors** M.2_1 slot (Key M), type 2242/2260/2280/22110 – Intel® 12th Gen processors support PCIe 4.0 x4 mode. **Intel® Z690 Chipset**** M.2_2 slot (Key M), type 2242/2260/2280 (supports PCIe 4.0 x4 mode) M.2_3 slot (Key M), type 2242/2260/2280/22110 (supports PCIe 4.0 x4 & SATA modes) 4 x SATA 6Gb/s ports *** Intel® Rapid Storage Technology supports NVMe RAID 0/1/5, SATA RAID 0/1/5/10.** **** Intel® Rapid Storage Technology supports Intel® Optane Memory H Series on PCH attached M.2 slots.**
Ethernet	1 x Realtek 2.5Gb Ethernet
Wireless & Bluetooth	V-M.2 slot only (Key E, CNVi & PCIe)* *** Wi-Fi module and vertical M.2 Key E bracket set are purchased separately.**

USB	**Rear USB (Total 6 ports)**
	1 x USB 3.2 Gen 2x2 port (1 x USB Type-C®)
	1 x USB 3.2 Gen 2 port (1 x Type-A)
	2 x USB 3.2 Gen 1 ports (2 x Type-A)
	2 x USB 2.0 ports (2 x Type-A)
	Front USB (Total 9 ports)
	1 x USB 3.2 Gen 1 connector (supports USB Type-C®)
	2 x USB 3.2 Gen 1 headers support additional 4 USB 3.2 Gen 1 ports
	2 x USB 2.0 headers support additional 4 USB 2.0 ports*
	* USB_E1 port, USB_E2 port, USB_E3 port and USB_E4 port share the bandwidth.
Audio	**Realtek 7.1 Surround Sound High Definition Audio CODEC**
	– Supports: Jack-detection, Multi-streaming, Front Panel Jack-retasking
	– Supports up to 24-Bit/192 kHz playback
	Audio Features:
	– Audio Shielding
	– Rear optical S/PDIF out port
	– Premium audio capacitors
	– Dedicated audio PCB layers
Back Panel I/O Ports	1 x USB 3.2 Gen 2x2 port (1 x USB Type-C®)
	1 x USB 3.2 Gen 2 port (1 x Type-A)
	2 x USB 3.2 Gen 1 ports (2 x Type-A)
	2 x USB 2.0 ports (2 x Type-A)
	1 x DisplayPort
	1 x HDMI® port
	1 x V-M.2 slot (Key E)
	1 x Realtek 2.5Gb Ethernet port
	5 x Audio jacks
	1 x Optical S/PDIF out port
	1 x PS/2 Keyboard/Mouse combo port

Internal I/O Connectors	**Fan and Cooling related**	
	1 x 4-pin CPU Fan header	1 x 4-pin AIO Pump header
	1 x 4-pin CPU OPT Fan header	3 x 4-pin Chassis Fan headers
	Power related	
	1 x 24-pin Main Power connector	1 x 4-pin +12V Power connector
	1 x 8-pin +12V Power connector	
	Storage related	
	3 x M.2 slots (Key M)	4 x SATA 6Gb/s ports
	USB	
	1 x USB 3.2 Gen 1 connector (supports USB Type-C®)	
	2 x USB 3.2 Gen 1 headers support additional 4 USB 3.2 Gen 1 ports	
	2 x USB 2.0 headers support additional 4 USB 2.0 ports	
	Miscellaneous	
	3 x Addressable Gen 2 headers	1 x Front Panel Audio header (AAFP)
	1 x AURA RGB header	1 x SPI TPM header (14-1pin)
	1 x Clear CMOS header	1 x 20-5pin System Panel header
	1 x COM Port header	1 x Thunderbolt™ header

Bild 1.25: Beispiele für technische Leistungsmerkmale eines Mainboards (Auszüge aus einem Manual; Hinweis: International verwendete Bezeichnungen können von deutschen Normen abweichen)

Des Weiteren beinhaltet das Manual Warnhinweise zum Umgang mit den vorhandenen Komponenten. Diese sollte man beachten, da sonst an einzelnen Bauteilen Funktionsstörungen durch elektrostatische Einflüsse auftreten können (Bild 1.26).

WARNING!

Computer motherboards contain very delicate integrated circuit chips. To protect them against damage from static electricity, you should follow some precautions whenever you work on your computer.
1. Unplug your computer when working on the inside.
2. Use a grounded wrist strap before handling computer components. If you do not have one, touch both of your hands to a safely grounded object or to a metal object, such as the power supply case.
3. Hold components by the edge and do not try to touch the chips, leads or connectors, or other components.
4. Place components on a grounded antistatic pad or on the bag that came with the component whenever the components are separated from the system.

Bild 1.26: Warnhinweise zum Umgang mit einem Motherboard

Aktualisierte Informationen zu Entwicklungen neuer Boards können bei Bedarf entsprechenden Fachzeitschriften oder den Internetseiten der Anbieter entnommen werden.

1.2.3   ACPI

In den technischen Beschreibungen von Mainboards findet man die Abkürzung **ACPI** (**A**dvanced **C**onfiguration and **P**ower **I**nterface). Dahinter verbirgt sich eine Spezifikation, die den direkten Betriebssystemeingriff für die Konfiguration und das Powermanagement von PCs beschreibt. Auf dem Motherboard befinden sich hierzu separate Leitungen zur Überwachung angeschlossener Komponenten (ACPI-Bus). Neben dem Schutz vor thermischer Überlastung ermöglicht ACPI auch die Steuerung verschiedener Energiesparmodi, aus denen sich ein PC schneller in den arbeitsbereiten Zustand versetzen lässt als durch einen gewöhnlichen Bootvorgang (Kap. 2.5). Um dies zu realisieren, muss ein ACPI-fähiges Betriebssystem teilweise Aufgaben übernehmen, die sonst das UEFI (Kap. 2.5.1) erledigen würde. Die ACPI-Spezifikation unterscheidet insbesondere zwischen Betriebszuständen des Gesamt-Systems (**S-States**) und der CPU (**C-States** bzw. **P-States**; **P**: Performance).

Modus	Wesentliche Merkmale
S0	System ist voll funktionsfähig (normaler Betriebszustand)
S1 **POS: Power-on-Suspend**	– CPU im „Schlafmodus", d.h., sie führt keine Anweisungen aus – Display ist aus – Speichermodule werden lediglich mit Energie versorgt, es erfolgen keine Zugriffe, lediglich ein erforderlicher „Refresh" (Kap. 1.5.2.2) in Selbststeuerung – Netzteil und Bussysteme bzw. Punkt-zu-Punkt-Verbindungen arbeiten normal – Vorteil: PC ist in kürzester Zeit wieder voll betriebsbereit
S2	Wie S1, jedoch zusätzlich CPU völlig spannungslos (wird wenig genutzt)
S3 **STR:** **Suspend-to-RAM**	– CPU verhält sich wie bei S1 – Das Mainboard erhält über die 5-V-Standby-Leitung (+5 VSB) Energie, um die RAMs im Self-Refresh mit Strom zu versorgen. Hierdurch wird der Inhalt des Arbeitsspeichers gesichert. – Ansonsten wird das System abgeschaltet (Soft-off)

Modus	Wesentliche Merkmale
S4 **STD:** **Suspend-** **to-Disc**	– Das Betriebssystem erstellt ein „Image" des Arbeitsspeichers auf der Festplatte. – Danach wird das System komplett abgeschaltet (Soft-off ohne +5 VSB). – Bei einem Neustart wird ein kompletter Bootvorgang durchlaufen. – Vorteil: Der PC kann komplett vom Versorgungsnetz getrennt werden, bei einem Neustart können die Anwender/-innen dort weiterarbeiten, wo sie aufgehört haben.
S5	– sog. Soft-off-Modus – Der gesamte PC ist nahezu abgeschaltet, jedoch liefert das Netzteil Spannung und das System kann durch Betätigung des Einschalttasters (meist an der Gehäusefront) gestartet werden.
C0	– CPU arbeitet normal; verschiedene P-States möglich
C1	– CPU wartet auf Befehle (leichter Schlafzustand)
C2, C3	– CPU in unterschiedlich tiefen Schlafzuständen (Sleep-Mode), dadurch verringerte Leistungsaufnahme (bis zu 15 W)
C4, C5, C6	– CPU in verschiedenen, sehr tiefen Schlafzuständen, Leistungsaufnahme bis ca. 10 W; vorwiegend bei Mobilprozessoren
C7	– CPU nahezu stromlos, Kernspannungen komplett abgeschaltet, Leistungs-aufnahme < 0,5 W

Bild 1.27: ACPI-Betriebsmodi

Um ACPI nutzen zu können, müssen alle Komponenten im System entsprechend aufeinander abgestimmt sein (z. B. ACPI-konformes Netzteil), das UEFI muss ACPI unterstützen und das Betriebssystem muss im ACPI-Modus installiert sein, was üblicherweise der Fall ist. Für jedes im System arbeitende Gerät muss ein ACPI-konformer Treiber installiert sein. Jeder ACPI-konforme PC verfügt zudem über entsprechende Interrupt-Mechanismen, die es ermöglichen, den PC bei externen Ereignissen wieder aus dem Sleep-Modus zu wecken (z. B. Betätigung der Tastatur). Einige Microsoft-Betriebssysteme (z. B. Windows 10, Windows 11) bieten den Nutzenden aber auch Stromsparoptionen an, die nicht zwingend auf der ACPI-Spezifikation basieren (z. B. der Hibernate-Modus). Die standardmäßigen ACPI-Einstellungen lassen sich im UEFI unter dem Menüpunkt „Power" (Menüname ggf. abweichend; Kap. 2.5.2) in vielen Bereichen individuell anpassen.

AUFGABEN

1. Was versteht man bei Mainboards unter dem sog. „Formfaktor"?

2. Welche Formfaktoren werden jeweils bei Netbooks und bei Desktop-PCs eingesetzt?

3. Was bedeutet die Abkürzung ATX? Nennen Sie Merkmale des ATX-Formfaktors.

4. Ein Mainboard ist gemäß dem sog. µATX-Formfaktor spezifiziert. Welche Abmessungen (in mm × mm) hat dieses Board?

5. Welche Komponenten sind auf einem Mainboard zu finden?

6. Welche Vorsichtsmaßnahmen sind beim Einbau eines Motherboards zu beachten (siehe z. B. Bild 1.26)?

7. Bei Windows-Betriebssystemen findet man häufig die Abkürzung ACPI. Was bedeutet sie und welche Funktionen werden damit beschrieben?

8. Analysieren Sie die Leistungsmerkmale eines Mainboards aus Bild 1.25 (Auszug aus einem Manual), indem Sie
   a) den Text übersetzen und strukturiert in einer eigenen Tabelle dokumentieren und
   b) ggf. technische Merkmale der angegebenen Komponenten mithilfe des Buches oder des Internets recherchieren und in der Tabelle ergänzen.
   c) Suchen Sie im Internet das Manual eines vergleichbaren Produkts. Informieren Sie sich dann anhand dieses Manuals darüber, welche weiteren Informationen enthalten sind, und erfassen Sie diese überblicksartig in einer Liste.

1.3 Prozessor

Der **Prozessor** – genauer der Hauptprozessor (**CPU: C**entral **P**rocessing **U**nit) – stellt das Kernstück eines PCs dar und ist damit die zentrale Verarbeitungseinheit des Rechners.

Er basiert auf der sog. Mikrochiptechnologie, bei der mehrere Millionen (!) Transistoren (elektronische Bauelemente zur Realisierung binärer Schaltfunktionen; Kap. 6.1.2) auf einem nur wenige Quadratzentimeter großen Trägermaterial – dem **Mikrochip** – angebracht werden. Deswegen wird er oft auch als **Mikroprozessor** bezeichnet.

Zum Schutz vor mechanischen Einflüssen ist der Mikrochip in einem Gehäuse untergebracht; der elektrische Anschluss erfolgt über nach außen geführte Kontakte.

Bild: 1.28: Beispiel eines Prozessor-ICs (Ober- und Unterseite)

Der Mikrochip, auf dem der eigentliche Prozessor untergebracht ist, wird auch als **Prozessor-Die** (sprich: Dai) bezeichnet. Der Prozessor-Die ist wesentlich kleiner als die Prozessor-Platine, die die Unterseite des Prozessor-ICs mit den vorhandenen Kontakten bildet. Die mechanischen Abmessungen des ICs werden maßgeblich durch die Anzahl dieser Kontakte bestimmt.

1.3.1 Prozessor-Funktionsblöcke

Die klassischen Funktionsblöcke eines Prozessors, anhand derer man sich erste Kenntnisse über seinen Aufbau erarbeiten kann, sind in Bild 1.29 dargestellt.

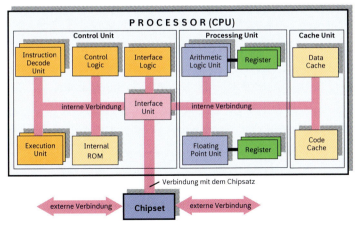

Bild 1.29: Grundlegende Funktionsblöcke eines Prozessors (CPU)

Funktionsblock	Funktion
Instruction Decode Unit (IDU)	**Befehlsdecoder**; „übersetzt" die eingehenden Befehle, die dem Prozessor als Programm übergeben werden, anhand eines prozessorinternen ROMs in den sog. Mikrocode und übergibt sie der Ausführungseinheit
Execution Unit	**Ausführungseinheit**; führt die im Mikrocode vorliegenden Befehle aus
Control Logic	**Kontrolleinheit**; steuert den Ablauf der Mikroprogramme
Internal ROM	**Interner ROM-Speicher**; beinhaltet die Mikroprogramme des Prozessors
Interface Logic	**Steuereinheit**; steuert und überwacht die internen Verbindungen
Interface Unit	**Schnittstelle** zwischen den internen Verbindungen und der Verbindung zum Chipsatz
Arithmetic Logic Unit (ALU)	**Arithmetisch logische Einheit**; führt arithmetische und logische Rechenoperationen aus
Floating Point Unit (FPU)	**Gleitkomma-Rechner**; führt Berechnungen mit Gleitkommazahlen aus (Darstellung sehr großer und sehr kleiner Zahlen in Exponentialschreibweise; Beispiel: $1\,954 \times 10^5$, Alternativschreibweise: 1954 E5 anstatt $195\,400\,000$; E steht für Exponent; ermöglicht schnellere Verarbeitung)
Register (REG)	**Register-Speicher**; spezieller Speicher für Zwischenergebnisse
Data Cache	**Cache-Speicher**; schneller Zwischenspeicher für Daten
Code Cache	**Cache-Speicher**; schneller Zwischenspeicher für Befehle (muss nicht unbedingt getrennt vom Daten-Cache sein)

Bild 1.30: Aufgaben der Prozessor-Funktionsblöcke

Das **Steuerwerk** *(control unit)* ist die umfangreichste Einheit des Prozessors. Es steuert und kontrolliert sämtliche Vorgänge im PC.

Der **Befehlsdecoder** (IDU, *command decoder*) benötigt für seine Arbeit unter Umständen eine längere Zeitspanne, als für die eigentliche Befehlsausführung erforderlich ist. Zur Geschwindigkeitssteigerung sind auf dem Prozessorchip deshalb oftmals mehrere parallel arbeitende IDUs integriert. Aus dem gleichen Grunde sind bei manchen Prozessoren die Ausführungseinheiten ebenfalls mehrfach vorhanden.

Das **Rechenwerk** *(processing unit)* umfasst neben der **ALU** und der **FPU** jeweils spezielle **Register** zur Zwischenspeicherung von berechneten Daten. Die ALU kann

- mathematische Berechnungen (z.B. Addition, Subtraktion, Multiplikation, Division; Kap. 6.2.2.1) und

- logische Verknüpfungen (z.B. UND, ODER, NICHT; Kap. 6.2.1.1) durchführen.

Erst durch die ALU ist die CPU in der Lage, Prüfungen auf Gleichheit, Ungleichheit und Größe durchzuführen und damit entsprechend den Anweisungen eines Programms zu arbeiten.

Moderne Prozessoren verwenden für diese Berechnungen aber auch die vorhandenen Verarbeitungseinheiten integrierter Grafikkerne (siehe unten).

Der im Prozessorgehäuse vorhandene **Cache**speicher dient der Vergrößerung der Arbeitsgeschwindigkeit des Prozessors (Kap. 1.3.2). Die dargestellte Struktur lässt sich mit zusätzlichen Funktionseinheiten erweitern, die nicht direkt der CPU zuzuordnen sind, sondern prinzipiell eigenständig arbeiten. Hierzu zählt insbesondere ein Prozessor für die Grafikfunktionen (GPU; Kap. 1.9.1.1), dessen Rechenfähigkeiten über die reine Bildberechnung hinausgeht und der deshalb auch zur Leistungssteigerung des Gesamtsystems genutzt werden kann.

> Die Kombination aus einer CPU und einer GPU auf einem gemeinsamen Chip, bei der die GPU auch universelle, programmiertechnische Aufgaben ausführen kann, bezeichnet man als **APU** (**A**ccelerated **P**rocessing **U**nit).

Die Darstellung in Bild 1.29 zeigt lediglich grundlegende Funktionsblöcke, sie spiegelt aber nicht die wesentlich komplexeren Strukturen aktueller CPUs wider. Diese lassen sich bei Bedarf auf den entsprechenden Internetseiten der Hersteller finden.

Im Laufe der Prozessorentwicklung wurden immer mehr Funktionen auf einem einzigen Mikrochip integriert. Neben den zentralen Funktionseinheiten (CPU, ALU, Register, Kontrolleinheiten) gehören hierzu auch zunehmend periphere Komponenten (Schnittstellen, Controller, Speicher).

> Die zentralen Funktionseinheiten einer CPU werden als **Prozessorkern** *(processor core)* bezeichnet.

Die Komponenten des Prozessorkerns bestimmen maßgeblich die Eigenschaften und Leistungsmerkmale einer CPU. Zur vereinfachten Darstellung werden oft nicht die einzelnen Komponenten, sondern der gesamte Kern als Ganzes in einem einzigen Funktionsblock skizziert. Jeder Kerntyp benötigt zur Ansteuerung einen eigenen Befehlssatz. Die Kombination eines Kerntyps mit unterschiedlichen peripheren Funktionseinheiten (z.B. mit/ohne Speichercontroller, verschieden große Cachespeicher) auf dem gleichen Mikrochip führt zu Prozessorvarianten, die sich in ihrer Leistungsfähigkeit voneinander unterscheiden können.

> Prozessoren mit gleichem Kern, aber unterschiedlichen peripheren Komponenten bilden eine **Prozessorfamilie** *(processor family)*.

Zur Steigerung der Leistungsfähigkeit werden anstelle von Einkernprozessoren heute durchgängig Mehrkernprozessoren eingesetzt.

Ein **Mehrkernprozessor** *(multicore processor)* besteht aus zwei, vier oder einer größeren Anzahl von Kernen, die meist gemeinsam *auf einem einzigen Mikrochip* untergebracht sind.

Diese Kerne können gleichzeitig unterschiedliche Prozesse abarbeiten, sie können auch parallel einen einzigen Prozess ausführen. Bild 1.31 visualisiert einige grundsätzliche Prozessorstrukturen.

Prozessorstruktur	Merkmale
a) 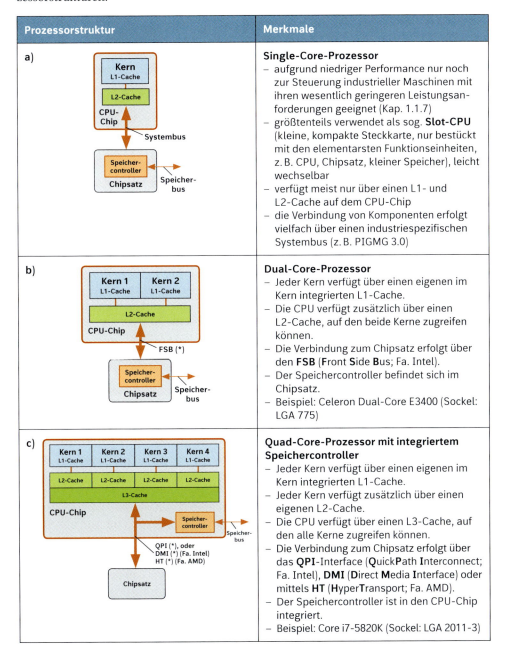	**Single-Core-Prozessor** – aufgrund niedriger Performance nur noch zur Steuerung industrieller Maschinen mit ihren wesentlich geringeren Leistungsanforderungen geeignet (Kap. 1.1.7) – größtenteils verwendet als sog. **Slot-CPU** (kleine, kompakte Steckkarte, nur bestückt mit den elementarsten Funktionseinheiten, z. B. CPU, Chipsatz, kleiner Speicher), leicht wechselbar – verfügt meist nur über einen L1- und L2-Cache auf dem CPU-Chip – die Verbindung von Komponenten erfolgt vielfach über einen industriespezifischen Systembus (z. B. PIGMG 3.0)
b)	**Dual-Core-Prozessor** – Jeder Kern verfügt über einen eigenen im Kern integrierten L1-Cache. – Die CPU verfügt zusätzlich über einen L2-Cache, auf den beide Kerne zugreifen können. – Die Verbindung zum Chipsatz erfolgt über den **FSB** (**F**ront **S**ide **B**us; Fa. Intel). – Der Speichercontroller befindet sich im Chipsatz. – Beispiel: Celeron Dual-Core E3400 (Sockel: LGA 775)
c)	**Quad-Core-Prozessor mit integriertem Speichercontroller** – Jeder Kern verfügt über einen eigenen im Kern integrierten L1-Cache. – Jeder Kern verfügt zusätzlich über einen eigenen L2-Cache. – Die CPU verfügt über einen L3-Cache, auf den alle Kerne zugreifen können. – Die Verbindung zum Chipsatz erfolgt über das **QPI**-Interface (**Q**uick**P**ath **I**nterconnect; Fa. Intel), **DMI** (**D**irect **M**edia **I**nterface) oder mittels **HT** (**H**yper**T**ransport; Fa. AMD). – Der Speichercontroller ist in den CPU-Chip integriert. – Beispiel: Core i7-5820K (Sockel: LGA 2011-3)

Prozessorstruktur	Merkmale
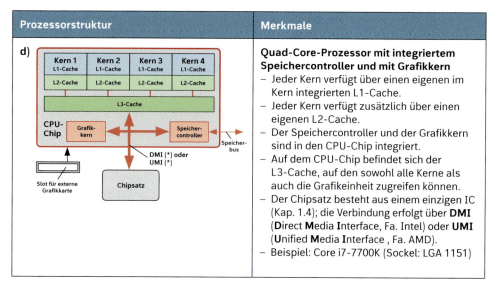 d)	**Quad-Core-Prozessor mit integriertem Speichercontroller und mit Grafikkern** – Jeder Kern verfügt über einen eigenen im Kern integrierten L1-Cache. – Jeder Kern verfügt zusätzlich über einen eigenen L2-Cache. – Der Speichercontroller und der Grafikkern sind in den CPU-Chip integriert. – Auf dem CPU-Chip befindet sich der L3-Cache, auf den sowohl alle Kerne als auch die Grafikeinheit zugreifen können. – Der Chipsatz besteht aus einem einzigen IC (Kap. 1.4); die Verbindung erfolgt über **DMI** (**D**irect **M**edia **I**nterface, Fa. Intel) oder **UMI** (**U**nified **M**edia **I**nterface , Fa. AMD). – Beispiel: Core i7-7700K (Sockel: LGA 1151)

Bild 1.31: Beispiele für grundsätzliche Prozessorstrukturen (*: Erläuterung in Bild 1.32)

Prinzipiell gleichartig aufgebaut wie ein Quad-Core-Prozessor sind Prozessoren mit bis zu 24 Kernen (z. B. Core i9-13900K, Sockel LGA 1700). Darüber hinaus gibt es auch Prozessoren mit bis zu 64 Kernen, die im Consumerbereich eingesetzt werden (z. B. AMD Ryzen Threadripper 3990X). Hierbei kommen **Multi-Chip-Module** zum Einsatz, bei denen sich mehrere Kerne auf *einem* Halbleiter-Chip befinden. Auf einem *gemeinsamen* Substrat bzw. in einem *gemeinsamen* Gehäuse werden dann wiederum mehrere Chips zusammengefasst, sodass sich eine CPU mit einer Vielzahl von Kernen ergibt. Mit solchen Strukturen lassen sich auch Kerne mit unterschiedlicher Leistungsfähigkeit kombinieren. Besonders leistungsstarke Typen werden hierbei allgemein als **P-Kerne** *(performance-cores)*, andere schwächere, aber sehr effizient arbeitende Typen als **E-Kerne** *(efficiency-cores)* bezeichnet (z. B. Core i9-13900K: 8P + 16E).

1.3.2   Prozessor-Kenngrößen

Die Leistungsfähigkeit eines Prozessors wird zunächst bestimmt durch die Geschwindigkeit, mit der er selbst arbeitet.

> Der **CPU-Takt** *(CPU clock rate)* ist ein Maß für die Geschwindigkeit, mit der ein Prozessor arbeitet. Er wird gewöhnlich in Megahertz (MHz) oder Gigahertz (GHz) angegeben und ist im Prinzip die Frequenz, mit der ein Prozessor gemäß Herstellerangaben getaktet werden sollte.

Darüber hinaus wird seine Verarbeitungsgeschwindigkeit dadurch beeinflusst, wie schnell ihm erforderliche Daten aus dem Arbeitsspeicher (Kap. 1.5.3) und den peripheren Komponenten (z. B. Festplatte; Kap. 1.8.1) zur Verfügung gestellt werden. Die Schnelligkeit, mit der diese Daten zum Prozessor übertragen werden, hängt von der **Verbindungsart** und der **Taktung** der Datenleitungen ab, über die er mit den Speichern bzw. dem Chipsatz verbunden ist. Hierbei existieren unterschiedliche Varianten.

Bezeichnung	Erläuterung
Front Side Bus (FSB)	– Verbindungsleitungen zwischen CPU und Chipsatz; verwendet bei älteren Intel-Prozessoren *ohne* integrierten Speichercontroller (Bild 1.31 b); Einsatz nur noch im industriellen Bereich – Überträgt Daten zwischen CPU, Arbeitsspeicher und Peripherie (z. B. Arbeitsspeicher) – Der FSB umfasst neben Steuer- und Taktleitungen 32 Adress- und 64 Datenleitungen. – Der FSB-Bustakt beträgt gestuft je nach Version 100 MHz, 133 MHz, 166 MHz, 200 MHz, 266 MHz, 333 MHz oder 400 MHz. – Mithilfe der **„Quad-Pumped Technologie"** (Marketingbezeichnung der Fa. Intel; auch **QDR**: **Q**uadruple **D**ata **R**ate genannt) kann die Datenmenge pro Takt so vergrößert werden, dass z. B. die Datenrate auf einem mit 333 MHz getakteten FSB effektiv so groß ist wie mit einem 1 333 MHz getakteten FSB; der 333 MHz getaktete Bus wird dann werbewirksam als „FSB-1333" bezeichnet. – Der FSB-Takt und der CPU-Takt müssen in einem festen Frequenzverhältnis zueinander stehen (Prozessortakt = FSB-Takt × Muliplikator); der Multiplikator kann im BIOS begrenzt eingestellt werden.
QuickPath Interconnect (QPI) **Ultra Path Interconnect (UPI)**	– Verbindungsleitungen zwischen CPU und Chipsatz; verwendet bei Intel-Prozessoren *mit* integriertem Speichercontroller ab der ersten Core-i-Generation (Bild 1.31 c) – Als **Referenztakt** wird ein 133-MHz-Signal verwendet; Speichercontroller und Kerne arbeiten mit unterschiedlichen Taktfrequenzen, die jeweils ein Vielfaches von 133 MHz sind. Bei einem Multiplikator von 32 ergibt sich beispielsweise ein CPU-Takt von 4,2 GHz (z. B. Core i7-7700K). – Bei einer Taktfrequenz von 4,2 GHz lassen sich bis zu 16,8 GiByte/s (Kap. 6.1.5.1) übertragen; da QPI als Punkt-zu-Punkt-Verbindung im Vollduplexbetrieb (gleichzeitiger Datentransfer auf den Aderpaaren in beide Richtungen) arbeitet, ergibt sich eine theoretische Datenrate von bis zu 33,6 GiByte/s zwischen CPU und Chipsatz. Wegen der verwendeten DDR-Übertragungstechnik (Kap. 1.5.3) spricht Intel bei der 4,2-GHz-QPI-Frequenz von 8,4 Gigatransfers pro Sekunde (8,4 GT/s; theoretischer Wert, in der Praxis kleiner und vom CPU-Modell abhängig). – Nachfolgeversion wird von Intel unter der Bezeichnung **UPI** (**U**ltra **P**ath **I**nterconnect) vermarktet; Taktfrequenz bis zu 5,2 GHz, somit bis zu 10,4 GT/s, entspricht einer Datenrate von bis zu ca. 21 GiByte/s pro Richtung
HyperTransport (HT) **Infinity Fabric**	– Verbindungsleitungen zwischen CPU und Chipsatz; seit Längerem verwendet bei AMD-Prozessoren (Bild 1.31 c) und GPUs – Der Arbeitsspeicher ist über den Speicherbus ebenfalls direkt an der CPU angeschlossen. – Je nach HT-Version ergeben sich unterschiedliche Übertragungsraten: max. Taktfrequenz Bit pro Richtung HT 1.0: 0,2 bis 0,8 GHz bis ca. 50 Gbit/s HT 2.0: 0,2 bis 1,4 GHz bis ca. 90 Gbit/s HT 3.0: 0,2 bis 2,6 GHz bis ca. 165 Gbit/s HT 3.1: 0,2 bis 3,2 GHz bis ca. 205 Gbit/s – Übertragung mit LVDS-Signalen (1,2 Volt ± 5 %; Kap. 6.1.3) – Die auf HT aufbauenden Folgeversionen werden unter der Bezeichnung **Infinity Fabric** (inzwischen eine komplexe Verbindungsarchitektur) vermarktet und bieten versionsabhängig frei skalierbare Datenraten von bis zu ca. 1 300 Gbit/s pro Link (erweiterbar durch gleichzeitige Nutzung mehrerer Links).

Bezeichnung	Erläuterung
Direct Media Interface (**DMI** 2.0; **DMI** 3.0 ; **DMI** 4.0)	– Verbindungsleitungen zwischen CPU und Chipsatz; verwendet bei Intel-Prozessoren *mit* integriertem Speichercontroller ab der zweiten Core-i-Generation (Bild 1.31 d) – Bei DMI 2.0 handelt es sich prinzipiell um eine PCIe 2.0 × 4-Verbindung, bei DMI 3.0 ursprünglich um eine PCIe 3.0 × 4-Verbindung (Kap. 1.7.4), inzwischen auch um bis zu 8 PCIe 3.0-Verbindungen (vgl. Bild 1.38); bei DMI 4.0 sind es dann bis zu 8 PCIe 4.0-Verbindungen, jeweils abhängig vom verwendeten Chipsatz. – Als **Referenztakt** wird ein 100-MHz-Signal verwendet (Base Clock, erzeugt auf dem Motherboard); Speichercontroller und Kerne arbeiten mit unterschiedlichen Taktfrequenzen, die jeweils ein Vielfaches von 100 MHz sind und mithilfe von Multiplikatoren im Prozessor erzeugt werden. – **Dynamische Taktsteuerung**: wirkt gleichzeitig auf die Arbeitsfrequenzen der CPU-Kerne mit ihren Caches, den Grafikkern sowie den Arbeitsspeicher; dadurch ist ein Übertakten der CPU nur sehr eingeschränkt möglich, da sämtliche angeschlossenen Komponenten ihre Taktfrequenz von der Base Clock ableiten und nicht mehr unabhängig voneinander sind.
Unified Media Interface (**UMI**)	– Bezeichnung der Fa. AMD für die Verbindung zwischen einer APU (**A**ccelerated **P**rocessor **U**nit, Kap. 1.3.1) und einem FCH (**F**usion **C**ontroller **H**ub, Kap. 1.4) – Basiert auf der PCIe-Verbindungstechnik und ist damit vergleichbar mit DMI – Datenübertragungsrate bis zu 1 GiByte/s pro Lane

Bild 1.32: CPU-Verbindungen mit dem Chipsatz (Angabe der Datenraten auch mit Dezimalpräfixen möglich; Kap. 6.1.5.1)

Der CPU-Takt ist allerdings nicht mehr die alleinige aussagekräftige Größe für die Leistungsfähigkeit bzw. die Arbeitsgeschwindigkeit des Prozessors, da die Bearbeitung einer Anweisung auch mehrere Takte dauern kann und sowohl von der Anzahl der vorhandenen Kerne sowie der in jedem Kern parallel arbeitenden Komponenten abhängt.

Aus diesem Grunde werden bei Leistungsangaben für Prozessoren auch häufig die folgenden Begriffe verwendet:

▪ **MIPS**
MIPS ist die Abkürzung für **M**illions of **I**nstructions **p**er **S**econd, zu Deutsch: „Millionen Anweisungen pro Sekunde". Sie gibt an, wie viele Anweisungen ein Prozessor durchschnittlich innerhalb einer Sekunde verarbeitet (zum Vergleich: Pentium III: bis zu 1 000; Core i7: bis zu 8 000).

▪ **FLOPS**
FLOPS steht für **F**loating **P**oint **O**perations **p**er **S**econd, zu Deutsch: „Gleitkomma-Operationen pro Sekunde", und ist ein Maß für die durchschnittliche Rechenleistung eines Prozessors. Ein moderner Prozessor (z. B. Core i7-Serie) erreicht mehr als 100 GigaFLOPS (GFLOPS), ein Supercomputer liegt bei über 1 000 PetaFLOPS (PFLOPS; 1 PFLOP = 10^{15} FLOPS).

Weitere charakteristische – und gegebenenfalls effizienzsteigernde – Merkmale, die neben dem Preis bei einer Anschaffung von Bedeutung sein können, sind u. a.:

▪ **Herstellungstechnologie** *(manufactoring technology)*
Spricht man im Zusammenhang mit Prozessoren von der Herstellungstechnologie, so ist damit stets die Größe der integrierten Bauelemente und deren elektrischen Verbin-

dungen gemeint. Kleinere Strukturen bedeuten eine höhere Integrationsdichte und damit eine größere Funktionalität auf gleichem Raum sowie kürzere Verbindungen und damit geringere Signallaufzeiten. Zurzeit können Strukturen in einer Größe bis 4 nm (1 nm = 10^{-9} m) realisiert werden. Hierdurch lassen sich insbesondere auch wesentlich größere Cachespeicher bis zu mehreren Megabytes realisieren oder – in Form sog. **Chiplets** – mehrere Dies und Zusatzkomponenten auf einem gemeinsamen Substrat platzieren. Allerdings steigt mit höherer Integrationsdichte auch die Wärmeentwicklung pro Flächeneinheit sowie unerwünschte Leiterbahneffekte aufgrund von **Elektromigration** (Kap. 6.3.3.1).

- **Architektur** *(architecture)*
  Unter Architektur versteht man bei Mikroprozessoren das technische Prinzip bzw. das Verfahren, nach dem Daten und Programme verarbeitet werden. Man unterscheidet zwischen CISC-Prozessoren und RISC-Prozessoren:

  - **CISC** ist die Abkürzung für **C**omplex **I**nstruction **S**et **C**omputing und bezeichnet Allround-Prozessoren, die einen umfassenden, komplexen Befehlssatz verarbeiten können. Die einzelnen Befehle können sehr mächtig sein, die Ausführung eines Befehls erfordert in der Regel mehrere Taktzyklen.

  - **RISC** steht für **R**educed **I**nstruction **S**et **C**omputing und bezeichnet Prozessoren, die nur einen verhältnismäßig kleinen, aber effizienten Befehlssatz verarbeiten können. Diese Befehle sind derart optimiert, dass sie sehr schnell ausgeführt werden können – meist in einem einzigen Taktzyklus. Komplexe Befehle werden vor der eigentlichen Verarbeitung in entsprechend einfache Teile zerlegt. Hierdurch ist eine schnellere Verarbeitung möglich, für die Zerlegung sind jedoch zusätzliche Zwischenspeicher (Register) innerhalb des Prozessors erforderlich.

- **Verarbeitungskonzept** *(processing concept)*
  Anstelle der „klassischen" Arbeitsweise eines Prozessors, bei der zu jedem Zeitpunkt genau ein Befehl ausgeführt wird, der stets nur einen Datenwert bearbeitet (**SISD**: Single Instruction Single Data), besteht bei modernen Prozessoren die Möglichkeit, während eines Befehlszyklus' mehrere Datenwerte zu verarbeiten (**SIMD**: Single Instruction Multiple Data).

- **Hyperthreading (HT)**
  Hyperthreading bezeichnet eine Technik, bei der softwareseitig auf einem einzigen physikalisch vorhandenen Prozessor mehrere logische Kerne simuliert werden. Hierdurch kann eine Anwendung auf diese Kerne verteilt werden und in mehreren Prozessen gleichzeitig bearbeitet werden. Hyperthreading kann auch bei Mehrkernprozessoren eingesetzt werden. Ein Betriebssystem, welches Hyperthreading unterstützt, erkennt dann sowohl die „echten" als auch die „virtuellen" Rechenwerke (auch **logische Prozessoren** genannt) und muss die Rechenlast möglichst effizient auf mehrere parallel laufende „Rechenfäden" (Threads) verteilen.

- **Pipelining**
  Hierunter versteht man eine Methode für das Holen und Decodieren von Befehlen, bei der sich zu jedem Zeitpunkt mehrere Programmbefehle auf verschiedenen Bearbeitungsstufen befinden. Im Idealfall steht dem Prozessor bereits der nächste decodierte Befehl für die Bearbeitung zur Verfügung, wenn die Bearbeitung des vorhergehenden gerade abgeschlossen ist. Auf diese Weise entstehen für den Prozessor keine Wartezeiten und die gesamte Verarbeitungszeit verkürzt sich. Hierzu sind zusätzliche Register innerhalb des Prozessors erforderlich.

- **Cachegröße** *(cache size)*
  Um die Verarbeitungsgeschwindigkeit zu erhöhen, besitzen aktuelle Prozessoren mehrere integrierte Cachespeicher. Für die Effizienz des Cache ist neben seiner Größe auch die Frequenz entscheidend, mit der er getaktet wird (Kap. 1.5.4).

- **Anzahl der Speicherbusse** *(number of memory busses)*
  Die Anzahl und die Datenrate der unterstützten Speicherbusse (z.B. Dual-Channel, Triple-Channel, Quad-Channel; Kap. 1.5.3.3) beeinflusst maßgeblich die Arbeitsgeschwindigkeit der CPU.

- **Integrierte Funktionsblöcke** *(integrated functional blocks)*
  Eine größere Anzahl parallel arbeitender Funktionsblöcke und die Integration weiterer Funktionseinheiten (z.B. Grafikprozessor, Speichercontroller, PCIe-Controller) ermöglichen eine schnellere Bearbeitung von Befehlen.

- **Befehlssatzerweiterung** *(enhanced instruction set, instruction set extensions)*
  Eine Befehlssatzerweiterung ermöglicht dem Prozessor eine schnellere und optimierte Bearbeitung von Anweisungen (z.B. SSE 4.2-Befehlssatz; **SSE**: Streaming SIMD Extension). Die Befehlssatzerweiterung **AVX 2.0** (**A**dvanced **V**ector e**X**tensions) vergrößert z.B. die Befehlsbusbreite auf 256 bit (zum Vergleich: Befehlssatzerweiterung SSE 4.2: 128 bit).

- **Spezialfunktionen** *(special functions)*
  Etwa Turbo-**B**oost-Technologie 2.0 (**TBT** 2.0; Fa. Intel): kurzzeitig können alle Prozessorkerne ihre maximal ausgewiesene Leistungsaufnahme (**TDP**: **T**hermal **D**esign **P**ower; Kap. 1.3.4) durch gesteuerte Übertaktung überschreiten. Bei TBT 1.0 war lediglich eine Übertaktung einzelner Kerne möglich, wenn ein Programm nicht alle Kerne nutzte und die ungenutzten Kerne in einen „Schlafmodus" versetzt wurden.

Eine CPU-Taktsteigerung führt in der Regel zwar zu einer höheren Verarbeitungsgeschwindigkeit, allerdings steigt auch die Verlustleistung (Kap. 6.3.4.3), die in Form von Wärme abgeführt werden muss.

Bei Prozessoren mit vielen Kernen kann die Arbeit auf die einzelnen Kerne verteilt werden, somit ist die gleiche Verarbeitungsgeschwindigkeit wie bei einem Prozessor mit einer geringeren Kernzahl auch bei niedrigeren Taktraten und damit geringerer Verlustleistung pro Kern möglich.

Um die Verlustleistung weiter zu verringern, arbeiten moderne Prozessoren mit wesentlich geringeren Versorgungsspannungen als ältere Generationen (z.B. früher: 3,3 V; heute: 1,25 V). Beim Bootvorgang erkennt das UEFI (Kap. 2.5.2) den vorhandenen Prozessor, stellt die erforderliche **Corespannung** *(core voltage)* in der Regel automatisch ein und überwacht diese im laufenden Betrieb. Je nach Energiespartechnik wird die Corespannung sogar lastabhängig gesteuert und/oder einzelne Kerne werden ganz oder teilweise abgeschaltet.

> Eine niedrigere Corespannung verringert die Leistungsaufnahme und die Abwärme einer CPU und ermöglicht dadurch höhere CPU-Taktraten.

Trotz oft nur geringer technischer Unterschiede zwischen den jeweils eingesetzten Energiespartechniken verwenden die Hersteller aus Marketinggründen verschiedene Bezeichnungen (z.B. AMD: **Cool'n'Quiet**, **Optimized Power Management**, **Enhanced Power Now!**; Intel: **EIST** – Enhanced Intel SpeedStep Technology).

Bei EIST wird in Kombination mit der Versorgungsspannung auch die Taktung in Abhängigkeit von der Prozessorauslastung verändert. Die hierbei eingestellten Kernspannungs- und Frequenzarbeitspunkte werden als **C-States** (Kap. 1.2.3) bezeichnet.

Eine Verringerung der Frequenz wirkt sich bei der Leistungsaufnahme der CPU geringer aus als eine Verringerung der Kernspannung, da diese *quadratisch* in die Leistungsberechnung eingeht (Kap. 6.3.4.4). Insbesondere bei den Mobilprozessoren führt der Einsatz von EIST zu einer hohen Performance bei einer vergleichsweise niedrigen elektrischen Leistungsaufnahme (Thermal Design Power, Kap. 1.3.4).

Um die Performance von Prozessoren (aber auch anderer Hard- und Software) miteinander zu vergleichen, werden sog. **Benchmark-Tests** („Maßstabs"-Tests) durchgeführt. Bei solchen Tests kommen Programme zum Einsatz, die die Fähigkeiten von Prozessoren feststellen – z. B. die Geschwindigkeit, mit der ein Prozessor Befehle ausführt oder Gleitkomma-Zahlen verarbeitet. Beim Test werden immer dieselben Daten verarbeitet, sodass durch einen Vergleich der Ergebnisse Rückschlüsse darauf gezogen werden können, wie hoch die jeweilige Leistungsfähigkeit auf einem bestimmten Gebiet ist.

Die Entwicklung von aussagekräftigen, objektiven Benchmarks ist jedoch sehr schwierig, da verschiedene Hardware-Software-Kombinationen unter wechselnden Bedingungen stark divergierende Leistungswerte hervorrufen können. Nachdem ein Benchmark-Verfahren zum Standard geworden ist, kommt es auch häufig vor, dass die Herstellerfirma ein Produkt so modifiziert, dass es im Benchmark besser abschneidet als das der Konkurrenz, wobei jedoch die praxisrelevante Leistungsfähigkeit nicht unbedingt erhöht wird. Mit den besseren Benchmark-Ergebnissen wirbt aber die Herstellerfirma, um die Verkäufe anzukurbeln.

1.3.3   Prozessor-Bezeichnungen

Prozessoren werden von verschiedenen Firmen hergestellt, Marktführer sind derzeit **Intel** (**I**ntegrated **E**lectronics) und **AMD** (**A**dvanced **M**icro **D**evices).

Die Bezeichnung der einzelnen Prozessortypen erfolgte zunächst nur mit Ziffern, wie z. B. 286, 386 und 486. Die erste Ziffer kennzeichnete dabei die **Prozessorgeneration**, die beiden letzten Ziffern die zugrunde liegende **Mikroprozessor-Architektur** und die damit verbundenen **Befehlssätze** *(instruction sets)*. Diese Architektur hat sich vom Grundsatz her bis heute kaum verändert, lediglich die Befehlssätze wurden ständig erweitert. Daher bezeichnet man auch heutige CPUs, die auf dieser Architektur basieren, allgemein als **x86-Prozessoren**.

Seit geraumer Zeit werden von allen Herstellern spezielle Produktbezeichnungen verwendet (z. B. **Intel**: Atom, Celeron, Core 2 Quad, Core i; **AMD**: Athlon, Phenom, Epyc). Diese lassen sich – anders als allgemeine Ziffernkennzeichnungen – urheberrechtlich schützen und dürfen von anderen Firmen nicht verwendet werden. Spezielle Namenszusätze weisen auf besondere Leistungsmerkmale hin (z. B. Intel: Core i7 Extreme Edition).

Prozessoren einer bestimmten Produktreihe weisen in der Regel jeweils reihentypische Merkmale auf. So verfügen beispielsweise **Atom-Prozessoren** über besonders effiziente Stromsparmechanismen, die den Energieverbrauch im Leerlauf weiter als sonst üblich absenken (**LV-CPU; L**ow **V**oltage-CPU, im Sleepmodus bis 0,3 V). Sie

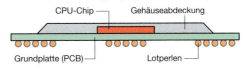

Bild 1.33: µFCBGA-Gehäuse (Grundprinzip)

arbeiten bei einer Kernspannung von 0,8 V bis 1,175 V mit Taktfrequenzen bis zu 3 GHz und sind mit ihrem **µFCBGA**-Gehäuse (**m**icro **F**lip **C**hip **B**all **G**rid **A**rray; kleine Lotperlen auf der Gehäuseunterseite; Bild 1.33) direkt auf dem Mainboard aufgelötet. Die TDP (Kap. 1.3.4) liegt bei Einkernern unter 5 W, bei Mehrkernern unter 10 W. Dadurch müssen sie lediglich passiv gekühlt werden. Sie verfügen über entsprechende Cache-Speicher, je nach Typ mit bis zu 9 MiByte, und unterstützen DDR3-RAM oder DDR 4-RAM (z. B. Atom C5115). Auch bei den Atom-Prozessoren können die Grafikfunktionen bereits im CPU-Chip implementiert sein, der passende Chipsatz dazu verfügt dann lediglich über PCH-Funktionen (Kap 1.4).

Sehr weit verbreitet und wesentlich leistungsstärker ist die Intel-Prozessorreihe mit der Bezeichnung **Core-i**. Die jeweils nachgestellte Ziffer 3, 5, 7 oder 9 definiert (grundsätzlich) die jeweils aufsteigende Leistungsklasse. Dieser Leistungsklassenziffer folgt dann eine (inzwischen) fünfstellige Modellnummer (hierbei 1. + 2. Ziffer: zugeordnete Mikro-architektur-Generation, gefolgt von der Modellnummer), auf die wiederum bis zu zwei Großbuchstaben folgen können, die Auskunft über potenzielle Eigenschaften geben (z. B. **K**: Taktmultiplikator kann vergrößert werden; **LM**: Mobile-CPU mit abgesenkter Thermal Design Power, Kap. 1.3.4).

Core-i-Prozessoren gibt es in unterschiedlichen – meist jährlich aktualisierten – Generationen, sie unterscheiden sich jeweils in der Struktur der Prozessorkerne, die mit bestimmten Codenamen bezeichnet werden (z. B.: 10. Generation: **Comet Lake**; 11. Generation: **Rocket Lake**; 12. Generation: **Alder Lake**; 13. Generation: **Raptor Lake**). Ab der Alder Lake-Generation werden CPUs auch unter der neuen Produktbezeichnung **EVO** (z. B. EVO-i7; EVO: „Evolution") vermarktet.

AMD vermarktet die Kombination aus CPU und GPU auf einem gemeinsamen Prozessor-Die – sog. APUs (Kap. 1.3.1) – unter der Bezeichnung **Fusion**. Die derzeitig aktuelle Prozessorstruktur heißt **Zen**, gefolgt von einer Versionsnummer (z. B. Zen 4). Die Prozessoren dieses Typs werden unter der Produktbezeichnung **Ryzen** (z. B. Ryzen 9 5900X) angeboten.

Zur exakten Bezeichnung eines Prozessors verwenden die Hersteller zusätzlich noch die Begriffe Revision und Stepping. Beide kennzeichnen Veränderungen an einem Prozessorkern.

> Als **Revision** bezeichnen Hersteller meist eine weitreichende Veränderung/Verbesserung an einem Prozessorkern, ohne dass dessen Basis-Funktionsumfang geändert wird (z. B. Ergänzen eines zusätzlichen Registers).
>
> Ein **Stepping** kennzeichnet das grundsätzliche Überarbeiten eines Kerns zur Optimierung oder zur Beseitigung eines Fehlers.

Revisionen werden mit Buchstabenfolgen angegeben. Bei den Steppings werden Buchstaben- und Zahlenkombinationen verwendet, die meistens aufwärts gezählt werden (z. B. ist ein Prozessor mit Stepping A2 ein „älterer" Typ als der gleiche Prozessor mit Stepping B3; es gibt aber auch Abweichungen von dieser Regel).

Das Stepping ist oftmals Teil der auf dem Gehäuse aufgedruckten genauen Typenbezeichnung, bei Intel wird es **S-Spec-Code** genannt (Alternativschreibweise: **sSpec**; z. B. sSpec-Code des Core i7 5960X: SR20Q).

Während im Desktop-Bereich meist x86-Prozessoren eingesetzt werden, verwendet man in den Geräten der mobilen Kommunikation (Smartphone, Tablet) überwiegend ARM-Prozessoren.

> Die Abkürzung **ARM** (**A**dvanced **R**ISC **M**achines) bezeichnet eine spezielle Chip-Architektur für Mikroprozessoren. Diese RISC-Prozessoren arbeiten mit einem sehr effizienten Befehlssatz und haben einen geringen Energiebedarf.

Die (namengebende) Firma ARM Limited entwickelt lediglich die Prozessorarchitekturen, hergestellt werden die Prozessoren von anderen Herstellern mit den entsprechenden Lizenzen. Diese Hersteller produzieren Halbleiterbausteine, in denen dann zu den Prozessorkernen – abhängig von jeweiligen Kundenwünschen – noch andere Funktionen „eingebettet" werden. Die ARM-Prozessorkerne stellen dann lediglich ein „System auf dem Chip" (System on a Chip: SoC) in einem „eingebetteten System" (**Embedded System**) dar.

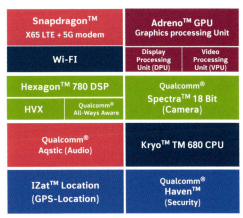

Bild 1.34: typische Funktionsblöcke eines ARM-SoC (Beispiel)

Die ARM-CPUs wurden zunächst durchnummeriert (ARM 1 bis ARM 11). Seit geraumer Zeit wird eine Weiterentwicklung dieser Architektur unter der Bezeichnung **Cortex** vermarktet. Cortex-Prozessoren stellen mehr Rechenleistung bei gleichzeitig geringerer Stromaufnahme zur Verfügung (z. B. Cortex A-Typen: 64-Bit-Prozessoren in 7-nm- oder 4 nm-Technologie, mit geräteabhängigen Taktfrequenzen bis zu 3,3 GHz und einer Leistungsaufnahme ≤ 5 W TDP). Cortex-Prozessoren sind heute in fast allen Smartphones und Tablets zu finden (z. B. Snapdragon 8 Gen 1; mit 4 Cortex-A510-Kernen, bis 1,8 GHz, 3 Cortex-A710-Kernen, bis 2,5 GHz, 1 Cortex-X2-Kern, bis ca. 3 GHz; alle Kerne 64 Bit in 4 nm-Technik; 6 MiByte L3-Cache; zusätzlich KI-Engine; Videoauflösung bis 8 K, HDR 10-Unterstützung, mit Gigabit-, LTE- und 5G-Modem). Oftmals werden auch andere Marketingbezeichnungen verwendet. Auf aktuellen ARM-Prozessoren von Snapdragon ist auch eine spezielle Desktop-Version von Windows 10 bzw. Windows 11 lauffähig.

Der speziell für die eigenen PC-Produkte von Apple entwickelte Prozessortyp **M1** ist ebenfalls ARM-basierend und wird in 5-nm-Technologie hergestellt. Das Basismodell verfügt über 4 **P-Cores** (Taktrate bis zu 3,2 GHz, je 192 KiByte L1-Befehlscache, je 128 KiByte L1-Datencache, gemeinsamer 12 MiByte L2-Cache) und 4 **E-Cores** (Taktrate bis ca. 2 GHz, je 128 KiByte Befehlscache, je 64 KiByte Datencache, gemeinsamer 4 MiByte L2-Cache). Zusätzlich beinhaltet er eine leistungsstarke GPU mit bis zu aktiven 8 Shader-Kernen (Kap. 1.9.1.1), eine neuronale Netzwerkstruktur mit 16 Kernen („Apple Neural Engine" für maschinelles Lernen) sowie weitere Funktionsblöcke (z. B. HDR Video-Prozessor, Controller für NVMe, PCIe-4 und Thunderbolt, gemeinsam nutzbarer 8 MiByte L3-Cache). Die auf der M1-Architektur aufbauenden Modelle **M1 Pro** und **M1 Max** verfügen typabhängig über eine unterschiedliche Anzahl von Kernen oder Funktionsblöcken. Das Folgemodell **M1 Ultra** basiert auf zwei M1 Max-Chips („UltraFusion-Architektur") und verfügt über eine CPU mit 20 Kerne (16P + 4E) sowie zusätzlich über eine 64-Kerne-GPU.

Die Nachfolgegeneration der 5 nm-basierenden CPUs trägt die Bezeichnung **M2**. Die Basisversion liefert im Vergleich mit dem M1 bei nahezu gleicher Anzahl von CPU-, GPU- und Shader-Kernen eine verbesserte, energieeffizientere Performance (z. B. aufgrund höherer Taktung und einer höheren Speicherbandbreite).

Prozessoren in PCs werden – abgesehen von wenigen Ausnahmen – nicht fest verlötet, sondern mit einem Sockel auf dem Motherboard befestigt. Im Laufe der Prozessorentwicklung kamen hierbei unterschiedliche Sockeltypen zum Einsatz. Die einzelnen Sockeltypen sind untereinander nicht kompatibel.

Die allgemeine Bezeichnung **ZIF**-Sockel (**Z**ero **I**nsertion **F**orce Socket) bei den Sockeln mit Pin-Fassungen drückt aus, dass zum Einsetzen des Prozessors in den Sockel kein Kraftaufwand erforderlich ist, der eingesetzte Chip wird nach dem Einsetzen lediglich mit einem kleinen Hebel arretiert, wobei die Kontakte der Fassungen gegen die einzelnen Pins gepresst werden. Hierbei werden die Pins infolge sog. Scherkräfte mechanisch belastet (siehe Beispiel: PGA-ZIF-Sockel, Bild 1.35 a; **PGA**: **P**in **G**rid **A**rray).

Seit geraumer Zeit besitzen Intel-Prozessoren keine Pins mehr, sondern kleine Kontaktflächen an der Unterseite. Die entsprechenden Gegenkontakte in den speziell hierfür entwickelten **LGA-Sockeln** (**L**and **G**rid **A**rray) bestehen aus winzigen Federn, auf die der Prozessor vorsichtig – d. h. ohne Berührung dieser Federchen mit den Fingern – gelegt und durch einen Rahmen angedrückt und arretiert wird. Vorteil dieser Konstruktion ist, dass zur Fixierung des Prozessors keine Scherkräfte mehr ausgeübt werden müssen. Außerdem wird das Problem beseitigt, dass die Kontaktbeinchen wie kleine Antennen wirken, was vorher zu Schwierigkeiten bei der Steigerung der Taktfrequenzen führte. Die Ziffern hinter der Sockelbezeichnung LGA geben Auskunft über die Anzahl der Kontakte. Ab den Ryzen-7000er-Prozessoren verwendet AMD ebenfalls einen in LGA-Technik ausgeführten CPU-Sockel (Sockel **AM5** mit 1718 Kontakten; unterstützt PCIe 5.0 und DDR5-RAM-Module).

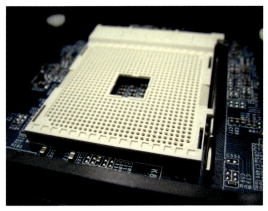 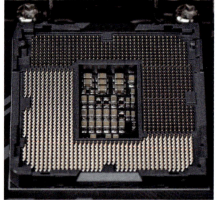

Bild 1.35: Beispiele für Prozessor-Sockel, a) PGA-ZIF-Sockel (veranschaulichende Darstellung), b) aktueller LGA-Sockel

Bei Prozessoren benötigt fast jede Generation einen neuen Sockeltyp. Grund dafür ist die Änderung der Hardware (z. B. von DDR4- auf DDR5-Speichermodule, von dreikanaligem auf vierkanaliges Speicherinterface) oder das Hinzufügen von zusätzlichen Komponenten (z. B. Grafikanbindung bzw. Grafikkern; IGP, Kap. 1.9.1.1). Auch die unterschiedliche Art der Verbindung mit dem Chipsatz (Bild 1.32) führt dazu, dass sich die Anzahl der Kontakte im Laufe der Zeit geändert hat.

1.3.4   Prozessor-Kühlung

Die Anforderungen an die Kühlung von Prozessoren sind über die Zeit ständig angestiegen, da durch höhere Taktfrequenzen, kleinere Halbleiterstrukturen und Prozessorgehäuse die maximal zulässige CPU-Temperatur schneller erreicht wird. Deswegen ist – bis auf Ausnahmen im Bereich portabler PCs und Industrie-PCs – zusätzlich zum obligatorischen Kühlkörper mit einem möglichst geringen Wärmewiderstand R_{th} (Kap. 6.3.5) unbedingt ein Ventilator auf dem Prozessor erforderlich.

Diese Kühleinheit muss so dimensioniert sein, dass die von der CPU abgegebene Wärmeleistung hinreichend schnell abgeführt wird.

> Als **Thermal Design Power** (TDP) wird vom Hersteller diejenige Verlustleistung angegeben, auf die das verwendete Kühlelement (Kühlkörper und Ventilator) sowie die PC-Gehäusebelüftung mindestens ausgelegt sein müssen, damit der Prozessor unter Volllast seinen Temperatur-Grenzwert nicht überschreitet.

Die Thermal Design Power wird in Watt (W) angegeben (Kap. 6.3.4.3). Wenn sich die Temperatur innerhalb des CPU-Chips unzulässig erhöht, wird die CPU-Leistung automatisch verringert oder der Prozessor schaltet sich ab.

Ein Prozessor-Ventilator arbeitet mit einer 12-V-Versorgungsspannung und wird an die dafür vorgesehenen Kontakte auf dem Motherboard angeschlossen. Durch die Montage von Ventilator und Kühlkörper ist der eigentliche Prozessor-IC in der Regel nicht mehr zu sehen. Um sowohl die Geräuschentwicklung des Lüfters als auch seine Energieaufnahme möglichst gering zu halten, wird die Lüfterdrehzahl in Ab-

Kontaktfläche für das CPU-Gehäuse

Bild 1.36: Prozessor-Kühlblock

hängigkeit von der Prozessortemperatur geregelt. Dazu muss die Regelungselektronik ein ausreichend präzises Temperatursignal erhalten. Bei LGA-Mainboards ist die Möglichkeit vorgesehen, die Steuerung des Lüfters mit einem Kontrollsignal zu realisieren, welches mittels eines implementierten Messfühlers direkt aus der aktuellen Prozessortemperatur gewonnen und mittels entsprechender Hardware-Monitoring-Schaltungen im Zusammenspiel mit dem UEFI (Kap. 2.5.2) verarbeitet wird. Dieses Signal (ein **p**ul**s**w**e**itenmoduliertes [PWM] 25-kHz-Signal) steht an einem zusätzlichen Pin des Lüfteranschlusses am Mainboard zur Verfügung. Die sog. **PWM-Lüfter** verarbeiten dieses Signal und können auf diese Weise ihre Drehzahl temperaturabhängig regulieren.

Bei der Kühlermontage ist auf eine gute Wärmeleitung zwischen dem CPU-Gehäuse und dem Kühlerboden zu sorgen. Eine Verbesserung des Wärmetransports ist durch den Einsatz eines speziellen Wärmeleitmediums (**TIM**: **T**hermal **I**nterface **M**aterial; Wärmeleitpaste) möglich. Teilweise werden auch sog. **Heatpipes** (Kap. 6.3.5) eingesetzt.

AUFGABEN

1. Was bezeichnet man als Prozessor-Die? Wieso ist der Prozessor-Die kleiner als das Prozessorgehäuse?

2. Welche drei wesentlichen Prozessor-Einheiten (Units) unterscheidet man bei einer CPU?

3. ALU und FPU sind zwei wichtige Funktionsblöcke eines Prozessors. Nennen Sie die Bedeutung der Abkürzungen und die jeweiligen Aufgaben der Funktionsblöcke.

4. Was ist eine APU?

5. Was ist ein ARM-Prozessor? Nennen Sie technische Merkmale und Einsatzbeispiele.

6. Nennen Sie vier verschiedene grundsätzliche Prozessorstrukturen, die von den Herstellern vermarktet werden. Erläutern Sie die Unterschiede.

7. Welche Kenngrößen eines Prozessors geben Auskunft über seine Leistungsfähigkeit?

8. Aus welchem Grund geben Hersteller zu ihren Prozessoren Informationen über die „Revision" und das „Stepping"?

9. Was bedeuten die Abkürzungen ZIF-Sockel und LGA-Sockel?

10. Kann man die heutigen Motherboards zu einem späteren Zeitpunkt mit einem leistungsfähigeren Hauptprozessor aufrüsten? Worauf ist hierbei ggf. zu achten?

11. Lassen sich die Prozessoren verschiedener Hersteller grundsätzlich auf dem gleichen Sockel montieren? (Antwort mit Begründung!)

12. Nennen Sie Beispiele für Maßnahmen, mit denen sich die Performance von Prozessoren verbessern lässt.

13. Welcher Unterschied besteht zwischen einem CISC-Prozessor und einem RISC-Prozessor?

14. Was versteht man unter dem sog. EIST-Verfahren? Warum wird diese Technik bei CPUs eingesetzt?

15. Was ist ein Benchmark-Test?

16. Welche Information kann man dem TDP-Wert von Prozessoren entnehmen?

17. Die Corespannung eines Prozessors wird von 3,3 V auf 2,3 V gesenkt. Um wie viel Prozent ändert sich die auftretende Verlustleistung, die in Form von Wärme abgeführt werden muss? Begründen Sie den Wert der Leistungsänderung mithilfe elektrotechnischer Grundlagen (Kap. 6.3).

18. Welche besonderen Merkmale besitzt ein PWM-Lüfter?

19. Erstellen Sie mithilfe einer Internetrecherche eine Tabelle, in der Sie (mindestens fünf) verschiedene Generationen von x86-Prozessoren mit den folgenden Kenngrößen miteinander vergleichen: Hersteller, Prozessorbezeichnung/Mikroarchitektur, Anzahl der Kerne, CPU-Takt in GHz, Cachegrößen in KiByte, Sockelbezeichnung, Chipsatzanbindung, TDP in Watt, Fertigungstechnik. Geben Sie außerdem die Bedeutung von verwendeten Abkürzungen an.

20. Informieren Sie sich im Internet über die maximale und minimale Leistungsaufnahme von mindestens fünf verschiedenen Prozessoren unterschiedlicher Leistungsklassen. Stellen Sie Ihre Ergebnisse tabellarisch und in Form eines geeigneten Diagramms dar. Leiten Sie aus Ihren Rechercheergebnissen eine Aussage über einen möglichen Einsatz in portablen Geräten ab und begründen Sie diese.

1.4 Chipsatz

Als **Chipsatz** *(chipset, set of chips)* bezeichnet man eine Anzahl von Hilfsprozessoren und Controllern, die den Hauptprozessor in seinen Verwaltungs- und Steuerungsfunktionen entlasten. Der Chipsatz ist fest auf dem Mainboard aufgelötet und kann nicht ausgetauscht werden.

Der Chipsatz bestand ursprünglich stets aus zwei ICs (daher die Bezeichnung als „Satz"). Zu den Aufgaben eines Chipsatzes gehören generell:

- Verwaltung der verschiedenen Datenübertragungssysteme (z. B. PCIe, USB; Kap. 1.6) und Schnittstellen (z. B. SATA, eSATA, M.2, Firewire, LAN; Kap. 1.7)

- Steuern der Datenflüsse von und zu den angeschlossenen Komponenten

- Abstimmung der unterschiedlichen Bustakte und Übertragungsraten

Zur Verwaltung der unterschiedlichen Bussysteme sowie der angeschlossenen Komponenten verfügt der Chipsatz über Controller, die auch als **Bridges** oder **Hubs** bezeichnet werden, deren genaue Bezeichnungen aber bei den Chipherstellern in Abhängigkeit vom jeweiligen Funktionsumfang variieren.

Bezeichnung		Hersteller
Memory **C**ontroller **H**ub (**MCH**; Version mit integriertem Speichercontroller) **I**nput/**O**utput **H**ub (**IOH**; Version ohne integrierten Speichercontroller)	**I**nput/**O**utput **C**ontroller **H**ub (**ICH**)	Intel
–	**P**latform **C**ontroller **H**ub (**PCH**; Einchip-Lösung in Kombination mit CPUs, bei denen Memory-Controller, Grafikkern und Grafikanbindung im CPU-Gehäuse integriert sind)	
–	**F**usion **C**ontroller **H**ub (**FCH**; Einchip-lösung, in Kombination mit einer APU der Fusion-Reihe)	AMD

Bild 1.37: Beispiele für Bezeichnungen der Chipsatzkomponenten

Im Zuge der technischen Weiterentwicklung werden inzwischen viele der ursprünglich im Chipsatz verwalteten Funktionseinheiten direkt in das CPU-Gehäuse implementiert. Hierdurch erreicht man eine Geschwindigkeitssteigerung bei der Bearbeitung anstehender Aufgaben, da die Übertragungswege der Signale kürzer werden. Aus diesem Grund besteht der Chipsatz heute nur noch aus einem einzigen IC. Die gängige Bezeichnung „Chipsatz" hat sich bislang aber (noch) nicht geändert.

Trotz der Verlagerung vieler Funktionen bleibt der Chipsatz – neben der CPU – eine maßgeblich leistungsbestimmende Komponente eines Computers.

Die Hersteller visualisieren die Leistungsmerkmale ihrer Chipsätze gerne mit einem Blockdiagramm. Ob sämtliche zur Verfügung stehenden Merkmale dann auch technisch genutzt werden, legen jedoch die Mainboard-Hersteller fest. Hier lohnt ein Blick in das jeweilige Mainboard-Manual oder auf die Internetseite des Herstellers.

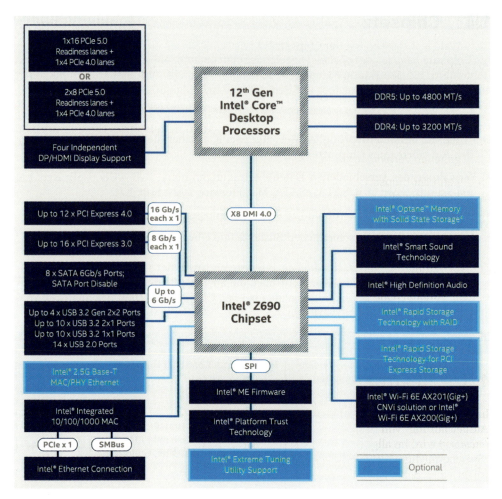

Bild 1.38: Hersteller-Blockdiagramm eines Intel-Chipsatzes (Hinweis: International verwendete Bezeichnungen und Schreibweisen können von deutschen Normen abweichen.)

Andere Intel-Chipsätze oder Produkte konkurrierender Anbieter (z. B. AMD) weisen vergleichbare Eigenschaften auf, auch wenn die Anzahl der anschließbaren Komponenten differiert oder die Bezeichnungen teilweise verschieden sind.

Für Anwendungen in portablen Geräten (Laptop, Netbook, Tablet) werden Chipsätze mit ähnlichen technischen Eigenschaften verwendet, allerdings kommen hier spezielle Varianten mit möglichst geringer Leistungsaufnahme und weniger unterstützten Anschlüssen zum Einsatz. Aus Platzgründen werden hier vielfach sog. **SoC**s (System-on-a-Chip) verwendet.

Von den Internetseiten der Hersteller lassen sich die Daten und Leistungsmerkmale der jeweils aktuellen Chipsätze herunterladen.

1

AUFGABEN

1. Welche Aufgaben hat der Chipsatz?

2. Welche unterschiedlichen Bezeichnungen werden für die Chipsatzkomponenten verwendet?

3. Welche Vorteile bietet ein Chipsatz, der lediglich aus einem einzigen IC besteht?

4. Die Verbindung zwischen Chipsatz und CPU kann mittels FSB, HT, QPI oder DMI erfolgen. Erläutern Sie die Abkürzungen und die technischen Merkmale der angegebenen Verbindungsarten.

5. Kann der Chipsatz zu einem späteren Zeitpunkt ausgetauscht werden? (Antwort mit Begründung!)

6. a) Bild 1.38 zeigt das Hersteller-Blockdiagramm eines Intel-Chipsatzes. Analysieren Sie die im Diagramm enthaltenen Informationen und erstellen Sie eine Zusammenfassung der technischen Leistungsmerkmale des Chipsatzes (in Tabellenform).
   b) Recherchieren Sie ergänzend auch technische Daten zu den angegebenen unterstützten Schnittstellen (PCIe, USB, LAN usw.) und Technologien (z. B. Intel Optane Memory, Intel Rapid Storage usw.). (Lösungshinweis: Recherche in anderen Kapiteln dieses Fachbuchs und/oder im Internet)

1.5 Elektronische Speicher

Im PC-Bereich versteht man unter einem Speicher allgemein ein Medium, welches der Aufbewahrung von Daten in computerlesbarer Form dient. Der Begriff „Speicher" *(memory)* wird im allgemeinen Sprachgebrauch vielfach gleichbedeutend mit dem Begriff „Speichermedium" *(storage)* verwendet. Dieser bezeichnet aber eigentlich einen Datenträger wie z. B. die Festplatte.

Auf dem Motherboard und den ggf. vorhandenen Zusatzkarten wird der Speicher in Form von elektronischen **Halbleiterspeichern** (z. B. auf der Basis von Silizium) verwirklicht.

Je nach Technologie weisen die verwendeten elektronischen Speicher unterschiedliche Eigenschaften auf. Grundsätzlich unterscheidet man zwischen „nicht flüchtigen Speichern" und „flüchtigen Speichern" mit jeweils unterschiedlichen Spezifikationen (Bild 1.39).

Als **nicht flüchtigen Speicher** *(non-volatile memory)* bezeichnet man ein elektronisches Speicherelement, das Daten auch nach dem Abschalten der Spannungsversorgung dauerhaft speichern kann.

Als **flüchtigen Speicher** *(volatile memory)* bezeichnet man ein elektronisches Speicherelement, das Daten nur speichern kann, solange eine Spannungsversorgung gegeben ist. Nach dem Abschalten oder nach einer Unterbrechung der Spannungsversorgung sind alle gespeicherten Daten verloren.

Ein Halbleiterspeicher besteht aus einer großen Anzahl von elektronischen Bauelementen, die mikroskopisch klein auf dem Halbleiterchip (Speicher-IC) angeordnet sind. Diese

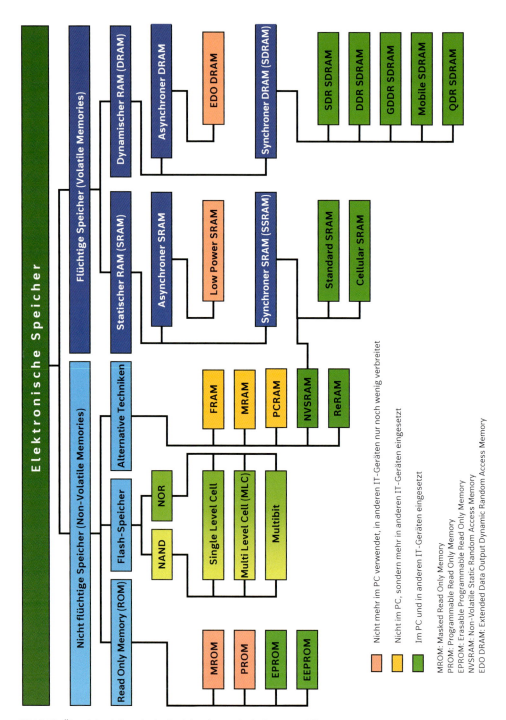

Bild 1.39: Übersicht elektronische Speicher (exemplarische Auswahl)

Bauelemente bilden einzelne **Speicherzellen**, in denen die Informationen binär (0 oder 1, Kap. 6.2.1.1) abgelegt werden können. Die Größe eines Halbleiterspeichers wird auch Speicherkapazität genannt.

Die **Speicherkapazität** *(memory capacity, storage space)* eines Halbleiterspeichers gibt die vorhandenen Speicherzellen in Byte an. Bei großen Kapazitätswerten erfolgt die Angabe
- entweder unter Verwendung von *Dezimalpräfixen* in Kilobyte (kB), Megabyte (MB), Gigabyte (GB) oder Terabyte (TB)
- oder unter der Verwendung von *Binärpräfixen* in Kibibyte (KiB), Mebibyte (MiB), Gibibyte (GiB) oder Tebibyte (TiB).

Abhängig von der verwendeten Präfixart ergeben sich bei der Kapazitätsangabe unterschiedliche Zahlenwerte (Kap. 6.1.5.1).

1

Für den Einsatz von Halbleiterspeichern sind neben der Speicherkapazität auch die folgenden Kenngrößen von Bedeutung:

- **Zugriffszeit** *(access time)*
  Zeitspanne, die vom Anlegen der Adresse einer Speicherzelle bis zu dem Zeitpunkt vergeht, an dem die Daten von der Zelle zum Prozessor (oder umgekehrt) übertragen werden können.

- **Datenrate**, Datentransferrate *(data rate, data transfer rate)*
  Geschwindigkeit, mit der Daten in den bzw. aus dem Speicher gelesen werden können. Sie wird in Bytes pro Sekunde angegeben, ihre Größe hängt vom verwendeten Halbleiterspeicher, vom Bussystem und von der Zugriffsmethode (z. B. Pipeline Burst) ab.

1.5.1   Nicht flüchtige Speicher

Die ersten nicht flüchtigen Speicher, die entwickelt wurden, konnten technologisch bedingt lediglich ein einziges Mal mit Daten beschrieben werden. Danach waren die gespeicherten Daten nicht mehr veränderbar, sie konnten jedoch beliebig oft ausgelesen werden. Aus dieser Zeit stammt die Bezeichnung **ROM** (**R**ead **O**nly **M**emory), die bis heute – z. T. auch fälschlicherweise – als Oberbegriff für eine Vielzahl von nicht flüchtigen Speichern verwendet wird. Alternativ sind auch die Bezeichnungen **Festwertspeicher** oder **Permanentspeicher** gebräuchlich. Die Abkürzung ROM wird ebenfalls in Verbindung mit optischen Speichermedien benutzt (z. B. DVD-ROM, Kap. 1.8.5).

Die Marktbedeutung von nicht flüchtigen Speichern hat in den letzten Jahren ständig zugenommen. Im Gegensatz zu früher existieren heute jedoch unterschiedliche technologische Ansätze für die Realisierung von nicht flüchtigen Speichern. Allen gemeinsam ist, dass sie inzwischen auch wiederbeschreibbar sind. Sie unterscheiden sich lediglich in der Art, wie dieses erneute Beschreiben technisch realisiert wird (z. B. PROM, EPROM, EEPROM; Bild 1.39). Von großer technischer Bedeutung sind derzeit die sog. Flash-Speicher, die eine besondere Kategorie der EEPROMs darstellen (Alternativschreibweise: E^{2}PROM, **E**lectrical **E**rasable **P**rogrammable **R**ead **O**nly **M**emory; elektrisch löschbarer programmierbarer Festwertspeicher).

1.5.1.1 Flash-Speicher

Im Gegensatz zu den klassischen EEPROMs lassen sich bei Flash-(EEPROM-)Speichern mehrere Bytes gleichzeitig löschen bzw. beschreiben, wodurch sich eine vergleichsweise höhere Datenrate ergibt. Man unterscheidet sog. NOR- und NAND-Typen (Kap. 6.2.1.1).

NOR-Typen sind Flash-Speicherzellen, die über mehrere Datenleitungen parallel geschaltet sind. NOR-Speicher werden blockweise beschrieben, jedoch ist bei diesem Typ der Lesezugriff wahlfrei auf jedes einzelne Byte möglich. Hierdurch ergeben sich wesentlich kürzere Zugriffszeiten, eine einfachere Gestaltung der Schnittstelle sowie eine weniger komplexe Steuerungssoftware als bei einem NAND-Typ. Allerdings benötigt dieser Speichertyp wegen der größeren Zahl der Datenleitungen mehr Platz und lässt rund zehnmal weniger Lösch-Schreib-Zyklen zu als ein NAND-Speicher.

Bild 1.40: Speicher-IC für UEFI auf einem Mainboard (Prinzipdarstellung)

NOR-Typen werden in Computern zur Speicherung des UEFI (Kap. 2.5.2) verwendet, da ihre Bitfehlerhäufigkeit geringer ist und sie somit auch ohne zusätzliche Fehlerkorrekturfunktionen zuverlässig arbeiten.

> **NOR-Flash-Speicher** sind besonders für Anwendungen geeignet, bei denen die Zuverlässigkeit und die Ausfallsicherheit im Vordergrund stehen.

Bei **NAND-Typen** sind die einzelnen Speicherzellen in größeren Blöcken hintereinandergeschaltet (typische Blockgröße: 16 KiByte; Kap. 6.1.5.1). Jeder Block ist an eine gemeinsame Datenleitung angeschlossen. Durch die geringe Anzahl von Datenleitungen ergibt sich auf dem Speicherchip zwar eine besonders kompakte Bauweise (d.h. größere Speicherkapazität pro Quadratzentimeter Siliziumfläche), jedoch können Daten nur blockweise gelesen bzw. geschrieben werden (d.h. langsamere Zugriffszeiten und größerer Softwareaufwand zur Ansteuerung der Speicherzellen eines Blocks). Um einen Block neu beschreiben zu können, muss dieser erst durch Anlegen einer Spannung komplett gelöscht werden. Die bei diesem Typ herstellungsbedingte höhere Anzahl von defekten Blöcken („Bad Blocks") wird bereits zum Zeitpunkt der Auslieferung detektiert und markiert. Diese können dann nicht mehr für Speicherzwecke verwendet werden. Da auch im Laufe der Nutzung die Wahrscheinlichkeit hoch ist, dass weitere Blöcke unbrauchbar werden, ist ein ständiges „**Bad-Block-Management**" erforderlich, welches in der Regel ein auf dem Speicherchip integrierter Controller übernimmt.

> **NAND-Flash-Speicher** sind besonders für Anwendungen geeignet, bei denen große Datenmengen auf kleinstem Raum elektronisch gespeichert werden müssen (z. B. SD-Karte, SSD).

Unter der Bezeichnung **eMMC** (**em**bedded **M**ultimedia **C**ard) findet man diesen Flash-Speichertyp – in Kombination mit einem einfachen, integrierten Storage Controller – vielfach fest eingebaut in preisgünstigen Mobilgeräten (z.B. Kamera, Smartphone, Netbook). Anstelle von eMMC-Speichern werden bei eingebetteten Systemen aber zunehmend auch Flash-Speicher gemäß dem schnelleren **UFS**-Standard (Universal **F**lash Storage) verwendet (z. B. UFS 4.0: theoretische Datenrate typabhängig bis zu 5,8 GB/s).

Zur Steigerung der Speicherkapazität von NAND-Flash-Speichern werden technische Verfahren eingesetzt, die es ermöglichen, mehr als 1 Bit pro Speicherzelle zu speichern.

> Herkömmliche Speicherzellen, die lediglich 1 Bit pro Zelle speichern, werden als **Single-Level Cell** (**SLC**) bezeichnet.
>
> Speicherzellen, die mehrere Bit pro Zelle speichern können, werden mit dem Oberbegriff **Multi-Level Cell** (**MLC**) bezeichnet.

1

Technisch bedingt kann jede Zelle eines SLC-Speichers bis zu 10^6-mal beschrieben werden, bei MLC-Typen sind es 10^5-mal. Das Auslesen von Speicherinhalten ist bei beiden Typen unbegrenzt möglich. Aktuell werden Speicherzellen verwendet, die drei Bit pro Zelle (**TLC**: Triple-Level Cell) oder vier Bit pro Zelle (**QLC**: Quadruple-Level Cell) speichern können.

Durch die Fertigung von Speicherchips mit übereinanderliegenden Zellen (gestapelte Speicherzellen; dreidimensionale Anordnung) lässt sich bei gleichen Chipabmessungen die Speicherkapazität wesentlich weiter steigern. Diese Technologie wird beispielsweise unter der Bezeichnung **3D-V-NAND** (Fa. Samsung) vermarktet und ermöglicht derzeit bis zu 96 Funktionslagen in vertikaler Anordnung (deshalb **V**-NAND). Hiermit lassen sich Speicherkapazitäten mit bis zu 1 Terabyte realisieren. Zu beachten ist, dass die Hersteller die Kapazitätsangaben traditionell mit Dezimalpräfix angeben, die von einem PC erkannten bzw. angegebenen Werte sind in der Regel kleiner (siehe Kap. 6.1.5.1).

Eingebaut findet man QLC-Speicher in MP3-Playern, Tablets und Smartphones. Sie werden auch als Ersatz für handelsübliche Festplatten als sog. **Solid State Drives** (SSD; Kap. 1.8.2) eingesetzt.

Darüber hinaus finden sich Flash-Speicher auch in USB-Sticks und als **Embedded Flash** in Mikroprozessoren.

> **Embedded** bedeutet „eingebettet". Diese Bezeichnung wird für Komponenten verwendet, die Teil eines Gesamtsystems sind, aber möglicherweise technologisch unterschiedlich aufgebaut oder gefertigt werden.

Austauschbar sind QLC-Speicher auch in Form sog. **Flash-Speicherkarten** in vielen elektronischen Geräten zu finden. Diese Speicherkarten gibt es in verschiedenen Spezifikationen, Bauformen und mit unterschiedlichen technischen Merkmalen (z. B. **CF**: Compact Flash). Von Bedeutung im PC-Bereich sind heute nur noch **SD-Karten** (Secure Digital; eigentlich Secure Digital Memory Card).

Die SD-Karte gibt es in drei unterschiedlichen Größen (SD, miniSD, microSD, Bild 1.41); die Neuproduktion von miniSD-Karten wurde allerdings inzwischen eingestellt. Die Nutzung der microSD-Karte ist mit einem entsprechenden Einschubadapter auch im normalen SD-Kartenslot möglich.

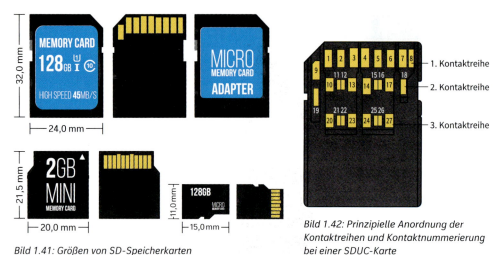

Bild 1.41: Größen von SD-Speicherkarten

Bild 1.42: Prinzipielle Anordnung der
Kontaktreihen und Kontaktnummerierung
bei einer SDUC-Karte

Neben den eigentlichen Speicherzellen befindet sich auf jedem Kartenchip jeweils auch ein steuernder Speicher-Controller.

Für alle Karten wurden im Laufe der Zeit verschiedene Spezifikationen entwickelt (Bild 1.43). Diese unterscheiden sich maßgeblich in der verfügbaren Speicherkapazität und in der Übertragungsgeschwindigkeit. Grundsätzlich ist bei allen Versionen technisch bedingt die Übertragungsrate beim Auslesen größer als beim Beschreiben. Die in Bild 1.43 angegebenen Übertragungsraten sind Maximalwerte, die in der Praxis erreichbaren realen Werte sind geringer und hängen sowohl vom Hersteller als auch vom benutzten Gerät ab.

Bezeichnung	Merkmale
SD (Standard-SD)	– Verwendete ursprünglich das FAT-16-Dateisystem (FAT, Kap. 2.7.1) – Daher nur Speichergrößen bis zu 2 GByte – Übertragungsrate ursprünglich ca. 3,6 MByte/s, heute auch schneller
SDHC (**SD H**igh **C**apacity)	– Erweiterung des ursprünglichen SD-Standards – Speichergrößen bis zu 32 GByte – Übertragungsrate bis zu 25 MByte/s – Üblicherweise sind SDHC-Karten mit FAT 32 vorformatiert, aber auch mit anderen Dateisystemen formatierbar (z. B. NTFS, HFS); sie sind dann allerdings für Digitalkameras nicht mehr lesbar. – Auch können nicht alle SD-fähigen Geräte SDHC-Karten verarbeiten.
SDXC (**SD eX**tended **C**apacity)	– Nachfolger von SDHC – Speichergrößen bis zu 2 TByte (Kap. 6.1.5.1) bei Verwendung des Dateisystems **exFAT** (Kap. 2.7.) – Mit exFAT geht die Abwärtskompatibilität zu anderen Dateisystemen (z. B. FAT 32, NTFS) verloren. – Definition eines neuen Anschluss-Standards (**UHS**: Ultra High Speed) mit wesentlich höheren Übertragungsraten: **UHS I**: bis ca. 100 MByte/s (**UHS Class 1**, vgl. Bild 1.44) **UHS II**: bis ca. 300 MByte/s (**UHS Class 3**, vgl. Bild 1.44) **UHS III**: mit bis zu ca. 600 MByte/s (wird nicht weiter entwickelt, da Nachfolgekarten integrierte PCIe-Schnittstellen verwenden; siehe SDUC)

Bezeichnung	Merkmale

SDUC
(**SD U**ltra **C**apacity)
	– Nachfolger von SDXC
	– Speicherkapazität bis zu 128 Terabyte (bei Verwendung von exFAT)
	– Neuer Anschluss-Standard **SD Express** ermöglicht Datenüber-
	   tragungsgeschwindigkeiten von bis zu 985 MByte/s (SD-Standard
	   Version 7).
	– Hierzu Integration einer **PCIe**-Schnittstelle (Kap. 1.7.4) in die
	   Speicherkarten, die dann mittels **NVMe**-Protokoll (Kap. 1.8.2)
	   zunächst über die UHS-II-Kontakte angesteuert wird (2 Kontakt-
	   reihen auf der Rückseite; Bild 1.42)
	– SD-Spezifikation Version 8 steigert die Schnittstellengeschwindig-
	   keit auf bis nahezu 2 GByte/s (2 x PCIe 3.0 oder 1 x PCIe 4.0)
	– Bei Nutzung von 2 PCIe-Lanes ist eine dritte Kontaktreihe erforder-
	   lich (Bild 1.42); mit 2 x PCIe 4.0 ist theoretisch eine Übertragung mit
	   nahezu 4 GByte/s möglich.

Bild 1.43: Spezifikationen von SD-Speicherkarten (Hinweis: Die Hersteller verwenden bei Kapazitätsangaben und Übertragungsraten stets Dezimalpräfixe; es können aber auch Binärpräfixe verwendet werden; Kap. 6.1.5.1.)

Insbesondere zwecks Kompatibilität zu älteren Geräten findet – trotz möglicher Einschränkungen bei der Nutzung – auch das (überholte) Dateisystem FAT 32 weiterhin Anwendung. Trotzdem sind SDXC- und SDUC-Karten zu SD- oder SDHC-Lesegeräten nur eingeschränkt abwärtskompatibel.

Aufgrund technischer und juristischer Probleme mit exFAT werden SD-Karten bei Android- und GNU/Linux-Systemen (Kap. 4) zumeist mit dem Linux-Dateisystem **ext4** (Kap. 2.7) formatiert.

Der **SDHC**-Standard definiert erstmalig auch sog. **Speed Classes** (Tempoklassen), die eine Aussage über die *minimal* garantierte Schreibgeschwindigkeit auf den Datenträger zulassen (im Gegensatz zum UHS-Standard, der die *maximal* mögliche Bitrate über die verwendete Schnittstelle angibt).

Bezeichnung	Bitrate	Kennzeichnung		
		SDHC	SDXC/UHS	Video
Class 2	≥ 2 MByte/s	CLASS (2		
Class 4	≥ 4 MByte/s	CLASS (4		
Class 6	≥ 6 MByte/s	CLASS (6		V6
Class 10/UHS Class I	≥ 10 MByte/s	CLASS (10	⌊1⌋	V10
UHS Class 3/Video Class 30	≥ 30 MByte/s		⌊3⌋	V30
Class 60	≥ 60 MByte/s			V60
Class 90	≥ 90 MByte/s			V90

Bild 1.44: Geschwindigkeitsklassen und zugehörige Logos

Als Entscheidungshilfe beim Kauf werden inzwischen zusätzlich auch sog. **Anwendungsleistungsklassen** angegeben, die speziell darüber informieren, wie viele Ein- und Ausgabedaten pro Sekunde (**IOPS**: Input/Output Operations per Second) eine Karte bei zufälligen Schreib- und Lesezugriffen auf verteilte Daten *mindestens* verarbeiten kann. Diese erfolgen beispielsweise bei einem Smartphone vermehrt durch App-Zugriffe, bei denen meist nur wenige Daten geschrieben oder gelesen werden. Die neue Klassifizierung soll auf diese besondere Eignung hinweisen, wohingegen die Speed Classes vor allem auf die Datenrate bei größeren, zusammenhängenden Datenblöcken abgestimmt sind (z.B. bei Filmen und Bildern).

Die Eigenschaften einer Karte sowie die besondere Eignung für bestimmte Anwendungen werden mit entsprechenden Logos auf der Karte deklariert. So wird durch das „V30"-Symbol (Bild 1.44) beispielsweise die besondere Eignung für die Speicherung von hoch-auflösenden Videos (4k-Videos) gekennzeichnet, das „A1"-Symbol steht für „**App Performance Class 1**" (Bild 1.45).

Anwendungs-Leistungsklasse	Mindestschreib-geschwindigkeit	Mindestgeschwindigkeit bei zufälligem	
		Schreibzugriff	Lesezugriff
A1 (Class A1)	10 MByte/s	500 IOPS	1 500 IOPS
A2 (Class A2)		2 000 IOPS	4 000 IOPS

Bild 1.45: Zusätzlich definierte Anwendungsleistungsklassen

1.5.1.2 Alternative nicht flüchtige Speicher

Das Ziel jeglicher Forschungsarbeit auf dem Gebiet der Speichertechnik ist die Entwicklung eines „universellen Speichertyps" *(universal memory)*, der die Vorteile eines nicht flüchtigen Speichers mit den Eigenschaften der etablierten flüchtigen Speichertechniken in sich vereint oder diese sogar noch verbessert (z.B. schnelle Schreib-/Lesezugriffe, beliebig oft beschreibbar, geringe Energieaufnahme, hohe Packungsdichte).

Eine der geforderten Eigenschaften ist – im Unterschied zum Schreiben/Lesen in einer vorgegebenen Reihenfolge (Blockzugriff, sequenzieller Zugriff) – insbesondere auch die Fähigkeit, auf jede Speicherzelle einzeln und in beliebiger Reihenfolge zugreifen zu können.

Ein Speicher, bei dem der Zugriff auf jede Speicherzelle in beliebiger Reihenfolge und unabhängig von anderen Zellen erfolgen kann, wird als „Speicher mit wahlfreiem Zugriff" bezeichnet. Die englische Bezeichnung lautet **R**andom **A**ccess **M**emory; meist wird die Abkürzung **RAM** verwendet.

Hierbei sind folgende Entwicklungen von Bedeutung:

Bezeichnung	Eigenschaften
FRAM Ferromagnetischer RAM, auch FeRAM	– Nicht flüchtiger Speicher, bei dem die Datenspeicherung mittels Polarisation (Einwirkung eines elektrischen Feldes auf Moleküle, Kap. 6.3.6.1) eines ferroelektrischen Materials erfolgt – Die Polarisation des ferroelektrischen Materials (z.B. Blei-Zirkonium-Titanat, PZT) wird durch Anlegen eines externen elektrischen Feldes (Kap. 6.3.6.1) hervorgerufen und bleibt auch nach Abschalten des externen Feldes erhalten. – Der Zellaufbau entspricht dem einer DRAM-Zelle (Kap. 1.5.2.2); anstelle eines konventionellen Kondensators wird ein Kondensator mit ferroelektrischem Dielektrikum verwendet.

Bezeichnung	Eigenschaften
	– Ein FRAM kann bis zu 10^{15}-mal beschrieben und gelesen werden. (zum Vergleich: EEPROM bis zu 10^6-mal), besitzt einen niedrigen Energieverbrauch beim Schreiben und eine sehr niedrige Zugriffszeit (< 100 ns). – Derzeitige Speichergröße: bis zu 256 Kibit pro Chip – Einsatzbereich: mobile Elektronikgeräte (z. B. Smartphones, Microcontroller)
MRAM magneto-resistiver RAM	– Nicht flüchtiger Speicher, bei dem logische Zustände nicht wie bei DRAMs als elektrische Ladung (Kap. 6.3.1.1), sondern durch Änderung des elektrischen Widerstandes (Kap. 6.3.3) gespeichert werden. – Hierbei wird die Eigenschaft bestimmter Materialien ausgenutzt, ihren elektrischen Widerstand unter dem Einfluss eines magnetischen Feldes (Kap. 6.3.6.1) zu ändern; diese Widerstandsänderung bleibt auch nach Abschalten des verursachenden Magnetfelds erhalten. – Ein MRAM kann praktisch beliebig oft beschrieben und gelesen werden, es ist aufgrund der höheren Fertigungskosten meist nur in industriellen Schaltungen zu finden (z. B. **SPS**: **S**peicher-**P**rogrammierbare **S**teuerungen; Firmwarespeicherung bei IBM-Datacore-SSDs)
PRAM, PCRAM Phase-Change RAM, Phasenwechsel-speicher	– Nicht flüchtiger Speicher, bei dem zur Speicherung von logischen Zuständen ebenfalls die Änderung des elektrischen Widerstandes spezieller Materialien (Chalkogenid-Legierung) ausgenutzt wird. – Die Widerstandsänderung ergibt sich hierbei jeweils in Abhängigkeit vom Materialzustand: **amorph**, d. h. hoher Widerstand, oder **kristallin**, d. h. geringer Widerstand des speziellen Materials. – Die Zustandsänderung wird durch einen Stromimpuls im µA-Bereich hervorgerufen und bleibt auch nach dem Abschalten des Stromimpulses erhalten.
RRAM, ReRAM resistiver RAM	– Nicht flüchtiger Speicher, dessen Speicherfähigkeit darauf beruht, dass bei den benutzten Materialien (z. B. Nickeloxid, Titanoxid) eine Widerstandsänderung durch das Anlegen einer elektrischen Spannung bewirkt wird, die auch nach Abschalten der verursachenden Spannung bestehen bleibt. – Die kurzzeitig anliegende Spannung verändert – anders als beim PCRAM – lediglich die Lage bestimmter eingebetteter Nanokristalle, wodurch sich die Leitfähigkeit dauerhaft ändert. Durch Anlegen einer anderen Spannung ist der Vorgang reversibel und wiederholt durchführbar.

Bild 1.46: Alternative nicht flüchtige Speicher

Im Gegensatz zu den Flash-Speichern ist bei den in Bild 1.46 genannten Speichertypen *vor* dem Schreiben neuer Inhalte *kein* Löschen von vorhandenen Inhalten erforderlich.

Eine spezielle Form resistiver RAMs wurde von den Firmen Intel und Micron Technology entwickelt und wird unter den Bezeichnungen **3D XPoint** (sprich: 3D Cross Point) bzw. **Optane** (Fa. Intel; z. B. bei SSDs, Kap. 1.8.2) vermarktet. Dieser Speichertyp weist eine wesentlich kürzere Latenzzeit beim Lesen auf als beispielsweise herkömmliche Flash-Speicher, er ist – auch durch den Wegfall der Löschvorgänge – insgesamt bis zu 1 000-mal schneller und besitzt eine höhere Packungsdichte.

Während heutige nicht flüchtige Speicher ausnahmslos auf Siliziumbasis hergestellt werden, können künftige Speichergenerationen auch auf Basis organischer Polymere (d.h. Plastik, ähnlich wie OLEDs; Kap. 1.12.4) produziert werden. Hierdurch ergeben sich einfachere und preiswertere Produktionsprozesse als bisher. Vorteilhaft ist auch die Verformbarkeit, die den Einsatz in Kombination mit durchsichtigen Displays oder in Kleidungsstücken ermöglicht, sowie die niedrigere Energieaufnahme im aktiven Betrieb.

1.5.2 Flüchtige Speicher

Die Speicherzellen der ersten flüchtigen Speicher, die im PC verwendet wurden, konnten im Gegensatz zu den damaligen ROMs sowohl in beliebiger Reihenfolge beschrieben als auch gelesen werden („Speicher mit wahlfreiem Zugriff"). Daher hatte sich schnell die Abkürzung **RAM** (**R**andom **A**ccess **M**emory) für flüchtige Speicher etabliert. Aus technischer Sicht ist diese Bezeichnung ausschließlich für flüchtige Speicher heute nicht mehr korrekt (vgl. Kap. 1.5.1.2: FRAM, MRAM, ReRAM). Die Abkürzung RAM wird auch in Verbindung mit wiederbeschreibbaren optischen Speichermedien benutzt (z.B. DVD-RAM, Kap. 1.8.5).

Obwohl bei den flüchtigen Speichern bei Unterbrechung der Spannungsversorgung ein Datenverlust auftritt, werden sie im PC nicht komplett durch Flash-Speicher ersetzt, da die derzeitigen flüchtigen (RAM)-Speicher wesentlich schneller beschrieben und gelesen werden können.

Ein RAM-Speicher-IC beinhaltet nicht nur die einzelnen Speicherzellen, sondern auch Komponenten, die ein Schreiben und Lesen der Speicherinhalte erst ermöglichen. In Bild 1.47 ist der prinzipielle Aufbau eines solchen Speicher-ICs dargestellt.

Der Anschluss eines RAM-Speichers erfolgt über ein Bussystem (Kap. 1.6). Die Steuerlogik kontrolliert sämtliche Vorgänge innerhalb des ICs und wertet die anliegenden Signale des Steuerbusses aus. Der eigentliche Speicherbereich ist matrizenförmig aufgebaut, wobei jede Speicherzelle mittels einer Zeilen- und einer Spaltenadresse eindeutig ansprechbar ist.

Die flüchtigen RAM-Speicher lassen sich in die beiden Gruppen **SRAM** (Static **RAM**) und **DRAM** (Dynamic **RAM**) unterteilen.

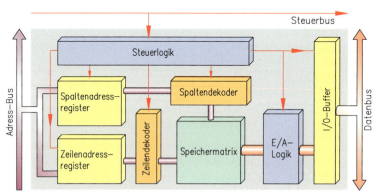

Bild 1.47: Prinzipieller Aufbau eines RAM-Speicherbausteins

1.5.2.1 SRAM

Die Speicherzelle eines statischen RAMs ist aus sogenannten **Flipflops** aufgebaut, die aus einer Zusammenschaltung von logischen Gattern gebildet werden (Kap. 6.2.3.1). Jedes Flipflop besteht aus sechs Transistoren (**6T-Speicherzelle**) und kann einen binären Zustand (0 oder 1; Kap. 6.1.5.1) einnehmen. Für eine 8-Bit-Speicherzelle sind demnach acht Flipflops erforderlich.

Durch Anlegen eines kurzen Spannungsimpulses (z. B. 0 V oder 3 V) kann eine SRAM-Zelle einen binären Zustand (0 oder 1) einnehmen und diesen als Information so lange unverändert erhalten, wie die Betriebsspannung vorhanden ist.

Durch den Einsatz von Flipflops kann eine solche Speicherzelle zwar extrem schnell gelesen und beschrieben werden, jedoch ist für jede Speicherzelle wegen der großen Zahl an Transistoren relativ viel Platz auf dem Chip erforderlich.

Die Zugriffszeit bei SRAMs ist generell kürzer als bei DRAMs. Da jedoch die Integrationsdichte von Speicherzellen pro Flächeneinheit geringer ist als bei den DRAM-Typen und sie zudem kostenintensiver bei der Herstellung sind, werden sie meist nur als lokaler Speicher auf einem Chip (Registerspeicher) oder als Zwischenspeicher (Cache-Speicher; Kap. 1.5.4) mit vergleichsweise kleiner Speicherkapazität eingesetzt.

1.5.2.2 DRAM

Die Abkürzung DRAM wird als Oberbegriff für alle dynamisch arbeitenden RAM-Bausteine verwendet.

Eine DRAM-Speicherzelle besteht typischerweise aus einem Transistor und einem Kondensator (**1T/1C-Speicherzelle**). Die Informationsspeicherung in der Zelle erfolgt durch das Speichern elektrischer Ladungen im Kondensator (Kap. 6.3.4.3), der Zugang wird über einen speziellen Transistor, der als elektronischer Schalter fungiert, freigegeben oder gesperrt. Da der Kondensator jedoch ständig einen Teil seiner Ladung und somit seiner Information verliert, muss dieser in kurzen Abständen durch einen Spannungsimpuls aufgefrischt werden. Technisch erfolgt dieses Wiederaufladen durch einen Lesezugriff, in dem der Inhalt der Zelle gelesen, verstärkt und erneut geschrieben wird.

Bei einem DRAM muss der Speicherinhalt jeder Zelle in kurzen Abständen erneuert werden. Diesen Vorgang bezeichnet man als **Refresh**.

Im dynamischen Vorgang des Refresh liegt die Ursache für die Bezeichnung dieses RAM-Typs. Eine solche Auffrischung ist bei heutigen Speichertypen standardmäßig meist nach 32 ms oder 64 ms erforderlich und wird **Refreshzyklus** genannt. Während der Refreshzeit einer Speicherzelle kann der Prozessor nicht auf die darin enthaltenen Daten zugreifen. Der Refreshvorgang muss deshalb so ausgelegt sein, dass keine wesentlichen Verzögerungen für die Lese- und Schreibzyklen des Prozessors entstehen. Die meisten modernen DRAM-Bausteine steuern ihren Refreshzyklus selbst über die eingebaute Steuerlogik (Self-Refresh).

Die ersten synchronen DRAM-Bausteine, die im PC eingesetzt wurden, konnten jeweils nur bei der abfallenden Taktsignalflanke (Kap. 6.2.3.1) Daten ein- oder auslesen. Aus diesem Grund bezeichnet man diesen Speichertyp als **SDR**-SDRAM (Single **D**ata **R**ate SDRAM; kurz: **SDR-RAM**). Nachfolgende Speichergenerationen konnten Daten dann sowohl bei der ansteigenden als auch bei der abfallenden Taktsignalflanke schreiben und lesen.

> Das Prinzip der Datenübertragung auf der positiven und der negativen Flanke des Takt-signals nennt man **Double Data Rate Transfer**.
>
> Speicherbausteine, die Daten sowohl auf der ansteigenden als auch auf der abfallenden Taktflanke schreiben oder lesen können, bezeichnet man als **DDR-SDRAM** (**D**ouble **D**ate **R**ate SDRAM) oder kurz als **DDR-RAM**.

Ein DDR-RAM hat bei gleicher Taktfrequenz den doppelten Datendurchsatz wie ein SDR-RAM. Im Laufe der Zeit wurden aufgrund der erhöhten Taktraten bei den Prozessoren immer schnellere Datenzugriffe auf die Speicherzellen erforderlich. Hieraus resultiert die Entwicklung von immer schnelleren dynamischen Speichertypen sowie der Einsatz von Optimierungsmethoden für den Zugriff bzw. für den jeweiligen Einsatz. In Bild 1.48 sind einige Beispiele für diese dynamischen RAM-Typen zusammengefasst.

Abkürzung	Bezeichnung	Information
LP-SDRAM	Low Power **SD-RAM**	Auch als Mobile-RAM bezeichnet; speziell entwickel-ter SD-RAM für den mobilen Einsatz in Notebooks und Smartphones
DDR2-RAM **DDR3-RAM** **DDR4-RAM** **DDR5-RAM**	Double Data Rate (SD-)**RAM** 2, 3, 4 oder 5	Weiterentwicklungen der DDR-RAM-Technologie mit jeweils höheren Datenraten (Bild 1.51)
SG-(SD-) RAM bzw. **GDDR-RAM**	**S**ynchronous **G**raphic (SD-)**RAM**; bzw. Graphic **DDR-RAM**	Bezeichnung für einen im Grafikbereich eingesetzten SDRAM-Typ; arbeitet auf der Basis von DDR, ist aber ausgelegt auf große Bandbreite und hohe Taktfre-quenz (z. B. GDDR5X-SDRAM: Datenbusbreite 512 bit, Taktfrequenz bis zu 3 GHz, QDR-Technik; GDDR6-SDRAM: Taktfrequenz bis zu 4 GHz)
QDR-(SD-) RAM, QDR II-RAM	**Q**uad **D**ata **R**ate (SD-) **RAM**	Weiterentwicklung des DDR-RAM mit dedizierten Eingangs- und Ausgangsports, die gleichzeitig und unabhängig voneinander mit doppelter Datenrate arbeiten und so jeweils zwei Lese- und Schreibvor-gänge pro Taktzyklus schaffen.

Bild 1.48: Beispiele für dynamische RAM-Typen

1.5.3 Arbeitsspeicher

Der Arbeitsspeicher wird auch **Hauptspeicher** *(main memory)* oder **Systemspeicher** *(system memory)* genannt und ist neben dem Prozessor und dem Chipsatz ein weiterer leistungs-bestimmender Bestandteil eines PCs. Er ist für das Speichern von Daten während der Bearbeitung zuständig, da der Prozessor diese nur begrenzt in seinen Registern und Zwi-schenspeichern festhalten kann. Die Größe des Hauptspeichers ist daher mit entscheidend dafür, welche Programme und welche Datenmengen verarbeitet werden können. Der Arbeitsspeicher besteht aus dynamischen RAM-Bausteinen (DRAMs).

Diese DRAM-Bausteine werden allerdings nicht als einzelne ICs, sondern als ganze Module auf dem Motherboard platziert.

> Unter einem **Speichermodul** *(memory module, storage module)* oder Speicherriegel versteht man eine kleine Leiterplatte, die mit oberflächenmontierten Speicher-ICs bestückt ist. Man unterscheidet zwischen **Single-Sided-** und **Double-Sided-Modulen** (einseitig bzw. beidseitig bestückt).

Die Module werden in die auf dem Motherboard vorgesehenen Slots gesteckt. Je nach Aufbau und verwendeter Technologie haben sie eine unterschiedliche Anzahl von Kontakten. Zu den am Markt bedeutendsten Speichermodul-Produzenten gehören die Firmen Samsung, Micron, Infineon und Hynix. Diese und weitere Firmen sind im **JEDEC** (Joint Electronic Device Engineering Council) vertreten, einem Konsortium, welches u. a. die Spezifikationen von Speichermodulen entwickelt.

1.5.3.1   Dual Inline Memory Module

> Als **Dual Inline Memory Modul** (**DIMM**) bezeichnet man Speichermodule, deren Anschlusskontakte beidseitig an einem Rand der Leiterplatte angebracht werden, auf dem die Speicherchips befestigt sind.

Grundsätzlich unterscheidet man verschiedene Sorten, die untereinander wegen ihres unterschiedlichen Aufbaus nicht kompatibel sind und somit auch nicht gemischt auf einem Board verwendet werden können.

Bezeichnung	Erläuterung
Unregistered DIMM **(UDIMM)**	– Datenleitungen liegen ungepuffert parallel an den Eingangskontakten des Moduls an. – Adressleitungen liegen ungepuffert parallel an den Eingangskontakten des Moduls an. – Ältere Bezeichnung: „unbuffered"
Registered DIMM **(RDIMM)**	– Datenleitungen liegen ungepuffert parallel an den Eingangskontakten des Moduls an. – Adressleitungen werden über zusätzliche Register parallel an die Eingangskontakte angeschlossen; dadurch werden sie elektrisch vom Speichercontroller entkoppelt und entlasten diesen. – Ältere Bezeichnung: „buffered"
Fully Buffered **DIMM** **(FBDIMM)**	– Datenleitungen und Adressleitungen liegen nicht direkt an den Eingangskontakten an, sondern werden über den **AMB** (**A**dvanced **M**emory **B**uffer) angeschlossen, der sich zusätzlich auf der DIMM-Leiterplatte befindet. – Der AMB stellt über 24 Leitungen eine Verbindung zum Speichercontroller her; hierbei wird eine serielle Schnittstellentechnik verwendet (ähnlich wie PCIe, Kap. 1.7.4).

Bild 1.49: DIMM-Sorten

Dual Inline Memory-Module für den Consumerbereich werden mit DDR4- oder DDR5-
RAM-Bausteinen bestückt. Aufgrund einer jeweils verschieden angebrachten Einkerbung an
der jeweiligen Kontaktseite sind die entsprechenden Slots untereinander nicht kompatibel.
Ältere DDR-Typen sind nur noch in Industrie-
PCs zu finden (Bild 1.53 und Kap. 1.1.7).

Die grundsätzlichen Arbeitsweisen der älteren
SDR-Module und der verschiedenen DDR-Typen bei der Ansteuerung der Speicherchips
verdeutlicht Bild 1.51.

Bild 1.50: DDR4-Module

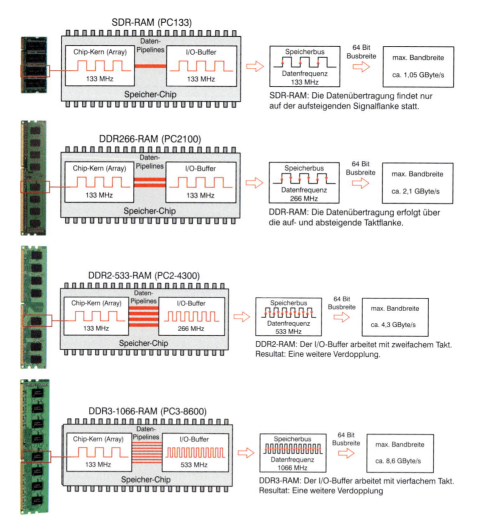

*Bild 1.51: Vergleich der Datenübertragung bei SDR- und verschiedenen DDR-RAMs (Grundprinzip); Hinweis:
Die Datenfrequenz entspricht der jeweiligen Geschwindigkeitsklasse, die Bandbreite wird hier traditionell mit
Dezimalpräfixen angegeben; siehe Kap. 6.1.5.1 und Rechenbeispiel in Kap. 1.5.3.3.*

Speicher	Grundprinzip und Technik
SDR-RAM	– Speichermatrix und I/O-Buffer sind über eine Datenpipeline miteinander verbunden. – Speichermatrix und I/O-Buffer werden gleich getaktet (im Beispiel: 133 MHz). – Der Speicherbus wird ebenfalls mit 133 MHz getaktet. – Bei einer Übertragung nur auf der ansteigenden Flanke ergibt sich eine Datenfrequenz von 133 MHz. – Bei einer Datenbusbreite von 64 bit beträgt die Bandbreite theoretisch ca. 1 GByte/s.
DDR-RAM	– Speichermatrix und I/O-Buffer sind über zwei Datenpipelines miteinander verbunden. – Speichermatrix und I/O-Buffer werden gleich getaktet (im Beispiel: 133 MHz). – Der Speicherbus wird ebenfalls mit 133 MHz getaktet. – Bei einer Übertragung auf der ansteigenden und der abfallenden Flanke ergibt sich eine Datenfrequenz von 266 MHz. – Bei einer Datenbusbreite von 64 bit beträgt die Bandbreite theoretisch ca. 2,1 GByte/s.
DDR2-RAM	– Speichermatrix und I/O-Buffer sind über vier Datenpipelines miteinander verbunden. – Der I/O-Buffer wird doppelt so schnell getaktet wie die Speichermatrix. – Der Speicherbus wird ebenfalls mit 266 MHz getaktet oder es werden zwei Speicherkanäle mit jeweils 133 MHz verwendet. – Bei einer Übertragung auf der ansteigenden und der abfallenden Flanke ergibt sich insgesamt eine Datenfrequenz von 533 MHz. – Bei einer Datenbusbreite von 64 bit beträgt die Bandbreite theoretisch ca. 4,3 GByte/s.

Bild 1.52: Unterschiede der Datenübertragung bei SDR-, DDR- und DDR2-RAMs (Grundprinzipien)

DDR3-RAMs verfügen über acht interne Datenpipelines, wodurch sich der Datendurchsatz auf dem Speicherbus bei entsprechend vergrößertem Takt theoretisch erneut verdoppelt. Wegen der größeren Zugriffszeiten von DDR3-Speichern fällt in der Praxis die Geschwindigkeitssteigerung allerdings geringer aus.

Die Verwendung von Datenpipelines wird auch als **Prefetch** bezeichnet.

Demnach verfügt ein DDR2-Speicher über ein Vierfach-Prefetch, ein DDR3-Speicher über ein Achtfach-Prefetch. **DDR4**-Speicher arbeiten ebenfalls mit einem Achtfach-Prefetch, bei einer weiteren Verdopplung wäre ein breiterer Datenbus erforderlich. Stattdessen verwendet man eine andere Organisationsstruktur und zusätzliche schnelle Zwischenspeicher, wodurch höhere Taktfrequenzen möglich sind. Des Weiteren verfügen sie über eine verbesserte Fehlererkennung und -korrektur.

Die **DDR5**-RAM-Speicher arbeiten mit einem Sechzehnfach-Prefetch (optional auch 32-fach) sowie einer Aufteilung der Ein- und Ausgabe auf zwei Kanäle. Darüber hinaus arbeiten DDR5-Speicherchips mit einem 16 Bit Error Correction Code (ECC; vorher acht Bit).

1.5.3.2 Speicherorganisation

Unabhängig von den aufgeführten DIMM-Sorten können die auf den Modulen verwendeten Speicherchips unterschiedlich organisiert sein:

- ohne Paritätsprüfung
- mit Paritätsprüfung
- mit Fehlerkorrekturcode (**ECC**: Error Correction Code)

Die Paritätsprüfung stellt eine Möglichkeit der Fehlerkontrolle dar. Arbeitet ein Computersystem mit Paritätsprüfung, benötigt es RAM-Bausteine, bei denen jeweils zu acht Datenbits (1 Byte) zusätzlich ein **Paritätsbit** gespeichert werden kann. Man unterscheidet hierbei zwischen gerader und ungerader Parität.

> Bei **gerader Parität** *(even parity)* wird das Paritätsbit auf „1" gesetzt, wenn das zugehörige Datenbyte eine ungerade Anzahl von Einsen enthält. Es wird auf „0" gesetzt, wenn das zugehörige Byte eine gerade Anzahl von Einsen enthält. Bei **ungerader Parität** *(odd parity)* verhält es sich genau umgekehrt.

Mit einem Paritätsbit lässt sich erkennen, ob ein Fehler innerhalb eines Datenwortes eingetreten ist; eine Korrektur ist allerdings nicht möglich. Begründet ist dies darin, dass nicht erkennbar ist, welches der acht Datenbits ggf. fehlerhaft übertragen wurde. Eine Fehlerkorrektur ist nur mit einem entsprechenden Fehlerkorrekturcode möglich, der durch die Verwendung von speziellen Algorithmen eine Fehlerorterkennung bewirkt. Ein solcher Fehlerkorrekturcode wird in erster Linie in High-End-PCs und Servern verwendet.

Bei manchen Rechnern lässt sich die Paritätskontrolle über entsprechende BIOS/UEFI-Einstellungen zu- oder abschalten. Allerdings verzichten viele Hersteller aus Kostengründen bei den Speicher-ICs auf die Möglichkeit, zusätzlich ein Paritätsbit speichern zu können. Eine Paritätskontrolle kann bei solchen ICs natürlich nicht zugeschaltet werden. Die meisten Rechner, die keine Paritätskontrolle erfordern, können allerdings mit Speichermodulen arbeiten, die ein Paritätsbit aufweisen.

1.5.3.3 Geschwindigkeitsklassen

Um die Arbeitsgeschwindigkeit der verschiedenen Speichertypen besser einordnen zu können, wird zusätzlich zur Taktfrequenz meist auch deren sog. **Geschwindigkeitsklasse** *(speed category, speed rating)* angegeben.

Speichermodul	Anzahl der Anschlusspins	Anzahl Datenleitungen		Spannung (Datenleitung)	Interner Chiptakt	Speicherbustakt (extern)	Geschwindigkeitsklasse	
		ohne ECC	mit ECC					
DDR-RAM*	184	64	72	2,5 V oder 2,6 V	166 MHz 200 MHz	166 MHz 200 MHz	DDR-333 DDR-400	(PC-2700) (PC-3200)
DDR2-RAM*	240	64	72	1,8 V	166 MHz 200 MHz 266 MHz	333 MHz 400 MHz 533 MHz	DDR2-667 DDR2-800 DDR2-1066	(PC2-5300) (PC2-6400) (PC2-8500)
DDR3-RAM*	240	64	72	1,5 V	200 MHz 233 MHz 266 MHz	800 MHz 933 MHz 1066 MHz	DDR3-1600 DDR3-1866 DDR3-2133	(PC3-12800) (PC3-14900) (PC3-17000)

Speicher-modul	Anzahl der Anschluss-pins	Anzahl Datenleitungen		Span-nung (Daten-leitung)	Interner Chiptakt	Speicher-bustakt (extern)	Geschwindigkeitsklasse
		ohne ECC	mit ECC				
DDR4-RAM	288	64	72	1,2 V	266 MHz	1 066 MHz	DDR4-2133 (PC4-17000)
					333 MHz	1 333 MHz	DDR4-2666 (PC4-21300)
					400 MHz	1 600 MHz	DDR4-3200 (PC4-25600)
					533 MHz	2 133 MHz	DDR4-4266 (PC4-34128)
					733 MHz	2 933 MHz	DDR4-5866 (PC4-46928)
DDR5-RAM	288	64	80	1,1 V bis 1,4 V	600 MHz	2 400 MHz	DDR5-4800 (PC5-38400)
					800 MHz	3 200 MHz	DDR5-6400 (PC5-51200)

Bild 1.53: Geschwindigkeitsklassen und Eigenschaften von Speichermodulen (Beispiele; * nur noch in älteren PCs oder in IT-Geräten zur industriellen Prozessdatenverarbeitung mit typischerweise geringeren Leistungs-anforderungen zu finden)

Zu beachten ist, dass man bei einem Modul für die Klassenzuordnung manchmal nur eine einzige Bezeichnung findet, z. B. PC4-34128, teilweise wird aber auch eine doppelte Bezeichnung verwendet, z. B. DDR4-5866 (PC4-46928).

> Bei der Berechnung des Zahlenwertes für die Geschwindigkeitsklasse (z. B.: 46928) wird traditionell mit Zehnerpotenzen gearbeitet (siehe Rechenbeispiel unten und Kap. 6.1.5.1).

Der (externe) Speicherbustakt ist bei DDR2-Speichern doppelt so hoch wie der interne Chiptakt, bei DDR3- und DDR4-Speichern ist er viermal so hoch!

Bei einem DDR4-RAM mit einem Chiptakt von 400 MHz ergibt sich die maximale (theoretische) Übertragungsrate $v_{\text{Ümax}}$

$$v_{\text{Ümax}} = \frac{\text{Datenbusbreite} \cdot \text{Geschwindigkeitsklasse}}{8} = \frac{64 \text{ bit} \cdot 3200 \text{ MHz}}{8}$$

$$= 25\,600\,000\,000 \text{ Byte/s} = \mathbf{25\,600} \cdot 10^6 \text{ Byte/s} = 25,6 \text{ GByte/s}$$

Dies entspricht 23,8 GiByte/s (Wert gerundet; Kap. 6.1.5.1)

Dieses DDR4-RAM-Modul (DDR4-3200) trägt somit auch die Bezeichnung PC4-25600. Durch die gleichzeitige Nutzung mehrerer Speichermodule lässt sich die Übertragungsrate weiter steigern.

> **Dual Channel**, **Triple Channel** oder **Quad-Channel** bezeichnen die Fähigkeit eines Speichercontrollers, zwei, drei oder vier Speicherkanäle parallel zu betreiben.

Pro Kanal können in der Regel zwei Speichermodule angeschlossen werden. Auf einem Dual Channel-fähigen Board befinden sich somit üblicherweise vier, meist mit Buchstaben bezeichnete und nummerierte Slots für die Module (z. B. bei einem mit DDR4-Modulen bestückbaren Board für der ersten Kanal: **A1** und **A2** bzw. die zugehörigen Slotnummern DDR4_2 und DDR4_4; für den zweiten Kanal: **B1** und **B2** bzw. die zugehörigen Slotnummern DDR4_1 und DDR4_3). Vielfach sind die zum gleichen Kanal gehörenden Slots auch gleichfarbig (z. B. 2 x schwarz und 2 x blau). Die entsprechende Zuordnung kann auch im jeweiligen Handbuch zum Board nachgelesen werden.

Mit einem entsprechenden Speichercontroller verdoppelt, verdreifacht bzw. vervierfacht sich (theoretisch) dann jeweils die pro Takt zur CPU übertragene Datenmenge. Im angegebenen Beispiel ergäbe sich bei Dual-Channel-Betrieb somit eine Datenrate von rund 51,2 GByte/s (47,6 GiByte/s), bei Triple Channel ca. 76,8 GByte/s (51,7 GiByte/s) und bei Quad-Channel 102,4 GByte/s (95,2 GiByte/s). Bei der Bestückung ist darauf zu achten, dass die verwendeten Module stets gleiche technische Kenndaten aufweisen!

1.5.3.4 Speichertiming

Die Zugriffszeit auf RAM-Speicherzellen wird wegen ihres matrixförmigen Aufbaus (zeilen- und spaltenförmige Anordnung) maßgeblich von folgenden Faktoren bestimmt:

- t_{CL}: CAS Latency (CAS: Column Address Strobe, Spaltenadresse)
  Nach der Übermittlung der Zeilen- und der Spaltenadresse einer Speicherzelle vergehen einige Taktzyklen, bis diese Informationen intern verarbeitet sind und der Inhalt der entsprechenden Speicherzelle an den Datenleitungen anliegt.

- t_{RCD}: RAS to CAS Delay (RAS: Row Address Strobe; CAS: Column Address Strobe)
  Die Ansteuerung einer Speicherzelle erfolgt über eine Zeilen- und eine Spaltenadresse. Um Anschlüsse einzusparen, werden beide Adressen hintereinander über die gleichen Leitungen des Adressbusses übermittelt: zunächst die Zeilenadresse, dann die Spaltenadresse. Dieses mehrfache Ausnutzen der Adressleitungen bezeichnet man als **Multiplexbetrieb** *(multiplexing)*. Beide Adressen liegen einige Taktzyklen auseinander, um sie eindeutig voneinander unterscheiden zu können.

- t_{RP}: Row Precharge Delay
  Bevor der nächste Schreib- oder Lesevorgang innerhalb einer Zeile beginnen kann (d. h. eine Zeile erneut aktiviert werden kann), benötigt der Baustein eine Erholzeit von einigen Takten.

- t_{RAS}: Row Active Strobe
  Nachdem eine Zelle in einer Zeile angesteuert wurde (d. h. aktiviert wurde), muss diese Zeile einige Taktzyklen aktiviert bleiben, bevor sie wieder deaktiviert werden kann, damit sich eindeutige Signalzustände einstellen können. Rein rechnerisch ergibt sich die Zeitdauer t_{RAS} aus der Summe $t_{CL} + t_{RCD} + t_{RP}$.

Die zeitliche Verkürzung dieser Faktoren ist erklärtes Ziel bei jeder Speicherentwicklung. Aufgrund der endlichen Ausbreitungsgeschwindigkeit elektrischer Signale (Kap. 6.3.2.4) sowie der Reaktionszeit elektronischer Komponenten sind dieser Entwicklung allerdings physikalische Grenzen gesetzt.

> Die Einstellung der Faktoren CAS Latency, RAS to CAS Delay, Row Precharge Delay und Row Active Strobe bezeichnet man als **Speichertiming** *(memory timing, storage timing)*.

Die genannten Faktoren werden von den Herstellern als geschwindigkeitsbestimmende Kenngrößen zusätzlich zur allgemeinen Speicherbezeichnung angegeben, indem die Anzahl der jeweils erforderlichen Speichertaktzyklen spezifiziert wird (z. B. PC3-12800 – 7-7-7).

Speicher	Timing	t_{CL}	t_{RCD}	t_{RP}	t_{RAS}
DDR3-1600	7-7-7-21	8,75 ns	8,75 ns	8,75 ns	26,25 ns
DDR4-2133	14-14-14	13,125 ns	13,125 ns	13,125 ns	
DDR5-6400	10-12,2-12,2	10 ns	12,2 ns	12,2 ns	

Bild 1.54: Beispiele für Speichertimings

Bei einigen Speichertypen werden nur die ersten drei Werte angegeben. Das Timing ist abhängig vom verwendeten Speichertyp und kann meist im UEFI-Setup unter dem Menüpunkt „Chipset Configuration" eingestellt werden (Kap. 2.5.2; Menüpunkt kann je nach UEFI-Version abweichen).

Moderne UEFI-Versionen erkennen den vorhandenen Speichertyp und stellen das Timing automatisch ein. Eine Veränderung dieses Timings führt in der Regel zu unkontrollierten Systemabstürzen. Die Verwendung von neuen Speichertypen mit zum Teil anderem Timing setzt voraus, dass dieses vom UEFI und vom Chipsatz des Motherboards unterstützt wird.

1.5.3.5 Small Outline DIMM (SO-DIMM)

Eine Sonderform mit besonders kleinen Abmessungen stellen die SO-DIMMs dar, die speziell in Notebooks eingesetzt werden (Abmessungen: 67,6 mm × 30 mm). Im Gegensatz zu den DIMM-Modulen, die senkrecht zur Hauptplatine stehend in Slots gedrückt werden, werden SO-DIMMs schräg in die Halterung eingesetzt und dann so arretiert, dass sie parallel zur Hauptplatine

Bild 1.55: SO-DIMM

liegen. SO-DIMMs gibt es in unterschiedlichen Spezifikationen, die sich u.a. in der Anzahl der Kontakte unterscheiden (DDR3-SO-DIMMs: 204 Kontakte, DDR4-SO-DIMMs: 260 Kontakte; DDR5-SO-DIMMs: 262 Kontakte). Unterschiedlich angebrachte Einkerbungen an der Kontaktseite verhindern eine Verwechslung. Zur Verringerung der Energieaufnahme werden bei SO-DIMMs meist sog. **LP**-SDRAMs (**L**ow **P**ower; z.B. LPDDR5-6400) verwendet. Diese auch als **Mobile-RAMs** bezeichneten Speicher arbeiten mit reduzierten Versorgungsspannungen, unterstützen einen „Deep Power Down Mode" und verfügen über ein spezielles Refresh-Management (TCSR: Temperaturkompensierter Self-Refresh; PASR: partieller Array-Self-Refresh).

1.5.4 Cache-Speicher

Damit der Prozessor nicht bei jedem Zugriff auf den im Vergleich zur CPU langsam arbeitenden Hauptspeicher warten muss, werden zwischen CPU und Arbeitsspeicher verschiedene Zwischenspeicher geschaltet.

Der Speicher zwischen Arbeitsspeicher und Prozessorkern wird **Cache-Speicher** *(cache memory, cache requirement)* genannt.

Da es aber technisch schwierig ist, einen Cache-Speicher zu realisieren, der sehr groß und gleichzeitig sehr schnell ist, verwendet man mehrere hierarchisch hintereinander geschaltete Cache-Stufen (Cache-Level), die durchnummeriert werden. Die Stufe mit der niedrigsten Nummer bezeichnet hierbei den Cache mit der kürzesten Zugriffszeit. Durch diese Struktur wird der Zugriff des Prozessors auf den Hauptspeicher erheblich beschleunigt. Die schnellere Arbeitsweise wird dadurch ermöglicht, dass für diese Speicher schnelle statische RAM-Speicher verwendet werden. Außerdem werden diese Cache-Speicher meist direkt in den Prozessorchip integriert und arbeiten dann entweder mit dem vollen oder dem halben Prozessortakt. Alle Prozessoren verfügen heute über einen **First Level Cache** (1st Level Cache, L1-Cache) und einen **Second Level**

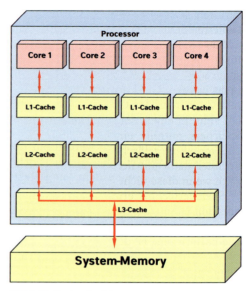

Bild 1.56: Cache-Speicher

Cache (2nd Level Cache, L2-Cache). Erforderliche Daten gelangen dann vom Arbeitsspeicher *(system memory)* zunächst in den Second Level Cache und von dort in den First Level Cache. Hier können sie dann ohne Wartezeit vom Prozessor zur Verarbeitung abgerufen werden. Mehrkernprozessoren verfügen zusätzlich über eine dritte integrierte Cache-Stufe, die als **Third Level Cache** (3rd Level Cache, L3-Cache) bezeichnet wird. Bei Mehrkernprozessoren mit drei Cache-Levels hat jeder Kern separate L1- und L2-Caches, der L3-Cache wird vielfach gemeinsam von allen Kernen genutzt (Bild 1.56). Hierbei muss für eine entsprechende Zuordnung und Korrektheit der vorhandenen Cache-Daten gesorgt werden *(cache-coherence)*. Prozessorabhängig weisen die Cache-Speicher folgende typische Größenordnungen auf:

- L1-Cache: ca. 16 KiByte bis 256 KiByte pro Kern; Zugriffszeit ca. 3 ns
- L2-Cache: ca. 512 KiByte bis 6 MiByte pro Kern; Zugriffszeit ca. 5 ns
- L3-Cache: bis zu 64 MiByte; Zugriffszeit ca. 10–15 ns

1.5.5   CMOS-Speicher

Der **CMOS-Speicher** (CMOS: **C**omplementary **M**etal **O**xide **S**emiconductor; komplementärer Metalloxidhalbleiter) ist ein besonderer Speicherchip, in dem grundsätzliche Informationen über die (bei jedem System möglicherweise unterschiedliche) Systemkonfiguration abgelegt werden (d.h. mit welchen Controllern, Laufwerken, Festplatten, Bildschirmen usw. er bestückt ist). Diese Informationen benötigt der Computer für den Startvorgang. Im gleichen Chip ist meist auch die interne Systemuhr (**RTC**: **R**eal **T**ime **C**lock) untergebracht, weshalb dieser Chip in den Handbüchern vielfach auch als **RTC-RAM** bezeichnet wird.

Bei diesem Speicher-Chip handelt es sich um einen statischen RAM-Speicher mit einer sehr geringen Stromaufnahme. Ist der Rechner ausgeschaltet, wird die Stromversorgung durch eine eingebaute Primär- oder Sekundärzelle (Kap. 6.3.4.3) aufrechterhalten, sodass auch die Systemuhr weiterlaufen kann. Die Lebensdauer einer solchen Zelle beträgt je nach Zellenart fünf bis zehn Jahre. Sind die Informationen des CMOS-Speichers verloren gegangen, gibt der Rechner beim Booten eine Fehlermeldung aus. Auch falsche Informationen im CMOS-Speicher können dazu führen, dass der Rechner nicht mehr startet. Solche Informationen können beispielsweise durch ein Virenprogramm (Kap. 3.2.2) verursacht werden. Unter Umständen ist dann auch der generelle Zugriff auf den CMOS-Speicher nicht mehr möglich. Oft kann in einem solchen Fall der gesamte Inhalt dieses Speichers mithilfe eines Jumpers oder eines Unterbrecherkontaktes gelöscht werden. Anschließend startet der Rechner dann mit den Standardeinstellungen (Kap. 2.5), auch wenn diese nicht unbedingt optimal sind. Die heuti-

Bild 1.57: Batteriezelle

ge Speichertechnik ermöglich auch das Speichern von Informationen der Systemkonfiguration in einem zusätzlichen Flash-EEPROM-Bereich auf dem UEFI-Chip. Oftmals ist in einem solchen Speicherbereich zur Sicherheit auch noch ein zweites UEFI abgelegt. Die Batteriezelle ist dann nur noch für die Systemuhr erforderlich.

AUFGABEN

1. Auf einer englischen Internetseite über elektronische Speicher wird der Begriff „volatile memory" verwendet. Welche Bedeutung hat diese Bezeichnung?

2. Welche verschiedenen Halbleiterspeicher gibt es in einem PC und welche Unterschiede bestehen bezüglich des Speicherverhaltens?

3. Wofür stehen die Abkürzungen Flash-EEPROM, SRAM, DRAM, SDRAM, DDRRAM und ReRAM?

4. Die Speicherkapazität wird in MByte bzw. GByte oder in MiByte bzw. GiByte angegeben. Erläutern Sie den Unterschied.

5. Welche Spezifikationen von SD-Flash-Speicherkarten gibt es? Welche Eigenschaften haben sie?

6. a) Bei SDHC-Speicherkarten wird die sog. Speed Class angegeben. Welche Information kann man der Speed Class entnehmen?
   b) SD-Karten gibt es in unterschiedlichen Größen. Um welchen Typ handelt es sich bei nebenstehender Abbildung? Welche Abmessungen hat dieser Kartentyp?
   c) Welche Informationen kann man den dargestellten Aufdrucken entnehmen?

7. Was bedeutet ein Refresh im Zusammenhang mit elektronischen Speicherzellen?

8. Welche Kontrolle lässt sich bei Speicherbausteinen mit einer Paritätsprüfung durchführen? Erläutern Sie das Grundprinzip der Paritätsprüfung.

9. Als Arbeitsspeicher werden in Desktop-PCs sog. DIMM-Module verwendet. Erläutern Sie die Bezeichnung DIMM.

10. Erläutern Sie bei den DIMM-Modulen den Unterschied zwischen UDIMMs und FBDIMMs.

11. Ein Arbeitsspeichermodul gehört zur Geschwindigkeitsklasse PC3-14900. Wie schnell wird diese Modul getaktet? Welche alternative Bezeichnung kann dieses Speichermodul zur Einordnung in eine Geschwindigkeitsklasse tragen?

12. Welche Datenübertragungsraten ergeben sich theoretisch bei einem Speichertakt von 266 MHz bei einem DDR2-SDRAM-Modul, einem DDR3-SDRAM-Modul und einem DDR4-SDRAM-Modul?

13. Was bedeutet die Bezeichnung Triple Channel?

14. Was versteht man unter dem sog. Speicher-Timing und wie ist die diesbezügliche Einstellung 2-3-3-8 im UEFI zu interpretieren?

15. a) Welche Arten von Cache-Speicher unterscheidet man bei einem PC? Warum erfolgt diese Unterscheidung?
    b) Welche Funktion haben Cache-Speicher?
    c) Erläutern Sie den prinzipiellen Aufbau der Speicherzellen eines Cache-Speichers und vergleichen Sie diesen mit dem prinzipiellen Aufbau der Speicherzellen des Arbeitsspeichers. (Lösungshinweis: Verwenden Sie Informationen aus Kap. 6.2.3 und 6.3.4.3 oder recherchieren Sie im Internet.)
    d) Recherchieren Sie, welche Speicherkapazitäten die genannten Cache-Arten bei aktuellen Prozessoren aufweisen. Vergleichen Sie hierzu Produkte der Hersteller Intel und AMD.

16. Was versteht man unter dem RTC-RAM?

1.6 Bussysteme

Ein Bussystem verbindet die verschiedenen Teile des Systems – Prozessor, Chipsatz, Controller, Arbeitsspeicher und Eingabe-Ausgabe-Ports – über elektrische Leitungen miteinander und ermöglicht ihnen so den Informationsaustausch. In Abhängigkeit von der Art der Informationsübertragung unterscheidet man parallele und serielle Bussysteme. Darüber hinaus werden als leistungsfähigere Alternative sog. „Punkt-zu-Punkt-Verbindungen" eingesetzt. Hierbei handelt es sich aber *nicht* um ein Bussystem, da jedes Gerät über separate Leitungen mit einer entsprechenden Schnittstelle auf dem Motherboard verbunden wird. Daher wird diese Verbindungstechnik im Kapitel „Schnittstellen" (Kap. 1.7) behandelt.

Im Bereich der (digitalen) Automatisierungstechnik bezeichnet man ein Bussystem, welches Messfühler (Sensoren) und Stellglieder (Aktoren) mit einem Steuergerät verbindet, allgemein als **Feldbus**.

Die im Folgenden vielfältig genannten Datenraten werden üblicherweise in Bit pro Sekunde oder Byte pro Sekunde angegeben. Hierbei handelt es sich aber nicht notwendigerweise nur um die vom PC verarbeiteten Nutzdaten, sondern auch um zusätzliche Informationen (z.B. Paketheader) oder spezielle Signalaufbereitungen (z.B. Leitungscodierung; Kap. 6.1.5.7), die für eine sichere Übertragung erforderlich sind. Um zu verdeutlichen, dass neben den Nutzdaten auch zusätzliche Informationen übertragen werden, werden oft auch andere Bezeichnungen verwendet, z.B. „Transfers pro Sekunde" (Kap. 1.7.4) oder „Symbolrate" (Kap. 1.7.6.4). Die erzielbaren Nutzdatenraten sind dann kleiner als die angegebenen Zahlenwerte.

1.6.1 Grundstruktur paralleler Busse

> Ein **paralleler Bus** *(parallel bus)* liegt vor, wenn eine Gruppe zusammengehörender Bits (Datenwort) gleichzeitig über separate Leitungen übertragen werden können.

Ein paralleler Bus besteht in der Regel aus speziellen Gruppen von Leitungen, die unterschiedliche Arten von Informationen übertragen. Man unterscheidet:

- Datenbus *(data bus)*
- Adressbus *(address bus)*
- Steuerbus *(control bus)*

Der Informationsaustausch über den **Datenbus** kann umso schneller vonstatten gehen, je mehr Leitungen vorhanden sind. Deshalb werden – in Abhängigkeit von den Leistungsmerkmalen des vorhandenen Prozessors – die Baugruppen meist mit 8, 16, 32, 64 oder 128 Datenleitungen verbunden. Bei acht Datenleitungen können gleichzeitig acht binäre Zustände (d.h. 8 bit) übertragen werden. Man spricht deshalb

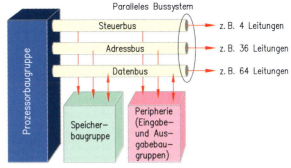

Bild 1.58: Prinzipielle Struktur eines parallelen Bussystems

auch von einer Datenbusbreite von **8 bit = 1 Byte**. Bei 128 Leitungen liegt dementsprechend eine Busbreite von 128 bit bzw. 16 Byte vor.

> Die **Datenbusbreite** *(data bus width)* gibt an, wie viele Leitungen bei einem parallelen Bus gleichzeitig zur Übertragung von Daten zur Verfügung stehen. Je größer die Datenbusbreite ist, desto mehr Informationen können parallel übertragen werden. Bei einem parallelen Bus wird die **Datenübertragungsrate** *(data transmission rate, bit rate)* in **kByte/s**, **MByte/s** oder **GByte/s** angegeben (Dezimalpräfixe). Die Angabe übertragbarer **Datenmengen** *(data volumes)* erfolgt auch in **KiByte/s**, **MiByte/s** oder **GiByte/s** (Binärpräfixe; Kap. 6.1.5.1).

Wollen mehrere angeschlossene Geräte gleichzeitig Daten über diesen Datenbus übertragen, muss die zur Verfügung stehende Übertragungsrate aufgeteilt werden.

Die Adressierung der Daten erfolgt hierbei über den **Adressbus** *(address bus)*. Damit man in den Arbeitsspeicher Daten ablegen und auch wieder auslesen kann, muss **jeder Speicherplatz** mit einer Adresse versehen werden. Die Anzahl der Adressleitungen ist somit der entscheidende Faktor für die Anzahl der maximal adressierbaren Speicherplätze.

> Die Anzahl n der maximal ansprechbaren Speicherplätze lässt sich berechnen mit der Gleichung
>
> $$n = 2^A$$
>
> n = Anzahl der adressierbaren 8-Bit-Speicherplätze
> A = Anzahl der vorhandenen Adressleitungen (Adressbusbreite)

Die Anzahl *A* der erforderlichen Adressleitungen lässt sich berechnen mit der Gleichung:

$$A = \frac{\log n}{\log 2}$$

Beispiel
Wie groß ist der maximal adressierbare Speicherbereich bei einer Adressbusbreite von 34 Leitungen?

Lösung
$n = 2^{34}\,Byte = 17\,179\,869\,184\,Byte = 16\,777\,216\,KiByte = 16\,384\,MiByte = 16\,GiByte$

Umgekehrt gilt: $A = \dfrac{\log 17\,179\,869\,184}{\log 2} = \dfrac{10,2}{0,3} = 34$

Über den **Steuerbus** *(control bus)* gibt der Prozessor einer angesprochenen Baugruppe bekannt, ob er von ihr Daten empfangen oder zu ihr senden will.

Über den Adressbus und den Steuerbus werden Signale nur in *einer* Richtung gesendet: Der Prozessor gibt Adress- und Steuersignale aus, um damit eine Baugruppe oder eine Speicherzelle anzusprechen. Über den Datenbus müssen Daten in *beide* Richtungen bewegt werden können, allerdings zu unterschiedlichen Zeiten. Der Prozessor muss Daten einlesen können (von einer Eingabebaugruppe oder einer Speicherzelle) oder Daten ausgeben können (zu einer Ausgabebaugruppe oder einer Speicherzelle).

Der Datenbus ist ein **bidirektionaler Bus** *(bidirectional bus)*, auf ihm werden Daten in **beiden** Richtungen bewegt. Der Adressbus und der Steuerbus arbeiten **unidirektional**, d. h., Signale werden nur in **einer** Richtung – vom Prozessor zu den angeschlossenen Baugruppen – gesendet.

Im Zuge des technischen Fortschritts der PCs wurden in der Vergangenheit unterschiedliche Konzepte für parallele Bussysteme entwickelt (z. B. **ISA**-Bus: Industry Standard Architecture Bus; **PCI**-Bus: Peripheral Component Interconnect Bus).

Diese wurden inzwischen mehrheitlich von Punkt-zu-Punkt-Verbindungen verdrängt (Kap. 1.7). Den (E)ISA-Bus findet man noch im industriellen Bereich, vereinzelt gibt es auch noch ältere PC-Mainboards, die durch einen Zusatzchip (und nicht durch den Chipsatz) einen PCI-Slot verwalten können.

Parallele Bussysteme werden beispielsweise zur Anbindung des Arbeitsspeichers (Kap. 1.5.3) an den in der CPU befindlichen Controller sowie für die Verbindung von GDDR-RAM (Kap. 1.5.2.2) eingesetzt.

1.6.2   Grundstruktur serieller Busse

Ein **serieller Bus** *(serial bus)* liegt vor, wenn eine Gruppe zusammengehörender Bits nacheinander auf einer Leitung übertragen wird. Eine solche Busverbindung wird auch als **Link** bezeichnet.

Ein Link besteht entweder nur aus einem einzigen Adernpaar, über welches die Datenübertragung in beide Richtungen erfolgt, oder aus zwei Adernpaaren, über die dann die Datenübertragung richtungsgetrennt erfolgt (bidirektional, Vollduplex). Sofern keine weiteren Leitungen vorhanden sind, erfolgt die erforderliche Übertragung der Adress-, Steuer- und Datensignale nacheinander auf derselben Leitung. Die Komponenten sind bei einem seriellen Bus zwar prinzipiell ebenfalls parallel angeschlossen, die einzelnen Komponenten „verarbeiten" aber stets nur diejenigen Daten, die per vorangegangener Adressierung für sie bestimmt sind.

> Bei einem seriellen Bus wird die **Datenübertragungsrate** *(data transmission rate, bit rate)* in **kbit/s**, **Mbit/s** oder **Gbit/s** angegeben (Dezimalpräfixe). Die Angabe übertragbarer **Datenmengen** *(data volumes)* erfolgt auch in **Kibit/s**, **Mibit/s** oder **Gibit/s** (Binärpräfixe; Kap. 6.1.5.1).

Zur Erhöhung der Übertragungsrate lassen sich bei Bedarf je nach Spezifikation des seriellen Busses auch mehrere Links zusammenschalten, über die dann *gleichzeitig*, aber *taktunabhängig* voneinander Daten übertragen werden können. Hierbei entstehen keine Probleme wegen unterschiedlicher Signallaufzeiten auf den verschiedenen Leitungen, wie sie bei hohen Taktfrequenzen auf einem parallelen Bus auftreten können. Aktuelle Vertreter serieller Bussysteme sind USB (Kap. 1.6.3) und Firewire (Kap. 1.6.4).

1.6.3   USB

> Die Abkürzung **USB** steht für **U**niversal **S**erial **B**us (universeller serieller Bus) und bezeichnet einen von einem Firmenkonsortium (Compaq, Hewlett-Packard, IBM, Microsoft, NEC u.a.) entwickelten Standard für den Anschluss externer Geräte an einen *seriellen* digitalen Bus.

Universal Serial Bus

Bei USB handelt es sich um einen sog. **freien Standard**, d.h., alle Spezifikationen sind frei verfügbar und somit für die Herstellung und Vermarktung von USB-Produkten ohne Lizenzgebühren anwendbar. USB wurde seit seiner ersten Veröffentlichung ständig weiterentwickelt und ist inzwischen in verschiedenen Versionen verfügbar, die sich insbesondere in der jeweils unterstützten Datenrate (Bitrate) unterscheiden. Auch die verwendeten Stecker und Buchsen wurden versionsabhängig weiterentwickelt, sodass untereinander trotz bestehender technischer Abwärtskompatibilität inzwischen in vielen Fällen entsprechende Verbindungsadapter erforderlich sind.

Version (Veröffentlichung)	Modus	Max. Bitate ($Ü_{max}$)	Typ. Nutzdatenrate**
USB 1.0/1.1 (1994/1998)	Low Speed Full Speed	1,5 Mbit/s 12 Mbit/s	950 kbit/s 7,6 Mbit/s
USB 2.0 (2000)	High-Speed	480 Mbit/s	300 Mbit/s
USB 3.2 Gen 1 (USB 3.0*; USB 3.1 Gen 1*) (2008)	USB 5 Gbit/s (SuperSpeed*)	5 Gbit/s	2,2 Gbit/s

Version (Veröffentlichung)	Modus	Max. Bitate (Ü$_{max}$)	Typ. Nutzdatenrate**
USB 3.2 Gen 2 (USB 3.1*; USB 3.1 Gen 2*) (2013)	USB 10 Gbit/s (SuperSpeed-Plus*)	10 Gbit/s	6,7 Gbit/s
USB 3.2 Gen 2 x 2 (2019)	SuperSpeed USB 20 Gbit/s	20 Gbit/s	13,4 Gbit/s

Bild 1.59: USB-Versionen, *: ursprüngliche Bezeichnungen; **: Werte gerundet (Gen: „Generation"; Angabe übertragbarer Datenmengen auch mit Binärpräfixen möglich; Kap. 6.1.5.1)

Zwischen der Veröffentlichung einer weiterentwickelten Version und der flächendeckenden Marktpräsenz entsprechender Geräte vergeht meist ein gewisser Zeitraum. Die abwärtskompatible USB-Version 4 (Achtung: Schreibweise zunächst USB 4 und nicht USB 4.0) bringt erneut eine Verdopplung der Übertragungsrate (Ü$_{max}$: 40 Gbit/s; Nutzdatenrate ca. 27 Gbit/s; USB-Typ C-Stecker und -Kabel). USB 4 unterstützt optional Intels Thunderbolt-Protokoll (Kap. 1.7.7), sodass auch der gleichzeitige Betrieb mehrerer Displays oder Grafikkarten mit UHD-Auflösung möglich ist.

Die vom Normungsgremium bei Veröffentlichung der neuen Version im Jahr 2019 gleichzeitig auch für ältere Versionen propagierten Bezeichnungsänderungen mögen zwar technisch nachvollziehbar sein, führen in der Praxis aber eher zu Verwirrungen, da – abhängig von Text und Autor/-in – verschiedene Bezeichnungen für ein und dieselbe USB-Version kursieren (Bild 1.59).

USB sieht versionsübergreifend unterschiedlich schnelle Betriebsmodi vor (Bild 1.59), um jedem angeschlossenen Gerät eine adäquate Übertragungsgeschwindigkeit zur Verfügung stellen zu können. Der gleichzeitige Betrieb von Geräten mit verschiedenen Datenübertragungsraten ist problemlos möglich. Hierbei werden die Daten seriell in Paketen mit unterschiedlicher Größe und in unterschiedlichen Zeitabständen übertragen (bei hohen Datenraten also mehr Pakete pro Zeiteinheit; z.B. blaue Pakete in Bild 1.60). Jedes Paket beginnt mit einem Header.

Als **Header** bezeichnet man den Datenbereich am Anfang eines Paketes (Informationskopf), der Informationen über die Ursprungs- und die Zieladresse, Paket-ID-Nummer sowie ggf. zur Steuerung und zur Fehlerkorrektur enthält (in Bild 1.60 gelb markiert).

Bild 1.60: Serieller Datenfluss bei USB (Grundprinzip)

Zur seriellen Übertragung wird bis USB 2.0 ein spezieller NRZ-Leitungscode verwendet (Non Return to Zero, im Prinzip binäre 0- und 1-Signale; Kap. 6.1.2), dem zur Synchronisation ein Taktsignal hinzugefügt ist. Zur Vergrößerung der Effizienz bei der Datenübertragung erfolgt bei USB 3.1 Gen 1 der Datentransport mit dem sogenannten 8B/10B-Leitungscode (vgl. Kap. 1.7.1). Ab USB 3.1 Gen 2 wird der 128B/132B-Leitungscode verwendet (Leitungscodes: Kap. 6.1.5.7 und „Fachstufe IT-Systeme", Kap. 6.1.9).

Aufgrund der Header sowie der Übertragung zusätzlicher Prüfdaten zur Fehlererkennung, Füllbits (**Bit-Stuffing**: Einfügen von Zusatzbits zur Synchonisation) und/oder Leitungscodierungen (Kap. 6.1.5.7) ist die erzielbare Nutzdatenrate bei allen USB-Versionen stets wesentlich kleiner als die spezifizierte maximale Übertragungsrate ($\leq 70\%\ \ddot{U}_{max}$, Bild 1.59).

Zur Steuerung aller Busaktivitäten ist jeweils ein zentraler Controller erforderlich, der sämtliche angeschlossenen Geräte überwacht.

> Allgemein wird ein PC (oder ein anderes Gerät) mit steuernden Funktionen für angeschlossene (USB-)Geräte als **Host** bezeichnet.
> Ein Gerät, das Kommunikationsleitungen zu angeschlossenen peripheren Geräten an einer zentralen Stelle bündelt und eine elektrische Verbindung herstellt, bezeichnet man als **Hub**. Die Anschlüsse an einem Hub werden **Ports** genannt. An jedem Port kann nur ein einziges peripheres Gerät angeschlossen werden.
> Ein PC, der als USB-Host fungiert und über mehrere USB-Ports für den direkten Anschluss externer USB-Geräte verfügt, wird auch als **Root Hub** bezeichnet.

1

Heutige PCs unterstützen meist verschiedene USB-Standards und verfügen daher über mehrere entsprechende USB-Controller (z. B. **UHCI**: Universal Host Controller Interface, **OHCI**: Open Host Controller Interface, **EHCI**: Enhanced Host Controller Interface, **xHCI**: Extensible Host Controller Interface), die entweder im Chipsatz integriert oder als separate ICs auf dem Motherboard platziert sind (Kap. 1.4).

Die Anschlüsse USB-tauglicher Hubs und Endgeräte werden mit einem allgemein gültigen Logo (Bild 1.61) gekennzeichnet und müssen ein standardisiertes Interface zur Verfügung stellen, welches u. a. die folgenden Merkmale besitzt:

- Unterstützung der jeweiligen USB-Protokolle
- Reaktion auf standardisierte USB-Operationen (z. B. Konfiguration oder Reset)
- Bereitstellung von Informationen über die jeweils implementierten Funktionen; hierzu liefern ergänzende Symbole am USB-Logo entsprechende zusätzliche Informationen etwa

Bild 1.61: allgemeines USB-Logo

zur Energieversorgung angeschlossener Geräte (Power Delivery, Kap. 1.6.3.2) oder zur Übertragungsgeschwindigkeit (z. B. ein Batteriesymbol; „SS" für Superspeed oder „10" für Superspeed+)

Da USB eine 7-Bit-Adressierung verwendet, lassen sich insgesamt bis zu 127 Geräte *(devices)* anschließen, z. B. externe DVD/BD-Laufwerke, Drucker, Scanner, digitale Kameras, Spiele-Adapter sowie Maus und Tastatur. Die Topologie von USB entspricht einem baumförmigen System, welches in einzelne Ebenen aufgeteilt ist.

> Der Begriff **Topologie** *(topology)* bezeichnet die Art der Leitungsführung, in der die Geräte miteinander verbunden werden.

An der Spitze steht hierbei der PC als USB-Host, der in der Regel bereits über mehrere USB-Anschlüsse verfügt, somit also auch die Funktion eines Hubs erfüllt (1. Ebene in Bild 1.62).

Jeder USB-Controller im PC stellt eine bestimmte Anzahl interner und externer USB-Ports zur Verfügung. An einen PC mit insgesamt acht USB-Ports lassen sich demnach bis zu acht

USB-Devices – Endgeräte oder Hubs – anschließen, die dann die nächste Ebene bilden (2. Ebene in Bild 1.62). Reine Endgeräte werden auch als **Knoten** *(nodes)* bezeichnet. Es gibt aber auch spezielle **Multifunktionsgeräte** *(compound devices)*, an die sich dann wiederum weitere Endgeräte anschließen lassen. Diese Multifunktionsgeräte erscheinen dem Host wie ein Hub mit mehreren permanent angeschlossenen Knoten.

An die Hubs der 2. Ebene in Bild 1.62 können weitere Endgeräte oder Hubs angeschlossen werden, die dann die nächste Ebene bilden. Auf diese Weise sind bis zu sieben Ebenen möglich. Betrachtet man allein die Ebenen, in denen Hubs hintereinandergeschaltet werden, so gibt es bei USB insgesamt fünf Hub-Ebenen (in Bild 1.62 Ebene 2 bis 6). Eine größere Anzahl von Hub-Ebenen verursacht Übertragungsprobleme – u. a. bedingt durch Lauf-

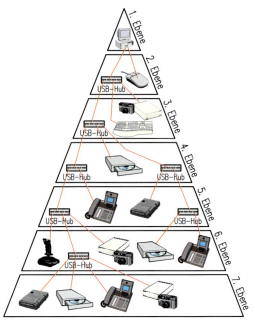

Bild 1.62: Topologie des USBs

zeiteffekte – und ist daher nicht erlaubt. Der Universal Serial Bus weist somit eine baumförmige Struktur auf, bei der die Hubs jeweils die Verbindungen zu einer weiteren Ebene schalten. Während des laufenden Betriebs können Geräte hinzugefügt oder abgetrennt werden (**Hot Plugging**), die dann automatisch erkannt und initialisiert werden (**Plug and Play**). Zu beachten ist, dass bei angeschlossenen Speichermedien (z. B. externe USB-Festplatte) die Daten oftmals erst PC-intern zwischengespeichert werden. Um beim Trennen einen möglichen Datenverlust zu vermeiden, sollte der Anschlussstecker erst *nach* einer ordnungsgemäßen Abmeldung entsprechend den Vorgaben des jeweiligen Betriebssystems abgezogen werden.

Alle USB-Geräte besitzen eine fest verdrahtete Hardware-Erkennung – bestehend aus Herstellerangaben, Seriennummer und Produkterkennung – um den Bus nach einem Reset oder dem Neustart korrekt initialisieren zu können. Dazu gehören auch Informationen bezüglich der Geräteklasse, Art der Stromversorgung und möglicher Übertragungsbandbreiten. Während der Initialisierung spricht der Host ebenenweise alle Knoten an und weist jedem Gerät eine eindeutige ID zu *(user **id**entification)*.

Die Einteilung in **Geräteklassen** *(device classes)* dient zur Unterscheidung angeschlossener Geräte mit unterschiedlichen Eigenschaften. Für jede Geräteklasse sind in den USB-Spezifikationen bereits grundlegende Treiber (sog. **generische Treiber**) implementiert. Hierdurch sind die meisten USB-Geräte direkt nach Anschluss verwendbar, ohne dass jedes Mal spezielle, gerätespezifische Treiber installiert werden müssen (z. B. Maus, Tastatur, externe Festplatte). Bei Bedarf lassen sich diese allerdings jederzeit nachladen.

Aufgrund der universellen Einsatzmöglichkeiten und der höheren Übertragungsgeschwindigkeit hat USB die ehemals vorhandenen Standardschnittstellen (z. B. serielle und parallele Schnittstellen) weitestgehend ersetzt.

1.6.3.1 USB-Anschluss- und Verbindungstechnik

Mit jedem neuen USB-Standard wurde die mögliche Datenübertragungsrate maßgeblich gesteigert, sodass jeweils auch neue Verbindungskabel und Steckverbindungen erforderlich waren.

Bis einschließlich **USB 2.0** werden zur Verbindung der Geräte vieradrige Kabel verwendet, wobei zwei Adern für den bidirektionalen Datenverkehr und zwei Adern für eine begrenzte Energieversorgung angeschlossener Geräte durch den Host vorgesehen sind. Die Datenübertragung erfolgt mit differenziellen Signalen (Kap. 6.1.3).

Bei den USB-2.0-Steckverbindungen unterscheidet man grundsätzlich zwischen den Varianten Typ A und Typ B. Beide sind mechanisch inkompatibel, sodass eine Verwechslung beim Anschluss nicht möglich ist. Der breite **Typ-A-Stecker** wird immer in Richtung zum Host, der quadratische **Typ-B-Stecker** wird immer in Richtung Peripheriegerät verwendet (Bild 1.64).

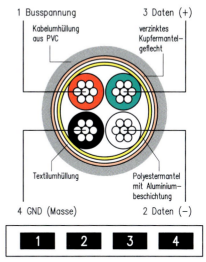

Bild 1.63: Prinzipieller Aufbau eines USB-2.0-Kabels und Kontaktzuordnung

Bild 1.64: USB-2.0-Steckervarianten

Bei Geräten mit kleinen Abmessungen werden auch spezielle verkleinerte Stecker und Buchsen eingesetzt (Mini- und Micro-USB; Mini-USB ist nicht mehr Bestandteil aktueller Spezifikationen). Diese verfügen meistens über einen zusätzlichen fünften Anschlusskontakt, der zur Geräte-Identifikation dient. Der Micro-USB-2.0-Anschluss dient bei Smartphones (Kap. 1.1.5) derzeit vielfach als Standardverbindung zur leitergebundenen Datenübertragung und zum Aufladen des Akkus.

Steckermantel

Bild 1.65: Micro-, Mini- und USB Typ A-Stecker   Bild 1.66: Micro-, Mini- und USB Typ A-Buchse

Darüber hinaus existieren verschiedene herstellerspezifische Steckervarianten, die nicht der USB-Norm entsprechen und untereinander auch nicht kompatibel sind. Bei allen Steckerausführungen sind die beiden Kontaktzungen für die Spannungsversorgung länger als die Kontakte für die Signalleitungen (Bild 1.63, Pin 1 und 4). Hierdurch wird sichergestellt, dass beim Einstecken während des laufenden Betriebes die Versorgungsspannung für das Gerät geringfügig eher anliegt als die zu verarbeitenden Daten. Innerhalb dieser kurzen Zeitspanne kann die Geräteelektronik die erforderlichen Betriebswerte annehmen, bevor anliegende Daten verarbeitet werden.

Der Standard **USB 3.2 Gen 1** (alte Bezeichnungen **USB 3.0** bzw. **USB 3.1 Gen 1**) bietet eine Erhöhung der Bitrate auf bis zu 5 Gbit/s (SuperSpeed-Modus). Die Datenübertragung im SuperSpeed-Modus erfolgt hierbei richtungsgetrennt über zwei zusätzliche, getrennte Aderpaare (Bild 1.67: Pin 5, 6 und 8, 9) im Vollduplex mit differenziellen Signalen (Kap. 6.1.3). Mit dem Aderpaar für den USB-2.0-Betrieb (Pin 2, 3) sowie zwei Adern für die Spannungsversorgung (Pin 1, 4) besteht ein als USB 3.2 Gen 1 spezifiziertes Kabel somit insgesamt aus acht Leitungen (vier Aderpaare, Bild 1.67).

Aus Gründen der Abwärtskompatibilität zu USB 2.0 hat man den alten Typ-A-Stecker beibehalten und lediglich die Kontaktzahl um fünf zusätzliche Anschlüsse erweitert, die hinter den vorhandenen vier Kontakten angeordnet sind (TX+, TX–, RX+, RX– und Masse; Pin 5 bis 9 in Bild 1.67). Somit passen alte und neue Typ-A-Stecker mechanisch zusammen. Die Kontaktzunge (oder das Gehäuse) bei den USB-3.2-Gen-1-Steckern/Buchsen ist zur Unterscheidung von reinen USB-2.0-Anschlüssen blau gefärbt (Bild 1.68). Beim alten Typ-B-Stecker hingegen fehlt der

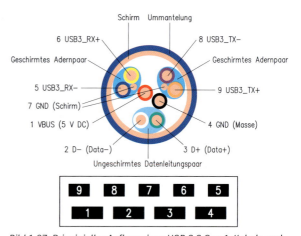

Bild 1.67: Prinzipieller Aufbau eines USB 3.2 Gen 1-Kabels und Kontaktzuordnung (USB-Bezeichnungen siehe Bild 1.59)

Platz für zusätzliche Kontakte, dieser bekommt daher einen Anbau, der so gestaltet ist, dass der alte Typ-B-Stecker in die neue Buchse passt, aber nicht der neue Typ-B-Stecker in die alte Buchse (Bild 1.68 Mitte). Auch die alten, in Kleingeräten (Kamera, Smartphone usw.) verwendeten Micro-Versionen des Typ-B-Steckers bieten keinen Platz für neue Pins und erhalten einen Anbau (Bild 1.68 links). Eine Mini-Version von USB 3.2-Gen-1-Steckverbindern existiert nicht.

Bild 1.68: USB 3.2 Gen 1-Stecker und -Buchsen (USB-Bezeichnungen siehe Bild 1.59)

Bei **USB 3.2 Gen 2** (alte Bezeichnungen **USB 3.1** bzw. **USB 3.1 Gen 2**) verdoppelt sich die Übertragungsrate gegenüber der Vorgängerversion auf bis zu 10 Gbit/s. Gleichzeitig wird eine neue Steckerform definiert, die eine symmetrische Bauform aufweist. Dieser „**Typ-C-Stecker**" hat eine mittig angeordnete Kontaktzunge, die beidseitig mit den gleichen Anschlusspins versehen ist und somit in beiden Orientierungen (d. h. auch um 180° gedreht) in die entsprechende Typ-C-Fassung gesteckt werden kann.

Im Gegensatz zu den bisherigen Verbindungskabeln mit Typ-A- und Typ-B-Steckern befindet sich an *beiden* Enden eines USB-3.2-Gen-2-Kabels der *gleiche* Typ-C-Stecker (Bild 1.69). Er ist kleiner als der bisherige Typ-A-Stecker (Bild 1.64) und damit nicht mehr kompatibel zu den bisher verwendeten Stecksystemen. Um diese weiter nutzen zu können, werden diverse Adapterkabel angeboten. Einige Boards liefern auch (eingeschränkte) USB-3.2-Gen-2-Leistungsmerkmale an einer rückseitig vorhandenen, speziellen Typ A-Buchse (siehe Bild 1.75).

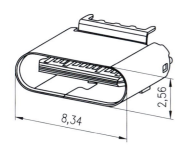

A1	A2	A3	A4	A5	A6	A7	A8	A9	A10	A11	A12
GND	TX1+	TX1−	VBUS	CC1	D+	D−	SBU1	VBUS	RX2−	RX2+	GND
GND	RX1+	RX1−	VBUS	SBU2	D−	D+	CC2	VBUS	TX2−	TX2+	GND
B12	B11	B10	B9	B8	B7	B6	B5	B4	B3	B2	B1

Kontaktzunge

Steckermantel

Bild 1.69: USB Typ C-Stecker

Pin-Nr.	Belegung der Kontaktzunge
A1, A12 B1, B12	**GND**: Ground
A2, A3 B2, B3	**TX1+, TX1-**: High Speed Data Path 1 (Transmit USB or Transmit DP Alt-Mode) (Verwendung von zwei Leitungspaaren)
A4, A9 B4, B9	**VBus**: Bus Power
A5 B5	**CC1, CC2**: Configuration Detection
A6, A7 B6, B7	**D+, D-**: USB 2.0 Bus Interface (Verwendung von einem Leitungspaar)
A8 B8	**SBU1, SBU2**: Secondary Bus System (Alternate Connection; Headphone Analog Signal)
A10, A11 B10, B11	**RX2+, RX2-**: High Speed Data Path 2 (Receive USB or Transmit DP Alt-Mode) (Verwendung von zwei Leitungspaaren)

Bild 1.70: Anschlussbelegung USB Typ-C-Stecker

Bei der Version **USB 3.2 Gen 2 × 2** wird nicht wie gehabt die Datenrate eines Links verdoppelt, sondern stattdessen zusätzlich ein vorhandenes Adernpaar in einem vollbeschalteten USB-C-Kabel parallel genutzt.

Der Typ-C-Stecker kann in Kombination mit USB, aber auch gänzlich ohne USB-Datenverbindung mannigfaltig genutzt werden. Hierzu werden sog. **Alternate-Modes** definiert, bei denen den einzelnen Anschlusspins und Verbindungsleitungen auch andere Funktionen zugeordnet werden können. Alternative Modi sind beispielsweise:

- **Display Port Alternate Mode (DP Alt-Mode)**; Mit entsprechenden Geräten können Display-Port-Signale bis zur Version 1.4 (Kap. 1.7.6.5) über eine Typ-C-Steckverbindung transportiert werden, die ein Display in UHD-Auflösung ansteuern. Bei entsprechender Aufteilung der Datenpfade des USB 3.2-Gen-2-Kabels ist auch die gleichzeitige Übertragung von USB- *und* Display-Port-Signalen möglich.
- **Audio Adapter Accessory Mode (AAA-Mode)**; Bei einigen Geräten ist die 3,5-mm-Audio-Buchse entfallen, der Anschluss von Kopfhörern und Lautsprechern funktioniert dann auch mit entsprechenden Adaptern (z. B. USB-Typ-C-Stecker auf 3,5-mm-Audio-Buchse) über USB-Hubs.

Der Typ-C-Stecker ist mit entsprechenden Adapterkabeln auch kompatibel zu anderen Schnittstellensignalen, z. B. HDMI und MHL (Kap. 1.7.6). Darüber hinaus verwendet Apple ab Thunderbolt 3 ebenfalls den Typ-C-Stecker für seine Geräte (Kap. 1.7.7).

Um sämtliche Übertragungsmöglichkeiten nutzen zu können, ist ein mit *allen* Verbindungsleitun-

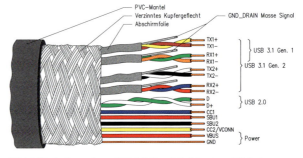

Bild 1.71: Aufbau eines USB 3.1 Gen 2 Full Featured Kabels (USB-Bezeichnungen siehe Bild 1.59)

gen ausgestattetes USB-3.2-Gen-2-Kabel (**FFC**: **F**ull **F**eatured **C**able; Bild 1.71) erforderlich. Über einen im Typ-C-Stecker implementierten elektronischen Chip (Stromversorgung über Pin V_{Conn}; Bild 1.71) können die jeweiligen Schnittstellensignale detektiert werden. Zu beachten ist, dass in der Praxis nicht jedes Kabel mit USB-Typ-C-Anschlüssen über diese Leitungs-Vollausstattung verfügt. Ob die genannten Funktionalitäten bei Vollausstattung unterstützt werden, hängt aber auch von der herstellerseitig *in* den jeweiligen Geräten implementierten Elektronik ab.

1.6.3.2 USB-Energieversorgung

Von Beginn an ermöglichte ein USB-Anschluss prinzipiell auch eine Energieversorgung angeschlossener Geräte ohne eigene Stromversorgung über das für die Datenübertragung verwendete USB-Kabel („**Bus-Powered-Devices**"). Diese war zunächst aber lediglich auf kleinere Geräte mit einer vergleichsweise geringen Energieaufnahme begrenzt. Geräte mit höherer Leistung mussten über eine separate Stromleitung mit Energie versorgt werden („**Self-Powered-Devices**").

Ziel der schrittweisen Entwicklung war jedoch, möglichst alle angeschlossenen Geräte über einen USB-Anschluss mit Energie zu versorgen und bei mobilen Geräten gleichzeitig auch den Akku in kurzer Zeit zu laden. Aus diesem Grund erfolgte – zeitgleich mit, aber unabhängig von der Entwicklung der USB-3.2-Gen-2-Spezifikation für den Datenverkehr – die Entwicklung einer Spezifikation zur gleichzeitigen Verwendung der USB-Typ-C-Steckverbindung zur erweiterten Energieversorgung angeschlossener Geräte.

> **USB Power Delivery 2.0** (**UPD** oder **USB-PD**) ist die Bezeichnung einer Spezifikation des **USB-IF** (**USB** **I**mplementers **F**orum) über eine *bidirektional* mögliche Energieversorgung zweier Geräte, die über ein USB-3.2-Gen-2-Kabel mit Typ-C-Stecker verbunden sind. Hierbei werden – unabhängig von einer aktiven Datenübertragung – über die USB-Power-Anschlusspins mithilfe des UPD-Protokolls und entsprechenden in den Geräten vorhandenen Konfigurationscontrollern die *Richtung* der Energieversorgung sowie die *Größe* von Strom und Spannung ausgehandelt.

Die bis dato vorhandenen Energieversorgungen über USB (Low-Powered, High-Powered, USB-BC; Bild 1.72) können als Vorstufen der aktuellen USB-PD-Spezifikation angesehen und dieser entsprechend zugeordnet werden.

Version	Bezeichnung/ Profil	Energieversorgung (max.)	Bemerkungen/Beispiele
USB 1.0/1.1	Low-Powered	5 V/0,1 A	Tastatur, Maus
USB 2.0	High-Powered	5 V/0,5 A	Scanner, externe 2,5-Zoll-Festplatten; begrenzt auch Ladefunktion kleinerer Mobilgeräte möglich (USB-BC bis 2,5 W, siehe unten)
USB 3.2 Gen 1	High-Powered	5 V/0,9 A	Smartphone
	USB Battery Charging (USB-BC)	5 V/1,5 A	Spezifikation für USB-Lade-geräte; Port-Bezeichnung: **DCP** (**D**edicated **C**harging **P**ort)

Version	Bezeichnung/Profil		Energieversorgung (max.)	Bemerkungen/Beispiele
USB 3.2 Gen 2, USB 3.2 Gen 2 × 2	Profile USB Power Delivery 2.0	1*	5 V/2 A	kleinere, portable Geräte
		2	5 V/2 A 12 V/1,5 A	Tablets, Netbooks, Scanner
		3	5 V/2 A 12 V/3 A	Notebooks
		4	5 V/2 A 12 V/3 A 20 V/3 A	Drucker
		5	5 V/2 A 12 V/5 A 20 V/5 A	Displays, aktive Lautsprecherboxen

Bild 1.72: Energieversorgung über USB (*: abwärtskompatibel zu USB 2.0 und USB 3.2 Gen 1; USB-Bezeichnungen siehe Bild 1.59)

Viele Geräte benötigen im Moment der Inbetriebnahme einen wesentlich höheren Einschalt- bzw. Anlaufstrom als im normalen Betriebszustand (z. B. 2,5-Zoll-Festplatten: Anlaufstrom bis ca. 0,8 A, Betriebsstrom bis ca. 0,25 A). Zwar werden hierdurch USB-2.0-Ports kurzzeitig überlastet, verkraften dies jedoch in der Regel schadlos. Um auch Geräte mit etwas höherem Strombedarf über einen USB-Port speisen zu können (USB-BC, Bild 1.72), unterstützen einige Geräte auch die auf einer EU-Richtlinie basierende **Battery Charging Specification** für USB-Ladegeräte.

USB Power Delivery 2.0 definiert fünf Versorgungsprofile mit unterschiedlichen Leistungsanforderungen (Bild 1.72). Die Stromflussrichtung und der Leistungsbedarf – zur Energieversorgung eines angeschlossenen Gerätes und/oder zu Ladezwecken – werden hierbei während der Initialisierung über entsprechende Konfigurationscontroller, die unabhängig von der Datenübertragung arbeiten können, für jede Kabelverbindung individuell zwischen den beiden angeschlossenen Geräten ausgehandelt. In der USB-PD-Nomenklatur wird hierbei unterschieden zwischen **Provider**-Geräten, deren USB-Anschlüsse als Energiequelle fungieren (**DFP**: **D**ownstream **F**acing **P**ort), und **Consumer**-Geräten, deren USB-Anschlüsse Verbraucher darstellen (**UFP**: **U**pstream **F**acing **P**ort). Unter Umständen kann der USB-Anschluss eines Gerätes auch beide Funktionen aufweisen (**DRP**: **D**ual **R**ole **P**ort). Das Gerät mit dem höheren Energiepotenzial kann hierbei jeweils die Stromversorgung übernehmen, bei veränderten Verhältnissen kann das System umschalten.

Mit **USB-Power-Delivery** 3.0 werden die bisherigen Power-Profile mit der festen Zuordnung von Spannung und Maximalstrom durch flexible Einstellungen abgelöst (**PPS**: **P**rogrammable **P**ower **S**upply). Dies ermöglicht entsprechenden USB-Netzteilen (offizielle Bezeichnung: **Certified USB Fast Charger**) nicht nur feste Spannungsstufen oberhalb von 5 V bereitzustellen, sondern auch dynamisch jeweils erforderliche Spannungswerte zu generieren (z. B. bei Profil 4 auch 15 V/3 A).

Ein **USB-Anschluss**, der mindestens mit USB 3.2 Gen 2 konform ist *und* die USB-PD-Spezifikationen erfüllt, stellt eine **Kombination aus einer schnellen Datenschnittstelle und einem bidirektionalen Energieverteilsystem dar**.

So könnte beispielsweise ein PC ein angeschlossenes Display über das USB-Kabel mit Bildsignalen und Strom versorgen, das Energieversorgungskabel des Displays würde in diesem Fall nicht benötigt. Andererseits könnte das gleiche Display bei Verbindung mit dem Energieversorgungsnetz aber auch den Akku eines über USB angeschlossenen Tablets laden.

Für die erhöhte Leistungsübertragung ab Profil 2 sind spezielle USB-Kabel erforderlich. Zu beachten ist, dass nicht alle USB-3.2-Gen-2-Anschlüsse und Kabel die USB-PD-Spezifikationen (bzw. sämtliche Profile) erfüllen. Vom USB-IF zertifizierte Logos an Geräten, Anschlüssen und Kabeln sollen daher Auskunft über die jeweils unterstützten Merkmale geben. Bei Bedarf lassen sich Informationen zu den einzelnen IF-Logos im Internet recherchieren (z. B. Suchbegriff „USB-IF-Logos").

Die in den Spezifikationen angegebenen maximalen Kabellängen (meist < 1,5 m) sollten nicht überschritten werden, da es ansonsten leicht zu Induktionsstörungen (Kap. 6.3.6) kommen kann. Bei längeren Übertragungsstrecken können entsprechende Signalregeneratoren eingesetzt werden, die das Signal aufbereiten.

1.6.3.3 Sonstige USB-Spezifikationen

USB-OTG (On-The-Go) stellt eine Erweiterung ab dem USB-2.0-Standard dar und spezifiziert eine USB-Geräteklasse, die untereinander ohne einen zwischengeschalteten PC als Steuergerät (Host) Daten austauschen kann. Durch eine implementierte Protokollergänzung verfügen OTG-Geräte selbst über die Fähigkeit, begrenzt die Rolle eines Hosts zu übernehmen. Ein USB-Gerät mit begrenzter Übernahme von Host-Eigenschaften wird als **Dual-Role-Gerät** bezeichnet. OTG-fähige Geräte können mit Verbindungsadaptern (Bild 1.73) ab dem USB-2.0-Standard verbunden werden. Da die Host-Funktion bei OTG-Geräten beliebig tauschbar ist, müssen sich die Benutzer/-innen keine Gedanken über das richtige Anstecken von Kabeln machen.

Bild 1.73: Beispiel für einen OTG-Verbindungs-Adapter (USB-C auf USB 3.2 Gen 1)

Des Weiteren gibt es **Wireless-USB**-Produkte, die insbesondere bei den sog. **HID**-Anwendungen (**H**uman **I**nterfaces **D**evices) Anwendung finden, also Tastaturen, Mäuse und Gamepads für Spielekonsolen. Eine drahtlose USB-Strecke besteht aus einem entsprechenden Sender, der in einen USB-Anschluss eingesteckt wird, und einem USB-Transceiver im angeschlossenen Gerät. Aus Sicht des Rechners verhält sich die Funkstrecke wie ein USB-Kabel. Die Funkübertragung (meist Bitrate bis 1 Mbit/s im ISM-Band 2,4 GHz, Reichweite ca. 10 m, Frequenzsprungverfahren mit 79 Kanälen) ist ähnlich der bei Bluetooth, allerdings mit einem erheblich einfacheren Protokoll.

1.6.4   Firewire

Firewire ist die Kurzbezeichnung für ein serielles Bussystem, das ursprünglich auf einer Entwicklung für eine schnelle serielle Datenübertragung der Firma Apple basiert.

Durch den Zusammenschluss verschiedener namhafter Hersteller der Computer- und der Audio-/Video-Industrie (z.B. Adaptec, AMD, Apple, IBM, Microsoft, Philips, Sony, TI, JVC, Yamaha u.a.) wurde diese Entwicklung modifiziert und führte 1995 zur Veröffentlichung des primären Firewire-Standards, dessen Originalbezeichnung **IEEE 1394–1995** lautet.

IEEE ist die Abkürzung für **I**nstitute of **E**lectrical and **E**lectronics **E**ngineers, eine amerikanische Vereinigung von Elektro- und Elektronikingenieuren, die für viele Standards in Hardware und Software verantwortlich ist.

Inzwischen existiert eine völlig überarbeitete und fehlerbereinigte Version dieses Standards. Dieser fasst die ursprüngliche Version und die beiden Erweiterungen IEEE 1394a und IEEE-1394b zusammen (**IEEE 1394-2008**). Darüber hinaus verwendet Sony für diese Technologie aus Marketinggründen die firmeneigene und lizenzgeschützte Bezeichnung **i-Link**.

Der Bus-Standard IEEE 1394 weist folgende allgemeine Spezifikationen auf:

- Frei zugänglicher Standard, d.h. für Hersteller von Firewire-Geräten fallen grundsätzlich keine Lizenzgebühren an (Ausnahme: Produktion bestimmter erforderlicher ICs, für die Sony die Lizenzen hat)

- Rein digital arbeitendes, bidirektionales Bussystem

- Direkte Kommunikationsmöglichkeit zwischen zwei Geräten, kein Host-PC erforderlich

- Plug-and-Play-fähig, somit sind keine IRQ- bzw. DMA-Einstellungen (Kap. 4.3.10) beim Einsatz neuer Geräte notwendig

- Hot-Plugging, d.h., während des laufenden Betriebes lassen sich Geräte hinzufügen oder entfernen

- Gleichzeitiger Betrieb von langsamen und schnellen Geräten an einem Bus möglich

- In begrenztem Umfang Fremdspeisung über Anschlusskabel möglich, hierdurch sind auch Geräte ohne eigene Energieversorgung anschließbar

Firewire weist eine Art Baumstruktur auf, bei der die Geräte (Nodes) in einem oder mehreren Strängen hintereinandergeschaltet werden. Die Verbindungsstränge werden **Hops** genannt.

Meist verfügt jedes Firewire-Gerät über zwei Ports, einen Eingang und einen Ausgang. Insgesamt dürfen höchstens 16 Hops zwischen zwei beliebigen Nodes liegen. Die Begrenzung der Anzahl möglicher Hops resultiert aus der endlichen Signalgeschwindigkeit (Kap. 6.3.2.4). Die Datenübertragung zwischen zwei Knoten ist auch dann möglich, wenn dazwischenliegende Knoten nicht in Betrieb sind. Diese Möglichkeit des Hintereinanderschaltens von (Firewire-)Geräten bezeichnet man auch als **Daisy Chaining**. Verfügen Geräte über mehr als zwei Ports, sind Verzweigungen möglich, jedoch sind Schleifen zwischen den Geräten nicht erlaubt.

Firewire verwendet eine 6-Bit-Adressierung für die Nodes (Node-ID), somit sind bis zu 63 Geräte an einem Bus anschließbar.

Für die Flexibilität der Firewire-Struktur ist von Vorteil, dass kein Host-PC erforderlich ist. Grundsätzlich kann jeder Knoten die Funktion des Bus-Managers übernehmen. Im Gegensatz zu USB sind somit echte Peer-to-Peer-Verbindungen möglich, d. h., zwei Geräte können direkt miteinander verbunden werden und Daten austauschen (z. B. digitaler Videorekorder und digitaler Camcorder).

Für die verschiedenen Kabel existieren auch unterschiedliche Steckertypen, jeweils mit vier bzw. sechs (1394a) oder neun (1394b) Anschlusspins. Alle Verbindungsstecker können innerhalb eines Systems gemischt verwendet werden, sofern die Geräte über entsprechende Anschlüsse verfügen.

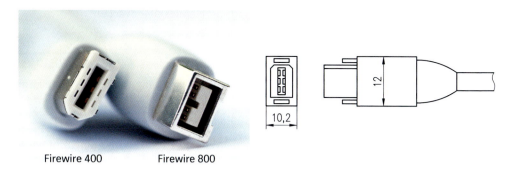

Firewire 400   Firewire 800

Bild 1.74: a) Firewire-Stecker b) Normzeichnung eines 6-poligen Firewire-Steckers

Der Standard IEEE 1394a sieht Übertragungsraten (Bitraten) von 100 Mbit/s, 200 Mbit/s und 400 Mbit/s über Kupferkabel vor (Kurzbezeichnung: S100, S200, S400). Die Kabellänge zwischen zwei Geräten bei einer S400-Verbindung darf maximal 4,5 m, bei S200 maximal 14 m betragen. IEEE 1394b definiert zusätzlich die Übertragungsraten 800 Mbit/s, 1 600 Mbit/s und 3 200 Mbit/s (S800, S1600 und S3200). Damit ist Firewire inzwischen wesentlich langsamer als aktuelle USB-Entwicklungen (Kap. 1.6.3).

1.6.5   Vergleich der Bussysteme

Die parallelen Busstrukturen haben sich in der Vergangenheit als einfach, effizient und wirtschaftlich erwiesen. Aufgrund der immer höheren erforderlichen Übertragungsraten stoßen sie aber in vielerlei Hinsicht an ihre Grenzen:

- Der parallele Bus wird von allen angeschlossenen Einheiten (CPU, Speicher, Peripheriegeräte) *gemeinsam* – jeweils als Punkt-zu-Punkt-Verbindung – genutzt. Hierbei müssen sich alle Geräte die auf dem Bus zur Verfügung stehende Übertragungsbandbreite teilen, wodurch es zu Überlastungen und damit zu Wartezeiten kommen kann, die das System verlangsamen.

- Die Zunahme der Busbreite vergrößert die Anzahl der Leiterbahnen sowie ggf. der Anschlusskontakte von Steckkarten und führt damit zu einem erhöhten Platzbedarf auf den Platinen.

- Physikalische und elektrische Phänomene (z. B. frequenzabhängige Leiterbahnwiderstände, Laufzeitunterschiede zwischen Bussignalen; Kap. 6.3) erfordern ein ausgereiftes und damit teures Leiterplatten-Layout und begrenzen die mögliche Buslänge, die in der Regel auf wenige Zentimeter beschränkt ist.

Während die parallelen Busstandards einen gemeinsam genutzten Bus vorsehen, handelt es sich bei den seriellen Standards USB und Firewire um „vernetzte" Konzepte. Diese besitzen einige Vorteile gegenüber den parallelen Architekturen:

- Es werden sowohl Punkt-zu-Punkt- als auch Punkt-zu-Mehrpunkt-Verbindungen unterstützt.

- An die Stelle von 32 bis 512 bit breiten Bussystemen mit der dafür erforderlichen Anzahl von physikalisch vorhandenen Leitungen treten serielle „Kanäle" – auch **Pipes** genannt –, die durch den Einsatz von Multiplextechniken gleichzeitig von verschiedenen Geräten genutzt werden können und die über zwei bzw. vier Leitungen übertragen werden.

- Entfernungen bis zu einigen Metern lassen sich problemlos überbrücken.

AUFGABEN

1. Erläutern Sie die prinzipiellen Unterschiede zwischen einem parallelen und einem seriellen Bus.

2. Aus welchen grundsätzlichen Leitungsgruppen besteht ein paralleler Bus?

3. Welcher Unterschied besteht zwischen einem unidirektionalen und einem bidirektionalen Bus?

4. Begründen Sie, warum serielle Bussysteme bei hohen Taktfrequenzen Vorteile gegenüber parallelen Bussystemen aufweisen.

5. Über eine Datenverbindung müssen 2,6 GiByte an Nutzdaten übertragen werden. Welche Zeit würde hierfür theoretisch unter Zugrundelegung der im Buch angegebenen maximalen Übertragungsraten benötigt:
   a) bei USB 2.0?
   b) bei USB 3.2 Gen 1?
   c) bei Firewire gemäß IEEE 1394b?
   d) bei PCIe 3.0 × 16 (Kap. 1.7.4)?

6. Ein Prozessor kann maximal 64 GiByte Speicher adressieren. Wie viele Adressleitungen sind hierzu erforderlich?

7. Berechnen Sie exakt, wie viele Bytes Speicherkapazität ein 64-GiByte-Speicher hat.

8. a) Nennen Sie die verschiedenen USB-Versionen und erläutern Sie die technischen Unterschiede.
   b) Erstellen Sie mit einem geeigneten Computerprogramm ein ansprechendes Balkendiagramm, in welchem die im Buch angegebenen Datenraten der verschiedenen USB- und Firewire-Versionen visualisiert werden. Erstellen Sie eine kleine vergleichende Präsentation beider Bussysteme (verwenden Sie hierzu ggf. Ihr Balkendiagramm) mit anschließender Bewertung.

9. Was versteht man unter einem „Twisted-Pair-Kabel" und welche PC-Busse verwenden diese Kabelart? Aus welchem Grund verwendet man diesen Kabeltyp? (Hinweis: Verwenden Sie ggf. Informationen aus Kap. 4.1.2.1.)

10. Welche Bedeutung hat das abgebildete Symbol?

11. Was versteht man bei USB unter einem „Root-Hub"?

12. Ein Kunde hat sich per E-Mail an den Support Ihrer Firma gewandt, mit der Bitte um kurze zusätzliche Erläuterungen zu den im Manual der letzten Mainboard-Lieferung aufgeführten Bezeichnungen UHCI, OHCI, EHCI und XHCI. Erstellen Sie ein formal korrektes Antwortschreiben, in dem Sie die angegebenen Abkürzungen sowie zugehörige technische Merkmale in Tabellenform erläutern. (Hinweis: Internetrecherche erforderlich.)

13. Welches Problem kann sich bei Verwendung einer Wireless-USB-Tastatur und einer Wireless-USB-Maus möglicherweise ergeben, wenn es beim Bootvorgang zu einem Fehler kommt und Einstellungen im UEFI-Setup erforderlich sind? (Hinweis: Verwenden Sie ggf. Informationen aus Kap. 2.5 oder recherchieren Sie im Internet.)

14. a) Aus welchem Grund existiert bei USB 2.0 ein sog. Typ-A- und ein Typ-B-Stecker?
    b) Welche Unterschiede gibt es jeweils bei USB 2.0 und USB 3.2 Gen 1 zwischen den unter a) genannten Steckertypen?
    c) Welche Merkmale weist der USB-Stecker Typ C auf?

15. a) Welche Möglichkeiten der Energieversorgung ermöglicht USB-Power Delivery 2.0? Welche technischen Voraussetzungen sind hierzu erforderlich?
    b) Welche Unterschiede bestehen zwischen den Standards USB-PD 2.0 und USB-PD 3.0?

16. Wie viele Geräte lassen sich bei USB maximal an einem Strang anschließen? Woraus resultiert diese Begrenzung der Anzahl?

17. An einem USB sind Geräte angeschlossen, die in gleichen Zeitintervallen unterschiedlich große Datenmengen übertragen müssen (z. B. Tastatur und externe Festplatte). Auf welche Weise ist der Datenfluss organisiert, damit jedes Gerät seiner Funktion entsprechende Datenmengen übertragen kann?

18. Was versteht man unter USB-OTG?

19. Die Leitungslängen bei USB und bei Firewire sind entsprechend der jeweiligen Spezifikationen begrenzt. Begründen Sie diese Tatsache mithilfe elektrotechnischer Gesetzmäßigkeiten. (Hinweis: Verwenden Sie ggf. Informationen aus Kap. 6.3.)

20. Der Firewire-Standard trägt alternativ auch die Bezeichnung IEEE 1394-xxxx. Erläutern Sie die Abkürzung. Wofür stehen hier die Platzhalter xxxx?

1.7   Schnittstellen

Der Begriff Schnittstelle wird sehr häufig in verschiedenen Zusammenhängen mit unterschiedlichen Bedeutungen verwendet:

- Umgangssprachlich formuliert man, die Tastatur stelle die Schnittstelle zwischen Mensch und Computer dar.

- In der Programmierung bezeichnet man als Schnittstelle beispielsweise die verschiedenen Ebenen der Routinen, die zwischen einer Anwendung und der Hardware existieren (Softwareschnittstelle).

- Die Platinen, Stecker und anderen Bauelemente, die Teile des Computers miteinander verbinden, stellen eine hardwaremäßige Schnittstelle dar und ermöglichen so eine Informationsübertragung von einer Stelle zu einer anderen (Hardwareschnittstelle).

> Allgemein versteht man unter einer **Schnittstelle** *(interface)* einen Punkt, an dem eine Verbindung zwischen zwei Elementen hergestellt wird, damit sie miteinander arbeiten können.

Standardisierte Schnittstellen ermöglichen herstellerunabhängige Verbindungen zwischen Computer, Drucker, Festplatten sowie anderen Komponenten. Um Steckplätze zu sparen, sind auf modernen Motherboards eine Reihe von Schnittstellen meist direkt integriert. Sie sind entweder auf der Rückseite des Rechnergehäuses über entsprechende Anschlüsse zugänglich (Bild 1.75) oder innerhalb des Gehäuses direkt mit dem entsprechenden Gerät verbunden (z. B. Festplatte, DVD). Die ATX-Spezifikation (Kap. 1.2.1) schreibt exakt vor, in welchem Bereich die außen zugänglichen Anschlüsse der externen Schnittstellen auf dem Motherboard zu platzieren sind. Diese Vorgaben existieren auch bei den übrigen Mainboard-Standards.

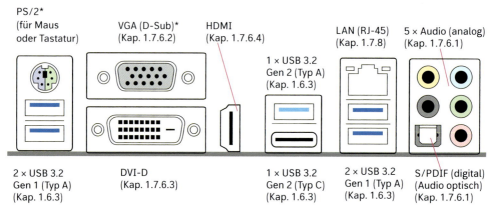

*Bild 1.75: Schnittstellenanschlüsse gemäß ATX-Standard (Beispiel; *vielfach nicht mehr vorhanden)*

Die Überwachung der einzelnen Schnittstellen und teilweise die Ansteuerung der daran angeschlossenen Komponenten übernimmt ein entsprechender Controller.

> Ein **Controller** ist eine Gerätekomponente, über die der Computer auf angeschlossene Geräte oder umgekehrt ein angeschlossenes Gerät auf Subsysteme des PCs zugreifen kann.

Die Controller der meisten in Bild 1.75 dargestellten Schnittstellen befinden sich im Chipsatz. Vereinzelt werden von den Herstellern Zusatzchips auf dem Board platziert, um das Schnittstellenangebot zu erweitern. Ist eine Schnittstelle erforderlich, die standardmäßig nicht zur Verfügung steht, so kann diese auch mittels eines Adapters in einem Steckplatz ergänzt werden (z. B. SAS-Adapter; Kap. 1.7.2).

> Ein **Adapter** ist eine Steckkarte für einen PC, die es ermöglicht, Peripheriegeräte zu nutzen, für die standardmäßig nicht die notwendigen Buchsen, Ports und Platinen vorhanden sind. Eine einzige Steckkarte kann dabei über mehrere integrierte Anschlüsse verfügen.

Ebenso wie Speicherbausteine benötigt jede Schnittstelle eine eindeutige logische Adresse, unter der sie vom Prozessor angesprochen werden kann. Eine solche Adresse wird in der Regel standardmäßig vergeben. Andererseits muss ein an eine Schnittstelle angeschlossenes Gerät die Möglichkeit haben, den Arbeitsprozess des Prozessors zu unterbrechen, um beispielsweise Daten anzufordern. Eine solche Anforderung erfolgt über einen entsprechend zugewiesenen **IRQ** (Interrupt **R**equest; Kap. 4.3.10).

Viele der früher in PCs standardmäßig vorhandenen externen Schnittstellen existieren heute nicht mehr oder werden nur noch vereinzelt von Boards unterstützt. Auf älteren Boards oder im industriellen Bereich sind sie allerdings noch zu finden. Hierzu gehören vor allem die serielle Com- und die parallele LPT-Schnittstelle (**Com**: **Com**munication; **LPT**: **L**ine **P**rint **T**erminal) sowie die Maus- und der Tastaturanschluss. Diese waren meist an der Gehäuserückseite zu finden.

Bei aktuellen Boards werden diese Schnittstellen fast ausnahmslos als USB-Anschlüsse realisiert. Maus und Tastatur werden häufig auch kabellos über einen Nano-Funkempfänger mit USB-Stecker angeschlossen (vgl. Kap. 1.6.3.3).

Parallele Schnittstellen (z. B. **IDE**: **I**ntegrated **D**evice **E**lectronics) wurden inzwischen durch seriell arbeitende Punkt-zu-Punkt-Verbindungen ersetzt.

Bei einer **Punkt-zu-Punkt-Verbindung** (P2P: *point to point connection*) wird jede Komponente jeweils über separate elektrische Leitungen an einen elektronischen Schalter *(switch)* angeschlossen. Dieser stellt bedarfsorientiert nur dann eine *elektrisch aktive* Verbindung zwischen zwei Komponenten her, wenn diese Informationen austauschen. Die Datenübertragung bei Punkt-zu-Punkt-Verbindungen erfolgt seriell.

Die Übertragungskapazität der Leitung muss somit nicht – wie bei parallelen Systemen – auf mehrere angeschlossene Geräte aufgeteilt werden, sondern steht komplett für jede einzelne Verbindung zur Verfügung.

1.7.1   Serial-ATA

Serial-ATA (**S**erial **A**dvanced **T**echnology **A**ttachment; kurz: **SATA** oder **S-ATA**) bezeichnet eine seriell arbeitende Schnittstelle für die Verbindung eines SATA-Gerätes (z. B. Festplatte) mit dem Chipsatz. Hierbei handelt es sich um eine Punkt-zu-Punkt-Verbindung, da jedes Gerät über separate Leitungen an den Chipsatz angeschlossen wird.

SATA wurde von den Firmen Dell, IBM, Intel, Seagate und Maxtor als Nachfolger des alten, parallel arbeitenden **ATA**-Standards entwickelt. Zur Abgrenzung dieser neuen Technik wird der alte Standard heute als **PATA** (**P**arallel **A**dvanced **T**echnology **A**ttachment; auch **P-ATA**) bezeichnet.

SATA-Schnittstellen weisen u. a. die folgenden Eigenschaften auf:

- 7-adriges Kabel: jeweils zwei nicht verdrillte Adern pro Übertragungsrichtung (d. h. keine Twisted-Pair-Kabel; Kap. 4.1.2.1), drei Adern zur Trennung und Abschirmung (Masseleitungen); keine Terminierung erforderlich

- Datenübertragung mit differenziellen Signalen (±250 mV; **LVDS:** **L**ow **V**oltage **D**ifferential **S**ignal; Kap. 6.1.3); zur Übertragung wird eine sog. 8B/10B-Codierung verwendet, d.h., ein 8-Bit-Datenwort wird mit 10 Bit codiert und dann übertragen (Kap. 6.1.5.7). Hierdurch verringert sich die übertragbare Nutzdatenrate, die Übertragung ist aber weniger fehlerbehaftet (Rechenbeispiel zu SATA Revision 3.0, Bild 1.76: brutto 6 Gbit/s ergibt netto eine Nutzdatenrate von [6 Gbit/s : 8] · 0,8 = 600 MByte/s; Faktor 8: Umrechnung von Bit in Byte, Faktor 0,8: Berücksichtigung der 8B/10B-Codierung).

- Kabellängen bis zu 100 cm

- Ca. 8 mm breiter, verpolungssicherer Stecker (Bild 1.77), auch für portable Geräte geeignet

- Hot-Plugging-fähig (ausgenommen die Systemplatte)

- Port-Multiplier: Ermöglicht – sofern vorhanden – den Anschluss von bis zu 15 SATA-Geräten an einem SATA-Port des PC; die am Multiplier angeschlossenen Geräte müssen sich allerdings die Datenrate des PC-SATA-Ports teilen

SATA unterscheidet die folgenden drei Spezifikationen/Revisionen:

Offizielle Bezeichnung	Serial ATA 1,5 Gbit/s	Serial ATA 3,0 Gbit/s	Serial ATA 6,0 Gbit/s
Alternative Bezeichnungen	SATA I SATA 1.0 SATA 1,5 Gbit/s SATA-150	SATA II SATA Revision 2.0 SATA 3 Gbit/s SATA-300	SATA III SATA Revision 3.0 SATA 6 Gbit/s SATA 6G SATA-600
Netto-Bitrate (pro Richtung)	bis zu 150 MByte/s	bis zu 300 MByte/s	bis zu 600 MByte/s
Taktfrequenz	1,25 GHz	1,25 GHz	1,25 GHz

Bild 1.76: SATA-Spezifikationen (Angabe übertragbarer Datenmengen auch mit Binärpräfixen möglich; Kap. 6.1.5.1; bei der Bezeichnung werden aber ausschließlich Dezimalpräfixe verwendet.)

Alle Revisionen können prinzipiell den gleichen Kabeltyp und den gleichen Stecker verwenden. SATA wurde ursprünglich aber nur für den Einsatz innerhalb des PC-Gehäuses konzipiert. Daher verfügen die SATA-Kabel über keine Abschirmung gegenüber elektromagnetischen Störungen (Kap. 6.3.6). Die Abschirmung übernimmt im Inneren das Blechgehäuse des PC. Auch die mechanische Festigkeit der Leitungen ist nicht ausreichend für einen Einsatz außerhalb des PCs.

SATA-2.0-und SATA-3.0-konforme Stecker ermöglichen im Gegensatz zu SATA 1.0 eine sichere mechanische Verbindung durch eine hinzugekommene Steckerverriegelung. Der SATA-3.0-Standard definiert zusätzlich einen neuen, kleineren Steckverbinder für 1,8-Zoll-Festplatten.

Pin 1

SATA 1.0   SATA 2.0 mit Verriegelung

Pin-Nr.	Belegung
1	Masse
2	TX+ (Senden)
3	TX- (Senden)
4	Masse
5	RX- (Empfangen)
6	RX+ (Empfangen)
7	Masse
–	Schutz vor Verdrehen

Bild 1.77: SATA-Stecker mit Pin-Belegung

SATA-Anschlüsse sind auf dem Mainboard nummeriert und oftmals farblich unterschiedlich gestaltet (Bild 1.78). Hieran lassen sich ggf. unterschiedliche Übertragungsgeschwindigkeiten erkennen, die von den Controllern jeweils maximal an diesem Anschluss unterstützt werden. In der Regel lassen sich paarweise gleichfarbige Slots auch zu einem RAID-Array (Kap. 1.7.3) zusammenschalten. Über die jeweilige (nicht einheitliche) Bedeutung der Farbgestaltung sollte man sich im jeweiligen Handbuch des Herstellers informieren.

Zur Energieversorgung verwenden SATA-Geräte (z.B. Festplatten, Kap. 1.8.1.1) einen speziellen 15-poligen Stecker (12 V; 5 V; bei älteren Geräten zusätzlich 3,3 V; Kap. 1.10.1). Durch die größere Pinzahl ist beispielsweise der sogenannte **Staggered-Spin-up-Betrieb** möglich. Hierbei wird ein Gerät erst dann eingeschaltet, wenn der SATA-Controller es anfordert. Da der Anlaufstrom von Festplatten erheblich höher ist als der Betriebsstrom, kann die Netzteilbelastung reduziert werden, indem der Controller z.B. mehrere vorhandene Festplatten nacheinander anlaufen lässt.

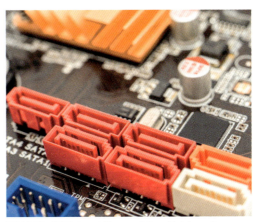

Bild 1.78: SATA-Anschlüsse auf dem Mainboard

Ab SATA Revision 2.0 bieten sich auch spezielle Möglichkeiten zur Einbindung von Festplatten. Neben **NCQ** (Native Command Queuing), einem Verfahren zur Verkürzung von Schreib-/Lesekopfbewegungen beim optimierenden Umsortieren, lässt sich auch einfacher ein RAID-Array (Kap. 1.7.3) aufbauen.

Die ursprüngliche SATA-3.0-Revision wurde inzwischen erweitert. Als nennenswerte Neuerung führt Revision 3.2 eine neue SATA-Schnittstelle ein, in Revision 3.3 wird zusätzlich die Unterstützung von Festplatten mit Shingled Magnetic Recording (Kap. 1.8.1.2) sowie ein erweitertes „Power Device Feature" spezifiziert.

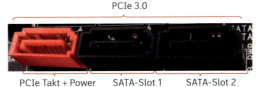

PCIe 3.0

PCIe Takt + Power   SATA-Slot 1   SATA-Slot 2

Bild 1.79: SATA-Express-Slot

Diese Schnittstelle wird unter den Bezeichnung **SATA Express 8 Gbit/s** bzw. **SATA Express 16 Gbit/s** vermarktet und kann einerseits SATA-Signale verarbeiten, ist andererseits übertragungstechnisch aber auch kompatibel zu PCIe 3.0. Der SATA Express-Slot kann entweder mit zwei herkömmlichen SATA-Steckern (SATA-Slot 1 und 2; Bild 1.79) belegt werden, oder alternativ – unter zusätzlicher Nutzung der Takt- und Power-Anschlüsse – mit einem PCIe-3.0 × 2-Kabel. Auf diese Weise ermöglicht er die Bündelung von zwei PCIe-Lanes (Kap. 1.7.4). Pro Lane können theoretisch bis ca. 8 Gibit/s übertragen werden. Die Datenübertragung herkömmlicher SSDs (AHCI; Kap. 1.8.2) kann dann über diese PCIe-Anbindung wesentlich schneller erfolgen als mittels SATA. Bei den heutigen schnellen SSDs mit NVMe (Kap. 1.8.2) stößt SATA Express aber bereits an seine Grenzen, da der Slot (aufgrund seiner Anbindung an den Chipsatz) lediglich *zwei* PCIe-Lanes unterstützen kann.

Schnellere Verbindungsalternativen bieten daher inzwischen der **M.2**-Slot (Kap. 1.7.5) oder der **U.2**-Slot. Der bereits seit Längerem im Serverbereich eingesetzte U.2-Anschluss (dortige ehemalige Bezeichnung: **SFF-8639**) wird zunehmend auch im Consumerbereich vermarktet, da er bis zu vier PCIe-3.0-Lanes bereitstellen kann.

Im Zusammenhang mit SATA existieren die folgenden Entwicklungen:

Bezeichnung	Erläuterung
eSATA	**external SATA** – Bezeichnet eine Spezifikation für den Anschluss externer SATA-Geräte an einen PC – Verwendet gegen elektromagnetische Störungen abgeschirmte Kabel, Stecker und Buchsen, Kabellängen bis zu 2 m; geringfügig höhere Signalpegel als bei ursprünglichem SATA – eSATA-Stecker passen in SATA-Buchsen, SATA-Stecker aber nicht in eSATA-Buchsen, um den externen Gebrauch von internen SATA-Kabeln zu verhindern – In eine eSATA-Buchse passt oft auch ein USB-2.0-Stecker; die USB-Kontakte können dann zur Stromversorgung genutzt werden. – Austausch von Geräten im laufenden Betrieb möglich (**HotSwap**-fähig)
eSATAp	**Power-over-eSATA** – Begrenzte Energieversorgung angeschlossener Kleingeräte (z. B. Memory-Card, Festplatte) über eSATA-Kabel möglich – Anschlusstechnik ist hierbei sowohl zu SATA als auch zu USB kompatibel – Teilweise verfügen PCs daher auch über Anschlussbuchsen, in denen sowohl ein USB-Gerät als auch ein eSATA-Gerät betrieben werden kann.
mSATA	**mini-SATA** – Spezifiziert von Samsung und der JEDEC (**J**oint **E**lectronic **D**evice **E**ngineering **C**ouncil) – Verkleinerte Anschlussbuchsen zur Verwendung in mobilen Geräten (Beispiel siehe Kap. 1.8.2)
Micro-SATA	– spezieller, gegenüber mSATA nochmals verkleinerter Anschluss für 1,8"-Festplatten oder SSD-Speicher – spezifiziert in SATA Revision 2.6
xSATA	– Anschluss von Laufwerken mit Leitungslängen bis zu 8 m – Andere Kabel und Steckverbinder erforderlich

Bild 1.80: Weitere SATA-Entwicklungen

1.7.2 Serial Attached SCSI

Serial Attached SCSI (SAS) ist eine von der ANSI (**A**merican **N**ational **S**tandards **I**nstitute) spezifizierte serielle Schnittstelle für eine Verbindung zwischen PC und entsprechenden SAS-Peripheriegeräten. Hierbei handelt es sich um eine Punkt-zu-Punkt-Verbindung.

Da die parallele SCSI-Schnittstellentechnik (**SCSI**: **S**mall **C**omputer **S**ystem **I**nterface) bei den heute erforderlichen hohen Taktraten an ihre physikalischen Grenzen stößt, wurde entsprechend dem bereits auf dem Markt befindlichen SATA-Vorbild eine serielle SCSI-Anbindung entwickelt. SAS wird vornehmlich in Servern eingesetzt.

Die Daten werden je nach Spezifikation seriell mit bis zu 3 Gbit/s (SAS I), 6 Gbit/s (SAS II), 12 Gbit/s (SAS III) oder 24 Gbit/s (SAS IV) übertragen. Nach Abzug der bei einer seriellen Übertragung erforderlichen Protokollinformation (protocol overhead) resultieren hieraus Nettobitraten von ca. 300 MByte/s, 600 MByte/s, 1 200 MByte/s oder 2 400 MByte/s. (Hinweis: Hersteller verwenden traditionell vielfach Dezimalpräfixe anstelle von Binärpräfixe zur Angabe von Übertragungsraten; siehe Kap. 6.1.5.1) SAS-Festplatten verfügen oft über zwei Steckverbinder. Diese können entweder zur Vergrößerung des Datendurchsatzes bei Betrieb an einem einzigen Host verwendet werden oder zum gleichzeitigen Anschluss an zwei verschiedene Host-Adapter, die dann gleichzeitig und unabhängig voneinander auf die Festplatte zugreifen können.

Die gleichzeitige Zugriffsmöglichkeit zweier Host-Adapter auf eine über zwei Steckverbinder angeschlossene Festplatte bezeichnet man als **Dual-Porting**.

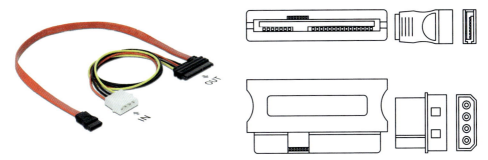

Bild 1.81: SAS-Stecker und Buchsen (Beispiele)

SAS ist kompatibel zu SATA und unterstützt außerdem auch die parallelen SCSI-Protokolle. SAS-Stecker und -Buchsen sind daher ähnlich wie SATA-Steckverbindungen aufgebaut. Allerdings verfügen SAS-Buchsen über einen Steg und SAS-Stecker über einen Keil zwischen Daten- und Stromanschlüssen. Dadurch lässt sich ein SATA-Kabel nicht in ein SAS-Gerät stecken, wohl aber ein SAS-Kabel in ein SATA-Gerät (SFF 8482-Standard). Darüber hinaus haben sich weitere Steckertypen etabliert (z.B. SFF 8087; nachzulesen z.B. im Wikipedia-Eintrag „Serial Attached SCSI").

Die Spannungen auf den Datenleitungen sind geringfügig höher als bei SATA (SAS: symmetrische differenzielle Signale auf getrennten Sende- und Empfangsadern, jeweils ca. ±500 mV; SATA: ca. ±250 mV; Kap. 1.7.1). Dadurch vergrößert sich die Übertragungssicherheit.

1.7.3 RAID

> **RAID** ist die Abkürzung für **R**edundant **A**rray of **I**ndependent **D**isks (redundante Reihe unabhängiger Platten) und bezeichnet Verfahren zur Datenspeicherung, bei denen die Daten zusammen mit Fehlerkorrekturcodes und/oder Paritätsinformationen auf verschiedenen Festplattenlaufwerken verteilt gespeichert werden.

Die Paritätsinformationen *(parity information)* ermöglichen eine Wiederherstellung von Daten, auch wenn ein (begrenzter) Teil dieser Daten verloren gegangen ist. Bei RAID muss man zwischen Software-RAID und Hardware-RAID unterscheiden.

Bei **Software-RAID** wird das Zusammenwirken der beteiligten Festplatten komplett vom Betriebssystem des PCs gesteuert und überwacht, sodass kein spezieller RAID-Controller erforderlich ist. Alle aktuellen Betriebssysteme verfügen über entsprechende Software-Routinen, um vorhandene Festplatten als RAID-System zu verwalten. Allerdings werden hierbei die Systemressourcen (CPU, Bussysteme) zusätzlich belastet.

Bei **Hardware-RAID** befindet sich ein separater **RAID-Controller** auf dem Motherboard oder auf einer implementierten Erweiterungskarte. Dieser verwaltet die angeschlossenen Festplatten, die meist im Gehäuse des PCs untergebracht sind und in der Regel auch nur den Nutzern und Nutzerinnen des PCs zur Verfügung stehen. Der Controller arbeitet unabhängig von der CPU des PCs und erfordert keine zusätzlichen Systemressourcen. Ein solches Speichersystem wird auch als **Direct Attached Storage** (**DAS**, alternativ: **Server Attached Storage**, SAS) bezeichnet.

In Rechenzentren oder in Unternehmen fallen wesentlich größere Datenmengen an als auf einem Privat-PC, die entweder nur gespeichert oder zusätzlich gegen Datenverlust gesichert werden müssen. Hierbei wird ein RAID-Controller samt den erforderlichen Festplatten in separaten Gehäusen untergebracht und arbeitet autark (unabhängig von anderen Computern). Der Zugriff von anderen Computern auf diese Festplatten erfolgt über ein firmeninternes oder ein gegen Fremdzugriffe geschütztes öffentliches Kommunikationsnetz. Ein solches System wird als **Storage Area Network** (**SAN**) bezeichnet. Alternativ lassen sich Daten auch in einer **Cloud**-Anwendung (siehe „Fachstufe IT-Systeme", Kap. 3.4.6) ablegen. Hierbei wissen die Benutzer/-innen allerdings nicht mehr, wo genau ihre Daten gespeichert und wie sie gesichert sind, sie können aber weltweit darauf zugreifen.

RAID-Systeme lassen sich je nach verwendetem Controller entweder mit SATA- oder mit SAS-Festplatten aufbauen. Die jeweiligen Festplatten sollten über gleich große Speicherkapazitäten verfügen. Grundsätzlich gibt es verschiedene Möglichkeiten, wie die vorhandenen Festplatten zusammenarbeiten können. Diese unterscheiden sich in der Art der Datenverteilung, der Zugriffsgeschwindigkeit und der Systemkosten und werden als **RAID Level** bezeichnet.

Bezeichnung	Beschreibung	Eigenschaften	Grafische Darstellung
RAID Level 0 (Data Striping)	– Zerlegung von Daten in Blöcke (Stripes), die gleichmäßig verteilt auf den eingebundenen Platten gespeichert werden – Sog. Striping-Faktor ist Maß für die Größe der Blöcke (Standardwert: 64 KiByte)	– Mindestens zwei Festplatten erforderlich – Vergrößerung der Datentransferrate, da während der Positionierzeit einer Platte von einer anderen bereits gelesen (geschrieben) werden kann – Alle eingebundenen Platten müssen gleich große Kapazität aufweisen. – Keine Erhöhung der Datensicherheit, da Datenverlust auf einer Platte Verlust der gesamten Datei bedeutet	
RAID Level 1 (Drive Mirroring)	– Daten werden komplett auf eine Platte geschrieben – Sämtliche Daten werden vollständig auf eine zweite Platte gespiegelt	– Mindestens zwei Festplatten erforderlich – Bei Ausfall einer Platte gehen keine Daten verloren, sofern man noch auf die gespiegelten Daten zugreifen kann. – Die Speicherkapazität für die Nutzdaten auf den Platten reduziert sich aufgrund der erforderlichen redundanten Informationen (bis zu 50 %), dadurch erhöhte Kosten	
RAID Level 10 (lies: eins-null, nicht zehn)	– Kombination von RAID Level 0 und RAID Level 1, d. h. blockweise Verteilung der Daten auf mindestens zwei Platten sowie Spiegelung jeder Datenplatte	– Mindestens vier Festplatten erforderlich – Verbindung des schnellen Datenzugriffs von Level 0 mit der Erhöhung der Datensicherheit von Level 1	

Bezeich-nung	Beschreibung	Eigenschaften	Grafische Darstellung
RAID Level 5	– Zerlegung von Nutzdaten in Blöcke und Speicherung auf verschiedenen Festplatten – Keine zusätzliche Platte als Parity-Laufwerk, sondern gleichzeitig Speicherung zugehöriger Parity-Informationen (Ap, Bp, Cp und Dp) auf jeder Platte mit Nutzdaten	– Mindestens drei Festplatten erforderlich – Hohe Datensicherheit bei geringeren Kosten als bei RAID Level 2 – Verringerung der Speicherkapazität für die Nutzdaten auf jeder Platte (bis zu 20 %)	
RAID Level 6	– Wie RAID Level 5, durch entsprechende Datenverteilung können bis zu 2 Platten ausfallen, ohne dass Datenverlust entsteht.	– Mindestens 4 Platten erforderlich – Höhere Datensicherheit, aber teurer als RAID 5	

Bild 1.82: RAID-Level (Beispiele)

Neben dem dargestellten RAID-Level 10 gibt es auch andere RAID-Kombinationen, z.B. RAID 01 (i. Allg. vier Platten erforderlich) oder RAID 51 (mindestens sechs Platten erforderlich).

Jedes RAID-System lässt sich zusätzlich zur jeweiligen Mindestanzahl von Festplatten auch mit einem (normalerweise) unbenutzten Reservelaufwerk (**Hot-Spare-Laufwerk**) ausstatten. Bei Ausfall eines aktiven Laufwerks im RAID-Verbund übernimmt dieses Reservelaufwerk dann automatisch dessen Funktion, die Redundanz kann hierdurch schnellstmöglich wiederhergestellt werden.

Im Zusammenhang mit (oder zur Abgrenzung von) RAID findet man auch die folgenden Begriffe:

Begriff	Erläuterung
Matrix-RAID	Kombination aus RAID 0 und RAID 1, wobei aber nicht vier, sondern nur zwei Festplatten (Platte A und Platte B) erforderlich sind; beide Festplatten werden hierbei jeweils in zwei voneinander unabhängige Partitionen (A1, A2 und B1, B2; Kap. 2.6.2) unterteilt; sämtliche Inhalte von Bereich A1 werden auf Bereich B1 gespiegelt (RAID 1), in den jeweils verbliebenen Bereichen (A2 und B2) werden die Inhalte auf beide Festplatten verteilt (RAID 0).

Begriff	Erläuterung
RAID 5E RAID 5EE	**RAID 5 E**nhanced Kombination von RAID 5 mit freien Hot-Spare-Bereichen (s.o.), die sich nicht auf einem separaten Laufwerk, sondern jeweils am Ende der vorhandenen RAID-5-Laufwerke befinden; bei einem Plattenausfall lässt sich dessen Inhalt durch die vorhandenen Paritätsinformationen auf einem der freien Bereiche wiederherstellen. Bei **RAID 5EE** befinden sich die Hot-Spare-Bereiche nicht an den Festplattenenden, sondern sind auf den einzelnen Festplatten diagonal verteilt, wodurch sich ein Geschwindigkeitsvorteil bei der Datenwiederherstellung ergibt.
NRAID	**N**on-**RAID** – Von einigen RAID-Controllern angebotene Funktion, bei der lediglich ein Zusammenschluss mehrerer Festplatten erfolgt, vergleichbar mit einem Festplattenverbund, der von einem **L**ogical **V**olume **M**anager (LVM) verwaltet wird (somit *kein* RAID) – In Gegensatz zu den RAID-Leveln sind hier Festplatten mit unterschiedlichen Kapazitäten ohne Speicherverlust kombinierbar (z.B. 20-GByte-Platte + 40-GByte-Platte ergibt bei NRAID eine virtuelle Platte von 60 GByte; bei RAID 0 wären nur 40 GByte nutzbar; Kapazitätswertangaben traditionell mit Dezimalpräfix) – NRAID bietet keine Redundanz, keine größere Ausfallsicherheit und keinen Performancegewinn
JBOD	**J**ust a **B**unch **O**f **D**iscs Kein RAID, sondern lediglich eine Bezeichnung für verschiedene redundanzfreie Kombinationsarten von Festplatten, z.B.: – Ein RAID-Controller arbeitet als normaler Festplatten-Controller und stellt dem Betriebssystem vorhandene Festplatten als einzelne separate Platten (d.h. ohne Verbund) zur Verfügung. – Ein RAID-Controller kombiniert mehrere Festplatten, sodass sie dem Betriebssystem wie ein einziges physikalisches Laufwerk erscheinen (entspricht funktional NRAID); eine Aufteilung in logische Laufwerke (Kap. 2.6.2) ist hierbei möglich. Unabhängig von der Verwaltung durch einen RAID-Controller kann mit JBOD auch ein beliebiger Zusammenschluss von Festplatten zu einem logischen Volume bezeichnet werden.

Bild 1.83: Sonstige Begriffe im Zusammenhang mit RAID

1.7.4 PCI express

PCI express (**PCIe**) bezeichnet eine Verbindungstechnik innerhalb eines PC zwischen dem Chipsatz bzw. der CPU und zusätzlich eingebauten Komponenten. Hierbei handelt es sich jeweils um Punkt-zu-Punkt-Verbindungen.

Die Steuerung des Verbindungsauf- und -abbaus erfolgt meist durch den Chipsatz (z.B. PCH, Kap. 1.4), in dem sich der PCIe-Controller und die erforderlichen „elektronischen Schalter" (PCIe-Switches) befinden. Nur bei direktem Anschluss von PCIe-Komponenten an die CPU übernimmt diese dann auch die Verbindungssteuerung (z.B. bei Intel-CPUs über den implementierten PCIe-Root-Complex).

PCIe ist somit *kein* paralleles Bussystem wie PCI. Die Namensverwandtschaft zum früher verwendeten, parallel arbeitenden PCI-Bus (Peripheral Component Interconnect Bus) resultiert aus der softwaremäßigen Kompatibilität zwischen beiden Systemen.

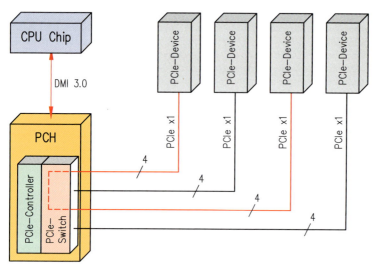

Bild 1.84: PCIe-Verbindungstechnik (Grundprinzip; angegeben ist nur die Anzahl der Datenleitungen)

Während bei PCI sämtliche Komponenten parallel an den gleichen Busleitungen angeschlossen waren, stellt ein PCIe-Chipsatz für jedes Device (Erweiterungskarte, Endgerät) einen separaten Anschluss (PCIe-Port, PCIe-Slot) bereit.

Die Datenübertragung zwischen angeschlossenen PCIe-Geräten (End-Points) erfolgt zwar seriell, die Verarbeitung in den Geräten aber parallel. Daher müssen die Daten vor der Übertragung zunächst in serielle Informationen umgewandelt werden. Dies erfolgt durch einen entsprechenden **Parallel-zu-Seriell-Wandler** (sog. **Schieberegister**, Kap. 6.2.3.2) im jeweiligen Gerät. Umgekehrt wandeln Seriell-zu-Parallel-Wandler die seriell übertragenen Daten wieder in parallele Informationen um.

Gesendete und empfangene Daten können hierbei gleichzeitig auf getrennten Aderpaaren mit differenziellen Signalen (Kap. 6.1.3) übertragen werden.

Die gleichzeitige Datenübertragung in Sende- und Empfangsrichtung bezeichnet man als **Vollduplex** *(full duplex)*.

Die Adern sind gegeneinander abgeschirmt, aber nicht miteinander verdrillt (d.h. kein Twisted-Pair-Kabel; Kap. 4.1.2.1).

Die PCIe-Steckverbindungen (PCIe-Slots) sind lösbar, sie sind nicht kompatibel zu den alten PCI-Slots. PCIe-Geräte können im aktiven Betrieb an- und abgeklemmt werden (Hot-Plugging-Fähigkeit).

Eine PCIe-Steckverbindung ermöglicht auch die begrenzte Energieversorgung eines angeschlossenen Gerätes (10 W bis 75 W, abhängig von der Slotvariante). Bei höherem Energiebedarf (z.B. bei Grafikkarten) sind Zusatzstecker erforderlich.

Neben den Sende- und Empfangsadern sowie den Leitungen zur Energieversorgung hat jede PCIe-Steckverbindung noch weitere Kontakte, die für Steuer- und Masseleitungen erforderlich sind (PCIe x1: 36 Kontakte; PCIe x4: 64 Kontakte; PCIe x8: 98 Kontakte; PCIe x16: 164 Kontakte).

Bild 1.85: PCIe x1 (links) und PCIe x16-Steckverbindung (rechts)

> Die aus einem Sende- und einem Empfangskanal bestehende Punkt-zu-Punkt-Verbindung wird bei PCIe als **Lane** bezeichnet (Kurzschreibweise: **PCIe x1**). Jede Lane verfügt über ein Adernpaar für die Senderichtung und ein Adernpaar für die Empfangsrichtung.

Das Herstellerkonsortium **PCI-SIG** (PCI-Special Interest Group, www.pcisig.com) hat seit der Einführung von PCIe im Jahre 2004 verschiedene PCIe-Spezifikationen verabschiedet, die sich hauptsächlich in ihrer Datenübertragungsrate voneinander unterscheiden. Die verwendeten Steckplätze (Slots) der einzelnen Versionen sind untereinander nicht voll kompatibel.

Version (Erscheinungs-jahr)	Taktrate	Theor. Bitrate* pro Lane und Richtung	Nettobitrate* pro Lane und Richtung (Werte gerundet)
PCIe 1.0/1.1 (2004)	1,25 GHz	2,5 Gbit/s	250 MByte/s
PCIe 2.0/2.1 (2007)	2,5 GHz	5 Gbit/s	500 MByte/s
PCIe 3.0 (2012)	4 GHz	8 Gbit/s	ca. 1 GByte/s
PCIe 4.0 (2017)	8 GHz	16 Gbit/s	ca. 2 GByte/s
PCIe 5.0 (2019)	16 GHz	32 Gbit/s	ca. 4 GByte/s
PCIe 6.0 (2021)	16 GHz	64 Gbit/s	ca. 7,9 GByte/s

Bild 1.86: Spezifikationen bei PCIe (: Angabe übertragbarer Datenmengen auch mit Binärpräfixen möglich; Kap. 6.1.5.1).*

Bei allen Versionen lassen sich auch mehrere Lanes zu einem Link bündeln, sodass höhere Datenraten erzielt werden können. Auf diese Weise lässt sich die jeweils bereitgestellte Übertragungskapazität bedarfsorientiert skalieren. Auch für den Anschluss externer Geräte existiert eine entsprechende PCIe-Spezifikation („externes PCIe").

> Unter der **Skalierbarkeit** *(scalability)* der Übertragungskapazität versteht man die bedarfsorientierte Zuordnung von Datentransferraten ohne aufwendige Änderung von Hardware-Grundfunktionen.

In einem Link können 1, 2, 4, 8, 16 oder 32 Lanes gebündelt werden. Der PCIe-4.0 × 16-Anschluss für eine PCIe-Grafikkarte (PEG, Kap. 1.4) besteht somit aus 16 Lanes und ermöglicht eine Datenrate von bis zu 32 GiByte/s pro Übertragungsrichtung. Bei 16 Lanes stehen insgesamt 64 Datenleitungen zur Verfügung. Abhängig von der Anzahl der Lanes in einem Link sind jeweils spezielle Steckverbindungen vorhanden (z.B. PCIe × 1, PCIe × 4, PCIe × 8, PCIe × 16; Bild 1.85). Die PCIe-Slots der gleichen Generation sind untereinander kompatibel, d.h., eine PCIe-4.0 × 1-Karte kann beispielsweise auch in einen PCIe-4.0 × 4-Slot gesteckt werden. Die übrig gebliebenen drei Lanes werden dann nicht genutzt. Aufgrund der Verdopplung der Datenrate einer Lane genügt dann beim Standard PCIe 5.0 für die gleich große Übertragungsrate ein PCIe × 8-Anschluss für die Grafikkarte (Bild 1.87). Hierdurch werden die Steckverbinder kleiner und lassen sich kostengünstiger herstellen.

	2 Lanes (PCIe × 2)	4 Lanes (PCIe × 4)	8 Lanes (PCIe × 8)	16 Lanes (PCIe × 16)
PCIe 1.0/1.1	500 MByte/s	1 GByte/s	2 GByte/s	4 GByte/s
PCIe 2.0/2.1	1 GByte/s	2 GByte/s	4 GByte/s	8 GByte/s
PCIe 3.0	2 GByte/s	4 GByte/s	8 GByte/s	16 GByte/s
PCIe 4.0	4 GByte/s	8 GByte/s	16 GByte/s	32 GByte/s
PCIe 5.0	8 GByte/s	16 GByte/s	32 GByte/s	64 GByte/s
PCIe 6.0	15,8 GByte/s	31,5 GByte/s	63,1 GByte/s	126,1 GByte/s

Bild 1.87: Vergleich der maximal möglichen PCIe-Nettobitraten (Werte gerundet; die Angaben sind auch unter Verwendung von Binärpräfixen möglich; Kap. 6.1.5.1).

Bei einem PCIe-Link wird der zu übertragende Datenstrom auf die im Link vorhandenen Lanes verteilt, unabhängig voneinander übertragen und am anderen Ende automatisch wieder zusammengesetzt.

Der Einsatz der Switch-Technologie ermöglicht zudem die gleichzeitige und unabhängige Nutzung mehrerer Punkt-zu-Punkt-Verbindungen zwischen jeweils verschiedenen Geräten mit der vollen Bandbreite, die dann nur von der Anzahl der jeweils enthaltenen Lanes abhängig ist.

Für die Übertragung wird bis einschließlich der Spezifikation 2.1 ein **8B/10B-Leitungscode** (Alternativschreibweise: 8b/10b; Kap. 6.1.5.7) verwendet. Hierbei wird 1 Datenbyte (8 bit: 8 B) in einen sog. „Character" – bestehend aus 10 bit (10 B) – so umcodiert, dass weder innerhalb eines Characters noch im Übergang zwischen zwei Charactern mehr als fünf gleiche Bits in Folge (0 oder 1) entstehen. Hierdurch erhält man die für eine Übertragung erforderliche Gleichstromfreiheit (Kap. 6.1.5.7); gleichzeitig ergeben sich hinreichend viele Impulsflanken innerhalb des Datenstroms, aus denen sich die Taktrate (im GHz-Bereich, Bild 1.86) nur aus einer problemlos zu übertragenden Basis-Taktfrequenz (im MHz-Bereich) sicher rückgewinnen und synchronisieren lässt. Ab PCIe 3.0 verwendet man einen **128B/130B-Leitungscode**. Hierbei werden jeweils 128 Bit (16 Byte) zu einem Datenblock zusammengefügt und übertragen. Wegen des geringeren Overheads gegenüber dem 8B/10B-Code (auf 128 Bit Nutzdaten entfallen nur 2 Bit zusätzliche Steuerdaten) ergibt sich hierbei nahezu eine Verdopplung der Nutzdatenrate, obwohl die Taktrate gegenüber PCIe 2.0 nicht verdoppelt wurde (Bild 1.86). Bei PCIe 6.0 kommt eine völlig andere, wesentlich effizientere Leitungscodierung zum Einsatz (PAM 4; Hinweis: Die verschiedenen Codierungen werden hier nur benannt, um ausbildungsübergreifend einen technischen Überblick zu geben. Weitergehende Erklärungen erfolgen berufsbezogen im Band „Fachstufe IT-Systeme" (Kap. 6.1.9)

Wegen der verwendeten Leitungscodierungen entspricht bei PCIe (wie auch bei anderen Verbindungstechniken) die jeweilige Nutzdatenrate nicht der übertragenen Gesamtdatenrate. Aus diesem Grund wird die Gesamtbitrate (Bruttobitrate) des Öfteren nicht in GByte/s, sondern in **Gigatransfers pro Sekunde** (GT/s) angegeben (Beispielrechnung für **PCIe 5.0 x 1**: 32 GT/s entspricht 32 GBit/s · (128 Bit/130 Bit) / 8 = 3,9 GByte/s).

Die Datenübertragung erfolgt in allen Fällen mit differenziellen Signalen mit geringem Spannungshub (**LVDS**: **L**ow **V**oltage **D**ifferential Signaling, Kap. 6.1.3).

1.7.5   M.2

M.2 ist die Bezeichnung einer Spezifikation für eine interne PC-Schnittstelle zum Anschluss von Erweiterungskarten und SSDs (Kap. 1.8.2). Neben der Anschlusstechnik definiert der Standard auch die unterstützten Übertragungsarten sowie die Abmessungen der Karten.

Der M.2-Standard definiert Steckkarten mit Breiten von 12, 16, 22 oder 30 Millimetern bei Kartenlängen zwischen 16 und 110 Millimetern in genormten Stufen. Die Abmessungen einer M.2-Karte kann man ihrer aufgedruckten Bezeichnung entnehmen. Eine Karte mit der Bezeichnung „M.2 2280" (alternativ: M.2 NGFF 2280; **NGFF**: **N**ext **G**eneration **F**orm **F**actor) ist 22 mm breit und 80 mm lang. Die Karten können einseitig oder zweiseitig mit Bauteilen bestückt werden, die Höhe der aufgebrachten Komponenten darf maximal 1,5 mm betragen. Die Anschlusskontakte sind ebenfalls beidseitig angebracht (bis zu 67 Pins). M.2-Karten sind somit kleiner und kompakter als Karten mit mSATA-Anschluss (Kap. 1.7.1).

Die M.2-Anschlussbuchse wird als **M.2-Port** oder **M.2-Slot** bezeichnet. Dieser kann bis zu 4 PCIe-Lanes (Kap. 1.7.4) und einen SATA-6G-Anschluss (Kap. 1.7.1) unterstützen. PCIe und SATA können gleichzeitig genutzt werden.

Abhängig vom Einsatzzweck verfügt jede M.2-Karte an bestimmten Stellen ihrer Steckerleiste über Aussparungen, die als **Key** (Schlüssel) bezeichnet werden. Die Karten passen daher nur in die jeweiligen Slots.

Key-Bezeichnung und Merkmale	Ansicht Steckerleiste
Key B – bis zu 2 PCIe-Lanes – 1 × SATA 6G	6 Pins breit
Key M – bis zu 4 PCIe-Lanes – 1 × SATA 6G	5 Pins breit
Key B + M – bis zu 2 PCIe-Lanes – 1 × SATA 6G	

Bild 1.88: M.2-Keys

Bild 1.89: Beispiele für M.2-Karten

M.2-Steckkarten gibt es inzwischen für WLAN, Bluetooth, GPS, NFC und andere Funktionen. Interessant ist für die meisten Endverbraucher aber insbesondere die mögliche Anbindung schneller SSDs im Kartenformat (Kap. 1.8.2) über maximal vier PCIe-4.0-Lanes, bei der bis zu 8 GByte/s (Kap. 1.7.4) übertragen werden können (zum Vergleich: SATA 6G: 600 MByte/s; Kap. 1.7.1).

1.7.6 Audio- und Video-Anschlüsse

Bei portablen Geräten sind Display und Lautsprecher direkt im Gehäuse untergebracht. Die erforderlichen Controller befinden sich auf dem jeweiligen Board, sodass eine Bild- und Tonwiedergabe multimedialer Inhalte ohne zusätzliche Komponenten möglich ist. Für den Anschluss externer Wiedergabegeräte stehen aus Platzgründen meist nur wenige Anschlüsse zur Verfügung (z. B. für Kopfhörer: 3,5 mm Klinkenbuchse; für Display: HDMI, siehe unten). Allerdings geht der Trend dahin, aus Kostengründen die Klinkenbuchse einzusparen und die Audiowiedergabe über andere Anschlüsse zu realisieren (z. B. USB-Typ-C-Anschluss).

Um Inhalte auch in höchster Qualität auf einem externen Gerät wiedergeben (oder direkt aus dem Internet streamen) zu können, haben unterschiedliche Konsortien (Firmenzusammenschlüsse) verschiedene Verfahren und Standards geschaffen. Einige dieser Standards und die damit verbundenen technischen Begriffe und Bezeichnungen sind in Bild 1.90 zusammengefasst.

Bezeichnung	Merkmale
MHL	**M**obile **H**igh-Definition **L**ink – Vom MHL-Konsortium (Nokia, Samsung, Sony, Toshiba) entwickelter Standard für eine kabelgebundene Schnittstelle zwischen einem Mobilgerät (z. B. Smartphone, Tablet) und einem Wiedergabegerät (z. B. Display, Fernseher, Projektor mit HDMI-Anschluss) für die Übertragung von hochauflösenden Audio- und Videosignalen (7.1-Surround-Sound, unkomprimiertes Videosignal mit 1 080p) – Unterstützt HDCP-Verschlüsselung (Bild 1.117) – Begrenzte Unterstützung der Energieversorgung des Mobilgeräts (z. B. MHL 1.0: 5 V/500 mA; MHL 2.0: 5 V/900 mA; MHL 3.0: bis zu 2 A) – Abhängig vom Mobilgerät werden unterschiedliche Stecker/Buchsen verwendet (z. B. 5-polige Micro-USB-Buchse, mit vom USB-Standard abweichenden Signalspezifkationen). – MHL 3.0 unterstützt auch 4K-Auflösung (Ultra-HD, bis 2 160p, 30 fps)
WiFi-Direct	– Von der Wi-Fi Alliance (Zusammenschluss von über 200 Firmen) definierter Funkstandard auf der Basis der Norm IEEE 802.11 („WLAN-Standard"; Kap. 4.1.3) – WiFi-Direct ermöglicht die *direkte* Kommunikation (d. h. *ohne* zusätzlichen Access Point, im Gegensatz zum klassischen WLAN) zwischen zwei WLAN-fähigen Endgeräten, hierbei muss aber nur *eines* der beiden Geräte „WiFi-Direct-fähig" sein. – Versionsabhängig unterschiedliche Bitraten und Reichweiten (z. B. 802.11a: 54 Mbit/s, bis ca. 10 m; 802.11n: 450 Mbit/s, bis ca. 150 m, jeweils in geschlossenen Räumen) – Übertragung im lizenzfreien Bereich bei 2,4 GHz und 5 GHz
Miracast	– Von der Wi-Fi Alliance definierter, offener Funkstandard für die Peer-to-Peer-Übertragung von Audio- und Videosignalen (5.1-Surround-Sound, Video bis 1 080p-Auflösung, d. h. Full-HD) zwischen einem Mobilgerät und einem Bildschirm – Durch die Verwendung des WiFi-Direct-Standards ist *kein* Einbinden der beteiligten Geräte in ein WLAN erforderlich, *beide* Geräte müssen aber Miracast unterstützen

Bezeichnung	Merkmale
Chromecast (vergleichbares Konkurrenzprodukt: **Fire TV Stick**)	– Von Google (Fire TV: von Amazon) entwickelter Stick zur Übertragung von Audio- und Videosignalen auf ein Fernsehgerät unter Verwendung eines lokalen WLANs (d. h. Access Point erforderlich) – Die Sticks verfügen jeweils über einen HDMI-Stecker für den Anschluss an das Fernsehgerät. – Er überträgt nur bestimmte, auf Google-Applikationen (bzw. Fire TV Stick: auf Amazon) abgestimmte Medieninhalte an den Fernseher, entweder direkt aus dem Internet oder aus einer anderen Quelle (z. B. lokaler PC). Hierzu erhält er von einem Gerät mit einer entsprechenden App (z. B. Tablet) die erforderlichen Informationen und Steuersignale (z. B. IP-Adresse der Quelle, Lautstärkeregelung) – Weiterentwicklungen bieten erweiterten Leistungsumfang (z. B. Chromecast Ultra: 4K-Auflösung; Chromecast 3: Bluetooth, WLAN-Unterstützung WiFi 4, WiFi 5, WiFi 6; Kap. 4.1.3)
AirPlay	– Von Apple entwickelte Funkschnittstelle zur Übertragung von Daten (Bildschirminhalte, Spiele, Fotos, Videos, Musik) von einem Apple-Endgerät zu einem beliebigen AirPlay-fähigen Wiedergabegerät – Verwendet ein vorhandenes WLAN (mit Access Point), Bitrate bis ca. 120 Mbit/s, Audio in CD-Qualität
DLNA	**D**igital **L**iving **N**etwork **A**lliance – Bezeichnung einer Vereinigung von über 300 namhaften Herstellern von informationstechnischen Geräten; Hauptaufgabe ist die Entwicklung technischer Spezifikationen und die Zertifizierung von technischen Geräten im Bereich der Kommunikationstechnik bei Endverbrauchern und -verbraucherinnen, mit dem Ziel, dass informationstechnische Geräte unterschiedlicher Hersteller bei den Endkundinnen und -kunden problemlos miteinander kommunizieren können (Interoperabilität von Endgeräten) – Hierzu definiert DLNA unterschiedliche Geräteklassen, in denen die Geräte entsprechend zertifiziert werden, unter anderem: Home Network Devices (z. B. Media Server, Media Player), Home Infrastructure Devices (z. B. Media Converter), Mobile Handheld Devices (z. B. Smartphones) – Weitere Informationen siehe www.dlna.org
UPnP	**U**niversal **P**lug and **P**lay – Ursprünglich als technisches Merkmal für PC-Hardware von Microsoft eingeführt, dient UPnP heute als Standard-Bezeichnung für entsprechend zertifizierte Geräte mit der Fähigkeit, herstellerunabhängig über ein IP-basierendes Netzwerk mit oder ohne Kontrolle durch eine zentrale Instanz (z. B. einen Router) miteinander zu kommunizieren.

Bild 1.90: Übertragungsstandards und Bezeichnungen

Inzwischen verfügen nicht nur Mobilgeräte über diese Merkmale und Standards, sondern auch andere Geräte werden damit werbewirksam vermarktet (z. B. PCs, Receiver, TV-Geräte).

Die heutigen Desktop-PCs verfügen ebenfalls über On-Board-Controller für die Bild- und Tonwiedergabe. Für die extern anzuschließenden Displays und Lautsprecher stehen aber meist mehrere unterschiedliche Anschlüsse auf dem Motherboard zur Verfügung, die von der Gehäuserückseite zugänglich sind. Einige PCs besitzen zusätzlich auch an der Frontseite Audioanschlüsse.

1.7.6.1 Audioanschlüsse

Für die analoge Audioübertragung stellt ein Desktop-PC mehrere Klinkenbuchsen zur Verfügung, die softwaregesteuert oft auch multifunktional verwendet werden (z. B. Mic, Line in, Line out oder Lautsprecherausgänge für ein 5.1-Soundsystem, Kap. 1.9.2). Feste Bezeichnungen sind daher meist nicht aufgedruckt, die Buchsen sind lediglich farblich gekennzeichnet. Bei manchen PCs befinden sich einige der Anschlussbuchsen sowohl an der Rückseite als auch an der Frontseite des Gehäuses.

Farbe	Bezeichnung	Beschreibung
Rosa	Mic (Eingang)	3,5 mm Klinkenbuchse für ein Monomikrofon
Blau	Line-In/Aux (Eingang)	3,5 mm Klinkenbuchse für die Aufnahme analoger Mono/Stereo-Signale (Eingang)
Grün	Line-Out (Ausgang)	3,5 mm Klinkenbuchse für die Wiedergabe analoger Stereo-Signale für Kopfhörer oder Frontlautsprecher (Front-Speaker)
Schwarz	Line-Out (Ausgang)	3,5 mm Klinkenbuchse für die Wiedergabe analoger Stereo-Signale für Rücklautsprecher (Rear-Speaker)
Silber	Line-Out (Ausgang)	3,5 mm Klinkenbuchse für die Wiedergabe analoger Stereo-Signale für Seitenlautsprecher (Side-Speaker)
Orange	Line-Out (Ausgang)	3,5 mm Klinkenbuchse für die Wiedergabe analoger Signale für den Centerlautsprecher (Center Speaker) und den Tiefbass-Lautsprecher (Subwoofer)

Bild 1.91: Farbcodierung der Audioanschlüsse

Eine eingebaute Soundkarte hat die gleichen Anschlüsse, stellt diese aber alternativ auch in Form von Cinch-Buchsen zur Verfügung (Kap. 1.9.2).

Darüber hinaus gibt es meist auch noch einen S/PDIF-Anschluss.

S/PDIF steht für **S**ony/**P**hilips **D**igital **I**nter**f**ace und bezeichnet eine digitale Schnittstelle für die Übertragung elektrischer oder optischer Stereo-Audiosignale.

Der elektrische S/PDIF-Anschluss wird als koaxiale Cinch-Buchse, der optische Anschluss wird über eine **Toslink**-Buchse (**Tos**hiba **Link**; Fotodiode, Lichtwellenlänge ca. 650 nm; Alternativbezeichnung: F05-Buchse) realisiert. Der Einsatz entsprechender Audio-Codecs ermöglicht über Toslink auch die Übertragung eines Mehrkanaltons (z. B. AC-3 Dolby Digital, 5.1-Kanalsystem; Kap. 1.9.2).

Bild 1.92: Elektrischer (a) und optischer (b) S/PDIF-Anschluss

Für höherwertigere Kanalsysteme (z. B. DTS-HD, 7.1-System) ist dieser Anschluss wegen der zu geringen Datenrate nicht geeignet. Hierzu muss man auf einen der nachfolgend dargestellten Anschlüsse zurückgreifen, die eine gleichzeitige Übertragung von Audio- und Videosignalen in hoher Qualität über einen einzigen Anschluss ermöglichen (Kap. 1.7.6.4 ff.).

1.7.6.2 VGA

VGA (Video Graphics Array; Kap. 1.9.1) ist eine Schnittstelle für die Übertragung analoger Videosignale. Diese Signale werden für den Anschluss eines analog arbeitenden Bildschirms benötigt. Da diese Form bilderzeugender Geräte aber fast gänzlich vom Markt verschwunden sind, wird dieser Anschluss in vielen Fällen eingespart, da die analogen Signale auch mit einem entsprechenden Adapterstecker an einer DVI-Schnittstelle abgegriffen werden können. Alternativ wird diese Schnittstelle auch **D-Sub** genannt.

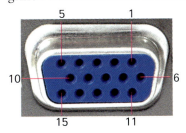

Bild 1.93: VGA-Buchse und VGA-Stecker

1.7.6.3 DVI

DVI (**D**igital **V**isual **I**nterface) ist eine kombinierte analoge und digitale Schnittstelle für den Anschluss von Video-Displays, unabhängig von der verwendeten Darstellungstechnologie.

An den DVI-Ausgang angeschlossene Flachbildschirme werden direkt digital angesteuert, sofern sie selbst über einen entsprechenden DVI-Eingang verfügen. Ein (älteres) Wiedergabegerät, welches lediglich über einen VGA-Anschluss (Kap. 1.7.6.2) verfügt, kann mithilfe eines entsprechenden Adapter-Steckers an der DVI-I-Buchse eines PCs angeschlossen werden (Bild 1.94).

Die DVI-Schnittstelle verfügt über die folgenden technischen Eigenschaften:

- Passend für alle Arten von Rechnern, Monitoren und Displays, unabhängig von der Technologie und der Pixelauflösung

- Serielle Übertragung der Daten über maximal zwei Links (bei Nutzung der digitalen Schnittstelle)

- Übertragungsbandbreite bei digitaler Single-Link-Verbindung bis 165 MHz (maximal 1 920 × 1 200 Pixel bei 60 Hz), bei digitaler Dual-Link-Verbindung bis 330 MHz (maximal 2 560 × 1 600 Pixel bei bis zu 144 Hz)

- Hohe Resistenz gegenüber von außen einwirkenden elektromagnetischen

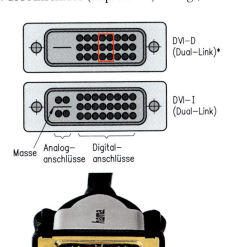

* Bei Single-Link-Anschluss fehlen die rot umrahmten Anschlüsse oder sie werden nicht genutzt.

Bild 1.94: DVI-Stecker und -Buchsen

Störungen durch spezielles Übertragungsverfahren (**TMDS**: **T**ransition **M**inimized **D**ifferential **S**ignaling; speziell codierte Signale mit differenziellen Spannungen von ±3,3 V über abgeschirmte Leitungen, Kap. 6.1.3)

- Geeignet für lange Kabelverbindungen
- Plug-and-Play-fähig
- Selbsttätige Erkennung der jeweiligen Displayeigenschaften während des laufenden Betriebes (Hot Plug Detection, Display Feature Detection)
- Unverwechselbarer eigener Steckverbinder in unterschiedlichen Varianten (z. B. **DVI-D**: 24-Pin Digital-Stecker; **DVI-I**: 24 + 4 Pin Digital/Analog-Kombistecker; Bild 1.94), wobei im digitalen Single-Link-Modus 18 und im Dual-Link-Modus 24 Steckkontakte verwendet werden
- Kostengünstige Herstellung

1.7.6.4 HDMI

Anstelle der DVI-Anschlusstechnik verwenden inzwischen die meisten Geräte den im TV/Videobereich etablierten **HDMI-Standard** (**H**igh **D**efinition **M**ultimedia Standard **I**nterface; www.hdmi.org), der sowohl Videodaten als auch Audiodaten digital mit hoher Qualität in einem gemeinsamen Kabel überträgt. HDMI arbeitet ohne Datenkompression und weist keinen systembedingten Qualitätsverlust auf, da beispielsweise keine Analog-Digital- oder Digital-Analog-Wandlung erforderlich ist. Die Samplingrate von Audiodaten liegt zwischen 32 und 192 kHz, es können bis zu acht Audiokanäle übertragen werden (z. B. 7.1-Soundsystem; Kap. 1.9.2). HDMI unterstützt in allen Versionen auch einen Audio-Rückkanal (**ARC**: **A**udio **R**eturn **C**hannel; ab Version 2.1 auch **eARC**). Weitere Merkmale sind in Bild 1.95 zusammengefasst:

Version	1.4a	2.0/2.0a	2.1
Erscheinungsjahr	2010	2013	2017
Frequenz	340 MHz	600 MHz	1 200 MHz
Anzahl Links (max.)	3	3	4
Bitrate pro Link (max.; Werte gerundet)	2,5 Gbit/s (3D-fähig; Videoauflösung bis 4K, aber nur maximal 30 fps; Bild 1.145)	4,5 Gbit/s (4K-Unterstützung mit 60 fps, 3D-fähig), HDR-Unterstützung (Rev. 2.0a)	10 Gbit/s (8K-Unterstützung mit 60 fps, 4K mit bis zu 120 fps; 3D-fähig), HDR
Farbtiefe (max.)	32 bit	48 bit	42 bit und 48 bit
Audioformate/ Soundverfahren (Bild 1.128)	8 Kanal PCM Dolby Digital Plus DTS, DTS-HD MPEG True-HD	32 Kanal Audio Dolby Digital Plus True HD DTS, DTS-HD MPEG	32 Kanal Audio, Dolby-Atmos (eARC: enhanced ARC; ermöglicht höhere Bandbreite und unkomprimierte Datenströme)

Bild 1.95: HDMI-Kennwerte (Auswahl)

Wegen des verwendeten 8B/10B-Leitungscodes wird statt der Datenrate, die nur die Nutzdaten berücksichtigt, alternativ die sog. **Symbolrate** angegeben, die auch den Overhead durch die Leitungscodierung beinhaltet. Bei beiden Angaben können auch Dezimalpräfixe verwendet werden (Kap. 6.1.5.1).

Zusätzlich ist in der Version 2.1 auch der **HDMI-Alt-Mode** implementiert, der die Übertragung von HDMI-Signalen über USB-3.2-Gen-2-Kabel mit Typ-C-Steckern definiert (Kap. 1.6.3.1). Jeder Link überträgt die Daten seriell. Die Übertragung erfolgt hierbei gleichzeitig und unabhängig voneinander. Die Spezifikationen definieren allgemein Leitungslängen bis zu 15 m, mit einem Signalrepeater kann diese Länge verdoppelt werden.

Bild 1.96: Vergleich der HDMI-Stecker (von oben: HDMI, Mini-HDMI, Micro-HDMI)

Eine fehlerfreie Übertragung hängt bei HDMI aber auch von den Übertragungseigenschaften der verwendeten Kupferkabel ab. Um eine Aussage über diese Übertragungseigenschaften zu machen, werden diese inzwischen in neun von der **HDMI Licensing Organization** definierte Kabelkategorien unterteilt (nicht identisch mit den Kategorien für LAN-Kabel). Diese Kategorien beinhalten keine Zuordnung zu den HDMI-Versionen, sondern geben Leistungsmerkmale in Kombination mit einem speziellen Steckertyp an. Man unterscheidet im Consumerbereich die Steckertypen A bis D, die jeweils geringfügig abweichende Abmessungen aufweisen. Am häufigsten im PC-Bereich anzutreffen sind Steckertyp A, Typ C („Mini-HDMI") sowie der mit der HDMI-Version 1.4 spezifizierte Typ D („Micro-HDMI"; speziell zum Anschluss portabler Geräte; Bild 1.96). Diese Varianten verfügen über 19 Kontakte; mittels Adapter wird jeweils die Kompatibilität unter den einzelnen Varianten und zu DVI-D sichergestellt.

Exemplarisch werden folgende, im PC-Bereich anzutreffende Kabeltypen verglichen, die gemäß entsprechender Lizenzbestimmungen nicht mehr mit Versionsnummern bezeichnet werden dürfen, sondern folgende Namen tragen:

- **Standard-HDMI-Kabel**: Übertragungsrate bis zu 7,4 Gibit/s (ca. 7,9 Gbit/s; Kap. 6.1.5.1) bei Leitungslängen bis 15 m; Videoformat bis 720 p oder 1 080 i (Kap. 1.12.1); Steckertyp A

- **Ultra-High-Speed-HDMI-Kabel**: Übertragungsrate bis zu 39,7 Gibit/s (ca. 42,6 Gbit/s; Kap. 6.1.5.1) bei Leitungslängen bis 7,5 m; Videoformat 4K/120Hz, 8K/60Hz; Steckertyp A, C oder D

Beim Kabelkauf ist zu beachten, dass es auch spezielle HDMI-Kabel mit **HEC**-Leitungen (HDMI **E**thernet **C**hannel, speziell für eine Netzwerkverbindung) gibt. Diese weisen die gleiche 19-polige Steckerbelegung auf, lediglich die beiden HEC-Leitungen sind – wie bei Netzwerkkabeln üblich – gegeneinander verdrillt (Kap. 4.1.2.1).

1.7.6.5 DisplayPort

Speziell für den PC-Bereich hat die VESA 2007 einen weiteren Verbindungsstandard mit der Bezeichnung **DisplayPort** (**DP**) spezifiziert, der ein digitales Übertragungsverfahren für Bild- und Tonsignale sowie die zugehörigen Stecker, Buchsen und Kabel definiert. DisplayPort arbeitet mit *unidirektionalen* Kanälen (**Main Links**) zum Wiedergabegerät, stellt also keine *bidirektional* nutzbaren Datenverbindungen bereit, da der vorhandene Rückkanal (AUX-Channel, siehe unten) eine wesentlich geringere Datenrate besitzt. Der Standard existiert inzwischen in den folgenden Versionen:

Version	DP 1.1	DP 1.2	DP 1.3/1.4	DP 2.0
Erschei-nungsjahr	2007	2009	2014/2016	2019
Bitrate pro Main Link (netto, Werte gerundet)	2 Gbit/s (8B/10B-Leitungscode)	4 Gbit/s (8B/10B-Leitungscode)	6 Gbit/s (8B/10B-Leitungscode)	18 Gbit/s (128B/132B-Leitungscode)
Anzahl Main Links	4	4	4	4
Video-Auflösung (max.)	2560 × 1600, für Full-HD (1920 × 1080) sind 2 Main Links erforderlich	4K (UHD) (3840 × 2160) bei 60 fps; 3D-fähig	5K (5120 × 2880), 8K (8192 × 4320), jeweils bei 60 fps; DP 1.4: 5K bis zu 120 fps, Unterstützung von HDR, 3D-fähig	bis 16 K (15360 x 8460) bei 60 fps, bei 8 K bis 240 fps; mit HDR 10 ohne Komprimierung; unterstützt Daisy-Chaining und USB-C-Stecker; 10 Gibit/s-Ethernet-Unterstützung

Bild 1.97: DisplayPort-Kennwerte (Auswahl; die Angabe übertragbarer Datenmengen ist auch mit Binär-präfixen möglich; Kap. 6.1.5.1)

Die Main Links arbeiten als Punkt-zu-Punkt-Verbindungen, ähnlich wie bei PCIe. DisplayPort zeichnet sich durch folgende Merkmale aus:

- 20-poliger flacher Verbindungsstecker mit mechanischer Verriegelung (bei HDMI nicht vorhanden)

- Pro Main Link ein Leitungspaar; Leitungslänge bei Nutzung eines Links bis 10 m, bei voller Bandbreite mit vier Links maximal 2 m

- Überwindung größerer Strecken durch den Einsatz aktiver **DP-Repeater**; zur Energie-versorgung der Repeater steht an Pin 20 des DisplayPorts eine Versorgungsspannung von 3,3 V mit ca. 500 mA zur Verfügung

- Im Datenstrom lassen sich optional bis zu acht 24-Bit-Audiokanäle mit einer maxima-len Sampling-Rate von 192 kHz übertragen (identisch mit HDMI)

- Übertragung von Display-Spezifikationsdaten über einen zusätzlichen universellen Hilfskanal (AUX-Channel, Display Data Channel DDC; ca. 720 Mbit/s ab DP 1.2)

- Zusätzlich Hotplug-Detect-Signal

- Unterstützung des mit HDMI eingeführten Kopierschutzverfahrens HDCP (Bild 1.117)

- Datenübertragung mit störunanfälligen differenziellen Signalen (TMDS: Tranistion-Minimized Differential Signaling; Kap. 6.1.3) mit kleinen Spannungspegeln (200–600 mV), deren Größe in Abhängigkeit von der jeweiligen Leitungslänge für eine störungsfreie Übertragung dynamisch festgelegt wird

- Mittels entsprechender passiver Adapter kompatibel zu DVI und HDMI; allerdings müssen die Chipsätze der Grafikkarten wegen unterschiedlicher Übertragungsverfahren bzw. Signalpegel diese Normen auch unterstützen (Dual- bzw. Triple-Mode-Display-Engines: Im DVI- bzw. HDMI-Modus übertragen dann drei DisplayPort-Links die RGB-Farbsignale und der vierte Link das Taktsignal.)

Ab DisplayPort 1.3 ist darüber hinaus der gleichzeitige Betrieb von zwei 4K-Wiedergabegeräten an einem einzigen Anschluss mittels **Multi-Stream-Transport** (**MST**) möglich. Hierzu ist lediglich ein weiteres Kabel zwischen den Wiedergabegeräten erforderlich, welches das zweite Gerät speist. Außerdem werden ab DisplayPort 1.3 die Anschlussmöglichkeiten von Geräten durch Unterstützung anderer Standards erweitert. Hierzu zählt beispielsweise die Unterstützung von USB-Funktionalitäten.

Auf diese Weise lässt sich beispielsweise ein 4K-Display betreiben, welches lediglich zwei der vier Lanes benötigt. Mit den anderen beiden lassen sich dann USB-Daten im Super-Speed-Modus (Kap. 1.6.3) übertragen.

Bei gleicher Übertragungsrate wie bei Version 1.3 wird ab DisplayPort 1.4 darüber hinaus auch der USB-Typ-C-Stecker samt Kabel (DP Alt Mode bei USB 3.1 Gen 2; Kap. 1.6.3.1) unterstützt.

Ab Version 1.3 wurde auch ein **mini-DisplayPort** mit kleineren Abmessungen speziell für portable Geräte spezifiziert. Der DisplayPort-Stecker ist vergleichsweise klobig, da in ihm mehrere Chips integriert sind (aktive Signalanpassung für unterschiedliche Betriebsmodi). DisplayPort 2.0 unterstützt Daisy-Chaining (Kap. 1.6.4) auch mit mehr als zwei Geräten.

Bild 1.98: DisplayPort-Stecker und -Buchse

1.7.7   Thunderbolt

Thunderbolt ist der Name für eine universelle Hochgeschwindigkeitsschnittstelle, die von Intel zusammen mit Apple sowohl zur Übertragung von Daten als auch für Bild- und Tonsignale zwischen Multimediageräten (PC, Videocamera) und dem Computer entwickelt wurde.

Diese Schnittstelle mit der ursprünglichen Bezeichnung **Light Peak** sollte eigentlich rein optisch arbeiten und Daten per Lichtwellenleiter übertragen. In einer ersten Version wurde sie dann jedoch zunächst mit Kupferleitungen realisiert.

Technisch gesehen bildet Thunderbolt lediglich einen Tunnel für Datenströme, die bei PCIe- und DisplayPort-Verbindungen vorliegen. Mit einem entsprechenden Controllerchip (**THC**: Thunderbolt Host Controller; **TDC**: Thunderbolt Device Controller) kann somit relativ einfach jedes Gerät mit einer Thunderbolt-Schnittstelle versehen werden.

Der Host-Controller kann bis Thunderbolt 2 auch eine Energieversorgung bis zu 10 W für ein angeschlossenes Device bereitstellen, bei Thunderbolt 3 bis zu 100 W (basierend auf USB-PD; Kap. 1.6.3.2). Ebenso ist auch eine Verbindung zwischen zwei Hosts möglich.

Die Übertragung der Daten erfolgt bidirektional und gleichzeitig mit einer Bitrate von zunächst bis zu 10 Gbit/s. Die Version Thunderbolt 2 ermöglicht durch Bündelung zweier Kanäle Bitraten bis zu 20 Gbit/s bei gleichen Steckern und Kabeln, lediglich ein neuer Controller (Codename: Falcon Ridge) muss verwendet werden. Mit der nachfolgenden Version Thunderbolt 3 können bis zu 40 GBit/s übertragen werden.

Die Thunderbolt-1- und -2-Stecker sind identisch mit mini-DisplayPort-Steckern. Somit kann jeder Flachbildschirm mit DisplayPort auch an eine Thunderbolt-Schnittstelle angeschlossen werden. Verfügt ein angeschlossenes Gerät nicht über einen Thunderbolt-Adapter (TDC), so schaltet der Host-Adapter (THC) automatisch in den Kompatibilitätsmodus, d.h., die DisplayPort-Daten werden nicht per Thunderbolt-Protokoll getunnelt, sondern direkt übertragen. Gleiches gilt für eine PCIe-basierende Verbindung.

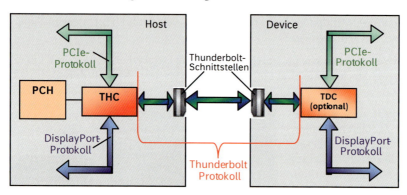

Bild 1.99: Grundprinzip Thunderbolt-Schnittstelle

Ein elektrisches Thunderbolt-Kabel kann bis zu 3 m überbrücken. Thunderbolt 3 übernimmt dann den USB-Typ-C-Stecker (Kap. 1.6.3.1) und unterstützt bis zu vier PCIe-Lanes (Kap. 1.7.4). Zur Anpassung an frühere Thunderbolt-Versionen sind Adapter erforderlich. Thunderbolt 4 übernimmt alle technischen Spezifikationen der Vorgängerversion, integriert aber zusätzlich noch den USB-Standard 3.2 mit seiner Übertragungsrate von 20 Gbit/s. Eine nachfolgende Erweiterung des Standards soll die Daten per Glasfaser übertragen, dann sind Leitungen mit einer Länge von bis zu 10 m möglich.

Bis zu sieben Thunderbolt-Controller können hintereinandergeschaltet werden. Auf diese Weise lassen sich z.B. mehrere Displays über ein einziges Kabel mit demselben PC verbinden.

1.7.8 Bluetooth

Der Anschluss eines Peripheriegerätes an den PC mit einem Verbindungskabel weist eine Vielzahl von Nachteilen auf. Aus diesem Grund werden neben Infrarot und Wireless-USB (Kap. 1.6.3.3) auch andere kabellose Verbindungstechniken eingesetzt. Hierzu zählt insbesondere die Bluetooth-Technologie.

> **Bluetooth (BT)** bezeichnet einen Standard in der Nahbereichs-Funktechnik, mit der beliebige elektronische Geräte ohne Kabelverbindung in einem festgelegten Frequenzbereich über eine kurze Entfernung miteinander kommunizieren können.

Bild 1.100: Bluetooth-Modul

Mithilfe dieser Technik lassen sich nicht nur Peripheriegeräte an einen PC anschließen, sondern auch beliebige Geräte untereinander vernetzen. Die Bluetooth-Technik besteht im Wesentlichen aus einem prozessorgesteuerten Sende- und Empfangsmodul mit sehr kleinen Maßen, welches auch in portablen Geräten Platz findet.

Zwischen den Geräten eines Bluetooth-Netzes sind Punkt-zu-Punkt- und Punkt-zu-Mehrpunkt-Verbindungen möglich. In einem solchen Netz sind zunächst alle Geräte gleichberechtigt. Jedes bluetoothfähige Gerät ist über eine 48-Bit-Adresse entsprechend dem IEEE-802.15-Standard identifizierbar (**IEEE**: Institute of Electrical and Electronics Engineers). Möchte ein Gerät 1 in Kommunikation mit einem Gerät 2 treten, so übernimmt Gerät 1 die sog. **Masterfunktion** und steuert den Datenaustausch mit Gerät 2 (Slave). Die Kommunikation zwischen den Geräten im Sende-/Empfangsbereich eines Bluetooth-Netzes erfolgt nach der Vergabe einer 3-Bit-

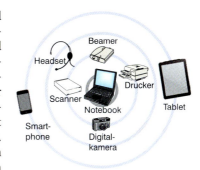

Bild 1.101: Piconetz

MAC-Adresse (**MAC**: **M**edia **A**ccess **C**ontrol; Zugriffskontrollebene) durch den Master. Für alle Geräte gibt es jeweils ein entsprechendes Bluetooth-Profil (Bild 1.104), das auf die jeweilige Gerätefunktionalität abgestimmt ist.

> Den Prozess bei der erstmaligen Verbindungsaufnahme zwischen zwei Bluetooth-Geräten bezeichnet man als **Pairing**. In einem **Bluetooth-Netz** können bis zu acht verschiedene bluetoothfähige Geräte gleichzeitig *aktiv* miteinander kommunizieren. Ein solches Netz wird als **Piconetz** bezeichnet.

Insgesamt können sich theoretisch bis zu 255 (8 bit **PMA**; **P**assive **M**ember **A**ddress) Geräte in einem solchen Piconetz befinden (sofern bereits acht Geräte kommunizieren, die restlichen dann lediglich *passiv*). Zu den Vorteilen dieser Technik zählen:

- Aufbau kabelloser Verbindungen zwischen PCs und sämtlichen Peripheriegeräten (z. B. Tastatur, Maus, Drucker, Mobiltelefon; WPAN: **W**ireless **P**ersonal **A**rea **N**etwork)

- Verringerung der Anzahl der Geräteschnittstellen bei einem PC und damit verbunden Reduktion der Produktionskosten

- Keine Anschaffung zusätzlicher spezieller Kabel

- Schnelle Einrichtung von Ad-hoc-Verbindungen

- Automatische und unbeaufsichtigte Kommunikation zwischen zwei Geräten

Kenngröße	Eigenschaft
Sendeleistung	Klasse I: 100 mW, Klasse II: 2,5 mW, Klasse III: 1 mW (zusätzlich bei BT 5.0: 10 mW; „Klasse" 1,5)
Reichweite	Klasse I: ≤ 100 m, Klasse II: ≤ 10 m, Klasse III: ≤ 2,5 m jeweils ohne Sichtkontakt; ab Version 2.0 auch größere Reichweiten möglich; im Low-Energy-Modus bis zu 10 m; ab Version 5.0 auch im Low-Energy-Modus bis zu 100 m
Stromaufnahme	max. 0,3 mA (Stand-by-Mode) max. 30 mA (Sendebetrieb); im Low-Energy-Modus nur 10 mA; ab Version 5.0 auch < 5 mA
Bitrate	max. 1 Mbit/s (theoretisch), ab Version 2.0 bis zu 3 Mbit/s (ab Version 5.0 auch im Stromsparmodus)
Betriebsarten: **Datenübertragung symmetrisch** **Datenübertragung asymmetrisch** **Sprachübertragung**	ursprünglich ca. 430 kbit/s in beide Richtungen* ursprünglich ca. 720 kbit/s in die eine und ca. 57 kbit/s in die andere Richtung* 64 kbit/s in beide Richtungen*
Frequenzbereich	2,408–2,48 GHz (ISM-Band, lizenzfrei)
Modulations-verfahren	**GFSK: G**auss **F**requency **S**hift **K**eying; Frequenzsprungverfahren, bei dem 79 Kanäle in 1-MHz-Abständen zur Verfügung stehen, zwischen denen bis zu 1 600-mal pro Sekunde hin- und hergesprungen wird (siehe „Fachstufe IT-Systeme", Kap. 6.1.5.2).
Übertragungs-sicherheit	– Fehlerkorrektur durch **FEC** (**F**orward **E**rror **C**orrection) – Empfangsquittierung durch **ARQ** (**A**utomatic **R**epeat **R**equest)
Sonstiges	– Zulässige Grenzwerte für die Belastung durch Hochfrequenz werden eingehalten. – Keine störenden Auswirkungen auf andere Telekommunikations-einrichtungen

ISM-Band = **I**ndustrial, **S**cientific and **M**edical Band

Bild 1.102: Technische Basisdaten von Bluetooth (*: Weiterentwicklungen siehe Bild 1.103; übertragbare Datenmengen können auch mit Binärpräfixen angegeben werden; Kap. 6.1.5.1)

Ein Gerät kann gleichzeitig Teil mehrerer Piconetze sein, es kann aber nur in einem einzigen Piconetz die Masterfunktion ausüben. Hierbei können die Teilnehmer/-innen von bis zu zehn Piconetzen untereinander in Kontakt treten.

Mehrere Piconetze zusammengefasst nennt man auch ein **Scatternetz**.

Die einzelnen Piconetze lassen sich durch unterschiedliche Hopping-Kanalfolgen unterscheiden. Geräte innerhalb eines Piconetzes müssen die gleichen Kanalfolgen aufweisen, d. h., sie müssen sich auf den jeweiligen Master synchronisieren.

Durch ständige Weiterentwicklung wurde der ursprüngliche Bluetooth-Standard stetig verbessert und den Forderungen nach schnellerer Datenübertragung und erhöhter Übertragungssicherheit angepasst. Die meisten Entwicklungen sind abwärtskompatibel. Bild 1.103 fasst wesentliche Entwicklungsschritte zusammen.

Version	Wesentliche Änderungen
2.1+EDR	– Bitrate bis zu 3 Mbit/s (netto ca. 2 Mbit/s, *nicht* im Stromsparmodus) – Multi-Cast-Betrieb, d.h., es lassen sich Gerätegruppen auf einmal adressieren – Unterstützung zusätzlicher Leistungsmerkmale wie etwa **SSP** (**S**ecure **S**imple **P**airing: vereinfachtes und sichereres Verfahren zur eindeutigen Erkennung des jeweiligen Kommunikationspartners) und **QoS** (**Q**uality **o**f **S**ervice: Erfüllung der gestellten Anforderungen an die Dienstgüte, z.B. zuverlässiger Verbindungsaufbau, fehlerfreie Informationsübertragung).
3.0	(Wurde nicht fertiggestellt)
4.0	– **Bluetooth Low Energy**-Funktion (**BLE** bzw. **Bluetooth Smart**) für alle Profile, ermöglicht u.a. den Verbindungsaufbau und eine Übertragung in weniger als 5 ms, dadurch Reduzierung des Energieverbrauchs, insbesondere bei mobilen Geräten und Sensoren (z.B. für Bluetoothsensoren, die mehrere Jahre mit einer einzigen Batterie laufen; nicht abwärtskompatibel) – Verbesserte Fehlerkorrektur – Erhöhter Sicherheitsstandard durch eine AES-Verschlüsselung mit 128 bit (**AES**: **A**dvanced **E**ncryption **S**tandard)
4.1	– Weiterentwicklung des störungsfreien Sendens und Empfangens gegenüber anderen Funkverbindungen mittels **Adaptive Frequency Hopping** (automatischer Frequenzwechsel bei Registrierung einer Störung, z.B. durch LTE im 2,6-GHz-Bereich) – Weitere Energieeinsparung bei Low-Energy-Geräten durch Verringerung des Overheads – Vergrößerung des Verbindungsintervalls auf bis zu 3 Min. ohne manuellen Eingriff, falls zwischenzeitlich eine Funkverbindung zwischen zwei Geräten abbrechen sollte (z.B. zwischen TV und aktiver 3D-Shutterbrille, Kap. 1.12.8.1; vorher ca. 30 Sek.). – Neues Geräteprofil, bei dem ein Gerät gleichzeitig als Master und als Slave arbeiten kann (**Dual-Profil**)
4.2	– Enthält neues Protokoll (**IPSP**: **I**nternet **P**rotocol **S**upport **P**rofile) zur Kommunikation von BT-Geräten auch mit **IP**v6-Paketen im Stromspar-Modus (**I**nternet **P**rotocol: Kap. 4.2.4; ermöglicht auch Verbindungen zum **IoT** (Kap. 4.1.4) – Implementierung weiterer Sicherheitsstandards (z.B. bei Verbindung mit **Beacons**, siehe unten) – Mindestens Verdopplung der Übertragungsrate gegenüber der Vorgängerversionen durch Vergrößerung der Datenpakete (nur zwischen Geräten ab dem BT-4.2-Standard) – Erneut verbesserte Stromsparmodi
5.0	– Speziell zugeschnittene Profile auf Geräte des **IoT** (Fitness-Tracker, Headsets, Sensoren) – Bitraten bis zu 2 Mbit/s bei Reichweiten über 100 m, *auch im Stromsparmodus* – Einfachere und umfangreichere Nachrichtenübertragung von Beacons und im Smart-Home-Bereich bzw. IoT (vernetzter Heimbereich: z.B. Licht-, Heizung- u. Rollladensteuerung, Musik- u. Videostreaming)
5.1	– Zentimetergenaue Positionserfassung (vorher nur metergenau) – Exaktere Richtungsbestimmung, woher ein ein BT-Signal kommt – Verbesserte Echtzeitortung für die Innenraumnavigation

Version	Wesentliche Änderungen
5.2	– Optimierung der Audio-Übertragung mittels LE-Audio – ermöglicht die gleichzeitige, synchrone Audioübertragung von einer Quelle an mehrerer Empfänger („Location Based Audio Sharing") – verbesserte Audioqualität durch Einsatz des Kompressionsverfahrens **LC3** (**L**ow **C**omplexity **C**ommunications **C**odec) mit geringeren Latenzzeiten – Unterstützung für BT-fähige Hörgeräte
5.3	generelle Verbesserungen in Bezug auf Zuverlässigkeit, Benutzerfreundlichkeit und Energieeffizienz im Zusammenhang mit IoT-Geräten, z. B. – geringere Latenzzeiten beim Wechsel einer Low-Rate-Verbindung in einen Burst-Übertragungsmodus (z. B. bei einem medizinischen Überwachungsgerät) – Anpassung der Verschlüsselungslänge bei der Host-zu-Controller-Verbindung in Abhängigkeit von den jeweiligen Sicherheitsanforderungen – schnellere und effizientere Zuweisung bzw. Umschaltung von Übertragungskanälen zwischen dem Host und einem Peripheriegerät (z. B. bei auftretenden Übertragungsstörungen)

Bild 1.103: Bluetooth-Versionen

Als **Beacons** bezeichnet man kleine, auf **BLE**-Technik basierende Funksender, die über eine nahe Distanz *ohne* Pairing zu einem anderen, empfangsbereiten BT-Gerät (< 10 m) kurze Informationen verschicken können (z. B. auf ein Smartphone mit entsprechender App: Produktwerbung im Geschäft oder im Museum Infos zu einem Ausstellungsstück). Auch eine Standortbestimmung innerhalb von Gebäuden ist damit möglich. Ab BT 4.2 ist eine Beacon-Übertragung an einen Empfänger mit aktiviertem Bluetooth erst dann möglich, wenn dieser zustimmt.

Damit BT-Geräte untereinander verschiedenartige Daten austauchen können, müssen sie die entsprechenden Übertragungsprofile unterstützen.

Abkürzung	Bedeutung	Bemerkung
A2DP	**A**dvanced **A**udio **D**istribution **P**rofile	Streaming von Audiodateien
AVRCP	**A**udio **V**ideo **R**emote **C**ontrol **P**rofile	Fernbedienungsfunktionen
BIP	**B**asic **I**maging **P**rofile	Übertragung von Bild- und Fotodateien
GATT	**G**eneric **A**ttribute Profile	Energiesparende Übertragung von Sensordaten
HFP	**H**ands **F**ree **P**rofile	Schnurlos-Telefonie im Auto
HID	**H**uman **I**nterface **D**evice Profile	Datenübertragung von Eingabegeräten (Tastatur, Maus usw.)
MAP	**M**essage **A**ccess **P**rofile	Austausch kurzer Nachrichten zwischen zwei BT-Geräten
PAN	**P**ersonal **A**rea **N**etwork **P**rofile	Nahbereich-Netzwerkverbindungen
SAP	**S**IM **A**ccess **P**rofile	Zugriff auf Telefon-SIM-Karte
VDP	**V**ideo **D**istribution **P**rofile	Übertragung von Videodaten

Bild 1.104: Beispiele für Bluetooth-Profile

AUFGABEN

1. Was versteht man im PC-Bereich unter einer Schnittstelle?

2. Über welche Arten von Schnittstellen verfügt ein PC standardmäßig?

3. Was versteht man unter einer Punkt-zu-Punkt-Verbindung? Welchen Vorteil bietet diese Verbindungsart?

4. Moderne PCs verfügen standardmäßig über sog. SATA-Schnittstellen. Was bedeutet die Abkürzung SATA?

5. Nennen Sie technische Daten der verschiedenen SATA-Spezifikationen sowie deren alternative Bezeichnungen.

6. Was versteht man unter
   a) eSATA,
   b) eSATAp?

7. Was bedeutet im Zusammenhang mit dem Computer die Abkürzung SAS? Erläutern Sie kurz die technischen Merkmale.

8. Was bedeutet die Abkürzung RAID? Welcher Unterschied besteht zwischen Software-RAID und Hardware-RAID?

9. Erläutern Sie die Begriffe „Direct Attached Storage" und „Storage Area Network".

10. Was versteht man unter einem RAID-Level? Welche Merkmale weist RAID-Level 5 auf?

11. Was ist eine PCIe-Lane? Was ist ein PCIe-Link? Was bedeutet die Angabe PCIe 3.0 × 8?

12. Bei PCIe 2.0 und PCIe 3.0 werden verschiedene Leitungscodierungen verwendet. Erläutern Sie die Unterschiede.

13. a) Welche technischen Merkmale besitzt eine M.2-Schnittstelle?
    b) Nennen Sie ein Anwendungsbeispiel.

14. Viele Kommunikationsgeräte verfügen über MHL, Miracast, WiFi-direct oder DLNA-Fähigkeiten. Erläutern Sie die Begriffe und nennen Sie die jeweiligen technischen Merkmale.

15. Wozu wird ein S/PDIV-Anschluss verwendet? Welche Anschlussbuchsen gibt es?

16. Für die Verbindung eines Bildschirms mit dem PC stehen unterschiedliche Anschlusssysteme zur Verfügung. Hierzu gehören VGA, DVI, HDMI, DisplayPort und Thunderbolt. Erstellen Sie eine Tabelle (ggf. mit einem entsprechenden Computerprogramm), in der Sie die wesentlichen technischen Merkmale der genannten Anschlusstechniken zusammenfassen.

17. Bei Informationen zu den PCIe-Übertragungsraten findet man alternativ Angaben in „Gigabyte pro Sekunde" oder in „Gigatransfers pro Sekunde". Erläutern Sie den Unterschied.

18. Erläutern Sie die Eigenschaften und den Einsatzbereich von Bluetooth.

19. Was ist ein Piconetz, was ist ein Scatternetz?

20. a) Was versteht man im Zusammenhang mit Bluetooth unter einem „Beacon"?
    b) Welche Profile müssen Bluetooth-Geräte (mindestens) unterstützen, um untereinander Audio-, Bild- und Videodaten streamen zu können?

1.8   Laufwerke und Speichermedien

Der Begriff Laufwerk bezeichnet im Bereich der PC-Technik ein elektromechanisches Gerät, welches in der Lage ist, auf einem entsprechenden Träger Daten dauerhaft zu speichern und/oder zu lesen. Abhängig von der technischen Art des Speicherns unterscheidet man:

- Magnetische Laufwerke (Speichermedium z.B. Festplatte, Magnetband)
- Optische Laufwerke (Speichermedium z.B. CD, DVD, BD)

Optische Laufwerke für den PC werden in der Regel in einem **Laufwerksschacht** *(drive slot)*, einer quaderförmigen Aussparung an der Frontplatte des PC-Gehäuses, als Einschubgerät fest montiert. Der Laufwerksschacht verfügt hierzu über vorbereitete Löcher für die Befestigung. Festplatten hingegen werden meist im Gehäuseinneren platziert und sind von außen nicht zugänglich.

Wie alle mechanischen Geräte unterliegen Laufwerke einem natürlichen Verschleiß. Erklärtes Ziel bei der Entwicklung und der Fertigung ist neben der Verwendung umweltfreundlicher und recycelbarer Materialien eine möglichst lange Betriebsdauer und damit eine hohe Zuverlässigkeit im praktischen Betrieb.

> Unter der Bezeichnung **MTBF** (**M**ean **T**ime **B**etween **F**ailures) geben Hersteller die durchschnittliche Zeit an, die wahrscheinlich vergehen wird, bis ein Laufwerk ausfällt. Sie wird meist in Stunden angegeben.

Gelegentlich findet man auch die Bezeichnung „Flash-Laufwerk". Hierbei handelt es sich eigentlich nicht um ein Laufwerk, sondern um eine Schnittstelle (Kartenslot) für das Lesen und Beschreiben von Flashkarten (Kap. 1.5.1.1). Diese Schnittstelle wird in der Regel intern über einen USB-Port verwaltet und erscheint im Dateimanager lediglich mit einer Laufwerksbezeichnung.

1.8.1   Festplattenlaufwerk

> Unter einem **Festplattenlaufwerk** (**H**ard **D**isc **D**rive, **HDD**) versteht man ein Gerät, welches sich in einem staubdichten Gehäuse befindet und unflexible Platten enthält, auf denen Daten magnetisch gespeichert werden können. Für Festplattenlaufwerke hat sich auch der vereinfachende Begriff **Festplatte** (**H**ard **D**isc, **HD**) eingebürgert.

Die meist aus Aluminium bestehenden Platten sind zum Zweck der Speicherung mit einem magnetisierbaren Material beschichtet. Auf einer Festplatte können Daten dauerhaft gespeichert werden, d.h., sie gehen auch nach Abschalten der Versorgungsspannung nicht verloren. Festplattenlaufwerke werden heutzutage meist in einem 3,5-Zoll-Einschubgehäuse in einen PC eingebaut, in portablen Geräten findet man auch 1,8-, 2- oder 2,5-Zoll-Laufwerke.

1.8.1.1 Aufbau und Anschluss von Festplatten

Die in PCs verwendeten Festplattenlauf-werke enthalten in der Regel zwei bis sechs beidseitig beschreibbare Platten, die auf einer Drehachse montiert sind. Bei Groß-rechnern verwendete Laufwerke können bis zu zwölf einzelne Platten beinhalten. Eine Festplatte kann wiederholt gelesen, gelöscht und erneut beschrieben werden. Jede Seite einer Platte verfügt hierzu über einen eigenen Schreib-/Lesekopf. Ein Schreib-/Lesekopf ist im Prinzip eine win-zige Spule (Kap. 6.3.6). Der Schreib- bzw. Lesevorgang basiert auf dem Elektromag-netismus bzw. der elektromagnetischen Induktion (Kap. 6.3.6). Alle Köpfe sind auf einem gemeinsamen Kopfträger montiert, der mechanisch mithilfe eines Schritt-motors über die Plattenoberfläche bewegt und positioniert wird. Der Kopfträger wird auch **Zugriffskamm** genannt.

Bild 1.105: Aufbau eines Festplattenlaufwerks

(Bildbeschriftung: Drehachse, Festplatte, Zugriffs-kamm, Schritt-motor, Schreib-/Lesekopf)

Die Platten werden durch das versiegelte Gehäuse gegen Staub geschützt. So kann der Kopf mit 3 bis 15 nm Abstand von der Oberfläche einer Platte bewegt werden, die sich – angetrieben von einem Motor – in der Regel konstant mit 5 400 U/min bis 15 000 U/min dreht. Die hohen Drehzahlen bewirken eine größere Wärmeentwicklung, die über das Festplattengehäuse nach außen abgeführt werden muss. Die Schreib-/Leseköpfe schwe-ben auf einem dünnen Luftkissen über der Plattenoberfläche, welches durch die Rotation der Platten erzeugt wird. Sie dürfen die Platten nicht berühren, sonst würde durch einen sogenannten **Headcrash** die Plattenoberfläche zerstört. Beim Abschalten werden die Köpfe in einen eigens dafür vorgesehenen Bereich nahe der Drehachse gesteuert. Dies regelt eine Elektronik, die auf das Abschalten der Stromversorgung reagiert und die Bewegungsenergie der Platten zum Positionieren der Köpfe benutzt.

Durch die Drehbewegung der Platten entstehen aufgrund von Reibungseffekten elektro-statische Ladungen (Kap. 6.3.6). Würden diese sich plötzlich entladen, könnte dies zu Schäden innerhalb des Festplattengehäuses führen. Um das zu verhindern, ist an der Laufwerksachse eine kleine Feder befestigt, die mit dem Gehäuse verbunden ist und als Erdungsleiter dient.

Das Datenkabel bei den heute üblichen SATA-Platten (Kap. 1.7.1) ist 7-adrig, die Energie-versorgung erfolgt über einen 15-poligen Anschluss (12 V; 5 V; früher auch 3,3 V; Kap. 1.10.1). Der Grund für die größere Anzahl der Kontakte ist die Hot-Plugging-Fähig-keit, die für jede der Spannungen jeweils auch einen längeren „Pre-Charge"-Anschluss mit längeren Kontaktzungen erfordert, die beim Stecken den ersten Kontakt herstellen (Staggered Contacts, Bild 1.106).

Im Festplattengehäuse sind auch die Elektronik und die Software (Firmware) zur Steue-rung der Positionierung der Köpfe untergebracht. Ab der SATA-2.0-Version unterstüt-zen alle Festplatten das sog. **Native Command Queuing** (NCQ; bei SAS-Platten als **TCQ: Tagged Command Queuing** bezeichnet). Hierunter versteht man die Fähigkeit

einer Festplatte, mehrere Kommandos ent-
gegenzunehmen und diese in einer Warteschlange *(queue)* zu verwalten. Hierzu ist
ein festplatteneigener Cache-Speicher erforderlich. Anstatt diese Kommandos nur
in der Eingangsreihenfolge abzuarbeiten,
können diese so sortiert werden, dass die
Köpfe möglichst kurze Wege zurücklegen.

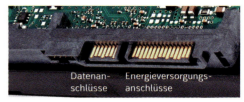

Bild 1.106: Anschlüsse bei einer SATA-Festplatte

NCQ-fähige Platten können von sich aus den Host-Adapter ansprechen und so aktiv
auf den Hauptspeicher zugreifen (First Party DMA; Kap. 4.3.10). Voraussetzung für
NCQ ist neben der Platte auch ein Host-Adapter mit dieser Fähigkeit. Darüber hinaus
muss im BIOS/UEFI unter der Rubrik „SATA Configuration" die Einstellung **AHCI** gewählt sein. AHCI (**A**dvanced **H**ost **C**ontroller **I**nterface) ist ein unter der Federführung
von Intel entwickelter *offener Schnittstellenstandard* für SATA-Controller, d. h., er darf
ohne Lizenzgebühren genutzt werden. Neben SATA-Anschlüssen werden alternativ
auch Festplatten mit PCIe-Anschlüssen (Kap. 1.7.4) angeboten, um die Geschwindig-
keitsvorteile bei der Datenübertragung zu nutzen.

1.8.1.2 Kenngrößen von Festplatten

Um Daten auf einer Festplatte dauerhaft speichern zu können, müssen die Plattenober-
flächen zunächst vorbereitet werden. Hierzu werden diese in Zylinder, Spuren,
Sektoren und Cluster eingeteilt. Allerdings bleibt dem Computer bei den heutigen
Festplattenkapazitäten die tatsächliche Geometrie verborgen, da das Betriebssystem
zwar den Festplattencontroller steuert, dieser aber eigenständig die Einteilung vor-
nimmt. Dieser Vorgang, den man allgemein als **Formatieren** bezeichnet, wird in Kap. 2.6
ausführlich dargestellt.

Speicherkapazität (memory capacity, storage space)

Die Speicherkapazität einer Festplatte wird oft als „Bruttokapazität" angegeben. Nach der
Formatierung ist diese Kapazität jedoch nicht mehr in vollem Umfang nutzbar, da für die
interne Organisation der Festplatte Daten auf einem Teil ihrer Oberfläche gespeichert werden, der dann für die Anwender/-innen nicht mehr zur Verfügung steht. Darüber hinaus ist
zu beachten, dass die Hersteller die Kapazitätsgrößen meist mit *dezimalen* Präfixen angeben
(z. B. 1 TByte = 10^{12} Byte; Kap. 6.1.5.1), dagegen Betriebssysteme oft *binäre* Präfixe für die
Berechnung ansetzen (man muss also jeweils mit Faktor 1 024 rechnen). Eine 1-Terabyte-
Platte wird dann beispielsweise nur als 931-Gigabyte-Platte angezeigt. Heutige 3,5-Zoll-
Festplatten können mehrere Terabyte speichern. Diese großen Speicherkapazitäten werden
bei gleichen geometrischen Abmessungen unter anderem dadurch möglich, dass die einzelnen magnetisierbaren Bereiche seit geraumer Zeit nicht mehr horizontal in Drehrichtung
(Bezeichnung: **LMR** = **L**ongitudinal **M**agnetic **R**ecording), sondern senkrecht dazu angeordnet sind. Hierdurch lassen sich die Bits wesentlich dichter packen. Dieses Aufzeichnungs-
verfahren wird **Perpendicular Recording** genannt (Alternativbezeichnungen: **PMR** = **P**er-
pendicular **M**agnetic **R**ecording, **CMR** = **C**onventional **M**agnetic **R**ecording; Bild 1.107).

Allerdings müssen auch bei diesem Verfahren die magnetisierbaren Bereiche einen Min-
destabstand voneinander haben, da bei senkrechter Anordnung ein stärkeres magnetisches Feld (Kap. 6.3.6) erforderlich ist. Liegen sie zu dicht zusammen, würden beim
Magnetisieren nicht nur der gewünschte Bereich, sondern auch benachbarte Bereiche

beeinflusst und dadurch gespeicherte Daten verloren gehen. Lange Zeit lag daher bei PMR-Festplatten der maximal erreichbare Kapazitätswert bei ca. 4 TByte. Um diesen Wert bei gleichbleibenden geometrischen Abmessungen weiter signifikant zu steigern, verfolgen die Hersteller – neben dem Einsatz verbesserter magnetischer Materialien und der Verwendung von 4k-Sektorgrößen (Kap. 2.6) – u. a. folgende Ansätze:

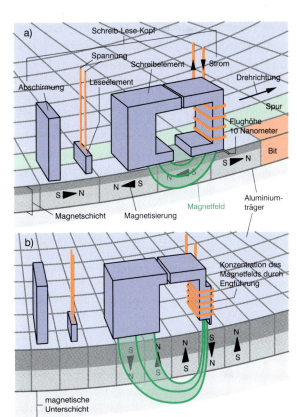

Heliumfüllung (helium filled)

Im Inneren eines Festplattengehäuses befindet sich üblicherweise Luft. Die Plattenrotation verursacht Strömungseffekte, wodurch sich einerseits das Luftkissen bildet, auf dem der Schreib-/Lesekopf über der Plattenoberfläche schwebt. Andererseits führen die Luftströmungen aber auch zu einem erhöhten mechanischen Widerstand bei der Drehbewegung und zu unerwünschten Plattenvibrationen. Die Platten müssen daher eine bestimmte Dicke aufweisen, um stabil zu rotieren.

Bild 1.107: Grundprinzipien magnetischer Aufzeichnung
a) Frühere, waagerechte Anordnung magnetischer Bereiche
b) Aktuelle, senkrechte Anordnung magnetischer Bereiche
   (Perpendicular Recording)

Die unerwünschten Strömungseinflüsse lassen sich reduzieren, indem man die Luft durch ein Gas mit einer geringeren Dichte ersetzt, z. B. Helium. Dadurch können die Magnetscheiben dünner ausfallen, ohne zu vibrieren, und es entsteht Platz für eine höhere Anzahl von Platten, wodurch größere Speicherkapazitäten möglich werden.

Damit das Helium während des Betriebs nicht entweicht, muss das Festplattengehäuse allerdings luftdicht versiegelt sein. Mit Helium gefüllte Festplatten ermöglichen derzeit Speicherkapazitäten bis zu 15 TByte. Diese sind aber vergleichsweise teuer.

HAMR (Heat-Assisted Magnetic Recording)

Mittels HAMR lässt sich die erforderliche Magnetisierungsfeldstärke durch kurzzeitige Erhitzung des beim Schreibvorgang zu magnetisierenden Bereichs reduzieren. Durch die geringere Magnetfeldstärke werden benachbarte Bereiche dann nicht mehr beeinflusst und können somit enger zusammengelegt werden. Mit dieser Technik will man die Speicherkapazität von 3,5-Zoll-Platten langfristig bis auf 40 TByte erhöhen (2,5-Zoll-Platten bis 20 TByte). Die gezielte Erhitzung einzelner Bereiche erfolgt bei HAMR mit einem Laser, der in den Schreib-/Lesekopf integriert ist. Das Verfahren lässt sich nur bei PMR-Festplatten mit speziell beschichteten, magnetisierbaren Oberflächen anwenden.

MAMR (Microwave-Assisted Magnetic Recording)

Um die Speicherdichte auf einer Festplatte zu erhöhen, verwendet MAMR bei der Magnetisierung gleichzeitig ein elektromagnetisches Mikrowellenfeld im Bereich von 20–40 GHz. Durch diese Hilfsenergie lässt sich die zur Magnetisierung aufzubringende magnetische Feldstärke ebenfalls reduzieren, so dass deutlich kleinere Schreibköpfe und schmalere Datenspuren möglich werden. Im Gegensatz zur HAMR-Technik kann dieses Verfahren auch bei herkömmlichen PMR-Festplatten verwendet werden und wird herstellerabhängig auch als **F**lux **C**ontrol-MAMR (**FC**-MAMR) bezeichnet. Eine alternative Entwicklung mit der Bezeichnung **MAS**-MAMR (**M**icrowave **A**ssisted **S**witching-MAMR) benötigt hingegen ein speziell angepasstes magnetisches Speichermedium.

SMR (Shingled Magnetic Recording)

Die magnetische Oberfläche von Festplatten wird bekanntlich in Spuren unterteilt, die konzentrisch zueinander angeordnet sind (Kap. 2.6.1). Der Schreib-/Lesekopf speichert bzw. liest die Daten auf diesen Spuren. Technisch bedingt ist der Schreibkopf als „aktiver Magnetisierer" wesentlich breiter als der Lesekopf, der lediglich als passiver Sensor arbeitet. Die erzeugten Spuren sind daher so breit wie der Schreibkopf der Festplatte, der Lesekopf liest davon aber nur einen wesentlich schmaleren Teil. Ein Sicherheitsabstand *(guard space)* zwischen den Spuren stellt zudem sicher, dass beim Schreiben keine Daten auf Nachbarspuren überschrieben werden (z. B. in Bild 1.108 a) auf Spur 2.

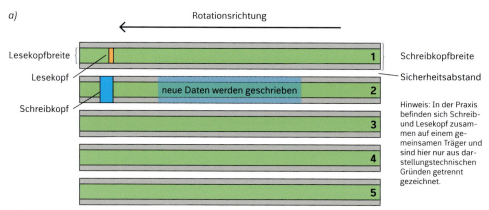

Herkömmliche PMR-Festplatte mit nebeneinanderliegenden Spuren und Sicherheitsabstand (Grundprinzip)

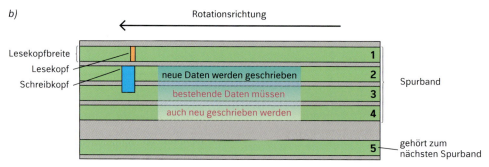

SMR-Festplatte mit überlappenden Spuren in einem Spurband (Grundprinzip)

Bild 1.108: Spurlagen bei a) PMR-Festplatte und b) SMR-Festplatte

Das SMR-Verfahren basiert darauf, auf diesen Sicherheitsabstand zu verzichten und benachbarte Spuren so weit überlappend anzuordnen (*Shingle*: Dachziegel), dass sie nur der Breite des Lesekopfes entsprechen. Werden in einer Spur Daten neu geschrieben (z.B. in Bild 1.108 b) auf Spur 2, so überstreicht der Schreibkopf hierbei zwangsläufig die Nachbarspur 3 und überschreibt die darin enthaltenen Informationen. Die entsprechenden Daten aus Spur 3 müssen also *vor* dem Beschreiben von Spur 2 zwischengespeichert werden, um sie *nach* dem Beschreiben von Spur 2 wiederherstellen zu können. Dieser Vorgang wiederholt sich dann zwangsläufig auch bei Spur 4 und ggf. bei weiteren nachfolgenden Spuren. Damit sich dieser Ablauf nicht bei jedem Schreibvorgang in irgendeiner Spur bis zum Ende der Festplatte fortsetzt, werden die Spuren in sog. **Bänder** angeordnet, zwischen denen ein hinreichend großer Spurabstand besteht, sodass sich keine Überlappung mehr ergibt (in Bild 1.108 b) zwischen der 4. und 5. Spur.

Zwar ergibt sich bei diesem Verfahren ein größerer Schreibaufwand bei jedem Speichervorgang, die Festplattenkapazität kann aber um bis zu 25 % steigen.

Im Zusammenhang mit großen Speicherkapazitäten spielt auch die Sicherheit der gespeicherten Daten eine wichtige Rolle. Der Einsatz von Laufwerks-Verschlüsselungssoftware (z.B. VeraCrypt, BitLocker, DiskCryptor) erhöht zwar die Sicherheit gegen unbefugten Datenzugriff, reduziert jedoch die Systemperformance, da jeder Zugriff zunächst einen Ver- bzw. Entschlüsselungsvorgang auslöst. Um einem Datenverlust durch Festplattenausfall vorzubeugen, werden RAID-Verfahren eingesetzt (Kap. 1.7.3).

Zugriffszeit (access time)

Die Zugriffszeit ist ein gängiges Maß für die Geschwindigkeit, mit der eine Festplatte arbeitet. Sie setzt sich aus den folgenden Faktoren zusammen:

- Reaktionszeit der Laufwerkselektronik, d.h. Zeit für die Bearbeitung der zur Positionierung erforderlichen UEFI-Systemroutinen (Controller-Overhead)
- Suchzeit, d.h. Zeitspanne, die für die Positionierung des Schreib-/Lesekopfes auf die gewünschte Spur erforderlich ist
- Latenzzeit, d.h. Zeit, die abgewartet werden muss, damit die gewünschten Daten auf der Spur unter dem Schreib-/Lesekopf erscheinen
- Zeit, die für das Lesen der gewünschten Daten erforderlich ist

Da die Suchzeit und die Latenzzeit maßgeblich von der Start- und Zielposition des Schreib-/Lesekopfes abhängen, wird in der Praxis stets ein Mittelwert angegeben (mittlere Zugriffszeit). Typische Werte liegen zwischen 4 ms und 20 ms.

Spurwechselzeit (track to track time)

Beim Lesen von stark fragmentierten Dateien muss überdurchschnittlich oft die Spurlage gewechselt werden. Hier ist die sog. Spurwechselzeit von Bedeutung, die angibt, wie viel Zeit für den Wechsel zwischen zwei benachbarten Spuren erforderlich ist (Größenordnung 3 ms bis 30 ms).

Datentransferrate (data transfer rate)

Die Datentransferrate (Bitrate) gibt Aufschluss über die für die Datenübertragung erforderliche Zeit. Sie wird in Megabit pro Sekunde (Mbit/s) oder Megabyte pro Sekunde (MByte/s) angegeben und hängt eng mit der Drehgeschwindigkeit der Platten zusammen. Bei Angabe der übertragenen Datenmenge werden die Angaben auch in Mebibit pro Sekunde (Mibit/s) oder Mebibyte pro Sekunde gemacht (MiByte/s; Binärpräfixe siehe Kap. 6.1.5.1). Begrenzt wird die Bitrate von der verwendeten Schnittstelle und deren Spezifikation (Kap. 1.7). Allerdings werden die theoretisch möglichen maximalen Bitraten einer Schnittstelle von Magnetfestplatten in der Praxis nicht erreicht. Bei „langsamen" Festplatten liegt dieser Wert bei ca. 50 MByte/s, bei „schnellen" Platten ergeben sich Werte bis zu 300 MByte/s. Die erreichbaren Werte hängen auch davon ab, ob die Festplatte über einen zusätzlichen schnellen Cache-Speicher verfügt (z. B. 256 MiByte), in dem die übertragenen Daten vor der magnetischen Speicherung zunächst elektronisch zwischengespeichert werden können.

1.8.1.3 Handhabung von Festplatten

Im Umgang mit Festplatten sind grundsätzlich folgende Dinge zu beachten:

1. Da die Speicherung der Daten magnetisch erfolgt, können diese Daten durch die Einwirkung eines magnetischen Feldes unbrauchbar werden. Zwar sind die Platten selbst durch das Gehäuse gegenüber äußeren magnetischen Einflüssen geschützt, dennoch sollte man Festplatten nicht dauerhaft starken magnetischen Feldern aussetzen.

2. Die magnetisierbaren Platten rotieren innerhalb des Gehäuses mit einer hohen Drehzahl. Die Lagerung dieser Platten wird also mechanisch stark beansprucht und unterliegt einem natürlichen Verschleiß. Um diesen Verschleiß so gering wie möglich zu halten, ist die vom Hersteller vorgegebene Einbaulage zu beachten.

3. Das wiederholte „Hochfahren" und „Herunterfahren" von Festplatten erhöht sowohl den mechanischen Verschleiß der Lager als auch den der Schreib-/Leseköpfe, da diese dann jeweils in der dafür vorgesehenen Zone „landen" (siehe oben). Insofern sollte der mittels Power-Management mögliche Stand-By-Modus, bei dem das Laufwerk nach einer voreingestellten Zeit ohne Befehlseingabe abgeschaltet wird, nicht zu kurz gewählt werden.

4. Platten und Lager reagieren empfindlich auf mechanische Einflüsse. Aus diesem Grund sollten Erschütterungen während des Betriebes möglichst vermieden werden.

1.8.2 Solid State Laufwerk

> Ein **Solid State Laufwerk** (**SSD: S**olid **S**tate Drive oder **S**olid **S**tate **D**evice) ist ein elektronisches nicht flüchtiges Speichermedium, das ausschließlich aus Halbleiter-Speicherchips aufgebaut ist. Es kann wie ein herkömmliches Laufwerk angesprochen werden.

Die Bezeichnung Laufwerk *(drive)* ist insofern irreführend, als es ohne rotierende Scheibe oder sonstige bewegliche Mechanik arbeitet. Dadurch ist es absolut unempfindlich gegenüber mechanischen Stößen (hohe Schocktoleranz) und besonders geeignet für den Einsatz in portablen Geräten. SSDs lassen sich – unter anderem abhängig von ihrer Bauform – an unterschiedliche Schnittstellen anschließen. So gibt es beispielsweise

- die SSD im klassischen 2,5-Zoll-Gehäuse für den Einbau in einen PC an eine SATA-, PCIe- oder U.2-Schnittstelle (zusätzlich oder anstelle einer Magnetfestplatte);

- die SSD auf einer M.2-Platine (M.2-Formfaktor, Kap. 1.7.5) für den Anschluss an die gleichnamige Schnittstelle.

Da ein SSD im Gegensatz zur Festplatte nicht erst mechanisch einen Schreib-/Lesekopf zu den Daten fahren muss, sondern nur einzelne Leitungen aktiviert, kann es auch wesentlich schneller auf Daten zugreifen (Lesezugriff). Allerdings erfolgen Schreibzugriffe langsamer als Lesezugriffe, da die derzeit verwendeten Flash-Speicher in der Regel vorher einen zusätzlichen Löschvorgang erfordern, der stets blockweise durchgeführt wird (Ausnahme: 3D XPoint-Speicher, Kap. 1.5.1.2ff.). Um diesen Vorgang zu beschleunigen, verfügen SSDs meist über einen integrierten DRAM-Pufferspeicher (DRAM-Cache: bis zu 512 MiByte). In diesem Cache werden Schreibzugriffe entgegengenommen, in einer Warteschlange sortiert (**NCQ**: Native Command Queuing) und anschließend intelligent auf die einzelnen Blöcke verteilt.

a)    b)

Bild 1.109: Beispiele für Solid Stade Devices: a) 2,5-Zoll-Gehäuse, b) M.2-Format

Parameter	SSD	Festplatte
Schock	> 1000 g	bis zu 200 g
Vibration	bis zu 20 g	bis zu 1 g
Temperatur	− 40 °C bis + 85 °C	+ 5 °C bis + 55 °C
MTBF in Std.	bis zu 4 Millionen	bis zu 1 Million

Erdbeschleunigung:
$1\ g = 9{,}81\ \mathrm{m/s^2}$

Bild 1.110: Vergleich der Eigenschaften von SSD und Festplatte

Solid State Drives verwenden bis auf wenige Ausnahmen NAND-Flash-Speicherchips, dabei kommen MLC-NAND zum Einsatz (Kap. 1.5.1.2). Um bei einer SSD einen MTBF-Wert (Kap. 1.8) von über 1000000 zu erreichen, sorgt der eingebaute Controller mit einer ausgeklügelten Logik dafür, dass Schreibzugriffe gleichmäßig verteilt über das gesamte Laufwerk erfolgen (**Wear-Leveling**).

Durch das implementierte **D**evice **I**nitiated **P**ower **M**anagement (**DIPM**) ist ein SSD zudem in der Lage, in Zeiten fehlender Zugriffe die Schnittstellenelektronik abzuschalten und so ihren Energieverbrauch drastisch zu reduzieren (< 1 W). Wegen ihres niedrigen Energieverbrauchs werden SSDs gerne als Alternative zu herkömmlichen Festplatten eingesetzt, z.B. in Subnotebooks und Nettops. Allerdings sind ihre derzeit erhältlichen Speicherkapazitäten gegenüber denen von Festplatten in der gleichen Größe teurer. Gängige Größen liegen derzeit im Consumerbereich zwischen 128 GByte und 4 TByte, im industriellen Bereich auch höher (Hinweis: Die Hersteller verwenden zur Kapazitätsangabe meist Dezimalpräfixe; Kap. 6.1.5.1). SSDs arbeiten in der Regel mit 5 V Betriebsspannung.

Gegenüber der SATA-Anschlusstechnik lässt sich die Übertragungsrate von SSDs bei Verwendung eines M.2-Slots (Kap. 1.7.5) deutlich erhöhen. Eine weitere Steigerung ergibt sich durch die Verwendung des NVMe-Protokolls (**NVMe**: **N**on-**V**olatile **M**emory **e**xpress), einer auf PCIe-basierenden Spezifikation, die inzwischen AHCI (Kap. 1.8.1.2) zunehmend

1

ablöst und kürzere Latenzzeiten ermöglicht. Hiermit lassen sich beim sequenziellen Lesen theoretisch bis zu 8 GByte/s (PCIe 4.0 × 4; Kap. 1.7.4) übertragen (in der Praxis derzeit bis zu 6 GByte/s, z. B. Acer Predator GM 7000). SSDs im 2,5-Zoll-Format mit alternativen Anschlüssen (z. B. dem bislang vornehmlich bei Servern eingesetzten **U.2-Anschluss**, ehemalige Bezeichnung: **SFF 8639**), können per Adapter auch an einer M.2-Fassung betrieben werden. Ebenfalls für den Serverbereich bietet

SATA   mSATA

M.2   U.2

Bild 1.111: Vergleich der SSD-Anschlussvarianten

Intel seit 2018 unter der Marketingbezeichnung **Ruler** („Lineal") ein neues Format für Optane-SSDs mit Speicherkapazitäten (zunächst) bis zu 32 TBytes an, die bis zu 8 PCIe-3.0-Lanes unterstützen und auch zu den Folgestandards PCIe 4.0 und PCIe 5.0 kompatibel sind (SFF-TA-1002-Anschlussstecker).

Ein Solid State Drive lässt sich auch mit einem herkömmlichen Festplattenlaufwerk kombinieren. Hierbei übernimmt das SSD (mit DRAM-Cache) die schnelle Zwischenspeicherung vor der abschließenden Speicherung auf der Festplatte.

> Die Kombination eines Solid State Drives mit einer herkömmlichen Festplatte in einem gemeinsamen Gehäuse wird als **Hybridlaufwerk** *(hybrid drive)* bezeichnet.

Auf dem Markt sind auch „Laufwerke" erhältlich, die in einem Gehäuse mehrere wechselbare SDHC-Flash-Speicherkarten über einen speziellen Controller-Chip zu einem RAID-0-Verbund (Kap. 1.7.3) zusammenfassen. Dadurch können sie im System als eine einzige große Flash-Disc angesprochen werden.

1.8.3   Optische Laufwerke

Die Bezeichnung optisches Laufwerk *(optical drive)* basiert auf dem optischen Verfahren, mit dem die Daten auf dem Speichermedium gelesen oder ggf. auch geschrieben werden. Als Speichermedien dienen dünne Scheiben aus Polykarbonat, einem Kunststoff, der preiswert herstellbar ist und der Licht mit einem bestimmten Brechungsindex ablenkt ($\eta = 1{,}55$; d. h., Licht wird in einem bestimmten Winkel gebrochen). In dieses Grundsubstrat werden beim Schreiben die binären Daten mittels verschiedener technischer Verfahren so eingebrannt, dass sich Bereiche mit unterschiedlichem Reflexionsverhalten ergeben. Die Oberfläche wird mit einer Lackschicht versiegelt.

In Abhängigkeit vom verwendeten Speichermedium unterscheidet man prinzipiell CD-Laufwerke, DVD-Laufwerke und BD-Laufwerke.

> **CD** steht für **C**ompact **D**isc und bezeichnet ein optisches Speichermedium für digitale Daten, welches ursprünglich nur für die Wiedergabe von Audiodaten entwickelt wurde. **DVD** ist die Abkürzung für **D**igital **V**ersatile **D**isc (vielseitige digitale Disc), wird oft aber auch als **D**igital **V**ideo **D**isc bezeichnet.

BD steht für Blu-Ray Disc und bezeichnet den technischen Nachfolger der DVD, der insbesondere die Speicherung von Videos/Filmen in höchster Qualität (HD- bzw. UHD-Qualität; HD: High Definition, UHD: Ultra High Definition) mit den dafür erforderlichen hohen Speicherkapazitäten ermöglicht.

Das Lesen der Daten erfolgt bei allen Laufwerksarten mit einem vom Prinzip her gleichartig aufgebauten optischen Abtastmechanismus, der im Wesentlichen aus einer intensiven Lichtquelle – z.B. einem Laser mit ca. 0,5 mW Leistung –, Fokussierlinsen und einer Fotodiode (lichtempfindliches Halbleiterbauelement) besteht.

Diese Anordnung befindet sich auf einem beweglichen Träger, der sich – angetrieben von einem kleinen Motor – während des Lesevorgangs radial von innen nach außen bewegt. Die binären Daten sind bei nicht wiederbeschreibbaren Datenträgern als kleine Vertiefungen (Pit) oder Erhöhungen (Land) in das Grundsubstrat (Polycarbonat) eingebrannt und mit einer lichtreflektierenden Aluminiumschicht (Alu) überzogen. Aufgrund der Rotation des Speichermediums werden diese Lands und Pits unter der Optik vorbeigezogen.

Der Lesevorgang erfolgt von unten durch das Grundsubstrat, die Oberseite ist meist mit einem kennzeichnenden Aufdruck versehen (Label; Bild 1.112). Das von den Lands und Pits unterschiedlich reflektierte Licht eines Lasers wandelt die Fotodiode zurück in elektrische Signale. Die Regenbogenfarben, die man manchmal beim Betrachten der Unterseite beobachtet, entstehen durch die Streuung des Lichts an den Pits. Bei den optischen Speichermedien ist wie bei Festplatten ein direkter wahlfreier Zugang auf die gespeicherten Daten möglich, da die Leseoptik frei positionierbar ist. Die Steuerung erfolgt durch die Elektronik des jeweiligen Laufwerks. Die Kunststoffscheibe rotiert lediglich, wenn ein Lesevorgang stattfinden soll. Der Zugriff wird durch eine LED an der Gehäusefront signalisiert.

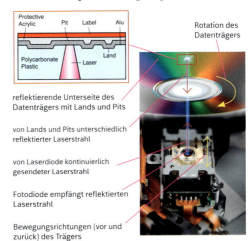

Bild 1.112: Prinzip des Abtastmechanismus bei einem optischen Laufwerk

Die Daten werden in der Regel in Form einer durchgehenden Spirale von innen nach außen aufgebracht. Diese Spirale ist in einzelne Sektoren unterteilt, die neben den Nutzdaten zusätzlich Paritätsbits zur Fehlerortbestimmung und zur Fehlerkorrektur enthalten. Mehrere Sektoren werden zu einer „Spur" (track) zusammengefasst. Bei den ersten optischen Datenträgern (Musik-CDs) war – und ist bis heute – die Datendichte (Anzahl der Pits und Lands pro Längeneinheit) am Innenrand genauso groß wie am Außenrand. Um beim Lesevorgang den Datendurchsatz konstant zu halten, ist die Umlaufgeschwindigkeit (d.h. die abgetastete Strecke pro Sekunde) in Abhängigkeit von der Position des Lesekopfes konstant zu halten. Technisch wird dies als „konstante Lineargeschwindigkeit" (engl.: Constant Linear Velocity, CLV) bezeichnet.

Das Lesen eines optischen Mediums erfolgt meist von innen nach außen. Hierbei wird beim klassischen CLV-Verfahren die Drehzahl kontinuierlich kleiner, um pro Zeiteinheit eine konstante Strecke abtasten zu können.

Anders verhält sich ein sog. **CAV**-Laufwerk (Constant **A**ngular **V**elocity, konstante Winkelgeschwindigkeit). Ein CAV-Laufwerk weist eine konstante Umdrehungsgeschwindigkeit auf, was dazu führt, dass die Datenübertragungsrate variiert und von innen nach außen größer wird.

Obwohl die Abtastung bei CDs, DVDs und BDs prinzipiell gleichartig verläuft, unterscheiden sich die auf den jeweiligen Datenträgern aufgebrachten Datenstrukturen in ihrer Größe erheblich voneinander. Um diese Strukturen lesen zu können, werden in den jeweiligen Laufwerken Laser mit unterschiedlicher Wellenlänge eingesetzt. Je kleiner die Wellenlänge, desto feinere Strukturen lassen sich erkennen. Hierdurch ergeben sich bei gleicher Größe des Datenträgers (Standarddurchmesser: 12 cm) auch unterschiedlich große Speicherkapazitäten.

Der technische Aufbau der Laufwerke ist ansonsten nahezu identisch. Sie werden meist in einem 5,25-Zoll-Einschub in das PC-Gehäuse eingebaut und an eine SATA-Schnittstelle angeschlossen. Die Stromversorgung erfolgt über ein separates Kabel (Kap. 1.10.1). Für den Einbau in Notebooks existieren spezielle Slim-Line-Gehäuse. Bei allen optischen Laufwerken des Consumerbereichs erfolgt das Einlegen des Speichermediums mittels einer Schublade, die von einem Motor geöffnet und geschlossen wird. Um Beschädigungen zu vermeiden, ist beim Einlegen des Mediums zu beachten, dass dieses korrekt in der dafür vorgesehenen Vertiefung liegt. Eine BD benötigt im Gegensatz zur CD/DVD einen kurzwelligen blauen Laser und kann daher nicht mit dem langwelligen roten Laser eines CD/DVD-Laufwerks gelesen werden. Erst die Kombination eines roten Lasers mit einem blauen Laser in einem sog. **Combo-Laufwerk** ermöglicht das Lesen von CD-/DVD- und BD-Speichermedien. Heutige Combo-Laufwerke unterstützen fast jedes CD-/DVD-/BD-Dateiformat und können Medien unterschiedlicher Technologien (Bild 1.114) lesen.

	CD	DVD	BD
	1,2 mm substrate	0,6 mm substrate	0,1 mm cover layer
Spurabstand			
Spurabstand	1,6 µm	0,74 µm	0,32 µm
Größe Land/Pit	0,83 µm	0,4 µm	0,15 µm
Wellenlänge des Lasers	780 nm (rot)	650 nm (rot)	405 nm (blau)
Speicherkapazität	650 MB–900 MB	4,7 GB–17 GB, siehe Kap. 1.8.3.1	25 GB–100 GB siehe Kap. 1.8.3.2
Dicke	1,2 mm	1,2 mm	1,2 mm
Gewicht ca.	20 g	20 g	20 g

Bild 1.113: Datenstrukturen im Vergleich (Hinweis: Die Hersteller geben die Speicherkapazitäten traditionell mit Dezimalpräfix an; Binärpräfixe siehe Kap. 6.1.5.1)

Ein optisches Laufwerk, das unterschiedliche CD-/DVD-/BD-Formate und CDs/DVDs/BDs verschiedener Technologien lesen kann, wird als **multireadfähig** bezeichnet.

Mit einer analog aufgebauten Vorrichtung, wie in Bild 1.112 dargestellt, lassen sich in einem CD-/DVD-/BD-Rekorder auch entsprechende Datenträger beschreiben. Hierbei sind jedoch in Abhängigkeit vom verwendeten Datenträger höhere Leistungen des Laserstrahls (6 mW–12 mW) sowie unterschiedliche Fokussierungen (Single Layer, Double Layer) erforderlich.

CD-/DVD-/BD-Rekorder werden auch als **CD-/DVD-/BD-Brenner** bezeichnet. Jeder CD-/DVD-/BD-Brenner kann auch als normales CD-/DVD-/BD-Laufwerk arbeiten.

1

Im Handel erhältliche Rekorder sind auch in der Lage, entsprechende Datenträger mit unterschiedlichen Spezifikationen **(Disc-Formate)** zu brennen. Sie werden daher als **multi-formatfähig** bezeichnet. Die heutigen Brenner-Generationen unterstützen auch mehrlagige Rohlinge (**DL**: Double-Layer-Technologie bzw. Dual-Layer-Technologie).

Bezeichnung	Merkmale
CD-DA	CD – **Digital Audio** Bezeichnet allgemein eine digitale Audio-CD; die maximale Wiedergabezeit beträgt ca. 70–80 min. Die Datenübertragungsrate (Bitrate) liegt maximal bei ca. 172 kByte/s.
CD-ROM **DVD-ROM** **BD-ROM**	CD/DVD/BD – **Read Only Memory** Bezeichnet allgemein einen optischen Datenträger, der nur gelesen, aber nicht beschrieben werden kann; kann sich auch auf das entsprechende Laufwerk beziehen. Bei Daten-CDs liegt die *einfache Datenübertragungsrate* mit ca. 150 kByte/s etwa in der Größenordnung einer Audio-CD. In einem CD-ROM-Laufwerk lassen sich die Daten aber auch wesentlich schneller auslesen. Die *technisch möglichen* maximalen Übertragungsraten werden hierbei dann als ganzzahlige Vielfache dieser einfachen Übertragungsrate angegeben (z. B. 52-fach: ca. 7 800 kByte/s; Schreibweise: 52 x). Bei DVD- und BD-ROM-Laufwerken liegen die Datenübertragungsraten deutlich höher (Kap. 1.8.3.1 und 1.8.3.2).
CD-R **CD+R** **DVD-R** **DVD-R DL** **DVD+R** **DVD+R DL** **BD-R** **BD-R DL** **BD-R XL**	CD/DVD/BD – **Recordable** Eine Form einer CD/DVD/BD, die mit einem entsprechenden Recorder *einmal* beschrieben werden kann. Durch die Laserbestrahlung in einem entsprechenden Recorder verändert sich im jeweiligen CD/DVD/BD-Medium die Lichtdurchlässigkeit einer zusätzlich eingebrachten organischen Schicht dauerhaft, durch die sich dann beim Lesen unterschiedliche Reflexionen ergeben. Der Schreibvorgang erfolgt bei den CD/DVD/BD-Medien jeweils mit unterschiedlichen Wellenlängen (Bild 1.113, siehe auch „Fachstufe IT-Systeme", Kap. 6). Längere Sonneneinstrahlung beeinflusst das Reflexionsverhalten der vorhandenen organischen Schicht, sodass das Medium unbrauchbar werden kann. Die Typen -R und +R unterscheiden sich hinsichtlich der Formatierung und sind daher jeweils zueinander nicht kompatibel (verschiedene Entwicklungskonsortien).

Bezeichnung	Merkmale
	Die **DL-Typen** (*double layer-types*) verwenden auf einer Seite *zwei* untereinander liegende Aufzeichnungsschichten und verdoppeln dadurch ihre jeweils mögliche Speicherkapazität (Bild 1.113, siehe auch Kap. 1.8.3.1 und 1.8.3.2). Die Blu-Ray **XL**-Typen verwenden insgesamt vier Aufzeichnungsschichten. Für die Aufzeichnung sind entsprechend geeignete Laufwerke (Brenner) erforderlich.
CD-RW **CD+RW** **DVD-RW** **DVD+RW** **DVD-RAM** **BD-RE** **BD-RE DL** **BD-RE XL**	CD/DVD – **ReWritable**; DVD – **Random Access Memory**; BD – **Recordable Erasable** Bezeichnet jeweils CD/DVD/BD-Speichermedien, die ein *mehrfaches* Löschen und Beschreiben ermöglichen. Hierbei wird das sogenannte **Phasenänderungs-Aufzeichnungs-Verfahren** (*phase-change recording*) angewendet, bei dem prinzipiell das Reflexionsvermögen einer speziellen Schicht mit mikroskopisch kleinen metallischen Kristallen mithilfe eines konzentrierten Laserstrahls verändert wird. Dieser Vorgang ist reversibel und kann mindestens 1 000-mal durchgeführt werden. Aufgrund dieses Aufzeichnungsverfahrens ist der Reflexionsgrad wesentlich geringer als bei den einmal beschreibbaren Medien. Die Typen −RW und +RW sind nicht kompatibel zueinander. Bei einer DVD-RAM liegen grundsätzlich andere Verzeichnisstrukturen und Formatierungen vor als bei den ±RW-Typen. Sie können von optischen Laufwerken im PC bearbeitet, dann aber vielfach nicht von herkömmlichen optischen Playern gelesen werden. Die DL-Typen verwenden zwei, die XL-Typen vier untereinander liegende Aufzeichnungsschichten. Für die Aufzeichnung sind entsprechend geeignete Laufwerke (Brenner) erforderlich.

Bild 1.114: Disc-Formate von optischen Speichermedien

Die Datentransferrate eines CD-/DVD-/BD-*Rekorders* liegt beim *Lesen* eines entsprechenden Mediums in der gleichen Größenordnung wie bei einem entsprechenden ROM-Laufwerk. Beim Brennvorgang (d. h. beim *Schreiben*) ist sie allerdings geringer und hängt auch vom verwendeten Medium ab. Aus diesem Grund werden bei CD-/DVD-/BD-Brennern stets die Werte für das Lesen (1. Wert), das Schreiben einer CD/DVD/BD-R (2. Wert) und das Schreiben einer CD/DVD-RW (bzw. BD-RE; 3. Wert) angegeben (Beispielwerte: 48x, 16x, 8x).

In vielen Anwendungsbereichen wurden diese Speichermedien inzwischen von Flash-Speichern (Kap. 1.5.1.1) verdrängt.

Damit ein Multi-Format-Rekorder die Brenn- und Abspielparameter richtig einstellen kann, muss er das eingelegte Medium eindeutig erkennen können. Aus diesem Grund ist jeder CD-/DVD-/BD-Rohling mit den sog. **ADIP-Informationen** (**A**ddress **I**n **P**regroove) versehen, denen das Laufwerk u.a. diese Informationen entnehmen kann. Kann ein Rekorder diese in einem inneren Kreisring aufgebrachten Informationen nicht erkennen, ist ein Brennen des Rohlings in der Regel nicht möglich.

Die Leistungsfähigkeit eines CD-/DVD-/BD-Rekorders wird jedoch nicht nur von der Hardware, sondern auch von der verwendeten Software maßgeblich beeinflusst. Folgende Dinge sollten beachtet werden:

Schreibgeschwindigkeit

Je höher die Schreibgeschwindigkeit, desto schneller verläuft der Aufzeichnungsprozess, desto größer wird jedoch auch die Wahrscheinlichkeit von Fehlern. Die Schreibgeschwindigkeit sollte individuell eingestellt werden können. Während des Schreibvorgangs werden die Daten zunächst zwischengespeichert (gepuffert). Ist dieser Pufferspeicher leer (**Buffer-Underrun**), wird der Schreibvorgang unterbrochen, bis wieder genügend Daten im Puffer sind. Dann wird der Vorgang an der gleichen Stelle fortgesetzt. Bei höheren Brenngeschwindigkeiten steigt die Gefahr von Schreibfehlern.

Schreibmethode
Beim Kopiervorgang wird ein optischer Datenträger üblicherweise in einem einzigen Vorgang beschrieben (**Singlesession**). Ist dieser Vorgang abgeschlossen, d.h. wurde ein Lead-In- und ein Lead-Out-Bereich auf den Datenträger geschrieben, ist ein weiteres Beschreiben nicht möglich, auch wenn noch nicht die gesamte Speicherkapazität ausgenutzt wurde.

1

> Der **Lead-In-Bereich** ist der Startbereich eines optischen Datenträgers, in dem u.a. das Inhaltsverzeichnis (**TOC: Table Of Contents**) geschrieben wird.
> Der **Lead-Out-Bereich** signalisiert dem Laufwerk das Ende des Datenträgers.
> Das Beschreiben eines optischen Datenträgers in einer einzigen Session wird auch als **Disc At Once** (DAO) bezeichnet.

Eine andere Schreibmethode wird als **Multisession** bezeichnet. Solange die Speicherkapazität des Datenträgers ausreicht, besteht die Möglichkeit des mehrfachen Startens des Schreibvorgangs und damit des Anhängens von Daten in verschiedenen Sitzungen. Hierbei wird jeweils ein eigenes Lead-In/Lead-Out geschrieben, allerdings werden diese miteinander verbunden, sodass der Eindruck eines einzigen großen Verzeichnisses entsteht. Aufgrund der hohen Speicherkapazität bei einer DVD/BD erfolgt das Beschreiben in der Regel im Multisession-Verfahren.

Wie alle Datenträger legen auch bei optischen Datenträgern vorgegebene logische Strukturen fest, wie Dateien und Verzeichnisse organisiert und den vorhandenen physikalischen Sektoren zuzuordnen sind. Dieses Dateisystem ist in der **ISO 9660** spezifiziert und wurde mehrfach ergänzt und erweitert (z.B. **Joliet**: max. 64 Zeichen pro Dateiname, 8 Verzeichnisebenen; **RockRidge**: Unix-Spezifikationen, unter Windows nicht lesbar; **hfs**: Macintosh-Spezifikationen).

Der Wunsch nach einem einheitlichen, für alle Plattformen lesbaren Dateisystem führte zur Entwicklung von **UDF** (Universal Disc Format; Kap. 2.7). Dieses Dateisystem kann nicht nur bei CDs, sondern auch bei DVDs verwendet werden.

1.8.3.1 DVD-Technologien

Neben der Verkleinerung der Datenstrukturen (Bild 1.113) wird bei einer DVD die Vergrößerung der Speicherkapazität gegenüber der CD auch durch den Einsatz folgender technischer Verfahren bewirkt:

- Verbesserung des Fehlerkorrekturverfahrens

- Einsatz von Kompressionsverfahren (Verfahren zur Reduzierung des Datenvolumens, ohne dass Nutzinformationen verloren gehen)

- Laserabtastung bei kürzeren Wellenlängen

- Datenaufzeichnung auf zwei untereinanderliegenden Informationsschichten (Layer), die durch eine lichtdurchlässige, 40 µm dicke Schicht voneinander getrennt sind (einseitige doppellagige DVD; Bezeichnung z.B. DVD-R DL oder DVD+R DL)

- Datenaufzeichnung auf beiden Seiten der DVD (zweiseitige doppellagige DVD)

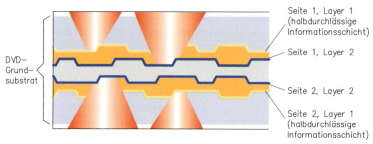

Bild 1.115: Prinzipieller Aufbau einer zweiseitigen doppellagigen DVD

In Bild 1.115 sind zur Verdeutlichung des Abtastmechanismus vier Laserstrahlen dargestellt, in der Praxis erfolgt die Abtastung nur mit einem einzigen Laserstrahl von einer Seite, sodass die DVD zur Wiedergabe der Informationen von Seite 2 im Abspielgerät gewendet werden muss. Zweiseitig bespielte DVDs können somit nicht mit einem Label versehen werden.

Während der Verlauf der ersten Spur (Layer 1) auf jeder Seite spiralförmig von innen nach außen führt, existieren für die zweite Spur (Layer 2) zwei Alternativen:

PTP (Parallel Track Path)

Die zweite Spur verläuft parallel zur ersten, sodass während des Lesevorgangs ein Springen zwischen den Spuren möglich ist (z.B. zur Wahl verschiedener Kameraperspektiven).

OTP (Opposite Track Path)

Die zweite Spur fängt dort an, wo die erste aufhört, d.h., sie wird von außen nach innen gelesen. Lange Filme können auf diese Weise ohne Unterbrechung abgespielt werden, da der Laser nicht erst zur Mitte zurückfahren muss.

Wie bei CDs wird auch bei DVDs die Datentransferrate als Vielfaches eines Bezugswertes (Standardwert; Schreibweise: 1x) angegeben (vgl. Bild 1.114). Dieser Standardwert beträgt bei DVDs ca. 1,4 MByte/s (Wert gerundet; Datendurchsatz einer standardkonformen Video-DVD). Aktuelle DVD-Player ermöglichen Übertragungsgeschwindigkeiten bis 24x (Lesen; beim Schreiben ca. 16x, auch abhängig vom Medium).

Gerätecode	Bereich
Code 0	ohne Einschränkung
Code 1	USA, Kanada
Code 2	Europa, Japan, Südafrika, mittlerer Osten, Ägypten
Code 3	Hongkong, Südostasien, Ostasien
Code 4	Mittel- u. Südamerika, Australien, Neuseeland, Pazif. Inseln
Code 5	Indien, Afrika, Nord-Korea, Mongolei, GUS-Staaten
Code 6	China

Bild 1.116: DVD-Regionalcodes

Eine DVD ist mit ihren typisch hohen Datenvolumen sowohl zur Speicherung von Computerdaten als auch von Audio- und Videodaten geeignet (z.B. Kinofilme). Da sich die Daten aufgrund der digitalen Speicherung schnell und vor allem verlustfrei vervielfältigen lassen, verwendet die Industrie verschiedene Verfahren, um eine unerwünschte Verbreitung einzuschränken:

- Durch die Verwendung sog. **Regionalcodes** sind DVD-Videos nicht beliebig austausch-bar, sondern nur in einem DVD-Player abspielbar, dessen Code mit dem auf der DVD übereinstimmt.

- Durch die Verwendung von **Kopierschutzverfahren** werden DVDs so codiert, dass kei-ne oder nur eine begrenzte Anzahl von Kopien möglich ist.

Des Weiteren versucht man, mit einem sog. **Wasserzeichen** zu arbeiten. Hierunter ver-steht man auf Wiedergabegeräten nicht sichtbare Zusatzinformationen, die aber von Aufnahmegeräten erkannt werden und eine Aufnahme oder Kopie verhindern sollen.

Verfahren	Beschreibung
CGMS	**Copy Generation Management System** Informationen auf der DVD, welche Teile wie oft kopiert werden dürfen; diese Informationen werden dem analogen und dem digitalen Signal beigemischt.
AACS	**Advanced Access Content System** Bei HD-DVD- und Blu-Ray-Geräten eingesetztes Verfahren, mit dem der Anbieter – insbesondere die Filmindustrie – nicht nur Kopien verbieten, sondern teilweise auch die Abspielmodalitäten kontrollieren kann. Mittels eines speziellen Rechtesystems (DRM: Digital Rights Management) soll bestimmt werden können, auf welchen Geräten das Abspielen möglich ist und nach welcher Zeit oder nach wie vielen Abspielvorgän-gen eine Wiedergabe verweigert wird. BD+ verwendet hierzu eine kleine virtuelle Maschine (BDSVM: Blu-Ray Disc Secure Virtual Machine), die in Blu-Ray-Geräten implementiert ist und auf dem **SPDC**-Konzept (**S**elf-**P**rotecting **D**igital **C**ontent) basiert. Die VM erkennt unerlaubte Veränderungen an der Hardware oder der Software eines Players. Jeder lizenzierte Player muss hierzu einen Erkennungsschlüssel bereitstellen, der darüber hinaus in bestimmten zeitlichen Abständen zu erneuern ist (aktive Internetanbindung erforderlich) . Nur nach Erkennung und Verifizierung eines legalen Schlüssels lassen sich vorhandene Dateien entschlüsseln.
HDCP	**High-Bandwidth Digital Content Protection** Von Intel entwickeltes Verschlüsselungssystem für HDMI und DVI zur geschützten Übertragung von Audio- und Videodaten, das auch bei HDTV und Blu-Ray-DVD zum Einsatz kommt. Die Verschlüsselung basiert auf einem kryptografischen Verfahren, bei dem über einen 56 bit langen Schlüssel die Authentizität des Verbindungspart-ners in einer Wiedergabekette (z.B. DVD-Laufwerk, TFT-Bildschirm, Audio-Verstär-ker) überprüft wird. Jeder Hersteller beteiligter Geräte muss diese bei der Digital Protection LLC zertifizieren lassen, um eine ID zu erhalten, damit eine Übertra-gung/Wiedergabe in HD-Qualität überhaupt möglich ist. Diese ID ist die Basis einer bei jeder Verbindung neu verschlüsselten Übertragung. Eine Übertragung/Wiedergabe von Inhalten ist nicht bzw. nur eingeschränkt möglich, wenn eines der beteiligten Geräte HDCP nicht unterstützt. HDCP-verschlüsselte Informationen lassen sich, wenn überhaupt, nur in SDTV-Qualität (**S**tandard **D**efinition TV, z.B. 720 × 576 Pixel) aufzeichnen. Die Wiedergabe von 4K-Inhalten ist nur auf Geräten möglich, die mindestens HDCP 2.2 unterstützen. HDCP 2.2 erfordert entsprechende Decoder-Chips und ist nicht kompatibel mit 1.x-Vorgängerversionen.

Bild 1.117: DVD-Kopierschutzverfahren (Beispiele)

Bei den DVD-Brennern ist zwischen der standardmäßigen **Single-Layer**- und der moder-nen **Double-Layer-Technik** (z.B. DVD+R DL) zu unterscheiden. Die beiden Aufnahmeschichten einer DVD+R DL bestehen aus organischen Farbstoffen, in die mit einem Laser unterschiedlich lange Markierungen eingebrannt werden. Hinter dem unteren Layer 1 befindet sich eine halbtransparente Reflexionsschicht, die 50 % des Laserlichts durchlässt, sodass auch die darunterliegende 2. Schicht (Layer 2) bei anderer Fokussierung des Lasers beschrieben werden kann. Der Brennvorgang startet zunächst im Innenbereich der unteren Schicht. Am Außenrand wechselt er auf den zweiten Layer und endet dann wieder am Innenring. Beim Brennen einiger DVD-Formate ist zu beachten, dass sie finalisiert werden müssen, bevor sie auf einem anderen Gerät als dem Aufnahmesystem abgespielt werden können (z. B. DVD-R; gilt aber nicht für DVD+RW).

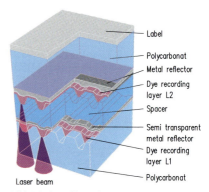

Bild 1.118: Aufbau einer Double-Layer-DVD

> **Finalisieren** *(finalization)* bedeutet, dass ein optischer Datenträger mit Zusatzinformationen (z. B. Dateisystem, Menü, Inhaltsverzeichnis usw.) beschrieben wird, die ein Lesen in anderen Geräten erst ermöglicht.

Nach dem Finalisieren kann ein Datenträger nicht mehr weiter beschrieben werden, auch wenn theoretisch noch Speicherplatz vorhanden wäre.

1.8.3.2 Blu-Ray-Technologien

Bei prinzipiell gleichem Aufbau und gleicher Funktionalität wie ein DVD-Laufwerk verwendet ein **Blu-Ray-Laufwerk** einen blauen Laser mit einer Wellenlänge von 405 nm und ein Objektiv mit einer kleineren Blendenöffnung. Beides bewirkt eine kleinere Fokussierung des Laserstrahls. Damit kann ein Blu-Ray-Laufwerk wesentlich kleinere Strukturen erkennen und wesentlich größere Datenmengen speichern als ein normales DVD-Laufwerk (Bild 1.113). Dies führt zu einer Aufnahmekapazität von ca. 25 GByte pro Layer sowie zu einer Datentransferrate (Bitrate) in der Größenordnung von 4,5 MByte/s (Standardwert; Schreibweise: 1x; Datenrate eines Blu-Ray-Filmabspielgerätes, HD-Qualität, 8-kanaliger Ton). Aktuelle BD-Laufwerke für PCs liefern Übertragungsraten bis zu 16x (Lesen, auch abhängig vom Medium).

Im Gegensatz zur DVD, bei der sich die Aufnahmeschicht zwischen zwei jeweils 0,6 mm dicken Kunststoffscheiben befindet, ist die Aufnahmeschicht der Blu-Ray-Disc auf ein 1,1 mm dickes Substrat aufgebracht und wird lediglich von einer 0,1 mm dicken Deckschicht gegen Kratzer geschützt. Da der Laserstrahl hierbei einen kürzeren Weg durch die Schutzschicht

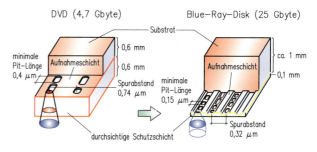

Bild 1.119: Unterschied zwischen DVD- und Blu-Ray-Disc

hat, verringert sich die Wahrscheinlichkeit optischer Fehler (Streuungs- oder Brechungseffekte), die den Strahlengang des Lasers stören könnten.

Durch den Einsatz sog. Pick-up-Heads, die mit einem blauen (405 nm), einem roten (650 nm) und einem infraroten (780 nm) Laser ausgestattet sind, können Blu-Ray-Laufwerke auch CDs und DVDs auslesen, sodass die Abwärtskompatibilität gegeben ist. Verfügbar sind auch die wiederbeschreibbaren Discs BD-R und BD-RW. Die wiederbeschreibbare BD-RW arbeitet mit der von der CD-RW bekannten Phase-Change-Technik (Kap. 1.8.4). Kombi-Brenner für alle drei Formate sind in gleicher Weise mit drei Laserdioden entsprechender Leistung aufgebaut. Eine Blu-Ray-Disc ermöglicht die Speicherung eines Films in HD-Qualität (1 920 × 1 080 Bildpunkte, im Gegensatz zu den bei DVD üblichen 720 × 576 Bildpunkten).

BD-3D ist eine Erweiterung der Blu-Ray-Spezifikation für die Wiedergabe von 3D-Darstellungen. Diese verwendet MPEG-4 MVC (**M**oving **P**ictures **E**xperts **G**roup – **M**ultiview **V**ideo Coding) und lässt sich nur mit stereoskopischen Displays wiedergeben, die über einen HDMI-Anschluss ab Version 1.4 verfügen (ansonsten erfolgt die Wiedergabe in 2D). Die **Ultra HD Blu-Ray**-Spezifikation (**UHD Blu-Ray**) definiert den Nachfolgestandard mit einer höheren Auflösung und einer größeren Speicherkapazität (UHD-Auflösung 3 840 × 2 160, **HFR**: **H**igh **F**rame **R**ate, Audio-Format Dolby Atmos, Speicherkapazität bis 66 GByte auf 2 Layern, bis 100 GByte auf 3 Layern). Hierbei kommt der H.265/HEVC-Komprimierungsstandard (**H**igh **E**fficiency **V**ideo **C**oding) zum Einsatz, zur Wiedergabe ist mindestens ein DispayPort-1.3- oder ein HDMI-2.0-Anschluss erforderlich, der auch den Kopierschutz HDCP 2.2 unterstützt.

Genau wie bei der DVD ist bei der Blu-Ray-Disc ein Regionalcode vorgegeben, um eine unerwünschte Verbreitung zu verhindern. Die regionale Zuordnung ist hierbei aber anders als bei der DVD (Bild 1.120). Im Gegensatz zur DVD wird der Regionalcode nur von der Abspielsoftware und nicht vom Betriebssystem geprüft. Als Kopierschutzverfahren wird derzeit **AACS** (Bild 1.117) verwendet. Beim Standard **BD+** kommt

Code	Bereich
A	Hongkong, Japan, Korea, Südamerika, Südostasien, Taiwan, USA
B	Afrika, Australien, Europa
C	China, Indien, Nepal, Russland, Südasien, Zentralasien

Bild 1.120: BD-Regionalcodes

eine Online-Autorisierung zur Entschlüsselung der Informationen hinzu. Die Abspielsoftware läuft hierbei in einer virtuellen Maschine (Kap. 2.3.1). Sie überwacht das unmanipulierte Abspielen und kann bei Manipulation unterbrechen oder den Abspielvorgang nur für einen bestimmten Zeitraum zulassen. Als weiterer Schutz vor unautorisierter, wiederholter Nutzung kann darüber hinaus bei BD+ eine Blu-Ray-Disc Anweisungen enthalten, während des Abspielvorgangs bestimmte Daten online abzurufen, ohne die eine Wiedergabe nicht möglich ist.

1.8.4 Lebensdauer von Speichermedien

Wie alle Produkte unterliegen auch Trägermaterialien digitaler Speichermedien natürlichen Alterungsprozessen. Im Gegensatz zum Papier, auf dem jahrhundertelang Daten gesammelt und archiviert wurden, kann man den elektronischen Datenträgern diesen Alterungsprozess jedoch nicht ansehen. Hierin liegt die Gefahr von Datenverlusten verborgen, die entstehen, wenn man nicht rechtzeitig eine Kopie anfertigt.

Die Langzeithaltbarkeit *(long-term durabiltiy)* von Datenträgern hängt von verschiedenen Faktoren ab:

- Fertigungsqualität *(production quality, manufacturing quality)*
- Chemische und mechanische Stabilität der Datenschicht
- Mechanische Stabilität und Verschleiß des Datenträger-Grundmaterials
- Verschmutzung *(pollution, contamination)*
- Handhabung *(handling)*

Bei magnetischen Datenträgern ist insbesondere die **Remanenz** (der gewünschte verbleibende Restmagnetismus; siehe auch Kap. 6.3.6) eine wichtige Eigenschaft der Aufzeichnungsschicht. Röntgenstrahlen und Durchleuchtungen auf Flughäfen üben keinen Einfluss auf diese Kenngröße aus. Sie wird allerdings bei Lagertemperaturen oberhalb 20 °C negativ beeinflusst. Ebenso beeinflussen chemische Vorgänge wie etwa Korrosion und Hydrolyse die Speichereigenschaften.

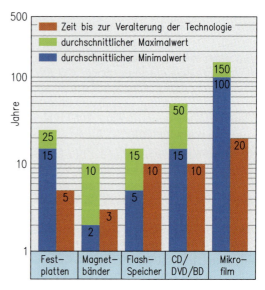

Bild 1.121: Vergleich der Lebensdauer verschiedener Speichermedien

Im Vergleich zum Mikrofilm haben alle anderen Speichermedien eine kurze Lebensdauer.

Ein weiteres Problem stellt die Veralterung von verwendeten Technologien dar. Standards von heute sind das Opfer des technischen Fortschritts von morgen und werden durch neue Entwicklungen ersetzt (z. B. 5,25-Zoll-Diskettenlaufwerke).

AUFGABEN

1. Auf welchem Grundprinzip basiert die Speicherung von Daten auf einer Festplatte? Welcher Unterschied bezüglich der Speicherung besteht zu einem SSD?

2. Eine Kundin interessiert sich für den technischen Vorgang des Schreibens und Lesens auf einer Festplatte. Erläutern Sie ihr die Prozesse mithilfe elektrotechnischer Grundgesetze. (Lösungshinweis: Verwenden Sie Informationen aus Kap. 6.3.6 oder aus dem Internet.)

3. Was versteht man unter dem sog. Headcrash und welche Folgen können hierdurch entstehen?

4. Mit welchen Drehzahlen rotieren moderne Festplattenlaufwerke? Welche Probleme können sich ergeben, wenn diese Drehzahlen erhöht werden?

5. Was versteht man bei Festplatten unter NCQ?

6. Welche Kenngrößen beschreiben maßgeblich die Eigenschaften einer Festplatte?

7. Welche Hinweise sollte man Kunden und Kundinnen zur Handhabung von Festplatten grundsätzlich geben?

8. a) Welche Bauformen und welche Anschlussvarianten gibt es im Consumerbereich bei SSDs?
    b) Was ist ein Hybridlaufwerk?

9. Was versteht man bei einer CD/DVD unter einem Pit und einem Land?

10. In einer Anzeige wird ein multiformatfähiger DVD-Brenner 16x/4x/4x, CD 32x/16x/8x angeboten. Welche Informationen enthalten diese Angaben?

11. Die Laserstrahlen, mit denen CDs, DVDs und BDs abgetastet werden, unterscheiden sich technisch voneinander. Erläutern Sie die Unterschiede und begründen Sie diese.

12. Ein Kunde möchte sich über die Technik des Lesevorgangs einer CD/DVD/BD informieren. Erklären Sie ihm diesen Vorgang.

13. Was versteht man bei DVDs unter der Double-Layer-Technik? Erläutern Sie das technische Prinzip.

14. Eine Auszubildende in einem IT-Beruf hat in einem Artikel über optische Laufwerke die Bezeichnung CLV (Constant Linear Velocity) gelesen, diesen Begriff jedoch nicht verstanden. Erklären Sie ihr den Zusammenhang.

15. Traditionell geben die CD-/DVD-/BD-Hersteller die Speicherkapazitäten ihrer Produkte mithilfe von Dezimalpräfixen an (siehe Bild 1.113). Welche Werte ergeben sich jeweils bei der Verwendung von Binärpräfixen (siehe Kap. 6.1.5.1)?

16. Aus welchem Grund kann eine CD/DVD-R nur einmal, eine CD/DVD-RW jedoch mehrfach beschrieben werden?

17. Welche Möglichkeit bietet sich beim Beschreiben, wenn ein DVD-Rekorder in Verbindung mit der entsprechenden Software multisessionfähig ist?

18. Welche Techniken werden im Zusammenhang mit einer DVD mit den Abkürzungen PTP und OTP bezeichnet?

19. Welche Vorkehrungen treffen Hersteller, um unerwünschte Kopien bespielter DVDs und BDs möglichst zu verhindern? Nennen und beschreiben Sie kurz die einzelnen Maßnahmen.

20. Die maximale Lesegeschwindigkeit (Übertragungsgeschwindigkeit) wird bei CDs, DVDs und BDs stets als ganzzahliges Vielfaches eines Standardwertes angegeben (z.B. 32 ×).
    a) Wie groß ist diese Standardlesegeschwindigkeit (Schreibweise: 1×) bei den genannten Datenträgern?
    b) Um welchen Faktor ist diese Standardlesegeschwindigkeit bei einem BD-Laufwerk höher als bei einem CD-Laufwerk?

1.9 Erweiterungskarten

Viele Funktionen, die früher nur mit zusätzlichen Erweiterungen nachrüstbar waren, sind heute auf dem Motherboard implementiert (z.B. Grafik-, Sound- oder Netzwerkfunktion). Das Nachrüsten mit zusätzlichen Karten ist daher nur dann erforderlich, wenn man beispielsweise eine qualitativ bessere Leistung erzielen möchte, als sie implementierte Chips liefern können (z.B. Grafik: bei CAD-Anwendungen oder im medizinischen Bereich), oder man eine spezielle Funktionalität benötigt, die standardmäßig nicht vorhanden ist (z.B. zur Messwertaufnahme).

> Eine **Erweiterungskarte** *(expansion card)* wird über einen freien **Erweiterungssteckplatz** *(expansion slot)* auf dem Mainboard mit der CPU oder dem Chipsatz des Computers verbunden.

Bei Notebooks und anderen portablen Computern sind die Erweiterungskarten vielfach als **ExpressCard** (Kap. 1.1.2) ausgeführt. Zu beachten ist, dass nicht alle PC-Geräteklassen erweiterungsfähig sind.

1.9.1 Grafikkarten

Eine eingebaute Grafikkarte übernimmt die Funktion des intern vorhandenen Grafikchips, die visuell darzustellenden Daten des Prozessors (Buchstaben, Diagramme, farbliche Hintergründe usw.) so aufzubereiten, dass sie das angeschlossene Display wiedergeben kann. Daher lassen sich die nachfolgenden Ausführungen in weiten Teilen auch auf eine intern vorhandene Grafikeinheit übertragen.

Der Anschluss einer Grafikkarte erfolgt meist über einen speziellen PCIe-Slot, der direkt an den CPU-Chip angebunden ist (Kap. 1.7.4). Abhängig von den Abmessungen belegt eine Grafikkarte dabei möglicherweise auch zwei der rückseitigen externen Einbauschlitze des PC-Gehäuses (Bild 1.122).

> Der auf dem Mainboard befindliche PCIe-Slot für den Anschluss einer externen Grafikkarte trägt die Bezeichnung **PEG** (**P**CI **E**xpress for **G**raphics).

Die Eigenschaften einer Grafikkarte unterliegen – ebenso wie die angeschlossenen Displays – einer Standardisierung. Diese beschreibt die jeweils festgelegten technischen Merkmale, damit eine Karte unabhängig vom Hersteller in jedes Gerät mit den passenden Anschlüssen eingebaut werden kann und problemlos funktioniert.

Zu den in einem **Grafikstandard** festgelegten Parametern gehören insbesondere die maßgeblichen Leistungsmerkmale der (Bild-)Auflösung und der Farbtiefe.

> Die **Auflösung** *(resolution)* einer Grafikkarte bezeichnet die maximale Anzahl von Bildpunkten, die einzeln angesteuert und auf dem Bildschirm dargestellt werden können. Diese Bildpunkte werden auch **Pixel** genannt.
>
> Die **Farbtiefe** *(colour depth)* einer Grafikkarte bezeichnet die Anzahl von Bits, mit der die Farbe eines Pixels gespeichert wird.

Die Auflösung wird in der Form **1 920 × 1 080** angegeben und bedeutet bei diesem Zahlenbeispiel, dass die Grafikkarte 1 920 Pixel horizontal (nebeneinander) und 1 080 Pixel vertikal (untereinander) ansteuern kann. Hierbei ist zu beachten, dass die Auflösung einer Grafikkarte zunächst nichts mit der Anzahl der Bildpunkte (Pixel; Kap. 1.12.1) eines Displays zu tun hat. In der Praxis sollten die Auflösungen von Grafikkarte und Display allerdings aufeinander abgestimmt sein. Zur optimalen Anpassung sind moderne Grafikkarten daher in der Lage, mit zugehöriger Treibersoftware auch Bildauflösungen zu generieren, die kleiner sind als der jeweils angegebene Maximalwert (im obigen Fall z. B. auch 1 024 × 768).

Die Farbtiefe wird in der Form **32 bit** (Kap. 6.1.5.1) angegeben. Je größer die Anzahl der Bits ist, desto mehr Farbnuancen lassen sich darstellen.

Im Laufe der technischen Entwicklung haben sich unterschiedliche Grafikstandards auf dem Markt etabliert (z. B. CGA, EGA, VGA). Von diesen werden bis heute der bereits 1987 von der Firma IBM entwickelte **VGA**-Standard (**V**ideo **G**raphics **A**rray; 640 × 480 Pixel, 16 Farben) sowie der von der **VESA** (**V**ideo **E**lectronics **S**tandards **A**ssociation) definierte Standard **SXGA** (**S**uper e**X**tended **G**raphics **A**rray; 1 280 × 1 024 Pixel, 16 Farben) von allen Grafikkarten unterstützt und dient als Darstellungsmodus für den „technischen Notfall" (z. B. defekte oder fehlende Kartentreiber).

Die dem VGA-Standard nachfolgenden Bezeichnungen (z. B. SVGA, UXGA, QXGA usw.) stellen lediglich noch Kürzel für bestimmte, wesentlich höhere Auflösungen und Farbtiefen dar, sind aber keine eigenständigen Standards (siehe auch Bild 1.146).

Heutige Grafikkarten unterstützen auch die im TV-Bereich gängigen Auflösungen (z. B. **Full HD**: 1 920 × 1 080, **UHD**: 3 840 × 2 160).

1.9.1.1 Grafikkartenkomponenten

Zu den wichtigsten, leistungsbestimmenden Komponenten von Grafikkarten gehören der Grafikprozessor, der Grafikspeicher sowie weitere beschleunigende Elemente für die Bildbearbeitung und die Bilddarstellung (z. B. 3D-Beschleuniger, Shader-Einheiten; Kap. 1.9.1.2). Maßgeblich für die Leistung einer Grafikkarte sind auch die Höhe der Taktung sowie die implementierte Software.

Bei der Anschaffung sind auch die Art und die Anzahl der zur Verfügung stehenden externen Anschlüsse von Bedeutung (Kap. 1.7.6).

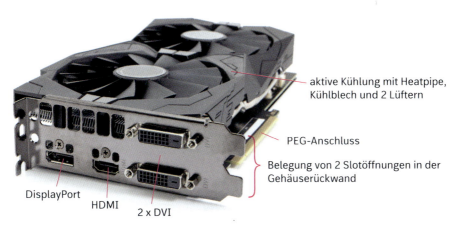

aktive Kühlung mit Heatpipe, Kühlblech und 2 Lüftern

PEG-Anschluss

Belegung von 2 Slotöffnungen in der Gehäuserückwand

DisplayPort

HDMI

2 x DVI

Bild 1.122: Schnittstellen einer Grafikkarte (Beispiel)

Grafikprozessor

Um die heutigen Anforderungen an die Darstellungsqualität und die Darstellungsgeschwindigkeit zu erfüllen, setzt man spezielle Grafikprozessoren ein, welche die Bildberechnungen durchführen und so den Hauptprozessor entlasten. Insbesondere animierte 3D-Darstellungen sind sehr rechenintensive Vorgänge und erfordern spezielle Funktionalitäten, die in diesen Grafikprozessoren implementiert sind (Kap. 1.9.1.2).

> Der Prozessor einer Grafikkarte wird als **Graphic Processing Unit** (**GPU**; manchmal auch **eGPU**, external GPU) oder auch als **Grafik-Chipsatz** bezeichnet.
>
> Der in einem CPU-Chip integrierte Grafikprozessor wird auch **IGP** (**I**ntegrated **G**raphics **P**rocessor; manchmal auch **iGPU**, internal GPU) genannt.

Aufgrund seiner hohen Verlustleistung (bis zu 900 W bei High-End-Grafikkarten) muss der Grafikprozessor genauso wie die CPU passiv oder aktiv (Bild 1.122) gekühlt werden. Die GPU-Taktfrequenz liegt zwischen 1 000 MHz und 2 500 MHz.

Eine Vielzahl von Mainboards bietet auch die Möglichkeit, zwei oder mehr hierfür geeignete Grafikkarten gleichzeitig an entsprechenden PEG-Slots zu betreiben, um die Grafikleistung zu erhöhen.

> Die Aufteilung des Rechenaufwands für die Darstellung aufwendiger Computergrafiken auf mehrere Grafikkarten bzw. Grafik-Chips wird firmenübergreifend mit dem Sammelbegriff **Multi-GPU** bezeichnet.

Aus Marketinggründen wird diese Kopplungstechnik von den Herstellerfirmen werbewirksam mit eigenen Bezeichnungen versehen, z.B. **Scalable Link Interface** (**SLI**, Fa. Nvidia) oder **Crossfire** (Fa. AMD).

Als **Hybrid-Grafik** bezeichnet man eine Kombination aus der On-Board-Grafik und einer zusätzlichen Grafikkarte. Hierdurch bietet sich die Möglichkeit, bei einfachen Anwendungen Strom zu sparen (z.B. Office-Anwendungen: nur die On-Board-Grafik ist aktiv). Bei rechenintensiven Multimedia-Anwendungen (z.B. 4K-Video-Wiedergabe) wird dann auf die zusätzliche Grafikkarte umgeschaltet.

Grafikspeicher

Der **Grafikspeicher** *(graphic memory)* dient zur Ablage der im Grafikprozessor verarbeiteten Bildinformationen. In ihm befindet sich nach der Bearbeitung durch den Grafikprozessor in digitaler Form sozusagen ein Abbild des Displaybildes. Ein solcher Bildspeicher wird auch als **Frame-Buffer** bezeichnet.

Befindet sich die GPU auf dem Mainboard (On-Board-Grafikprozessor), so wird meist ein Teil des vorhandenen Arbeitsspeichers als Frame-Buffer reserviert. Diese als **Shared Memory** bezeichnete Technik ist insbesondere bei portablen Geräten (Notebooks, Netbooks; Kap. 1.1.2; 1.1.3) zu finden. Auch bei Arbeitsplatzrechnern, die lediglich zur Bearbeitung gängiger Office-Programme dienen, reicht diese Konstellation in den meisten Fällen aus.

Bei 3D-Anwendungen oder in Gamer-PCs ist jedoch ein separater Speicher auf der Grafikkarte von Vorteil, da dieser von der GPU und nicht vom Mainboard-Chipsatz gesteuert wird und damit wesentlich schneller ist.

Auf den Grafikkarten befinden sich in der Regel spezielle **GDDR-SRAM**-Chips (**G**raphics **D**ouble **D**ata **R**ate-**SDRAM**), die auf DDR-SDRAM (Kap. 1.5.2) basieren. Im Gegensatz zum klassischen Arbeitsspeicher des PCs, der mit einer Datenbusbreite von standardmäßig 64 bit arbeitet, beträgt die Datenbusbreite beim Grafikspeicher bis zu 1 024 bit und arbeitet mit einer Taktfrequenz, die je nach Kartentyp effektiv zwischen 3 GHz und 21 GHz liegt (unter Verwendung von bis zu 16-fachem Prefetching; siehe auch Kap. 1.5.3.1).

Die Größe des erforderlichen Grafikspeichers wird bestimmt durch die maximale Auflösung und die Farbtiefe der Grafikkarte. Für die Speichergröße eines Bildes gilt prinzipiell:

> Speicherbedarf = horizontale Auflösung · vertikale Auflösung · Farbtiefe

Beispiel
Wie groß muss der Grafikspeicher einer Grafikkarte mit UXGA-Auflösung bei einer Farbtiefe von 32 bit mindestens sein?

Lösung
Eine Recherche ergibt: Die UXGA-Auflösung beträgt 1 600 × 1 200 Pixel, somit gilt für den Speicherbedarf S:

$$S = 1\,600 \cdot 1\,200 \cdot 32\ bit = 61\,440\,000\ bit = \frac{61\,440\,000}{8}\ Byte = 7\,680\,000\ Byte$$

$$= 7{,}32\ MiByte\ (theoretischer\ Wert)$$

Da Kapazitäten von Speicher-ICs aber stets ganzzahlige Vielfache der Zahl 2 sind, beträgt die Speichergröße in der Praxis mindestens 8 MiByte.
Hinweis: Die Speichergröße kann auch mit Dezimalpräfixen angegeben werden (Kap. 6.1.5.1).

In der Praxis verfügen Grafikkarten über einen wesentlich größeren Grafikspeicher (z. B. bis zu 24 GiByte, im Profibereich bis zu 64 GiByte). Erforderlich ist diese Speichergröße beispielsweise für Berechnungen von Bewegtbildern (z. B. Videofilm mit 60 Bildern pro Sekunde; meist angegeben in der Form 60 **fps**, **f**rames **p**er **s**econd). Hierbei haben insbesondere animierte perspektivische Effekte (z. B. Änderungen von Form, Größe, Oberflächenstruktur und Farbverlauf für jeden neuen Blickwinkel) mit ihren möglichst realitätsnahen Darstellungen, die nahezu in Echtzeit zu berechnen sind (Kap. 1.9.1.2), einen großen Speicherbedarf. Bei Bedarf kann eine Grafikkarte auch auf Teile des Arbeitsspeichers auf dem Mainboard zugreifen.

Je größer die Anzahl der darstellbaren Farben, desto realistischer werden die Farbverläufe und damit die Darstellung auf dem Bildschirm. Für bestimmte Farbtiefen haben sich eigenständige Namen eingebürgert:

Bezeichnung	Farbtiefe	Information
Hi Color	16	Für jedes Pixel stehen 16 bit an Farbinformation zur Verfügung. Der Anteil der Rot/Grün/Blau-Information ist hierbei verschieden groß (5 bit/6 bit/5 bit), da die Farbempfindlichkeit des menschlichen Auges für Grün am höchsten und für Rot und Blau niedriger ist.
True Color	32	Für jedes Pixel stehen 32 bit für die Farbinformation zur Verfügung, jeweils 8 bit für Rot, Grün und Blau, sowie zusätzlich 8 bit für die Transparenz („Alphakanal", Alpha Blending; Kap. 1.9.1.2). Die erreichbare Anzahl verschiedener Farben liegt höher, als das menschliche Auge zu unterscheiden vermag. (Hinweis: Die Farbtiefe mit 24 bit ohne die Transparenzinformation wird ebenfalls mit True Color bezeichnet.)

Bezeichnung	Farbtiefe	Information
Deep Color	48	Maximale Bitzahl, die ab HDMI 1.4 (Kap. 1.7.6.4) für die Übertragung von Bildinformationen pro Pixel zur Verfügung stehen (bei hochwertigen Displays werden meist 42 bit verwendet); die hiermit mögliche Anzahl darstellbarer Farben kann vom menschlichen Auge nicht mehr unterschieden werden.

Bild 1.123: Bezeichnungen von Farbtiefen

RAM-DAC

Im Zusammenhang mit Grafikkarten begegnet man möglicherweise auch dem Begriff **RAM-DAC** (**RAM-D**igital **A**nalog **C**onverter). Diese technische Komponente erzeugt aus den im Bildspeicher digital gespeicherten Informationen analoge Signale, die zur Ansteuerung eines analog arbeitenden Anzeigegeräts (z. B. ein heute kaum noch gebräuchlicher Röhrenmonitor) erforderlich sind. Für digital arbeitende Displays wird diese Komponente nicht benötigt.

1.9.1.2 Perspektivische Darstellung

Als **perspektivische Darstellung** *(perspective view)* bezeichnet man die Fähigkeit von Grafikkarten, durch entsprechende Aufbereitung der Bildschirminformationen eine Art dreidimensionalen optischen Eindruck eines Bildes auf dem Display zu erzeugen. Hierbei handelt es sich *nicht* um eine stereoskopische Darstellung, bei der für jedes Auge ein eigenes Bild erzeugt wird (Kap. 1.12.8), sondern es wird lediglich der Eindruck einer räumlichen Tiefe vermittelt. In diesem Zusammenhang spricht man auch von dreidimensionalen Effekten (**3D-Effekte**). Je nach verwendeter Software lassen sich damit Gegenstände stufenlos um verschiedene Achsen drehen oder es erscheint, als ob man sich in Räumen oder Gängen bewegen kann (virtuelle Welten). Bei diesen 3D-Effekten wird die dritte Dimension (z-Achse) durch Rendering auf dem eigentlich zweidimensionalen Bildschirm erzeugt.

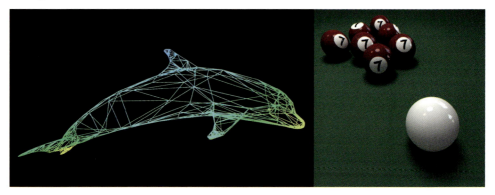

Bild 1.124: Perspektivische Darstellung von Objekten (Beispiele)
a) Polygonstruktur eines Objekts

b) „plastische" Oberflächengestaltung

Unter **Rendering** versteht man Mittel der perspektivischen Darstellung zur Erzeugung eines realitätsnahen Abbildes von Objekten.

Rendering verwendet mathematische Methoden, um die Positionen von Lichtquellen in Relation zu einem Objekt zu beschreiben und Effekte wie Aufhellungen, Schattierungen und Farbveränderungen zu berechnen, die normalerweise durch Licht hervorgerufen würden. Um Oberflächen plastisch und „stofflich" aussehen zu lassen, werden diese mit einer **Textur** versehen (Bild 1.124 b). Hierzu wird zunächst eine Oberfläche mithilfe eines virtuellen „Drahtgitters" realisiert.

Dieses Drahtgitter bildet kleine, meist dreieckige Teilflächen (Polygone, Bild 1.124 a), denen dann bestimmte Attribute (Farbe, Helligkeit, Schattierung usw.) zugeordnet werden. Dieses Verfahren wird als **Texture Mapping** bezeichnet. Dreieckige Flächenelemente verwendet man, da diese vom Prozessor am schnellsten berechnet werden können und sich nahezu jede Oberfläche beliebig genau in Dreiecke auflösen lässt. Zu den rechenintensiven Darstellungsverfahren bei realitätsnahen perspektivischen Darstellungen zählen u.a.:

Bezeichnung	Eigenschaften
Raytracing	Berechnung von Farbe und Intensität eines Bildpunktes unter Berücksichtigung von Transparenz, Reflexion und Absorption von Lichtstrahlen
Alpha-Blending	Effekt zur Simulation durchsichtig erscheinender Objekte (z.B. Wasseroberflächen)
Specular Highlights	Darstellung von Lichtstrahlen auf metallischen Oberflächen (Glanzlichter-Effekt)
Fogging	Eine Art Nebeleffekt zur Erhöhung der Tiefenwirkung
Environment-Mapping	Spiegelungseffekte der Umwelt an einem reflektierenden 3D-Objekt
Bump-Mapping	Erzeugung von Schattierungen und Spiegelungen
Anti-Aliasing	Methoden zur Kantenglättung, um z.B. den sog. Treppeneffekt zu unterdrücken
Mip-Mapping	Eine Art Lupeneffekt; nähert man sich einem Objekt, werden zusätzliche Details sichtbar.
Chroma-Keying	Ersetzen von Bildbereichen eines Farbtons durch ein separat aufgenommenes Bild; früher als „Blue-Box" bekannt, heute mit jedem Farbton möglich

Bild 1.125: Beispiele für rechenintensive 3D-Effekte

Um all diese Effekte in möglichst kurzer Zeit realisieren zu können, benötigen Grafikprozessoren sog. **3D-Beschleuniger** *(3D accelerator)*. Hierzu gehören die bereits von der CPU bekannten **Daten-Pipelines** (3D-Pipeline, Render-Pipeline) und die **Shader-Einheiten** *(shader units*, Shader ALUs). Man unterscheidet:

- **Pixel-Shader**; Berechnung der dynamischen Veränderung von Bildpunkten und Pixelfarben zur realistischen Darstellung von Oberflächen, z.B. bei wechselndem Lichteinfall
- **Vertex-Shader**; Berechnung der dynamischen Veränderungen von Objekten, z.B. Form und Position bei Abstandsänderung
- **Geometry-Shader**; Berechnung von Polygonveränderungen, z.B. bei Änderung des Blickwinkels

Je nach Leistungsklasse verfügt eine GPU über mehr als 2000 Shader-Einheiten, die mit einem Shadertakt zwischen 1500 MHz und 2500 MHz arbeiten.

Die große Anzahl der Shadereinheiten sollte ursprünglich nur ein paralleles und damit schnelles Berechnen von Pixelveränderungen ermöglichen, welches durch die GPU gesteuert wird. Durch Erweiterung ihres Funktionsumfangs lassen sich Shader – und damit die gesamte Grafikeinheit – aber auch für allgemeine mathematische Berechnungen einsetzen.

> Eine Grafikeinheit mit erweitertem Funktionsumfang wird auch als **GPGPU** (**G**eneral **P**urpose **C**omputation on **G**raphics **P**rocessing **U**nit) bezeichnet.

Eine GPGPU ist somit in der Lage, die CPU in ihrer Arbeit zu entlasten, indem eine Vielzahl von Rechenoperationen ausgelagert wird.

1.9.2 Soundkarten

> Eine **Soundkarte** *(sound board, sound card, audio interface)* ist eine Erweiterungskarte, die dazu dient, Sprach- und Audiosignale aufzunehmen, sie digital zu verarbeiten und zu speichern sowie sie umgekehrt in ein analoges Signal zurück zu wandeln und anschließend wiederzugeben.

Seitdem der von Intel definierte Standard **High-Definition Audio** (HD-Audio) von allen On-Board-Audio-Chips direkt vom Mainboard unterstützt wird und die 5.1-Ausgabe sowie ein optischer Digitalausgang zur Standardausstattung von Desktop-PCs gehören, haben Soundkarten an Bedeutung verloren. Allerdings definiert dieser Standard nur Mindestanforderungen und sagt nichts über die tatsächlichen Audio-Leistungsmerkmale eines Boards aus.

Eine Soundkarte bietet meist eine bessere Klangqualität und eine Unterstützung von zusätzlichen Soundverfahren oder Spezialfunktionen, mit denen sich Raumklangeffekte noch natürlicher realisieren lassen.

Die elektrischen (und optischen) Anschlüsse einer Soundkarte sind zunächst identisch mit denen, die ein Motherboard zur Verfügung stellt (Kap. 1.7.6.1). Alternativ zu den **3,5-mm-Klinken-Buchsen** werden aber auch **Cinch-Buchsen** oder andere, professionelle Anschlüsse angeboten (z.B. mit Schraubgewinde und speziellen Abschirmungen für Studiomikrofone).

Darüber hinaus können rückseitig auch zusätzliche Anschlüsse zur Verfügung gestellt werden (z.B. **MIDI**-Anschluss: Musical Instrumental Digital Interface, Anschluss von digital steuerbaren Musikinstrumenten; digitaler **S/PDIF**-Anschluss; Kap. 1.7.6.1).

Intern wird eine Soundkarte meist über einen PCIe-Slot (Kap. 1.7.4) mit dem Motherboard verbunden. Alternativ werden auch „externe" Soundkarten für den USB-Anschluss oder den ExpressCard-Anschluss angeboten.

Klinken-   Cinch-
Stecker   Stecker

Bild 1.126: Klinken- und Cinch-Stecker

Klinken-
buchsen

Midi-
Anschluss

Bild 1.127: a) interne Soundkarte, b) USB-Stick mit Soundkartenfunktion (Beispiele)

Bei einer Soundkarte sind die wichtigsten und leistungsbestimmenden Komponenten die A/D- und D/A-Wandler sowie der DSP. Darüber hinaus sind zur Verarbeitung unterschiedlicher Soundverfahren jeweils entsprechende Encoder/Decoder-Chips erforderlich.

Codec

A/D- und D/A-Wandler (Kap. 6.2.4) werden technisch meist in einem einzigen elektronischen Baustein (IC: Integrated Circuit) zusammengefasst und allgemein als **CODEC** (**Co**der **Dec**oder) bezeichnet. Die Umwandlung eines analogen Audiosignals in ein Digitalsignal erfolgt in den drei Schritten **Abtasten**, **Quantisieren** und **Codieren** (*sample, quantize, encode*; siehe auch „Fachstufe IT-Systeme", Kap. 6.1.5.4).

> Die Audioqualität bei der Analog-Digital-Wandlung *(analog-to-digital conversion)* hängt maßgeblich ab von
> * der **Abtastfrequenz** *(sampling rate)*, d.h. der Häufigkeit, mit der dem Audiosignal Amplitudenwerte zur digitalen Weiterverarbeitung entnommen werden,
> * der **Auflösung** *(resolution)*, d.h. der Anzahl der Bits, die bei der Codierung eines Abtastwertes verwendet werden.

Die Wiedergabequalität einer Soundkarte entspricht heute mindestens der eines Audio-CD-Players. Um diese Qualität zu erzielen, sind Soundkarten mit 16-Bit-A/D-Wandlern (oder höher) ausgestattet und arbeiten meist mit Abtastfrequenzen von 44,1 kHz. Die im höheren Preissegment angebotenen High-End-Soundkarten bieten je nach Typ auch Samplingraten von 48 kHz, 96 kHz und 192 kHz bei Klirrfaktoren unter 0,009%. Der Klirrfaktor ist ein Maß für die unerwünschte Verfälschung einer Signalform, die sich bei der Verarbeitung ergibt. Einen Klirrfaktor kleiner als 0,1% kann das menschliche Ohr in der Regel nicht wahrnehmen.

DSP

DSP ist die Abkürzung für **Digital Signal Processor** und bezeichnet allgemein einen Prozessor, der speziell für die Verarbeitung von digitalen Signalströmen geeignet ist. Im Zusammenhang mit der Soundkarte ist ein spezieller Prozessor zur Verarbeitung von Audioinformationen gemeint. Die digitalisierten Rohdaten werden im DSP bearbeitet und hierbei meist auch mittels unterschiedlicher Komprimierungsverfahren reduziert. Die digitalen Klänge werden auch **Samples** genannt. Die komprimierten Daten werden dann in einem **Audiodateiformat**, beispielsweise in **MP3** oder als Waveform Audio File (**WAV**) auf dem Arbeitsspeicher der Soundkarte zwischengespeichert, bevor sie auf der Festplatte abgelegt werden.

Bei der Wiedergabe läuft das Verfahren in umgekehrter Richtung ab. Der DSP ist hierbei in der Lage, in Kombination mit einem Software-Synthesizer digitalisierte, beliebige akustische Signale (Töne, Klänge, Geräusche) zu erzeugen, die nach entsprechender D/A-Wandlung durch einen vorhandenen Analogverstärker mit vergleichsweise geringer Leistung den Direktanschluss von Kopfhörer oder Lautsprechern zur Wiedergabe ermöglicht.

Digitalisierte Klänge benötigen sehr viel Speicherkapazität (S_K), da ein akustisches Signal regelmäßig in sehr kurzen Zeitabständen abgetastet werden muss und diese Abtastwerte dann digital gespeichert werden. Der Speicherbedarf in Byte eines digitalisierten Signals errechnet sich folgendermaßen:

$$S_K = \frac{\text{Abtastfrequenz} \cdot \text{Kanalzahl} \cdot \text{Auflösung} \cdot \text{Zeitdauer}}{8}$$

Die Kanalzahl beträgt bei Mono 1 und bei Stereo 2; die Auflösung bezeichnet die Bitanzahl für jeden codierten Abtastwert; die Zeitdauer gibt an, wie lange die Aufzeichnung dauert. Der Speicherbedarf lässt sich durch spezielle Komprimierungsverfahren erheblich reduzieren.

Beispiel
Eine Soundkarte liefert einen Stereoton in CD-Qualität.
a) Wie groß müssen Abtastfrequenz und Auflösung mindestens sein?
b) Wie viele verschiedene Signalamplituden lassen sich bei dieser Auflösung digital darstellen? (Lösungshinweis: Siehe auch Kap. 6.2.4)
c) Welche Datenrate D muss in Echtzeit verarbeitet werden?
d) Welche Dateigröße ergibt sich ohne Komprimierung bei der Speicherung eines halbstündigen Musikstücks?

Lösung
a) CD-Qualität bedeutet folgende Standardwerte: Abtastfrequenz 44,1 kHz, 16 bit A/D-Wandlung
b) Die Anzahl der Signalamplituden beträgt $2^{16} = 65\,536$.

c) $D = \dfrac{44,1 \text{ kHz} \cdot 2 \cdot 16 \text{ bit}}{8} = \dfrac{44,1 \cdot 10^3 \cdot 2 \cdot 16 \text{ bit}}{8 \cdot s} = 176\,400 \ \dfrac{Byte}{s} = 172,3 \text{ KiByte/s}$

d) $S_K = D \cdot 30 \text{ min} = 172,3 \text{ KiByte/s} \cdot 30 \cdot 60 \text{ s} = 302,9 \text{ MiByte}$

Hinweis: Datenraten können auch mit Dezimalpräfix angegeben werden (Kap. 6.1.5.1).

Einige Komprimierungsverfahren sind verlustbehaftet, d.h., die digital gespeicherten Musik-Files besitzen nicht die akustische Qualität des Originals, auch wenn dies teilweise nicht hörbar und nur messtechnisch erfassbar ist (z.B. **MP3**; **AAC:** Advanced Audio Coding). Verlustfrei arbeitet beispielsweise **FLAC** (Free Lossless Audio Codec).

Zum Lieferumfang einer Soundkarte gehört auch Treibersoftware. Allerdings werden Soundkarten in der Regel von allen aktuellen Betriebssystemen direkt unterstützt, sodass zusätzliche Treiber für den grundsätzlichen Betrieb nicht unbedingt erforderlich sind.

Soundverfahren

Neben Stereo unterstützen Soundkarten (ebenso wie moderne AV-Receiver) unterschiedliche Soundverfahren zur Schaffung einer möglichst realitätsnahen Audioumgebung mit einem räumlichen Klangeindruck (3D-Klang).

> **Räumliche Klangeindrücke** *(spatial sound impressions)* entstehen durch Laufzeit- und Intensitätsunterschiede bei der Wahrnehmung von Schallwellen, die von Audioquellen „gesendet" und von den menschlichen Ohren „empfangen" werden.

Anhand dieser wahrgenommenen Informationen lassen sich Richtung und Entfernung im Raum einschätzen, wobei für den Klangeindruck zusätzlich die Größe und die Beschaffenheit der Umgebung eine Rolle spielen. Zur Erzeugung eines solchen Eindrucks werden unterschiedliche technische Verfahren eingesetzt.

Bezeichnung	Eigenschaften
Stereo	2 Kanäle/2 Lautsprecher (vorne rechts/vorne links)
Dolby Surround	2 Kanäle/4 Lautsprecher (2 vorne (rechts/links), zusätzlich 2 Lautsprecher hinten (rechts/links), auf die über einen analogen Decoder das „Surroundsignal" gelegt wird, das aus der Zusammenlegung und der zeitlichen Verzögerung beider Kanäle gebildet wird)
Dolby Pro Logic Dolby Pro Logic II	2 Kanäle/4 Lautsprecher (vorne rechts, vorne links, Mitte, Surround); d.h. 4 Wiedergabekanäle, die in 2 Aufnahmekanälen codiert sind; analoger Pro-Logic-Decoder erforderlich; im Gegensatz zu Pro Logic mit einer Bandbreitenbegrenzung auf 7 kHz im Surroundkanal wird bei Pro Logic II der gesamte hörbare Frequenzbereich (20–20000 Hz) im Surroundkanal wiedergegeben und es bestehen erweiterte Klangeinstellungsmöglichkeiten zur Anpassung an die Raumakustik.
Dolby Digital (AC-3), Dolby Digital Plus	6 Kanäle/6 Lautsprecher (vorne rechts, vorne links, Mitte, hinten rechts, hinten links), zusätzlich aktiver Subwoofer (**LFE**: **L**ow **F**requency **E**ffect); auch als **5.1-Kanalsystem** bezeichnet; digitaler Dolby-Decoder erforderlich. Dolby Digital Plus unterstützt bis zu 14 Kanäle mit einer Auflösung von 24 bit und einer Abtastfrequenz von 96 kHz; Verwendung bei Blu-Ray.
DTS (DTS NEO)	**D**igital **T**heater **S**oundsystem; 6-kanaliges (5.1-)Tonaufzeichnungsformat bei Kinofilmen und Soundtracks auf DVD; als Erweiterung auch mit 8 Kanälen als 7.1-System erhältlich; verbesserte Klangqualität gegenüber Dolby Digital durch niedrigere Kompressions- und höhere Datenrate; digitaler DTS-Decoder erforderlich (Bei DTS NEO wird aus einem Stereoton durch komplexe Berechnungen ein Mehrkanalton erzeugt, wodurch ein Surround-Effekt entsteht.)
DTS-HD Master Audio Dolby TrueHD	Konkurrierende, speziell für Blu-Ray-Disc entwickelte 8-kanalige digitale Audioformate; bei Bitraten bis zu 24 Mbit/s werden 8 echte Soundkanäle (7.1-Soundsystem) ohne Datenreduktion verarbeitet; für den Einsatz von Dolby TrueHD ist mindestens HDMI 1.3 erforderlich.

Bezeichnung	Eigenschaften
Dolby Atmos	„Dreidimensionales" Surround-Soundsystem für den Heimbereich mit bis zu 11 Lautsprechern plus zwei Subwoofer (11.2-Tonsystem); zusätzlich zu einer 7.1-Anlage sind hierbei bis zu vier zusätzliche Deckenlautsprecher erforderlich. Per Software werden zwei voneinander unabhängige „Tonebenen" erzeugt, die zusätzlich zum vorhandenen 7.1-Raumklang (vorne – hinten – links – rechts) eine weitere akustische Ebene wahrnehmbar machen (oben – unten); kompatibel zu bestehenden Systemen, d. h., ein 7.1-AV-Receiver kann mit einem entsprechenden Update den Dolby Atmos-Ton extrahieren und wiedergeben. Im professionellen Bereich unterstützt Dolby Atmos theoretisch beliebig viele Tonspuren.

*Bild 1.128: Soundverfahren (Hinweis: **Dolby-Vision** bezeichnet kein zusätzliches Soundverfahren, sondern eine zu HDR konkurrierende Videotechnologie.)*

1.9.3 PC-Messkarte

Mithilfe einer **PC-Messkarte** *(measuring card)* lässt sich ein PC als Messgerät für fast jede physikalische Größe nutzen, wie z. B. Spannung, Strom, Widerstand, Frequenz, Leistung, Temperatur, Luftdruck, Windstärke usw. Insbesondere im industriellen Bereich werden PCs mit Messkarten ausgestattet und dienen beispielsweise der Überwachung und Steuerung von Produktionsprozessen (Kap. 1.1.7; siehe auch „Fachstufe IT-Systeme", Kap. 5). Eine solche Karte besteht grundsätzlich aus einem Analog- und einem Digitalteil.

Sofern es sich um nichtelektrische Größen handelt, müssen diese zunächst mit entsprechenden vorgeschalteten Wandlern in elektrische Signale umgewandelt werden. Die analogen Signale werden an einen der vorhandenen Eingänge gelegt, verstärkt (oder abgeschwächt) und mithilfe einer Sample-and-Hold-Schaltung (S/H) abgetastet und fixiert. Mithilfe eines Multiplexers (MUX, Kap. 6.2.2.3) werden die Signale dann zusammengefasst und mit einem A/D-Wandler (Kap. 6.2.4) in ein Digitalsignal umgewandelt. Dieses kann dann vom PC verarbeitet werden. Mit entsprechender Software kann man sich die Messergebnisse in Form eines auf dem Bildschirm dargestellten Messgerätes (z. B. eines Oszilloskops) ausgeben lassen. Neben reinen Überwachungs- und Messfunktionen sind über entsprechende Verbindungen auch Regelprozesse durchführbar.

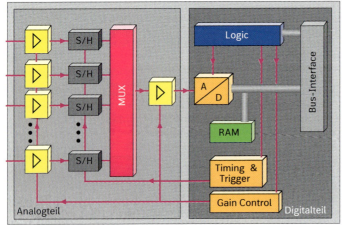

Bild 1.129: Prinzipieller Aufbau einer Messkarte mit analogen Eingängen

AUFGABEN

1. Was versteht man unter der Auflösung einer Grafikkarte?

2. Welche Komponenten bestimmen maßgeblich die Leistungsfähigkeit einer Grafikkarte?

3. Welche Größe (theoretisch und praktisch) sollte der Speicher einer Grafikkarte bei einer TrueColor-Darstellung mit einer Auflösung von 1 024 × 768 in der Praxis mindestens haben? Wie viele Farben lassen sich darstellen?

4. Welche Übertragungsraten sind theoretisch bei einer PEG-(PCI 3.0 × 16-)Karte möglich?

5. Was versteht man im Zusammenhang mit Grafikkarten unter einem Shader? Wozu wird er eingesetzt?

6. Erklären Sie einem Kunden, warum perspektivische Darstellungen wesentlich mehr Rechenleistung erfordern als standardmäßige 2D-Darstellungen.

7. Was bedeutet der Begriff „Texture Mapping"?

8. Alpha-Blending und Anti-Aliasing bezeichnen Effekte bei der perspektivischen Darstellung. Erläutern Sie, was man unter diesen beiden Begriffen versteht.

9. Erläutern Sie die Bezeichnungen GPU, IGP und GPGPU und nennen Sie die Unterschiede.

10. Aus welchen Komponenten besteht ein CODEC und welche Funktionen haben diese bei einer Soundkarte?

11. Welche Funktion hat ein DSP auf der Soundkarte?

12. Welche Speicherkapazität ist für die Speicherung eines Musikstückes von 10 Minuten Dauer in CD-Qualität (Stereo, Sample-Rate 44,1 kHz, Auflösung 16 bit) ohne Komprimierung erforderlich?

13. Erläutern Sie die verschiedenen Soundverfahren, die Soundkarten zur Schaffung eines 3D-Klangeindrucks unterstützen.

14. Eine PC-Messkarte kann die elektrischen Größen Spannung, Strom, Widerstand, Frequenz und Leistung über angeschlossene Messfühler erfassen und als Zahlenwert mit der entsprechenden Einheit auf dem Bildschirm ausgeben. Erstellen Sie eine Tabelle (ggf. mit einem entsprechenden Computerprogramm) für die genannten Größen mit folgenden Inhalten: Name der elektrischen Größe, Formelzeichen der elektrischen Größe, Name der Einheit und Formelzeichen der Einheit. (Lösungshinweis: Verwenden Sie Informationen aus Kap. 6.3.)

15. Recherchieren Sie zu folgenden genannten Abkürzungen jeweils die Bedeutung, die Auflösung und das Bildformat: VGA, XGA, SXGA, UXGA, UXGA+, QXGA, WQHD, HUXGA. Welche dieser Auflösungen entspricht dem Full-HD-Standard?

16. a) Erstellen Sie die unten dargestellte Tabellenstruktur mit einem Tabellenkalkulationsprogramm auf dem PC. Beachten Sie hierbei ggf. auch die Formatierungen (Ausrichtungen, Rahmen, Farben).
    b) Berechnen und ergänzen Sie die fehlenden Werte in den Spalten „Anzahl Farben" und „Grafikspeichergröße – theoretisch".
    c) Aus welchem Grund lassen sich die theoretisch berechneten Werte in der Praxis nicht realisieren? Tragen Sie die jeweils in der Praxis verwendeten Werte in die entsprechende Spalte ein.

d) Erstellen Sie in einem weiteren Schritt eine zweite Tabelle so, dass die Werte in den hellgrau hinterlegten Zellen nach jeweiliger Eingabe von Auflösung und Farbtiefe automatisch berechnet werden. (Aufgabe mit höherem Schwierigkeitsgrad; zur Lösung sind Kenntnisse im Umgang mit Formeln und Funktionen zur Berechnung von Zellenwerten erforderlich. Lösungshinweis: Zellen mit Zahlenwerten und alphanumerischen Zeichen aufteilen.)

Auflösung	Farbtiefe in Bit	Anzahl Farben	Grafikspeichergröße	
			Theoretisch	Praktisch
640 × 480	16	65 536	600 KiByte	1 MiByte
1 024 × 768	32			
1 280 × 1 024	24			
1 920 × 1 080	32			
3 840 × 2 160	36			

17.   a) Welche Techniken verbergen sich hinter den Marketingbezeichnungen „Scalable Link Interface" und „Crossfire"?
      b) Was versteht man unter einer „Hybrid-Grafik"?

1.10 Energieversorgung von IT-Geräten

Alle IT-Geräte benötigen zur **Energieversorgung** (energy supply, power supply) eine oder mehrere Gleichspannungen (Kap. 6.3.1). Bei stationärem Betrieb werden diese Gleichspannungen entweder durch jeweils in die Geräte *integrierte* Netzteile oder durch *externe* Netzteile bereitgestellt. Hierzu werden diese Netzteile über genormte Steckverbindungen (Schutzkontakt-Steckdose; „Fachstufe IT-Systeme", Kap. 7.2) mit dem 230-V-Energieversorgungsnetz verbunden. Sie wandeln die Netz-Wechselspannung mittels elektronischer Verfahren in die erforderliche Gleichspannung um.

Mobile Geräte (Notebooks, Tablets, Smartphones, Wearables usw.) benötigen neben einem externen Netzteil zusätzlich auch eine mobile Energiequelle, um jederzeit und überall betriebsbereit sein zu können. Hier kommen vorwiegend im Gerät verbaute Batterien (Kap. 1.10.2) unterschiedlicher Arten zum Einsatz, deren Energiegewinnung jeweils auf chemischen Prozessen beruht.

1.10.1 Netzteile

Zur stationären Energieversorgung werden überwiegend **Schaltnetzteile** (switching power supply) eingesetzt. Die Bezeichnung Schaltnetzteil resultiert aus der charakteristischen Arbeitsweise dieses Netzteiltyps, bei der – vereinfacht dargestellt – die 230-V-Eingangswechselspannung nach ihrer Gleichrichtung elektronisch mit einer hohen Frequenz ein- und ausgeschaltet (d.h. „zerhackt") wird. Diese hochfrequent zerhackte Spannung wird anschließend – abhängig vom Schaltnetzteiltyp – unterschiedlich weiter verarbeitet, um die erforderliche Größe der Gleichspannung zu erzeugen. Am Ende der Verarbeitungsschritte erfolgt immer eine Filterung und Stabilisierung der Ausgangsspannung. Aufgrund ihrer

Arbeitsweise besitzen Schaltnetzteile Vorteile gegenüber den herkömmlichen, linear geregelten Netzteilen:

- Durch das hochfrequente „Zerhacken" der zunächst gleichgerichteten Netzwechselspannung ist kein klobiger „Netztrafo" erforderlich, um – wie bei linearen Netzteilen üblich – erst die 230-V-Netzspannung auf den gewünschten Spannungswert herunterzutransformieren; dadurch ergeben sich Einsparungen bei Gewicht und Volumen.

- Schaltnetzteile liefern große Ausgangsströme bei geringer Verlustleistung und haben somit einen hohen Wirkungsgrad (bis zu 95%, bei linearen Netzteilen weniger).

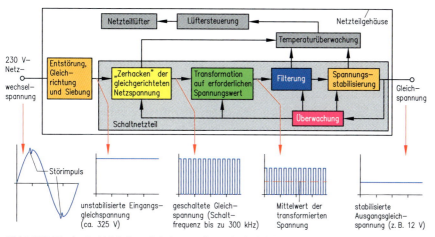

Bild 1.130: Blockschaltbild eines Schaltnetzteils und prinzipielle Spannungsverläufe (Grundprinzip)

Nachteilig ist allerdings, dass durch die hohen Schaltfrequenzen ($\geq$ 40 kHz) Störsignale entstehen, deren Ausbreitung durch zusätzliche Filterschaltungen unterdrückt werden muss. Bild 1.130 zeigt ein vereinfachtes Blockschaltbild eines Schaltnetzteils sowie die prinzipiellen Spannungsverläufe nach den jeweiligen Umwandlungsschritten.

PC-Netzteile werden grundsätzlich in einem rundum geschlossenen Metallgehäuse geliefert. Die Gehäuseabmessungen sind genormt und somit passend für die rückseitigen Netzteilöffnungen aller ATX-Gehäuse. Je nach Ausführung existieren bei den ATX-Netzteilen aber unterschiedliche Gehäusetiefen, die bei einem Austausch zu beachten sind.

Das Metallgehäuse ist intern mit dem Anschluss des Schutzleiters (grün-gelb ummantelter Leiter des Energieversorgungskabels; „Fachstufe IT-Systeme", Kap. 7.1.3) verbunden und verhindert ein Berühren Spannung führender Teile. Der eingebaute Lüfter dient der Wärmeabfuhr der im Betrieb entstehenden Verlustleistung (Kap. 6.3.4.6).

An der Rückseite des Gehäuses befindet sich ein Schalter, mit dem das Netzteil komplett von der 230-V-Versorgungsspannung getrennt werden kann (Off-Position). In der On-Position des rückseitigen *Schalters* kann mit dem an der Frontseite des PCs angebrachten *Taster* der PC gestartet werden (Bootvorgang; Kap. 2.5). Wird der PC nach der Nutzung softwaremäßig heruntergefahren, bleibt das Netzteil weiterhin im Stand-by-Betrieb und nimmt eine geringe Ruheleistung auf (Soft-Switch).

Bild 1.131: PC-Netzteileinschub (Beispiel)

> Das Öffnen des Netzteilgehäuses ist nur einer Elektrofachkraft gemäß VDE 0100 (z.B. einem IT-Systemelektroniker) erlaubt, wobei die Sicherheitsvorschriften zu beachten sind („Fachstufe IT-Systeme", Kap. 7.2).

Der verpolungssichere Stecker des ATX-Netzteils wird mit der genormten Buchse des **ATX-Mainboards** (Kap. 1.2) verbunden und versorgt dieses mit sämtlichen erforderlichen Betriebsspannungen (24-poliger Stecker, ab ATX12V-2.4-Standard bzw. EPS12V-Server-Standard; Bild 1.132). Hierbei dient die Parallelschaltung mehrerer Leitungen mit dem gleichen Spannungswert (z.B. Pin 21 und 22) dazu, die Strombelastung pro Leitung gering zu halten (Kap. 6.3.2.3). Gemäß ATX-Spezifikation darf beispielsweise die Strombelastung einer 12-V-Leitung maximal 20 A betragen. Darüber hinaus fordert die Spezifikation ab Version 2.2 auch zwei unabhängig voneinander arbeitende 12-V-Schienen (zwei Anschlüsse, in denen jeweils unabhängig voneinander 12 V bereitgestellt werden). Neben der Bereitstellung der erforderlichen Spannungen dienen einige der Leitungen auch zur Überwachung dieser Werte (z.B. Pin 8, 11, 14).

Um die vom Netzteil für das Motherboard bereitgestellten Versorgungsspannungen bei abgezogenem Anschlussstecker prüfen zu können, muss das zunächst spannungsfrei geschaltete Netzteil neu gestartet werden. Hierzu muss Pin 16 des Anschlusssteckers (grünes Anschlusskabel) über eine kurze Leitung mit einem der Masseanschlüsse (z.B. Pin 17; schwarzes Kabel) verbunden werden. Ohne einen angeschlossenen Verbraucher sollte das Netzteil aber nicht lange betrieben werden, da es ansonsten funktionsbedingt möglicherweise einen Schaden davontragen kann (Schaltnetzteile sind stets mit einer geringen „Grundlast" zu betreiben).

Die weiteren Stecker dienen zur Energieversorgung des Prozessors (12 V Power Connector), von SATA-Laufwerken und von PCIe-Grafikkarten (sechspoliger Zusatzstecker/bis 75 W oder achtpoliger Zusatzstecker/bis 150 W; nicht identisch mit dem CPU-Power-Connector).

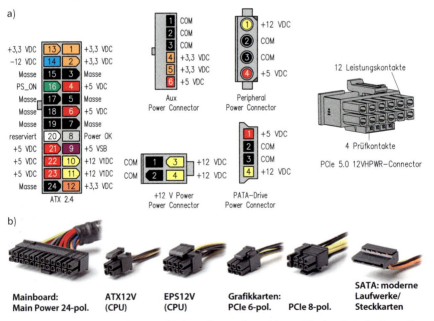

Bild 1.132: ATX-Netzteilstecker verschiedener Generationen (Auswahl); a) technische Darstellung, b) reale Bauformen

Die Version ATX 2.5 unterstützt ab Windows 10 eine Funktion, die das Versetzen eines PCs in den Ruhezustand und das anschließende Wiederaufwecken bei entsprechend kompatiblen Boards wesentlich verkürzt („Modern Standby"). Zudem kann im Ruhezustand eine Netzwerkverbindung für die Übertragung von Updates, E-Mails und Benachrichtigungen bestehen bleiben. Bei der **ATX12VO**-Spezifikation (ATX 12 **V**olt **O**nly) verfügt der Mainboard-Stecker nur noch über zehn Anschlusskontakte und das Netzteil liefert nur noch 12 V-Spannungen! Zusätzlich existiert ein 6-poliger Stecker für PEG (Kap. 1.9.1). Die derzeit noch erforderlichen 3,3 V und 5 V werden dann gemäß Spezifikation durch Spannungswandler erzeugt, die sich direkt auf dem Mainboard befinden. Ein Board für diese Spezifikation verfügt dann über entsprechende Anschlussbuchsen zur Spannungsversorgung angeschlossener Geräte (z. B. SATA-Stromkabel). Die Leitungen sind üblicherweise fest mit dem Netzteil verbunden und werden als Kabelbaum aus dem Netzteilgehäuse herausgeführt. Eventuell fehlende Anschlussstecker lassen sich mittels Adapter nachrüsten. Einige Hersteller bieten alternativ auch Netzteile mit verschiedenen internen Buchsen an, bei denen die Anschlusskabel mit den passenden Gerätesteckern bedarfsorientiert angeschlossen werden können. Der **ATX12VO-2.0**-Standard beinhaltet zusätzlich Möglichkeiten der Energieeinsparung durch implementierte Überwachungsmechanismen zwischen Netzteil und Motherboard. Hierbei wird das System in Echtzeit überwacht, so dass bei geringer Arbeitsintensität die Stromentnahme automatisch gedrosselt wird („Lastrückmeldung an das Netzteil").

Eine wesentlich umfangreichere Überarbeitung liefert der **ATX-Standard 3.0** („ATX Version 3.0 Multi-Rail Power Supply Design Guide"), der unter anderem eine größere Zuverlässigkeit, eine bessere Leerlauf-Energieeffizienz sowie insbesondere einen neuen Stromversorgungsanschluss für Grafikkarten beinhaltet. Dieser nicht abwärtskompatible Stecker mit der Bezeichnung **PCI-Express 5.0 12VHPWR** (kurz: **12VHPWR**; 12 Volt High Power) verfügt über zwölf Kontakte für die Energieübertragung (6 × 12 V + 6 × Masse; Bild 1.132 a) sowie über vier zusätzliche Kontakte, mit deren Hilfe das Netzteil feststellen kann, welche Leistung für eine angeschlossene Grafikkarte bereitgestellt werden muss (z. B. 150 W, 300 W, 450 W oder 600 W). Außerdem dürfen Grafikkarten mit 12VHPWR-Anschluss ihren Leistungsbedarf kurzzeitig (d. h. im Millisekundenbereich) bis zum dreifachen ihres Nennwertes überschreiten („**Power Excursion**").

Ein Netzteil muss entsprechend der zu erwartenden Leistungsaufnahme der angeschlossenen Komponenten dimensioniert sein. Hierbei sind bei einem PC Leistungsreserven für spätere Erweiterungen (z. B. nachträglicher Einbau einer Erweiterungskarte) zu berücksichtigen. Die Leistungsaufnahmen sind bei den einzelnen Komponenten recht unterschiedlich (Bild 1.133).

Komponente	Mittlere Leistungsaufnahme ca.
Motherboard	25–60 W
Prozessor	15–150 W (typabhängig)
Festplattenlaufwerk	bis zu 15 W
CD/DVD/BD-Laufwerk	15 W (bei Schreib-Lesezugriffen)
Arbeitsspeicher	bis zu 3 W pro Speicherriegel
Grafikkarte	100–900 W (typabhängig)

Bild 1.133: Mittlere Leistungsaufnahme einzelner Komponenten (Beispiele)

Üblicherweise beträgt die Nennleistung heutiger Netzteil-Einschübe 400–1 000 W. Bei einigen Netzteilen wird neben den einzelnen Strombelastbarkeiten auf dem Typenschild auch die sog. **Combined Power** angegeben (Bild 1.134). Dies deutet darauf hin, dass eine oder mehrere Spannungen von einer gemeinsamen Trafowicklung abgegriffen werden. In einem solchen Fall können nicht alle Ausgänge mit ihren einzeln angegebenen Maximalströmen bzw. den daraus resultierenden Maximalleistungen belastet werden, sondern in der Summe lediglich mit dem als Combined Power angegebenen Wert. Der Wirkungsgrad moderner PC-Netzteile liegt gemäß der ATX-2.4-Spezifikation bei mindestens 80%, bei der ATX12VO-Spezifikation belastungsabhängig zwischen 82% und 85%. Erfüllen oder übertreffen PC-Netzteile einen vorgegebenen ATX-Wirkungsgrad, werden sie mit entsprechenden (standardisierten) Bezeichnungen

Bild 1.134: Typenschild eines PC-Netzteils

vermarktet (bei ATX bis Version 2.5 z.B.: **80 Plus Bronze:** ≥ 82%; **80 Plus Silber:** ≥ 85%; **80 Plus Gold:** ≥ 87%; **80 Plus Platinum** ≥ 89%; **80 Plus Titanium:** ≥ 90%). Zur Abgrenzung von früheren Versionen sieht der ATX-3.0-Standard auch neue Gütesiegel etwa für Energieeffizienz, Gehäusegröße und Lärmentwicklung vor (Cybernetics-Zertifizierung).

> Bei einer praxisgerechten Dimensionierung soll das Netzteil im Mittel bis zu 80% seiner Nennleistung abgeben.

Nachteilig ist, dass bei einem Stromausfall sämtliche nicht dauerhaft gespeicherte Daten verloren gehen. Um dies zu verhindern, bietet die Industrie sog. **unterbrechungsfreie Stromversorgungen** an (**USV**; Peripheral Power Supply, Uninterruptible Power Supply). Hierunter versteht man eine Zusatzstromversorgung für einen Computer oder ein Gerät, welche die Energieversorgung bei einem Stromausfall so lange übernimmt (z.B. mithilfe eines Energiespeichers), bis alle Daten gesichert sind. USV werden im Aufbauband („Fachstufe IT-Systeme", Kap. 7.1) ausführlich behandelt.

1.10.2 Mobile Energiequellen

Bei portablen Geräten kommen meist **Sekundärzellen** (Alternativbezeichnung: **Akkumulator**, kurz: **Akku**, Kap. 6.3.4.3) zum Einsatz, auch weil sie sich wegen ihrer Mehrfachnutzung als nachhaltiger erweisen. Die Aufladung dieser Akkus erfolgt mithilfe von Ladegeräten, die jeweils im Lieferumfang der Mobilgeräte enthalten sind. In der Regel handelt es sich hierbei um Steckernetzteile, über die auch die Mobilgeräte selbst betrieben werden können. Für den Ladevorgang ist die Entnahme des Akkus aus dem Gerät nicht erforderlich. Werden Akkus längere Zeit nicht verwendet, so verlieren sie durch **Selbstentladung** *(self-discharge)* ihre gespeicherte Energie.

Primärzellen (Kap. 6.3.4.3) finden sich – wegen ihrer längeren Haltbarkeit und geringeren Selbstentladung – meist nur in Geräten mit sehr geringer Stromaufnahme (z.B. CMOS-Batterie im PC) oder dort, wo ein Batteriewechsel nicht möglich ist (z.B. implantierter Herzschrittmacher).

Zellenart	Bauformen	Nennspannung	Kapazitätswerte (größenabhängig)	Energiedichte	Innenwiderstand (typisch)	Betriebstemperatur (typisch)	Selbstentladung pro Monat	Anzahl Zyklen	Anwendung	Bemerkungen
Blei-Akku (Pb)	anwendungsspezifische Blockformen	2 V pro Zelle (typisch; je nach Ladezustand 1,75 V bis 2,4 V) in der Praxis meist mehrere Zellen pro Akkublock (z. B. 6 V, 12 V)	1,2 Ah bis 75 Ah	40 Wh/kg	(keine Herstellerangaben)	Entladen: -20 °C bis +50 °C Laden: 0 °C bis +40 °C	stark temperaturabhängig, siehe Bemerkungen	300 bis 1 500; abhängig von Entladetiefe und Temperatur	– Kfz – Kommunikationseinrichtungen – Notstrom-/Speichersicherung – USV	– durch Verwendung von speziellen Fiberglasharzen absolut auslaufsicher; wartungsfrei – einsetzbar im Zyklenbetrieb oder im Bereitschafts-Parallelbetrieb – aufladbar mit Konstantstrom; Ultra-Schnell-Ladungen möglich – Nachladen ohne vorhergehende Entladung möglich – bei gleichem Ladungszustand Parallelschaltung problemlos möglich – Tiefentladung ohne Schaden möglich – hohe Impulsstrombelastung (z. B. Kfz, kurzzeitig 200 A)
Nickel-Metallhydrid-Akku (NiMH)	Rundzellen; prismatische Zellen (Slimline: extrem flach); Sonderformen	1,2 V	1 100 mAh (Größe: AAA) bis 12 000 mAh (Größe: A)	80 Wh/kg	20 mΩ bis 30 mΩ	Entladen: -10 °C bis +65 °C Laden: 0 °C bis 40 °C	< 10 %	bis zu 1 000 (mit speziellen Lademethoden auch mehr)	– Notebook – DECT-Mobiltelefon – Smartphone – Tablet – portabler CD-Player – MP3-Player	– als Batteriepack erhältlich – Wasserkontakt ist zu vermeiden, da sich Batterie sonst erhitzt – konstante Entladespannung – enthält kein giftiges Cadmium – spezielle Lademethode mit Ladezustandsüberwachungen für lange Lebensdauer – Überladen und Überhitzen sind zu vermeiden
Lithium-Ionen-Akku (Li-Ion)	Rundzellen; prismatische Zellen (extrem flach); Blockformen	3,6 V	300 mAh bis 2 000 mAh (Rundzellen)	bis zu 190 Wh/kg (abhängig von den verwendeten Materialien)	(keine Herstellerangaben)	Entladen: -20 °C bis +60 °C Laden: 10 °C bis 45 °C	< 5 %	bis zu 1 000 (bei Auflladung bereits nach 50% Entladung und speziellen Lademethoden auch wesentlich mehr)	– Notebook – Smartphone – Tablet – Elektrowerkzeuge (z. B. Akkuschrauber) – MP3-Player	– Ladung zunächst mit Konstantstrom, Ladespannung 4,2 V, dann mit kontinuierlich sinkendem Ladestrom (Steuerung durch entsprechendes Ladegerät); Schnellladung möglich – hohe Zellspannung; darf nicht gegen Batterie mit gleicher Abmessung, aber anderer Spannung ausgetauscht werden! – über weiten Bereich konstante Entladespannung – empfindlich gegen Überladen und Tiefentladen (führt zu irreparablen Schäden)
Lithium-Polymer-Akku (Li-Polymer)	sehr variabel; gut an Gerätedesign anzupassen	3,7 V	180 mAh bis 3 000 mAh	> 160 Wh/kg	wie Li-Ion	Entladen: -20 °C bis +60 °C Laden: 0 °C bis 45 °C	< 5 %	bis zu 1 000 (bei Auflladung mit speziellen Lademethoden und Batteriemanagementsystem auch wesentlich mehr)	wie Li-Ion	– Aufladung nur mit speziellem Ladegerät für Li-Polymer-Akkus (Hinweis: Bei einigen Typen ist die Ladeelektronik bereits im Akkugehäuse integriert: „Smart-Battery") – geringe Selbstentladung – Dauerentladestrom: 2 C; Pulsentladestrom: 5 bis zu 50 C (hochwertiger Typ) – empfindlich gegen Überladen, Tiefentladen und langem Lagern im entladenen Zustand – hohe Betriebssicherheit; gute Umweltverträglichkeit

Bild 1.135: Kennwerte und Eigenschaften von Akkus

Bei unsachgemäßem Umgang mit Primär- und Sekundärelementen besteht Gefahr für Mensch und Umwelt, weil die Zellen meist sehr aggressive Chemikalien enthalten. Sie dürfen daher während des Gebrauchs unter keinen Umständen platzen oder auslaufen. Wegen der ätzenden Inhaltsstoffe sollten sie nicht gewaltsam geöffnet werden. Die in alten und leeren Batterien enthaltenen Chemikalien können langfristig den äußeren Schutzmantel zersetzen; der Hautkontakt mit eventuell ausgetretenen Stoffen ist zu vermeiden. In seltenen Fällen können sich bestimmte Akkutypen durch einen inneren Kurzschluss auch selbst entzünden. Generell sollten folgende Regeln beachtet werden:

- Batterien beim Einbau möglichst weit von Wärmequellen entfernt platzieren, nicht erhitzen und nicht direkter Sonnenstrahlung aussetzen

- wird ein Gerät lange Zeit nicht genutzt, möglichst Batterien aus dem Gerät entfernen

- nicht direkt an den Batteriekontakten löten, ggf. Batterien mit Lötfahnen verwenden

- Batterien nicht zerlegen oder ins Feuer werfen

- Batterien nicht kurzschließen

- beim Anschluss auf richtige Polung achten

- keine unterschiedlichen Batterietypen zusammenschalten

- keine Billig-Akkus verwenden, die äußerlich kaum von Markenprodukten zu unterscheiden, technisch aber meist minderwertig sind

- Primärzellen nicht versuchen aufzuladen

- bei Sekundärzellen die Ladungsvorschriften einhalten

- Batterien vorschriftsmäßig und unter Beachtung der Umweltverträglichkeit entsorgen

Der letzte Punkt ist mittlerweile leicht zu realisieren, denn jeder Händler nimmt beim Kauf einer neuen Batterie in aller Regel die verbrauchte Batterie zurück und führt sie einer vorschriftsmäßigen Entsorgung zu. Es gibt auch Sammelstellen, bei denen man Altbatterien kostenlos abgeben kann. Der auf diese Weise jährlich entstehende „Batterieberg" von 1 000 bis 1 500 Millionen Stück (ca. 40 000 t) wird einem geordneten Recycling (Kap. 1.14.2) zugeführt, wobei die in den Batterien enthaltenen Metalle zurückgewonnen werden.

AUFGABEN

1. Mit welchen Spannungen muss ein modernes ATX-Motherboard versorgt werden?

2. SATA-Festplatten werden mit einem 15-poligen Stecker an das PC-Netzteil angeschlossen.
   a) Welche Spannungen benötigen SATA-Festplatten?
   b) Begründen Sie die vergleichsweise große Anzahl der Pins.
   c) Warum sind die Kontaktzungen der Pins unterschiedlich lang?

3. Ein PC wird nachträglich mit einem zweiten DVD-Laufwerk und einem weiteren Festplattenlaufwerk ausgestattet. Um welchen Wert vergrößert sich die Belastung des Netzteils (Worst-Case-Betrachtung mit den im Fachbuch angegebenen mittleren Leistungswerten)?

4. In einem Fachaufsatz über Netzteileinschübe finden Sie wiederholt die Abkürzung AC/DC. Welche konkrete Bedeutung hat diese Abkürzung? Welche Eigenschaft des Netzteils wird hiermit beschrieben?

5. Auf dem Typenschild eines PC-Netzteils ist angegeben, mit welchen Strömen die jeweiligen Anschlüssen für die Spannnungen maximal belastet werden dürfen (siehe Tabelle).

U / V	+3,3	+5	+5	+12	+12	−12
I_{max} / A	20	22	2,5	14	16	0,5

a) Berechnen Sie aus den gegebenen Werten die maximale Leistung, die das Netzteil abgeben kann.
b) Das Netzteil hat einen Wirkungsgrad von 70 %. Wie groß ist die aus dem 230-V-Energieversorgungsnetz aufgenommene Leistung?
c) Wie groß ist bei obigem Wirkungsgrad der aus dem 230-V-Netz aufgenommene Strom?
d) Welche Kosten würden entstehen, wenn ein PC mit diesem Netzteil das ganze Jahr (365 Tage) ununterbrochen mit maximaler Belastung betrieben wird? (Arbeitspreis pro kWh: 35 Cent)
(Lösungshinweis: Verwenden Sie bei Bedarf Informationen aus Kap. 6.3.)

6. Ein Kunde legt Ihnen einen ATX-Netzteileinschub vor, den er aus seinem PC ausgebaut hat. Er behauptet, dass dieses Netzteil keine Gleichspannung abgibt, da kein daran angeschlossenes Gerät funktioniert. Mit welchen Messgeräten lässt sich diese Aussage prüfen? Welche Einstellungen sind an diesen Messgeräten vor der Messung ggf. vorzunehmen? Beschreiben Sie mit eigenen Worten den Messvorgang und die Ergebnisse, die bei einem intakten Netzteileinschub zu erwarten sind. (Lösungshinweis: Verwenden Sie bei Bedarf Informationen aus Kap. 6.3.)

7. Begründen Sie, warum bei einigen Steckverbindern des ATX-Netzteils spannungsgleiche Anschlüsse mehrfach vorhanden sind und die daran angeschlossenen Leitung parallel geschaltet sind (z. B: 12 V-Power-Connector, Bild 1.132; siehe auch Kap. 6.3.2.3).

8. a) Welche Art von Netzteil verwendet man üblicherweise bei einem PC?
b) Beschreiben Sie die prinzipielle Funktionsweise eines solchen Netzteils.

9. Welche grundsätzlichen Akkutechnologien unterscheidet man?

10. Welche Regeln sind im Umgang mit chemischen Spannungsquellen zu beachten?

1.11 Eingabegeräte

Zu den **Eingabegeräten** *(input devices)* zählen alle Peripheriegeräte, mit denen Eingaben in ein Computersystem vorgenommen werden können. Man unterscheidet mechanische Eingabegeräte wie beispielsweise **Tastatur, Maus** oder **Joystick** und optische Eingabegeräte wie z. B. **Barcode-Leser** oder **Scanner**. Manche Peripheriegeräte können sowohl als Eingabe- als auch als Ausgabegerät dienen (z. B. Touchscreen). Im Folgenden werden die wichtigsten HID-Eingabegeräte (**HID:** Human Interface Device) kurz dargestellt.

1.11.1 Tastatur

Die **Tastatur** *(keyboard)* ist ein reines Eingabegerät und stellt das gebräuchlichste Verbindungsglied zwischen dem PC und dem Nutzer bzw. der Nutzerin dar. Alle heutigen Tastaturen basieren auf der sog. MF-2-Tastatur (**MF**: **M**ulti-**F**unktions-Tastatur, ursprünglich 102 Tasten), obwohl sich Anzahl und Anordnung der vorhandenen Tasten zum Teil geändert haben (z.B. weitere Tasten: zusätzlich zwei „Windows-Tasten" und eine „Menü-Taste").

Das handelsübliche Tastaturlayout umfasst meist vier Bereiche (Bild 1.136), wobei sich die Buchstabenanordnung des alphanumerischen Blocks im deutschen Sprachraum (**QWERTZ-Tastatur**) von der international üblichen Tastatur (**QWERTY-Tastatur**) unterscheidet. Die Bezeichnungen resultieren aus der Anordnung der linken sechs Zeichentasten in der oberen Reihe der Buchstabentasten.

> Beim QWERTZ-Tastatur-Layout ist für die richtige Verarbeitung aller Buchstaben ein deutscher Tastaturtreiber erforderlich.

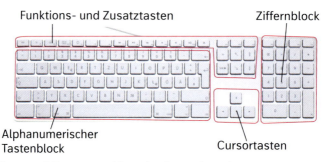

Bild 1.136: MF-2-Tastatur mit Zusatztasten (deutsches Tastaturlayout)

Die Bedeutung der zusätzlich zu den Buchstaben und Ziffern auf einer Standardtastatur aufgedruckten Bezeichnungen und Symbole werden in der folgenden Tabelle erläutert.

Taste	Alternative Bezeichnung	Funktion
Esc	ESCAPE	Dient häufig zum Verlassen von Programmen oder zum Beenden von Aktionen
⭾	TAB	Tabulatortaste zum Setzen von Tabulatorsprüngen (z.B. bei der Textverarbeitung) oder Springen durch Eingabemasken oder Menüs
⇩	CAPS LOCK	Feststelltaste; nach Betätigung werden alle Buchstaben großgeschrieben, die Aktivierung wird durch eine Leuchtdiode signalisiert. Die Funktion wird deaktiviert durch erneute Betätigung der Feststelltaste.
⇧	SHIFT Taste	Umschalttaste, die bei **gleichzeitiger** Betätigung einer anderen Taste eine Funktion hat (Großschreibung von Buchstaben; Sonderfunktionen in Abhängigkeit von der verwendeten Software). Die Taste ist doppelt vorhanden.
Strg	CRTL; CONT; CONTROL	Steuerungstaste, die bei **gleichzeitiger** Betätigung einer anderen Taste eine Funktion hat. Diese hängt von der verwendeten Software ab. Die Taste ist doppelt vorhanden.

Taste	Alternative Bezeichnung	Funktion
Alt		Steuerungstaste, die bei **gleichzeitiger** Betätigung einer anderen Taste eine Funktion hat. Bei vielen Programmen kann mithilfe der Alt -Taste und den Ziffern auf dem Ziffernblock der ASCII-Code der einzelnen Zeichen eingegeben werden.
Alt Gr		Steuerungstaste, die bei **gleichzeitiger** Betätigung einer Taste mit einem **zusätzlichen Aufdruck** (z. B. µ, {, [, @) den Zugriff auf dieses Zeichen erlaubt. Andere mögliche Funktionen hängen von der verwendeten Software ab.
↵	ENTER; CARRIAGE RETURN	Steuerungstaste, mit der dem Betriebssystem mitgeteilt wird, dass ein eingegebener Befehl auszuführen ist; bei Standardsoftware Befehl zum Zeilensprung. Die Enter -Taste im Ziffernblock hat die gleiche Funktion.
←	BACKSPACE	Löscht das zuletzt eingegebene Zeichen
Druck	HARDCOPY; PRTSCR	Unter Windows wird bei gleichzeitiger Betätigung der Tastenkombination Alt + Druck der Bildschirminhalt des gerade aktuellen Fensters in die Zwischenablage kopiert (**Screenshot**). Ist nicht auf allen Tastaturen vorhanden (z. B. bei Notebooks).
Rollen⇩	SCROLL LOCK	Nach Betätigung konnte man sich früher (unter DOS) bildabschnittsweise mit den Pfeiltasten in einem Dokument bewegen, ohne die Schreibmarke (den Cursor) zu verschieben. Die Aktivierung wird durch eine Leuchtdiode signalisiert. Die Deaktivierung erfolgt durch erneute Betätigung der Taste. Wird heute nur noch von wenigen Programmen unterstützt.
Pause	Untbr.	Ermöglicht bei manchen Programmen die Unterbrechung eines laufenden Vorgangs.
Einfg		Wechselt zwischen dem **Überschreibmodus** und dem **Einfügemodus**. Der Einfügemodus bewirkt, dass alle eingegebenen Zeichen an der aktuellen Cursorposition eingefügt werden. Dieser Modus bleibt bis zur Deaktivierung durch erneutes Betätigen erhalten. Normalerweise keine Signalisierung des eingestellten Modus durch eine LED; bei manchen Anwendungsprogrammen (z. B. Word) wird in der Statuszeile die Anzeige **ÜB** aktiviert bzw. deaktiviert.
Entf	DEL; DELETE; Lösch	Löscht das Zeichen hinter der aktuellen Cursorposition; bei Standardsoftware können auch mehrere vorher markierte Zeichen gelöscht werden. Die Funktion ist auch im Ziffernblock vorhanden.
Pos1	ANF; HOME	Platziert den Cursor bei Standardsoftware in die erste Spalte der aktuellen Zeile. Die Funktion ist auch im Ziffernblock enthalten.
Ende	END	Platziert den Cursor bei Standardsoftware hinter das letzte Zeichen der aktuellen Zeile. Die Funktion ist auch im Ziffernblock enthalten.
Bild ↑	PgUp	Ermöglicht in vielen Programmen das Blättern von einer Bildschirmseite nach oben. Meist wird der Cursor hierbei mitverschoben. Die Funktion ist auch im Ziffernblock enthalten.
Bild ↓	PgDn	Ermöglicht in vielen Programmen das Blättern von einer Bildschirmseite nach unten. Meist wird der Cursor hierbei mitverschoben. Die Funktion ist auch im Ziffernblock enthalten.

1

Taste	Alternative Bezeichnung	Funktion
Num⇧	NUM-LOCK	Schaltet zwischen der Doppelbelegung des Ziffernblocks um. Ist die Ziffernfunktion aktiviert, wird dies durch eine Leuchtdiode signalisiert (LED an).
⊞	Windows-Taste	Öffnet unter Windows das Startmenü aus jeder aktiven Anwendung heraus; bewirkt unter Windows bei gleichzeitiger Betätigung in Kombination mit anderen Tasten versionsabhängig unterschiedliche Aktionen der Benutzeroberfläche, z. B. *Windows-Taste + E* öffnet den Windows-Explorer; *Windows-Taste + A* öffnet das Info-Center (unter anderen Betriebssystemen andere Aktionen möglich)
▤	Menütaste	Dient dem direkten Aufruf eines **Kontextmenüs**, welches dann abhängig von der Cursorposition eine maßgebliche Funktionsauswahl öffnet.

Bild 1.137: Bezeichnungen und Symbole auf einer PC-Standardtastatur

Die **Funktionstasten** *(function keys)* F1 bis F12 werden in Abhängigkeit von der verwendeten Software dazu benutzt, komplexe Funktionen auszuführen. Die Zuordnung von Funktionen ist bei den einzelnen Programmen jedoch nicht einheitlich. Manche Programme bieten auch die Möglichkeit, einer Funktionstaste eine gewünschte Funktion zuzuordnen.

Des Weiteren sind auf dem Markt eine Vielzahl von Tastaturen mit **ergonomischer Tastenanordnung** *(ergonomic key arrangement*; leicht abgewinkelte Tasten jeweils für die linke und rechte Hand) erhältlich. Bei portablen Geräten (Notebook, Netbook) fehlt aus Platzgründen ggf. der Ziffernblock. Mittels der zusätzlichen **Fn-Taste** (Fn: Function) können in Kombination mit anderen Tasten herstellerspezifisch zusätzliche Funktionen aufgerufen werden (z. B. Surface Pro: *Fn + Entf* für größere Bildhelligkeit; *Fn + Leertaste* erstellt eine Kopie des Bildschirminhalts). Bei Tastaturen, die sich auf dem Bildschirm einblenden lassen, kann man meist zwischen verschiedenen Darstellungen wechseln.

Bild 1.138: Beispiel für eine Tablet-Tastatur mit Fn-Taste (englisches Tastaturlayout)

Der Anschluss einer (Hardware-)Tastatur erfolgt meist über USB (Kap. 1.6.3) oder kabellos über einen Nano-Funkempfänger mit USB-Stecker oder über Bluetooth. Bei einem fehlerhaften Bootvorgang kann es bei einem Wireless-Anschluss zu einem Eingabeproblem kommen, sofern noch keine entsprechenden Treiber geladen wurden (z.B. wenn Änderungen bei den UEFI-Einstellungen erforderlich sind; Kap. 2.5.2). Bei portablen Geräten mit abnehmbarer Tastatur (z.B. Hybrid-Tablets; Kap. 1.1.4) werden die Kontakte zwischen beiden Teilen vielfach magnetisch zusammengehalten.

Durch die Verwendung eines eigenen Controllers können auch serielle Daten zur Tastatur geschickt werden. Hierdurch lassen sich beispielsweise die Tastatur-**Anschlagsgeschwindigkeit** *(velocity)*, die **Wiederholrate** *(repetition rate)* einer gedrückt gehaltenen Taste (ca. zwei bis 25 Zeichen pro Sekunde) oder die **Ansprechverzögerung** *(response delay*; ca. 250 ms bis 1 s) einstellen (dies ist bedeutsam für Ergonomie und Barrierefreiheit, Kap. 1.14). Tastaturen unterscheiden sich auch hinsichtlich der Kraft, die man bei der Betätigung einer Taste aufwenden muss, oder haben einen deutlich spürbaren Betätigungspunkt, an dem der Tastendruck registriert wird (taktiles Feedback, teilweise auch mit Klickgeräusch).

1.11.2 Maus

Die **Maus** *(mouse)* ist ebenfalls ein Eingabegerät zur Kommunikation mit dem PC. Eine Eingabe ist allerdings nur mit betriebsbereitem Display kontrollierbar, da die Befehlseingabe durch Platzieren des Mauszeigers auf ein dargestelltes Befehlsfeld und Klicken mit einer Maustaste erfolgt.

Zu den grundlegenden Merkmalen einer Maus gehören das Gehäuse mit einer planen Grundfläche und einem Aufbau, der die Bedienung mit einer Hand gestattet, zwei oder drei Tasten auf der Oberseite sowie eine Einrichtung zum Erfassen der Bewegungsrichtung an der Unterseite. Diese erfolgt über optische Verfahren. An der Unterseite einer optischen Maus befindet sich hierzu eine **LED** (**L**ight **E**mitting **D**iode), die Licht in Richtung der Unterlage abstrahlt. Ein Sensor an der Unterseite der Maus empfängt das von der Oberfläche der Unterlage reflektierte Licht und wertet die bei Bewegung auftretenden Unterschiede der reflektierten Strahlen aus. Die auf verspiegelten oder durchsichtigen Glasoberflächen bestehenden Probleme der Bewegungserkennung bei herkömmlichen optischen Mäusen mit Standard-Rot-LED oder Laserdiode (Bild 1.139 a und b) werden durch unterschiedliche Technologien verringert (z.B. Bild 1.139 c: **BlueTrack-Technik**: Verwendung einer breit streuenden, kurzwelligen blauen LED; Bild 1.139 d: **Darkfield-Technik**: 2 Infrarot-LEDs, die polarisiertes Licht abgeben; Polarisation siehe Kap. 1.12.3.1). Durch das Verschieben der Maus wird ein Bildschirmcursor bewegt, dessen Aussehen sich je nach Anwendung und Position verändern kann.

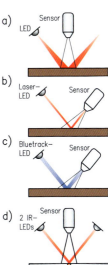

Bild 1.139: Abtastmechanismen optischer Mäuse (Grundprinzip)

> Die Beziehung zwischen der Mausbewegung auf dem Mauspad und der Bewegung des Bildschirmcursors bezeichnet man als **Mausempfindlichkeit** *(mouse sensitivity)*.

Die Mausempfindlichkeit lässt sich bei den meisten Anwendungsprogrammen individuell anpassen. Unter einer **Mausspur** *(mouse trail)* versteht man hierbei eine schattenähnliche Spur, die auf dem Bildschirm während einer Mausbewegung angezeigt werden kann.

Die meisten Mäuse verfügen über ein mechanisches oder elektronisches **Scrollrad** *(scroll wheel)*, mit dem man in den verschiedensten Applikationen durch einfaches Drehen einen vertikalen Bildlauf steuern kann und mit dem man wie mit einer Taste bei Klick bestimmte vorprogrammierte Funktionen ausführen kann. Verschiedentlich befinden sich an der Mausseite auch weitere Tasten für (programmierbare) Zusatzfunktionen.

> Die Maus ist ein **relatives Zeigegerät** *(relative pointing device)*, da es keine definierten Grenzen für die Mausbewegungen auf dem Mauspad gibt und ihre Lage auf einer Fläche nicht direkt auf dem Bildschirm abgebildet wird.

So kann man beispielsweise die Maus hochheben und an einer anderen Stelle wieder aufsetzen, ohne dass sich die Lage des Bildschirmzeigers verändert, da keine Bewegung registriert wurde. Zur Auswahl von Elementen oder Befehlen auf dem Bildschirm drücken die Benutzer/-innen eine der Maustasten, um einen „Mausklick" zu erzeugen.

Der Anschluss der Maus erfolgt an den USB-Anschluss (direkt per Kabel oder kabellos mittels Funkempfänger) oder per Bluetooth. Voraussetzung für das Arbeiten mit der Maus ist ein Programm mit einer grafischen Benutzeroberfläche und einer entsprechenden Software (Maustreiber), welche die Bewegungen der Maus erfasst und in entsprechende Befehle umsetzt. Unter Windows wird eine Maus in der Regel automatisch erkannt und eingebunden.

1.11.3 Scanner

Unter einem **Scanner** (Abtaster) versteht man allgemein ein optisches Datenerfassungsgerät, mit dem es möglich ist, eine Vorlage mithilfe von Sensoren zu erfassen und diese in eine digitale Form zu bringen, sodass sie mit einem Computer verarbeitet, analysiert und dargestellt werden kann.

Eines der Hauptanwendungsgebiete ist das Erfassen von Dokumenten, Textpassagen und Abbildungen von bedrucktem Papier. Die hierzu verwendeten Geräte lassen sich in unterschiedliche Kategorien einteilen. Ein wesentliches Unterscheidungsmerkmal ist hierbei das Prinzip, nach dem die einzuscannende Vorlage befestigt bzw. transportiert wird.

Beim **Flachbettscanner** *(flatbed scanner)* wird die Vorlage mit der bedruckten Seite nach unten auf einer Glasoberfläche fixiert und der Abtastmechanismus bewegt sich, angetrieben von einem kleinen Schrittmotor, unter der Glasoberfläche über die Vorlage. Die Fixierung kann – bei aufgeklappter Glasabdeckung – per Hand erfolgen oder automatisiert durch einen zusätzlichen Einzugmechanismus, der die Dokumente automatisch auf die Glasoberfläche befördert und nach dem Scanvorgang wieder auswirft.

Der **Einzugscanner** *(feed scanner)*, der z.B. bei Faxgeräten eingesetzt wird, zieht das Papier ein und bewegt es über einen stationären Scanmechanismus. Der Scanvorgang erfolgt hier, während das Dokument bewegt wird.

In anderen Bereichen werden spezielle Arten optischer Scanner eingesetzt. So handelt es sich bei einem **Fingerabdruckscanner** *(fingerprint scanner)* um einen Sensor, mit dem man die (unverwechselbaren) biometrischen Merkmale eines Fingers (oder mehrerer Finger) erfassen und anschließend ein digitales Abbild dieses Fingerabdrucks erstellen kann. Bei einem halbautomatischen Fingerabdruckscanner muss man einen Finger über eine schmale Scannerfläche ziehen (kompaktere Bauform), ein vollautomatischer Fingerabdruckscanner erfasst einen (oder mehrere) Finger durch Auflegen auf eine Fläche (qualitativ bessere Ergebnisse). Durch Vergleich mit gespeicherten Abdruckdaten ist die eindeutige Identifikation einer Person möglich. Zur Abtastung werden optische oder kapazitive Sensoren eingesetzt, die bei hochwertigen Systemen durch thermische oder Ultraschall-Sensoren ergänzt werden (zur Überprüfung auf „Lebend-Erkennung"). Fingerabdruckscanner findet man in vielen sicherheitsrelevanten Bereichen als Zugangskontrolle und in Smartphones für das Entsperren des Gerätes oder zur Verifizierung bei Onlinekäufen. Zunehmend werden in den genannten Bereichen zur Erfassung (eindeutiger) biometrischer Merkmale auch sog. **Irisscanner** eingesetzt, bei denen anstatt des Fingerabdrucks die (ebenfalls unverwechselbare) Augeniris erfasst wird.

Bei einem Scanvorgang wird die Vorlage von einer Lichtquelle beleuchtet. Dieses Licht wird in Abhängigkeit der Farbgestaltung der Vorlage unterschiedlich reflektiert und von lichtempfindlichen Sensoren aufgenommen. Bei Papierscannern werden platzsparende **LEDs** (**L**ight **E**mitting **D**iodes) eingesetzt. LEDs benötigen keine Aufwärmphase, da sie sofort betriebsbereit sind. Diese mit der Abkürzung **CIS** (**C**ontact **I**mage **S**ensor) bezeichnete Technologie bietet neben der geringeren Bauhöhe des Scanners auch einen niedrigeren Stromverbrauch durch die LEDs. Hierdurch kann der Scanner seinen gesamten Energiebedarf aus der USB-Schnittstelle des PCs beziehen, ein separates Netzteil ist nicht erforderlich.

> Die Aufzeichnung der reflektierten Lichtwerte erfolgt bei Scannern mit winzigen lichtempfindlichen **CMOS**-Elementen (**C**omplementary **M**etal **O**xid **S**emiconductor).

Diese CMOS-Bausteine erzeugen entsprechend der auftreffenden Lichtstärke elektrische Ladungen, die dann weiterverarbeitet werden können. Meist sind diese CMOS-Elemente in einer geraden Reihe angeordnet und erfassen eine Vorlage zeilenweise. Durch den Einsatz optischer Umlenksysteme (Spiegel) und Linsen – wie etwa beim Flachbettscanner – werden störende Einflüsse (z. B. Streulicht) gering gehalten.

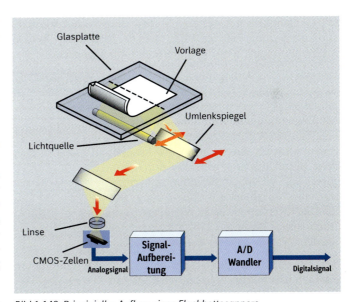

Bild 1.140: Prinzipieller Aufbau eines Flachbettscanners

Um mit diesen CMOS-Elementen eine Vorlage farbig aufnehmen zu können, müssen entsprechend dem additiven Farbdarstellungsverfahren (Kap. 1.12.1) die drei Grundfarben Rot, Grün und Blau separat erfasst werden. Moderne Scanner ermöglichen dies in einem einzigen Scan-Durchgang (**Single Pass Scanner**). Sie besitzen hierzu CMOS-Elemente, die jeweils mit einem Rot-, Grün- und Blaufilter maskiert sind. Die Größe der elektrischen Ladungen, die die CMOS-Bausteine beim Belichtungsvorgang aufnehmen, entspricht jeweils einem bestimmten Farbwert.

Die analogen „Farbwertsignale" werden anschließend in ein Digitalsignal umgewandelt, welches vom PC verarbeitet werden kann. Eingescannte Vorlagen liegen als Bitmap-Grafik mit entsprechend großem Speicherbedarf vor.

> Eine **Bitmap-Grafik** speichert für jeden darstellbaren Punkt die Koordinaten und den Farbwert. Aus diesem Grund benötigt sie ein großes Speichervolumen. Sie wird auch als **Pixelgrafik** bezeichnet.

Um eingescannte Texte mit einem handelsüblichen Textverarbeitungsprogramm weiterverarbeiten zu können, muss eine Umwandlung der alphanumerischen Zeichen und Satzzeichen in editierbare Textzeichen erfolgen.

> Die Umwandlung eines eingescannten Textes in eine editierbare Textvorlage erfolgt mithilfe eines optischen **Zeichenerkennungsprogramms** (**OCR**; **O**ptical **C**haracter **R**ecognition).

Diese Umwandlung erfolgt mithilfe von **Mustervergleichsverfahren**. Aufgrund der Vielzahl unterschiedlicher Schriftarten und Schriftattribute (z.B. Fett- und Kursivschrift) bestehen jedoch häufig große Unterschiede in der Gestaltung der Zeichen, sodass eine absolut fehlerfreie Zeichenerkennung (character recognition) in der Regel nicht möglich ist. Grafische Darstellungen oder Bilder (Fotos) können mit entsprechenden Programmen (z.B. Adobe Creative Suite, Corel Draw) bearbeitet werden.

Die Genauigkeit, mit der eine Vorlage eingescannt werden kann, hängt von der **Auflösung** des Scanners ab. Sie wird – wie bei Druckern – in **Dots per Inch** (dpi), in **Pixel pro Millimeter** (ppm) oder **Pixel per Inch** (ppi) angegeben.

Die genannten Auflösungen sind typische Werte und hängen nicht zuletzt vom Gerätepreis ab. Ein Leistungsvergleich nur anhand einer angegebenen, aber nicht näher bezeichneten Auflösung gestaltet sich in der Praxis oftmals schwierig, da die **tatsächliche physikalische Auflösung** durch entsprechende Interpolationsverfahren (mathematische Verfahren zur Berechnung von

Scannerart	Auflösung
Einzugscanner	300 bis 900 dpi
Flachbettscanner	600 bis 4 800 dpi
Flachbett-Diascanner	1 200 bis 9 600 dpi

Bild 1.141: Scannerarten mit typischen Auflösungen

Zwischenwerten) zu einer **scheinbar vorhandenen Auflösung** vergrößert werden kann. Durch diese Verfahren lassen sich beispielsweise „Treppeneffekte" reduzieren. Scanner werden meist an einen USB-Port angeschlossen.

Mit dem Ziel, eine einheitliche Softwareschnittstelle für Scanner zu entwickeln, wurde ein Standard mit der Bezeichnung **TWAIN** (**T**echnology **W**ithout **A**n **I**nteresting **N**ame) geschaffen. Moderne Scanner (und auch Digitalkameras) werden meist über den TWAIN-Standard angesteuert. Auf diese Weise ist eine weitestgehend problemlose Integration der Geräte in die meisten Bildbearbeitungsprogramme möglich. Alternative Softwareschnittstellen sind **ISIS** (Image and Scanner Interface Specification; kommerzielle Anwendung), **SANE** (Scanner Access Now Easy; bei Linux) oder **WIA** (Windows Image Acquisition; bei Windows).

1.11.4 Sonstige Eingabegeräte

Neben der bisher genannten Peripherie gibt es noch weitere Eingabegeräte.

Trackball

Der **Trackball** ist ein stationäres Zeigegerät, welches aus einer Kugel besteht, die auf zwei Rollen gelagert ist. Die Rollen sind im rechten Winkel zueinander angeordnet und wandeln eine Bewegung der Kugel in vertikale und horizontale Bewegungen auf dem Bildschirm um. Die Kugel wird mit der Hand bewegt. Ein Trackball verfügt in der Regel auch über eine oder zwei Tasten zum Auslösen von Aktionen.

Mousepad/Touchpad

Das **Mousepad** bzw. **Touch-** oder **Trackpad** ist ein Zeigegerät, das aus einer kleinen, flachen, berührungsempfindlichen Sensorfläche besteht. Der Mauszeiger auf dem Bildschirm kann verschoben werden, indem man mit dem Finger oder einem Stift über die Oberfläche des Pads fährt. Durch Tippen mit dem Finger auf dem Pad wird eine Funktion wie beim Betätigen einer Maustaste durchgeführt. Vorrichtungen dieser Art finden sich meist bei Notebooks und Netbooks.

Stylus

Stylus ist die Bezeichnung für einen Eingabestift, der für die Bedienung von Geräten mit sensitiven Oberflächen (Touchscreen, Tablet, Smartphone) geeignet ist. Mit einem solchen Stift ist eine Eingabe in vielen Fällen wesentlich präziser möglich als mit den Fingern.

Bei druckempfindlichen Bildschirmen (Widerstandsprinzip; Kap. 1.12.2) genügt hierzu ein beliebiger Stift mit einer Kunststoffspitze. Bei einem kapazitiven Touchscreen (Kapazitätsprinzip; Kap. 1.12.2) ist ein spezieller Stift mit einer leitfähigen Spitze erforderlich. Diese bildet den Ersatz für die Fingerkuppe und fällt daher meist etwas dicker aus (Bild 1.142 a). Zwar ist er hierdurch weniger präzise bei der Linienführung, kann aber auf jedem kapazitiv arbeitenden Gerät verwendet werden (und hinterlässt keine Fingerabdrücke auf der Oberfläche).

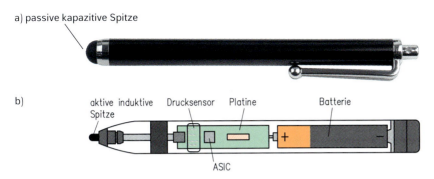

Bild 1.142: a) passiver Stylus, b) aktiver Stylus (Prinzipdarstellung)

Darüber hinaus gibt es spezielle, aktive Eingabestifte, die in der Regel auf ein bestimmtes Produkt abgestimmt sind. Diese verwenden meist eine induktive Eingabemethode, bei der in der Stiftspitze ein kleines elektromagnetisches Feld (Kap. 6.3.6) erzeugt wird. Dieses Feld wird durch entsprechende Sensoren auf der Displayoberfläche detektiert und seine

Bewegung auf der Oberfläche ausgewertet. Auf diese Weise ist ein sehr präzises Zeichnen und Schreiben auf der Oberfläche möglich (auch in Verbindung mit OCR; Kap. 1.11.5). Ist ein solcher Stylus zusätzlich mit einem internen Drucksensor sowie einer entsprechenden Elektronik (**ASIC**; Application Specific Integrated Circuit; Bild 1.142 b) ausgestattet und verfügt das damit bediente Gerät über die zugehörige Software, lassen sich auch dicke und dünne Linien realisieren. Bei Stiftbenutzung wird von dieser Software in der Regel auch die übliche Touch-Bedienung abgeschaltet, damit es nicht zu Fehleingaben durch aufliegende Finger oder Handballen kommt. Am Stift befindliche Tasten können mit zusätzlichen Funktionen belegt werden (z. B. Öffnen eines bestimmten Programms).

Digitizer

Digitizer bzw. **Grafiktablets** bestehen aus einer ebenen Fläche mit Sensoren, welche die Position eines speziellen Stiftes aufnehmen, mit dem man die Fläche berührt. Hierbei ist die Position des Stiftes innerhalb eines definierten Bewegungsbereichs immer mit einer vordefinierten Bildschirmposition verknüpft, d. h., bei Grafiktabletts handelt es sich um **absolute Zeigegeräte**. Zusätzlich hat ein Digitizer auch Schaltflächen, bei deren Berührung vordefinierte Aktionen ausgelöst werden.

Barcode-Leser

Ein **Barcode-Leser** *(bar code scanner)* ist ein optisches Gerät, das mithilfe eines Laserstrahls Barcodes (Kap. 6.1.5.5) lesen und interpretieren kann (z. B. an Registrierkassen). Der Laserstrahl wird auf das Papier gerichtet und erfasst die Codierung. Die vertikalen Balken des Codes reflektieren den Strahl anders als das Papier, auf dem sie angebracht sind. Das reflektierte Signal wird mithilfe lichtempfindlicher Bauelemente aufgenommen und die Muster aus hellen und dunklen (oder farbigen) Stellen in digitale Signale umgesetzt, die dann unabhängig von der Leserichtung von einem Rechner korrekt weiterverarbeitet werden können. Alternativ kann auch ein Smartphone oder ein WebCam-Modul mit einem entsprechenden Programm zur Barcode-Erkennung verwendet werden.

AUFGABEN

1. Welcher Unterschied besteht zwischen einer QWERTZ-Tastatur und einer QWERTY-Tastatur?

2. a) Welche Funktion hat unter Windows die Tastenkombination (Alt) + (Druck)?
   b) Wozu dient die oft auf Tastaturen von portablen Geräten vorzufindende „fn-Taste"? Nennen Sie Anwendungsbeispiele.

3. Mit welcher Tastenkombination kann man das bei E-Mail-Adressen erforderliche Zeichen @ erzeugen?

4. Welche Änderung ergibt sich bei einem Textverarbeitungsprogramm durch Betätigen der (Einfg)-Taste?

5. Bei optischen Mäusen unterscheidet man verschiedene Abtastmechanismen. Nennen und erläutern Sie diese.

6. Welcher Unterschied besteht zwischen einem relativen Zeigegerät und einem absoluten Zeigegerät?

7. Was versteht man unter der Mausempfindlichkeit?

8. Was ist ein Barcode-Leser? Wo finden Barcodes Verwendung? Welche Vorteile ergeben sich durch die Nutzung dieses Codes?

9. Welche Vorteile bietet bei einem Scanner der Einsatz von LEDs gegenüber anderen Lichtquellen?

10. Eine Kundin interessiert sich für Scanner und fragt nach der Bedeutung der Bezeichnung Single-Pass-Scanner. Erläutern Sie.

11. Welche Funktion erfüllt ein sog. OCR-Programm?

12. Was versteht man unter der Scannerauflösung und wie wird sie angegeben? Welche typischen Werte erreichen moderne Scannertypen? Worauf ist bei der Beurteilung dieses Wertes zu achten?

13. Was versteht man unter dem TWAIN-Standard?

14. Was ist ein Digitizer? Welche Eigenschaften hat er?

15. Wozu benötigt man im PC-Bereich einen „Stylus"? Erläutern Sie die verschiedenen Ausführungsvarianten.

16. Das Verwaltungsbüro Ihrer Firma soll mit neuen, mechanischen Tastaturen ausgestattet werden. Hierbei sollen auch die individuellen Bedürfnisse der Beschäftigten bezüglich der Tastentechnologie Berücksichtigung finden (z.B. Kraftaufwand, den man bei der Nutzung aufwenden muss, oder spürbarer Betätigungspunkt). Sie erhalten den Auftrag, sich per Internetrecherche über Unterschiede zu informieren, diese schriftlich zusammenzutragen und den Beschäftigten zu präsentieren.

1.12 Bildgebende Komponenten

Die vom internen Grafikchip oder der zusätzlichen Grafikkarte eines Computers erzeugten Signale werden mithilfe bildgebender Systeme visuell dargestellt. Hierbei setzt man am Arbeitsplatz standardmäßig **Flachbildschirme** *(flat screen)* ein. Diese verwenden je nach Technologie unterschiedliche physikalische Phänomene zur Bilderzeugung (z.B. Flüssigkristalle, Elektrolumineszens, Plasma). Für die über den Arbeitsplatz hinausgehende Darstellung werden zu Präsentationszwecken auch sog. **Beamer** (Kap. 1.12.7) eingesetzt.

1.12.1 Farbdarstellungsverfahren und Kenngrößen

Die Darstellungsoberfläche eines Bildschirms besteht aus einzelnen Leuchtpunkten, die auch **Pixel** genannt werden. Bei einem Farbbildschirm besteht jedes Pixel aus einem roten, einem grünen und einem blauen Teilpunkt, die so nahe nebeneinanderliegen, dass ein menschliches Auge die Teilpunkte einzeln nicht mehr erkennen kann. Der Abstand zwischen den Mittelpunkten zweier benachbarter Punkte gleicher Farbe wird **Pixelabstand** *(dot pitch)* genannt. Der Pixelabstand bildet die Grenze der Auflösung eines Bildschirms. Teilweise wird nicht der Pixelabstand, sondern die Anzahl der **Pixel p**ro **i**nch (**ppi** oder **dpi**: **d**ots **p**er **i**nch; 1 inch = 1 Zoll = 2,54 cm) angegeben.

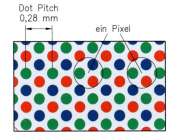

Bild 1.143: Pixel und Dot Pitch

Jedes Pixel wird von der Grafikkarte einzeln angesteuert (Kap. 1.9.1). Hierbei können die Intensitäten der Grundfarben **R**ot, **G**rün und **B**lau (**RGB**) jedes Pixels unabhängig voneinander eingestellt werden. Ein bestimmtes Mischungsverhältnis dieser drei Grundfarben nehmen wir als eine bestimmte Farbe wahr. Ändert man das Mischungsverhältnis, ändert sich auch die Farbwahrnehmung. Auf diese Weise lassen sich sämtliche vom menschlichen Auge wahrnehmbaren Farben realisieren. Die Farbe Weiß entsteht durch Mischung aus intensivem Rot, intensivem Grün und intensivem Blau.

Bild 1.144: Additives Farbmodell

Die **Bilderzeugung** *(image creation, image production)* bei einem RGB-Display erfolgt nach dem sog. **additiven Farbmischverfahren** *(additive color mixing procedure)* aus den drei Grundfarben Rot, Grün und Blau.

Bei diesem additiven Verfahren handelt es sich um ein Farbmodell zur Beschreibung von Farben, die durch farbiges Licht erzeugt werden. Die Farbe Schwarz würde sich bei diesem Modell durch Mischen der drei Grundfarben mit der Intensität Null ergeben. In der Praxis werden die Licht erzeugenden Elemente je nach verwendeter Technik abgeschaltet oder abgedeckt (z. B. Backlight), sodass der Bildschirm dunkel bleibt. Der sich hierbei ergebende „Schwarzwert" ist ein Gütekriterium bei Flachbildschirmen und hängt u. a. von der verwendeten Bilderzeugungstechnik ab.

Das additive Farbmischverfahren wird bis auf wenige Ausnahmen (z. B. E-Book-Reader; Kap. 1.1.7) bei allen farbigen Displays verwendet. Es lässt sich jedoch nicht bei Licht absorbierenden Körperfarben, wie dies etwa bei Druckfarben der Fall ist, anwenden (Kap. 1.13.6).

Unabhängig von der Technik, die einer Bilderzeugung zugrunde liegt, gibt es einige technikübergreifende Parameter, die einen Vergleich von bildgebenden Systemen ermöglichen (Bild 1.145).

Bezeichnung	Erläuterung
Bildseitenverhältnis, kurz: Seitenverhältnis oder Bildformat (*aspect ratio, image format*)	Angabe des Verhältnisses von Bildschirmbreite zu Bildschirmhöhe; wird meist als Zahlenwertbruch ohne Einheit angegeben, manchmal auch auf 1 normiert; typische Werte sind: 4:3 (lies: vier zu drei; klassischer Fernseher); normiert: 1,33:1 16:9 (Breitbildformat Fernseher, DVB, HDTV, UHD); normiert: 1,77:1 16:10 (Breitbildformat Notebooks); normiert: 1,6:1
Bildschirmgröße, Displaygröße (*screen size, display size*)	Angabe der Bildschirmdiagonalen in Zoll; die Bildschirmdiagonale ist der Abstand zweier sich diagonal gegenüberliegender Ecken eines Bildschirms; die alleinige Angabe der Bildschirmdiagonale ist nur dann sinnvoll nutzbar, wenn das Bildseitenverhältnis bekannt ist; zwischen der Bildschirmdiagonale d, der Bildbreite b und der Bildhöhe h gilt folgender Zusammenhang: $d^2 = b^2 + h^2$ (Satz des Pythagoras)

Bezeichnung	Erläuterung
Auflösung (*resolution*)	**Physikalische Auflösung:** Maximale Zahl der physikalisch vorhandenen Farbtripelpunkte; wird als Zahlenpaar „Anzahl der waagerechten Bildpunkte × Anzahl der senkrechten Bildpunkte" angegeben (Alternativbezeichnung: **native Auflösung**) **Logische Auflösung:** Anzahl der waagerechten und senkrechten Bildpunkte, die von der Grafikkarte einzeln angesteuert werden können; in der Regel sind verschiedene Wertepaare möglich (siehe Kap. 1.9.1); die Zahl der physikalisch vorhandenen Bildpunkte eines Bildschirms entspricht der maximal möglichen logischen Auflösung.
Leuchtdichte (*luminance*)	Helligkeit eines Bildes, wird in der SI-Einheit Candela pro Quadratmeter (cd/m^2; siehe Anhang F) angegeben; Bei einem Beamer wird auch der Lichtstrom in Lumen (lm) angegeben. (Hinweis: Im englischsprachigem Raum wird alternativ auch die Einheit **Nit** verwendet; 1 Nit = 1 cd/m^2)
Kontrast (*contrast*)	Quotient aus dem größten erreichbaren Helligkeitswert (Weißwert) und dem geringsten erreichbaren Helligkeitswert (Schwarzwert) eines Bildpunktes; wird als Verhältnis angegeben (z. B. 300:1)
Ausleuchtung (*illumination*)	Gleichmäßigkeit der Bildhelligkeit als Quotient aus der **Helligkeit** *(brightness)* des hellsten Bildpunktes zu der des dunkelsten Bildpunktes bei einem definierten Testbild mit konstanten Helligkeitswerten; Angabe in %
Bildgeometrie (*image geometry*)	Zusammenfassung aller Geometriefehler bei der Darstellung von definierten Testbildern (z. B. Kissenverzerrungen, abgerundete Ecken, Ellipsen statt Kreise); Prüfprogramme sind als Shareware erhältlich
Darstellungsmodus (*view mode, display mode*)	**Interlaced-Modus** (z. B. 1 080i) Beim Bildaufbau wird bei einem Durchgang jeweils nur jede zweite Pixelzeile geschrieben; zur kompletten Darstellung eines Bildes sind somit zwei Durchgänge erforderlich. **Non-Interlaced-Modus, Progressiv-Modus** (z. B. 1 080p) Beim Bildaufbau werden bei einem Durchgang alle Pixelzeilen nacheinander geschrieben.
Bildwiederhol-frequenz (*refresh rate*)	Anzahl der Bilder, die pro Sekunde dargestellt werden; sie wird in Hertz (Hz) oder alternativ auch in „**f**rames **p**er **s**econd" (**fps**; Bilder pro Sekunde) angegeben.

Bild 1.145: Allgemeine Kenngrößen bildgebender Systeme

Die Bildschirmgröße, das Seitenverhältnis und die Auflösung stehen in einem engen Verhältnis zueinander (Bild 1.146).

Die Darstellung auf einem digital angesteuerten Display ist qualitativ dann am besten, wenn seine physikalische Auflösung identisch ist zur (eingestellten) Auflösung der steuernden Grafikkarte. Viele Displays verfügen über die sog. **ACM-Funktion** (**A**daptive **Co**lor **M**anagement), die für eine optimierte Darstellung Kontrast und Helligkeit abhängig vom Bildinhalt automatisch anpasst.

Alle bildgebenden Komponenten müssen bestimmten Qualitäts- und Sicherheitsstandards genügen, um auf dem Markt zugelassen zu werden. Die Erfüllung dieser Standards wird durch entsprechende Prüfsiegel auf dem Display dokumentiert (Kap. 1.14.3).

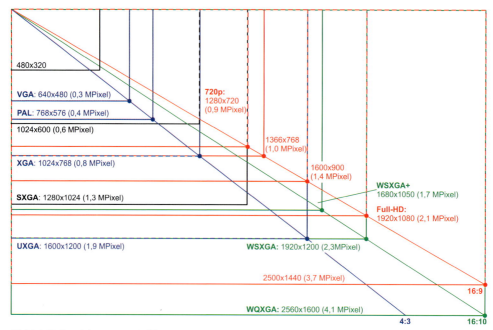

Bild 1.146: Bezeichnung von Auflösungen sowie Zusammenhang zwischen Bildschirmformat und Auflösung (Beispiele)

1.12.2 Touchscreen

> Unter einem Touchscreen versteht man ein Bild-Wiedergabegerät **mit einer sensitiven Bildschirmoberfläche** (*sensitive screen*, Sensorbildschirm). Ein Touchscreen kann als Eingabe- und als Ausgabegerät arbeiten.

Durch die Berührung der Bildschirmoberfläche können die Benutzer/-innen eine Auswahl treffen oder einen Cursor verschieben. Um den Punkt zu bestimmen, an dem man sie berührt, arbeiten Sensorbildschirme nach einem der im Folgenden aufgeführten physikalischen Prinzipien.

Widerstandsprinzip

Die Oberfläche des Bildschirms ist mit einem leitfähigen Material beschichtet, das sich – gehalten von winzigen Abstandshaltern – in geringem Abstand zu einer zweiten leitfähigen Schicht befindet. Zwischen beiden Schichten liegt eine geringe elektrische Spannung. Werden die leitenden Schichten durch einen leichten Druck (eine bloße Berührung reicht meist nicht aus) der Bildschirmoberfläche zusammengepresst, ergibt sich an dieser Stelle eine Widerstandsveränderung, deren Koordinaten von einer Steuerelektronik ausgewertet werden. Ein mit dieser Technik arbeitender Bildschirm wird auch als **resistiver Touchscreen** bezeichnet (Anwendung z. B. in Industrie-PCs; Kap. 1.1.7).

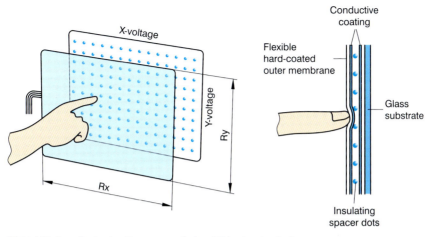

Bild 1.147: Koordinatenbestimmung nach dem Widerstandsprinzip

Kapazitätsprinzip

Eine Glasplatte wird auf beiden Seiten mit einem leitfähigen Material beschichtet, die Außenseite zusätzlich mit einem Kratzschutz versehen. Die innere Schicht dient der Abschirmung. Ein Gitter aus senkrecht zueinander angeordneten Elektroden erzeugt ein homogenes elektrisches Feld (Kap. 6.3.6) auf der äußeren leitfähigen Schicht. Prinzipiell entspricht diese Anordnung einem Kondensator (Kap. 6.3.4.3). Berührt ein Finger den Bildschirm, so verändert sich an dieser Stelle die Kapazität des Kondensators. Eine Auswertelektronik ermittelt die Koordinaten des Berührpunktes. Heutige kapazitive Touchscreens können auch mehrere Berührpunkte gleichzeitig detektieren (Multi-Touch, z. B.

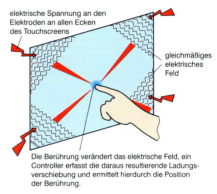

Bild 1.148: Koordinatenbestimmung nach dem Kapazitätsprinzip

zum Zoomen durch gleichzeitige Bewegungen von zwei Fingern auf dem Display). Nachteilig ist, dass bei herkömmlichen kapazitiven Bildschirmen eine Bedienung weder mit Handschuhen noch mit anderen Gegenständen (z. B. handelsüblichen Stiften) möglich ist, da hierbei der Einfluss auf das elektrische Feld zu gering ist. Das Kapazitätsprinzip wird bei den meisten portablen Geräten verwendet.

Energie-Absorptionsprinzip

Die Bildschirmoberfläche besteht aus einer unbeschichteten Glasplatte. Ein Generator erzeugt Oberflächenwellen (Frequenz z. B. 5 MHz), die durch an den Bildschirmecken angeordnete Wandler in stehende Wellen umgewandelt werden. Berührt ein Gegenstand die Glasoberfläche, wird an dieser Stelle ein Teil der Wellenenergie absorbiert. Die Wandler erfassen diese Veränderung und die Auswertelektronik bestimmt die Koordinaten des Berührpunktes. Die Bedienung ist mit einem beliebigen Gegenstand möglich, es ist aber stets eine Berührung erforderlich, eine bloße Annäherung reicht nicht aus.

Unterbrecherprinzip

Entlang zweier Bildschirmränder befinden sich winzige Infrarot-Leuchtdioden, auf den jeweils gegenüberliegenden Seitenrändern sind lichtempfindliche Fototransistoren angeordnet. Die Leuchtdioden erzeugen ein Gitter aus unsichtbarem Infrarotlicht auf der Bildschirmoberfläche. Bei Berührung wird dieses Lichtgitter an einer Stelle unterbrochen.

Die genannten Prinzipien werden bei den unterschiedlichsten Displayarten angewendet und weisen vergleichend die folgenden Eigenschaften auf:

Bezeichnung	Eigenschaften
Widerstandsprinzip (*resistance principle*)	Ältestes Verfahren, robust und im industriellen Bereich weit verbreitet, preiswert, Funktion bei mechanischem Druck durch Finger und andere Gegenstände
Kapazitätsprinzip (*capacity principle*)	Meist eingesetztes Verfahren, erfordert Berührung mit leitfähigem Gegenstand (z. B. Finger oder spezieller Stylus; Kap. 1.11.4), kein mechanischer Druck nötig, wird bei allen aktuellen Smartphones verwendet
Energieabsorptionsprinzip (*energy absorption principle*)	Teures Verfahren, zur Aufnahme bzw. Veränderung der Schallwellenenergie ist ein weicher Gegenstand erforderlich (z. B. Finger, Radiergummi).
Unterbrecherprinzip (*interrupter principle*)	Vergleichsweise teures Verfahren, beliebige Gegenstände zur Unterbrechung des Infrarotlichtes verwendbar

Bild 1.149: Eigenschaften der verwendeten Verfahren zur Koordinatenbestimmung von Touchscreens

1.12.3 Flüssigkristall-Display

Als Flüssigkristalle bezeichnet man spezielle stäbchenförmig angeordnete Moleküle mit der besonderen Eigenschaft, dass sie unter bestimmten Voraussetzungen schichtweise die gleiche räumliche Orientierung aufweisen (sog. nematische Phase) und sich diese Orientierung durch ein anliegendes elektrisches Feld (Kap. 6.3.6.1) verändern lässt. Da einfallendes Licht an diesen Molekülen gebrochen wird, kann man durch Veränderung der elektrischen Feldstärke das Brechungsverhalten steuern. Zur Bilderzeugung ist polarisiertes Licht erforderlich.

1.12.3.1 Polarisation von Licht

Physikalisch kann Licht als elektromagnetische Welle betrachtet werden. Eine Lichtquelle sendet üblicherweise nicht polarisiertes Licht aus, d. h. Lichtwellen, deren Schwingungsebenen räumlich beliebig verteilt sind. Im Gegensatz dazu besteht polarisiertes Licht nur aus Wellen mit einer einzigen Schwingungsebene. Mithilfe eines Polarisationsfilters

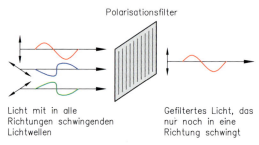

Polarisationsfilter

Licht mit in alle Richtungen schwingenden Lichtwellen

Gefiltertes Licht, das nur noch in eine Richtung schwingt

Bild 1.150: Prinzip der Polarisation

kann man aus einer Quelle Lichtwellen herausfiltern, die nur eine einzige Schwingungsebene haben. Dieses Licht nutzt man bei LCD-Anzeigen.

> Ein **Polarisationsfilter** *(polarization filter)* lässt nur Schwingungen einer einzigen Schwingungsebene durch.

1.12.3.2 LC-Display

> **LCD** ist die Abkürzung für **Liquid Crystal Display**. Hiermit werden allgemein Flachbildschirme bezeichnet, die zur Bilddarstellung die physikalischen Eigenschaften von Flüssigkristallen nutzen.

Prinzipiell besteht ein LCD-Anzeigeelement aus mehreren Schichten mit Flüssigkristallen, die sich zwischen zwei dünnen Glasplatten befinden, und zwei Polarisationsfiltern, deren Polarisationsebenen um 90° gegeneinander gedreht sind.

Ohne eine anliegende Spannung zwischen den Glasplatten wird einfallendes Licht von dem linken Filter polarisiert, an den Kristallen um 90° schraubenförmig gebrochen und von dem rechten Filter durchgelassen. Der Betrachter sieht einen hellen Lichtpunkt (Bild 1.151).

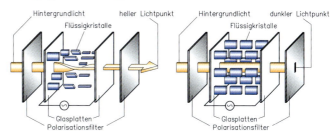

Bild 1.151: Heller Lichtpunkt bei einer LCD-Zelle

Bild 1.152: Dunkler Lichtpunkt bei einer LCD-Zelle

Bei Anlegen einer Spannung wird einfallendes Licht zunächst wieder polarisiert, jedoch an den nun anders ausgerichteten Flüssigkristallen nicht gebrochen. Dieses Licht kann den rechten Filter nicht durchdringen, es entsteht ein dunkler Lichtpunkt (Bild 1.152).

Ein gesamtes LC-Display besteht aus einer matrizenförmigen (d.h. zeilen- und spaltenförmigen) Anordnung von einzelnen LCD-Elementen, wie in Bild 1.151 bzw. 1.152 dargestellt. Ein Display mit einer Auflösung von 1024 × 768 Bildpunkten besteht demnach aus insgesamt 786432 Elementen, die einzeln über Leiterbahnen angesteuert werden können (**Passiv-Matrix-Display**). Die Ansteuerung eines Bildpunktes erfolgt in der Praxis allerdings nicht mit einer Gleichspannung, sondern mit einer rechteckförmigen Wechselspannung. Durch Variation des Tastverhältnisses (Verhältnis von Einschalt- zu Ausschaltzeit) und der Frequenz, mit der ein Bildpunkt geschaltet wird, lassen sich verschiedene Graustufen realisieren. Durch die Verwendung von drei untereinanderliegenden Flüssigkristallschichten lassen sich prinzipiell auch Farb-LCD-Anzeigen herstellen.

> Die Drehung des Lichts durch die Flüssigkristalle wird auch als **Twist** bezeichnet.

Durch besondere technische Verfahren lässt sich der Twist und damit die Darstellungsqualität (Lichtausbeute, Kontrast) verbessern.

Abkürzung	Name	Information
TN-LCD	**T**wisted **N**ematic LCD	Erste LCD-Generation, Schwarzweiß-Darstellung und Graustufen, geringe Lichtausbeute, geringer Kontrast, geringe Kosten
STN-LCD	**S**upertwisted **N**ematic LCD	Aufgrund des größeren Twist Steigerung des Kontrasts; Schwarzweiß- und Farbdarstellung, jedoch Farbunreinheiten, schmaler Betrachtungswinkel
DSTN-LCD	**D**ouble **S**upertwisted **N**ematic LCD	Großer Kontrast, keine Farbunreinheiten, schmaler Betrachtungswinkel
FSTN-LCD	**F**ilm **S**upertwisted **N**ematic LCD	Dünnerer Aufbau gegenüber DSTN-LCD, schmaler Betrachtungswinkel

Bild 1.153: Verschiedene LCD-Entwicklungen

Bei allen LCD-Techniken liegt ein vergleichsweise schmaler Betrachtungswinkel vor. Dies wird verursacht durch das von den Polarisationsfiltern gebündelte Licht, das sich nicht nach allen Seiten gleichmäßig ausbreiten kann.

1.12.3.3 TFT-Display

TFT ist die Abkürzung für **T**hin **F**ilm **T**ransistor. Hiermit werden diejenigen LC-Flachbildschirme bezeichnet, bei denen die Ansteuerung der Flüssigkristalle mithilfe spezieller Transistoren erfolgt, die direkt hinter der Bildschirmoberfläche angebracht werden.

Das Problem des eingeschränkten Betrachtungswinkels lässt sich mit einem TFT-Display reduzieren. Hierzu befinden sich in jedem Anzeigeelement Transistoren als aktive Verstärker, die die steuernde Spannung dort gezielt ein- und ausschalten und damit die jeweilige Lichtdurchlässigkeit verändern (**Aktiv-Matrix-Display**). Diese Transistoren sind in einer Art Film direkt auf der Glasoberfläche angebracht und werden als **Thin-Film-Transistoren (TFT)**

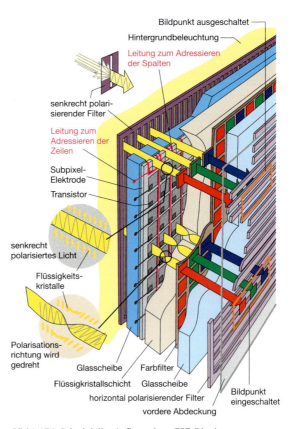

Bild 1.154: Prinzipieller Aufbau eines TFT-Displays

bezeichnet. Aufgrund dieser technischen Anordnung sind größere Betrachtungswinkel realisierbar.

Bei Farb-TFT-Displays werden pro Bildpunkt drei Transistoren benötigt, d. h., ein Farb-Display mit 1 920 × 1 080 Bildpunkten (Full-HD) erfordert 3 317 760 Transistoren, von denen keiner ausfallen darf. Um die Ausschussrate gering zu halten, verwenden einige Hersteller mehr als drei Transistoren pro Bildpunkt. Ein defekter Transistor kann so von einem Reservetransistor ersetzt werden. Die Farbdarstellung erfolgt durch **additive Mischung** der drei Grundfarben Rot, Grün und Blau (Farbtripel). Durch die Transistoransteuerung einzelner Pixel können einmal eingestellte Lichtintensitäten in konstanter Stärke wiedergegeben werden.

1

> **TFT-Displays** liefern ein flimmerfreies Bild. Sie werden pixelweise angesteuert und benötigen für diese Ansteuerung ein **digitales Signal**.

Bei den TFT-Panels werden Entwicklungen zur weiteren Vergrößerung des Betrachtungswinkels herstellerabhängig unter verschiedenen Bezeichnungen vermarktet.

Bezeichnung	Eigenschaften
IPS (**In-Plane Switching**)	Durch spezielle konstruktive Maßnahmen (Steuerelektroden in einer Ebene parallel zur Bildschirmoberfläche, dadurch keine schraubenförmige Brechung mehr wie in Bild 1.151, sondern zur Bildschirmoberfläche parallele Ausrichtungen der LCD-Moleküle), verbesserte Schärfe, Farbintensität und Kontraste; Betrachtungswinkel bis zu 170° in alle Richtungen ohne Farbverfälschungen; Weiterentwicklungen z. B. Super-IPS; Advanced Super-IPS, Enhanced-IPS; wegen ihres geringeren Preises vielfach als Arbeitsplatz-Display eingesetzt (gegenüber MVA-Technik bevorzugt)
MVA (**M**ulti **D**omain **V**ertical **A**lignment)	Durch spezielle Form der TFT-Zellen (Zellen in mehrere Ebenen unterteilt) Blickwinkel bis 170°, hoher Kontrast; Verbesserung der Eigenschaften durch zusätzlichen Einsatz von ADF (**A**utomatic **D**omain **F**ormation); mit dieser Technik wird die Ausrichtung der Moleküle bei großen Panels besser steuerbar; wegen höherer Kosten meist im Profibereich eingesetzt (CAD, Medizintechnik)
ASV (**A**dvanced **S**uper **V**iew Technology)	Kombination aus Transmissionstechnologie (Backlight) und Reflexionstechnologie (passive Beleuchtung durch Umgebungslicht), durch sternförmige Neigung der Flüssigkristalle Blickwinkel bis 170°, Reaktionszeit ≤ 20 ms

Bild 1.155: Spezielle TFT-Techniken zur Blickwinkelvergrößerung

Alle Flachbildschirme benötigen Fremdlicht zur Darstellung der Bildschirminhalte. Zur Erzeugung dieses Fremdlichts werden heutzutage Leuchtdioden (LEDs) eingesetzt.

LEDs haben eine geringe Einbautiefe, sodass sich sehr dünne Displays produzieren lassen. Außerdem haben sie eine geringe Stromaufnahme, arbeiten also energieeffizient und führen zu einer längeren Betriebsdauer bei batteriebetriebenen Geräten.

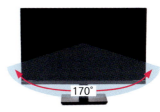

Bild 1.156: Blickwinkel bei einem TFT-Bildschirm

Bei der Verwendung von LEDs unterscheidet man folgende Prinzipien:

1. **Edge-LED**-Prinzip: Lediglich an den Seiten des Bildschirms sind LEDs angebracht; über eine Licht leitende Kunststoffschicht wird deren Licht möglichst gleichmäßig hinter dem LCD- bzw. TFT-Bildschirm verteilt. Diese Variante arbeitet sehr energiesparend.

2. **Full-Array-LED**-Prinzip: Hinter dem gesamten LCD- bzw. TFT-Bildschirm sind LEDs verteilt; die Lichtverteilung ist gleichmäßiger als beim Edge-Prinzip und der Kontrast ist größer, jedoch ist der Energieverbrauch höher (erforderlich für Bildschirme mit **HDR**, **H**igh **D**ynamic **R**ange). Durch die Verwendung einer sehr großen Anzahl sogenannter Mini-LEDs (Vermarktung mit verschiedenen Bezeichnung, z.B. QLED) lässt sich eine noch präzisere Ausleuchtung mit deutlich höheren Kontrasten auch in sehr kleinen Bereichen realisieren. Der Begriff **Direct-LED** bezeichnet eine Technik, bei der hinter dem Bildschirm eine geringere Anzahl von LEDs verteilt ist (kostengünstigere Herstellung, aber weniger präzise Ausleuchtung).

3. **Micro-LED**-Prinzip: Hierbei handelt es sich um eine Technologie, die sich maßgeblich von der (fast namensgleichen) Mini-LED-Technik unterscheidet. Während Mini-LEDs noch kleinste Bildschirmbereiche ausleuchten, handelt es sich bei der Micro-LED-Technik quasi um winzige, selbstleuchtende Pixel, die – im Gegensatz zu den OLEDs (Kap. 1.12.4) – aus anorganischen Materialien bestehen und damit deutlich höhere Helligkeits-, Kontrast- und Schwarzwerte ohne die Gefahr eines Burn-In (Kap. 1.12.4) erzielen. Gleichzeitig ist die Langlebigkeit höher als bei herkömmlichen TFT-Bildschirmen.

Während die Pixel eines Micro-LED-Bildschirms das Licht quasi selbst erzeugen, durchdringen bei den beiden anderen Prinzipien die von den LEDs erzeugten Lichtstrahlen den LCD- bzw. TFT-Bildschirm von hinten und gelangen so ins Auge der Betrachtenden (Backlight). Bildschirme dieser Art nennt man **transmissiv**.

Bei einfachen LCD-Anzeigen (z.B. Taschenrechner) gibt es gar keine Beleuchtung im Hintergrund. Bei diesen Anzeigen wird von außen einfallendes Fremdlicht (z.B. Sonnenlicht) genutzt, indem es mehr oder weniger stark reflektiert wird. Einen Bildschirm dieser Art bezeichnet man als **reflektiv**. Ein Display, welches beide Darstellungsverfahren in Kombination verwendet, wird als **transflektives Display** bezeichnet (Beispiele: LCD-Armbanduhr oder LCD-Digitalwecker mit zuschaltbarer Beleuchtung).

> Displays, die Fremdlicht zur Darstellung benötigen, werden **passive Displays** genannt.

Zu beachten ist, dass der Begriff „passiv" hier im Zusammenhang mit der Lichterzeugung verwendet wird, bei der Bezeichnung „Passiv-Matrix-Display" jedoch im Zusammenhang mit der Steuerung der Lichtdurchlässigkeit. Die Hintergrundbeleuchtung stellt insbesondere bei batteriebetriebenen IT-Geräten eine zusätzliche Belastung für die Energiequelle dar.

1.12.4 Organisches Display

> **Organische Displays** *(organic displays)* sind Flachbildschirme, deren bildgebende Eigenschaften auf der Basis der Elektrolumineszenz organischer Materialien beruhen.
> Unter **Elektrolumineszenz** versteht man die durch das Anlegen eines elektrischen Feldes hervorgerufene Emission von Licht.

Die Basis dieser Displays bilden sog. organische Leuchtdioden (**OLED: O**rganic **L**ight **E**mitting **D**iode), die prinzipiell wie die anorganischen Leuchtdioden (LEDs) funktionieren. OLEDs weisen allerdings einen komplexeren Aufbau auf. Als lichtemittierende Substanzen werden organische Polymere eingesetzt. Jede OLED-Zelle eines Panels wird einzeln angesteuert.

OLED-Panels besitzen gravierende Vorteile gegenüber den LED-, LCD- und TFT-Displays:

- Extrem dünn herstellbar (Aufbaudicke 200 μm, mit Folienmantel < 1 mm), biegsam
- Keine Hintergrundbeleuchtung erforderlich
- Große Leuchtstärken
- Geringe Energieaufnahme
- Großer Betrachtungswinkel (allseitig bis 170°)
- Geringe Reaktionszeit (< 1 μs), d.h. geeignet zur Darstellung von Bewegtbildern

Nachteilig ist allerdings die Gefahr, dass sich bei sehr langer Darstellung statischer heller Bilder diese quasi als Schatten auf der Oberfläche einbrennen können **(Burn-In-Effekt)**. Diesem OLED-typischen Effekt kann durch spezielle technologische Maßnahmen entgegengewirkt werden. In Abhängigkeit vom Herstellungsprozess und den verwendeten Materialien haben sich unter dem Oberbegriff OLED unterschiedliche Bezeichnungen etabliert, z.B. **SM-OLED** (**S**mall **M**olecule OLED), **AM-OLED** (**A**ctive **M**atrix OLED) oder **SuperAMOLED**. Zum Schutz der feuchtempfindlichen organischen Substanzen müssen alle OLEDs mit einer absolut luftdichten Folienummantelung versehen werden.

1.12.5 Plasma-Bildschirm

Bei der Plasma-Technologie (PDP = **P**lasma **D**isplay **P**anel) besteht jeder Lichtpunkt aus einer winzigen Zelle, in der sich Xenon-Gas befindet. Bei Ansteuerung einer Zelle über angebrachte Elektroden kommt es zu Entladungsprozessen, bei denen das Xenon-Gas ultraviolettes Licht abgibt. Dieses UV-Licht regt seinerseits eine Phosphorschicht auf der Bildschirmrückseite zum Leuchten an. Wie beim LC-Display erfolgt die Farbdarstellung nach dem additiven Farbmischverfahren. Jeder Bildpunkt besteht also aus einem RGB-Farbtripel, d.h. aus drei winzigen Xenon-Zellen mit jeweils einer rot, grün und blau pigmentierten Phosphorschicht auf der Bildschirmrückseite.

Bei einem Plasma-Display werden sämtliche Bildpunkte gleichzeitig angesteuert. Hierdurch ergibt sich ein sehr helles, äußerst scharfes, verzerrungs- und flimmerfreies Bild. Der Betrachtungswinkel beträgt nahezu 180°. Da Plasmadisplays keine Elektronen auf die Bildschirmrückseite schießen, entsteht auch keine Röntgenstrahlung (wie bei den alten Röhrenmonitoren). Allerdings nimmt die Helligkeit der drei Grundfarben

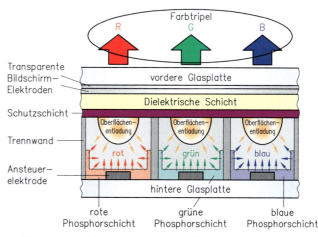

Bild 1.157: Prinzipieller Aufbau einer RGB-Plasma-Zelle

unterschiedlich schnell ab, sodass die Bilder im Laufe der Zeit rot- bis gelbstichig werden. Durch spezielle Ansteuerverfahren mit Überwachung der Helligkeitswerte der Bildpunkte eines Pixels und einem automatischen Abgleich lässt sich diesem Effekt entgegenwirken. Plasmadisplays sind in der Herstellung teurer als TFT-Displays und haben einen höheren Energieverbrauch. Daher sind sie nur noch in speziellen Bereichen zu finden (z. B. Medizintechnik).

In Bild 1.158 sind einige Eigenschaften der vorgestellten Technologien zusammengefasst dargestellt.

Eigenschaft	LCD	TFT	OLED	Plasma
Größe u. Gewicht	flach, geringes Gewicht	flach, geringes Gewicht	extrem dünn, sehr leicht	flach, schwer
Bilddiagonale (PC-typisch; im TV-Bereich auch größer)	bis 15,1 Zoll und Sondergrößen	bis 28 Zoll und Sondergrößen (TV-Geräte vielfach verbreitet bis 98 Zoll)	kleine Displays (z. B. bis 6,3 Zoll bei Smartphones); TV-Geräte von 49 bis 75 Zoll	wie TFT und Sondergrößen (Produktion inzwischen vielfach eingestellt)
Funktion	passiv	passiv	aktiv	aktiv
Ansteuerung	digital	digital	digital	digital
Auflösung	fest	fest	fest	fest
Blickwinkel	90°–120°	100°–170°	170°	180°
Kontrast	ca. 200:1	200:1–800:1	> 100:1	bis 3000:1
Helligkeit	ca. 200 cd/m²	200 bis 700 cd/m²	300–1000 cd/m²	300 cd/m²
Schalt- bzw. Ansprechzeit	100–500 ms (temperaturabh.)	2–20 ms (temperaturabh.)	40 ns	< 1 ms
Leistungsaufnahme*	< 5 W	5–30 W	< 1 W	200–300 W
Umgebungstemperatur (typ.)	0 °C–50 °C	–10 °C–50 °C	–50 °C–80 °C	0 °C–45 °C
Bildverzerrungen	keine	keine	keine	keine
Sonstiges	plane Bildoberfläche, defekte Bildpunkte möglich, eingeschränkter Betrachtungswinkel, keine Strahlungsemissionen	plane Bildoberfläche, defekte Bildpunkte möglich, keine Strahlungsemissionen	biegsame Bildoberfläche, keine Strahlungsemissionen, große Bildhelligkeit, brillante Ausleuchtung, Lebensdauer zurzeit < 50 000 Std.; teurer als TFT	plane Bildoberfläche, keine Strahlungsemissionen, sehr hohe Auflösungen möglich, gute Ausleuchtung, zusätzlicher Lüfter erforderlich, teure Technologie

Aktiv: selbstleuchtend   Passiv: Fremdlicht erforderlich

Bild 1.158: Kurzvergleich der Technologien (: abhängig von der Größe auch höher als angegeben)*

Um einen besseren Vergleich der Eigenschaften von elektrooptischen Anzeigen zu ermöglichen, gibt es den ISO-Standard 9241. In diesem Standard sind die ergonomischen Anforderungen und die anzuwendenden Messverfahren für elektronische visuelle Anzeigen unabhängig von der verwendeten Technologie zusammengefasst und beschrieben.

1.12.6 E-Paper-Display

Das Prinzip des E-Paper-Displays (**E-Paper**: elektronisches Papier; Alternativbezeichnung: E-Ink = elektronische Tinte) besteht darin, dass Millionen winziger Kügelchen (Durchmesser 50 μm bis 100 μm) in einer ölartigen Substanz schwimmen, die in einer wabenartig aufgebauten, dünnen, transparenten Silikonfolie eingeschweißt ist.

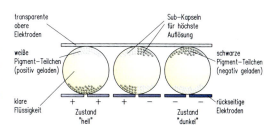

Bild 1.159: Grundprinzip des E-Paper-Displays

Die Kügelchen sind auf der einen Seite schwarz und auf der anderen Seite weiß eingefärbt und elektrisch polarisiert. Werden sie einem elektrischen Feld ausgesetzt, richten sie sich entsprechend aus, die Oberfläche wird – je nach Polung des Feldes – entweder schwarz oder weiß. Die Ausrichtung bleibt auch nach Entfernen des elektrischen Feldes erhalten. Eine Energiezufuhr ist nur zum Ändern der dargestellten Informationen erforderlich. Das E-Paper-Display benötigt keine Hintergrundbeleuchtung, sondern reflektiert lediglich einfallendes Licht (reflektives Display). Ein solches Display kann auch so dünn gefertigt werden, dass es biegsam ist. Unter der Marketingbezeichnung **e-Ink Carta** werden inzwischen Displays angeboten, die einen höheren Kontrast bei der Darstellung aufweisen. Mit einer entsprechenden Anordnung farbiger Pigmentkügelchen sind auch Farbdarstellungen (begrenzt) möglich. Diese Technologie wird beispielsweise unter der Bezeichnung **A**dvanced **C**olor **eP**aper (**ACeP**) vermarktet.

1.12.7 Beamer

Ein **Beamer** ist ein Video-Großbildprojektor für die Darstellung eines Display- oder Fernsehbildes auf einer Leinwand.

Zur Projektion werden verschiedene Prinzipien eingesetzt.

Projektionsprinzip	Merkmale
Röhrenprojektion	Projektor mit drei Röhren in den Grundfarben Rot, Grün und Blau, die ihr Licht getrennt auf die Projektionsfläche werfen; aus der Überlagerung der drei Lichtstrahlen ergibt sich die farbige Darstellung des Bildes; analoge Ansteuerung, zeilenweiser Bildaufbau, d.h., es werden keine einzelnen Pixel angesteuert, daher sehr variabel einstellbar bei der Auflösung; veraltete Technik
LCD/TFT-Panel-Technologie	Ein LCD/TFT-Panel wird von hinten mit einer starken Lichtquelle angestrahlt; die Lichtdurchlässigkeit wird pixelweise gesteuert, der Einsatz von RGB-Farbfiltern liefert eine farbige Darstellung; digitale Ansteuerung

Projektionsprinzip	Merkmale
DLP-Projektor mit DMD-Panel-Technologie	**D**igital **L**ight **P**rocessing; **D**igital **M**icromirror **D**evice Spezielles Verfahren, bei dem – vereinfacht dargestellt – winzige Spiegel (14 × 16 µm) beweglich auf einem Chip platziert sind; die Spiegel reflektieren die mittels RGB-Filter aufbereitete Farbinformation, die dann über eine Linse auf die Leinwand projiziert wird. Es sind jeweils nur diejenigen Mikrospiegel in Richtung Leinwand gerichtet, die gerade die vom RGB-Filter durchgelassene Farbe projizieren sollen.
LCoS-Panel, D-ILA-Projektor	**L**iquid **C**rystal **o**n **S**ilicon Prinzipiell wie ein TFT-Panel aufgebaut, jedoch wird das Panel nicht von hinten von einem Lichtstrahl durchleuchtet und ändert seine Lichtdurchlässigkeit, sondern es wird von vorne angestrahlt und ändert je nach Ansteuerung sein Reflexionsverhalten, RGB-Farbfilter liefert eine farbige Darstellung; das reflektierte Licht wird über Linsen gebündelt und auf einer Leinwand projiziert; digitale Ansteuerung; alternative Bezeichnung D-ILA (**D**irect-Driven **I**mage **L**ight **A**mplifier; Fa. JVC): sehr große Helligkeit durch Einsatz einer Xenon-Lampe, vergleichsweise teuer, nur für professionellen Einsatz geeignet

Bild 1.160: Beamer-Technologien

Den prinzipiellen Aufbau eines LCD/TFT-Panels zeigt Bild 1.161.

Das weiße Licht einer Lampe wird mit zwei dichroitischen Filtern in die drei Farbkomponenten Rot, Grün und Blau aufgeteilt. Nach dem Durchleuchten der jeweiligen LCD/TFT-Matrix werden alle drei Grundfarben in einem dichroitischen Prisma wieder zusammengeführt und über eine Linse auf die Leinwand projiziert. Einfachere Systeme arbeiten auch mit einem einzigen LCD/TFT-Panel mit integrierten Farbfiltern, wobei die Darstellungsqualität (z. B. Kontrast, Farbintensität) schlechter ist. Die Helligkeit der Darstellung hängt von der Lichtleistung der verwendeten Lichtquelle ab. Diese wird in **Lumen** angegeben. Bei Werten oberhalb von 1 500 Lumen ist in der Regel kein Abdunkeln des Raumes erforderlich.

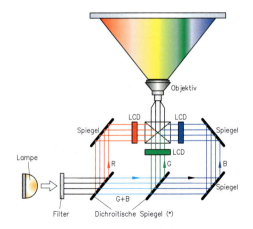

Bild 1.161: Projektionssystem mit drei LCD-/TFT-Panels (*: Dichroitischer Spiegel = Semitransparenter Spiegel, der Licht eines bestimmten Frequenzbereichs reflektiert, während er für andere Lichtfrequenzen undurchlässig ist)

Anstelle herkömmlicher Lampen werden wegen ihrer besseren Energieeffizienz zunehmend auch Hochleistungs-LEDs als Lichtquelle eingesetzt.

Lumen (**lm**) ist die Einheit des gesamten **Lichtstroms**, der von einer Lichtquelle *nach allen Seiten* abgegeben wird (DIN EN 61947-1).
Die **Lichtstärke** hingegen gibt die Größe des Lichtstroms an, der *in eine bestimmte Richtung* abgegeben wird. Sie wird mit der Einheit **Candela** (**cd**) bzw. Lumen pro Raumwinkel angegeben.

> Die **Beleuchtungsstärke** gibt an, wie groß der Lichtstrom ist, der *auf eine bestimmte Fläche* auftrifft. Sie wird in der Einheit **Lux (lx)** angegeben (1 Lux = 1 Lumen pro 1 Quadratmeter).

Neben den TFT-Projektoren hat auch die **DLP-Technologie** (Digital Light Processing) zunehmend an Bedeutung gewonnen. Sie wird eingesetzt in den Bereichen Daten- und Videoprojektoren (Beamer), DLP-Fernseher und digitales Kino (DLP Cinema). Ihr Kernstück ist eine DMD-Baugruppe, ein halbleiterbasiertes Lichtschalter-Array mit einzeln adressierbaren Mikrospiegeln.

Ein **DMD** (**D**igital **M**irror **D**evice) besteht je nach geforderter Auflösung aus Hunderttausenden beweglicher Mikrospiegel, die durch darunterliegende CMOS-Speicherzellen gesteuert werden. Die Spiegel sind so aufgebaut, dass sie sich in eine Position von +10° oder −10° schwenken lassen − je nach dem binären Zustand der CMOS-Zellen. Wird ein Spannungspuls an die Zelle gesandt, so bleibt jeder Spiegel entweder in seiner Stellung oder er kippt sehr schnell in die entgegengesetzte Lage, je nach den Daten in der zugehörigen Speicherzelle.

Bild 1.162: Deckenmontage eines Beamers in einem Schulungsraum

DLP-Projektoren ermöglichen eine präzise Wiedergabe von bis zu 16,7 Millionen Farben durch den Einsatz einer digitalen Farbkontrolle von den Eingangsdaten bis zur Projektion. Infolge der geringen Pixelabstände (µm-Bereich) ergibt sich keine erkennbare Linienstruktur. DLP-Projektoren haben aufgrund ihrer geringen Größe und ihres niedrigen Gewichts gegenüber TFT-Projektoren Vorteile, was sie insbesondere für den mobilen Einsatz geeignet macht. Allerdings benötigen diese Panels eine hohe Rechenleistung zur Steuerung der bis zu 2,4 Millionen Spiegel. Bei den Beamern gibt es auch 3D-Varianten, die mittels polarisiertem Licht und der Verwendung von Polfilterbrillen stereoskopische Darstellungen realisieren können (Kap. 1.12.8). In Schulungsräumen stehen meist leistungsstarke Tageslichtprojektoren zur Verfügung, die unter der Decke angebracht sind (Bild 1.162) und sich vielfach auch drahtlos (WLAN, WiFi-direct, Bluetooth) ansteuern lassen.

Inzwischen werden auch Laserprojektoren für den professionellen und semiprofessionellen Bereich angeboten. Hierbei kommen unterschiedliche Technologien zum Einsatz, die sich sowohl in der Lichterzeugung (z. B. unterschiedliche Laserdioden, klassische LED) als auch in ihrer Projektionstechnik (LCD, DLP) voneinander unterscheiden, wie beispielsweise:

- Laser-Phosphor-Technologie mit drei LCD-Panels,

- Laser-Phosphor-Technologie mit 1-Chip (für alle drei Grundfarben) oder mit drei Chips (für jede Grundfarbe separat) in DLP-Technologie,

- RB-Laserlichtquelle (RB: Rot-Blau) mit 3-Chip-DLP-Technologie,

- RGB-Laser Light Source (RGB: Rot-, Grün- und Blau-Laser) mit 3-Chip-DLP-Technologie.

1.12.8 Stereoskopische Darstellung

Auf einem Bildschirm lassen sich auch **stereoskopische Darstellungen** (3D-Darstellungen) realisieren. Für die Wahrnehmung eines räumlichen Eindrucks sind für das menschliche Gehirn allerdings zwingend zwei getrennte Bilder in leicht versetztem Abstand erforderlich, eines für das linke und eines für das rechte Auge. Durch den Einsatz verschiedener Techniken, die primär auf der Filterung oder der Erzeugung sog. stereoskopischer Halbbilder beruhen, kann dieser Effekt erzeugt werden. Hierbei gibt es Verfahren, bei denen eine „3D-Brille" erforderlich ist, aber auch solche, die ohne zusätzliche Brille auskommen. Hierzu sind sog. autostereoskopische Displays erforderlich.

1.12.8.1 Verfahren mit 3D-Brille

Das älteste Verfahren basiert auf dem Einsatz einer **Farbfilterbrille** (z.B. Rot für das linke und Cyan für das rechte Auge). Bei entsprechender Einfärbung der wechselweise auf dem Bildschirm dargestellten Halbbilder entsteht ein räumlicher Eindruck, allerdings mit dem Nachteil einer gewissen Farbverfälschung.

Alternativ können auch sog. **Shutterbrillen** verwendet werden. Hierbei handelt es sich um zwei steuerbare LCD-Gläser, die wechselweise durchsichtig und undurchsichtig geschaltet werden. Die Umschaltung erfolgt synchron zum Takt des Displaybildes, auf dem nacheinander abwechselnd die Bilder für das linke und das rechte Auge dargestellt werden. Über eine Funkverbindung (Infrarot oder Bluetooth; Kap. 1.7.9) zwischen der Shutterbrille und dem 3D-Bildschirm wird die Synchronität der Bildwechsel in beiden Geräten hergestellt. Die Bildwechselfrequenz des Displays sollte mindestens 100 Hz betragen, da sich verfahrensabhängig die Bildfrequenz pro Auge halbiert und sich ansonsten ggf. Flimmereffekte ergeben. Die Auflösung im 3D-Betrieb ändert sich nicht.

Ein **Head Mounted Display** (**HMD**) wird ebenfalls wie eine Brille aufgesetzt. Es besitzt jedoch keine Polarisationswirkung, sondern es handelt sich um zwei Kleinst-Displays, die unmittelbar vor dem Auge angebracht werden. Durch die Augennähe lässt sich ein relativ groß erscheinendes Bild auf die Netzhaut projizieren, bei Aufnahmen mit einer Stereokamera auch in 3D. Ein HMD ermöglicht so insbesondere bei den immer kleiner werdenden Geräten der Unterhaltungsindustrie mit ihren winzigen Displays eine groß erscheinende portable Darstellung.

Mit der computerunterstützten Schaffung virtueller Realitäten (VR: **V**irtual **R**eality) wurden inzwischen auch spezielle HMDs entwickelt, mit denen man eine 3D-Welt nicht nur betrachten, sondern sich auch in ihr bewegen kann. Diese unter der Bezeichnung VR-Brillen (z.B. Oculus Quest 2, Samsung SM-R325) vermarkteten Geräte verfügen – zusätzlich zu den beiden Kleinst-Displays, die die Augen komplett von der realen Umgebung abschirmen – über Sensoren zur Registrierung von Kopfbewegungen der jeweiligen Tragenden. Synchron dazu werden dann virtuelle räumliche Bilder auf die Displays projiziert.

Projiziert man hingegen stereoskopische Bilder auf einer Leinwand mit wechselweise polarisiertem Licht (3D-Beamer; Kap. 1.12.7) und verwendet zur Betrachtung eine **Polarisationsbrille** (kurz: **Polfilterbrille**), so kann ein Auge jeweils nur dasjenige Bild sehen, welches vom Polarisationsfilter durchgelassen wird. Eine Synchronisierung zwischen Projektor und Brille ist hierbei nicht erforderlich. Eine Polarisationsbrille ist daher wesentlich preiswerter als eine Shutterbrille. Der räumliche Eindruck weist keinerlei Farbverfälschungen auf. Im kommerziellen Bereich (3D-Kino) erfolgt das Erzeugen polarisierter Bilder mit unterschiedlichen Verfahren (z. B. XPanD, RealID, Dolby Digital 3D). Die Polarisationsbrille muss an das verwendete Verfahren angepasst sein.

Polfilterbrillen können auch im Heimbereich mit einem entsprechenden 3D-Bildschirm eingesetzt werden. Ein 3D-fähiger Bildschirm besitzt eine dünn aufgebrachte Filterfolie, welche die geraden und ungeraden Zeilen des Bildes unterschiedlich polarisiert. Hierbei sollte die Bildschirmauflösung möglichst hoch sein, da sich verfahrensbedingt die Auflösung pro Auge im 3D-Betrieb halbiert.

1.12.8.2 Autostereoskopische Displays

> Als **autostereoskopisches Display** bezeichnet man einen Bildschirm, der dreidimensionale Bilder ohne 3D-Brille und nahezu unabhängig von der Betrachtungsposition (z. B. Augenhöhe) erzeugen kann.

Zur Realisierung des gewünschten 3D-Effektes haben sich zwei unterschiedliche Techniken etabliert: die **Parallaxen-Barriere-Technik** und die **Lenticularlinsen-Technik**. Für beide Techniken gibt es unterschiedliche Realisierungsmöglichkeiten. Im Folgenden werden die Grundprinzipien beider Verfahren dargestellt.

Bei der Parallaxen-Barriere wird der 3D-Effekt mit einem Streifenraster realisiert, welches vor den Bildschirmpixeln angeordnet ist (dunkle Streifen in Bild 1.163 a). Technisch kann es sich bei dieser Barriere um ein zweites LC-Display handeln. Im 3D-Modus wird die Parallaxen-Barriere eingeschaltet, damit dem linken und dem rechten Auge jeweils ein unterschiedliches Lichtsignal zur Verfügung gestellt wird. Auf diese Weise lässt sich bei entsprechender Ansteuerung der Pixel bei einer Bildschirmauflösung von $1\,290 \times 1\,080$ Bildpunkten ein dreidimensionales Bild mit einer Auflösung von $645 \times 1\,080$ Bildpunkten darstellen, d. h., die horizontale Auflösung halbiert sich im 3D-Modus.

Die Lenticular-Technik verwendet ein Prinzip, das

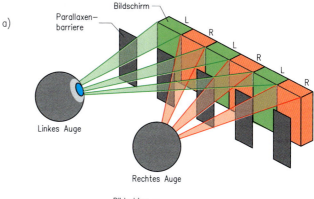

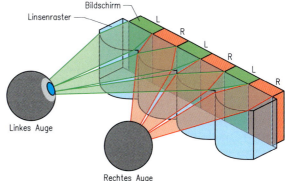

Bild 1.163: Grundprinzipien autostereoskopischer Displays:
a) Parallaxen-Barriere-Technik,
b) Lenticularlinsen-Technik

auch bei „Wackelbildern" eingesetzt wird: Abhängig vom Betrachtungswinkel sieht man zwei unterschiedliche Bilder. Hervorgerufen wird dieser Effekt durch ein feines Rillenmuster auf der Bildoberfläche. Die Rillen beeinflussen durch Brechung das reflektierte Licht. Bei entsprechender Rillenanordnung und richtiger Positionierung sieht man jeweils nur eines der beiden vorhandenen Bilder.

Mithilfe von sog. Lentikularlinsen wird diese Technik auf den Bildschirm übertragen. Lentikularlinsen besitzen eine gewölbte Oberfläche (Bild 1.163 b). Hierdurch ändert sich die Lichtaustrittsrichtung in Abhängigkeit von der Oberflächenwölbung (allgemeines Brechungsgesetz). Befindet sich beispielsweise eine Folie, auf der Lentikularlinsen mikroskopisch klein aufgebracht sind, vor einem Bildschirm, so wird das austretende Licht blickwinkelabhängig gebrochen. Da die Augen naturgemäß stets aus geringfügig unterschiedlichen Winkeln auf den Bildschirm blicken, ist es technisch möglich, durch entsprechende Ansteuerung der einzelnen Pixel abwechselnd für jedes Auge ein eigenes Bild zu erstellen. Gibt der Bildschirm nun mit hinreichender Geschwindigkeit abwechselnd ein Bild für das linke und das rechte Auge wieder, entsteht ein dreidimensionaler Eindruck.

Beiden Verfahren gemein ist der vergleichsweise enge Betrachtungswinkel, unter dem der dreidimensionale Effekt wirksam ist.

AUFGABEN

1. Was versteht man bei einem Bildschirm unter einem Pixel?

2. Erläutern Sie das additive Farbmodell. Wo wird dieses Farbmodell eingesetzt?

3. Bei einem Notebook wird die Displaygröße mit 13,3 Zoll angegeben.
   a) Welche Information kann man dieser Angabe entnehmen?
   b) Welche Erkenntnisse erhält man aus folgender Zusatzinformation: 1 366 × 768?
   c) Welches Seitenverhältnis hat dieses Display?

4. Zu einem OLED-Display lesen Sie die Angabe: 118 dpi.
   a) Erläutern Sie die Merkmale eines OLED-Displays.
   b) Was bedeutet die Angabe 118 dpi?
   c) Wie groß ist hierbei der Dot Pitch?

5. Was verbirgt sich im Zusammenhang mit Displays hinter den Abkürzungen „HDTV", „Full-HD" und „UHD"? Nennen Sie jeweils technische Merkmale. (Hinweis: Internetrecherche erforderlich)

6. Bei einem Bildschirm unterscheidet man zwischen der logischen und der physikalischen Auflösung. Erläutern Sie die jeweilige Bedeutung.

7. Welcher Unterschied besteht bei einem Bildschirm zwischen dem Non-Interlaced-Modus und dem Interlaced-Modus? Begründen Sie, welcher Modus vorzuziehen ist.

8. Die Grafikkarte eines Kunden kann eine maximale Auflösung von 1 280 × 1 024 Bildpunkten liefern. Welche Antwort geben Sie diesem Kunden auf die Frage, ob sein TFT-Bildschirm mit den technischen Daten 17-Zoll-Display, Dot Pitch 0,26 mm, Seitenverhältnis 4:3 diese Auflösung darstellen kann?

9. Welche Anschlusssysteme gibt es, um einen Bildschirm mit einer Grafikkarte zu verbinden? Nennen Sie Vor- und Nachteile.

10. Welche Prinzipien liegen der Bilderzeugung bei einem LCD-Display zugrunde?

11. Wodurch unterscheidet sich ein LC- von einem TFT-Display?

1

12. Wie funktioniert prinzipiell die Bilderzeugung bei einem Plasma-Bildschirm?

13. Die sensitive Oberfläche eines Touchscreens kann nach dem Widerstandprinzip oder nach dem Kapazitätsprinzip arbeiten. Beschreiben Sie das jeweilige Grundprinzip und geben Sie Vor- und Nachteile an.

14. Smartphones sind in der Regel multi-touch-fähig. Was bedeutet dies? Welche erweiterten Bedienmöglichkeiten ergeben sich dadurch?

15. Wie funktioniert eine Polarisationsbrille (Polfilterbrille)?

16. TFT-Bildschirme in LED-Technik verwenden entweder das Edge-LED-Prinzip oder das Full-Array-LED-Prinzip. Erläutern Sie den Unterschied.

17. Bei TFT-Bildschirmen unterscheidet man zwischen reflektiven, transmissiven und transflektiven Displays. Erläutern Sie die Unterschiede.

18. Welche Darstellungstechnik wird üblicherweise bei einem E-Book-Reader eingesetzt. Beschreiben Sie das Verfahren. Welche Vorteile bietet dieses Verfahren?

19. Beschreiben Sie mit eigenen Worten den grundsätzlichen Aufbau des Projektionssystems eines TFT-Beamers mit drei Panels.

20. Wie erfolgt prinzipiell die Bilderzeugung bei einem Beamer mit DLP-Technik?

1.13 Drucker

Drucker gehören zur Peripherie einer Datenverarbeitungsanlage und dienen der Ausgabe von Texten und Grafiken auf Papier. Sie werden in vielen verschiedenen Ausführungen und für jeden gewünschten Einsatzbereich hergestellt, eine Unterscheidung ist nach verschiedenen Gesichtspunkten möglich:

Monochrom- oder Farbdrucker

Ob ein Drucker monochrom oder farbig drucken kann, hängt nicht vom Druckverfahren, sondern von der Anzahl der vorhandenen Farbträger ab (z. B. Farbkartuschen, Tintenpatronen).

Impact- oder Non-Impact-Drucker

Bei Impact-Druckern (*impact*, engl. Aufprall) erfolgt der Zeichendruck aufgrund eines mechanischen Anschlags, bei Non-Impact-Druckern werden die Zeichen nicht mechanisch gedruckt.

Typendrucker oder Matrixdrucker

Unter dem Begriff Type versteht man in der Drucktechnik die Zeichen, aus denen gedruckter Text besteht, bzw. den gesamten druckbaren Zeichensatz (Typeface) in einer gegebenen Größe und einem gegebenen Stil. Beim Typendruck wird das darzustellende Zeichen zeilenweise als Ganzes gedruckt, beim Matrixdrucker wird das Zeichen punktweise aufgebaut.

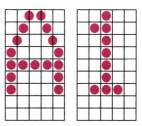

Bild 1.164: Zeichendarstellung eines Matrixdruckers

Im PC-Bereich haben Typendrucker nur eine geringe Bedeutung, da sie nicht grafikfähig sind.

GDI- oder PCL-Drucker

GDI- oder **Host-Based-Drucker** (GDI: Graphics Device Interface) verfügen lediglich über eine reduzierte Elektronik (kein leistungsstarker Druckerprozessor, geringerer Speicher) und sind daher preiswert herstellbar. Die erforderlichen Rasterberechnungen für den Druckvorgang erfolgen durch die CPU des PC, die – unabhängig von der Auflösung der Vorlage – stets nur die für das Druckwerk nötige Datenmenge als direkte Druckerbefehle sendet. Die Leistungsfähigkeit hängt von dem in das Betriebssystem eingebundenen Druckertreiber ab. Wird dieser für ein neues Betriebssystem nicht mehr aktualisiert, kann der Drucker vielfach nicht mehr verwendet werden.

PCL-Drucker (PCL: Printer Command Language) werden mit einer speziellen Druckersprache angesteuert. Sie verfügen über einen leistungsstarken Druckprozessor und einen größeren internen Speicher und nehmen die erforderlichen Berechnungen selbst vor, entlasten also die CPU. Heutige Drucker unterstützen in der Regel die Version PCL6, Vorgängerversionen sind nicht mehr gebräuchlich. Die Unterstützung von PCL6 ermöglicht insbesondere dann die weitere Nutzung, wenn für ein (älteres) Gerät seitens eines Herstellers keine speziellen Druckertreiber mehr für ein neues Betriebssystem angeboten werden.

Einsatzbereich

Der Einsatzbereich gibt an, in welchem Umfeld ein Drucker verwendet wird. Hiervon hängen bestimmte Parameter ab, wie z. B. Papierformate, Druckvolumen, Druckqualität, Druck- und Wartungskosten. Klassische Bereiche sind etwa Bürodrucker, Drucker für den Privatbereich, Produktionsdrucker oder professionelle Fotodrucker. Darüber hinaus gibt es auch sehr kleine, portable Drucker, die meist für spezielle Einsatzzwecke konzipiert sind (z. B. Etikettendrucker zur Warenauszeichnung).

Druckverfahren

Das Druckverfahren beschreibt, wie das zu druckende Zeichen auf das Papier gebracht wird. Die Einteilung nach dem Druckverfahren ist die gebräuchlichste Unterteilung. Die zurzeit aktuellen Druckverfahren werden im folgenden Abschnitt näher erläutert.

> **Drucker** lassen sich nach verschiedenen Merkmalen voneinander unterscheiden. Diese Unterscheidung sagt nichts über die Qualität eines Druckers aus.

Neben Geräten mit reiner Druckerfunktion gibt es auch **Multifunktionsgeräte**, die zusätzlich als Fax, als Fotokopierer und/oder als Scanner arbeiten.

1.13.1 Nadeldrucker

Bei einem Nadeldrucker *(dot matrix printer)* sind im Druckkopf mehrere Nadeln senkrecht untereinander angeordnet. Jede Nadel wird einzeln und unabhängig von den anderen Nadeln angesteuert. Beim Druckvorgang schlagen diese Nadeln – bewegt durch einen Elektromagneten – mechanisch auf ein Farbband, das sich zwischen den Nadelspitzen und dem Papier befindet. Durch diesen Vorgang werden kleine Punkte auf dem Papier erzeugt. Untereinanderliegende Druckpunkte werden hierbei gleichzeitig angebracht.

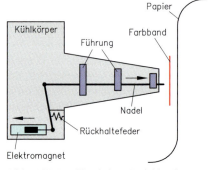

Bild 1.165: Druckkopf eines Nadeldruckers

Danach bewegt sich der Druckkopf mechanisch angetrieben einige zehntel Millimeter horizontal über das Papier und setzt eine weitere Reihe von Punkten. Die einzelnen Pünktchen liegen so eng zusammen, dass sich aufgrund der nur begrenzten Wahrnehmungsfähigkeit des menschlichen Auges im Allgemeinen zusammenhängende Strukturen ergeben. Der Nadeldrucker gehört also zur Klasse der Matrixdrucker (Dot Matrix Printer; Line Matrix Printer). Je mehr Nadeln der Druckkopf enthält, desto enger können die Punkte untereinander gesetzt werden. Aufgrund der geometrischen Abmessungen der Nadeln ist ihre Anzahl nach oben jedoch begrenzt. Standardmäßig werden Drucker mit mindestens 24 Nadeln angeboten.

> Die Druckqualität eines **Nadeldruckers** hängt maßgeblich von der Anzahl der Nadeln im Druckkopf ab.

Da ein Nadeldrucker Zeichen aus einzelnen Punkten zusammensetzt und jede Nadel einzeln angesteuert werden kann, ist er grundsätzlich auch in der Lage, Grafiken auszudrucken. Nadeldrucker werden als Monochrom- oder Farbdrucker hergestellt; die Farbdrucker arbeiten mit einem Farbband, das über vier Farbstreifen verfügt.

Der Vorteil des Nadeldruckers gegenüber allen anderen Druckerarten ist die Fähigkeit, aufgrund des mechanischen Anschlagens der Nadeln auf das Papier auch Durchschläge erzeugen zu können. Der Druck ist auf jede Art von Papier möglich. Allerdings ist der Druckvorgang stets mit einer hohen Lärmbelästigung verbunden.

1.13.2 Tintenstrahldrucker

Der Druckkopf eines Tintenstrahldruckers *(ink jet printer)* besteht im Wesentlichen aus einem Tintenbehälter und vielen untereinander angeordneten Düsen, die mit dem Vorratsbehälter über kleine Kanülen miteinander in Verbindung stehen. Der Tintenstrahldrucker arbeitet also auch nach dem Matrixprinzip. Das Druckbild wird erzeugt, indem die Düsen kleinste Tintentropfen auf das Papier spritzen, d. h., es handelt sich um einen anschlagsfreien Drucker. Der gesamte Druckkopf wird auf einem „Schlitten" fast berührungsfrei über das Papier bewegt. Die Düsen sind viel kleiner als die Nadelspitzen eines Nadeldruckers, sodass sie wesentlich dichter zusammenliegen. Hierdurch können die einzelnen Tröpfchen wesentlich enger gesetzt werden. Da die Tinte vom Papier aufgesogen wird, hängt die Qualität des Drucks nicht unerheblich von der Qualität des verwendeten Papiers ab. Für eine hohe Qualität – insbesondere beim Drucken von Grafiken oder Bildern – ist zum Teil Spezialpapier erforderlich.

Tintenstrahldrucke weisen überdies den Nachteil auf, dass die gedruckten Farben unter dem Einfluss von Sonnenlicht mit der Zeit verblassen.

> Der Begriff **Farbstabilität** *(colour stability)* charakterisiert die Veränderung von gedruckten Bildern unter dem Einfluss von Tageslicht bei der Aufbewahrung hinter Glas.

Als absolut farbstabil gilt ein Bild, das sich in einem Zeitraum von 50 Jahren für den Menschen nicht wahrnehmbar verändert. Hierbei spielt die Beschaffenheit der Tinte eine erhebliche Rolle (z. B. wasserlösliche Farbstofftinte, pigmentierte Tinte). Aus den vergleichsweise hohen Preisen für Tintenpatronen finanzieren die meisten Druckerhersteller ihre Entwicklungskosten, da die Druckerpreise künstlich niedrig gehalten werden. Das Herausschleudern der Tinte aus dem Druckkopf wird durch Anwendung unterschiedlicher Techniken bewirkt; im Privatbereich werden hierbei überwiegend sog. **DOD-Drucker** (DOD: **D**rop **O**n **D**emand) eingesetzt, bei denen alle herausgeschleuderten Tintentropfen auch auf dem Papier landen. Im industriellen Bereich wird eine Technik angewendet, bei der die Tintentropfen teilweise in einen Auffangbehälter abgelenkt und in die Patrone zurückgeführt werden.

Piezoverfahren

Bei diesem Verfahren nutzt man die besonderen Eigenschaften von sog. Piezokristallen aus. Darunter versteht man Materialien, deren äußere Abmessungen sich beim Anlegen einer elektrischen Spannung geringfügig verändern (piezoelektrischer Effekt). Aufgrund der Konstruktion der verwendeten Piezoröhrchen im Druckerkopf bewirkt das Anlegen einer elektrischen Spannung, dass sich das Piezoröhrchen zusammenzieht. Der (Luft-)Druck vor der Düse ist damit niedriger als im Inneren des Röhrchens. Hierdurch wird ein winziges Tröpfchen Tinte aus der Öffnung gepresst.

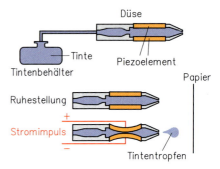

Bild 1.166: Grundprinzip des Piezo-Verfahrens

Bubble-Jet-Verfahren

Dieses Verfahren kann folgendermaßen veranschaulicht werden:

Hinter jeder düsenförmigen Öffnung, die über eine Kanüle mit dem Tintenbehälter verbunden ist, befindet sich eine Art elektrischer Widerstand, der durch Anlegen einer elektrischen Spannung bis über 500 °C erhitzt werden kann. Aufgrund dieser Erwärmung dehnt sich die Tinte aus. Im Bereich der Düse bildet sich ein Tropfen, der durch den im Inneren entstandenen Druck auf das Papier gespritzt wird. Dieses Verfahren wird auch **Blasenstrahlprinzip** genannt.

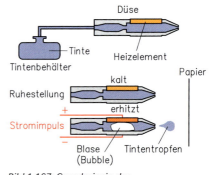

Bild 1.167: Grundprinzip des Bubble-Jet-Verfahrens

> Beim Piezo-Druckverfahren ist der Verschleiß des Druckkopfes geringer als beim Bubble-Jet-Verfahren.

Der monochrome Tintenstrahldrucker arbeitet mit einem einzigen Druckkopf, der Farbtintenstrahldrucker hat mehrere Druckköpfe nebeneinander angeordnet, die jeweils mit verschiedenfarbiger Tinte gefüllt sind. Jeder Druckkopf verfügt über eigene Düsen. In der Regel findet man hier drei farbige Druckköpfe und einen Druckkopf für Schwarz. Höherwertige Farbtintenstrahldrucker verfügen auch über eine größere Anzahl von verschiedenfarbigen Druckköpfen. Auf welche Weise hierdurch vielfarbige Drucke erzeugt werden können, wird in Kap. 1.13.6 näher erläutert.

Festtintendrucker/Wachsdrucker

Beim Festtintendrucker *(Solid Ink Printer)* wird keine flüssige Tinte verwendet, sondern Wachsfarbstifte. Diese werden sukzessive bei einer spezifischen Temperatur abgeschmolzen und bei ca. 90 °C in Behältern bereitgehalten. Beim Druckvorgang wird aus diesen Behältern bedarfsorientiert Tinte auf das Druckmedium gesprüht, wo sie unmittelbar nach dem Auftreffen erstarrt.

Anschließend wird das Papier unter hohem Druck zwischen zwei Rollen hindurchgeführt, die die Farbe auf das Medium pressen (Kaltfixierung, *cold fusing*). Dieses Verfahren ist insbesondere für den fotorealistischen Druck geeignet, da die Wachsfarbe nur zu einem geringen Teil vom Papier aufgesogen wird und sich eine durchgehende matt glänzende Farboberfläche bildet. Allerdings ist dieses Verfahren vergleichsweise teuer.

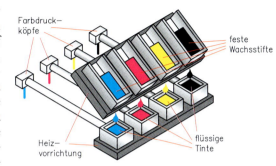

Bild 1.168: Grundprinzip Festtintendrucker

> Das **Festtintenverfahren** wird auch als **Phasenwechselverfahren** bezeichnet, weil das Farbmedium während des Druckvorgangs seinen Aggregatzustand (fest – flüssig – fest) wechselt.

1.13.3 Thermografische Drucker

Bei den thermografischen Druckern *(thermographic printer)* werden mithilfe von Heizelementen im Druckkopf Farben erhitzt, die sich entweder direkt auf entsprechendem Spezialpapier (Thermopapier) oder auf Farbträgern befinden. Man unterscheidet:

Thermodrucker

Beim einfachen Thermodrucker *(thermal printer)* besteht der Druckkopf ähnlich wie bei einem Nadeldrucker aus einer Anzahl von Stiften. Diese Stifte schlagen allerdings nicht durch ein Farbband auf das Papier, sondern werden aufgeheizt und anschließend kurz mit dem Spezialpapier (Thermopapier) in Kontakt gebracht (anschlagsfreier Drucker). Aufgrund der Wärmeeinwirkung hinterlassen sie eine Verfärbung auf der Beschichtung des Thermopapiers. Weder das Drucken auf normalem Papier noch ein Farbdruck ist mit diesem Verfahren möglich.

Thermotransferdrucker

Thermotransferdrucker *(thermal transfer printer)* arbeiten nach dem Prinzip der subtraktiven Farbmischung. Hierbei wird anschlagslos mit einem speziellen Thermo-Farbband auf Polyesterbasis gearbeitet. Winzige Heiz-

Bild 1.169: Grundprinzip Thermotransferdruck

elemente im Druckkopf erwärmen die wachsartigen Farben auf dem Farbband, die sich dann von dem Trägerband lösen und auf das Papier übertragen. Da sich die einzelnen Farbpartikel auf dem Papier vermischen, entsteht ein stufenloser Farbverlauf. Es ist kein Spezialpapier erforderlich.

Thermosublimationsdrucker

Der Thermosublimationsdrucker *(thermal sublimation printer)* arbeitet ähnlich wie der Thermotransferdrucker, jedoch wird das Farbwachs mithilfe von Heizelementen so stark erhitzt, dass es den flüssigen Zustand überspringt und vom festen sofort in den gasförmigen Zustand wechselt. In diesem Zustand diffundiert es in das Spezialpapier. Jedes Heizelement des Druckkopfes kann bis zu 256 unterschiedliche Temperaturen erzeugen; die von der Trägerfolie abgeschmolzene Farbe wird umso intensiver übertragen, je höher die Temperatur ist. Auf diese Weise lassen sich bis zu 256 Farbintensitätsstufen auf dem Papier und damit eine hohe Farbqualität erzeugen. Diese Qualität wird allerdings mit hohen Kosten für Spezialpapier und Farbträger erkauft. Aus diesem Grunde finden diese Drucker im privaten Bereich weniger Verwendung.

Der **Thermosublimationsdrucker** ist in der Lage, fotorealistische Bilder hoher Qualität zu erzeugen.

1.13.4 Laserdrucker

Laserdrucker *(laser printer)* gehören zur Kategorie der elektrofotografischen Drucker *(electrophotographic printer)* und arbeiten wie Fotokopierer nach einem elektrofotografischen Verfahren. Bei diesem Verfahren macht man sich die elektrostatische Kraftwirkung elektrisch geladener Komponenten zunutze (Kap. 6.3.6.1).

Innerhalb des Druckers befindet sich eine fotoempfindliche Trommel, die elektrisch (negativ) aufgeladen wird. Auf diese Trommel wird mithilfe eines Laserstrahls, der von einem Spiegelsystem zeilenweise über die rotierende Trommel gelenkt wird, ein Abbild der zu druckenden Zeichen geschrieben („Belichten"). An denjenigen Stellen, an denen später keine Druckzeichen entstehen sollen, wird der Laserstrahl abgeschaltet bzw. unterbrochen. An allen Auftreffpunkten des **Lasers** (**L**ight **A**mplification by **S**timulated **E**mission of **R**adiation) wird die elektrische Ladung der Trommel neutralisiert. Nur an diesen Stellen kann der Toner, der mit der gleichen Polarität aufgeladen wird wie die Trommel und der im weiteren Verlauf des Druckvorgangs auf die Trommel aufgetragen wird, haften bleiben. An allen anderen Stellen wird der Toner abgestoßen. Auf diese Weise entsteht auf der Trommel ein unsichtbares elektrisches Abbild des zu druckenden Blattes (Elektrofotografie).

Laserdrucker werden auch als **Seitendrucker** *(page printer)* bezeichnet, da sie das komplette Abbild einer zu druckenden Seite auf die Bildtrommel projizieren.

Der Toner besteht aus einer Art sehr feinem Tintenpulver. Das zu bedruckende Papier wird ebenfalls elektrostatisch aufgeladen, jedoch mit entgegengesetzter Polarität zur Ladung der Trommel. Da entgegengesetzt geladene Teilchen einander anziehende Kräfte ausüben, überträgt sich der Toner auf das Papier, das an der Trommel vorbeigerollt wird

("Entwickeln"). Durch anschließende Hitzeeinwirkung wird der Toner schließlich auf dem Papier dauerhaft fixiert ("Fixieren"). Eine DIN-A4-Seite kann auf diese Weise in kürzester Zeit bedruckt werden. Nach jedem Druckvorgang wird die Trommel automatisch von Tonerresten gereinigt.

Farblaserdrucker arbeiten nach dem subtraktiven CMYK-Farbmischverfahren. Um eine Seite farbig zu drucken, müssen die dargestellten Arbeitsschritte viermal durchlaufen werden. Hierbei sind auch vier unterschiedliche elektrostatische Potenziale nötig, da das gleiche Potenzial eine bereits aufgebrachte Tonerschicht wieder zerstören würde (Direct-to-Drum-Verfahren).

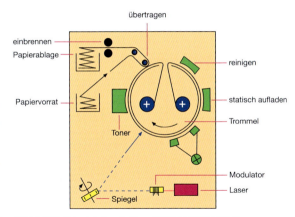

Bild 1.170: Prinzipieller Aufbau eines Laserdruckers

Andere Farblaserdrucker verwenden zwei Bildtrommeln. Dabei werden alle vier Auszüge nacheinander auf einer Bildtrommel erzeugt, auf die zweite übertragen und von dort zusammen aufs Papier gebracht.

Laserdrucker gehören zu den qualitativ hochwertigsten Druckern, sie zeichnen sich neben einer gestochen scharfen Druckqualität und hohen Druckgeschwindigkeiten auch durch hervorragende Grafikfähigkeiten aus. Der beschriebene elektrofotografische Effekt lässt sich außer mit einem Laserstrahl auch mit anderen Lichtquellen realisieren. Zu den elektrofotografischen Druckern gehören dementsprechend auch die **LED-Drucker**, die **LCD-Drucker** und die **Ionenbeschuss-Drucker** *(ion deposition printer).*

1.13.5 Druckerkenngrößen und Leistungsmerkmale

Die Hersteller beschreiben die Eigenschaften ihrer Drucker mit Kenngrößen, von deren Qualität letztlich der Verkaufspreis abhängt. Beim Kauf eines neuen Druckers sind neben dem reinen Anschaffungspreis auch die Folgekosten zu beachten. Diese hängen vom jeweiligen Druckertyp ab. Neben der Kostenfrage sollte man vor dem Kauf ebenfalls über den Anwendungszweck nachdenken. Ein Drucker, der nur für den Textausdruck verwendet wird, muss anderen Anforderungen genügen als ein Drucker, der zur fotorealistischen Darstellung von Bildern dienen soll.

Druckgeschwindigkeit (printing speed)

Die Druckgeschwindigkeit gibt an, wie schnell ein Drucker ein Blatt bedrucken kann. Sie wird entweder in Zeichen pro Sekunde (cps: **c**aps **p**er **s**econd) oder Anzahl der (DIN-A4-) Blätter pro Minute (ppm: **p**ages **p**er **m**inute) oder pro Sekunde (pps: **p**ages **p**er **s**econd) angegeben.

Druckerauflösung (printer resolution)

Vergleichbar mit der Darstellung auf einem Bildschirm kann man unabhängig vom Druckverfahren ein kleinstes, auf dem Papier druckbares Element definieren. Hierfür wird allgemein der Begriff **Druckpunkt** *(printer dot)* verwendet. Unter der Auflösung eines Bildes versteht man bei Druckern die Anzahl der zur Verfügung stehenden Druckpunkte pro Längeneinheit. Die Angabe erfolgt in **dpi** (dpi: **d**ots **p**er **i**nch; Punkte pro Zoll; 1 Inch = 2,54 cm). Je größer die Anzahl der Druckpunkte pro Inch ist, desto besser ist die Qualität des Ausdrucks.

Bei allen gängigen Druckertypen ist die Wahl bestimmter vorgegebener Auflösungen möglich und kann nach Bedarf eingestellt werden. Grundsätzlich kann man stets die höchstmögliche Auflösung verwenden. Allerdings sollte man wissen, dass sich bei hoher Auflösung die Druckgeschwindigkeit verlangsamen kann und der Verbrauch des Farbträgers (Farbband, Druckertinte, Toner) höher als bei niedrigerer Auflösung ist. Typische Auflösungen gängiger Druckertypen sind zurzeit:

Druckertyp	Auflösung	Typische Anwendung
Nadeldrucker	125–150 dpi 300 dpi (abhängig von der Anzahl der Nadeln)	Geringe Anforderungen; Konzeptausdrucke, je nach Auflösung Textverarbeitung bis hin zu einfachen Grafiken, Erstellung von Dokumenten mit Durchschlägen
Tintenstrahldrucker	600 × 600 dpi 720 × 720 dpi 1 440 × 720 dpi 2 280 × 1 440 dpi 4 800 × 1 200 dpi	In Abhängigkeit von der eingestellten Auflösung (und der verwendeten Papierqualität) mittlere bis hohe Anforderungen; Konzeptausdruck bis hochwertige Grafiken; bei Fotodruck je nach Preisklasse bessere Qualität als vergleichbare Laserdrucker
Laserdrucker	2 400 × 600 dpi 720 × 720 dpi 4 800 × 720 dpi	Hohe Anforderungen; Texte, Grafiken, fotorealistische Bilder

Bild 1.171: Typische Auflösungen verschiedener Druckertypen

Rasterweite (screen ruling)

Eine weitere kennzeichnende Größe ist bei Druckern die Rasterweite. Sie wird in Linien pro Inch angegeben (lpi: **l**ines **p**er **i**nch) und erhält ihre Bedeutung dadurch, dass zur Darstellung verschiedener Graustufen entweder die einzelnen Druckpunkte mehr oder weniger eng gesetzt werden oder die Größe von angrenzenden schwarzen und weißen Bereichen verändert wird. Diese Art der Darstellung bezeichnet man als **Halbtonverfahren** *(halftone processing)*. Die Wahrnehmung unterschiedlicher Graustufen bei der Färbung von Flächen entsteht durch das begrenzte Auflösungsvermögen des Auges. Bei der Darstellung von Farben wird ähnlich verfahren.

Graustufe	100 % (schwarz)	50 %	25 %
Vergrößerte Darstellung			

Bild 1.172: Prinzipielle Darstellung von Graustufen

In der folgenden Tabelle sind die typischen Merkmale der wichtigsten Druckertypen kurz zusammengefasst.

	Nadeldrucker	Tintenstrahldrucker	Laserdrucker
Druckge-schwindig-keit	– Eine bis sechs Seiten pro Minute	– Je nach Druckverfahren (monochrom/farbig) drei bis 20 Seiten pro Minute	– Je nach Typ 20 bis 100 (DIN-A4)-Seiten pro Minute
Vorteile	– Niedriger Anschaffungspreis – Geringe Verbrauchskosten (Farbband) – Kann Durchschläge erzeugen – Dokumentenecht – Kann Endlospapier bearbeiten	– Günstiger Anschaffungspreis – Folgekosten bei reinem Textdruck gering – Geräuscharmes Drucken – prinzipiell hohe Farbqualität, auch bei Mischfarben und Farbverläufen	– Hohe Druckqualität – Sehr leiser Druckvorgang – Dokumentenechter Druck
Nachteile	– Sehr lautes Druckgeräusch – Langsame Druckgeschwindigkeit – nicht für Bilder geeignet	– Ausdrucke nicht licht- und wasserecht – Unrentabel bei Seitendrucken mit hoher Seitenfärbung (z. B. Bilder) – Für hohe Druckqualität Spezialpapier erforderlich – Beim Bubble-Jet-Verfahren größerer Verschleiß des Druckkopfes als beim Piezoverfahren	– Vergleichsweise hoher Anschaffungspreis (insbesondere bei Farbdruckern) – Hoher Wartungsaufwand – bei Druckbeginn ggf. mehrere Sekunden Aufwärmzeit der Heizelemente für die Tonertrocknung erforderlich
Ursache der Folgekosten	– Drucker-Farbband	– Tintenpatrone – Spezialpapier	– Tonerkartusche – Bildtrommel
Umwelt-aspekte	– Umweltfreundlich – hohe Lebensdauer, daher nachhaltig – geringer Wartungsaufwand	– Umweltfreundlich	– Tonerkartusche muss entsorgt werden – Zum Teil Ozonentwicklung (aufgrund der elektrostatischen Aufladung)

Bild 1.173: Merkmale der wichtigsten Druckertypen

Einer möglichen Gesundheitsgefährdung durch Toner- oder Papierfeinstaubemissionen, sowie durch Ozon kann durch entsprechende Belüftungsmaßnahmen entgegengewirkt werden. Drucker werden üblicherweise an einem USB-Anschluss betrieben. Vielfach können sie auch direkt in ein vorhandenes WLAN eingebunden werden. Um einen Drucker betreiben zu können, bedarf es stets eines entsprechenden Druckertreibers *(printer driver)*. Dieser muss sowohl den jeweiligen Drucker als auch die vorhandene Software unterstützen. Im Lieferumfang der gängigen Betriebssysteme sind Treiber für die meisten handelsüblichen Drucker enthalten. Allerdings bieten die von den Druckerherstellern mitgelieferten Treiber teilweise eine größere Auswahl an möglichen Einstellungen.

Im Zusammenhang mit Druckern treten oft auch die folgenden Begriffe auf:

Druckmodus (printing mode)

Dieser Begriff bezeichnet allgemein das Ausgabeformat eines Druckers. Der Druckmodus legt die Ausrichtung (Hoch- oder Querformat), die Druckqualität und die Größe des Ausdrucks fest. Matrixdrucker unterstützen folgende Druckqualitäten: Entwurf, Letter-Qualität (LQ) oder Near-Letter-Qualität (NLQ). Die meisten Drucker können sowohl Standard-text (ASCII) als auch eine Seitenbeschreibungssprache (z. B. PostScript) interpretieren.

PostScript

Die Tatsache, dass jeder Drucker seinen eigenen speziellen Druckertreiber benötigt, kann beispielsweise unter Windows dazu führen, dass Texte, die auf zwei PC-Systemen mit unterschiedlichen Druckern ausgegeben werden, verschieden aussehen (z. B. unterschied-licher Seitenumbruch). **PostScript** ist eine Seitenbeschreibungssprache, die das Seitenlay-out mit standardisierten Befehlen steuert, die auf jedem PostScript-fähigen Drucker zum gleichen Ausdruck führen. PostScript verfügt über flexible Schriftfunktionen, eine hoch-qualitative Grafikausgabe und in Verbindung mit **Display-PostScript** eine absolute WYSIWYG-Qualität (**W**hat **Y**ou **S**ee **I**s **W**hat **Y**ou **G**et). Diese Qualitätsstufe lässt sich ansonsten nur schwer realisieren, wenn man für die Darstellung auf Bildschirm und Drucker unterschiedliche Methoden anwendet. Gleiche Ausdrucke sind alternativ auch mit dem weit verbreiteten **PDF**-Format (**P**ortable **D**ocument **F**ormat) möglich.

Drucker-Spooler (printer spooler)

Der Drucker-Spooler ist ein Programm, das einen Druckjob auf dem Weg zum Drucker abfängt und ihn stattdessen im Speicher ablegt. Dort verbleibt der Druckjob so lange, bis ihn der Drucker ausführen kann. Der Begriff Spooler steht für „**S**imultaneous **P**eripheral **O**perations **On**line".

Druckpuffer (print buffer)

Der Druckpuffer ist ein Speicherbereich, in dem Druckausgaben vorübergehend abgelegt werden, bis sie der Drucker verarbeiten kann. Die Einrichtung eines Druckpuffers kann im Hauptspeicher (RAM) des Computers, im Drucker selbst oder in einer separaten Ein-heit zwischen dem Computer und dem Drucker (z. B. innerhalb eines Netzwerks) erfolgen. Unabhängig von seiner Lokalisierung besteht die Funktion eines Druckpuffers darin, die Druckausgaben vom Computer mit hoher Geschwindigkeit zu übernehmen und sie an den Drucker, der eine wesentlich geringere Geschwindigkeit erfordert, weiterzuleiten. Dadurch kann der Computer in der Zwischenzeit andere Aufgaben übernehmen.

1.13.6 Farbdruckverfahren

Eine farbige Darstellung, beispielsweise ein Farbfoto, beinhaltet in der Regel eine große Anzahl vieler verschiedener Farben. Beim Drucken ist es nicht möglich, für jede dieser Farben einen entsprechenden Farbträger – je nach Druckertyp Farbband, Tintenpatrone oder Toner – bereit-zustellen. Aus diesem Grund wendet man Verfahren an, mit deren Hilfe es möglich ist, durch Kombination einiger weniger Grundfarben alle anderen Farben zu realisieren.

Bei Bildschirmen wird hierzu bekanntlich das RGB-Ver-fahren, ein additives Mischverfahren, angewendet (Kap. 1.12.1). Das additive Farbmischverfahren kann in der Technik nur dann angewendet werden, wenn Licht direkt, d. h. ohne Reflexion durch einen Gegenstand, in das Auge gelangt, wie dies beim Bildschirm der Fall ist. Für Darstel-lungen, die nicht selbst lichterzeugend sind, sondern bei

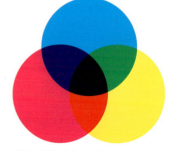

Bild 1.174: Subtraktives Farbmodell

denen das Licht erst durch Reflexion ins Auge gelangt, wie beispielsweise Farben, die auf Papier aufgebracht sind, muss ein **subtraktives Farbverfahren** *(subtractive colour process)* verwendet werden.

Bei diesem Verfahren werden die Grundfarben Cyan, Magenta und Yellow (Gelb) verwendet. Aus den drei Anfangsbuchstaben dieser Farben leitet sich die Kurzbezeichnung **CMY-Verfahren** ab.

Beim **CMY-Farbmischverfahren** *(colour mixing procedure)* können sämtliche Farben durch Mischen der drei Grundfarben Cyan, Magenta und Gelb mit jeweils unterschiedlichen Intensitäten hergestellt werden.

Bei diesem Farbmodell entsteht die Farbe Weiß – die natürliche Farbe des Papiers – wenn die drei Grundfarben jeweils die Intensität null aufweisen (d.h. nicht vorhanden sind). Wie viele verschiedene Farben – man spricht auch von **Farbnuancen** – realisiert werden können, ist abhängig von der Anzahl der möglichen Abstufungen (Intensitäten) der drei Grundfarben.

Beispiel
Bei einem Drucker wird jede der drei Grundfarben mit 6 bit codiert.
a) Wie viele Farbabstufungen einer Grundfarbe gibt es?
b) Wie viele Farbnuancen lassen sich insgesamt darstellen?

Lösung
a) Bei 6 bit ergeben sich bei jeder Grundfarbe jeweils $2^6 = 64$ Farbabstufungen.
b) Insgesamt lassen sich $2^6 \cdot 2^6 \cdot 2^6 = 64^3 = 262\,144$ Farbnuancen darstellen.

Werden alle drei Farben mit jeweils hohen Farbanteilen gemischt, entsteht als Farbeindruck die Farbe Schwarz. In der Praxis stehen die drei Grundfarben allerdings nicht 100% rein zur Verfügung. Die Folge ist, dass kein 100%iges Schwarz erzeugt werden kann und dass die Anzahl der druckbaren Farben eingeschränkt ist. Da bei diesem Verfahren das Erzeugen der Farbe Schwarz zudem einen extrem hohen Farbverbrauch zur Folge hat, wird Schwarz nicht durch Mischen der drei Grundfarben, sondern durch eine „echte" schwarze Druckfarbe erzeugt. Dieses Verfahren bezeichnet man als **CMYK-Verfahren**. Der Buchstabe „K" steht hierbei für die Farbe Schwarz ("Key"; Begriff stammt ursprünglich von den mechanischen Plattendruckverfahren).

Bei Farbdruckern wird das **CMYK-Farbmischverfahren** verwendet. Dieses Farbmischsystem wird auch als Vierfarb-Druckverfahren bezeichnet und findet ebenfalls in der professionellen Druckereitechnik Anwendung.

Zur Verbesserung des Farbeindrucks insbesondere bei der Wiedergabe von Fotos werden auch Drucker angeboten, die über mehr als drei Grundfarben verfügen. Je nach Preisklasse und Druckermodell findet man bis zu zwölf Farbkartuschen, die einzeln gewechselt werden können.

Aufgrund der verwendeten Drucktechnik sind Thermosublimationsdrucker in der Lage, bis zu 256 verschiedene Farbnuancen (Abstufungen) pro Grundfarbe zu drucken. Bei den Tintenstrahldruckern müssen die Farben erst mithilfe spezieller Verfahren aufbereitet werden, da diese Drucker – technologisch bedingt – keine Abstufungen der drei Grundfarben hervorbringen können.

Um den Eindruck von Farbnuancen entstehen zu lassen, werden vergleichbare Verfahren wie bei der Darstellung von Graustufen (Bild 1.172) angewendet. Durch eine geschickte Anordnung einzelner, aus den drei Grundfarben bestehender Farbpunkte entsteht der Eindruck einer bestimmten Farbnuance. Dieses Verfahren bezeichnet man als **Dithering**. Das entstehende Punkteraster besitzt je nach verwendeter Technik entweder ein festes oder ein variables Verteilungsmuster. Die entsprechenden Farbeindrücke entstehen, weil das menschliche Auge nur eine begrenzte Empfindlichkeit hat, die dazu führt, dass der Farbeindruck über eine gewisse Fläche gemittelt wird.

Je feiner die Verteilung von Farbpunkten in einem Bildbereich ist, desto besser lassen sich Farbübergänge drucken und umso mehr Farbnuancen lassen sich darstellen. Die Feinheit der Verteilung der Farbpunkte wird nach unten durch die maximale Druckerauflösung begrenzt.

Farbdrucker, die nicht in der Lage sind, Halbtöne mit fließenden Farbabstufungen zu erzeugen, simulieren Zwischentöne mithilfe des **Dithering-Verfahrens**.

Die zu den Druckern gehörenden Treiber ermöglichen in der Regel die Einstellung unterschiedlicher Halbton- und Dithering-Verfahren. Durch Ausprobieren kann man die jeweils beste Einstellung ermitteln. Allerdings wird diese Einstellung von manchen Softwareprogrammen während des Druckvorgangs überschrieben, sodass sich auch nach einer manuellen Umstellung keine Änderung in der Qualität des Ausdrucks einstellt.

In der Praxis macht man oft die Erfahrung, dass ein Bild auf dem Bildschirm andere Farbtöne aufweist als das ausgedruckte Bild. Ursache hierfür ist eine ungenaue Anpassung der beiden verwendeten Farbmodelle RGB und CMYK. Über spezielle Einstellungen des Druckertreibers lassen sich die Farbdrucke der Bildschirmdarstellung anpassen; eine 100%ige Übereinstimmung ist allerdings auch von der verwendeten Papierqualität abhängig. Allgemein bezeichnet man eine solche Einstellungsmöglichkeit als **Farbmanagement** *(color management)*.

Mit dem Begriff **Farbmanagement** *(colour management)* bezeichnet man allgemein ein Verfahren, mit dem auf unterschiedlichen Ausgabegeräten exakt die gleichen Farbtöne dargestellt werden.

Im vorliegenden Fall muss eine exakte Konvertierung der RGB-Farbdaten des Bildschirms in die entsprechenden CMYK-Ausgabedaten des Druckers erfolgen.

1.13.7 Plotter

Ein **Plotter** *(plotter)* ist ein Gerät, mit dem sich Diagramme, Zeichnungen und andere vektororientierte Grafiken zeichnen lassen.

Während Drucker in der Regel nur die Papiergrößen DIN A4 oder DIN A3 bedrucken können, lassen sich mit Plottern auch wesentlich größere Papierformate (z.B. DIN A0) bearbeiten.

Im Gegensatz zu Druckern, bei denen Grafiken vielfach durch Anordnung einzelner Bildpunkte entstehen (Bildrasterung), zeichnet ein Plotter kontinuierliche Linien. Hierdurch werden keine „Treppenstufeneffekte" erzeugt, womit der Plotter für die Ausgabe von Grafiken im technischen Bereich prädestiniert ist (z. B. Stromlaufpläne, Gebäudegrundrisse).

Plotter sind in der Lage, kontinuierliche Linien zu zeichnen.

Für reine Schriftdarstellungen sind sie weniger geeignet, da jedes Zeichen gemalt werden muss und die Ausgabegeschwindigkeit dadurch sehr gering wird.

Plotter arbeiten entweder mit Stiften (z. B. Stifte mit speziellen Stahlkugelspitzen, Faserschreiber oder Gasdruckminen) oder elektrostatischen Ladungen in Verbindung mit Toner (elektrostatischer Plotter).

Nach der Art der Papierbehandlung unterscheidet man drei grundlegende Plottertypen: Flachbett-, Trommel- und Rollenplotter.

Flachbettplotter *(flatbed plotter)* halten das Papier ruhig und bewegen den Stift, der sich auf einem Schlitten befindet, mithilfe von Schrittmotoren entlang der X- und Y-Achsen. Ein eigener Elektromagnet senkt den Stift erst dann auf die Papieroberfläche, wenn gezeichnet werden soll.

Trommelplotter *(drum plotter)* rollen das Papier über einen Zylinder. Der Stift bewegt sich entlang einer Achse, während sich die Trommel mit dem darauf befestigten Papier entlang einer anderen Achse dreht. Trommelplotter sind besonders für große Ausdruckformate geeignet.

Rollenplotter *(roll plotter)* stellen eine Kombination aus Flachbett- und Trommelplotter dar. Der Stift bewegt sich entlang einer Achse und das Papier wird durch kleine Rollen vor- und zurücktransportiert.

AUFGABEN

1. Nach welchen Gesichtspunkten lassen sich Drucker einteilen?

2. Als Auszubildende/-r in einem der IT-Berufe sollen Sie künftig auch im Verkauf eingesetzt werden. Ihr Ausbilder möchte sich über Ihren Kenntnisstand über Drucker informieren und fragt Sie nach den verschiedenen Druckertypen, den verwendeten Druckverfahren, den Vor- und Nachteilen der jeweiligen Verfahren und welche Empfehlungen Sie Ihrer Kundschaft geben würden. Welche Auskünfte geben Sie ihm?

3. Was versteht man unter der Druckerauflösung und wie wird sie angegeben?

4. Auf welche Weise lassen sich bei einem S/W-Tintenstrahldrucker verschiedene Graustufen darstellen?

5. Woraus leitet sich die Abkürzung CMYK ab?

6. Aus welchem Grund sind Thermosublimationsdrucker besser für die Darstellung fotorealistischer Bilder geeignet als Farb-Tintenstrahldrucker?

7. Was versteht man unter der sog. Farbstabilität?

8. Ein Kunde möchte sich über den Druckvorgang bei einem Laserdrucker informieren. Welche Auskünfte geben Sie ihm?

9. Was versteht man unter einem PostScript-fähigen Drucker?

10. Aus welchem Grund lässt sich das RGB-Verfahren bei Druckern nicht anwenden?

11. Bei vielen Druckertreibern lässt sich das sog. Dithering einstellen. Was versteht man unter diesem Begriff?

12. In welchen Bereichen werden vornehmlich Plotter eingesetzt? Welche Vorteile bietet ein Plotter gegenüber einem Drucker?

13. Abhängig vom Preis werden bei CMY-Farbdruckern 32, 64, 128 oder 256 bit pro Farbe für die Codierung eingesetzt. Wie viele Farbnuancen lasse sich jeweils realisieren? Erstellen Sie eine Tabelle mit den jeweiligen Codierungen der Grundfarben sowie der Anzahl der sich ergebenden Farbnuancen.

1.14 Ergonomie, Umweltverträglichkeit und Prüfsiegel

Für den gesamten IT-Bereich gilt, dass alle Maßnahmen zur Arbeitssicherheit und zum Gesundheitsschutz sowie zur Entsorgung und zum Recycling von EDV-Geräten einen hohen Stellenwert für die gesamte Produktbewertung besitzen. Die Einhaltung von Normen und die Vergabe von Prüfzertifikaten gelten als entscheidende Produkteigenschaften für die Hersteller wie für die Anwender/-innen. Seit einigen Jahren gibt es die „Green IT"-Bewegung, die sich im weitesten Sinne um die Entwicklung und Verbreitung umweltfreundlicher und ressourcenschonender IT-Produkte kümmert.

1.14.1 Ergonomie am Arbeitsplatz

Mit der Veröffentlichung der Verordnung über Sicherheit und Gesundheitsschutz bei der Arbeit an Bildschirmgeräten, kurz Bildschirmarbeitsverordnung (BildscharbV), wurde bereits 1996 eine entsprechende EU-Richtlinie in nationales Recht umgesetzt. In allgemeiner Form legt diese Verordnung die Grundlagen für Anforderungen an eine ergonomische Bildschirmarbeit fest. Neu für die Bildschirmarbeit war die Verpflichtung zur Überprüfung der Arbeits-, Sicherheits- und Gesundheitsbedingungen hinsichtlich Sehvermögen, körperlicher Probleme und psychischer Belastung. Das bedingt eine Arbeitsplatzanalyse aller Bildschirmarbeitsplätze in Bezug auf Sitzposition, Anordnung von Ein- und Ausgabegeräten, Lärmemission, Lichtverhältnisse, sowie Blend- und Flimmerfreiheit. Inzwischen werden seitens der Arbeitgeber auf Wunsch vielfach auch ergonomische Steharbeitsplätze eingerichtet. Allerdings haben die Beschäftigten hierauf keinen gesetzlichen Anspruch. Die Bildschirmarbeitsplatz-

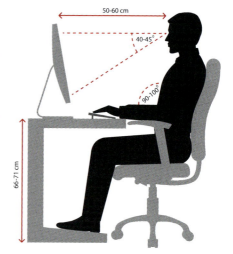

Bild 1.175: Ergonomisches Arbeiten am Bildschirm (Prinzipdarstellung mit typischem Standardabstand zum Display; dieser hängt aber auch von der Displaygröße ab, d. h. je größer das Display, desto größer der Abstand)

verordnung ist in Deutschland inzwischen Teil der **Arbeitsstättenverordnung** (ArbStättV, Abschnitt 6), die 2016 inhaltlich dem technischen Fortschritt am Arbeitsplatz angepasst wurde.

Büromöbel mit guten Benutzermerkmalen sollten den Anforderungen der **TCO'04 Office Furniture** und deren nachfolgenden Ergänzungen entsprechen. Das Prüflabel der Schwedischen Angestelltengewerkschaft ist ein Qualitäts- und Umweltgütesiegel für Bürostühle und höhenverstellbare, elektrisch gesteuerte Bürotische mit exakt spezifizierten Anforderungen in den Bereichen Ergonomie, Ökologie und Emissionen (Strahlung und Magnetfelder sowie chemische Emissionen).

Seit 2010 wird die TCO'04 Office Furniture durch das Qualitätszeichen **Quality Office** ergänzt. Es beruht auf der Leitlinie L-Q 2010 „Qualitätskriterien für Büro-Arbeitsplätze", die u. a. durch das Deutsche Institut für Normung (DIN), die Verwaltungs-Berufsgenossenschaft (VBG), den Verband Büro-, Sitz- und Objektmöbel (bso), die Bundesanstalt für Arbeitsschutz und Arbeitsmedizin (BAuA) sowie den Initiativkreis Neue Qualität der Büroarbeit (INQA-Büro) verabschiedet wurde. In ihr werden Kriterien zu Sicherheitsanforderungen, Ergonomie, Funktion, Ökologie und Ökonomie berücksichtigt und sie soll den ständig steigenden Anforderungen an Büroarbeit Rechnung tragen.

Ein wesentlicher Beitrag zur Ergonomie am Arbeitsplatz besteht in der Verwendung emissionsfreier bzw. emissionsarmer Arbeitsmittel. Mindestgrenzwerte sind in nationalen und internationalen Richtlinien wie z. B. denen zur elektromagnetischen Verträglichkeit (EMV; Kap. 6.3.6.2) festgeschrieben. Danach muss jeder Personal Computer der Produktnorm für Störemission EN 55022, der Grundnorm für Störbeeinflussung EN 50082-1 sowie der als Niederspannungsrichtlinie bezeichneten Norm EN 60950 entsprechen.

Die **ISO (International Organization for Standardization = Internationaler** ISO-Norm **Normenausschuss)** hat mit der Norm ISO 9241-x die Bildqualitätsanforderungen für Displays und deren Design festgelegt. Hiernach müssen bestimmte Bedingungen für Entspiegelung, Flimmerfreiheit, Kontrast, Sichtabstand sowie Zeichenbreite, -höhe und -gleichmäßigkeit erfüllt werden.

Auch bei der Entwicklung von neuer Software spielt der Ergonomiefaktor eine bedeutende Rolle.

> Ziel der **Softwareergonomie** ist die Anpassung der Eigenschaften eines Dialogsystems an die geistigen und physischen Eigenschaften der damit arbeitenden Menschen.

Der Ergonomieanspruch erfordert eine benutzerfreundliche Auslegung von Software, z. B.:

- Software soll so gestaltet sein, dass die Anwender/-innen bei der Erledigung von Arbeitsaufgaben unterstützt und nicht unnötig belastet werden.
- Software soll selbstbeschreibend sein, d. h. bei Bedarf Einsatzzweck und Leistungsumfang erläutern.
- Software soll so weit wie möglich steuerbar und individuell anpassbar sein.
- Software soll den Erwartungen der Anwender/-innen entsprechend reagieren.
- Software soll fehlerrobust sein, d. h., fehlerhafte Eingaben sollten nicht zu Systemabbrüchen führen und mit minimalem Korrekturaufwand rückgängig gemacht werden können.

- Die auf dem Bildschirm dargestellten Informationen sollen eindeutig und einheitlich gegliedert sein. Dazu zählen u.a. leicht erkennbare Symbole, Icons und Buttons sowie die Hervorhebung wichtiger Informationen.

Regelmäßiges und langes Arbeiten am Computerbildschirm führt mit der Zeit zu Augenbeschwerden. Werden anfängliche Symptome wie Brennen, Jucken, erhöhte Lichtempfindlichkeit usw. nicht beachtet, können ernsthafte gesundheitliche Schäden an den Augen entstehen. Daher gehören regelmäßige Entspannungspausen für die Augen als Vorbeugungsmaßnahme zur Bildschirmarbeit dazu.

Zur individuellen Anpassung sollte ein gutes Bürodisplay daher auch über eine mechanische Höhenverstellung sowie über eine Einstellung des senkrechten Neigungswinkels (**Tilt-Funktion**) verfügen. Manche Bürobildschirme lassen sich auf ihrem Standfuß auch um 360° drehen (**Swivel-Funktion**) Für die Darstellung langer Dokumente ohne Scrollen eignen sich besonders Breitformat-Displays, die eine um 90° gedrehte Positionierung unterstützen und somit auch hochkant verwendet werden können (sog. **Pivot-Darstellung**).

Zur augenschonenden Bildschirmarbeit werden vielfach auch gewölbte Displays (**Curved Displays**) verwendet. Ab einer Bilddiagonalen von 27 Zoll decken Curved Displays mit ultrabreitem Format (z.B. 21:9; Kap. 1.12.1) einen größeren Bereich des peripheren Sehens ab als flache Bildschirme, da sie die natürliche Krümmung des menschlichen Sichtfelds besser nachempfinden und daher weniger ermüdend wirken (Nachteil: nicht für den Pivot-Betrieb geeignet).

Im Zusammenhang mit der Ergonomie ist ebenfalls die **Barrierefreiheit** *(accessibility)* von Bedeutung. Diese ist in §4 des **Behindertengleichstellungsgesetzes** (**BGG**) wie folgt definiert:

> **Barrierefrei** sind bauliche und sonstige Anlagen, Verkehrsmittel, technische Gebrauchsgegenstände, Systeme der Informationsverarbeitung, akustische und visuelle Informationsquellen und Kommunikationseinrichtungen sowie andere gestaltete Lebensbereiche, wenn sie für Menschen mit Behinderungen in der allgemein üblichen Weise, ohne besondere Erschwernis und grundsätzlich ohne fremde Hilfe auffindbar, zugänglich und nutzbar sind. Hierbei ist die Nutzung behinderungsbedingt notwendiger Hilfsmittel zulässig.

Barrierefreiheit gilt gleichermaßen für die Gestaltung von Hard- und Software sowie für jegliche Nutzung technischer Kommunikationseinrichtungen. Hierzu definiert der Gesetzgeber Anforderungen in den Bereichen **Wahrnehmbarkeit**, **Bedienbarkeit**, **Verständlichkeit** und **Robustheit**. Beispiele für barrierefreie Gestaltungen sind (siehe auch ISO 9241-171: Ergonomie der Mensch-System-Interaktion):

- Vermeidung von roten und grünen Tönen bei der grafischen Oberfläche einer Software oder auf Internetseiten (für Menschen mit Farbsehschwächen)

- Möglichkeit von gebärdensprachlicher Interaktion mit einem Benutzer oder einer Benutzerin (für Menschen mit Hörschäden)

- Leichte, intuitive und lernfördernde Dialogführung bei der Bedienung von Software für verschiedene Zielgruppen (für Menschen mit unterschiedlichen geistigen Einschränkungen)

- Individuell anpassbare Skalierbarkeit (Schriftgröße, Schriftart, Schriftgrad, Schriftfarben) und Kontraste in Programmoberflächen und Browsern (für Menschen mit allgemeiner Sehschwäche)

- Bedienung von Software über Sprachbefehle (für Menschen mit körperlichen Einschränkungen)

- Eindeutig gegliederte, gut wahrnehmbare Navigationssymbole (für Menschen mit allgemeiner Sehschwäche)

- Verhinderung von Programm- oder Systemabstürzen bei falscher Handhabung oder fehlerhaften Eingaben (robuste, d. h. zuverlässige Nutzung)

1.14.2 Recycling und Umweltschutz

Außer auf Ergonomie und Arbeitssicherheit achten viele Hardwarehersteller zunehmend auf den Einsatz von umweltverträglichen Werkstoffen und die Möglichkeit, wertvolle Rohstoffe – sog. **Wertstoffe** *(reusable materials)* – wiederzuverwenden. Dies gilt prinzipiell für alle Arten von elektronischen Geräten, die von spezialisierten Recyclingfirmen wieder in ihre Ausgangsmaterialien zerlegt werden können.

Dennoch werden Notebooks und andere Geräte nach wie vor unter Verwendung toxischer Materialien gebaut. Zwar haben die Hersteller von Notebooks in den letzten Jahren einige der gefährlichsten Stoffe aus der Produktion herausgehalten, es werden jedoch weiterhin andere gesundheitsgefährdende Stoffe wie z. B. PVC, bromhaltige Flammschutzmittel und Phthalate in den meisten tragbaren PCs verbaut. (Phthalate sind Weichmacher, die eine hormonähnliche Wirkung haben und bei Männern zu Unfruchtbarkeit und bei ihren Nachkommen zu Missbildungen führen sollen.)

Das Recycling-Symbol weist auf Produkte oder Komponenten hin, die eine besondere Entsorgung erfordern. Auf diese Weise gekennzeichnete Artikel dürfen nicht einfach in den Hausmüll geworfen werden. Dazu zählen insbesondere schwermetallhaltige Batterien und Akkumulatoren (Akkus; Kap. 1.10.2; Kap. 6.3.4.3).

Häufig findet man noch eine Kennzahl in der Mitte des Symboles. Diese Zahl gibt Aufschluss über das verwendete Material. So steht

- 01 bis 07 für verschiedene Kunststoffe,
- 40 für Stahl,
- 41 für Aluminium,
- 80 bis 85 für Verbundwerkstoffe aus Papier mit Metallen oder Kunststoffen,
- 90 bis 92 für Verbundwerkstoffe aus Kunststoffen und Metall,
- 95 bis 98 für Verbundwerkstoffe aus Glas und Metall.

Das **Batteriegesetz** (BattG) aus dem Jahr 2009 und seine Anpassungsänderungen von 2015 und 2017 regelt die umweltgerechte Entsorgung von Batterien und setzt die Richtlinie 2008/12/EG des Europäischen Parlaments in innerdeutsches Recht um.

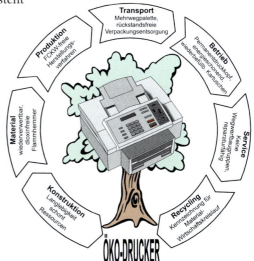

Bild 1.176: Beispiel für umweltschonende Produktion und Wiederverwertung

Gegenüber dem alten Gesetz unterliegt jetzt auch der Versandhandel der Rücknahmepflicht.

Leere Tonerkartuschen und Tintenpatronen gehören ebenso wie Akkus und Batterien nicht in den Hausmüll. Mittlerweile haben die meisten Städte und Gemeinden oder regionale Abfallentsorger für diese Form von Sondermüll Altstoffsammelzentren eingerichtet.

Gleiches gilt für CD-ROMs und DVDs. Viele dieser Silberscheiben haben keine oder nur eine geringe Nutzungsdauer und landen danach im Müll. Das im Recyclingprozess gewonnene Polykarbonat wird entweder eingeschmolzen und als 30%ige Beigabe wieder zu CD-Rohlingen verarbeitet oder mit anderen Kunststoffen und Farbe vermischt zu neuen Produkten wie z.B. Computergehäusen oder Armaturentafeln verarbeitet. Man spricht in diesem Zusammenhang auch vom „silbernen Kreislauf".

> Nicht mehr benötigte CDs und DVDs gehören in den „silbernen Kreislauf".

Im Übrigen sind die Hersteller und Vertreiber von Transport- und Verkaufsverpackungen verpflichtet, alle Verpackungsmaterialien zurückzunehmen und zu verwerten bzw. wiederzuverwenden.

Auf Initiative des „WEEE Executing Forums" haben die Mitgliedsstaaten der EU und das Europäische Parlament im Jahr 2003 neue Richtlinien zur Entsorgung von Altgeräten sowie zur Bleisubstitution bei Neugeräten festgelegt:

- **WEEE-Direktive**: Elektro- und Elektronik-Altgeräte-Richtlinie (**WEEE** = **W**aste Electrical and **E**lectronic **E**quipment)

- **RoHS-Direktive**: Richtlinie zur Beschränkung der Verwendung bestimmter gefährlicher Stoffe in Elektro- und Elektronikgeräten (**RoHS** = **R**estrictions **o**f **H**azardous **S**ubstances in Electrical and Electronic Equipment)

 Im Juli 2012 erfolgte eine Neufassung dieser Richtlinien, in der unter anderem verbindliche Forderungen zur Nachhaltigkeit bei der Produktion und dem Verbrauch sowie zur effizienten Ressourcennutzung und zur Rückgewinnung von wertvollen Sekundärrohstoffen formuliert werden. Die WEEE-Richtlinie sieht vor, dass die Hersteller und Importeure von Elektro- und Elektronikgeräten den Transport der entsprechenden Altgeräte aus privaten Haushalten finanzieren müssen– sowohl die Rücknahme als auch die Entsorgung. Ein Hersteller im Sinne der Richtlinie ist allerdings nicht nur derjenige, der Elektrogeräte herstellt und verkauft, sondern auch derjenige, der Geräte anderer Anbieter unter seinem Markennamen weiterverkauft oder gewerblich in einen Mitgliedsstaat der EU ein- oder ausführt (Importeur). Zur Identifizierung der Hersteller/Importeure haben die Mitgliedsstaaten ein Herstellerregister einzurichten. Den Hersteller/Importeur trifft darüber hinaus eine Kennzeichnungspflicht seiner Produkte. Neue Elektro- und Elektronikgeräte müssen mit dem Symbol der durchgestrichenen Mülltonne gekennzeichnet werden.

Damit gekoppelt ist das Gesetz über das Inverkehrbringen, die Rücknahme und die umweltverträgliche Entsorgung von Elektro- und Elektronikgeräten (Elektro- und Elektronikgerätegesetz – **ElektroG**), das in Deutschland insbesondere die Entsorgung und Verwertung von Elektro- und Elektronikgeräten regelt. Deutlich stärker als bisher sind die Hersteller, Importeure (und unter Umständen auch die Wiederverkäufer) solcher Produkte verantwortlich für den gesamten Lebenszyklus der von ihnen produzierten und in

Verkehr gebrachten Geräte. Sie müssen diese sowohl von gewerblichen als auch (über die öffentlich-rechtlichen Entsorgungsträger) von privaten Kunden und Kundinnen auf eigene Kosten zurücknehmen bzw. entsorgen lassen.

Zusätzlich beschränkt das ElektroG den Anteil bestimmter gefährlicher Stoffe, wie beispielsweise Blei oder Quecksilber, in neu konzipierten und produzierten Geräten. In einer im August 2018 veröffentlichten Aktualisierung wird der Geltungsbereich des ElektroG auf deutlich mehr Produktgruppen erweitert. Hierzu zählen insbesondere auch diejenigen Produkte, die von ihrem Primärzweck her zwar keine Elektro(nik)geräte sind, jedoch über entsprechende Komponenten, wie beispielsweise eingebaute Chips oder Sensoren verfügen (z. B. „smarte" Kleidungsstücke, Wearables). Nachfolgende Novellierungen (z. B. **ElektroG3**, gültig seit 01.01.2022) erweitern und konkretisieren die bisherigen Hersteller- und Händlerpflichten sowie auch die Haftungspflichten von Betreibern elektronischer Verkaufsplattformen (z. B. Amazon, eBay). Hierzu zählen beispielsweise:

- Informationspflicht über die grundsätzlich kostenfreie Rückgabemöglichkeit für Endkunden und -kundinnen (bei Elektro-Kleingeräten auch ohne Kauf eines Neugerätes)
- Hinweispflicht für batteriebetriebene Geräte (z. B. auf Schadstoffgehalt, Brandrisiken bei lithiumhaltigen Batterien)
- Rücknahmepflicht von Altgeräten (auch bei Aktionsware im Lebensmittel-Einzelhandel und im Onlinehandel)
- Vermeidung der Vernichtung von noch gebrauchsfähigen Retouren („**Obhutspflicht**")

Insgesamt verfolgt das Elektrogesetz drei zentrale Ziele:

- Vermeidung von Elektro- und Elektronikschrott
- Reduzierung von Abfallmengen durch Wiederverwendung und Sammel-/Verwertungsquoten
- Verringerung des Schadstoffgehalts in Elektro- und Elektronikgeräten

Im Juli 2011 wurde die Version 2.0 der RoHS-Richtlinie veröffentlich. Sie ist jetzt abgekoppelt von der WEEE-Direktive und gilt für fast alle elektrischen und elektronischen Geräte. Die RoHS-Richtlinie verbietet unter anderem den Einsatz von Blei (sog. Bleiablösung), Cadmium, Chrom VI, Quecksilber und den Flammenhemmern PBB und PBDE in Elektro- und Elektronikgeräten. Diese Richtlinie wurde 2015 und 2019 auf weitere Stoffe ausgedehnt (siehe z. B. EU Richtlinie 2015/863). Mehr Informationen liefern der FED (**F**achverband **E**lektronik-**D**esign e. V.) und der ZVEI (**Z**entral**v**erband der **E**lektrotechnik- und **E**lektronik**i**ndustrie e. V.).

1.14.3 Prüfsiegel und Umweltzeichen

Immer mehr **Prüfsiegel** *(quality seal)* und **Umweltzeichen** *(ecolabel)* auf technischen Produkten sollen den Verbraucher über spezielle Produkteigenschaften informieren (Bild 1.177).

Dies gilt inzwischen sowohl für die Hardware als auch für die Software von IT-Produkten. Sie sollen beim

Bild 1.177: Beispiel für Prüfsiegel mit verschiedenen nationalen und internationalen Zertifikaten

Kauf wie bei der Anwendung wichtige Hinweise liefern in Bezug auf Arbeitssicherheit, Ergonomie und Umweltverträglichkeit. Die bekanntesten Prüfsiegel – insbesondere für Displays – werden im Folgenden kurz dargestellt. Zusätzliche Informationen zu Prüfsiegeln erhält man z. B. unter www.label-online.de.

Blauer Engel

 Der **Blaue Engel** ist die erste und älteste umweltschutzbezogene Kennzeichnung der Welt für Produkte und Dienstleistungen. Er wurde 1978 auf Initiative des Bundesministeriums des Inneren und durch den Beschluss der Umweltministerien des Bundes und der Länder ins Leben gerufen. Seitdem ist er ein marktkonformes Instrument der Umweltpolitik, mit dem auf freiwilliger Basis die positiven Eigenschaften von Produkten und Dienstleistungen gekennzeichnet werden können.

Der Blaue Engel wird durch folgende vier Institutionen getragen:

- Die Jury Umweltzeichen ist das unabhängige Beschlussgremium des Blauen Engel mit Vertreter/-innen aus Umwelt- und Verbraucherverbänden, Gewerkschaften, Industrie, Handel, Handwerk, Kommunen, Wissenschaft, Medien, Kirchen, Jugend und Bundesländern.

- Das Bundesministerium für Umwelt, Naturschutz, nukleare Sicherheit und Verbraucherschutz ist Inhaber des Umweltzeichens Blauer Engel.

- Die Expertinnen und Experten des Umweltbundesamtes erarbeiten die hohen Standards für Produkte und Dienstleistungen mit dem Blauen Engel und passen sie kontinuierlich an den aktuellen Stand der Technik an.

- Die RAL gemeinnützige GmbH ist die Zeichenvergabestelle für den Blauen Engel. Sie ist die Anlaufstelle für Unternehmen und Dienstleistende, die ihre Produkte mit dem Blauen Engel auszeichnen wollen.

Entgegen der allgemeinen Einschätzung geht die Prüfung weit über den reinen Umweltschutz hinaus. So müssen z. B. im Bereich der Bildschirme Anforderungen an die Reparaturfähigkeit, Bildschirmergonomie, Umweltverträglichkeit der Produkte, Möglichkeit zur Produkterweiterung, Energieverbrauch, Recyclingfähigkeit, Arbeitssicherheit und Lärmemission bewertet werden. Seit 2017 dürfen z. B. Druckerhersteller nur noch mit dem Blauen Engel werben, wenn sie eine Prüfung nach den neuen Vergabegrundlagen DE-UZ 205 bestanden haben. Weitere Informationen zum Umweltzeichen „Blauer Engel" erhält man unter www.blauer-engel.de.

CCC-Zertifikat

Seit dem 01.08.2003 ist in China das System der Pflichtzertifizierung obligatorisch. Zertifizierungspflichtige Waren ohne entsprechende Zertifikate oder Sondergenehmigungen können seitdem nicht mehr in die Volksrepublik eingeführt, in den Handel gebracht oder genutzt werden. CCC steht für „China Compulsory Certificate" (chinesisches Pflicht-Zertifikat). Das CCC-Zeichen (Bild 1.177) wird zur differenzierten Betrachtung der Zertifizierung durch die Zusätze für elektromagnetische Verträglichkeit CCC(EMC) und CCC(S&E) sowie für Feuerschutz CCC(F) erweitert.

CE-Zeichen

Die **CE-Kennzeichnung** (Conformité Européenne; frei übersetzt: „Übereinstimmung mit EU-Richtlinien") ist eine Kennzeichnung nach EU-Recht für bestimmte Produkte in Zusammenhang mit der Produktsicherheit. Hersteller, die ihre Produkte in der Europäischen Union in Verkehr bringen, sei es als Import oder innerhalb der EU produzierte Ware, sind gesetzlich dazu verpflichtet, dieses Zeichen vor dem Inverkehrbringen auf ihren Erzeugnissen anzubringen, sofern dies in den relevanten Richtlinien gefordert ist. Doch nur mit der Anbringung ist es nicht getan.

Der Hersteller hat die Forderungen aller Richtlinien, die auf sein Produkt anzuwenden sind, einzuhalten. Für die Herstellung von Computern und Peripheriegeräten gelten insbesondere die Richtlinien der **E**lektro**m**agnetischen **V**erträglichkeit (2014/30/EU), kurz EMV (Kap. 6.3.6.2), und für die Betriebssicherheit die Niederspannungsrichtlinie (2014/35/EU) mit ihren jeweiligen nachfolgenden Änderungen. Prüfungen zur Erfüllung der Schutzziele der Richtlinien erfolgen in der Regel auf Basis europäisch harmonisierter Normen (z. B. EN 55011:2016 und A1:2017, Prüfnorm für die Störaussendung von ISM-Geräten, z. B. Bluetooth; Kap. 1.7.9; **ISM**-Band: Industrial, Scientific and Medical Band).

Wichtig bei der EMV sind zwei Tatsachen: Einerseits darf das Gerät keine elektromagnetischen Störungen in seiner Umwelt erzeugen, andererseits soll es gegen äußere Störeinflüsse ausreichend geschützt sein. In der Niederspannungsrichtlinie sind die Einhaltung der elektrischen und mechanischen Gerätesicherheit und der Brandschutz gefordert. Eine besondere Bedeutung bekommen hier Lasergeräte, z. B. DVD-Laufwerke. Die **Bundesnetzagentur** (ehemals: Regulierungsbehörde für Post und Telekommunikation, kurz RegTP) kontrolliert regelmäßig durch Stichproben im Markt die Einhaltung der Richtlinien.

> Die CE-Kennzeichnung ist ausschließlich für die staatliche Marktüberwachung gedacht. Das CE-Zeichen ist weder ein Gütesiegel noch eine Sicherheitskennzeichnung wie beispielsweise die VDE-Kennzeichnung.

Die Richtlinien werden von den Mitgliedsstaaten der EU in nationale Gesetze umgewandelt, die dann für alle Hersteller verbindlich sind. Bereits vorhandene nationale Vorschriften wie Sicherheitsvorschriften werden den EU-Richtlinien angepasst. In Deutschland ist das CE-Zeichen seit dem 01.01.1996 Pflicht.

Das CE-Konformitätszeichen wird durch den Hersteller auf einem Produkt nur einmal angebracht, auch wenn für das Produkt mehrere Richtlinien zur Anwendung kommen. Dazu gibt der Hersteller eine EU-Konformitätserklärung ab. Das CE-Zeichen muss einem definierten Raster entsprechen und eine Mindesthöhe von 5 mm besitzen.

KEYMARK – der neue Schlüssel für Europa

Die **KEYMARK** ist das europäische Zertifizierungszeichen, das die Übereinstimmung von Produkten und Dienstleistungen mit Europäischen Normen dokumentiert. Während die CE-Kennzeichnung primär die Einhaltung gesetzlicher Mindeststandards anzeigt, bietet die KEYMARK einen echten Mehrwert: die geprüfte und zertifizierte Einhaltung einheitlicher europäischer Qualitätsstandards. Die für bestimmte Produkte gesetzlich geforderte CE-Kennzeichnung kann damit in sinnvoller Weise ergänzt werden. (www.keymark.eu)

Ein Produkt darf nur dann mit der KEYMARK gekennzeichnet werden, wenn es zuvor durch neutrale, unabhängige und kompetente Stellen geprüft und zertifiziert wurde. Werksbesichtigung und Typprüfung stellen neben der regelmäßigen Überwachung wichtige Elemente des Verfahrens zur Vergabe der KEYMARK dar. Darüber hinaus muss der Hersteller eine produktbezogene Herstellungskontrolle unter Berücksichtigung der Elemente der Normenreihe EN ISO 9001 durchführen. Dieses Qualitätssystem unterliegt einer jährlichen Überwachung und wird durch eine mindestens alle zwei Jahre stattfindende Produktprüfung ergänzt. Seit 2015 erfolgen in Deutschland die Verwaltung und die Vergabe des Prüfzeichens im Auftrag der CEN (European Committee for Standardization) durch DIN CERTCO. (www.dincertco.de)

Um das Vertrauen in die KEYMARK zu stärken, kann sie in Verbindung mit Zeichen bestehender nationaler Zertifizierungssysteme erteilt werden, die auf der Konformität mit Europäischen Normen beruhen. Das Zertifizierungszeichen von DIN CERTCO heißt „DIN-Geprüft".

ENEC-Verfahren und ENEC-Zeichen

Auf Initiative von europäischen Herstellerverbänden haben europäische Prüf- und Zertifizierungsstellen vereinbart, die Sicherheitsanforderungen von elektrotechnischen Produkten europaweit einheitlich zu beurteilen. So entstanden das ENEC-Verfahren und das **ENEC-Zeichen** (European Norms Electrical Certification).

Das ENEC-Zeichen ist für eine Vielzahl von elektrotechnischen Produkten erhältlich. Es steht für die Konformität mit den europäischen Sicherheitsnormen und wird von einer am ENEC-Verfahren teilnehmenden Zertifizierungsstelle erteilt. ENEC-zugelassene Produkte werden auf der ENEC-Website (www.enec.com) aufgelistet.

Mit dem ENEC-Zeichen gekennzeichnete Produkte unterliegen einer vollständigen Prüfung an einem repräsentativen Produkt in einem der Laboratorien der jeweiligen Zertifizierungsstelle. Hierbei wird geprüft, ob die relevanten Europäischen Normen erfüllt sind. Zusätzlich findet jährlich eine Fertigungsüberwachung statt, die sicherstellen soll, dass die Produkte auch nach der Zulassung den geprüften Anforderungen entsprechen. Alle ENEC-Zertifizierungsstellen haben sich verpflichtet, das ENEC-Zeichen so zu akzeptieren, als hätten sie es selbst erteilt. Das ENEC-Zeichen macht somit immer mehr nationale Prüfzeichen überflüssig.

ERGONOMIE GEPRÜFT

Das Label **ERGONOMIE GEPRÜFT** wird für Büromöbel, IT-Geräte und Software vergeben. Einem Display bescheinigt es elektrische Sicherheit (GS-Zeichen) und die Erfüllung ergonomischer Anforderungen nach der Norm DIN EN ISO 9241-307 (visuelle Anzeigen und Farbdarstellungen), sowie weitere Kriterien wie Leuchtdichte oder Gleichmäßigkeit der Zeichendarstellung.

> Das Prüfsiegel ERGONOMIE GEPRÜFT vergibt der TÜV Rheinland nur nach einer eingehenden Prüfung.

Bezüglich der Einhaltung von Softwareergonomie müssen bestimmte Merkmale wie Dialogführung, Benutzerführung, Menüs usw. der DIN EN ISO 9241, Teil 11 und Teil 110 entsprechen.

GS-Zeichen

> Das internationale **GS-Zeichen** (Geprüfte Sicherheit) bescheinigt einem Produkt elektrische und mechanische Sicherheit sowie die Einhaltung von Brandschutzbestimmungen. („Sicherheitszeichen")

Es bestätigt außerdem, dass die Sicherheitsregeln für Bildschirmarbeitsplätze der Berufsgenossenschaft (EK1-ITB 2000) eingehalten werden. Diese Prüfplakette wird vom TÜV, dem VDE oder den Berufsgenossenschaften vergeben. Sie bescheinigt z. B. einem Display, dass es die Normen zur Sicherheit der Informationstechnik IEC/EN 62368-1, der Sicherheitsregeln für Bildschirmarbeitsplätze im Bürobereich EK1-ITB 2000 und der Ergonomie gemäß ISO 9241-307 erfüllt. Die Anforderungen werden immer wieder aktualisiert. Auf Geräten der IT-Technik findet man das GS-Zeichen auch in Verbindung mit der SGS-Produktkennzeichnung, einem weiteren Gütesiegel zur Kennzeichnung der elektrischen Sicherheit. Das GS-Zeichen steht für die Einhaltung einer Gesetzeskonformität sowie deren Überprüfung und Überwachung durch eine staatlich zugelassene Stelle. Alle zugelassenen Stellen haben gleiche Beurteilungskriterien für die Vergabe ihrer GS-Zeichen anzuwenden.

Staatlich zugelassene Prüfstellen für das GS-Zeichen sind u. a.:

- TÜV Rheinland LGA Products GmbH
- TÜV SÜD Produkt Service GmbH
- TÜV Nord CERT GmbH & Co. KG
- VDE Verband der Elektrotechnik Elektronik Informationstechnik e. V.

S-Zeichen

Das **S-Zeichen** ist ein europäisches Prüfzeichen und wird von Intertek SEMKO AB zertifiziert. Der Buchstabe S steht für Sicherheit in fast allen europäischen Sprachen: safety, Sicherheit, sécurité, seguridad, Säkerhet, salvezza etc. (Bild 1.177).

Produkte, die das S-Zeichen tragen, entsprechen allen anwendbaren Anforderungen der zutreffenden europäischen Sicherheitsnormen. Zusätzliche Fertigungsüberwachungen stellen sicher, dass die Produkte auch nach der Zulassung den geprüften Anforderungen entsprechen.

Das S-Zeichen unterstützt die Hersteller zusätzlich bei der gesetzlich geforderten CE-Kennzeichnung und Konformitätserklärung. Produkte, die das S-Zeichen tragen, erfüllen alle grundlegenden Sicherheitsanforderungen der EU-Niederspannungsrichtlinie. Das S-Zeichen hilft somit Herstellern und Händlern bei der Einhaltung der gesetzlichen Anforderungen und gibt der Kundschaft die Gewissheit, ein sicheres Produkt zu erhalten.

„Green Product"-Zertifizierung

Die Vergabekriterien des Prüfzeichens „**Green Product**", „Verantwortlicher Umgang mit chemischen Inhaltsstoffen", „Recycling und die Wiederverwendung recycelter Materialien", „Erstellung einer CO_2-Bilanz/Carbon Footprint" und „Energieverbrauch und Energieeffizienz" werden durch den TÜV Rheinland überarbeitet und stetig den neuesten Entwicklungen angepasst. Das Label können neben PCs auch Notebooks und Monitore einschließlich TFTs und Tastaturen, aber auch andere Konsumgüter erhalten. Vergabe und Kontrolle erfolgen ebenfalls durch den TÜV Rheinland.

Ziele sind die Schonung von Ressourcen und Umwelt sowie die Informationen über Einhaltung der technischen Sicherheit, Ergonomie und Umweltanforderungen.

TCO Certified

TCO Certified ist die weltweit führende Nachhaltigkeitszertifizierung für IT-Produkte und ein wichtiges Werkzeug für Käufer und Beschaffungsorganisationen, um Nachhaltigkeit korrekt umzusetzen. Die Organisation hinter den Zertifizierungen ist **TCO Development** (Tjänstemännens Central Organisation) mit Hauptsitz in Schweden. Diese beschreibt TCO Certified wie folgt:

„TCO Certified is a global sustainability certification for IT products. It includes both social and environmental aspects and helps purchasing organizations and the IT industry address the most important sustainability challenges connected to electronics, such as climate, circularity, hazardous substances, and supply chain responsibility."
(https://tcocertified.com/speaking-and-writing-about-tco-certified [15:02:2023])

Die TCO Certified-Kriterien umfassen inzwischen eine Vielzahl von Bereichen (Bild 1.178).

Product and sustainability Information	Product Performance	Socially responsible Manufactoring
Product Lifetime Extention	**Criteria Areas**	Material Recovery
Reduction of hazardous Substances	Environmentally responsible Manufactoring	User Health and Safety

Bild 1.178: Kriterienbereiche TCO Certified

Die in diesen Bereichen jeweils formulierten Kriterien gehen vielfach über gesetzliche Bestimmungen hinaus. Die Kriterien wurden in der Vergangenheit (z. B. 1999) zunächst nur für Computerdisplays formuliert. Obwohl diese national keinen Gesetzescharakter hatten, bildeten sie in der Folgezeit dennoch die Grundlage für Industriestandards bei Displays und haben bis heute noch immer ihre Bedeutung.

Beispiele für frühe, grundlegende Display-Anforderungen im Überblick:
Flimmerfreiheit Die Bildwiederholfrequenz muss bei der für die Bildschirmgröße typischen Auflösung mindestens 85 Hz betragen. Die Bildwiederholfrequenz muss leicht einstellbar sein.
Leuchtdichtekontrast Der Wert für den Leuchtdichtekontrast wurde verbessert. Die Messung der Kontrastanforderungen muss jetzt über 81 % der Bildschirmfläche (vorher 64 %) betragen.
Kontrast bei Flachbildschirmen Die Kontrastanforderungen müssen auch bei einem Blickwinkel von bis zu 30° abweichend von der Senkrechten erfüllt sein.
Farbtemperatur Anforderungen bezüglich der Abweichungen bei der Farbtemperatur und der Einheitlichkeit der angezeigten Farben haben sich erhöht.
Magnetische Felder Magnetische Felder in der Umgebung von Bildschirmen dürfen keine Störungen und keine Beeinträchtigungen der Bildqualität (z. B. Flackern) hervorrufen.
Energieverbrauchswerte Die Energieverbrauchswerte wurden im Stand-by-Modus von 30 Watt auf max. 15 Watt halbiert, im abgeschalteten Zustand auf max. 5 Watt.
Rückkehrzeiten beim Restart vom Energiesparmodus Nach dem Stand-by-Modus soll die Rückkehrzeit für Bildschirme maximal drei Sekunden und für Systemeinheiten max. fünf Sekunden betragen.
Energiedeklaration Jedem Gerät muss eine Energiedeklaration bezüglich des Energieverbrauchs in allen Betriebsarten beigefügt werden, ebenso eine Bedienungsanleitung in der Landessprache, wie der Energiesparmodus zu aktivieren ist.
Recyclingfähigkeit Es sollen nur wenige Kunststoffarten verwendet werden und diese nicht vermischt in einzelnen Bauteilen (ab 100 g Gewicht). Alle Kunststoffarten (einschließlich Angaben zur Verwendung von Flammschutzmitteln) müssen deklariert werden.
Verbot der Metallisierung von Plastikgehäusen Weder an Innen- noch Außenseiten von Kunststoffgehäusen dürfen Metallisierungen vorgenommen werden.
Recycling beim Hersteller Hersteller müssen mindestens einen Vertrag mit einer Recycling-Firma für Elektronikschrott abgeschlossen haben.

Bild 1.179: Auswahl grundlegender Displayanforderungen

Diese Anforderungen wurden dann in nachfolgenden Veröffentlichungen auch für andere Produkte übernommen, gegebenenfalls produktbezogen angepasst und punktuell immer weiter verschärft. Die Verschärfungen umfassen inzwischen auch andere Elemente wie etwa soziale Verantwortung in der Lieferkette und im gesamten Produktlebenszyklus.

Die Veröffentlichungen werden durch eine fortlaufende „Generationszahl" gekennzeichnet *(z. B. TCO Certified, generation 9)*. Im Dreijahresrhythmus wird eine neue Generation aktualisierter Kriterien und Prüfmethoden entwickelt, um schrittweise Veränderungen voranzutreiben und die Nachhaltigkeit zu fördern. Bild 1.180 zeigt die insgesamt 11 Produktkategorien, die in der TCO Certified, generation 9, definiert sind, mit Beispielen von (verschärfenden) Anforderungen.
(siehe auch https://tcocertified.com/de/industry/tco-certified-generation-9/ [15:02:2023])

Produktkategorie	Beispiele für (verschärfende) Anforderungen
Displays	– EMV-Verträglichkeit – Verbot von umweltschädlichen Stoffen wie Cadmium, Quecksilber, Blei usw. – Erfüllung der aktuellen RoHS-Richtlinie (Kap. 1.14.2) – ein Bildschirmhersteller muss nach ISO 14001 oder **EMAS** (**E**co **M**anagement and **A**udit **S**cheme; freiwilliges Umweltmanagement-system innerhalb der EU) zertifiziert sein (siehe auch EU-Verordnung Nr. 2018/2026).
Notebooks	– Umweltanforderungen: z. B. Geräte dürfen kein Quecksilber enthalten, haben einen sehr geringen Stromverbrauch und sind für das Recycling vorbereitet – erhöhte Bildqualität, niedrigerer Geräuschpegel sowie höherer Schutz vor elektrischen und magnetischen Feldern – Forderung nach ergonomischer Gestaltung und gut lesbaren Tasten
Tablets	– neben den für alle zertifizierten Produkte geltenden Kriterien muss das Display eines Tablet-PC in einem weiten Betrachtungswinkel lesbar sein.
Smartphones	– gute Kommunikationseigenschaften, einfache Anwendbarkeit, z. B. Tastengröße, ergonomische Gestaltung von Displayinhalten, Material des Gehäuses (Vermeidung von Kontaktallergien) – Akku ersetzbar und frei von Blei und Cadmium
Desktops	– geringerer Energieverbrauch, niedriger Lärmpegel und höherer Schutz vor elektrischen und magnetischen Feldern – strengere Anforderungen an die Verbreitung umweltschädlicher Stoffe bei Herstellung und Wiederverwertung
All-In-One-PCs	– Farbwiedergabe, hohe Lichtstärke und hohe Auflösung wie bei separaten Displays – Erfüllung von Umweltkriterien (niedriger Gehalt an umweltschädlichen Stoffen, geringer Stromverbrauch, Recyclingfähigkeit)
Projectors	– geringe Geräuschentwicklung des Kühlventilators – keine Erzeugung messbarer elektrischer Felder – hohe Energieeffizienz des verwendeten Leuchtmittels
Headsets	– Schutz vor gefährlichen Impulstönen – gut funktionierende Lautstärkenregelung – Ergonomie und Anwenderfreundlichkeit – bei kabellosen Headsets Forderung nach niedrigen SAR-Werten (Spezifische Absorptionsrate; Kap. 6.3.6.2)
Network Equipment	– Verwendung erneuerbarer Komponenten (z. B. Mainboard, CPU, GPU, RAM, Batterien, Verbindungskabel) – Einrichtung eines Managementsystems zur Entsorgung entstehenden Elektroabfalls
Data Storage	– sichere Datenlöschung – Produktgewährleistung des Herstellers – Vollständigkeit und Funktionstüchtigkeit gelieferter Produkte
Server	– genaue und vergleichbare Produktinformationen (z. B. in gedruckter oder digitaler Form) – lange Lebensdauer – geringer Wartungsaufwand

Bild 1.180: TCO-Certified, generation 9: Produktkategorien und Beispiele für zu erfüllende Anforderungen

Neben einer Vielzahl jeweils produktspezifischer Anforderungen existieren auch Kriterienbereiche, die für alle Produktkategorien identisch sind. Hierzu gehören beispielsweise die Bereiche

- **Sozialverträgliche Fertigung** *(socially responsible manufactoring)*: z.B. höhere Transparenz bei der Lieferantenkette, angemessene Entlohnung der Beschäftigten, korruptions- und ausbeutungsfreie Beschaffung von Grundstoffen

- **Einsatz gefährlicher Stoffe** *(use of hazardous substances)*: z.B. Verwendung umweltverträglicher Stoffe, Gesundheitsschutz der Beschäftigten, Reduzierung von Prozesschemikalien

- **Nachhaltigkeit** *(substainability)*: z.B. Verlängerung der Lebensdauer von IT-Produkten, Verbesserung der Recyclingfähigkeit

- **IT-Wirtschaftskreislauf** *(economic cycle)*: z.B. vermehrter Einsatz zirkulärer Geschäftsmodelle, Verbesserung der Wiederverwertbarkeit, Reduzierung von Elektroschrott

1.14.4 Reduktion der Energiekosten

Die jährlichen Leerlaufstromverluste für Bürogeräte summieren sich laut einer Untersuchung des Umweltbundesamtes in Deutschland auf über 6 Mrd. kWh (Kap. 6.3.4.1), das sind mehr als 1,4% des Gesamtstromverbrauchs. Allein dadurch werden jährlich über 4 Mio. t des Treibhausgases Kohlendioxid emittiert. Die Kosten für diesen Leerlauf liegen bei über 800 Millionen Euro, die Kosten für den Normalbetrieb liegen um ein Vielfaches höher.

Daher sollte grundsätzlich bei allen technischen Geräten schon bei der Auswahl auf einen niedrigen Energieverbrauch sowohl im Normalbetrieb als auch im Stand-by-Zustand geachtet werden. Eine Orientierung für den durchschnittlichen Energieverbrauchswert eines Geräts liefert die EU-Energieverbrauchskennzeichnung, auch **EU-Energielabel** genannt, welches sich bereits auf einer Vielzahl von Produkten befindet. Dieses Energielabel besteht aus einer siebenstufigen Farbskala, von Dunkelgrün bis Rot, durch die eine einfache Zuordnung zu einer Energieeffizienzklasse (seit März 2021 A bis G) erfolgt. Abhängig von der Produktgruppe können auch zusätzliche Angaben zum Produkt gemacht werden (in Bild 1.181 z.B. für Flachbildschirme).

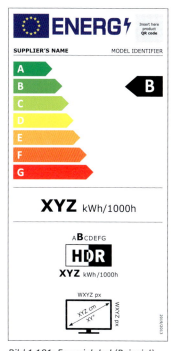

Bild 1.181: Energielabel (Beispiel)

Für den deutschen Markt sind generell die folgenden Umweltzeichen relevant:

- Der Blaue Engel des Bundesumweltministeriums
- Das TCO-Certified-Logo des schwedischen Gewerkschaftsverbandes
- Das Energielabel der EU (noch nicht für alle Geräte verpflichtend; lässt ausschließlich Rückschlüsse auf die Energieeffizienz der Geräte zu!)

Als **Energieeffizienz** *(energy efficiency)* bezeichnet man die wirtschaftliche und effiziente Verwendung von Energie. Hierbei werden durch Prozessoptimierungen die unvermeidbaren Verluste bei der Erzeugung, der Wandlung, dem Transport, der Speicherung und dem Einsatz von Energie möglichst minimiert (siehe auch Kap. 6.3.4).

AUFGABEN

1. In welchem Jahr wurde die Bildschirmarbeitsverordnung (BildschArbV) in nationales Recht umgesetzt und welche Maßnahmen werden darin beschrieben?

2. Nennen Sie wichtige ergonomische Gesichtspunkte, nach denen benutzerfreundliche Software ausgelegt werden sollte.

3. Die falsche Aufstellung des Bildschirms ist derzeit der am häufigsten auftretende Mangel an Bildschirmarbeitsplätzen. Geben Sie Hinweise zur richtigen ergonomischen Aufstellung des Bildschirmes (ggf. Internetrecherche erforderlich).

4. Das Deutsche Institut für Normung e. V. (DIN) gibt „Deutsche Normen" für fast alle technischen und naturwissenschaftlichen Bereiche heraus. Was charakterisiert eine Norm? (Hinweis: Zur Beantwortung ggf. Internetrecherche durchführen.)

5. In welchem Zusammenhang spricht man vom „Silbernen Kreislauf"?

6. Wozu dient die 2003 beschlossene (und nachfolgend aktualisierte) WEEE-Richtlinie?

7. Ein Kunde möchte einen Monitor kaufen, der den Kriterien der gültigen TCO-Norm entspricht. Erläutern Sie ihm, welche Anforderungsbereiche durch dieses Label erfasst werden.

8. Welche Informationen kann man dem EU-Energielabel entnehmen, das auf vielen technischen Geräten zu finden ist?

9. Auf manchen Geräten ist sowohl das GS-Zeichen als auch das CE-Zeichen zu finden. Formulieren Sie mit eigenen Worten die jeweilige Bedeutung und begründen Sie, warum eines der Zeichen allein nicht ausreicht.

10. In welchen Fällen spricht man von elektromagnetischer Verträglichkeit (EMV) und welche Prüfsiegel bestätigen, dass die gestellten Anforderungen erfüllt werden?

11. Aus welchen Gründen sollten zukünftig nur noch Geräte produziert werden, die das Prüfsiegel „Blauer Engel" besitzen?

12. Welche wesentlichen Punkte werden durch das ElektroG sowie seine nachfolgenden Aktualisierungen geregelt?

13. Optimiert man den Energieverbrauch der wichtigsten Bürogeräte in einem typischen Büro mit 20 Computerarbeitsplätzen hinsichtlich des Energieverbrauchs, so sind jährliche Einsparungen von rund 70 % der elektrischen Energie, d. h. rund 9 500 kWh, möglich. Welchen Betrag könnte man bei einem angenommenen Strompreis von 0,35 €/kWh pro Jahr einsparen?

14. Unter welchen Bedingungen darf eine Firma mit dem „Blauen Engel" werben?

15. Was versteht man allgemein unter „Barrierefreiheit"? Nennen Sie Beispiele für Maßnahmen, um Benutzeroberflächen von Software und Darstellungen auf Internetseiten barrierefrei zu gestalten.

Der aus dem Englischen stammende Begriff **Software** entstand als Kunstwort in Abgrenzung zum wesentlich älteren Begriff der Hardware. Während Hardware die physikalischen Komponenten eines Computersystems bezeichnet, wird Software im allgemeinen Sinn synonym mit dem Begriff *Computerprogramme* verwendet.

Software kann nach unterschiedlichen Gesichtspunkten klassifiziert werden, meist erfolgt eine Unterteilung nach hauptfunktionalen Aspekten. Hierbei unterscheidet man die Kategorien **Systemsoftware** und **Anwendungssoftware**. Zur Systemsoftware gehören maßgeblich die Betriebssysteme sowie angegliederte Dienstprogramme, die jeweils durch entsprechende Anweisungen bewirken, dass die Hardware – also der Rechner – bestimmte elementare Funktionen ausführt. Zur Anwendungssoftware gehören sämtliche Programme, die jeweils Aufgaben durchführen, die Menschen mit einem Computer erledigen wollen. Diese Programme lassen sich nach unterschiedlichen Kriterien gruppieren (Bild 2.1).

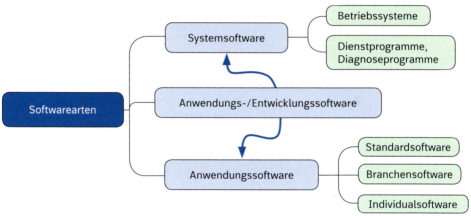

Bild 2.1: Softwarearten nach hauptfunktionaler Einteilung

Das Zusammenwirken der verschiedenen Softwarearten wird mit dem sog. **Schalen- und Schichtenmodell** visualisiert (Kap. 2.3.1). Bei moderner Systemsoftware werden vielfach Prozesse aus dem eigentlichen Systemkern ausgelagert, was mit dem Begriff **Client-Server-Modell** umschrieben wird (Kap. 2.3.2).

2.1 Systemsoftware

Alle Anwendungsprogramme, die auf einem Rechner ausgeführt werden – ob Software zur Textverarbeitung, zur Datenbankverwaltung, zur Bildbearbeitung oder zur Datenkommunikation –, haben eines gemeinsam: Sie benötigen für ihre Ausführung ein Basisprogramm, das eine Reihe wichtiger Funktionen (Systemdienste) zur Verfügung stellt.

Als **Systemdienste** bezeichnet man auf einem Computer ablaufende Basisprogramme, die für eine Anwendungssoftware erforderliche systemnahe Funktionen aktiviert, steuert und überwacht.

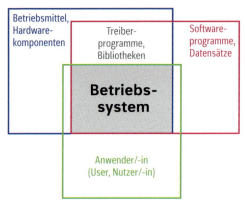

Bild 2.2: Das Betriebssystem als Vermittler zwischen Hardware, Software und Anwender/-in

Zu diesen Funktionen zählen z. B. die Verwaltung des Arbeitsspeichers, die Steuerung der Datenein- und -ausgabe sowie die Kontrolle über verwendete Programme und Dateien.

Die Software, die diese Dienste bereitstellt, wird als **Betriebssystem (BS)** oder auf Englisch **Operating System (OS)** bezeichnet. Viele dieser Dienste laufen im Hintergrund ab und werden bei der Nutzung meist nicht wahrgenommen. Dennoch sind sie für eine fehlerfreie Datenverarbeitung unverzichtbar, ebenso wie die zahlreichen Treiberprogramme.

Als **Treiberprogramm, Gerätetreiber** oder kurz **Treiber** bezeichnet man ein Computerprogramm, welches hardwarenahe Funktionen für den Betrieb eines angeschlossenen Gerätes zur Verfügung stellt.

Für jedes angeschlossene Gerät ist ein an die verwendete PC-Hardware und die Systemsoftware angepasster Treiber erforderlich, damit eine Interaktion zwischen Computer und Gerät erfolgen kann. Moderne Betriebssysteme beinhalten bereits eine Vielzahl gängiger Treiber, bei neu auf den Markt kommenden Geräten müssen diese ggf. nachträglich von den Internetseiten des jeweiligen Herstellers heruntergeladen werden. Durch die Systemdienste und die Treiberprogramme ermöglicht das Betriebssystem dem Anwendenden, Geräte und Anwendungssoftware auf unterschiedlicher Hardware laufen zu lassen.

Betriebssysteme sind in der Norm ISO 24765:2010 beschrieben. Sinngemäß lässt sich zusammenfassen:

Das **Betriebssystem** ist die Gesamtheit der Programme eines Rechnersystems, welche die Betriebssteuerung erledigt und die den Nutzenden eine zugängliche Umgebung für ihre Aufträge bereitstellt.

Ein Betriebssystem hat demnach folgende grundlegende Funktionen:

- Verbergen der Komplexität der Maschine vor dem Anwendenden (Abstraktion)

- Bereitstellung einer Benutzerschnittstelle wie Kommandointerpreter, Shell oder Desktop

- Gewährleistung der Zusammenarbeit der Zentraleinheit (CPU; Kap. 1.3) mit den verwendeten Hardwarebausteinen und Peripheriegeräten (z. B. Tastatur, Maus, Drucker usw.; Kap. 1.11 ff.)

- Bereitstellung einer normierten Programmierschnittstelle (API: **A**pplication **P**rogramming Interface), ggf. auch Compiler, Linker, Editor

- Verwaltung der Ressourcen der Maschine; dazu zählen Prozessor(en), Arbeitsspeicher, Hintergrundspeicher (Flash, Platte, Band etc.; Kap. 1.5 und 1.8), Geräte (Terminal, Drucker, Plotter etc.), Rechenzeit usw.

- störungsfreie Ausführung von Anwendungsprogrammen inkl. der sicheren Verwaltung und Speicherung von Dateien

- Schutzstrategien, z. B. gegen Systemabstürze

- Koordination von Prozessen und Programmabläufen

In der Arbeit des Softwarenutzenden sind die realen Rechnerkomponenten nicht sichtbar. Daher spricht man von der Abstraktion des Maschinebegriffes, die sich in drei Stufen vollzieht:

> Reale Maschine   = Zentraleinheit + Geräte (Hardware)
> Abstrakte Maschine   = Reale Maschine + Betriebssystem
> Benutzermaschine   = Abstrakte Maschine + Anwendungsprogramme

2

Das Betriebssystem bietet den Anwendenden eine abstrakte Maschine an, welche die reale Hardware unsichtbar macht.

Oft vermischen sich die Ebenen. So ist ein Teil des Betriebssystems moderner Rechner als UEFI (Kap. 2.5.1) für die Ansteuerung der Hardware in einem Festwertspeicher (Flash, EPROM etc.; Kap. 1.5.1) fest auf dem Mainboard des PCs eingebaut.

Alle heute verwendeten Betriebssysteme arbeiten nach dem Dialogprinzip. Zuvor erfolgte der Dialog im Textmodus über Tastatur und Textbildschirm. Später wurden grafische Benutzeroberflächen entwickelt, wie z. B. GEM von Digital Research, Apple OS auf Lisa und Macintosh, Windows von Microsoft und X unter UNIX. Es gibt für einen PC stets unterschiedliche Betriebssysteme, aber für alle gilt in gleicher Weise: Nach dem Einschalten des Rechners müssen sie als Erstes in den Arbeitsspeicher geladen werden. Dieser Vorgang wird als Hochfahren oder **Booten** bezeichnet (Kap. 2.5).

Moderne Betriebssysteme wie auch viele Anwendungsprogramme sind modular aufgebaut. Sie bestehen nicht wie früher aus einer einzelnen ausführbaren Programmdatei (COM- oder EXE-Datei), sondern greifen bei Bedarf auf installierte Programmbibliotheken (**DLL**-Dateien = **D**ynamic **L**ink **L**ibrary) und virtuelle Gerätetreiber zurück (z. B. **VDD**. VXD =**V**irtual **D**isplay **D**river für den Bildschirm).

> Alle Betriebssysteme enthalten zahlreiche Zusatzprogramme (Utilities = Dienst-/Systemprogramme, Tools = Werkzeuge) für die Bearbeitung spezieller Aufgaben und Dienste.

Dazu gehört auch das Überprüfen, Formatieren und Defragmentieren von Speichermedien (Kap. 2.6). Jedes Betriebssystem besteht aus einer Sammlung von Programmen, die die Steuerung des PCs und die Sicherheit der Daten gewährleisten. Betriebssysteme können hierbei ganz unterschiedlich aufgebaut sein, was teils in der Entwicklung der Prozessortechnologie, teils in den unterschiedlichen Anwendungsanforderungen begründet ist. Je leistungsfähiger die Hardwarekomponenten sind, umso anspruchsvoller und benutzerfreundlicher kann die Systemsoftware ausfallen. Trotz der möglichen Bandbreite zwischen Minimalsystem und höchstem Bedienkomfort haben alle Betriebssysteme folgende Aufgaben zu erledigen:

- Hochfahren bzw. Booten des Rechnersystems
- Anpassung und Steuerung der verwendeten Hardware und Peripheriegeräte
- Erkennen und Abfangen von Fehlersituationen
- Verwalten des Arbeitsspeichers und des Dateiensystems (Filesystem; Kap. 2.7)
- Vernetzung mit anderen Systemen (z. B. Intranet oder Internet)
- Bereitstellung von Dienst- und Diagnoseprogrammen zur Systempflege
- Überwachung der Ausführung von Anwendungsprogrammen
- Bereitstellung von Funktionsbibliotheken für Programmierer/-innen
- Verantwortung für Datensicherheit

2.1.1   Klassifizierung von Betriebssystemen

Betriebssysteme lassen sich nach unterschiedlichen Kriterien klassifizieren.

Klassifizierung nach der Betriebsart des Rechnersystems

- **Stapelverarbeitungs-Betriebssysteme (Batch-Processing)**
  Frühe Betriebssysteme erlaubten nur den Stapelbetrieb (Lochkarten etc.) und auch
  heutige Systeme besitzen vielfach die Möglichkeit, Programmabfolgen automatisch zu
  bearbeiten (z. B. Batch-Dateien bei DOS, Shell-Skripte bei UNIX usw.).

- **Dialogbetrieb-Betriebssysteme (Interactive Processing, Dialog Processing)**
  Die Benutzer/-innen bedienen den Rechner im Dialog mittels Bildschirm, Tastatur,
  Maus usw. Die Bedienoberfläche kann textorientiert oder grafisch sein.

- **Netzwerk-Betriebssysteme (Network Processing)**
  Sie erlauben die Einbindung des Computers in ein Computernetz und so die
  Nutzung von Ressourcen anderer Computer. Dabei unterscheidet man zwischen
  Client-Server-Betrieb, bei dem Arbeitsplatzrechner auf einen Server zugreifen, und
  Peer-to-Peer-Netzen, bei denen jeder Rechner sowohl Serverdienste anbietet als auch
  als Client fungiert (vgl. Kap. 4.3f.).

- **Realzeit-Betriebssysteme (Realtime Processing): Echtzeitbetrieb**
  Hier spielt, neben anderen Faktoren, die Verarbeitungszeit eine Rolle.

- **Universelle Betriebssysteme**
  Diese Betriebssysteme erfüllen mehrere der oben aufgeführten Kriterien.

Klassifizierung nach der Anzahl der gleichzeitig laufenden Programme

In dieser Klassifikation kommt der Begriff „Task" vor. Alternativ kann der deutsche
Begriff „Prozess" verwendet werden. Aus Anwendungssicht eignet sich an dieser Stelle
auch der Begriff „Aufgabe" bzw. „Auftrag".

- **Einzelprogrammbetrieb (Singletasking)**
  Ein einziges Programm läuft jeweils zu einem bestimmten Zeitpunkt. Mehrere Programme werden nacheinander ausgeführt.

- **Mehrprogrammbetrieb (Multitasking)**
  Mehrere Programme werden gleichzeitig (bei mehreren CPUs) oder zeitlich verschach-
  telt, also quasi-parallel, bearbeitet.
  Beim Multitasking werden mehrere Anwendungen scheinbar gleichzeitig ausgeführt.
  Für die Abarbeitung von unterschiedlichen Aufgaben (Tasks) werden diese durch den
  sogenannten Scheduler in Threads eingeteilt.

Threads sind die kleinsten Einheiten eines Programms, die zur Bearbeitung in die CPU geleitet und im schnellen Wechsel durch den Prozessor abgearbeitet werden. Mehrere Threads ergeben einen Prozess.

> Durch Multitasking wird die Rechenleistung der CPU erhöht.

Echtes Multitasking ist in der Regel nur mit mehreren Prozessoren oder Prozessorkernen möglich, da sonst keine zwei Threads gleichzeitig ausgeführt werden können. Jedoch kann durch den Einsatz von leistungsfähigen Prozessoren die Fähigkeit des schnellen und kontrollierten Wechsels zwischen den Threads näherungsweise als echtes Multitasking bezeichnet werden.

Bei Multitaskingprozessen unterscheidet man zwischen **präemptivem** *(preemptive)* und **kooperativem** *(cooperative)* Multitasking. Im ersteren Fall (präemptiv) behält das Betriebssystem die Kontrolle über den Prozessor und die Abarbeitung der Tasks (Zeit und Reihenfolge). Alle Prozesse bekommen einen separaten Speicherraum zugewiesen, erhalten aber nicht die Kontrolle über den Prozessor. So kann auch bei einem Fehler nicht das gesamte Betriebssystem zum Absturz gebracht werden. Im zweiten Fall (kooperativ) müssen sich die Programme die Arbeitszeit des Prozessors teilen. Dabei behalten die Programme selbst die Kontrolle über den Prozessor und können somit andere Programme blockieren. Bei fehlerhaften Programmen kann das gesamte System abstürzen.

Klassifizierung nach der Anzahl der gleichzeitig am Computer Tätigen

- **Einzelbenutzerbetrieb (Singleuser Mode)**
  Der Computer steht nur einer einzigen Person zur Verfügung.

- **Mehrbenutzerbetrieb (Multiuser Mode)**
  Mehrere Benutzer/-innen teilen sich die Computerleistung. Sie sind über Terminals oder Netzwerkverbindungen mit dem Computer verbunden.

Prinzipiell lassen sich Betriebssysteme nach den Kategorien Benutzerzahl, Programmzahl und Prozessorzahl folgendermaßen klassifizieren:

> Singleuser-System ⟺ Multiuser-System
> Singletasking-System ⟺ Multitasking-System
> Singleprozessor-System ⟺ Multiprozessor-System

Klassifizierung nach der Anzahl der verwalteten Prozessoren bzw. Rechner

Hier geht es nicht darum, wie viele Prozessoren allgemein in einem Rechner verwendet werden, sondern wie viele Universalprozessoren für die Verarbeitung der Daten zur Verfügung stehen. Damit ist gemeint, dass es in einem modernen Rechner mindestens einen Hauptprozessor (CPU, Central Processing Unit; Kap. 1.3) gibt. Ihn bezeichnet man allgemein als den Prozessor. Aber auch der PC enthält unter Umständen weitere, im Verborgenen wirkende Prozessoren, z.B. den Grafikprozessor, der spezielle Eigenschaften und auch einen eigenen Befehlssatz besitzt (Kap. 1.9.1.1). Auch auf dem Controller für die SAS-Schnittstelle (Kap. 1.7.2) sitzt oft ein eigener Prozessor und auch die Ein- und Ausgabe kann über eigene Prozessoren abgewickelt werden. Somit ergeben sich nachfolgende Unterscheidungsmerkmale:

- **Ein-Prozessor-Betriebssystem**
  Die meisten Rechner, die auf der Von-Neumann-Architektur (Kap. 2.4) aufgebaut sind, verfügen über nur einen Universalprozessor. Aus diesem Grund unterstützen auch die meisten Betriebssysteme für diesen Anwendungsbereich nur einen Prozessor.

- **Mehr-Prozessor-Betriebssystem**
  Für diese Klassifizierung der Betriebssysteme ist noch keine Aussage über die Kopplung der einzelnen Prozessoren getroffen worden. Auch gibt es keinen quantitativen Hinweis auf die Anzahl der Prozessoren, nur dass mehr als ein Prozessor vorhanden ist. Für die Realisierung der Betriebssysteme für Mehr-Prozessor-Systeme gibt es zwei Vorgehensweisen:

  – Jedem Prozessor wird durch das Betriebssystem eine eigene Aufgabe zugeteilt, d. h., es können zu jedem Zeitpunkt nur so viele Aufgaben bearbeitet werden, wie Prozessoren zur Verfügung stehen. Es entstehen Koordinierungsprobleme, wenn die Anzahl der Aufgaben nicht gleich der Anzahl verfügbarer Prozessoren ist.

  – Jede Aufgabe kann prinzipiell jedem Prozessor zugeordnet werden, die Verteilung der Aufgaben auf die Prozessoren ist nicht an die Bedingung gebunden, dass die Anzahl der Aufgaben gleich der Anzahl der Prozessoren ist. Sind mehr Aufgaben zu bearbeiten als Prozessoren vorhanden sind, so bearbeitet ein Prozessor mehrere Aufgaben „quasi-parallel". Sind mehr Prozessoren als Aufgaben vorhanden, dann bearbeiten mehrere Prozessoren die gleiche Aufgabe.

Moderne Prozessoren unterstützen hardwareseitiges **Multithreading**, durch das ein Prozessor Softwareprogrammen gegenüber als zwei oder mehrere Prozessoren erscheint. Im Ergebnis können die Programme effizienter ausgeführt werden. In den Multitasking-Umgebungen wird die Leistung verbessert und eine höhere Reaktionsgeschwindigkeit des Systems erreicht, da der Prozessor Threads, also Programmanweisungen, parallel ausführen kann. Rechner mit dieser Systemarchitektur erhalten mehr Performance durch verbesserte Übertragungsraten und Antwortzeiten, wie sie für die Verarbeitung anspruchsvoller Anwendungen (z. B. 3D-Visualisierung) oder Betriebssysteme erforderlich sind.

Das Betriebssystem kann dabei seinerseits auch auf mehrere Prozessoren verteilt sein. Man spricht dann von verteilten Betriebssystemen *(distributed operation systems)*.

Alle Betriebssystemarten haben die gleichen typischen Systemaufgaben wie:
- Prozessverwaltung (Process Management)
- Dateiverwaltung (File Management)
- Speicherverwaltung (Memory Management)
- I/O-Geräteverwaltung (I/O-Device Management)

Verallgemeinernd lassen sich Betriebssystemarchitekturen durch das Schalen- bzw. Schichtenmodell und das Client-Server-Modell darstellen (Kap. 2.3).

2.1.2   Dienstprogramme

Dienstprogramme unterstützen die systemverwaltenden Benutzer/-innen in der Bereitstellung und Steuerung der Betriebssystem-Ressourcen. Zwar sind sie nicht notwendigerweise für den grundsätzlichen Betrieb eines Computers erforderlich, erleichtern jedoch wesentlich die durchzuführenden Arbeiten. Im Gegensatz zu Anwendungsprogrammen sind Dienstprogramme damit Teil der Systemsoftware. Betriebssysteme stellen mit ihrer Installation üblicherweise bereits einige grundlegende Dienstprogramme bereit.

Zu solchen Dienstprogrammen zählen beispielsweise die Warteschlangenverwaltung für Druckaufträge (Spooler; Kap. 1.13.5), der Festplatten-Defragmentierer, die Funknetzwerk-Konfiguration oder die Benutzerverwaltung.

Dienstprogramme, auch Service-, System- oder Hilfsprogramme genannt, erledigen spezielle systemnahe Aufgaben.

AUFGABEN

1. Erläutern Sie die Beziehung zwischen Betriebssystem, Systemdiensten, Treibern und Anwendungsprogrammen.

2. Welche Grundfunktionen muss ein Betriebssystem erfüllen?

3. Nach welchen Kriterien lassen sich Betriebssysteme unterscheiden?

4. Was versteht man unter Multitasking, welche Variationen gibt es und wie wirkt sich Multitasking auf die Prozessorleistung aus?

5. Nennen Sie die typischen Systemaufgaben des Betriebssystems.

6. Bei welchen der folgenden Beispiele handelt es sich um Dienstprogramme?
   a) Textverarbeitung
   b) Taskmanager
   c) Registrierungs-Editor
   d) Freecell

2.2   Anwendungssoftware (Apps)

Ein Anwendungsprogramm, auch **Applikation** *(application)* oder verkürzt **App** genannt, ist speziell auf die Lösung eines Anwendungsproblems zugeschnitten. Im Unterschied zu Dienstprogrammen, die der Systemsoftware zugeordnet sind, liegt der Fokus bei Anwendungssoftware auf dem Nutzen für die Endbenutzer/-innen. Der Nutzen eines Anwendungsprogramms kann einen allgemeinen Bedarf, branchenbezogene Erfordernisse oder ganz individuelle Problemstellungen abdecken.

Anwendungsprogramme, auch Apps genannt, erfüllen einen bestimmten Nutzen für die Anwender/-innen.

Hierbei lassen sich unterschiedliche Klassifizierungen vornehmen, z.B. nach anwendungsbezogenen Kategorien oder Art der Vermarktung bzw. Verbreitung. Vielfach wird generell unterteilt in Standardsoftware, Branchensoftware und Individualsoftware.

2.2.1   Standardsoftware

Anwendungssoftware, die einen allgemeinen Nutzen bietet und nicht auf eine bestimmte Branche zugeschnitten ist, zählt zur **Standardsoftware**. Beispiele dafür sind Office-Anwendungen zur Textverarbeitung, Tabellenkalkulation und Bildschirmpräsentation sowie Medienabspielsoftware (Media Player) oder Unternehmensablaufplanungssoftware (ERP, **E**nterprise **R**esource **P**lanning).

2.2.2   Branchensoftware

Branchensoftware beschreibt Anwendungen, die auf die Anforderungen einer Branche oder eines speziellen Marktsegments ausgerichtet sind. Beispiele sind Anwendungen zur Patientenverwaltung in Arztpraxen oder Anwendungen zur Produktionssteuerung und -überwachung.

Die Grenze zwischen Branchensoftware und Standardsoftware ist fließend. So lässt sich ein einfaches Programm zur computerunterstützten Erstellung von technischen Entwürfen, ein sogenanntes CAD-Programm (**C**omputer **A**ided **D**esign), kaum auf eine konkrete Branche einschränken. Es ist daher der Standardsoftware zuzuordnen. Durch Funktionserweiterungen kann der Nutzen der Anwendung für eine bestimmte Branche gesteigert werden, sodass trotz des universellen Nutzens (Standardsoftware) nun der besondere Nutzen für eine Branche (Branchensoftware) hinzukommt.

2.2.3   Individualsoftware

Vor allem in produzierenden Unternehmen kommt es immer wieder zu Situationen, die sich nicht oder nicht zufriedenstellend mit Standard- oder Branchensoftware lösen lassen. In solchen Fällen muss auf Anwendungen zurückgegriffen werden, die individuell auf die vorliegenden Anforderungen zugeschnitten ist. Nicht selten muss sie für den konkreten Anwendungsfall erst noch erstellt werden. Man bezeichnet diese Software als Individualsoftware.

2.2.4   Open-Source-Software und Software-Lizenzen

Eine wichtige Eigenschaft von Software ist die mit ihr verbundene Lizenz. Ähnlich wie bei einem Roman, der das Werk eines oder mehrerer Autoren sein kann, können die Autorinnen und Autoren von Softwareprodukten über die Nutzung ihrer Werke bestimmen. Im klassischen Fall wird die Software als Endprodukt beispielsweise in Form eines ausführbaren Anwendungsprogramms ausgegeben, verbunden mit Vereinbarungen zu Verwendung und Weitergabe.

Die Nutzer/-innen haben in diesem Fall regelmäßig keine Möglichkeit zur Einsichtnahme in den menschenlesbaren Quelltext des betreffenden Programms. Software dieser Art wird entsprechend als **Closed-Source-Software** bezeichnet.

Die Bezeichnung **Open-Source-Software** beschreibt zwar die Verfügbarkeit des Programm-Quelltextes *(source code)*, setzt aber zusätzlich noch die weitreichende Einräumung von Nutzungsrechten voraus. Bild 2.3 fasst verschiedene Softwarearten zusammen.

Softwareart	Beschreibung
Closed Source	Der Quelltext zu einem Programm wird nicht veröffentlicht.
Open Source	Der Quelltext zu einem Programm kann von allen eingesehen werden. Außerdem steht es allen frei, Programm und Quelltext zu ändern, anzuwenden und auch geänderte Fassungen weiterzugeben. Eine Einschränkung der Nutzung (z. B. kommerzielle oder militärische) darf nicht erfolgen.
Public Domain	Die Software, oft inklusive Quelltext, wird vom Urheber zur gemein-freien Nutzung freigegeben.
Freeware	Der Urheber gewährt eine kostenlose Nutzung der Software. Eine Weitergabe darf üblicherweise nur kostenlos erfolgen. Der Quelltext wird üblicherweise nicht veröffentlicht (Closed Source).
Shareware	Die Software kann vor dem Kauf für einen begrenzten Zeitraum getestet werden. Aus diesem Grund wird auch häufig von „Trial-Ware" gesprochen.

Bild 2.3: Verschiedene Softwarearten (Beispiele)

2.2.5 Urheberrechtsschutz

Der Branchenverband Business Software Alliance (BSA) zeigt in seinem Report aus dem Jahr 2018 einen rückläufigen Trend für den Einsatz unlizenzierter Software. Während 2016 noch 32 % der in der Eurpäischen Union genutzten Software unlizenziert waren, sank der Anteil 2018 auf 31 %. Damit entsteht den Softwareunternehmen dennoch ein poten-zieller wirtschaftlicher Schaden von rund 10 Milliarden Euro pro Jahr allein in der Euro-päischen Union. Für Unternehmen und Privatleute kommt der Schaden durch Malware (Kap. 3.2.2) hinzu, die oft zusammen mit illegalen Kopien verbreitet wird.

> Der Begriff **Softwarepiraterie** *(software piracy)* bezeichnet den unlizenzierten Einsatz sowie das illegale Kopieren und Weitergeben von Software – ganz gleich, ob dies für den privaten oder den gewerblichen Gebrauch geschieht. Solche Versöße gegen den Urheber-schutz werden mit hohen Geld- und Freiheitsstrafen geahndet.

Das Urheberrecht basiert auf der allgemeinen Erklärung der Menschrechte. Danach hat jeder Mensch das Recht auf Schutz der geistigen und materiellen Interessen, die ihm bzw. ihr als Entwickler/-in (Urheber/-in) von Ideen und Werken der Wissenschaft, Literatur oder Kunst erwachsen. So gesehen basiert das Urheberrecht auf drei politischen Ebenen:

- internationale Ebene (Menschenrechtskonvention, Welturheberrechtsabkommen)
- europäische Ebene (EU-Urheberrechtsrichtlinie, Softwarerichtlinie)
- deutsche Ebene (Urheberrechtsgesetz)

Software gilt allgemein als kulturelle Geistesschöpfung und ist per Urheberrechtsgesetz (UrhG) urheberrechtlich geschützt. Das Urheberrecht räumt den schöpferisch Tätigen ei-nes Werkes das ausschließliche Recht ein, über ihr Werk zu bestimmen. Es schützt die Urheber/-innen in Bezug auf das Werk in ihrem Persönlichkeitsrecht (geistiges Eigentum) und ihren wirtschaftlichen Interessen. Das Urheberrecht gehört in Deutschland zum gewerblichen Rechtsschutz und damit zum Privatrecht.

In Europa setzen EU-Richtlinien den Rahmen, der durch nationales Recht ausgefüllt werden muss. In Deutschland gilt seit September 2003 ein novelliertes Urheberrecht („Gesetz zur Regelung des Urheberrechts in der Informationsgesellschaft"), das u. a. die Umgehung von wirksamem Kopierschutz für kommerzielle, aber auch private Zwecke unter Strafe stellt. Die letzten Änderungen des Urheberrechtsgesetzes erfolgten in den Jahren 2008 bis 2018 (z. B. Regelungen zu Privatkopien, Sehbehindertenrechten, Zweitverwertungsrechten, Pauschalvergütungen bei DRM-geschützten Produkten).

Die Europäische Union hat zahlreiche Richtlinien erlassen, um das Urheberrecht europaweit zu vereinheitlichen. Dazu gehören u. a.:

- Die Richtlinie zur Harmonisierung der Schutzdauer des Urheberrechts und bestimmter verwandter Schutzrechte, nach der der Urheberrechtsschutz erst 70 Jahre nach dem Tod des Urhebers bzw. der Urheberin endet.

- Die Urheberrechtsrichtlinie (Richtlinie 2001/29/EG), in der die europäischen Rechtsvorschriften zum Urheberrecht an das digitale Zeitalter angeglichen werden. Außerdem werden internationale Vorgaben durch Verträge der World Intellectual Property Organization (WIPO) umgesetzt. Die WIPO ist eine Teilorganisation der UNO und verfolgt das Ziel, Rechte an immateriellen Gütern weltweit zu fördern und zu sichern.

- Die Urheberrechtsrichtlinie (Richtlinie 2019/790) aus dem Jahr 2019. Sie bezieht sich auf die Schutzrechte im digitalen Bereich und ändert u. a. die Vorgaben aus der Richtlinie 2001/29/EG entsprechend ab. Sie verpflichtet Onlineanbieter zur Lizenzierung aller abrufbarer urheberrechtlich geschützter Inhalte. Das gilt auch für solche Inhalte, die die Benutzer/-innen dieser Plattformen absprachewidrig eingestellt haben. Damit zwingt die Richtlinie die Betreiber von Onlineforen, Marktplätzen usw. faktisch zum umstrittenen Einsatz von Upload-Filtern, die das Einstellen von urheberechtlich geschützten Inhalten verhindern sollen. Des Weiteren führt die Richtlinie europaweit ein Leistungsschutzrecht für Presseverleger und -verlegerinnen ein. Presseartikel dürfen dann gewerblich nicht mehr ohne Erlaubnis (bzw. Vergütung) mit einem Textausschnitt, sondern nur noch mit wenigen Worten zitiert und verlinkt werden. Die fristgerechte Umsetzung der Richtlinie in nationales Recht schafften bis zum 07.06.2021 allerdings nur Deutschland, die Niederlande, Ungarn und Malta.

Um der Softwarepiraterie und anderen Formen illegaler Verwendung entgegenzuwirken, verlangen viele Softwarefirmen mittlerweile von ihrer Kundschaft eine Produktaktivierung in Form einer Code-Kontrolle. Der durch die Übermittlung des Product-Keys geschlossene Endbenutzer-Lizenzvertrag (EULA) ist ein rechtsgültiger Vertrag zwischen dem Endkunden (entweder als natürliche oder als juristische Person) und dem Softwarehersteller für das dem EULA beiliegende Softwareprodukt.

AUFGABEN

1. Worin unterscheiden sich Anwendungsprogramme von Dienstprogrammen?

2. Wie kann aus einer Individualsoftware eine Branchensoftware werden?

3. Welche Lizenzarten erlauben es Ihnen, die lizenzierte Software beliebig weiterzuverteilen?

4. Die Autorin einer Software veröffentlicht die Quelltexte, erlaubt anderen aber keine Änderungen. Handelt es sich hier um Open-Source-Software? (Antwort mit Begründung)

5. Ist es für private Zwecke erlaubt, eine gekaufte Software zu kopieren und sie mit einem Spezialprogramm lauffähig zu machen? (Antwort mit Begründung)

6. Was versteht man unter Softwarepiraterie?

2.3   Betriebssystemarchitekturen

Betriebssysteme besitzen in ihrer Gesamtheit eine sehr komplexe Struktur. Um diese zu erfassen, verwendet man vielfach vereinfachende grafische Darstellungen, um die Zusammenhänge modellhaft zu visualisieren. Gängige Visualisierungen, deren Komplexität jeweils dem Verwendungszweck angepasst werden kann, sind das Schalen- und Schichtenmodell sowie das Client-Server-Modell.

2.3.1   Schalen- und Schichtenmodell

Das mehrstufige Schalen- oder Schichtenmodell *(shell model, layer model)* verwendet man zur Darstellung der logischen Strukturierung moderner Betriebssystemarchitekturen. Die unterste Schale beinhaltet alle hardwareabhängigen Teile des Betriebssystems. Dazu gehört auch die Verarbeitung von Interrupts (IRQ, Kap. 4.3.10). Auf diese Weise ist es möglich, ein Betriebssystem leicht an unterschiedliche Rechnerausstattungen anzupassen. Die nächste Schicht enthält alle grundlegenden Ein-/Ausgabe-Dienste für Plattenspeicher und Peripheriegeräte. Die darauffolgende Schicht behandelt Kommunikations- und Netzwerkdienste, Dateien und Dateisysteme (vgl. auch OSI-Schichtenmodell im Aufbauband). Weitere Schichten können je nach Anforderung folgen. Ein Betriebssystem besitzt also drei oder mehr logische Schichten.

Jede Schicht bildet für sich eine abstrakte (virtuelle) Maschine, die mit ihren benachbarten Schichten über wohldefinierte Schnittstellen kommuniziert. Sie kann Funktionen der nächstniedrigeren Schicht aufrufen und ihrerseits Funktionen für die nächsthöhere Schicht zur Verfügung stellen. Die Gesamtheit der von einer Schicht angebotenen Funktionen wird

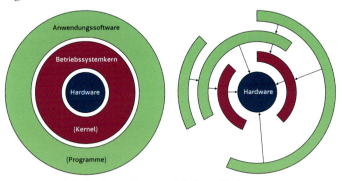

Bild 2.4: *Vereinfachte Darstellung zur Schalenarchitektur; links: konzentrische Schalen, rechts: durchbrochene Schalen*

auch als **Dienste** *(services)* dieser Schicht bezeichnet. Die Gesamtheit der Vorschriften, die bei der Nutzung dieser Dienste einzuhalten sind, wird als **Protokoll** *(protocol)* bezeichnet.

Die unterste Schicht setzt immer direkt auf der Rechner-Hardware auf. Sie verwaltet die realen Betriebsmittel des Rechners und stellt an deren Stelle virtuelle Betriebsmittel bereit.

Oft wird diese Schicht als **UEFI** (Unified Extensible Firmware Interface) oder **BIOS** (Basic I/O System) bezeichnet (Kap. 2.5.1). Alle weiteren Schichten sind von der Hardware unabhängig.

Durch jede Schicht wird eine zunehmende „Veredelung" der Hardware erreicht (z.B. wachsende Abstraktion, wachsende Benutzerfreundlichkeit).

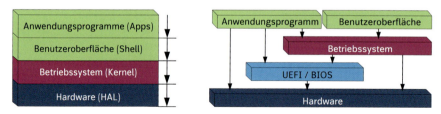

Bild 2.5: Aufbau des Schichtenmodells: a) vereinfachtes Modell, b) Treppenschichtenmodell

Betriebssysteme, die nach dem Schichtenmodell aufgebaut sind, bestehen aus mehreren Systemebenen (Layern). Ein Zugriff von einer höheren Schicht aufgrund einer Benutzeranwendung (Anwendungsprogramm) auf eine untere Schicht ist nur über eine definierte **API-Schnittstelle** (Application Programming Interface) möglich. So kann beispielsweise ein Kommunikationsprogramm nicht direkt auf ein angeschlossenes Mikrofon zugreifen. Die Applikation muss zuerst eine Anfrage an das Betriebssystem stellen, ob das Mikrofon verfügbar ist.

Die frühen Computer (Großrechner, mittlere Datentechnik) zeichneten sich dadurch aus, dass Hardware und Betriebssystem oft vom gleichen Hersteller kamen und optimal aufeinander abgestimmt waren. Bei den heutigen Personal Computern ist dies nur noch bei Rechnern der Firma Apple der Fall. Bei allen anderen PCs kommen Hardware und Betriebssystem von unterschiedlichen Herstellern, auch wenn das Betriebssystem vielfach zusammen mit der Hardware ausgeliefert wird. So hat man die Wahl zwischen Betriebssystemen von Microsoft (Windows 11, Windows 10 usw.) oder freien UNIX-Implementierungen (Free BSD, Ubuntu Linux, Debian GNU/Linux, usw.). Da Zusatz-Steckkarten und Peripheriegeräte (Drucker, Scanner usw.) von den verschiedensten Herstellern kommen können, liefern diese hierzu passende Treiberprogramme zur Betriebssystemanpassung und -erweiterung, die beim Laden des Betriebssystems (Bootvorgang; Kap. 2.5) oder beim Aufruf der entsprechenden Software eingebunden werden.

Durch die API-Programmierschnittstelle der höheren Schichten wird auch vermieden, dass alle Programmierer/-innen die grundlegenden Routinen für den Zugriff auf Ein- und Ausgabegeräte und Massenspeicher jeweils selbst programmieren müssen. Das Betriebssystem stellt bereits eine definierte Programmierschnittstelle zur Verfügung. Änderungen am Betriebssystem oder der Hardware wirken sich somit nicht auf die Anwendungsprogramme aus, die nach wie vor über die gleichen Betriebssystemaufrufe die Dienste des Betriebssystems in Anspruch nehmen können.

Ist ein Betriebssystem nach dem **Schichtenmodell** konzipiert, hat das Anwendungsprogramm keinen direkten Zugriff auf die Hardware. Die Hardware-Schicht HAL (**H**ardware **A**bstraction **L**ayer) ist so vor unbefugten Zugriffen geschützt.

2.3.2   Client-Server-Modell

In heutigen PC-Betriebssystemen gibt es die Bemühung, den Betriebssystemkern (Kernel) so klein wie möglich zu halten.

> Als **Kernel** *(kernel)* bezeichnet man den zentralen Bestandteil des Betriebssystems, der gerätenahe Grundfunktionen wie die Ablaufsteuerung, Ressourcenvergabe, Kommunikation und Verwaltung von Prozessen ausführt.

Einen möglichst kompakten Kernel erhält man insbesondere durch die Verlagerung von Betriebssystemfunktionen in die Userprozesse. In diesem Zusammenhang spricht man auch vom **Client-Server-Modell**. Dieser Begriff beschreibt einerseits eine Möglichkeit, Aufgaben und Dienstleistungen auf unterschiedlichen Computern innerhalb eines Netzwerkes zu verteilen und wird in dieser Bedeutung im Aufbauband ausführlich behandelt. Im hier dargestellten Zusammenhang wird der Begriff andererseits auch für Aufgaben und Prozesse verwendet, die auf demselben Computer umverteilt werden (siehe auch Kap. 4.3 f.).

Um eine Anfrage des Clients zu erfüllen, hier als Beispiel das Lesen eines Files, sendet der Clientprozess seinen Wunsch durch den Kernel an den Fileserver. Der Kernel, das eigentliche System, hat hier nur noch die Aufgabe, den Datentransfer zwischen den Client- und Serverprozessen zu überwachen. Diese Aufspaltung hat gewisse Vorteile. Alle hardwareabhängigen Serverprozesse laufen im „Usermode", d. h., sie haben keinen direkten Zugang zur Hardware und ein Bug (Fehler) im Serverbetrieb kann sich nicht so leicht im System fortpflanzen.

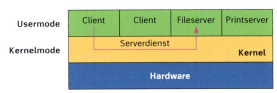

Bild 2.6: Das Client-Server-Modell (Grundprinzip)

Bedenkt man, dass sich heutige Rechnersysteme selbst innerhalb einer Rechnerfamilie vielfältig in Speicherausstattung, Art und Umfang der angeschlossenen Geräte usw. unterscheiden, so wird klar, dass die Erstellung monolithischer Programme für jede mögliche Rechnerkonstellation ein praktisch undurchführbares Unterfangen ist. Die Lösung dieses Problems heißt auch hier: **Modularisierung** *(modularization)*.

Programme werden in Module zerlegt, die zueinander über definierte Schnittstellen in Beziehung stehen. Somit ist es möglich, innerhalb eines Programms ein bestimmtes Modul durch ein anderes mit gleicher Schnittstelle zu ersetzen, um das Programm an eine andere Rechnerkonstellation anzupassen. Die Auswahl und Zusammenstellung der allgemeingültigen Module werden bestimmt durch die eingesetzte Hardware und die Art der Programme, die durch diese Module unterstützt werden sollen. Sie ist für viele Programme, die auf einem Rechner abgearbeitet werden sollen, gleich und unterscheidet sich wiederum etwas von Rechner zu Rechner.

Oft taucht im Zusammenhang mit Betriebssystemen auch der Begriff „**Middleware**" auf. Er bezeichnet zwischen den eigentlichen Anwendungen und der Betriebssystemebene angesiedelte System- und Netzwerkdienste (z. B. Datenbank, Kommunikation, Protokollierung, Sicherheit). Die Middleware ist als Applikationsschicht eine Dienstleistungsschicht, die anstelle der Betriebssystemschnittstelle verwendet wird.

> **Middleware-Systeme** ermöglichen die Verteilung von Applikationen auf mehrere Rechner in einem Netzwerk.

Die Verteilung ist objektorientiert: Server exportieren ihre Dienste als Klassenschnittstellen, Clients benutzen den entfernten Methodenaufruf zum Zugriff auf diese Dienste. Die Bindung kann statisch oder dynamisch erfolgen.

AUFGABEN

1. Was versteht man unter dem Schalenmodell und wie arbeitet es?

2. Nennen Sie Betriebssysteme, die nach dem Schichtenmodell aufgebaut sind.

3. Was versteht man unter einer API-Schnittstelle? Welche Funktion hat sie im Zusammenhang mit dem Schichtenmodell?

4. Welche Eigenschaften kennzeichnen das Client-Server-Modell?

5. Was versteht man im Zusammenhang mit Betriebssystemen unter dem Begriff „Middleware"?

2.4 Software und rechnerabhängige Strukturen

Das Prinzip, sowohl ausführbare Programme als auch die damit zu bearbeitenden Daten im gleichen Arbeitsspeicher des Rechners abzulegen, geht auf eine Idee von John von Neumann, einem amerikanischen Mathematiker ungarischer Herkunft (1903–1957), zurück.

Von Neumann entwickelte 1946 ein Rechnerkonzept, das nach ihm benannte **Von-Neumann-Prinzip** *(von Neumann model)*, welches universell sowohl für einfache technische, für kommerzielle als auch für wissenschaftliche Anforderungen genutzt werden konnte. Das Konzept wurde ständig weiterentwickelt, sodass die Wurzeln der meisten heutigen Rechner das Von-Neumann-Prinzip beinhalten. Eine grundlegende Neuerung der Von-Neumann-Architektur besteht in der weitestgehenden Trennung von Hardware und dem Einsatzgebiet des Rechners. Der universelle Von-Neumann-Rechner besitzt eine feste Hardwarearchitektur.

> Alle klassischen Mikrocomputer-Systeme wie auch der PC sind nach dem **Von-Neumann-Prinzip** aufgebaut.

Der Rechner wird durch eine Bearbeitungsvorschrift, dem Programm, an die jeweilige Aufgabenstellung angepasst. Dieses Programm wird vor der eigentlichen Datenverarbeitung in den Speicher des Rechners geladen und kann für die gleiche Aufgabenstellung wiederholt verwendet werden. Diese Eigenschaft hat zu dem Namen „Stored Program Machine" geführt. Ohne dieses Programm ist der Rechner nicht arbeitsfähig.

Weitere wesentliche Bestandteile des Von-Neumann-Prinzips sind:

- Alle Daten und Programmbestandteile werden in demselben Speicher abgelegt. Sie können nur durch die Reihenfolge unterschieden werden.

- Der Speicher ist in gleich große Zellen unterteilt, welche über ihre Adressen eindeutig referenzierbar sind (z. B. Speicherverwaltung). Befehle, die im Programm nacheinander folgen, werden ihrer Reihenfolge im Programm entsprechend im Speicher abgelegt. Das Abarbeiten eines neuen Befehls wird durch die Erhöhung des Befehlszählers initiiert.

- Durch Sprungbefehle kann von der Bearbeitung der Befehle in ihrer gespeicherten Reihenfolge abgewichen werden.

- Es sind mindestens folgende Befehlstypen vorhanden:
    - arithmetische Befehle: Addition, Multiplikation usw.
    - logische Befehle: UND, ODER, NICHT usw. (Kap. 6.2.1)
    - Transportbefehle: MOVE
    - Ein-/Ausgabebefehle
    - unbedingte Sprungbefehle: GOTO
    - Verzweigungen: IF ... THEN ... ELSE (Hinweis: Programmierbefehle werden ausführlich im zur Fachbuchreihe gehörenden Band „Anwendungsentwicklung" behandelt.)

Im Gegensatz dazu sind bei der sog. **Harvard-Architektur** *(Harvard architecture)* Instruktionen und Daten in getrennten Speichern untergebracht. Der Prozessor besitzt getrennte Busse für Instruktions- und Datenzugriffe, wodurch ein überlappender Betriebsmodus realisiert wird, d. h., die nächste Instruktion kann bereits abgeholt werden, während noch Daten in den Speicher geschrieben werden. Allerdings ist der Aufwand für die Realisierung einer Harvard-Architektur beträchtlich. Sie findet heute wieder Anwendung in speziellen Grafik-Chips.

AUFGABEN

1. Worin unterscheidet sich grundsätzlich ein nach dem Von-Neumann-Prinzip aufgebautes Rechnersystem von einem, das dem Harvard-Prinzip entspricht?

2. Welche Befehlstypen sind mindestens Bestandteile des Von-Neumann-Prinzips?

3. Welche Aufbaustruktur (Von Neumann, Harvard) verhindert die Überschreibung des eigenen Programmcodes? (Antwort mit Begründung)

2.5   Bootvorgang

Generell bezeichnet man den Startvorgang eines Computers als „Hochfahren" oder „Booten". Bei einem x86-PC (Kap. 1.3.3) unterscheidet man zwischen dem sog. „Kaltstart" und dem „Warmstart". Ein Kaltstart liegt immer dann vor, wenn der Startvorgang mit dem Einschalten des Computers oder – sofern vorhanden – der Betätigung der „Reset-Taste" am Computergehäuse beginnt, d. h. die Stromzufuhr unterbrochen war. Ein Warmstart (Alternativbezeichnungen: Reboot, Restart) liegt vor, wenn ein PC aus dem laufenden Betrieb heraus neu gestartet wird. Hierbei wird eine verkürzte

Boot-Prozedur durchlaufen. Während man früher jeden bereits eingeschalteten Computer durch Betätigung der Tastenkombination Strg + Alt + Entf direkt neu booten lassen konnte, wird diese Tastenkombination heutzutage von einigen Betriebssystemen abgefangen (z. B. öffnet sich bei Windows ein Auswahlmenü mit verschiedenen Optionen). Alternativ kann man einen Reboot – abhängig vom Betriebssystem – auch mit entsprechenden Systembefehlen bewirken (z. B. Linux: reboot). Ein Reboot liegt aber unter Umständen auch vor, wenn ein PC nach einem Absturz neu hochfährt oder aus einem Energiesparmodus (Bild 1.27) gestartet wird.

Nach jedem Einschalten des PC wird zunächst automatisch ein grundlegendes Minimalprogramm aktiviert, welches sich fest eingeschrieben in einem **Flash-EEPROM** (Kap. 1.5.1.2) auf dem Motherboard befindet und das Starten des Rechners erst ermöglicht. Dieses Programm war viele PC-Generationen lang das sog. **BIOS** (**B**asic **I**nput/**O**utput **S**ystem), dessen Aufgabe als erstes darin bestand, einen allgemeinen Selbsttest durchzuführen. Damit das BIOS die vorhandenen Komponenten testen konnte, benötigte es zunächst Informationen über diese Komponenten. Diese sind bekanntlich im CMOS-Flash-EEPROM-Speicherchip (Kap. 1.5.5) enthalten und werden beim Booten ausgelesen, um sie anschließend für grundlegende Systemeinstellungen zu verwenden.

Das Ausführen grundlegender Systemeinstellungen bezeichnet man als **Initialisieren** (initialization).

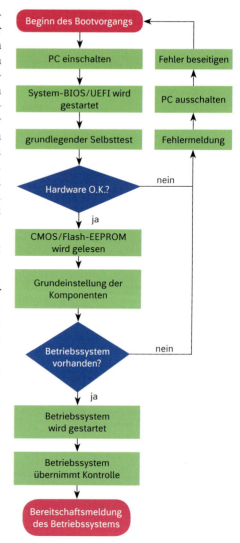

Bild 2.7: Vereinfachter Ablauf des Bootvorgangs

Bis zu diesem Zeitpunkt verlief jeder Bootvorgang völlig unabhängig von einem vorhandenen Betriebssystem. Erst danach suchte das BIOS auf den vorhandenen Speichermedien (z. B. Festplatte, DVD) nach einem Betriebssystem. Dieses wurde gestartet und bestimmte dann den weiteren Verlauf des Bootvorgangs. Der Bootvorgang war abgeschlossen, wenn sich der PC mit dem entsprechenden Bereitschaftszeichen oder der Benutzeroberfläche des jeweiligen Betriebssystems meldete. Bild 2.7 stellt den grundsätzlichen Ablauf des Bootvorgangs grafisch dar.

Da das klassische BIOS aufgrund seiner Struktur nicht beliebig in seinen Funktionen erweiterbar ist, stößt es bei heutiger Hardware an seine Grenzen. Auch die Verwaltung moderner Komponenten (z. B. Festplatten mit großen Kapazitäten) kann das BIOS nicht mehr leisten. Aus diesem Grunde wurde als Nachfolger des BIOS das abwärtskompatible **EFI** bzw. **UEFI** (Unified Extensible Firmware Interface; Kap. 2.5.1) entwickelt, welches über zusätzliche Funktionen verfügt und inzwischen anstelle des BIOS verwendet wird.

2.5.1   UEFI

Die Abkürzung **EFI** *(Extensible Firmware Interface)* bezeichnet die Schnittstelle zwischen der vorhandenen Hardware mit ihren implementierten Firmwareelementen und dem zu installierenden Betriebssystem. Es basiert auf modularen Treibern, die systemunabhängig sind und sich auch schon vor dem Betriebssystem bedarfsorientiert laden lassen (im Gegensatz zum bisherigen monolithischen BIOS, welches immer komplett geladen wurde).

Zur Weiterentwicklung von EFI wurde das **Unified EFI Forum** gegründet, in dem neben Intel auch weitere PC- und BIOS-Hersteller tätig sind (z.B. AMD, Microsoft, Apple). Die von diesem Gremium weiterentwickelte Schnittstelle wird mit **UEFI** (Unified Extensible Firmware Interface: vereinheitlichte erweiterbare Firmware-Schnittstelle) bezeichnet. UEFI weist insbesondere die folgenden Merkmale auf:

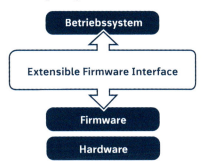

Bild 2.8: Extensible Firmware Interface

- 64-bit-tauglich, modular erweiterbar und netzwerkfähig (BIOS nur 32-bit-tauglich)
- unterstützt hochauflösende Grafikkarten und stellt eine grafische Benutzeroberfläche zur Verfügung, die auch mit der Maus bedienbar ist
- kompatibel zu den alten BIOS-Versionen; die BIOS-Emulation erfolgt durch das Compatibility Support Module (**CSM**); die Nutzer/-innen können bei Bedarf auch immer noch einen BIOS-basierenden Start wählen (Kap. 2.6.2.2)
- bietet eine Auswahlmöglichkeit zwischen verschiedenen installierten Betriebssystemen, d.h., ein vorgeschalteter Bootloader ist nicht mehr erforderlich
- kann im sog. **Sandbox-Modus** betrieben werden, d.h., Software kann vom Rest des Systems komplett abgeschirmt werden („virtuelle Umgebung"), um ggf. Schaden zu verhindern

Das UEFI ist – wie der Vorgänger BIOS – für den Bootvorgang des PCs unbedingt erforderlich und wird in einem EEPROM gespeichert. Es wird auch als **Urlader** *(bootstrap loader)* bezeichnet und ist im Laufe seiner Entwicklung immer umfangreicher und leistungsfähiger geworden. Die Verwendung eines EEPROMs zur Speicherung des UEFI ermöglicht die Aktualisierung einer vorhandenen Version. Diese Aktualisierung darf allerdings nur mit der vom UEFI-Hersteller ausdrücklich für ein Board angegebenen Version erfolgen.

> **Booten** ist die Kurzform von Bootstrap Loading.
>
> **Bootstrapping** bezeichnet im PC-Bereich den Startvorgang, bei dem eine Minimalsoftware (Firmware des Mainboards) das Starten von weiterer, komplexerer Software (Betriebssystem) bewirkt.
>
> Das Aktualisieren eines UEFI wird als **Flashen** bezeichnet.

Einige Board unterstützen das sogenannte **USB BIOS Flashback (USB BIOS FLBK)**, eine Funktion, um das vorhandene UEFI zu flashen ohne das UEFI-Menü (Kap. 2.5.2) aufrufen oder das Betriebssystem starten zu müssen. Hierzu ist ein – entsprechend gekennzeichneter – USB-Flashback-Anschluss (meist USB 3.2 Gen 1; Kap. 1.6.3) erforderlich. An diesen kann ein Datenträger angeschlossen werden, auf dem mithilfe eines Assistenzprogramms entsprechende Aktualisierungsdaten aus dem Internet gespeichert und dann automatisch installiert werden können. Dieser Vorgang kann nach dem Einschalten des PCs durch anschließende Betätigung des **FLBK-Buttons** (auf dem Mainboard oder auf der Gehäuserückseite) gestartet werden.

Obwohl sich die Eigenschaften und der Funktionsumfang des UEFI bei den verschiedenen Herstellern voneinander unterscheiden, sind die grundsätzlichen Aufgabenbereiche gleich. Hierzu gehören im Wesentlichen:

- Selbsttest des PCs
- Fehler- bzw. OK-Meldungen
- Prüfen der Systemkonfiguration
- Initialisieren der **aktiven** Komponenten (das Ignorieren deaktivierter Elemente bewirkt eine Verkürzung des Bootvorgangs, beim BIOS wurden stets sämtliche Komponenten initialisiert)
- Suchen nach einem bootfähigen Medium
- Aktivieren der Startdateien des vorhandenen Betriebssystems

Der Selbsttest wird auch als **POST**-Diagnose (**P**ower **o**n **S**elf **T**est) bezeichnet. Hierbei werden zunächst sämtliche Komponenten in einen definierten Anfangszustand versetzt, d. h., es wird ein sog. **Reset** durchgeführt. Bei diesem Reset werden beispielsweise in sämtliche Zellen des Arbeitsspeichers Nullen geschrieben. Anschließend wird das Befehlsregister des Hauptprozessors auf die Startadresse des EEPROM-Bereiches gesetzt, damit die in diesem Speicher abgelegten Informationen ausgelesen und ausgeführt werden können. Diese ersten Anweisungen veranlassen den Prozessor dazu, das Vorhandensein und die Funktion des Hauptspeichers zu überprüfen. Hierzu wird in jede Speicherzelle ein Test-Bitmuster geschrieben, anschließend wieder ausgelesen und auf Übereinstimmung überprüft. Anschließend wird der Inhalt des CMOS- bzw. Flash-EEPROM-Speichers in den Arbeitsspeicher geladen und die dort abgelegten Informationen über die Systemkonfiguration werden überprüft. Im Anschluss daran werden auch die Funktionen der übrigen aktiven Komponenten überprüft (z. B. Controller, Tastatur, Netzwerkadapter), indem Steuersignale an die einzelnen Baugruppen gesendet werden, die diese dann quittieren müssen.

Werden Fehler festgestellt, werden diese durch Fehlercodes bzw. -meldungen angezeigt. Diese Meldungen sind UEFI-abhängig und sollten im Handbuch des Rechners dokumentiert sein. Beim POST wird zwischen zwei Arten von Fehlern unterschieden: fatale und nicht fatale Fehler. Als fatal wird jeder Fehler auf dem Motherboard eingestuft. Ein fataler Fehler führt zum sofortigen Abbruch des Bootvorgangs (z. B. kein Controller ansprechbar), bei nicht fatalen Fehlern ist zwar der Funktionsumfang des PCs eingeschränkt, aber grundsätzlich gegeben (z. B. fehlende Datums- und Zeiteinstellung).

Arbeitet das System fehlerfrei, werden die Hardwarekomponenten einer grundlegenden softwaremäßigen Einstellung unterzogen, die die Zusammenarbeit dieser Komponenten erst ermöglicht. Anschließend sucht das UEFI in einer vorgegebenen Reihenfolge auf den gefundenen Speichermedien (z. B. Festplatte, DVD/BD-Laufwerk oder USB-Stick) nach einem bootfähigen Programm. Hierzu muss eine entsprechende bootfähige Festplatte oder DVD/BD (alternativ auch ein bootfähiger USB-Stick) vorhanden sein. Auf bootfähigen Datenträgern sind in einem festgelegten Bereich u. a. Informationen über die eigene Speicherstruktur angelegt, die erforderlich sind, damit das System die Startdateien des vorhandenen Betriebssystems findet und in den Arbeitsspeicher laden kann (Kap. 2.6.2). Anschließend übernimmt dieses Betriebssystem die Kontrolle über den PC und steuert alle weiteren Vorgänge.

2.5.2   UEFI-Setup

Während des Bootvorgangs benötigt das UEFI Informationen über die vorhandene Konfiguration des PCs. Aus diesem Grunde ist es wichtig zu wissen, welche Gerätekonfiguration vorliegt und welche Daten im CMOS- bzw. im entsprechenden Flash-EEPROM-Bereich gespeichert sind. Diese Informationen müssen beim allerersten Systemstart nach dem Zusammenbau des PCs in den CMOS-/Flash-EEPROM-Speicher geschrieben werden. Bei Änderung der Gerätekonfiguration (z.B. Einbau eines zusätzlichen Laufwerks, Erweiterung des Arbeitsspeichers) werden diese Daten meist automatisch vom Betriebssystem aktualisiert, damit der Rechner mit den neuen Komponenten arbeiten kann.

Die Daten lassen sich auch mit dem Dienstprogramm **CMOS/UEFI-SETUP** eingeben und prüfen bzw. verändern. Dieses Dienstprogramm ist im UEFI-Flash-EEPROM gespeichert und lässt sich beim Booten des Rechners durch Betätigen der ⌈Entf⌉-Taste oder durch Betätigung einer anderen, dem Handbuch oder einer Information auf dem Startbildschirm zu entnehmenden Tastenkombination aufrufen. Änderungen sollten allerdings nur von Nutzerinnen und Nutzern vorgenommen werden, die über das entsprechende Fachwissen verfügen, da der Rechner bei falschen Einstellungen nicht bootet.

Das Setup-Dienstprogramm bietet für diesen Fall zwar sog. Standardwerte (**Default**-Werte) an, die automatisch eingetragen werden, diese sind jedoch nicht immer optimal für eine vorhandene Konfiguration geeignet. Aus diesem Grunde sollte man sich stets die aktuellen Konfigurationseinstellungen notieren.

Die SETUP-Programme (UEFI Setup Utility) der verschiedenen Hersteller unterscheiden sich in ihren Einstellmöglichkeiten. Der prinzipielle Aufbau ist allerdings identisch: Die Einstellparameter sind in Menüform zusammengefasst und tragen vergleichbare Bezeichnungen.

Nach dem Aufruf eines UEFI-SETUPs erscheint auf dem Bildschirm in der Regel automatisch das Startmenü mit einer entsprechenden Hauptmenüleiste (Bild 2.9).

Bild 2.9: Beispiel für das Startmenü eines UEFI-Setups (Easy Mode)

Die Navigation durch die verschiedenen Setup-Menüs erfolgt bei einem UEFI mit den angegebenen Funktionstasten oder der Maus (beim BIOS nur mit Funktionstasten). Eine Kennzeichnung (z. B. ein kleines Dreieck, Bild 2.9) verweist auf ein Untermenü, welches sich öffnet, wenn man den entsprechenden Menüpunkt markiert hat und anschließend die ⏎-Taste betätigt oder den Menüpunkt mit der Maus anklickt. Auch eine Sprachauswahl ist möglich (beim BIOS nur Englisch).

Bei der Eingabe von Parameterwerten ist entweder eine freie Eingabe von Werten oder eine Auswahl aus vorgegebenen Daten möglich. Sind die Eingabegeräte per Kabel angeschlossen, funktionieren sämtliche Eingaben in der Regel problemlos, da beim Bootvorgang automatisch entsprechende Standardtreiber geladen werden. Bei Funktastaturen werden deren Treiber möglicherweise erst später bereitgestellt. Mit einer solchen Tastatur sind dann – beispielsweise bei einem frühen Bootfehler – Eingaben im UEFI-Setup nicht möglich.

Die folgenden Bilder zeigen beispielhaft die Struktur einiger UEFI-Menüs.

Bild 2.10: Beispiel für ein Hauptmenü mit geöffnetem Untermenü

Bild 2.11: Menü Systeminformation (Beispiel)

Bild 2.12: Menü BIOS Features (Beispiel)

Bild 2.13: Menü Peripherals (Beispiel)

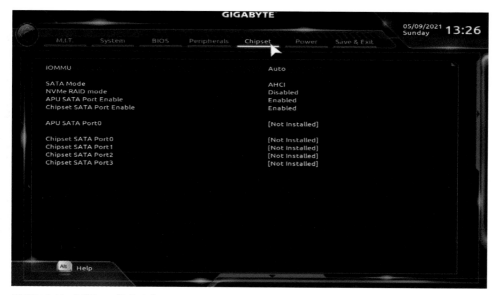

Bild 2.14: Menü Chipset (Beispiel)

Bild 2.15: Menü Power (Beispiel)

Die Einstellungsmöglichkeiten ändern sich mit jeder neuen UEFI-Version und werden auch immer komfortabler (z. B. individuelle Zusammenfassung favorisierter Parameter auf einer Seite). Die Bedeutungen der einzelnen Parameter lassen sich bei Bedarf entsprechenden, ständig aktualisierten Internetseiten entnehmen.

2.5.3   UEFI-Fehlermeldungen

Findet das UEFI beim Selbsttest Fehler, können diese in unterschiedlicher Weise gemeldet werden:

- Als Klartext-Meldungen auf dem Bildschirm (Bild 2.16)

- Durch eine Folge von Tönen über den eingebauten Lautsprecher (Bild 2.17)

- Durch Leuchtdioden- oder Ziffernanzeige auf dem Motherboard (Hinweis: Nicht jedes Board unterstützt diese Anzeigeart.)

- Mittels Sprachausgabe über den eingebauten Lautsprecher; hierzu muss ein entsprechender Voice-Editor installiert sein.

Typische Meldungen auf dem Bildschirm sind:

Fehlermeldung	Bedeutung
C-MOS-BATTERY HAS FAILED	Batterie zum Puffern der Daten im CMOS-Speicher ist defekt.
C-MOS CHECKSUM ERROR	Der Inhalt des CMOS-Speichers wird geprüft, bevor die Hardware mit den darin enthaltenen Parametern konfiguriert wird. Aus den gespeicherten Werten wird eine Quersumme errechnet, die als Test dient. Eine Fehlermeldung erscheint, wenn die Quersumme nicht zu den gespeicherten Werten passt.
DISC BOOT FAILURE, INSERT SYSTEM DISC AND PRESS ENTER	Es wurde kein bootfähiger Datenspeicher gefunden. Um das System zu starten, ist ein entsprechendes Bootmedium erforderlich.
ERROR ENCOUNTERED INITIALIZING HARD DRIVE	Es wurden falsche physikalische Daten über eine vorhandene Festplatte gefunden oder die Festplatte kann nicht angesprochen werden, weil z. B. ein Kabel locker oder der Festplattencontroller nicht richtig in seinem Slot sitzt.
ERROR INITIALIZING HARD DISC CONTROLLER	Es liegt ein Festplattenproblem vor (s. o.). Dieses kann entweder bei der Festplatte selbst oder beim Festplattencontroller liegen.
KEYBOARD ERROR OR NO KEYBOARD PRESENT	Es wird keine Tastatur gefunden oder beim Bootvorgang ist eine Taste blockiert (z. B. eine Taste ist dauerhaft gedrückt).
MEMORY ADDRESS ERROR AT ...	Beim Testen des RAM-Speichers wurde bei der angegebenen Adresse ein Fehler gefunden.
MEMORY PARITY ERROR AT ...	Es wurde ein Fehler in der Checksumme der RAM-Bausteine bei der angegebenen Adresse gefunden.
PRESS ANY KEY TO REBOOT	Kommt diese Meldung zusätzlich zu einer anderen Meldung, so ist nach einer Fehlermeldung ein Neustart vorzunehmen. Erscheint diese Meldung allein, wurde vermutlich kein Betriebssystem gefunden.

Bild 2.16: Typische UEFI-Fehlermeldungen (versionsabhängige Abweichungen möglich)

Fehler können auch in akustischer Form signalisiert werden:

Ton	Bedeutung
1 × kurz	Kein Fehler
1 × lang	Netzteilfehler
1 × lang, 2 × kurz	Grafikkarte defekt
1 × lang, 6 × kurz	Tastatur-Controller defekt
1 × lang, 8 × kurz	Grafikspeicher defekt
2 × lang	Parityfehler; Speicherchip defekt
3 × lang	Tastatur-Controller defekt
3 × kurz, 3 × lang, 3 × kurz	RAM-Module defekt

Ton	Bedeutung
4 × kurz	System-Timer ausgefallen
5 × kurz	Prozessorfehler
6 × kurz	Kein Speicher installiert
7 × kurz	Ausnahme-Unterbrechungs-Fehler
8 × kurz	Speicher-Fehler
9 × kurz	CMOS/ROM-Checksummen-Fehler
10 × kurz	CMOS Lesefehler

Bild 2.17: Beispiele für akustische UEFI-Fehlermeldungen (versionsabhängige Abweichungen möglich)

Die Zuordnung zwischen Tonfolge und signalisiertem Fehler ist bei Bedarf dem jeweiligen Handbuch zu entnehmen.

Meldet sich die Grafikkarte auf dem Bildschirm und sieht man einen blinkenden Cursor, funktionieren auf jeden Fall das Netzteil, der Prozessor, die Grafikkarte und der Bildschirm. Außerdem sind sowohl das UEFI als auch der CMOS-Speicher lesbar und haben eine korrekte Checksumme, der Prozessor findet RAM-Speicher und kann diesen sowohl beschreiben als auch lesen. Das I/O-System funktioniert grundlegend und kann auf die vorhandene Grafikkarte zugreifen.

Kann ein Rechner nicht mehr gebootet werden, kann dies an einer falschen UEFI-Einstellung liegen. In diesem Fall sollte man das UEFI-Setup aufrufen und die eingetragenen Werte überprüfen. Änderungen sollten hierbei nur schrittweise vorgenommen werden. Nach jedem Schritt sollte die Funktion überprüft werden, um die Fehlerursache zu lokalisieren. Sind die ursprünglichen Werte nicht mehr bekannt, kann man zu den voreingestellten Default-Werten zurückkehren, die den Rechner zwar nicht optimal konfigurieren, aber wenigstens ein Hochfahren ermöglichen sollten. Hierbei werden die Datums- und die Laufwerksinformationen im Allgemeinen nicht auf einen Standardwert zurückgesetzt, sondern beibehalten. Lässt sich der Rechner nun immer noch nicht booten, kann man von einem ernsteren Hardwareproblem ausgehen.

Kommt man erst gar nicht ins UEFI-Setup hinein, lässt sich unter Umständen der CMOS- bzw. Flash-EEPROM-Speicher auf die vorgegebenen Default-Werte zurücksetzen, indem man eine bestimmte Taste (z. B. Einfg; siehe Handbuch oder Internet) gedrückt hält und dann erst den PC einschaltet. Hilft auch dies nicht, besteht als Nächstes die Möglichkeit, den auf dem Motherboard befindlichen CMOS-/Flash-EEPROM-Reset-Jumper (CLEAR-Jumper) für 5 bis 30 Sekunden zu setzen. Dieser befindet sich in der Regel in der Nähe der eingebauten Batterie und ist mithilfe der zu jedem PC gehörenden Unterlagen zu finden. Das Setzen dieses Jumpers bewirkt eine Unterbrechung der Spannungsversorgung des CMOS-Speichers bzw. führt zu einem Reset des Flash-EEPROMs. Funktioniert der PC anschließend immer noch nicht, ist er wahrscheinlich defekt. Aufgrund des komplexen und hochintegrierten Aufbaus ist eine Reparatur meist mit hohen Kosten verbunden und teilweise auch nicht mehr möglich, insbesondere dann, wenn der Fehler nicht näher lokalisiert werden kann.

Die aktuellen UEFI-Versionen bieten die Möglichkeit, den Zugang zum PC mithilfe eines UEFI-Passwortes zu beschränken. Hat man dieses Passwort einmal vergessen, kann man versuchen, es durch Unterbrechen der Spannungsversorgung zu löschen (s. o.). Allerdings funktioniert diese Methode nur bei einem C-MOS-Speicher. Ansonsten hilft in der Regel nur eine Kontaktaufnahme mit dem Hersteller.

AUFGABEN

1. Erläutern Sie die Abkürzungen BIOS und UEFI. Welche Bedeutung hat das BIOS bzw. das UEFI für den PC und welche grundlegenden Aufgaben führen beide beim Booten durch?

2. Welche grundsätzliche Struktur weist das UEFI-Setup-Programm auf?

3. Welche Vorteile bietet das UEFI gegenüber dem BIOS?

4. Ein Kunde möchte die Bootreihenfolge auf seinem PC verändern. Erläutern Sie ihm die Vorgehensweise.

5. In welcher Form kann das UEFI Fehler melden, die beim Selbsttest festgestellt wurden?

2.6 Datenträgerorganisation

Um auf einem Festplattenlaufwerk Daten speichern zu können, müssen die darin verwendeten magnetischen Speichermedien zunächst vorbereitet werden. Diese Vorbereitung besteht darin, auf dem Speichermedium Strukturen zu schaffen, die es dem Betriebssystem ermöglichen, Daten auf den Träger zu schreiben, sie zu verwalten und sie auch schnellstmöglich wieder zu lesen. Das Erzeugen solcher Strukturen wird als **Formatieren** *(formatting)* bezeichnet.

Bei Festplatten umfasst der **Formatierungsvorgang** grundsätzlich die folgenden drei Schritte:

1. Low-Level-Formatierung
2. Erzeugung einer oder mehrerer Partitionen
3. Logische Formatierung der Partitionen

Hinweis: Umgangssprachlich wird mit „Formatieren" vielfach nur der letzte Schritt des Formatierungsvorgangs bezeichnet (Kap. 2.6.3).

2.6.1 Low-Level-Formatierung

Die **Low-Level-Formatierung** *(low-level formatting)* erfolgt meist werksseitig durch den Hersteller. Hierbei wird auf der Plattenoberfläche durch den eingebauten Festplattencontroller eine Struktur aus **logischen Spuren** *(tracks)* und **Sektoren** *(sectors)* erzeugt. Die Anzahl der Spuren und Sektoren hängt vom physikalischen Aufbau der Platte ab. Dieser Vorgang sollte nachträglich (z. B. im Fehlerfall) nur von einem erfahrenen User erneut durchgeführt werden, möglichst mit einem speziellen, vom Hersteller bereitgestellten Low-Level-Formatierungsprogramm, das sämtliche individuelle Parameter der Festplatte berücksichtigt.

Unter einer Spur versteht man einen schmalen ringförmigen Streifen, auf dem später die Speicherung von Daten erfolgt. Die Spuren werden auf jeder Plattenseite – jeweils mit der Spur null beginnend – durchnummeriert. Die Spur null befindet sich immer am äußeren Rand der Platten, die Spuren mit der höchsten Nummer liegen der Drehachse am nächsten. Die Spuren der Plattenseiten

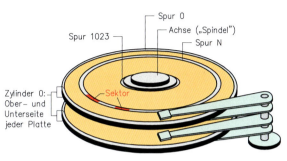

Bild 2.18: Low-Level-Formatierung einer Festplatte

mit jeweils der gleichen Spurnummer gehören zu einem sog. **Zylinder** *(cylinder)*. Zum Zylinder null gehören demzufolge die Spuren null auf den Ober- und Unterseiten aller vorhandenen Platten.

Jede angelegte Spur ist in Abschnitte – die sog. **Sektoren** – unterteilt, in denen später die Daten gespeichert werden. Die Daten werden von den Schreib-/Leseköpfen (Kap. 1.8.1) geschrieben und gelesen.

> Bei der **Low-Level-Formatierung** werden auf der Plattenoberfläche logische Spuren und Sektoren angelegt. Ein Sektor ist die kleinste mögliche Speichereinheit auf der Festplatte.

Die Speicherkapazität eines Sektors stellt immer eine Zweierpotenz dar und betrug früher standardmäßig 512 Byte. Festplatten mit großen Speicherkapazitäten werden heute auch mit 4k-Sektoren (4096 Byte; Kap. 2.6.2.1) formatiert. Ein oder mehrere Sektoren werden zu sog. **Clustern** *(cluster)* zusammengefasst.

> Ein **Cluster** ist der kleinste Speicherbereich, der von einem Dateisystem genutzt werden kann.

Die Clustergröße hängt von der Größe der Partition ab, in Abhängigkeit vom verwendeten Dateisystem (Kap. 2.7) ergeben sich hierbei Grenzwerte, die nicht überschritten werden können. Die Anzahl der verwaltbaren Sektoren ist systembedingt begrenzt (Kap. 2.7).

Um den Speicherplatz in den außen gelegenen Spuren optimal zu nutzen, verwenden moderne Datenträger das **MZR-Verfahren** (**MZR**: **M**ultiple **Z**one **R**ecording; alternative Bezeichnung: **ZBR**, **Z**one **B**it **R**ecording). Bei diesem Verfahren vergrößert sich die Zahl der Sektoren, je weiter die entsprechende Spur von der Drehachse entfernt ist. Ein Bereich mit gleicher Anzahl von Sektoren pro Spur bildet dann eine **Zone**. Die Schreib-/Lesegeschwindigkeit innerhalb einer Zone bleibt gleich groß. Bei einem Zonenwechsel von innen nach außen nimmt sie zu, da bei gleicher Winkelgeschwindigkeit mehr Sektoren pro Zeiteinheit gelesen oder beschrieben werden können.

Die physisch vorhandene Einteilung der Festplatte, d. h. die Anzahl und Lage der Spuren und Zylinder auf einem Datenträger, die Anzahl der Köpfe pro Zylinder und die Anzahl der Sektoren pro Spur bezeichnet man als **physikalische Datenträgergeometrie**.

Damit der Beginn eines Sektors eindeutig erkannt wird, ist eine Identifikationsinformation für jeden Sektor erforderlich. Die Informationen zur Sektorerkennung können in einem Bereich unmittelbar vor dem Datenbereich im jeweiligen Sektor gespeichert sein (**Sektorheader**). Moderne Datenträger reservieren allerdings oft die komplette Seite einer Platte für die Aufzeichnung von Positionsinformationen und ergänzen diese mit Informationen zur Fehlerkorrektur. Diese Daten werden während der Low-Level-Formatierung auf den Datenträger geschrieben und später vom Festplattencontroller ausgewertet. Sie dienen dem Controller dazu, die Position der Köpfe zu steuern, wenn diese sich zu einer anderen Stelle auf dem Datenträger bewegen müssen. Für das Betriebssystem sind diese Informationen nicht verfügbar. Die Plattenseite mit den Controllerinformationen steht für die Aufzeichnung von Daten nicht mehr zur Verfügung. Bei einer Festplatte, die beispielsweise aus drei Einzelplatten aufgebaut ist, stehen demnach noch fünf Seiten für die Datenspeicherung zur Verfügung.

2.6.2 Partitionierung

Im zweiten Schritt werden auf einer Festplatte eine oder mehrere Partitionen erzeugt.

Eine **Partition** *(partition)* ist ein logisch selbstständiger Teil einer Festplatte, der wie eine physisch separate Einheit funktioniert, von einem Betriebssystem als separates Laufwerk angesprochen wird und sich durch ein Dateisystem (Kap. 2.7) nutzen lässt.

Bei der Speichergröße heutiger Festplatten hat die Aufteilung in mehrere Partitionen verschiedene Vorteile:

- Mehrere voneinander unabhängige Betriebssysteme (Kap. 4) können installiert werden.
- Mehrere unterschiedliche Dateisysteme (Kap. 2.7) können angelegt werden.
- Bei Neuinstallation eines Betriebssystems oder bei Fehlern auf einer Partition gehen die Daten der übrigen Partitionen nicht verloren (Datensicherheit).
- Programmdaten und Benutzerdaten können in getrennten Bereichen gespeichert werden (Datensicherheit).
- Auf einzelnen Partitionen lassen sich bei Bedarf ausführbare Dateien verbieten (Systemsicherheit, z. B. unter Linux).
- Es lässt sich eine (meist versteckte) Wiederherstellungspartition erstellen (Systemsicherheit).

Bei jedem Startvorgang benötigt das Betriebssystem Informationen über die vorhandene Festplattenstruktur. Daher werden diese Informationen bei der Erstellung (und auch bei einer Änderung) in einer speziellen Tabelle hinterlegt.

Eine **Partitionstabelle** *(partition table)* ist eine normierte Anordnung von Informationen über die Aufteilung und Struktur eines physischen Datenspeichers.

2.6.2.1 BIOS-basierende Partitionierung

Über viele PC-Generationen hinweg erfolgte der Systemstart (Kap. 2.5) eines handelsüblichen Computers BIOS-basierend. Hierbei suchte die im EEPROM (Kap. 1.5.1) gespeicherte Mainboard-Firmware stets in Zylinder 0, Spur 0 und Sektor 1 (Kap. 2.6.1) auf der Festplatte nach dem sog. **Master Boot Code**, der den Bootvorgang zunächst zu initiieren hatte. Dieser Code griff auf eine Partitionstabelle mit der Bezeichnung **MBR** (**M**aster **B**oot **R**ecord) zu, die Informationen zur vorhandenen Festplattenaufteilung enthielt. Mit diesen Informationen konnte dann auf die erforderlichen Startroutinen des Betriebssystems zugegriffen werden, mit denen der weitere Bootvorgang fortgeführt wurde.

Der Master Boot Record besteht grundsätzlich (nur) aus einer 64 Byte umfassenden tabellarischen Datenstruktur, die aus vier Bereichen mit jeweils zehn Feldern besteht. Jeder Bereich umfasst 16 Byte und beinhaltet Informationen zu jeweils einer Partition. Somit können mit einem MBR maximal vier Partitionen verwaltet werden.

Information zu einer Partition	Feldgröße	Bedeutung
Boot-Indikator	8 bit	Kennzeichnet die aktive Partition (siehe unten); es kann stets nur eine Partition aktiv sein.
System I/O	8 bit	Beschreibt das verwendete Dateisystem
Erster Schreib-/Lesekopf	8 bit	Der Master Boot Code verwendet diese Informationen beim Startvorgang, um die jeweilige Boot-Datei des Betriebssystems in einer Partition zu suchen, sie in den Arbeitsspeicher zu laden und um die gesamte Partition zu verwalten.
Erster physischer Sektor	6 bit	
Erster physischer Zylinder	10 bit	
Letzter Schreib-/Lesekopf	8 bit	
Letzter physischer Sektor	6 bit	
Letzter physischer Zylinder	10 bit	
Relativer Sektor	32 bit	Kennzeichnet den ersten Sektor einer Partition; hierbei werden die Sektoren vom Anfang der Platte bis zum ersten Sektor der entsprechenden Partition gezählt.
Anzahl der Sektoren	32 bit	Gibt die gesamte Zahl der Sektoren innerhalb einer Partition an

Bild 2.19: Informationen des MBR zu einer Partition

Bei BIOS-basierenden Partitionen unterscheidet man zwischen **primären Partitionen** *(primary partition)* und **erweiterten Partitionen** *(extended partition)*. Von einer primären Partition kann man booten, sofern sie als **aktive Partition** deklariert ist und sich auf ihr ein entsprechendes Betriebssystem befindet. Die primäre Partition, von der gebootet wird, nennt man auch **Systempartition**. Jede primäre Partition kann jeweils nur ein Betriebssystem beinhalten, die Anzahl möglicher primärer Partitionen bestimmt somit im Prinzip die Anzahl der installierbaren Betriebssysteme. In einem PC mit einem x86-Prozessor (Kap. 1.3) kann es immer nur eine einzige aktive Partition geben.

Einer primären Partition wird unter Windows-Betriebssystemen (Kap. 4.3) ein Laufwerks-buchstabe zugeordnet (z. B. **C:** oder **D:**; Hinweis: Die Buchstaben **A:** und **B:** sind historisch bedingt bis heute den nicht mehr gebräuchlichen Diskettenlaufwerken vorbehalten). Bei Linux/Unix-Systemen (Kap. 4.4.2) werden die Laufwerke mit den Bezeichnungen **sda**, **sdb** usw. versehen und **Volumes** genannt.

Eine erweiterte Partition ist ein eigenständiger, logischer Bereich, von dem aus ein Booten nicht möglich ist. Auf einer BIOS-basierenden Festplatte kann es nur eine einzige erwei-terte Partition geben. Im Gegensatz zu einer primären Partition lässt sie sich aber in sog. **logische Laufwerke** weiter unterteilen, die dann (bei Windows) ebenfalls je einen Lauf-werksbuchstaben erhalten (z. B. **E:**, **F:**, **G:** usw.). Auf diese Weise ist es möglich, die Begren-zung auf vier Partitionen zu umgehen und eine Festplatte in mehr als vier logische Berei-che zu konfigurieren.

Ist ein PC Teil eines LANs (Kap. 4.1.2), kann er auch auf Laufwerke zugreifen, die sich in anderen Computern befinden, sofern er vom Netz-Administrator entsprechende Zugriffs-rechte bekommen hat. Diese Netzlaufwerke werden ebenfalls betriebssystemkonform benannt.

Ursprünglich erfolgte die Festplattenverwaltung im sog. CHS-Modus. Hierzu waren die im MBR gespeicherten Informationen über den jeweils ersten und letzten Schreib-/Lese-kopf, Sektor und Zylinder erforderlich (Bild 2.19).

> Im **CHS-Modus** werden Zylinder (**C**ylinder), Köpfe (**H**ead) und Sektoren (**S**ector) so ange-geben und verwaltet, wie sie physisch vorhanden sind.

Durch die festgelegte Anzahl der Bits im Master Boot Record ergeben sich in den einzel-nen Feldern bestimmte Maximalwerte (Bild 2.19; z. B. Anzahl der Sektoren: 32 bit). Da Festplatten ursprünglich nur mit dem Industriestandard von 512 Byte pro Sektor Low-Level vorformatiert wurden, ergaben sich wegen der vorgegebenen Maximalwerte unter-schiedliche Begrenzungen der durch das BIOS verwaltbaren Festplattenkapazität. (Hin-weis: Abhängig vom Betriebssystem und vom verwendeten Dateisystem ergeben sich ebenfalls Kapazitätsobergrenzen; Kap. 2.7.)

Beispiel
Welche maximale Festplattenkapazität F_{max} kann im CHS-Modus durch Verwendung der Anzahl maximal möglicher Sektoren bei der Low-Level-Formatierung im Industriestandard von einem BIOS verwaltet werden?

Lösung
Aus Bild 2.19 ergibt sich, dass die Anzahl der Sektoren mit 32 bit im MBR verwaltet wird. Hieraus folgt:

$$F_{max} = 512\ Byte \cdot 2^{32} = 512\ Byte \cdot 4\,294\,967\,296 = 2\,199\,023\,255\,552\ Byte = 2\,048\ GiByte = \textbf{2 TiByte}$$

Hinweis: Dies entspräche bei entsprechender Umrechnung ca. 2,2 TByte (Kap. 6.1.5.1).
*Die Hersteller geben aber die Kapazität traditionell mit Dezimalpräfixen an, also **2 TByte**; dies entspricht dann in der Praxis – entgegen obiger Rechnung – „nur" ca. 1,8 TiByte.*

Die Festplattenkapazität von 2 TiByte stellte ursprünglich den theoretisch größten Wert dar, der sich mit einer BIOS-basierenden Formatierung verwalten lässt.

Heute verwendet man meist Sektorgrößen von 4096 Byte. Hierbei ergibt sich bei gleicher Rechnung für F_{max} unter Verwendung von Binärpräfixen ein Wert von 16 TiByte (bzw. ca. 17,6 TByte).

> Festplatten, die mit einer Sektorgröße von 4096 Byte (Schreibweise: „4k-Sektor", eigentlich 4 KiByte; Kap. 6.1.5.1) Low-Level vorformatiert sind, werden als **Advanced Format Discs** bezeichnet.

Moderne Festplatten verwalten ihre physikalische Datenträgergeometrie selbst über den eingebauten Festplattencontroller. Die wahre Struktur bleibt dem PC verborgen, er arbeitet mit einer Art virtuellen Festplatte, bei der die Adressierung für ihn verständlich übersetzt wird. Hierzu zählt bei Advanced Format Discs bei Bedarf auch die Emulation der 4k-Sektoren auf 512-Byte-Sektoren („512E-Sektoren").

> Unter einer Übersetzung von **Sektoradressen** versteht man die Umwandlung der vorhandenen physischen Datenträgergeometrie in eine logische Konfiguration, die vom MBR und vom Betriebssystem unterstützt wird.

Heute werden Festplatten zudem im sog. **LBA-Modus** (**L**ogical **B**lock **A**ddressing) verwaltet. Hierbei wurde von den Festplattencontrollern zunächst eine 28-Bit-Adressierung verwendet, womit 2^{28} Sektoren mit jeweils 512 Byte ansprechbar sind, was einer Kapazität von 128 GiByte entsprach (EIDE bzw. ATA-Standard). Dieser Standard wurde später auf 48 bit erweitert, womit bei einer Sektorgröße von 512 Byte eine Kapazität von theoretisch bis zu 128 Pebibyte (512×2^{48} Byte; Kap. 6.1.5.1) verwaltet werden kann.

2.6.2.2 UEFI-basierende Partitionierung

Zur (problemlosen) Verwaltung von Speicherkapazitäten über 2 TiByte ist eine UEFI-basierende Formatierung erforderlich.

Beim ersten Anlegen von Partitionen mittels UEFI kann man bei modernen PCs aber vielfach noch zwischen der klassischen BIOS-Partitionierung und der umfangreicheren UEFI-basierenden Festplatteneinteilung auswählen. Wählt man die klassische Form, werden maximal 2 TiByte partitioniert, auch wenn die Festplatte eine größere Speicherkapazität aufweist. Dies erfolgt aus Gründen der Abwärtskompatibilität, da BIOS-basierende Systeme und einige Betriebssysteme vielfach von Festplatten über 2 Tibyte nicht booten können.

Die UEFI-basierende Partitionierung ist heute aber der Standard. Die für den Systemstart erforderlichen Informationen über die vorhandenen Partitionen werden hierbei in der GPT abgelegt.

> **GPT** ist die Abkürzung von **G**UID **P**artition **T**able und bezeichnet einen Standard für Partitionstabellen, die von einem UEFI auf einer Festplatte angelegt werden.
>
> **GUID** bedeutet **G**lobal **U**nique **Id**entifier und bezeichnet eine weltweit eindeutige Kennzeichnung, die im Zusammenhang mit der GPT aus 16 Bytes besteht. Die GUID wird in hexadezimaler Form angegeben.
>
> Beispiel: **GUID 736DB01F-9ACD-4A9D-85C3-10CD85B82A54** (Schema: 8-4-4-4-12)

Bei der UEFI-basierenden Formatierung wird am Anfang der primären Festplatte (Systemfestplatte) grundsätzlich eine sog. **EFI-Systempartition** (**ESP**) angelegt. Diese ist in der Regel ca. 100 MByte groß und wird mit dem FAT-32-Dateisystem formatiert (Kap. 2.7.1). Sie beinhaltet neben dem EFI-Bootloader beim Startprozess benötigte, modulare Anwendungen und Treiber (z. B. Bildschirm- und Maustreiber, um auch vor Betriebssystemstart komfortabel Einstellungen im UEFI-Setup vornehmen zu können).

Beim späteren PC-Start lädt das UEFI die erforderlichen Daten aus dieser Systempartition, um ein vorhandenes Betriebssystem (Windows, Linux, macOS; Kap. 4) zu starten, welches in einer anderen Partition installiert ist. Wird die EFI-Partition gelöscht, kann der PC nicht mehr ordnungsgemäß starten. Sie wird im Datei-Explorer (aus Sicherheitsgründen) auch nicht angezeigt, da sie (unter Windows) keinen Laufwerksbuchstaben erhält (Hinweis: Zugriff nur über die Datenträgerverwaltung möglich).

Eine GPT-formatierte Festplatte verfügt u. a. über folgende Features:

- Sie kann prinzipiell bis zu 128 Partitionen aufweisen (Begrenzung durch das Betriebssystem).

- Sie verwendet GUIDs zur eindeutigen Identifizierung von Partitionen.

- Sie benutzt den LBA-Modus unter Verwendung einer 64-bit-Adressierung, womit bis zu $512 \cdot 2^{64}$ Byte $= 9,4 \cdot 10^{21}$ Byte pro Partition adressiert werden können.

- Sie stellt einen klassischen MBR zur Verfügung („Protective MBR"). Dieser MBR ist vorhanden, damit Betriebssysteme oder Boot-Manager, die keine GUID-Partitionstabellen lesen können, das System zwar starten, aber keine Veränderungen außerhalb des MBR vornehmen können. Das Betriebssystem kann dann – wenn überhaupt – nur die im MBR angelegte Partition erkennen. Der gesamte restliche Datenträger erscheint als belegt.

- Sie erstellt eine primäre GPT am Festplattenanfang sowie eine Kopie (sekundäre GPT) am Festplattenende, sodass im Fehlerfall eine Wiederherstellung möglich ist.

- Sie ermöglicht das Erkennen von fehlerhaften Einträgen durch entsprechende Checksummen im GPT-Header durch den Einsatz von **CRC** (**C**yclic **R**edundancy Check).

- Sie unterstützt **Secure Boot**, einen Mechanismus, der das Booten von unsignierten Bootloadern verhindert und damit die Sicherheit gegenüber Schadsoftware erhöht, die bereits während des Startvorgangs versucht, sich in das System einzuschleusen.

Bild 2.20 visualisiert in vereinfachter Form den grundsätzlich möglichen Aufbau einer GPT-Festplatte und benennt einige wichtige Informationen, die in den einzelnen, angegebenen Blöcken abgelegt sind.

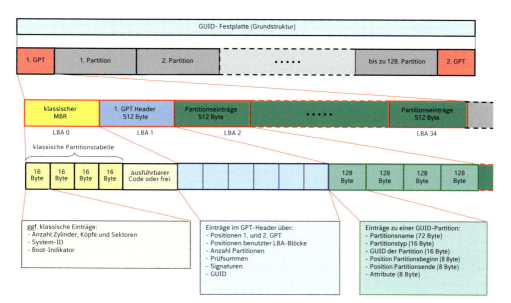

Bild 2.20: Prinzipieller Aufbau einer GPT-Festplatte

In der Praxis sind auf einem Arbeitsplatzrechner kaum 128 Partitionen erforderlich. Bei einem UEFI-kompatiblen Betriebssystem werden bei einer Standardinstallation aber auch einige betriebssystemspezifische Partitionen angelegt (z. B. Wiederherstellungs-Partition, Microsoft Reserved Partition).

Neben den Partitionierungsroutinen der Betriebssysteme (z. B. Windows: Datenträger-verwaltung) kann das Partitionieren (auch nachträglich) mit einem externen Tool eines Drittanbieters (Partitionsprogramm, Festplattenmanager, z. B. GParted, Eraseus Partition Manager) oder mit dem Kommandozeilenbefehl **DISKPART** (Kap. 4.3.6) durchgeführt werden.

Moderne Betriebssysteme sind darüber hinaus auch in der Lage, Speicherstrukturen, die sich beispielsweise über mehrere physisch vorhandene Festplatten erstrecken, als eine einzige logische Einheit zu verwalten (Kap. 4.3.6).

Vielfach werden in PCs auch elektronische Speicher (SSDs; Kap. 1.8.2) als Ersatz für eine handelsübliche Festplatte eingesetzt. Um auf einer SSD Daten speichern zu können, muss sie prinzipiell genauso formatiert werden wie eine Festplatte. Das Formatieren beinhaltet hierbei auch das Partitionieren.

Bei anderen Speichermedien (z. B. externe USB-Festplatte, USB-Stick) verwendet man umgangssprachlich zwar auch den Begriff „Formatieren", gemeint ist damit aber ledig-lich die sog. „logische Formatierung", d. h. das Implementieren eines Dateisystems (Kap. 2.6.3).

2.6.3 Logische Formatierung

Um eine Partition, ein logisches Laufwerk oder ein Volume praktisch nutzen zu können, ist eine Ablageorganisation erforderlich, mit der Daten gespeichert, auf der Festplatte ge-funden und bearbeitet werden können. Hierzu muss zwischen den individuell vergebenen

Dateibezeichnungen eine Verbindung zu den Speicheradressen hergestellt werden, unter denen die Dateien auf dem Speicher abgelegt werden. Die Ablage erfolgt hierbei in einzelnen Datenblöcken, deren Größe auch vom jeweiligen Speichermedium abhängt (z.B. Festplatte: 512 Bytes oder 4096 Bytes; DVD/BD: 2048 Bytes).

> Das Erstellen benötigter Ablagestrukturen zur Verwaltung der individuell vergebenen Dateibezeichnungen und deren Speicherung auf einem Medium bezeichnet man als **High-Level-Formatierung** *(high-level formatting)* oder **logische Formatierung** *(logical formatting)*.
>
> Eine solche Ablage- und Organisationsstruktur nennt man **Dateisystem** *(file system)*.

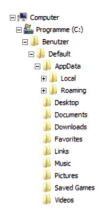

Die Art und Weise, wie diese logische Formatierung durchgeführt wird, hängt vom verwendeten Dateisystem ab. Bei der Installation eines Betriebssystems wird auf der Systempartition automatisch ein passendes, vom Hersteller vorgesehenes Dateisystem verwendet (Kap. 2.7). Die oberste Ebene der Ordnungsstruktur besteht in der Regel aus dem **Stammverzeichnis**, auch **Stammordner**, **Wurzelverzeichnis** oder **Rootverzeichnis** *(root directory)* genannt. Dieses unterteilt sich baumartig in hierarchisch ineinander verschachtelte **Unterverzeichnisse** (Unterordner, *subdirectory*; Bild 2.21).

In den (Unter-)Verzeichnissen werden die Dateien abgelegt. Die für die Lokalisierung und den Zugriff erforderlichen Informationen über den jeweiligen Speicherort befinden sich in einer tabellenförmigen Verwaltungsliste („Inhaltsverzeichnis"), die abhängig vom Dateisystem unterschiedlich bezeichnet wird (z.B. Dateizuordnungstabelle; Kap. 2.7). Die Verwaltung und damit die Speicherung erfolgt clusterweise (Kap. 2.6.1).

Bild 2.21: Beispiel für eine Verzeichnisstruktur

Auf einige **Systemordner** *(system folder)*, die funktionale und sicherheitsrelevante Daten beinhalten, können die Benutzer/-innen nur eingeschränkt zugreifen.

Vorhandene Datenpartitionen lassen sich bedarfsorientiert mit einem vom jeweiligen Betriebssystem unterstützten Dateisystem logisch formatieren. Moderne Betriebssysteme unterstützen meist mehrere unterschiedliche Dateisysteme. Zugriffseinschränkungen bestehen hier nur dann, wenn diese – meist in vernetzten Systemen – von einem Systemadministrator eingerichtet wurden.

Muss ein vorhandener Datenträger erneut logisch formatiert werden (z.B. bei fehlendem Zugriff), bieten alle Dateisysteme zwei mögliche Formatierungsarten an.

> Bei der **Normalformatierung** werden zunächst fehlerhafte Cluster gesucht und gekennzeichnet. Anschließend werden sämtliche Speicherzellen mit Nullen überschrieben und somit bestehende Daten gelöscht. Dann wird eine neue – zunächst leere – Verwaltungsliste angelegt.
>
> Bei der **Schnellformatierung** werden lediglich die Inhalte der bestehenden Verwaltungsliste gelöscht und eine neue, leere Liste erstellt. Die vorhandenen Dateien selbst bleiben erhalten, solange sie nicht von neuen Daten überschrieben werden.

Die Normalformatierung erfordert wegen des Zugriffs auf sämtliche Speicherzellen eine vergleichsweise lange Zeit, während die Schnellformatierung bereits nach kurzer Zeit abgeschlossen ist, da hier lediglich die Metadaten neu geschrieben werden, d.h., es wird ein neues „Inhaltsverzeichnis" erstellt, in dem aber noch keine Informationen zu Dateien und Ordnern existieren.

> **Metadaten** *(meta data)* sind strukturierte Daten, die Informationen über andere Daten enthalten.

Nicht selten lassen sich mit frei verfügbaren Softwaretools nach einer Schnellformatierung die noch erhaltenen Daten wiederherstellen. Auch die Normalformatierung bietet keine absolute Sicherheit gegen eine Datenrekonstruktion. Eine höhere Sicherheit, dass (insbesondere sensible) Daten nicht wiederhergestellt werden können, ergibt sich durch mehrfaches Überschreiben, ggf. auch durch Lösch- und Formatierungsvorgänge mit speziellen Tools.

Ebenso wie Festplatten müssen auch andere Datenträger (z.B. USB-Speicherstick, CD/DVD/BD) zunächst formatiert werden.

USB-Speichersticks und Flash-Speicherkarten sind in der Regel bereits herstellerseits logisch formatiert. Eine nachträgliche Formatierung ist dann erforderlich, wenn auf die gespeicherten Daten nicht mehr zugegriffen werden kann. Dieser Effekt tritt unter Umständen bei Windows auf, wenn man einen USB-Stick im laufenden Betrieb entfernt und die erforderliche Dateizuordnungstabelle auf dem Stick noch nicht abschließend aktualisiert wurde. Abhilfe schafft hier (bei Windows) der „Umweg" über das Taskleisten-Icon „Hardware sicher entfernen".

Mit entsprechenden Formatierungsvorgaben kann ein solcher Speicherstick unter Umständen auch als Bootmedium verwendet werden.

Die Formatierung einer CD/DVD/BD erfolgt in der Regel automatisch in Verbindung mit dem Beschreiben (Brennen) des Datenträgers.

AUFGABEN

1. Aus welchen Schritten besteht der Formatierungsvorgang bei Festplatten?

2. Nach dem 1. Schritt der Formatierung befinden sich auf der Festplatte Sektoren, Spuren, Zylinder und Zonen. Erläutern Sie diese Begriffe.

3. Was versteht man unter der physikalischen Datenträgergeometrie?

4. a) Was versteht man bei einem Datenträger unter einer Partition?
   b) Welche Vorteile bietet die Partitionierung eines Datenträgers?

5. In einer Fachzeitschrift lesen Sie im Zusammenhang mit einer BIOS-basierenden Partitionierung die Begriffe MBR, primäre Partition, erweiterte Partition, Systempartition und aktive Partition. Erläutern Sie diese Fachbezeichnungen.

6. a) Aus welchem Grund werden Festplatten im sog. LBA-Modus betrieben?
   b) Mit wie vielen Bits erfolgte früher die ATA-konforme LBA-Adressierung eines Sektors?
   c) Mit wie vielen Bits erfolgt die LBA-Adressierung eines Sektors in der GPT?
   d) Wie viele Sektoren sind somit gemäß b) und c) jeweils adressierbar?

7. Was ist eine GPT? Nennen Sie wesentliche Merkmale.

8. a) Was bedeutet logische Formatierung?
   b) Welche Strukturen werden bei der logischen Formatierung erstellt?

9. Aufgrund eines Fehlers kann auf einen USB-Stick nicht mehr zugegriffen werden, sodass eine Neuformatierung erforderlich ist. Welche beiden Formatierungsarten bietet ein Dateisystem grundsätzlich an? Erläutern Sie die Unterschiede.

10. Sie erhalten von Ihrer Abteilungsleiterin einen USB-Stick mit persönlichen Daten ehemaliger Firmenmitarbeiter und -mitarbeiterinnen, die dauerhaft gelöscht werden sollen. Der Stick soll anschließend möglichst weiter genutzt werden. Wie gehen Sie vor? Begründen Sie Ihre Vorgehensweise. (Hinweis: Verwenden Sie ggf. auch Informationen aus Kap. 3.)

2.7   Dateisysteme

In einem PC werden Dateien auf **Massenspeichern** (*mass storage*; Festplatten, SSDs, DVDs, BDs, USB-Sticks) gespeichert. Im Laufe der Zeit wurden für die verschiedenen Speichermedien angepasste Dateisysteme entwickelt und dem technischen Fortschritt angepasst. Einige grundsätzliche Strukturen findet man jedoch bei allen Dateisystemen wieder.

Um eine Datei auf einem Speichermedium ablegen zu können, benötigt sie einen Namen, der prinzipiell die folgende Struktur aufweist:

> Ein Dateiname hat die allgemeine Form **Dateiname.Erweiterung**.

Der **Dateiname** (*file name*) besteht aus Zeichen und/oder Ziffern und ist zur Kennzeichnung der Datei erforderlich. Dabei wird die maximale Länge eines Dateinamens sowohl durch das Betriebssystem als auch durch das Dateisystem des Datenträgers begrenzt. Die Erweiterung (auch: **Suffix**, **Extension**, **Dateityp**) ist optional und besteht in der Regel aus bis zu vier Zeichen oder Ziffern. Die Namenserweiterung dient zur Klassifizierung der Dateien. Folgende Zeichen dürfen in Dateinamen und Erweiterungen nicht vorkommen, da sie als Sonderzeichen für spezielle Funktionen reserviert sind:

Suffix	Erläuterung
.avi	Videodatei
.bmp	Bitmap-Bilddokument
.cab	Kabinett-Datei (meist für PDA)
.dat	Textdatei
.dll	Programmbibliothek
.doc, .docx	Word-Dokument
.dot	Word-Vorlage
.exe	ausführbare Programmdatei
.gif	Gif-Bilddokument
.hlp	Hilfedatei
.htm	Html-Dokument
.ico	Symboldatei
.ini	Konfigurationsdatei
.jpg	JPEG-Bilddokument
.log	Kontrolldatei
.mdb	Access-Datenbank
.mp3	MP3-Musikdatei
.pdf	Acrobat-Reader-datei
.ppt	Power-Point-Dokument

> „ \ / : | < > ? *

Bei der Namensgebung dürfen bei allen aktuell gebräuchlichen Betriebssystemen auch mehrere Punkte verwendet werden (z.B. „kleines.haus.txt"). Der letzte vorhandene Punkt in einem Dateinamen wird stets als Trennsymbol zwischen Dateiname und Erweiterung interpretiert.

Zusätzlich zum Dateinamen werden weitere Dateieigenschaften erfasst und im Inhaltsverzeichnis abgelegt. Hierzu gehören beispielsweise:

- Name des (Unter-)Verzeichnisses, in dem die Datei gespeichert ist
- Attribut-Informationen (Attribute: Archiv, System, versteckt, schreibgeschützt)
- Erstelldatum
- Erstellzeit
- Datum der letzten Änderung
- Uhrzeit der letzten Änderung
- Datum des letzten Zugriffs
- Dateigröße

Suffix	Erläuterung
.pub	Microsoft-Publisher-Dokument
.rtf	Textdatei (rich text format)
.sys	Systemdatei
.tmp	temporäre Datei
.txt	Textdatei
.vob	DVD-Movie-Datei
.wav	Wavesound-Datei
.wmx	Windows-Media-Audio-/ Videodatei
.xls, .xlsx	Excel-Dokument
.xlt	Excel-Vorlage
.zip	ZIP-komprimierte Datei

Bild 2.22: Beispiele für Dateierweiterungen

Da auf Festplatten die Speicherung von Dateien clusterweise erfolgt (Kap. 2.6.3), stehen zudem über jeden Cluster bestimmte Informationen zur Verfügung (z.B. Cluster frei; Cluster von einer Datei verwendet; Cluster fehlerhaft). Die Speicherung von Dateien erfolgt nicht nach einem bestimmten Ordnungsprinzip, vielmehr bekommen sie – abhängig von der jeweiligen Position des Schreib-/Lesekopfes (Kap. 1.8.1.1) – meist den nächstliegenden freien Cluster auf dem Datenträger zugewiesen. Bei Bedarf werden auch mehrere Cluster verwendet. Bild 2.23 visualisiert diese Struktur in vereinfachter Form.

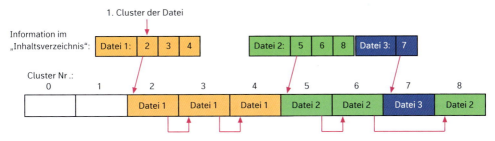

Bild 2.23: Mögliche Clusterbelegung von Dateien

Die erste Ziffer im Beispiel ist die Adresse des ersten durch die Datei belegten Clusters. Diese Information ist im Inhaltsverzeichnis abgelegt (bei Datei 1: Cluster 2). Ist die Datei kleiner, als die Clustergröße vorgibt, wird trotzdem der gesamte Cluster belegt, wodurch unter Umständen Speicherplatz vergeudet wird. Ist die Datei größer als ein Cluster, so wird ihr eine entsprechende Anzahl von Clustern zugewiesen. Jeder zu einer Datei gehörende Cluster ist mit seiner Adresse in der entsprechenden Reihenfolge im Inhaltsverzeichnis gespeichert (bei Datei 1: Cluster 2, Cluster 3, Cluster 4). Die von einer Datei belegten Cluster sind unter Umständen nicht aneinandergereiht, sondern auf dem Speichermedium verteilt – die Datei ist fragmentiert (Datei 2). Durch die **Fragmentierung** *(fragmentation)* entstehen Zeitverzögerungen beim Lesen, da der Schreib-/Lesekopf an unterschiedlichen Stellen positioniert werden muss. Bei der Verwendung von Clustern mit mehr als einem Sektor (Kap. 2.6) verringert sich zwar die Wahrscheinlichkeit einer Fragmentierung, allerdings vergrößert sich die Wahrscheinlichkeit von ungenutztem Platz in den Clustern. Aufgrund ihrer anderen Speicherstruktur und des Schreib-/Lesevorgangs besteht bei elektronischen Speichern (SSD) das Problem der Fragmentierung nicht.

2.7.1 FAT-Dateisysteme

Die Abkürzung **FAT** ist die Bezeichnung für eine Gruppe von Dateisystemen, deren Verzeichnisstruktur („Inhaltsverzeichnis") auf der **File Allocation Table** (Dateizuordnungstabelle, FAT) beruht.

Die Zahlen (FAT12, FAT16, FAT32) geben darüber Auskunft, wie viele Bit für die Cluster-Adressierung jeweils verwendet werden, und informieren somit über die Größe der ansprechbaren Speicherkapazität.

Die von Microsoft entwickelten FAT-Dateisysteme werden plattformübergreifend von nahezu allen Betriebssystemen unterstützt. Aufgrund der – aus heutiger Sicht – vergleichsweise geringen verwaltbaren Speicherkapazitäten von FAT12 und FAT16 ist heute nur noch das FAT32-System (Bild 2.24) von Bedeutung und wird beispielsweise bei mobilen Datenträgern als Austauschplattform eingesetzt.

Zur Adressierung benutzt FAT32 einen 32-Bit-Code, bei dem 4 bit für interne Zwecke reserviert sind. Somit stehen für die Clusteradressierung 28 bit zur Verfügung, wodurch maximal $2^{28} = 268\,435\,456$ Cluster angesprochen werden können. Standardmäßig beträgt die Clustergröße 4 KiByte, die maximale Clustergröße beträgt 32 KiByte. Hiermit lassen sich theoretisch Partitionen bis 8 TiByte ($2^{28} \cdot 32$ KiByte) verwalten. Allerdings wird die Erstellung von Partition solcher Größen in der Praxis teilweise durch das verwendete Betriebssystem eingeschränkt (z. B. bei Windows-Datenträgerverwaltung bis maximal 32 GiByte). Zur Erstellung größerer Partitionen sind Partitionsmanager von Drittanbietern erforderlich.

Partitionsgröße	Sektoren pro Cluster	Clustergröße
Bis 4 GiByte	4	4 KiByte
Bis 16 GiByte	16	8 KiByte
Bis 32 GiByte	32	16 KiByte
> 32 GiByte	64	32 KiByte

Bild 2.24: Beispiele für Partitions- und Clustergrößen bei FAT32 (alternativ werden auch Dezimalpräfixe verwendet; Kap. 6.1.5.1)

Die maximale Größe einer Datei bei FAT32 beträgt 4 GiByte. Da inzwischen eine Vielzahl von Dateien größer als 4 GiByte ist (z. B. bei Videoaufnahmen), werden Festplatten von Windows-Betriebssystemen fast nur noch mit NTFS formatiert (Kap. 2.7.2).

Zur Speicherung solch großer Dateien auf *elektronischen* (Wechsel-)Datenträgern wurde von Microsoft ein neues Dateisystem entwickelt, bei dem der Adressraum auf 64 bit erweitert wurde.

> **exFAT** steht abkürzend für **Extended File Allocation Table** und ist ein Dateisystem, das speziell zur logischen Formatierung von Flash-Speichern mit großen Speicherkapazitäten entwickelt wurde.

ExFAT wird bei Flash-Speichern (z. B. USB-Sticks, SSDs) mit einer Speicherkapazität größer als 32 GiByte eingesetzt (Kap. 1.5.1.1). Allerdings ist exFAT nicht abwärtskompatibel zu FAT32 und kann von peripheren Geräten (z. B. Digitalkamera) nicht gelesen werden. Da es zudem nicht durchgängig von allen Betriebssystemen unterstützt wird (Mac OS X erst ab Version 10.6.5; bei aktuellem Linux nur mit Zusatztreiber; keine Unterstützung sonstiger Open-Source-Betriebssysteme), eignet es sich nur bedingt als Austauschplattform.

2.7.2 NTFS

2

> Die Abkürzung **NTFS** steht für **New Technology File System** und bezeichnet ein Dateisystem, welches ab Windows NT verwendet wird. Die Verzeichnisstruktur wird hierbei in der **Master File Table** (**MFT**; Master-Dateitabelle) abgelegt.

Ebenso wie beim FAT-Dateisystem erfolgt die Zuweisung von Speicherplatz clusterweise. Die Adressierung erfolgt mit 64-Bit-Adressen. Die standardmäßige Clustergröße hängt von der Größe des Datenträgers ab:

Partitionsgröße	Sektoren pro Cluster	Clustergröße
Bis 2 GiByte	8	4 KiByte
Bis 2 TiByte	8	4 KiByte
Bis 16 TiByte (*)	8	4 KiByte
Bis 32 TiByte (*)	16	8 KiByte
Bis 64 TiByte (*)	32	16 KiByte
Bis 128 TiByte (*)	64	32 KiByte
Bis 256 TiByte (*)	128	64 KiByte

*Bild 2.25: Beispiele für Partitions- und Clustergrößen bei NTFS (alternativ werden auch Dezimalpräfixe verwendet; Kap. 6.1.5.1; *: GUID erforderlich)*

Die Master-Dateitabelle wird beim Formatieren eines Datenträgers mit dem NTFS-Dateisystem angelegt. Sie enthält Informationen über alle Dateien und Verzeichnisse auf dem Datenträger. Die Systemdateien beinhalten sämtliche Informationen, die zur Einrichtung des NTFS-Dateisystems und dessen Verwaltung erforderlich sind. Hierzu gehören u. a. das Stammverzeichnis, die Zuordnungseinheiten, die Orte beschädigter Cluster, die Dateiattribute und Informationen zur Wiederherstellung beschädigter Dateien (Logdatei). Die genannten Bereiche können mehrere Megabyte an Speicherplatz umfassen.

Unter NTFS sind lange Dateinamen mit bis zu 255 Zeichen möglich. NTFS beinhaltet eine Wiederherstellungsmethode, die sog. **Cluster-Neuzuordnung** *(cluster remapping)*, die es ermöglicht, Fehler zu beseitigen. Wird dem Dateisystem ein Fehler infolge eines beschädigten Sektors gemeldet, ersetzt NTFS dynamisch den Cluster mit dem beschädigten Sektor und weist den Daten einen neuen Cluster zu. Die Adresse des beschädigten Clusters wird registriert, sodass der fehlerhafte Sektor nicht wiederverwendet wird. Darüber hinaus besitzt NTFS folgende Merkmale:

- Möglichkeit einer „transparenten" Komprimierung bei Datenträgern mit Clustergrößen bis zu 4 KiByte; anwendbar auf einzelne Dateien und Ordner oder auf die gesamte Partition; transparent bedeutet dabei, dass die Dateien ohne Eingreifen von außen dekomprimiert und wieder neu komprimiert werden (verursacht geringe Performance-Einbußen).

- Mit dem implementierten **Encrypting File System (EFS)** besteht auch die Möglichkeit einer transparenten Verschlüsselung von (unkomprimierten) Dateien und Ordnern (Ausnahme: Systemdateien und Dateien im Root-Verzeichnis).

- Verwaltung zusätzlicher Dateiattribute, z.B. Sicherheitsattribute mit Informationen über das Eigentum an der Datei und über Benutzer/-innen zwecks Datenschutz und zur Zugriffssteuerung (Lesen, Schreiben, Ausführen von Dateien)

- Unterstützung von Datenträgerkontingenten, d.h. Festlegung von Speicherkapazitäten, die ein Benutzer bzw. eine Benutzerin maximal belegen darf

- Effizientere Nutzung von vorhandenem Speicherplatz durch Verwendung von kleineren Clustergrößen als bei FAT32 (z.B. bis 16 TiByte Clustergröße 4 KiByte; Bild 2.25)

2.7.3   Weitere Dateisysteme

Neben den bisher aufgeführten Dateisystemen existieren andere Systeme, die entweder im Zusammenhang mit Betriebssystemen oder speziell für bestimmte Anwendungsbereiche entwickelt wurden.

Dateisysteme	Merkmale
ext4	fourth **ext**ended file system Dateisystem für Linux, vollständig abwärtskompatibel zu den Vorgängerversionen (ext2, ext3), mit jeweils verbesserten bzw. erweiterten Eigenschaften (z.B. ext3: max. Dateigröße 2 TiByte, Partitionen bis 16 TiByte, ext4: max. Dateigröße 16 TiByte, Partitionen bis 1 ExiByte); Verwendung bei Festplatten
Btrfs	**B-tree** **f**ile **s**ystem 64-bit-Dateisystem für Linux, ursprünglich als potenzieller Nachfolger von ext4 geplant, steht es für die meisten Linux-Distributionen bei der Installation als Alternative zu ext4 zur Auswahl; verfügt über integriertes RAID-Management und Volume-Management; zusätzliche Absicherung von Daten durch Bildung von Checksummen, verwaltet Partitionen bis 16 ExiByte, mehrere Dateisysteme können auf einem Volume (einer Partition) als sog. Subvolumes ineinander geschachtelt werden; unter der Bezeichnung **WinBtrfs** existiert auch ein Windows-Treiber für das Dateisystem

Dateisysteme	Merkmale
ReFS	**Re**silient **F**ile **S**ystem (resilient: robust, unverwüstlich) Von Microsoft ursprünglich nur für die Serverversion von Windows 8 neu entwickeltes Dateisystem, wurde auch in allen Clientversionen von Windows 8.1 eingesetzt, wird ab Windows 10 nicht mehr von allen Client-Versionen unterstützt; weitestgehend kompatibel zu NTFS, jedoch fehlen (teilweise) einige Merkmale (z. B. ReFS-Datenträger nicht direkt bootbar, ein NTFS-Laufwerk kann jedoch uneingeschränkt auf einen ReFS-Datenträger zugreifen, sofern das Betriebssystem ReFS unterstützt). Kann Partitionen oder Volumes bis zu einer Größe $256 \cdot 2^{70}$ Byte (256 ZebiByte) bei einer Dateigröße bis zu 2^{64} Byte (16 ExiByte $= 16 \cdot 2^{60}$ Byte) verwalten Dateinamen können bis zu 32 768 Zeichen enthalten. ReFS ist ein sog. **transaktionsbasierendes Dateisystem**, d. h., bei Veränderung von Daten gehen die Ursprungsdaten nicht verloren, da diese durch Speicherung sog. Metadaten, die in Tabellen – ähnlich wie bei Datenbanken – gespeichert werden, wiederhergestellt werden können. Mit einem Prüfsummenverfahren können die Dateien insbesondere bei großen Speicher-Arrays und ihre Zusammenfassung zu virtuellen Speichersystemen, bei denen die Daten auf mehrere Datenträger verteilt sind, auf ihre Datenintegrität (d. h. Informationssicherheit) überprüft und so auftretende Fehler automatisch korrigiert werden (Microsoft: „Storage-Spaces mit Mirroring").
ISO 9660	Dateisystem für CD/DVD/BD-Medien, als Standard von der ISO (**I**nternational **S**tandardization **O**rganisation) entwickelt, um Daten unterschiedlicher Betriebssysteme über optische Datenträger austauschen zu können. Spezifikationen: **Level 1:** Dateinamen im 8.3-Format; maximale Dateigröße bis 2 GiByte verwaltbar; universelles Austauschformat **Level 2:** Dateinamen mit bis zu 31 Zeichen möglich **Level 3:** Dateien können auch fragmentiert gespeichert werden; Packet-Writing ist möglich, d. h., ein wiederbeschreibbares CD/DVD/BD-Medium ist wie eine Wechselfestplatte bzw. ein USB-Stick verwendbar
UDF	**U**niversal **D**isc **F**ormat (ISO-Norm 13346) Von der Optical Storage Association (OSTA) entwickeltes, plattformunabhängiges Dateisystem insbesondere für DVDs, welches das ISO-9660-Format ursprünglich ablösen sollte. Dateinamen mit bis zu 255 Zeichen möglich; Unterscheidung von Groß- und Kleinschreibung; beinhaltet Optimierungen für das Beschreiben von DVD-R/DVD-RW und DVD-RAM, wird auch bei BDs verwendet

Bild 2.26: Beispiele für weitere Dateisysteme

Bei der Wahl eines bestimmten Dateisystems können verschiedene Faktoren von Bedeutung sein, z. B.:

- FAT32 wird zwar von den meisten Betriebssystemen unterstützt, kann aber nur für vergleichsweise kleine Partitionen/Speichergrößen eingesetzt werden. Es dient daher meist nur als Austauschformat für portable Datenträger.

- FAT bietet keine Vergabe von Benutzungsrechten, wie dies bei NTFS möglich ist.

- Wird ein Datenträger nur auf Systemen mit Windows-Betriebssystemen eingesetzt, bietet NTFS die meisten Vorteile (Verschlüsselung, Rechtevergabe usw.).

- Eine Konvertierung von FAT nach NTFS ist problemlos möglich und wird vom Betriebssystem durchgeführt. Die Konvertierung von NTFS nach FAT ist nur mit entsprechenden Hilfsprogrammen möglich.

- ReFS ist speziell für die Verwaltung großer Datenmengen auf verteilten Speichereinheiten abgestimmt. Seine Leistungsfähigkeit kann es auf einem Client mit „nur" einer Festplatte nicht voll entfalten.

- Für den Austausch von Filmen und DVD-Abbildern ist ein FAT-formatierter USB-Stick aufgrund der Dateigrößenbeschränkung von maximal 4 GiByte ungeeignet. Für diesen Anwendungszweck kommen nur das exFAT- und das NTFS-Dateisystem infrage.

- Standardmäßig kann Windows keine Linux-Dateisysteme lesen, hierzu ist ein Zusatztool erforderlich (Linux File System for Windows).

- USB-Sticks und externe Festplatten lassen sich auch an andere IT-Geräte anschließen (z. B. DSL-Router, Audio- und Videoanlagen, TV-Geräte). Diese unterstützen meist nur FAT, aber nicht NTFS oder Linux-basierende Dateisysteme.

Die folgende Tabelle fasst einige wesentlichen Werte von gängigen Microsoft-Dateisystemen vergleichend zusammen:

Eigenschaft	FAT 16	FAT 32	exFAT	NTFS	ReFS
Speichergröße	4 GiByte	8 TiByte	128 PiByte	256 TiByte	256 ZiByte
Dateigröße	4 GiByte	4 GiByte	16 EiByte	16 TiByte	16 EiByte
Clustergröße	64 KiByte	32 KiByte	32 MiByte	64 KiByte	32 KiByte
Clusterzahl	2^{16}	2^{28}	2^{32}	2^{64}	2^{64}
Anzahl von Zeichen im Dateinamen	8	255	255	255	$2^{15} = 32\,768$

Bild 2.27: Vergleich gängiger Microsoft-Dateisysteme (angegeben sind theoretische Maximalwerte, durch systembedingte Einschränkungen sind diese in der Praxis vielfach kleiner; anstelle von Binärpräfixen können auch Dezimalpräfixe verwendet werden; Kap. 6.1.5.1)

AUFGABEN

1. a) Welche prinzipielle Struktur weist ein Dateiname auf?
   b) Können die folgenden Dateinamen verwendet werden (Antwort mit Begründung)? Um welchen Dateityp handelt es sich jeweils?
   – „Betrifft: 1. Kündigung Mietvertrag.Haus.docx"
   – „Datenspeicherung wichtig!.txt"
   – „Information zu Ihrem Gewinn.pdf.exe"

2. Nennen Sie mindestens fünf Dateieigenschaften, die von einem Dateisystem zusätzlich zum Dateinamen erfasst und im Stammverzeichnis abgelegt werden.

3. Was versteht man unter der Fragmentierung einer Festplatte? Warum sollte eine Festplatte ggf. „defragmentiert" werden?

4. Was bedeutet im Zusammenhang mit Dateisystemen die Abkürzung FAT?

5. Welche Information wird in einem FAT-Dateisystem (so wie bei anderen Dateisystemen auch) für jeden Cluster gespeichert?

6. Welche Information kann man bei FAT-Dateisystemen der nachgestellten Zahl entnehmen (z. B. FAT16, FAT32)? Führen Sie beispielhaft eine entsprechende Berechnung durch.

7. a) Was bedeutet im Zusammenhang mit Dateisystemen die Abkürzung NTFS?
   b) Nennen Sie Merkmale von NTFS.

8. Aus welchen Gründen wurde das Dateisystem exFAT als Nachfolger für FAT32 entwickelt? In welchen Bereichen wird exFAT schwerpunktmäßig verwendet?

9. Nennen Sie zwei Linux-basierende Dateisysteme sowie einige Eigenschaften dieser Dateisysteme.

10. a) Wo wird das Dateisystem ISO 9660 benutzt?
    b) Was bedeutet UDF im Zusammenhang mit Dateisystemen?

2

Informationen stellen für Unternehmen wichtige Werte dar, die geschützt werden müssen. Gefahren drohen beispielsweise durch Offenlegung, Manipulation oder Zerstörung. Da heutzutage die Erstellung, Sammlung, Speicherung, Verarbeitung und Übermittlung von Informationen überwiegend mithilfe von Informationstechnik erfolgt, ergibt sich für Unternehmen die Notwendigkeit, ihr IT-Umfeld angemessen zu schützen.

3.1 IT-Sicherheit

Die Sicherheit von Informationen kann auf unterschiedliche Weise bedroht werden: ohne Vorsatz, beispielsweise durch höhere Gewalt (Blitzschlag, Feuer, Überschwemmung), oder mit Vorsatz, insbesondere durch Schadsoftware oder Hacker-Angriffe.

Daraus ergeben sich unterschiedliche Aspekte des Begriffs Sicherheit. Im Englischen werden zwei wesentliche Bedeutungen sprachlich differenziert: Für den deutschen Begriff Sicherheit gibt es die beiden Übersetzungen *safety* und *security*. Konventionell versteht man unter *safety* Unfallvermeidung, unter *security* Kriminalprävention. Auf die Informationstechnik bezogen bedeutet *safety* **Funktionssicherheit**. Sie besagt, dass ein IT-System unter normalen Betriebsbedingungen nur die vorgesehenen und keine verbotenen Funktionen ausführt. *Security* wird in der Informationstechnik mit **Informationssicherheit** übersetzt. Informationssicherheit bedeutet, dass ein IT-System keine unauthorisierte Informationspreisgabe oder -manipulation zulässt.

Informationstechnisch erfasste, gespeicherte, verarbeitete oder übertragene Informationen bezeichnet man als Daten. Dabei stützt sich der Begriff **Datensicherheit** vor allem auf den Aspekt des Schutzes *(protection)*. Maßnahmen zur Datensicherheit sollen damit einerseits vor unauthorisierten Zugriffen schützen (Informationssicherheit). Andererseits gilt es, die Verfügbarkeit der Daten sicherzustellen. Dazu zählt insbesondere die Erstellung von redundanten Datenspeicherungen (Backups), um Datenverluste zu vermeiden.

Der Begriff **Datenschutz** bezieht sich vor allem auf den Schutz personenbezogener Daten. Da diese Daten die Privatsphäre *(privacy)* der betroffenen Personen anbelangen, gelten sie als besonders schutzbedürftig und nehmen dadurch eine Sonderrolle ein. Das **Bundesdatenschutzgesetz** (BDSG) stellt Regeln zum Umgang mit diesen Daten auf. Bürgerinnen und Bürger können ihr Recht auf informationelle Selbstbestimmung wahrnehmen und über Art und Umfang der Nutzung ihrer personenbezogenen Daten bestimmen. In der am 26.5.2018 in Kraft getretenen **Datenschutzgrundverordnung** (DSGVO) wurden diese Regeln verschärft und EU-weit vereinheitlicht (Kap. 3.3.6).

Generell sind für ein funktionierendes Datensicherheitskonzept technische, infrastrukturelle, organisatorische und personelle Schutzmaßnahmen erforderlich.

Funktionssicherheit (safety)	Ein System ist funktionssicher, wenn es unter normalen Betriebsbedingungen die festgelegte Funktionalität bietet. Ein funktionssicheres System führt keine unzulässigen Funktionen aus.
Informationssicherheit (security)	Ein funktionssicheres System ist informationssicher, wenn es keine unautorisierte Informationspreisgabe oder -veränderung zulässt.
Datensicherheit (protection)	Ein funktionssicheres System, das Daten und Systemressourcen vor Verlust und unautorisierten Zugriffen schützt, bietet Datensicherheit. Dazu zählen insbesondere auch Maßnahmen zur redundanten Datenspeicherung (backup).
Datenschutz (privacy)	Der Begriff Datenschutz bezeichnet den Schutz von Informationen, die eine Person betreffen. Gesetzliche Bestimmungen legen Sicherheitsanforderungen fest und regeln das informationelle Selbstbestimmungsrecht.
Verlässlichkeit (dependability)	Ein verlässliches System führt keine unzulässigen Funktionen aus (Funktionssicherheit) und erbringt die festgelegten Funktionen zuverlässig (reliability).

Bild 3.1: Aspekte der IT-Sicherheit

IT-Systeme sollen idealerweise **Verlässlichkeit** bieten, also funktionssicher und zuverlässig arbeiten. Um einen funktionssicheren Betrieb zu gewährleisten, setzen Hersteller vor allem auf Maßnahmen, die ein technisches Fehlverhalten des Systems selbst verhindern sollen. Derartige von innen ausgehende Gefahren entstehen dabei insbesondere durch Programmierfehler. Über Strukturierungs- sowie Validierungs- und Verifikationskonzepte kann erreicht werden, dass sich Fehler im Programmcode schneller finden und beheben lassen.

Äußere Einflüsse auf IT-Systeme wie Stromausfall, Feuer oder irrtümliche Fehlbedienungen stellen zusätzliche Gefahren für einen verlässlichen Betrieb dar. Dem stehen absichtliche Fehlbedienungen und Hacker-Angriffe gegenüber, die bewusst auf die Auslösung von Fehlverhalten betreffender IT-Systeme abzielen. Mit der fortschreitenden Vernetzung von IT-Systemen ergeben sich nicht nur für autorisierte Personen, sondern auch für potenziell Angreifende eine Zugangsmöglichkeit. Insbesondere die Anbindung an das Internet schafft eine deutlich vergrößerte Angriffsfläche, die bei der Absicherung des Systems berücksichtigt werden muss.

Exkurs
*Auf einem Speichermedium (z. B. HDD, SSD, USB-Stick) redundant gesicherte Daten werden als **Sicherungskopie** (backup) bezeichnet. Man unterscheidet verschiedene Sicherungsarten:*

Komplettsicherung *(full backup)*
Die (Nutz-)Daten auf einem Laufwerk, einer Partition oder in einzelnen Verzeichnissen werden bei jedem Speichervorgang vollständig auf ein Sicherungsmedium übertragen. Der Vorgang ist einfach durchzuführen, abhängig vom Datenumfang allerdings zeitintensiv. Einzelne Komplettsicherungen sind zwar völlig unabhängig voneinander, ihre Archivierung erfordert aber ggf. einen großen Speicherbereich.

Speicherabbildsicherung *(image backup)*
Es wird ein 1-zu-1-Abbild eines Datenträgers (Nutzdaten, Benutzereinstellungen, Dateisystem und Betriebssystem) erstellt und auf dem Sicherungsmedium abgelegt.
Bei Totalausfall eines PCs kann der Zustand des Datenträgers zum Zeitpunkt der Sicherung vollständig wieder hergestellt werden, der Vorgang ist wenig praktikabel für Sicherungen innerhalb kurzer Zeitabstände.

Differenzielle Sicherung *(differential backup)*
Nach einer vorhandenen Komplettsicherung werden lediglich diejenigen (Nutz-)Daten komplett gesichert, die seit der letzten Sicherung geändert wurden oder neu hinzugekommen sind. Dies spart Zeit und Speicherplatz, da stets nur die letzte Komplettsicherung bzw. differenzielle Sicherung aktualisiert wird. Somit existiert lediglich immer nur eine einzige (aktuelle) Sicherungsdatei. Um beispielsweise einen Datenbestand dauerhaft zu sichern (z. B. um einen älteren Datenzustand wieder herzustellen, falls zwischenzeitlich Daten unabsichtlich gelöscht wurden), muss zunächst eine neue Komplettsicherung durchgeführt werden, auf die dann nachfolgende differenzielle Sicherungen aufsetzen. Die vorhandene alte Sicherung mit ihren durchgeführten Änderungen kann unabhängig von der neuen Sicherung verwendet werden. Die differenzielle Sicherung ist nicht sinnvoll bei großen Dateien, die sich kurzzeitig häufig ändern (z. B. Datenbanken).

Inkrementelle Sicherung *(consecutive partial backup, incremental backup)*
Nach einer vorhandenen Komplettsicherung werden stets nur diejenigen Dateien oder Teile von Dateien gespeichert, die seit der letzten Sicherung geändert wurden oder neu hinzugekommen sind. Bei jedem Sicherungsvorgang entsteht eine neue Sicherungsdatei, die aber immer auf der letzten inkrementellen Sicherung aufsetzt. Es entsteht eine Kette von Sicherungsdateien, die bei einer Wiederherstellung nacheinander durchlaufen werden müssen. Hierdurch ergibt sich ein vergleichsweise geringer Speicherbedarf, die Verkettung der Teilsicherung erfordert jedoch einen erhöhten Rechenaufwand bei der Wiederherstellung.

3.1.1   Schutzbedarf

Um Ziele und Maßnahmen definieren zu können, muss der wirkliche Schutzbedarf festgestellt werden. Bevor der Schutzbedarf der verschiedenen Bereiche untersucht wird, werden zunächst Schutzbedarfskategorien vereinbart. Bild 3.2 zeigt die drei grundlegenden Kategorien als Ausgangslage.

Schutzbedarfskategorie	Schadensauswirkungen
normal	sind begrenzt und überschaubar
hoch	können beträchtlich sein
sehr hoch	können ein existenziell bedrohliches, katastrophales Ausmaß erreichen

Bild 3.2: grundlegende Schutzbedarfskategorien

Gegebenenfalls kann es sinnvoll sein, weitere abgestufte Kategorien zu definieren. Zum Beispiel „unkritisch" für Schäden, die keine oder nur minimale Auswirkungen auf das Unternehmen haben.

Anschließend kann die Schutzbedarfsfeststellung erfolgen. Sie umfasst mehrere Bereiche und wird in der Regel in der folgenden Reihenfolge durchgeführt:
- Geschäftsprozesse und Anwendungen
- IT-Systeme und IT/IoT-Geräte
- Gebäude, Räume, Werkhallen usw.
- Kommunikationsverbindungen

Zur Beurteilung des jeweiligen Schutzbedarfs werden die möglichen Schadensszenarien herangezogen und mit der jeweiligen Situation abgeglichen. Zu den typischen Schadensszenarien zählen:

1. Verstoß gegen Gesetze, Vorschriften oder Verträge
2. Beeinträchtigung des informationellen Selbstbestimmungsrechts
3. Beeinträchtigung der persönlichen Unversehrtheit
4. Beeinträchtigung der Aufgabenerfüllung
5. negative Innen- oder Außenwirkung
6. finanzielle Auswirkungen

Darüber hinaus können auch weitere Szenarien betrachtet werden, z.B.:
- Einschränkung der Dienstleistungen für Dritte
- Auswirkungen auf die angebundene IT-Infrastruktur (z.B. Rechenzentren, IT-Betrieb bei Kunden oder Dienstleistern)

Mit diesen Schadensszenarien (SZ) können die Schutzbedarfskategorien konkreter ausformuliert werden:

SZ	„normal"	„hoch"	„sehr hoch"
1	– Verstöße gegen Vorschriften und Gesetze mit *geringfügigen* Konsequenzen – geringfügige Vertragsverletzungen mit maximal geringen Konventionalstrafen	– Verstöße gegen Vorschriften und Gesetze mit *erheblichen* Konsequenzen – Vertragsverletzungen mit hohen Konventionalstrafen	– *fundamentaler* Verstoß gegen Vorschriften und Gesetze – Vertragsverletzungen, deren Haftungsschäden ruinös sind
2	– Es handelt sich um personenbezogene Daten, durch deren Verarbeitung die Betroffenen in ihrer gesellschaftlichen Stellung oder in ihren wirtschaftlichen Verhältnissen beeinträchtigt werden können.	– Es handelt sich um personenbezogene Daten, bei deren Verarbeitung Betroffene in ihrer gesellschaftlichen Stellung oder in ihren wirtschaftlichen Verhältnissen *erheblich* beeinträchtigt werden können.	– Es handelt sich um personenbezogene Daten, bei deren Verarbeitung eine Gefahr für Leib und Leben oder die persönliche Freiheit von Betroffenen gegeben ist.
3	– Eine Beeinträchtigung ist nicht möglich.	– Eine Beeinträchtigung der persönlichen Unversehrtheit kann nicht absolut ausgeschlossen werden.	– Gravierende Beeinträchtigungen der persönlichen Unversehrtheit sind möglich. – Gefahr für Leib und Leben
4	– Die Beeinträchtigung würde von Betroffenen als *tolerabel* eingeschätzt werden. – Die maximal tolerierbare Ausfallzeit liegt zwischen 27 und 72 Stunden.	– Die Beeinträchtigung würde von einzelnen Betroffenen als *nicht tolerabel* eingeschätzt werden. – Die maximal tolerierbare Ausfallzeit liegt zwischen einer und 24 Stunden.	– Die Beeinträchtigung würde von allen Betroffenen als *nicht tolerabel* eingeschätzt werden. – Die maximal tolerierbare Ausfallzeit ist kleiner als eine Stunde.

3

SZ	„normal"	„hoch"	„sehr hoch"
5	– Eine geringe bzw. nur interne Ansehens- oder Vertrauensbeeinträchtigung ist zu erwarten.	– Eine breite Ansehens- oder Vertrauensbeeinträchtigung ist zu erwarten.	– Eine landesweite Ansehens- oder Vertrauensbeeinträchtigung, eventuell sogar existenzgefährdender Art, ist denkbar.
6	– Der finanzielle Schaden bleibt für die Institution tolerabel.	– Der Schaden bewirkt beachtliche finanzielle Verluste, ist jedoch nicht existenzbedrohend.	– Der finanzielle Schaden ist für die Institution existenzbedrohend.

Bild 3.3: Schadensszenarien und Schutzbedarfskategorien[1]

Personenbezogene Daten sind nach § 46 des Bundesdatenschutzgesetzes (BDSG):
- alle Informationen, die sich auf eine identifizierte oder identifizierbare natürliche Person (betroffene Person) beziehen.

Als identifizierbar wird eine natürliche Person angesehen, die direkt oder indirekt identifiziert werden kann, insbesondere mittels Zuordnung
- zu einer Kennung wie Namen,
- zu einer Kennnummer,
- zu Standortdaten,
- zu einer Online-Kennung oder
- zu einem oder mehreren besonderen Merkmalen,

die Ausdruck der
- physischen,
- genetischen,
- psychischen,
- wirtschaftlichen,
- kulturellen oder
- sozialen

Identität dieser Person sind.

3.1.2   Schutzziele

Maßnahmen zum Schutz vor den vielfältigen Bedrohungen zielen insgesamt auf einen Schutz der IT-Sicherheit ab. Dabei ist es hilfreich für die Entwicklung und Beurteilung von Schutzmaßnahmen, dieses allgemeine Ziel in konkrete Schutzziele zu untergliedern.

Abhängig von der konkreten Situation müssen für ein Unternehmen nicht alle im Folgenden aufgeführten Schutzziele relevant sein.

---

[1] Vgl. Bundesamt für Sicherheit in der Informationstechnik: BSI-Standard 200-2. S. 104 ff. Version 1.0, abrufbar unter www.bsi.bund.de/SharedDocs/Downloads/DE/BSI/Grundschutz/BSI_Standards/ standard_200_2.html [15.08.2022]

Schutzziel	Beschreibung
Vertraulichkeit	Informationsvertraulichkeit *(confidentiality)* gewährleistet ein System, wenn es keine unautorisierte Informationsgewinnung ermöglicht.
Integrität	Ein System gewährleistet Datenintegrität *(integrity)*, wenn es nicht möglich ist, die zu schützenden Daten unautorisiert und unbemerkt zu manipulieren.
Verfügbarkeit	Ein System gewährleistet Verfügbarkeit *(availability)*, wenn authentifizierte und autorisierte Nutzer/-innen in der Wahrnehmung ihrer Berechtigungen nicht unautorisiert beeinträchtigt werden können.
Authentizität	Unter der Authentizität einer Sache *(authenticity)* versteht man deren Echtheit und Glaubwürdigkeit, die anhand ihrer eindeutigen Identität und charakteristischen Eigenschaften überprüfbar ist.
Verbindlichkeit	Ein System gewährleistet die Verbindlichkeit bzw. Nachvollziehbarkeit *(non-repudiation)* von Aktionen, wenn es dem Durchführenden im Nachhinein nicht möglich ist, die Durchführung einer solchen Aktion abzustreiten.
Anonymisierung und Pseudonymisierung	Unter Anonymisierung versteht man die Veränderung personenbezogener Daten, sodass die Einzelangaben nicht mehr oder nur mit einem unverhältnismäßig großen Aufwand an Zeit, Kosten und Arbeitskraft einer bestimmten oder bestimmbaren Person zugeordnet werden können. Die Pseudonymisierung stellt eine schwächere Form der Anonymisierung dar. Dabei wird die Personenzuordnung anhand eines Zuordnungsverfahrens (beispielsweise durch Austausch mit einem Pseudonym) verhindert. Nur bei Kenntnis oder Nutzung des Zuordnungsverfahrens können die Daten einer bestimmten Person zugeordnet werden.

Bild 3.4: Schutzziele

3.1.3 Gefährdungsfaktoren

Um den Schutzbedarf für das IT-System eines Unternehmens bestimmen und beurteilen zu können und entsprechende Maßnahmen damit zu verbinden, muss eine sorgfältige Schwachstellenanalyse durchgeführt werden. Eine Schwachstelle ist eine Schwäche des Systems oder ein Punkt, an dem das System verwundbar ist. Eine Verwundbarkeit ermöglicht die unautorisierte Umgehung oder Manipulation von Sicherungsmaßnahmen.

Die folgende Abbildung listet vorhandene Gefährdungsfaktoren auf. Weitere Informationen bietet die Edition 2022 des IT-Grundschutz-Kompendiums[1].

---

[1] *Vgl. Bundesamt für Sicherheit in der Informationstechnik: IT-Grundschutz-Kompendium Edition 2022, abrufbar unter www.bsi.bund.de/DE/Themen/Unternehmen-und-Organisationen/Standards-und-Zertifizierung/IT-Grundschutz/IT-Grundschutz-Kompendium/it-grundschutz-kompendium_node.html [11.01.2023]*

Höhere Gewalt	Fahrlässigkeit	Vorsatz
▪ Blitzschlag ▪ Feuer ▪ Überschwemmung ▪ Erdbeben ▪ Streik	▪ Irrtum ▪ Fehlbedienung ▪ Unsachgemäße Behandlung	▪ Einbruch ▪ Hacking ▪ Spionage ▪ Manipulation ▪ Sabotage ▪ Vandalismus

Technisches Versagen	Organisatorische Mängel
▪ Stromausfall ▪ Hardwareausfall ▪ Fehlfunktionen	▪ Unberechtigter Zugriff ▪ Lizenzverletzungen ▪ Ungeschultes Personal

Bild 3.5: Gefährdungsfaktoren

Maßnahmen zum Schutz dienen dazu, Risiken zu vermindern. Dazu müssen Gefahren, also drohende Schadensereignisse, mit ihrer möglichen Schadenshöhe und ihrer Eintrittswahrscheinlichkeit ermittelt werden.

> Das von einer Gefahr ausgehende **Risiko** bezeichnet die **Wahrscheinlichkeit**, mit der das schädigende Ereignis eintritt, und die **Höhe des möglichen Schadens**, der dadurch hervorgerufen werden kann.

Auf dieser Grundlage werden die zu ergreifenden Maßnahmen so gestaltet, dass sie das Risiko auf ein akzeptables Maß reduzieren. Dabei sind vor allem die technische und wirtschaftliche Umsetzbarkeit entscheidende Faktoren.

Eine große Bedeutung kommt dem Schutz vor IT-Angriffen zu. Als Grundlage für zu ergreifende Schutzmaßnahmen erfolgt zuerst eine Risikoanalyse. Aus möglichen Zielen und Fähigkeiten potenzieller Angreifer erstellt man Angreifer-Modelle. Dann wird untersucht, welche tatsächlichen Bedrohungen für die Unternehmens-IT relevant sind und wie hoch der potenzielle Schaden bei einem erfolgreichen Angriff ist. Verknüpft mit der Wahrscheinlichkeit für einen erfolgreichen Angriff, erhält das Unternehmen eine Aussage über die Bedeutung der Bedrohung, das Risiko.

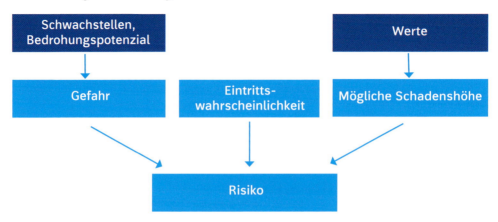

Bild 3.6: Risiko

3.1.4   Verwundbarkeiten

Weist ein System Schwachstellen auf, durch die Sicherungsmaßnahmen unautorisiert umgangen oder manipuliert werden können, ist es verwundbar. Eine erste Einordnung von Verwundbarkeiten geschieht anhand ihrer Wirkungsgrundlage. Kann ein Angreifer physikalische Schwächen des Systems ausnutzen, spricht man von hardwarebasierten Verwundbarkeiten. Schwächen in der Informationsverarbeitung durch nachlässige oder fehlerhafte Programmierung werden als softwarebasierte Verwundbarkeiten bezeichnet.

3.1.4.1   Hardwarebasierte Verwundbarkeiten

Hardwarebasierte Verwundbarkeiten entstehen oft durch Fehler im Design. Ein Beispiel: DRAM-Arbeitsspeicher (Kap. 1.5.2.2) besteht im Wesentlichen aus dicht aneinandergereihten Kondensatoren (Kap. 6.3.4.3). Seit längerer Zeit ist bekannt, dass ein schneller permanenter Zustandswechsel einer Kondensatorzelle den Ladungszustand einer benachbarten Kondensatorzelle in handelsüblichen Arbeitsspeicherbausteinen beeinflussen kann. Diese Verwundbarkeit kann ausgenutzt werden *(exploit)*, um geschützte Speicherbereiche zu beschreiben und auf diese Weise unberechtigt erweiterte Nutzungsrechte zu erlangen. In der Öffentlichkeit wurden diese Verwundbarkeit sowie das Programm zum Machbarkeitsnachweis, ein sog. Exploit, unter der Bezeichnung Rowhammer bekannt.

Als absoluter **Security-GAU** gelten hingegen schwerwiegende Sicherheitslücken im Kernel-Design der meisten Intel- und AMD-Prozessoren, die Anfang 2018 unter den Namen „Meltdown" und „Spectre" bekannt wurden. Durch zielgerichtete Angriffsszenarien (sog. *Side Channel Attacks*) kann hierbei sowohl über Betriebssysteme als auch über Treiber und Anwendungssoftware, z.B. Browser, ein Zugriff auf normalerweise geschützte Speicherbereiche erfolgen und Schadcode ausgeführt werden. Trotz Sicherheitsupdates in allen genannten Softwarebereichen, die teilweise Performance-Verluste nach sich ziehen können, lässt sich derzeit kein vollständiger Schutz gegen Angriffe auf diese oder ähnliche, bislang noch nicht festgestellte, Lücken realisieren.

3.1.4.2   Softwarebasierte Verwundbarkeiten

Verwundbarkeiten auf Softwarebasis gehen üblicherweise auf Fehler im Betriebssystem (Kap. 2.1) oder in Anwendungsprogrammen (Kap. 2.2) zurück. Trotz aller Anstrengungen vieler Softwarehersteller, Fehler in ihren Programmen aufzuspüren und zu beseitigen, werden dennoch immer wieder neue Verwundbarkeiten bekannt. Betriebssystemhersteller wie Microsoft und Apple stellen monatlich, manchmal sogar im Abstand von wenigen Tagen, Updates zur Beseitigung von Verwundbarkeiten bereit.

Software-Verwundbarkeiten lassen sich im Wesentlichen in die folgenden Kategorien einteilen:

- **Puffer-Überlauf (*buffer overflow*)**

  Diese Verwundbarkeit entsteht, wenn die reservierte Länge des Speicherbereichs einer Variable missachtet wird. Ein solcher Puffer-Überlauf kann beispielsweise dadurch provoziert werden, dass man von einem fünf Elemente umfassenden Feld das zehnte beschreibt. Dadurch werden Speicherbereiche verändert, auf die sonst kein Zugriff besteht. In der Folge kann das zu Systemabstürzen, zur Preisgabe oder Veränderung von geschützten Daten oder zur Veränderung von Nutzungsrechten führen.

- Ungeprüfte Eingaben (*non-validated input*)

  Programme verarbeiten oft Daten, die vom Nutzer oder der Nutzerin bereitgestellt werden. Die an das Programm übergebenen Daten können bösartiger Natur sein, die das Programm zu einem unbeabsichtigten Verhalten provoziert.

  Betrachtet man ein Bildverarbeitungsprogramm, dann könnte ein Angreifer eine bösartige Bilddatei derart konstruieren, dass sie ungültige Größenangaben enthält. Die bösartig manipulierten Größenangaben könnten das Programm zur Reservierung einer falschen und unerwarteten Speichermenge veranlassen.

- Kritischer Wettlauf (*race condition*)

  Ein kritischer Wettlauf entsteht, wenn das Ergebnis einer Operation von der Reihenfolge oder der zeitlichen Abfolge von Einzelereignissen abhängt.

  Kann bei dafür anfälliger Programmierung beispielsweise eine Teiloperation unerwartet verzögert werden, kann dies zu einem unerwarteten Programmablauf führen, etwa zu einer Endlosschleife *(deadlock)*.

- Schwachstellen der Sicherheitspraktiken

  Zum Schutz von Systemen und sensiblen Daten können Techniken zur Autorisation, zur Authentifikation und zur Verschlüsselung eingesetzt werden. Software-Entwickler/ -innen sollten nicht versuchen, eigene Algorithmen zu erstellen, sondern stattdessen auf bestehende Sicherheits-Programmbibliotheken zurückgreifen. Diese wurden bereits umfangreich getestet und überprüft, während die Wahrscheinlichkeit hoch ist, dass durch selbst erstellte Sicherheitsfunktionen neue Sicherheitslöcher entstehen.

- Zugriffssteuerungs-Probleme *(access-control problems)*

  Die Zugriffssteuerung sorgt für die Verwaltung von Rechten für den physikalischen Zugriff auf Ausrüstungsgegenstände sowie die Festlegung von Rechten zur Nutzung von Systemressourcen. Viele Verwundbarkeiten entstehen durch die falsche Vergabe von Zugriffsrechten.

AUFGABEN

1. Was versteht man unter Sicherheit *(safety)* in der Informationstechnik?

2. Was versteht man unter Sicherheit *(security)* in der Informationstechnik?

3. Welche weiteren Aspekte gibt es für die Sicherheit in der Informationstechnik?

4. Welche Arten von Verwundbarkeiten unterscheidet man bei IT-Systemen?

5. Nachdem in Ihrer Firma mehrfach Daten verloren gegangen sind, soll künftig ein verbessertes Datensicherungsverfahren eingesetzt werden. Bei Internetrecherchen zu Backup-Strategien stoßen Sie auf die Begriffe „FIFO", „Generationenprinzip" und „Türme von Hanoi". Erläutern Sie die damit verbundenen Sicherungsprinzipien (Hinweis: Internetrecherche erforderlich).

3.2   Angriffsarten

Als Angriff wird ein nicht autorisierter Zugriff oder ein nicht autorisierter Zugriffsversuch auf ein IT-System bezeichnet. Dabei wird zwischen aktiven und passiven Angriffen unterschieden.

Passive Angriffe

Passive Angriffe sind datenbeobachtend. Sie dienen der nicht autorisierten Informationsgewinnung und zielen auf eine Verletzung der Vertraulichkeit ab. Beispiele sind das Abhören von Netzwerkleitungen in vernetzten Systemen, das Mitschneiden von Tastatureingaben zur Ausspähung von Passwörtern oder das unautorisierte Lesen von Dateiinhalten.

> **Sniffer**-Angriffe zählen zu den häufigsten passiven Angriffen im Internet.

Aktive Angriffe

Aktive Angriffe sind datenverändernd. Durch Manipulation von Daten lassen sich unter anderem Nutzungsrechte verändern, Identitäten fälschen oder Betriebsabläufe beeinträchtigen. Sie richten sich damit störend gegen die Datenintegrität oder die Verfügbarkeit von IT-Systemen. Ein Beispiel für einen aktiven Angriff ist das Manipulieren von Datenpaketen auf den Netzwerkleitungen vernetzter Systeme. Ein denkbares Ziel eines Angreifers könnte darin bestehen, den Empfänger oder die Empfängerin durch eine gefälschte Absenderadresse zur Preisgabe von vertraulichen Informationen zu veranlassen. Bei einem anderen Angriff werden DNS-Namensangaben manipuliert und damit eine Serveridentität gefälscht. Statt auf den authentischen Server zuzugreifen, leitet der Angreifer die Nutzer-Zugriffe auf seinen eigenen Server um. Mögliche Ziele können das weitere Ausspähen von Passwörtern sein oder der Versuch, dem Nutzer oder der Nutzerin Schadsoftware unterzuschieben, um weitere Angriffe vorzubereiten.

> Die Fälschung von Identitätsangaben ist auch als **Spoofing**-Angriff bekannt *(E-Mail-Address-Spoofing, IP-Address-Spoofing)*.

Eine weitere Angriffsart, die auf die Beeinträchtigung der Verfügbarkeit eines IT-Systems zielt, ist der Denial-of-Service-Angriff. Diese Form eines aktiven Angriffs wird von Angreifern im Internet häufig zur Unterdrückung von Webinhalten eingesetzt. Der Angreifer erzeugt dazu eine große Menge von Anfragen, die er an den anvisierten Webserver sendet. Durch die hohe Zahl der Angreifer-Anfragen wird der angegriffene Webserver überfordert und ist auch nicht mehr in der Lage, legitime Anfragen zu bearbeiten. Im Ergebnis ist das betreffende Webangebot nicht mehr aufrufbar.

> **Denial-of-Service**-Angriffe (DoS-Angriffe) überfluten das Zielsystem mit Anfragen des Angreifers, sodass legitime Anfragen kaum oder gar nicht mehr bearbeitet werden können.

3.2.1 Infektionswege

Steht ein System im Fokus eines Angreifers, hängt der weitere Ablauf von der Art des möglichen Angriffs und der konkreten Verwundbarkeit des Systems ab. So werden beispielsweise DoS-Angriffe in der Regel ohne genauere Kenntnis des Zielsystems durchgeführt. Gelingt es dem Angreifer nicht oder ist es ihm zu aufwendig, ausnutzbare Schwachstellen zu finden, wird er nach Wegen suchen, das Zielsystem verwundbar zu machen. Dies geschieht in der Regel, indem er Schadsoftware auf indirektem Weg in das Zielsystem einschleust. Die folgende Auflistung einiger typischer Infektionswege soll dabei helfen, ein Gespür für die Gefahren zu entwickeln und Abwehrmaßnahmen zu entwickeln. Neben den in Kap. 3.3 vorgestellten technischen Maßnahmen sind das in diesem Fall vor allem Verhaltensregeln und Informationsmaßnahmen zur Sensibilisierung der Mitarbeiterinnen und Mitarbeiter.

Zu den wichtigsten Infektionswegen zählen:

- **Drive-by-Download**

  Dieser Begriff bedeutet wörtlich übersetzt „Herunterladen im Vorbeifahren". Dabei wird der Computer über eine Schwachstelle im Browser oder in installierten Plug-Ins verseucht. Eine solche Bedrohung existiert nicht nur auf illegalen Webseiten, sondern auch auf seriösen Seiten, wenn es den Kriminellen gelingt, auf diesen Seiten z. B. ein infiziertes Werbe-Banner einzuschleusen.

- **USB-Sticks**

  Trojaner (Kap. 3.2.2) verbreiten sich heute oft über USB-Sticks. Dabei verwenden die Schädlinge verschiedene Tricks: Besonders effektiv ist die Infektion von bereits auf dem Stick vorhandenen ausführbaren Dateien. Dies kann z. B. mittels eines verseuchten Computers geschehen, an den der USB-Stick zuvor angeschlossen war. Sobald die Anwender/-innen diese nun infizierte Datei auf einem Computer starten, wird dieser ebenfalls infiziert. Andere Varianten nutzen den Autorun-Mechanismus aus, der die Schadsoftware direkt nach dem Anschließen des USB-Sticks startet. Erst mit Windows 7 hat Microsoft den automatischen Start von auf USB-Sticks enthaltenen Dateien gestoppt.

- **PDF- und Word-Dateien**

  Aktive Inhalte, wie Office-Makros in Microsoft-Word-Dokumenten oder Javascript-Code in PDF-Dokumenten, stellen eine große Gefahr dar. Üblicherweise werden solche Dokumente inzwischen mit zunächst deaktivierten Skriptinhalten und einem Sicherheitshinweis geöffnet. Gelingt es dem Angreifer durch die Dokumentengestaltung, die Benutzer/-innen zur Aktivierung der Skriptinhalte zu bringen, ist das System damit in der Regel infiziert.

- **E-Mails**

  Eine der häufigsten Möglichkeiten, Computer mit Schadsoftware zu infizieren, ist das massenhafte Versenden von E-Mails *(Spam)* mit verseuchtem Anhang. Oft handelt es sich bei den angehängten Dateien um ausführbaren Programmcode. Durch Anhängen einer unverfänglichen zweiten Dateiendung, z. B. „Dokument.txt.exe" wird die Voreinstellung auf Windows-Systemen ausgenutzt: Die tatsächliche Endung „exe" für ausführbare Programmdateien wird gemäß Voreinstellung ausgeblendet, es bleibt der Dateiname mit der scheinbar harmlosen Endung „.txt". Sobald die Empfänger/-innen die angehängte Datei öffnen, wird der Schädling gestartet und infiziert den Rechner. Deshalb sollte man auch bei E-Mails von Bekannten mit nicht abgesprochenen Anhängen immer Vorsicht walten lassen. Es könnte sein, dass deren PC mit Malware infiziert ist, die ausgehende E-Mails mit infizierten Anhängen versieht oder selbst das Adressbuch ausliest und heimlich infizierte E-Mails an die gespeicherten Adressen verschickt.

3.2.2 Malware

Der Begriff Malware hat sich inzwischen als Oberbegriff für Schadsoftware etabliert. Es handelt sich dabei um ein englisches Schachtelwort aus *malicious* und *software* und steht für bösartige Software.

Malware gibt es in sehr verschiedenen Ausführungsformen. Eine erste Unterscheidung liefert das mutmaßlich vom Angreifenden verfolgte Ziel. Es reicht vom Diebstahl von Rechenleistung über die reine Datenzerstörung bis zu erpresserischen Lösegeldforderungen für alle Nutzdaten des befallenen Rechners.

Im Folgenden werden verschiedene Arten von Malware beschrieben:

- **Spyware**

  Dieser Typ Schadsoftware ist darauf ausgelegt, die Nutzer/-innen zu verfolgen und auszuspionieren. Dazu zählen die Verfolgung der Nutzer-Aktivitäten und das Mitschneiden von Tastatureingaben und anderen Daten. Um Sicherheitsmaßnahmen zu überwinden, werden Sicherheitseinstellungen oft durch Spyware verändert. Spyware wird oft in Kombination mit legitimer Software oder Trojanischen Pferden ausgeliefert.

- **Adware**

  Die Funktion von Adware ist in erster Linie die Verbreitung von Werbung. Oft erfolgt die Installation der Adware zusammen mit der Installation legitimer Software. Üblich ist aber auch die gemeinsame Verbreitung mit Spyware.

- **Bot**, **Bot-Netz**

  Der Begriff „Bot" ist die Kurzform von „Robot". Ein Bot ist darauf ausgelegt, automatisch Aktionen auszuführen, üblicherweise über das Internet. Während die meisten Bots harmlos sind, werden Bots vermehrt zu Netzen zusammengefasst, den sog. Bot-Netzen. So vernetzt, warten die Bots auf Anweisungen des Angreifers.

- **Ransomware**

  Hier beginnt der Schädling, die angeschlossenen Festplattendaten auf den befallenen Systemen zu verschlüsseln. Im Gegensatz zu anderen Schädlingen gibt sich die Erpressungssoftware klar mit einer Zahlungsaufforderung zu erkennen. Aber: Eine Zahlung ist riskant, da völlig unklar ist, ob die Erpresser anschließend die in Geiselhaft genommenen Daten auch wieder entschlüsseln. In der Vergangenheit konnten Sicherheitsforscher zeigen, dass Programmierfehler in vielen Ransomware-Exemplaren eine nachträgliche Entschlüsselung auch ohne Zahlung erlauben.

- **Scareware**

  Dieser Schädlingstyp ist darauf ausgelegt, die Nutzer/-innen zu verunsichern und sie dazu zu verleiten, eine Schadsoftware zu installieren oder ein nutzloses Produkt zu erwerben. So werden oft gefälschte Warnmeldungen über einen angeblichen Virenbefall des Computers angezeigt, damit die Nutzer/-innen Software kaufen, die diese angeblichen Viren entfernen soll.

- **Rootkit**

  Diese Schadsoftware modifiziert das Betriebssystem, um eine Hintertür *(backdoor)* einzurichten. Angreifer nutzen dann diese Hintertür, um auf das angegriffene System zuzugreifen. Durch den tiefen Eingriff in das Betriebssystem ist eine Entdeckung von Rootkits enorm schwierig. Befallene Systeme müssen in der Regel komplett gelöscht *(wiped)* und wieder ganz neu installiert werden.

- **Virus**

  Bei einem Virus handelt es sich um ein Schadprogramm, das sich an andere, oft ganz legitime, ausführbare Programme anheftet. Die meisten Viren erfordern zur Aktivierung eine Interaktion der Nutzer/-innen oder aktivieren sich selbstständig an einem festgelegten Tag, zu einer festgelegten Zeit oder einem festgelegten Datum.

- **Trojaner**

  Mit Trojaner (genauer: Trojanisches Pferd; Begriff aus der griechischen Mythologie) bezeichnet man Schadsoftware, die vorgeblich eine gewünschte Funktion bereitstellt. Meist verstecken sie sich hinter den Namen bekannter und harmloser Software, beispielsweise DVD-Brennprogrammen, Passwortverwaltungen oder anderen nützlichen Programmen.
  Meistens führen sie die vorgegebenen Funktionen auch aus, jedoch geht es in erster Linie darum, die Nutzer/-innen zum Starten der Software zu bewegen. Anschließend startet das Schadprogramm. Im Unterschied zu Viren reproduzieren sich Trojaner üblicherweise nicht selbst.
  Als eingeschleuste Schadprogramme werden vermehrt sog. Crypto-Miner eingesetzt, die die Rechenkapazität des befallenen Systems ausnutzen, um für den Angreifer geldwerte Einheiten von Kryptowährungen wie Bitcoin, Ethereum usw. zu berechnen („schürfen").

- **Würmer**

  Bei Würmern handelt es sich um Schadsoftware, die sich unabhängig voneinander reproduzieren, indem sie Verwundbarkeiten in Netzwerken ausnutzen. Während Viren zum Betrieb Host-Programme benötigen, kommen Würmer ohne aus. Mit Ausnahme der initialen Infektion ist danach keine weitere Nutzer-Interaktion mehr erforderlich. Nachdem ein Host infiziert ist, erfolgt die weitere Verbreitung über das Netzwerk sehr schnell. Der eigentliche Schaden erfolgt durch die beigefügte und mitverbreitete Nutzlast.

Beispiel

Im Mai 2017 verbreitete sich die Ransomware WannaCry über seine Wurm-Funktionalität anhand einer Verwundbarkeit im SMB-Protokoll. Die Verwundbarkeit bestand über fünf Jahre lang mit Wissen des amerikanischen Geheimdienstes NSA. Die NSA informierte Microsoft erst, als bekannt wurde, dass ihr u. a. Daten zu dieser Verwundbarkeit durch Hackerangriffe entwendet worden waren.

Zum Zeitpunkt der WannaCry-Infektionswelle waren Updates nur für neuere Windows-Versionen verfügbar, sodass eine Vielzahl von Geräten über das Internet noch anfällig für WannaCry waren.

Die Ausbreitung konnte jedoch relativ früh gestoppt werden, indem ein Sicherheitsforscher eine spezielle Internetadresse bereitstellte, die von der Schadsoftware abgefragt wurde und bei Existenz eine weitere Ausbreitung unterband.

AUFGABEN

1. Welche grundsätzlichen Angriffsarten auf IT-Systeme unterscheidet man? Nennen Sie Beispiele.

2. Nennen und erläutern Sie Infektionswege, die vielfach bei Angriffen auf IT-Systeme verwendet werden.

3. Nennen und beschreiben Sie verschiedene Arten von Malware.

3.3 Abwehrmaßnahmen

Die Verhinderung von passiven Angriffen ist nur selten möglich. Elektromagnetische Abstrahlungen bei der Datenübertragung ermöglichen es einem Angreifer berührungslos und mit einem gewissen Abstand noch die Signale zu empfangen und auszuwerten. Allerdings lassen sich übertragene und gespeicherte Daten durch Verschlüsselung absichern. Angriffe, die sich auf das Abgreifen der nun verschlüsselten Daten beziehen, bleiben dann wirkungslos.

Bei der Netzwerkkommunikation stehen inzwischen vielfältige Verschlüsselungslösungen zur Verfügung. Statt beispielsweise einer ungeschützten Telnet-Verbindung sollte man besser auf SSH setzen. Für Webseitenabruf und E-Mail bieten sich die TLS-geschützten Protokolle wie HTTPS, IMAPS und SMTPS an.

Alternativ kann mittels IPSec oder (anderer) VPN-Lösungen wie Wireguard die Verschlüsselung in der Transportschicht erfolgen. Dadurch werden auch die ansonsten nicht verschlüsselnden Protokolle der höhergelegenen Schichten direkt mit abgesichert (vgl. Bild 3.38).

3.3.1 Verschlüsselung

Bei der verschlüsselten Nachrichtenübertragung verschlüsselt der Sender seine Klartextnachricht vor dem Versand anhand eines mathematischen Verfahrens zusammen mit seinem Schlüsseldatensatz. Der Empfänger erhält die verschlüsselte Nachricht und macht seinerseits die Verschlüsselung mithilfe eines mathematischen Verfahrens und seines Schlüsseldatensatzes rückgängig. Passen Verschlüsselungsverfahren und die verwendeten Schlüsseldatensätze zusammen, gelingt die Entschlüsselung und der Empfänger kann die entschlüsselte Klartextnachricht lesen.

Man unterscheidet bei der Verschlüsselung im Wesentlichen zwischen zwei Verfahren: der symmetrischen Verschlüsselung und der asymmetrischen Verschlüsselung.

Symmetrische Verschlüsselung

Bei der symmetrischen Verschlüsselung verwenden **Sender** und **Empfänger** den **gleichen geheimen Schlüssel**.

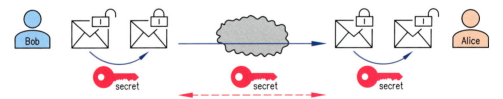

Bild 3.7: Symmetrische Verschlüsselung

Das setzt voraus, dass sich die Kommunikationspartner vorher auf einen gemeinsamen geheimen Schlüssel geeinigt haben. Wird der Schlüssel über eine abgehörte Verbindung ausgetauscht, so ist der Angreifer anschließend auch in der Lage, die verschlüsselte Kommunikation mitzulesen oder zu verfälschen.

Symmetrische Verschlüsselungsverfahren sind vergleichsweise **schnell** und eignen sich zur Verschlüsselung **großer Datenmengen**.

Asymmetrische Verschlüsselung

Bei der asymmetrischen Verschlüsselung besitzen **Sender** und **Empfänger** jeweils ein **eigenes Schlüsselpaar**: einen **öffentlichen** Schlüssel und einen **privaten** Schlüssel.

Der öffentliche Schlüssel darf allen bekannt sein, den privaten Schlüssel darf nur sein Besitzer bzw. seine Besitzerin kennen.

Zur verschlüsselten Nachrichtenübertragung verschlüsselt der Sender seine Nachricht mit dem öffentlichen Schlüssel des Empfängers. Der Empfänger entschlüsselt die Nachricht mit seinem privaten Schlüssel (Bild 3.8).

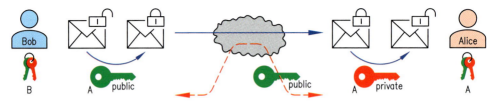

Bild 3.8: Asymmetrische Verschlüsselung

Die öffentlichen Schlüssel können gefahrlos auch über einen abgehörten Kanal ausgetauscht werden.

Asymmetrische Verschlüsselungsverfahren sind vergleichsweise **langsam** und eignen sich nur zur Verschlüsselung **kleiner Datenmengen**.

Hybride Verschlüsselung

Dem offensichtlichen Vorteil der asymmetrischen Verschlüsselung steht der Nachteil entgegen, dass sie sehr rechenaufwendig und damit langsam ist. Symmetrische Verschlüsselungsverfahren sind im Vergleich um Größenordnungen schneller, erfordern aber einen sicheren Schlüsselaustausch.

In der Praxis nutzt man die Vorteile beider Verfahren, indem man sie zur hybriden Verschlüsselung kombiniert.

Das langsame asymmetrische Verfahren wird genutzt, um einen gemeinsamen Schlüssel sicher auszutauschen. Anschließend werden alle weiteren Nachrichten nur noch mithilfe des schnellen symmetrischen Verfahrens verschlüsselt (Bild 3.9).

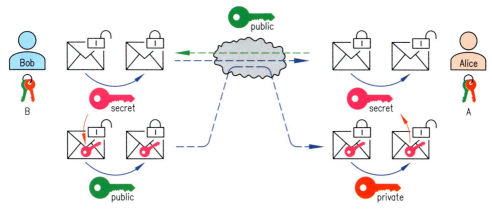

Bild 3.9: Hybride Verschlüsselung

3.3.2 Digitale Signatur

Einige aktive Angriffe lassen sich ebenfalls oft kaum verhindern. So erfolgt beispielsweise das Fälschen der Absenderadresse einer E-Mail oft in der Regel außerhalb des Wirkungsbereichs der empfangenden Personen. Statt Fälschungen wirksam zu verhindern, reicht es in den meisten Fällen jedoch aus, Fälschungen und Manipulationen sicher erkennen zu können.

Diese Möglichkeit zur Überprüfung der Datenintegrität bietet das Verfahren der digitalen Signatur. Zur Anwendung kommt dabei das asymmetrische Verschlüsselungsverfahren.

Um einen Datensatz zu signieren und damit als echt zu kennzeichnen, führt die unterzeichnende Person den asymmetrischen Verschlüsselungsvorgang mit ihrem privaten Schlüssel durch.

> Die Anwendung der asymmetrischen Verschlüsselung mit einem **privaten Schlüssel** auf einen Klartext bezeichnet man als **Signieren**.
> Den dadurch entstandenen Datensatz bezeichnet man als **Signatur**.

Die mit dem privaten Schlüssel durchgeführte Operation kann nur mit dem dazugehörigen öffentlichen Schlüssel wieder umgekehrt werden.

Da der private Schlüssel ausschließlich im Besitz der unterzeichnenden Person ist, kann auch nur diese Signaturen erzeugen. Alle anderen können mithilfe des öffentlichen Schlüssels die Signaturberechnung umkehren und auf diese Weise die Echtheit des Signaturdatensatzes überprüfen.

> Die Anwendung des **öffentlichen Schlüssels** auf eine digitale Signatur bezeichnet man als **Signatur-Prüfung**.

3.3.3   Hash-Funktionen

Eine sogenannte **Hash-Funktion** hat zwei wesentliche Eigenschaften: An erster Stelle handelt es sich um eine **Einwegfunktion**. Das heißt, sie erzeugt aus einem Eingabetext anhand einer Berechnungsvorschrift einen Ausgabetext. Die Umkehrung, also die Erzeugung eines passenden Eingabetextes anhand eines gegebenen Ausgabetextes, ist rechnerisch nicht möglich. Kleinste Änderungen am Eingabetext – z. B. ein „ä" anstatt eines „a" oder auch nur die Veränderung eines Bits – sorgen bereits für dramatische Änderungen am Ausgabetext.

> Bei einer **Hash-Funktion** *(hash function)* handelt es sich um eine Einwegfunktion.
>
> Eine **Einwegfunktion** ist **nicht umkehrbar**, d. h., aus einem Ausgabedatensatz kann nicht auf die Eingabedaten geschlossen werden.

Die zweite wesentliche Eigenschaft von Hash-Funktionen macht sie praktisch nutzbar, denn sie erzeugen aus beliebig langen Eingabedaten einen vergleichsweise kurzen Ausgabedatensatz von fester Länge, den **Hashwert** *(hash value)*. So erzeugt beispielsweise die Hashfunktion „SHA-256" einen Hashwert, der aus 32 Bytes besteht.

Bei längeren Eingabedaten reichen die Kombinationsmöglichkeiten der Ausgabedaten nicht aus, um jedem Eingabedatensatz einen individuellen Hashwert zuweisen zu können.

> Wenn sich verschiedene Eingabedaten finden lassen, die den gleichen Hashwert ergeben, bezeichnet man das als **Hash-Kollision**.

Solange es technisch nicht möglich ist, in absehbarer Zeit zwei solcher Eingangsdatensätze zu finden, die denselben Hashwert bilden, gilt der Hash-Algorithmus weiterhin als „sicher".

Anwendung: Digitale Signatur

Bei digitalen Signaturen (Kap. 3.3.2) kommen aufwendige asymmetrische Verschlüsselungsalgorithmen zum Einsatz, die eine feste Länge der Ein- und Ausgabedaten verlangen. Statt lange Eingabedaten in einzelne Blöcke passender Länge aufzuteilen und einzeln zu signieren, geht man in der Regel so vor, dass nicht die Eingabedaten selbst signiert werden, sondern der Hashwert dieser Eingabedaten.

> Eine **digitale Signatur** *(digital signature)* wird grundsätzlich über den **Hashwert** der Eingabedaten gebildet.

Dies hat den Vorteil, dass die langsame Signaturoperation für einen beliebigen Eingabe-datensatz nur einmal ausgeführt werden muss. Zu bedenken ist aber, dass die so erzeugte Signatur nicht nur zu dem beabsichtigten Eingangsdatensatz passt, sondern ebenfalls zu vielen anderen möglichen Eingabedaten, die den gleichen Hashwert aufweisen. Solange die verwendete Hashfunktion als „sicher" gilt, droht jedoch keine Gefahr.

Beispiel: Signierte Zahlungsanweisung

Originalnachricht: *„Zahlungsanweisung: Herr Meier von der Firma Quickscam24 erhält im Rahmen seiner IT-Servicetätigkeiten eine Auslagenerstattung in Höhe von **1 000,00 EUR**. Der Betrag ist ihm an der Barkasse gegen Vorlage dieser signierten Nachricht auszuhändigen. Gerd Gründlich, Rechnungswesen."*

SHA-256-Hashwert: `79393b44d7c64dda770a4d672ecfb471` `8357957521885a16113d515fe91afea1` ✓

Digitale Signatur: `1b531d67f1c1ced891d6666ed3a4ec45` `bcbd97d3c9f8817a8e50639f88450c1d` `4814ddc5a407fb346fa6d3e4a24003ab` `6546fc562096a0c4cb5d1cd9a9694de9` ✓

Manipulierte Nachricht*: „Zahlungsanweisung: Herr Meier von der Firma Quickscam24 erhält im Rahmen seiner IT-Servicetätigkeiten eine Auslagenerstattung in Höhe von **9 000,00 EUR**. Der Betrag ist ihm an der Barkasse gegen Vorlage dieser signierten Nachricht auszuhändigen. Gerd Gründlich, Rechnungswesen."*

SHA-256-Hashwert: `788428f8a6ebd9c749f8876b0522ea7a` `64ce0b9b3c0aab927b4ade403535d125` ✗

Digitale Signatur: `1b531d67f1c1ced891d6666ed3a4ec45`
(Originalnachricht) `bcbd97d3c9f8817a8e50639f88450c1d` `4814ddc5a407fb346fa6d3e4a24003ab` `6546fc562096a0c4cb5d1cd9a9694de9` ✗

Digitale Signatur: `77af1345336a23637dd52f2141a20206`
(neu erstellt, gültig) `057f1942f31d7d1217cc1cb5feab7f3d` `ca7f9a079fb2d6b216d7ae48b6365126` `a0b67f907ef7f8d545da05bf1f2e315f`

Im Fall der Originalnachricht stimmt der zur Signaturprüfung berechnete Hashwert der Originalnachricht mit dem signierten Hashwert überein. Damit ist die Originalnachricht gültig.

Die manipulierte Nachricht führt zu einem völlig anderen Hashwert. Bei der Signaturprüfung fällt dieser Unterschied auf, sodass die Signatur und damit die manipulierte Nachricht als ungültig abgewiesen wird.

Um die manipulierte Nachricht mit einer gültigen Signatur zu versehen, muss der Inhaber des privaten Signaturschlüssels die Signatur über den veränderten Hashwert erstellen. Erst dann würde die manipulierte Nachricht als gültig akzeptiert werden.

Anwendung: Passwortprüfung

Für die passwortgestützte Zugangskontrolle wird lediglich das Wissen benötigt, ob das eingegebene Passwort mit dem hinterlegten übereinstimmt. Der genaue Wortlaut des gewählten Passworts ist dafür irrelevant. Statt also das eingegebene Passwort direkt mit dem hinterlegten zu vergleichen, reicht ein Vergleich der jeweiligen Hashwerte. Die Speicherung der Klartext-Passwörter ist dann nicht mehr erforderlich. Durch die Einwegfunktion des Hash-Algorithmus kann nicht auf ein mögliches Passwort rückgeschlossen werden.

Kommt es zu einem Angriff, bei dem u. a. diese Passwortdatensätze erbeutet werden, sind die Missbrauchsmöglichkeiten deutlich reduziert. Trotzdem führen z.B. gleiche Passwörter zu gleichen Hashwerten. So könnte ein Angreifer im Voraus Hashwerte für beliebte Passwortkombinationen („Passwort123", „geheim!" usw.) berechnen und dann in den Datensätzen nach den entsprechenden Hashwerten suchen. Um das zu verhindern, werden die Eingangsdaten „**gesalzen**", d. h., der Hashwert wird über die Kombination aus dem Passwort und einem zusätzlichen Datensatz, dem sog. **Salz**, gebildet. Das Salz wird idealerweise für alle Nutzer/-innen einzeln erzeugt, beispielsweise bei Erstellung eines Nutzerkontos. Die Speicherung kann dann zusammen mit dem gehashten Passwort erfolgen.

> **Passwörter** *(passwords)* sollten grundsätzlich nicht im Klartext, sondern idealerweise als **gesalzene Hashwerte** gespeichert werden.

3.3.4   Beschränkung der Nutzungsrechte

Aktive Angriffe auf die Datenintegrität von IT-Systemen lassen sich wirksam durch die Beschränkung von Zugriffs- und insbesondere Schreibrechten verhindern oder zumindest beschränken.

Basierend auf ihrer Rolle im Unternehmen können Zugriffsrechte von Personen segmentiert und der Umfang der Zugriffe pro Zeiteinheit limitiert werden. Dringt ein Angreifer mit den Rechten einer Person ein, ist er zunächst auf deren Zugriffsrechte und somit in seinem Schädigungspotenzial beschränkt.

> Erhalten Angreifer über **gestohlene Zugangsdaten** unautorisierten Zugriff auf IT-Systeme, kann eine sorgfältige **Beschränkung der Nutzungsrechte** den möglichen **Schaden begrenzen**.

Ergänzend bieten sich Maßnahmen an, die aktive Angriffe erkennen und abwehren. So kann die Verwendung von Sequenznummern in einem Datenstrom helfen zu erkennen, ob Daten zusätzlich eingebracht oder aus einem Datenstrom entfernt wurden.

3.3.5   Monitoring

Angriffe auf die Verfügbarkeit sind schwierig abzuwehren. Die Beschränkung der Ressourcenzugriffe der Nutzer/-innen auf festgelegte Quoten stellt eine mögliche Maßnahme dar. Eine genaue Beobachtung *(monitoring)* der Ressourcenzugriffe kann helfen, frühzeitig drohende Überlastungen zu erkennen und entsprechende Maßnahmen zur Abwehr einzuleiten.

> Durch **Monitoring** von Ressourcenzugriffen können **verdächtige Zugriffsmuster erkannt** und Abwehrmaßnahmen frühzeitig ergriffen werden.

3.3.6 Nachwirkungen von Datenschutzverletzungen

Hackern gelingt es immer wieder, beispielsweise durch Schwachstellen in Webshops, an Nutzerdaten zu gelangen, etwa Kreditkartendaten, E-Mail-Adressen und Passwörter. Dabei muss es sich nicht immer um Schwachstellen der Software handeln. Nicht selten liegt eine fehlerhafte Konfiguration vor, die einen vergleichsweise einfachen Datenabgriff ermöglicht.

Manchmal gelangen die erbeuteten Daten danach auf allgemein zugängliche Filesharing-Plattformen, sodass sie einer breiten Öffentlichkeit und damit auch Kriminellen zum Missbrauch zur Verfügung stehen.

Beispiel

Das Datenleck mit der bislang größten Anzahl Betroffener wurde im Oktober 2019 bekannt. Es resultierte aus einer Fehlkonfiguration der Datenbank und Suchmaschine Elasticsearch mit etwa 4 TByte Daten über 1,2 Milliarden Personen. Die Daten stammten offenbar aus einer Zusammenführung von Datensätzen der Firmen People Data Labs (PDL) und OxyData.io (OXY), die Informationen aus sozialen Medien, Job-Netzwerk-Plattformen, Internetforen und anderen Quellen zusammenführen und verknüpfen. Es ist noch unklar, wer die betroffene Elasticsearch-Instanz betrieb, und ob die Daten rechtmäßig oder durch Hackerangriffe von den genannten Firmen bezogen wurden.

Eine umfangreiche Datensammlung mit wesentlich kritischerem Inhalt wurde im Januar 2019 unter der Bezeichnung „Collection #1" bekannt. Sie enthält 773 Millionen E-Mail-Adressen mit zugehörigen Passwörtern und Adressinformationen, die Kriminelle z.B. für Angriffe und Übernahmen von Nutzer- und Kundenkonten einsetzen.

Kommt es in Unternehmen zu Datenschutzverstößen, bei denen sensible Nutzerdaten Unbefugten bekannt werden, z. B. infolge eines Hackerangriffs oder durch Verlust eines unverschlüsselten Datenträgers, bestehen inzwischen auf Grundlage der europäischen **Datenschutzgrundverordnung (DSGVO)** eine Reihe von Informationspflichten. Die zuständige Datenschutzaufsichtsbehörde muss unverzüglich informiert werden. Die Betroffenen müssen ebenfalls informiert werden und ihnen müssen Maßnahmen zur Minderung der möglichen nachteiligen Folgen vorgeschlagen werden. Ist das Ausmaß des Schadens jedoch so umfangreich, dass die Betroffenen praktisch nicht mehr individuell informiert werden können, dürfen die Unternehmen auf Bekanntmachungen in Massenmedien ausweichen.

Nicht alle Betroffenen werden aber tatsächlich informiert. Eintreffende Informations-E-Mails könnten fälschlicherweise als Spam markiert werden oder öffentliche Bekanntmachungen in Zeitungen übersehen werden. Bei Vorfällen, die außerhalb des Wirkungsbereichs der DSGVO liegen, werden die Betroffenen in der Regel ebenfalls nicht informiert. Das können Vorfälle in Ländern außerhalb der EU sein oder zurückliegende Fälle, die sich vor der Umsetzung der DSGVO ereigneten.

Es gibt zwei namhafte Informationsstellen, die Auskunft über kompromittierte Nutzerdaten liefern:

- **Identity Leak Checker** vom Hasso-Plattner-Institut (Potsdam)
  https://sec.hpi.de/ilc/

- **Have I been pwned?** vom australischen Web-Security-Spezialisten Troy Hunt
  https://haveibeenpwned.com/

Beide Plattformen sammeln und verarbeiten die Daten, die im Rahmen von Datenlecks abrufbar waren oder beispielsweise digital bereinigt von Ermittlungsbehörden zur Verfügung gestellt wurden. Dabei speichern sie nicht die Inhaltsdaten, sondern Informationen über Art und Umfang der jeweiligen Daten. Diese Art von Informationen bezeichnet man als **Metainformationen** bzw. **Metadaten** *(meta data)*. Die personenbezogene Zuordnung der gesammelten Daten geschieht anhand einer E-Mail-Adresse. Diese wird jedoch nicht im Klartext, sondern ausschließlich als Hashwert (Kap. 3.3.3) gespeichert.

Eine Prüfanfrage erfolgt über die Angabe einer E-Mail-Adresse. Anschließend erhält man eine Liste der mit dieser E-Mail-Adresse in Verbindung stehenden Datenlecks, angereichert mit Informationen über das jeweilige Datenleck sowie Art und Umfang der dadurch kompromittierten Daten. Bild 3.10 (s. Folgeseite) zeigt als Beispiel den Ausschnitt eines Prüfberichts von Identity Leak Checker.

> Wenn die Prüfberichte keinen Datenabfluss mit Bezug zu der angegebenen E-Mail-Adresse feststellen konnten, bedeutet das lediglich, dass ihnen kein solcher Fall bekannt ist.

Im Fall aus Bild 3.10 konnte die angegebene E-Mail-Adresse sechs Vorfällen zugeordnet werden. Die roten Markierungen zeigen, welche der aufgeführten Daten dabei abgeflossen sind. Beispielsweise besagt die erste Zeile, dass Kriminelle nun über die vollständige Anschrift, das Geburtsdatum und die Kreditkartennummer der geschädigten Person verfügen. Geht man davon aus, dass auch Kriminelle Daten aus verschiedenen Quellen zusammenführen, verfügen sie neben dem vollständigen Namen, der Adresse, dem Geburtsdatum und der Kreditkartennummer nun auch noch über eine Telefonnummer und Zugangspasswörter aus drei Quellen.

Kriminelle nutzen diese Informationen beispielsweise für Phishing-Angriffe.

> Mit **Phishing** *(phishing)* bezeichnet man einen betrügerischen Vorgang, bei dem das Opfer über die Identität und Absicht der Kriminellen getäuscht und zur Herausgabe sensibler Daten gebracht wird. Phishing-Aktionen werden in der Regel über E-Mails und präparierte Webseiten durchgeführt. Aber auch manipulierte oder gefälschte Geldautomaten, durch die die Kriminellen Kartennummern und Geheimzahlen abgreifen, zählen dazu.

Sind den Kriminellen einige Passwörter der betroffenen Person bekannt, können sie diese nutzen, um sich weitere Zugänge zu verschaffen. Weisen beispielsweise die bekannten Passwörter Ähnlichkeiten auf oder lassen sich Merkregeln ableiten, könnten sich daraus Passwörter anderer Zugänge erraten lassen.

Die Mitarbeiter/-innen eines Unternehmens sollten auf mögliche Nachwirkungen von Datenlecks vorbereitet sein. Sie müssen damit rechnen, dass die kompromittierten Nutzerdaten für betrügerische Zwecke zum Schaden des gesamten Unternehmens eingesetzt werden. Das könnte beispielsweise in Form vorgetäuschter Vorgesetzter, Kunden oder Zulieferer geschehen. Außerdem müssen Maßnahmen ergriffen werden, um die Auswirkungen aktueller und zukünftiger Datenlecks zu reduzieren. So zeigt Kapitel 3.3.7 beispielsweise, wie sich die Qualität von Passwörtern und damit ihre Sicherheit durch den Einsatz von Passwort-Managern verbessern lässt.

Result of Your Request for the HPI Identity Leak Checker

Attention: Your e-mail address klaus.hegemann████████ appears in at least one stolen and illegally published identity data base (a so-called identity leak).
The following sensitive information was freely found on the Internet in connection with your e-mail address:

Affected Service	Date	Verified	Affected users	Password	First and last name	Date of birth	Address	Telephone number	Credit card	Bank account details	Social security number	IP Adress
Mastercard (Priceless Specials)	Aug. 2019	✓	89 386	–	Affected	Affected	Affected	–	Affected	–	–	–
Unknown (Collection #1–#5)	Jan. 2019		2 191 498 885	Affected	–	–	–	–	–	–	–	–
This dataset was published in January 2019 and contains huge lists of credentials of unknown origin, older leaks and smaller database dumps.												
Onliner Spambot (Spamlist)	Aug. 2017		128 471 704	–	–	–	–	–	–	–	–	–
Phishing Data (LKA)	Feb. 2017		4 713 404	Affected	–	–	–	–	–	–	–	–
This dataset was confiscated by the LKA as part of an investigation and are sourced from a range of phishing campaings in the German language area. LKA has handed over the affected email addresses to HPI.												
adobe.com	Oct. 2013	✓	152 375 851	Affected	–	–	–	–	–	–	–	–
moneybookers.com	Dec. 2009	✓	4 480 665	–	Affected	Affected	–	Affected	–	–	–	Affected

Bild 3.10: Ausschnitt eines Prüfberichts von Identity Leak Checker (Beispiel)

3.3.7 Passwort-Manager

Ein sicheres Passwort ist idealerweise sehr lang, kompliziert und unterscheidet sich von allen anderen Passwörtern derselben Person. Solche Passwörter sind allerdings auch umständlich einzugeben und schwierig zu merken. Außerdem wird in der Regel mehr als ein Passwort benötigt, sodass die Tendenz besteht, kürzere Passwörter zu wählen, die sich außerdem untereinander kaum oder gar nicht unterscheiden. Solche Passwörter sind jedoch weniger sicher und stellen ein IT-Sicherheitsrisiko dar.

Am Arbeitsplatz sind dadurch Unternehmenswerte gefährdet. Daher sind Firmen bemüht, Wege zu finden, die sichere Passwörter garantieren und trotzdem bedienerfreundlich sind.

Mögliche Lösungen müssen die beiden größten Anwendungsprobleme adressieren, die sich aus langen und komplizierten Passwörtern ergeben: Sie sind umständlich einzugeben und lassen sich schlecht einprägen. Hier setzen Passwort-Manager an. Diese

- speichern beliebig viele lange Passwörter,
- befüllen bei Abruf Eingabefelder mit Passwörtern,
- generieren auf Wunsch sichere Passwörter und
- schützen die Passwortsammlung mit einem Master-Passwort.

Beispiele für Passwort-Manager-Apps sind:

- KeePass/KeyPassXC
- BitWarden
- Password Safe
- LastPass

Die Passwort-Manager-Apps speichern die gesammelten Zugangsdaten in einer Datenbankdatei, die in der Regel mit einem Master-Passwort vor fremden Zugriffen geschützt wird. Dieses Passwort muss nach dem Start der App einmalig eingegeben werden und öffnet damit den Zugang zu der Passwortsammlung.

Alle gängigen Webbrowser werden von Passwort-Managern unterstützt. Verlangt beispielsweise eine Webseite Zugangsdaten, die im Passwort-Manager hinterlegt sind, werden die Felder automatisch befüllt, sodass die Benutzer/-innen nur noch die Schaltfläche zum Einloggen anklicken müssen. Für andere Anwendungen bieten die Passwort-Manager verschiedene Möglichkeiten zur automatischen Erkennung und Befüllung der Eingabefelder. Bei manchen Anwendungen funktioniert dies jedoch nicht zuverlässig, z. B. beim SAP-Client. In solchen Fällen kann über Tastenkombinationen (vgl. Kap. 4.3.6) das für das aktive Programmfenster gespeicherte Passwort an der aktuellen Cursorposition eingefügt werden.

Soll die Nutzung des Passwort-Managers auch auf anderen Arbeitsplatz-PCs möglich sein, setzt dies voraus, dass die App auf den verwendeten Systemen vorhanden ist. Ein Zugriff auf die Passwortdatenbank muss ebenfalls gewährleistet sein. Das lässt sich beispielsweise auf die folgenden zwei Arten erreichen:

- Mitführen eines USB-Sticks mit Passwortdatenbank und App in einer Portable-Version, damit sie auf anderen Rechnern ohne Installation lauffähig ist

- Installation der App auf Zielrechnern, wobei die mit einem Master-Passwort gesicherte Passwortdatenbank in der Cloud abgelegt ist.

3.3.8 Passwortlose Anmeldung mit FIDO2

Passwortbasierte Anmeldeverfahren sind lästig und anfällig für Phishing-Angriffe (Kap. 3.3.6). Zwar existieren für viele Spezialfälle Alternativen, aber eine universelle Passwortablösung hat sich im World Wide Web bislang noch nicht allgemein durchsetzen können. Mit **FIDO2** existiert seit Anfang 2019 eine vielversprechende Alternative, denn die FIDO-Allianz hat den FIDO2-Standard zusammen mit dem wichtigen Standardisierungsgremium W3C entwickelt. Hierbei bilden die beiden FIDO2-Komponenten **WebAuthn** (W3C Web Authentication Standard) und **CTAP2** (Client to Authenticator Protocol 2) ein **Authentifizierungsprotokoll**. Es kommt zwischen dem vertrauenswürdigen Webserver **(FIDO2-Server)** und dem **Hardware-Sicherheitsschlüssel (Authenticator)** der Anwender/-innen zum Einsatz (Bild 3.11). Der Webbrowser stellt dabei als Vermittler über WebAuthn die Verbindung zwischen dem FIDO2-Server und dem Authenticator her.

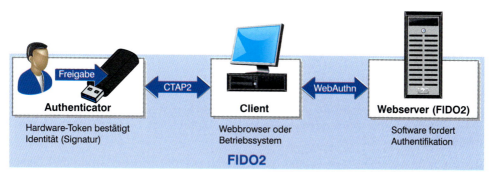

Bild 3.11: FIDO2 für die passwortlose Anmeldung in einem Webangebot (Beispiel)

Als Hardware-Sicherheitsschlüssel (Hardware-Token) kann beispielsweise ein FIDO2-USB-Stick, ein TPM-Chip (Kap. 4.3.6) im Arbeitsplatz-PC oder ein Secure Element (SE) im Android-Smartphone zum Einsatz kommen. Seine prinzipielle Aufgabe ist es, die Identität des bzw. der Anwendenden zu bestätigen. Dies erfolgt anhand von **digitalen Signaturen** (Kap. 3.3.2). Im Rahmen der Zugangsregistrierung erzeugt die Hardware ein **Signaturschlüsselpaar**. Davon wird dem Webserver (Bild 3.11) der öffentliche Schlüssel mitgeteilt.

> Der private Signaturschlüssel verlässt niemals den Hardware-Sicherheitsschlüssel. Dadurch ist sichergestellt, dass nur die Hardware in der Lage ist, digitale Signaturen für dieses Schlüsselpaar zu erzeugen. Es ist deshalb für einen Angreifer nicht möglich, an den privaten Signaturschlüssel zu gelangen (z. B. durch Phishing; Kap. 3.3.6).

Zur Anmeldung rufen die Anwender/-innen im Webbrowser des Clients die Anmeldeseite des Webservers auf (Bild 3.12). Sie geben dort ihren Benutzernamen ein und starten den Anmeldevorgang (1). Der FIDO2-Server sendet nun im Rahmen eines **Challenge-Response-Verfahrens** eine sog. **Challenge** zurück an den Client (2). Dabei handelt es sich um eine Authentifizierungsaufforderung mit einem zufällig generierten Datenteil. Der Webbrowser gibt die Challenge zusammen mit einer Zugangs-ID an den Authenticator weiter (3). Dieser führt sofort oder optional nach Freigabe – beispielsweise durch Tastendruck oder Fingerabdruckscan – einen Signaturvorgang durch. Das Ergebnis liefert er zurück an den

Webbrowser (4), der die signierte Antwort wiederum als **Response** an den FIDO2-Server sendet (5). Der FIDO2-Server überprüft die Signatur der Response und gleicht den enthaltenen Zufallswert mit der Challenge ab. Sind Signatur und Inhaltsdaten korrekt, wird der Anmeldevorgang als erfolgreich zurückgemeldet. Andernfalls werden der Anmeldevorgang mit einer Fehlermeldung abgebrochen (6) und der Zugang verweigert.

Bild 3.12: Prinzipieller Ablauf eines passwortlosen FIDO2-Anmeldevorgangs

Die passwortlose Authentifizierung von FIDO2 wird aktuell beispielsweise von Windows 11 für die Benutzeranmeldung unterstützt. Webangebote, die Webauthn und damit eine passwortlose FIDO2-Anmeldung ermöglichen, werden stetig ausgebaut. Vorreiter dabei sind Anbieter für den professionellen Einsatz, z.B. GitHub, GitLab, Dropbox und Microsoft.

Auf der Demonstrations-Webseite https://webauthn.io können die Registrier- und Anmeldefunktionen eines FIDO2-Hardware-Sicherheitsschlüssels getestet werden.

3.3.9   Zweifaktor-Authentifikation

Die herkömmliche Authentifikation mit Benutzername und Passwort stellt eine **Einfaktor-Authentifikation (1FA)** dar.

> Bei einer **Zweifaktor-Authentifikation (2FA)** geschieht der Identitätsnachweis über zwei verschiedene und unabhängige Komponenten, auch **Faktoren** genannt. Die Zweifaktor-Authentifikation ist die am häufigsten eingesetzte Form der **Multifaktor-Authentifikation (MFA)**.

Beispiel
Beispiele für Zweifaktor-Authentifikationen sind:

- *Bargeldentnahme am Geldautomaten*
  - *Erster Faktor: Bankkarte*
  - *Zweiter Faktor: Geheimzahl*

- *Überweisung im Onlinebanking*
  - *Erster Faktor: Benutzerkennung und Passwort*
  - *Zweiter Faktor: TAN*

> Die Faktoren einer Zweifaktor-Authentifikation lassen sich in der Regel in zwei Typen einteilen: einen **Wissensfaktor** und einen **Besitzfaktor**.

Hardware-Sicherheitsschlüssel, die beispielsweise den **FIDO-U2F**-Vorgaben entsprechen, können als zweiter Faktor eingesetzt werden. Die als 1FA zur passwortlosen Authentifikation eingesetzten FIDO2-Sicherheitsschlüssel (Kap. 3.3.8) eignen sich ebenfalls als zweiter Faktor. Umgekehrt können FIDO-U2F-Sicherheitsschlüssel aber nicht als alleiniger Faktor eingesetzt werden.

Als zweiter Faktor kann aber auch eine Software eingesetzt werden, z. B. FreeOTP für Android-Smartphones. Nach der Konfiguration der Zugangsparameter erzeugen solche Programme Einmal-Kennwörter, die in der Regel zeitbasiert erstellt werden (*time-based one-time password*, TOTP). Ein Kennwort gilt üblicherweise für maximal 30 Sekunden, bevor es ungültig wird und ein neues generiert werden muss.

3

AUFGABEN

1. Welche Schutzziele lassen sich durch Verschlüsselung erreichen?
2. Welche Schutzziele lassen sich durch Signierung erreichen?
3. Welche Schutzziele sind für eine Bank bei einer Online-Überweisung wichtig?
4. Welchen Vorteil bietet die langsame asymmetrische Verschlüsselung?
5. Aus welchem Grund setzt man die hybride Verschlüsselung ein, statt allein die symmetrische oder asymmetrische Verschlüsselung zu nutzen?
6. Welche wichtigen Eigenschaften haben Hash-Funktionen?
7. Welchen Vorteil hat der Einsatz von Hash-Funktionen bei der digitalen Signatur?
8. Warum sollten Onlinedienste Kundenpasswörter nicht im Klartext speichern?
9. Was ist ein „gesalzener" Hashwert und welche Vorteile bietet er?
10. Was bedeutet es, wenn der Identity-Leak-Checker keine Treffer anzeigt?
11. Welchen Nutzen kann ein Identity-Leak-Checker-Ergebnis mit Treffern haben?
12. Welche Vorteile können Passwort-Manager bieten?
13. Wann sollten die Daten des Passwort-Managers mit einem Master-Passwort versehen werden?
14. Warum sind FIDO2-Anmeldedaten sicher vor Phishing-Angriffen?
15. Nennen Sie weitere Beispiele für eine Zweifaktor-Authentifikation und teilen Sie die Faktoren nach Wissen und Besitz ein.

3.4   IT-Sicherheitsmanagement

Die Gewährleistung von Informationssicherheit im Unternehmen ist eine komplexe, aber beherrschbare Aufgabe. Hierbei ist die Unternehmensführung gefordert, eine Sicherheitsstrategie für das Unternehmen zu entwickeln.

Eine Säule zur Umsetzung der Sicherheitsstrategie stellt die Erstellung eines unternehmensweiten Sicherheitskonzeptes dar. Es basiert auf der Analyse des Informationsverbundes im Unternehmen, der Risikobewertung und der Formulierung von Maßnahmen. Eine zweite Säule bildet die Organisation der Informationssicherheit. Durch sie werden Regeln und Anweisungen festgelegt, Prozesse und Abläufe definiert und die Unternehmensstruktur abgebildet.

Im Folgenden wird zunächst auf den dynamischen Prozess der Informationssicherheit eingegangen. Dann erfolgt ein Blick auf die Aufgaben und Pflichten der Unternehmensführung und abschließend wird der Beitrag der betrieblichen Kommunikation zur Informationssicherheit behandelt.

3.4.1   Lebenszyklus der Informationssicherheit

Sicherheit in der Informationstechnik ist kein statischer Zustand, der einmal erreicht wird und sich danach nie wieder ändert. Um ein erreichtes Sicherheitsniveau aufrechtzuerhalten, ist ein aktives Sicherheitsmanagement erforderlich. Es reicht nicht aus, Geschäftsprozesse und Sicherheitsmaßnahmen bei der Einführung eines neuen IT-Systems einmalig zu planen und umzusetzen. Vielmehr müssen die Sicherheitsmaßnahmen regelmäßig auf ihre Wirksamkeit und Aktualität untersucht, optimiert oder neu konzipiert und umgesetzt werden.

Bild 3.13: Lebenszyklus nach Deming (PDCA-Modell)

Der dynamische Prozess der Informationssicherheit lässt sich in den vier Phasen eines Lebenszyklus darstellen (Bild 3.13).

Beginnend mit der Planung folgen im Anschluss die Umsetzung und die Erfolgskontrolle. In der vierten Phase werden kleinere Mängel sofort beseitigt. Bei umfangreicheren Mängeln wird wieder mit einer neuen Planungsphase begonnen.

Planung und
Konzeption

- Auswahl einer Methode zur Risikobewertung
- Klassifikation von Risiken bzw. Schäden
- Risikobewertung
- Entwicklung einer Strategie zur Behandlung von Risiken
- Auswahl von Sicherheitsmaßnahmen

Umsetzung

- Realisierungsplan für das Sicherheitskonzept
- Umsetzung der Sicherheitsmaßnahmen
- Überwachung der Steuerung der Umsetzung
- Aufbau der Notfallvorsorge und Behandlung von Sicherheitsvorfällen
- Schulung und Sensibilisierung

Erfolgskontrolle
und
Überwachung

- Detektion von Sicherheitsvorfällen im laufenden Betrieb
- Überprüfung der Einhaltung von Vorgaben
- Überprüfung der Eignung von Wirksamkeit von Sicherheitsmaßnahmen
- Überprüfung der Effizienz der Sicherheitsmaßnahmen
- Managementberichte

Optimierung
und
Verbesserung

- Beseitigung von Fehlern

Bild 3.14: Lebenszyklus eines Sicherheitskonzepts

3.4.2   Aufgaben der Unternehmensführung

Die Unternehmensführung ist verantwortlich für die Gewährleistung von Informationssicherheit im Unternehmen. Ihr obliegen in diesem Zusammenhang zahlreiche Aufgaben und Pflichten, die in den folgenden Punkten zusammengefasst sind.

- **Übernahme der Gesamtverantwortung für Informationssicherheit**
  Die Führungsebene des Unternehmens ist für die Gewährleistung der Informationssicherheit verantwortlich. Die Führungskräfte müssen sich zu ihrer Verantwortung bekennen und die Bedeutung der Informationssicherheit allen Beschäftigten verdeutlichen.

- **Informationssicherheit integrieren**
  Sicherheit muss in alle informationsverarbeitenden oder IT-nutzenden Abläufe integriert werden. Sie muss bei der Erstellung von Geschäftsprozessen und der Schulung von Mitarbeiterinnen und Mitarbeitern berücksichtigt werden.

- **Informationssicherheit steuern und aufrechterhalten**
  Die betriebliche Führungsebene muss den Sicherheitsprozess aktiv betreiben. Dazu zählt die Festlegung von Strategien und Zielen, die Untersuchung der Auswirkung von Risiken, die Schaffung von organisatorischen Rahmenbedingungen für Informationssicherheit, die Bereitstellung ausreichender Ressourcen, die regelmäßige Überprüfung

und Korrektur der Sicherheitsstrategie und der Zielerreichung sowie die Motivierung und Schulung von Arbeitskräften für Sicherheitsbelange.

- **Erreichbare Ziele setzen**
  Die Unternehmensführung muss Ziele erreichbar gestalten. Die Sicherheitsstrategie muss mit den verfügbaren Ressourcen in Einklang gebracht werden. Kleine Schritte mit stetigen Verbesserungen ohne hohe Investitionskosten zu Beginn können sich effizienter erweisen als ein groß angelegtes Projekt.

- **Sicherheitskosten gegen Nutzen abwägen**
  Die Unternehmensleitung hat die schwierige Aufgabe, die Kosten für die Informationssicherheit gegenüber dem Nutzen und den Risiken abzuwägen. Dabei sind insbesondere solche Maßnahmen sehr wichtig, die besonders effektiv sind oder gegen besonders hohe Risiken schützen. Informationssicherheit wird schließlich durch ein Zusammenspiel von technischen und organisatorischen Maßnahmen erreicht.

- **Vorbildfunktion**
  Die Firmenleitung muss eine Vorbildfunktion einnehmen. Das bedeutet insbesondere, dass sie alle vorgegebenen Regeln zur Informationssicherheit einhält und selbst auch an Schulungen teilnimmt.

3.4.3 Kommunikation

Um die gesteckten Sicherheitsziele erreichen zu können, ist Kommunikation in allen Phasen des Sicherheitsprozesses eine wichtige Grundlage. Um Missverständnissen und Wissensmängeln als häufiger Ursache für Sicherheitsprobleme aus dem Weg zu gehen, muss betriebsweit für einen reibungslosen Informationsfluss über Sicherheitsvorkommnisse und -maßnahmen gesorgt werden.

- **Berichte an die Leitungsebene**
  Um ihrer Steuerungsfunktion nachkommen zu können, muss die Unternehmensleitung regelmäßig über Probleme, Ergebnisse von Audits, Verbesserungsmöglichkeiten und veränderte Rahmenbedingungen informiert werden.

- **Informationsfluss**
  Mangelhafte Kommunikation kann zu Sicherheitsproblemen, Fehlentscheidungen oder überflüssigen Arbeitsschritten führen. Dies gilt es durch organisatorische Maßnahmen zu vermeiden. Die Beschäftigten müssen über Sinn und Zweck vor allem von unbequemen oder arbeitsintensiven Sicherheitsmaßnahmen sowie über Rechtsfragen zu Datenschutz und Informationssicherheit aufgeklärt werden. Die von der Umsetzung Betroffenen sollten in die Umsetzungsplanung eingebunden werden und eigene Ideen einbringen können.

- **Dokumentation**
  Um einen fortlaufenden und konsistenten Sicherheitsprozess gewährleisten zu können, muss dieser zwingend dokumentiert werden.
  Eine aussagekräftige Dokumentation
    – sorgt für Nachvollziehbarkeit der verschiedenen Prozessschritte und Entscheidungen,
    – sorgt dafür, dass gleichartige Arbeiten auf vergleichbare Weise durchgeführt werden,

> – hilft, grundsätzliche Schwächen im Prozess zu erkennen und die Wiederholung von Fehlern zu vermeiden.

Die Art der Dokumentation hängt von den Sicherheitsaktivitäten und der jeweiligen Zielgruppe ab. Sie reicht von an Expertinnen und Experten gerichtete technische Dokumentationen über Anleitungen für IT-Anwender/-innen zu Aufzeichnungen von Managemententscheidungen für die Leitungsebene.

- **Formale Anforderungen an die Dokumentationen**
  Die Dokumentationsform sollte auf den Anwendungsfall zugeschnitten sein. Die Papierform ist nicht zwingend vorgeschrieben.
  Vorgaben können über gesetzliche oder vertragliche Anforderungen erfolgen, beispielsweise zu Aufbewahrungsfristen oder Detaillierungsgrad der Dokumentation.
  Damit sie ihren Zweck erfüllen können, müssen die Dokumentationen regelmäßig erstellt und aktuell gehalten werden.
  Bezeichnung und Ablageort müssen so gewählt werden, dass sie im Bedarfsfall genutzt werden können. Es muss erkennbar sein, wer wann welche Teile der Dokumentation erstellt hat. Bei Verweisen müssen die Quellen beschrieben werden, weiterführende Dokumente müssen im Bedarfsfall verfügbar sein.
  Sicherheitsrelevante Dokumentationen können schutzbedürftige Informationen enthalten und müssen angemessen geschützt werden. Daneben müssen Art und Dauer der Aufbewahrung sowie Optionen für die Vernichtung der Informationen festgelegt werden.
  Aus den Prozessbeschreibungen muss hervorgehen, ob und wie die Dokumentationen auszuwerten sind.

- **Nutzung von Informationsquellen und Erfahrungen**
  Informationssicherheit ist ein komplexes Thema und erfordert eine sorgfältige Einarbeitung. Als eine grundlegende Informationsquelle stehen die betreffenden Normen und Standards zur Verfügung. Darüber hinaus gilt es aus der Vielzahl der verfügbaren Internet- und Print-Publikationen diejenigen Informationsquellen zu identifizieren und zu dokumentieren, die zum Unternehmen und zu den Rahmenbedingungen passen. Die Kooperation mit Verbänden, Partnern, Gremien, anderen Unternehmen oder Behörden sollte zum Erfahrungsaustausch über erfolgreiche Sicherheitsprojekte genutzt werden.

AUFGABEN

1. Nennen Sie Möglichkeiten, wie ein IT-System geschützt werden kann.

2. Was geschieht, nachdem die vier Phasen des IT-Sicherheits-Lebenszyklus durchlaufen wurden?

3. Welche Bedeutung haben Kommunikation und Dokumentation für die IT-Sicherheit in einem Unternehmen?

4.1   Grundlagen Kommunikationsnetze

Heutzutage arbeiten IT-Geräte kaum noch alleine, sondern sind über ein Kommunikationsnetz mit anderen Geräten verbunden.

> Unter einem **Kommunikationsnetz** *(communication network)* versteht man die Verbindung von Computern und anderen Kommunikationseinrichtungen zum Austausch von Informationen (Sprache, Daten, Messwerte).

Die Vernetzung von Geräten hat sowohl im privaten als auch im betrieblichen Umfeld eine Reihe von Vorteilen, z. B.:

- direkter elektronischer Datenaustausch über das Netzwerk
- gemeinsame Nutzung von Peripheriegeräten (z. B. Drucker)
- zentrale und automatische Datensicherung
- Integration unterschiedlicher Betriebssystem-Plattformen
- Einrichtung eines (internen) E-Mail-Systems
- gemeinsames Bearbeiten eines Produkts von verschiedenen Standorten
- Arbeiten an einer vertrauten, individuellen Benutzeroberfläche an jedem PC (Client) eines Netzwerks
- Außendienstmitarbeiter/-innen können von außen auf ein Firmennetz zugreifen und aktuelle Daten abrufen.
- Produktdaten können direkt an die Kundschaft verschickt oder von dieser selbst abgerufen werden.

4.1.1   Unterscheidungsmerkmale

Kommunikationsnetze lassen sich nach verschiedenen Merkmalen voneinander unterscheiden, z. B. nach Ausdehnung, Topologie (Art der Leitungsführung) oder Art des Übertragungsmediums.

Bei den aufgeführten Merkmalen existieren jeweils folgende Unterteilungen:

Ausdehnung *(expansion)*		
Abkürzung	**Merkmale/typische Größe**	**Beispiel**
BAN	**B**ody **A**rea **N**etwork Funkvernetzte Körpersensoren (0,1 m bis 1 m)	Verbindung von Fitness-tracker mit Smartphone
CAN	**C**ontroller **A**rea **N**etwork Vernetzung von Steuerelementen in der Automatisierungstechnik (0,1 m bis 5 m)	Sensoren und Aktoren an einem Fließband
PAN	**P**ersonal **A**rea **N**etwork Heimvernetzung von Geräten aller Art (bis zu 10 m); teilweise auch **WPAN** (Wireless PAN) genannt	Bluetoothverbindung zwischen Smartphone und PC; Funkmaus am PC
LAN	**L**ocal **A**rea **N**etwork Auf ein Grundstück begrenzte Vernetzung von IT-Geräten (1 m bis einige 100 m)	Heimnetzwerk
MAN	**M**etropolitan **A**rea **N**etwork Vernetzung einzelner LANs innerhalb eines Stadtgebiets (mehrere Kilometer)	Backbone-Netz innerhalb einer Stadt
WAN	**W**ide **A**rea **N**etwork Weitverkehrsnetz, Verbindung geografisch getrennter Regionen (mehrere 100 km)	Landesweites Kommunikationsnetz, z. B. IP-Netz der Deutschen Telekom
GAN	**G**lobal **A**rea **N**etwork Interkontinentale Vernetzung von Kommunikationseinrichtungen (weltweit)	Internet
VPN	**V**irtual **P**rivate **N**etwork Vernetzung von geografisch getrennten LANs über speziell gesicherte Leitungen eines öffentlichen Weitverkehrsnetzes, wobei bei der Nutzung der Eindruck entsteht, es handle sich um ein einziges Firmen-LAN	Lokale Firmennetze an unterschiedlichen Standorten

Bild 4.1: Unterscheidung nach Netzgrößen

4

Topologie *(topology)*		
Bezeichnung	**Merkmale**	**Visualisierung (Grundprinzip)**
Sternnetz	– Alle Stationen sind über einen „Verteiler" (Hub, Switch) miteinander verbunden. – Leicht erweiterbar durch weitere Verteiler, die dann wiederum direkt miteinander verbunden sind (**erweitertes Sternnetz**) – Keine Störungen des Gesamtnetzes bei Ausfall einer Station – Teilausfall des erweiterten Netzes bei Störung *eines* Verteilers – Anwendungsbeispiel: bevorzugte Struktur bei lokalen Netzen	Verteiler
Ringnetz	– Alle Stationen sind in Form eines Ringes miteinander verbunden. – Die Stationen werden über Adapter angeschlossen, die bei Entfernen einer Station Ein- und Ausgang des Kabels so miteinander verbinden, dass der Ring immer geschlossen ist. – Datenübertragung stets in einer Richtung auf dem Ring – Ausfall der Leitung führt zum Ausfall des gesamten Netzes – In der Praxis daher meist ein Doppelring zur Erhöhung der Ausfallsicherheit – Anwendungsbeispiel: Backbone-Vernetzung von Teilnetzen innerhalb eines Stadtgebiets	
Busnetz	– Alle Stationen liegen parallel am gemeinsamen Übertragungsmedium. – Geringe Verkabelungskosten – Bei gleichzeitiger Kommunikation mehrerer Stationen muss die Übertragungskapazität des Mediums aufgeteilt werden *(shared medium)*. – Bei Punkt-zu-Mehrpunkt-Verbindungen ist zwingend ein Zuteilungsverfahren für das Senderecht erforderlich. – Anwendungsbeispiel: industrielle Steuerungen	
Maschennetz	– Eine Station ist mit jeder anderen Station verbunden (**Vollvermaschung**). – Bei Vollvermaschung höchste Ausfallsicherheit, aber verbunden mit dem größten Aufwand; daher in der Praxis meist nur für Teile eines Netzes realisiert (**Teilvermaschung**; z. B. Verbindung von Backbone-Netzknoten, aber nicht bei Endgeräten im Anschlussbereich) – Anwendungsbeispiel: Weitverkehrsnetze	

Bild 4.2: Unterscheidung nach Topologien

Übertragungsmedium *(transmission medium)*		
Bezeichnung	**Merkmale**	**Beispiele**
Leitungsnetz	Leitungsgebundene Übertragung von a: **elektrischen Signalen** über Kupferleitungen oder b: **Lichtsignalen** über Glasfaserleitungen (Lichtwellenleiter)	a: DSL-Anschlussbereich b: Verbindungen der Festnetzknoten der Deutschen Telekom
Funknetz	Leitungsungebundene Übertragung von a: **Funkwellen** (elektromagnetische Wellen vom kHz- bis zum GHz-Bereich) oder b: **Lichtwellen** (elektromagnetische Wellen im THz-Bereich; meist wird bei Licht die zugehörige Wellenlänge angegeben, die in der Größenord- nung einiger Nanometer liegt); Anwendung nur als Richtfunk über kurze Strecken	a: Richtfunkstrecken im WAN b: Kommunikation zwischen Gebäuden eines Firmengeländes bei fehlenden Leitungen

Bild 4.3: Unterscheidung nach Art des Übertragungsmediums

Andere Kriterien sind beispielsweise die Übertragungsgeschwindigkeit (z. B. 1-Gbit/s-, 40-Gbit/s-, 100-Gbit/s-, 400-Gbit/s-Netz), das verwendete Netzwerkbetriebssystem (z. B. Windows-Netz, UNIX-Netz) oder die verwendeten Protokollstrukturen und Zugriffsverfahren.

4.1.2 Local Area Network (LAN)

LAN (**L**ocal **A**rea **N**etwork) bezeichnet ein lokales Netzwerk, das aus einer Gruppe von Computern und anderen Geräten (z. B. Drucker, Scanner) besteht, die über einen begrenzten Bereich verteilt und durch Kommunikationsleitungen miteinander verbunden sind.

Hierdurch ist jedem Gerät die Interaktion mit jedem anderen Gerät im Netzwerk möglich. Der aktuell verwendete LAN-Standard trägt die Bezeichnung **Ethernet**. Dieser Standard umfasst Vorgaben sowohl für die verwendeten Kabeltypen und Steckverbindungen als auch für die Signalisierung, die Übertragungsformate und die Protokolle. Die zugrunde liegende Norm **IEEE 802.3xx** definiert unterschiedliche Ethernet-Technologien, die sich maßgeblich in den übertragbaren Datenraten unterscheiden. Diese werden jeweils mit kennzeichnenden Kurzbezeichnungen benannt, wie beispielsweise:

- **100Base-T**: allgemeine Bezeichnung eines 100 Mbit/s-Ethernet über TP-Kabel gemäß EIA 568A/B (Kap. 4.1.2.1); T: Leitungslänge maximal 100 m

- **1000Base-T**: 1 Gbit/s-Ethernet über TP-Kabel

- **10GbE**: allgemeine Bezeichnung für ein 10 Gbit/s-Ethernet über Kupferkabel (IEEE 802.3ak) oder Glasfaser (LWL: Lichtwellenleiter; IEEE 802.3ae); Leitungslänge bei Glasfaser: 500 m bis 10 km (abhängig von verwendeter Licht-Wellenlänge und vom LWL-Typ; z. B. Wellenlänge: 850 nm oder 1 490 nm, LWL-Typ: Multimode oder Monomode; siehe „Fachstufe IT-Systeme", Kap. 6.2)

Ein Ethernet-LAN besteht aus **passiven** und **aktiven Komponenten** *(passive and active devices)* sowie den **Endgeräten** *(end devices)*.

4.1.2.1 Passive LAN-Komponenten

Zu den passiven Komponenten gehören Stecker, Buchsen, Anschlussdosen, Kabelverteiler und Leitungen. Bei Kupferleitungen wird in einem Ethernet-LAN zurzeit ein Stecksystem mit der Bezeichnung **RJ-45** (Registered Jack: genormte Buchse; Bild 4.4) verwendet, auch bekannt als **Ethernet-Stecker** oder **Western-Stecker** (Name der Entwicklungsfirma). Dieses Stecksystem verfügt über acht Kontakte und wird auch in anderen Bereichen der Kommunikationstechnik eingesetzt (z. B. DSL-Anschluss). Die Anschlussdosen verfügen in der Regel über zwei RJ-45-Buchsen. Zu beachten ist, dass diese beiden Buchsen bei dem im LAN verwendeten Dosentyp separat anzuschließen sind (d. h. zwei Zuleitungen).

Bild 4.4: RJ-45-Stecker

Bei komplexen Leitungsstrukturen erfolgt die Verteilung über Kabelverteiler, auch Rangierfeld, Patchfeld oder **Patchpanel** genannt. Diese stellen jeweils eine Anzahl durchnummerierter Buchsen (Ports) bereit, in die mit RJ-45-Steckern versehene Kabel gesteckt werden können. Diese Leitungen werden auch als **Patchkabel** bezeichnet.

Die verwendeten Leitungen sind mehradrig, die einzelnen Adern sind jeweils mit einem isolierenden Kunststoff überzogen und werden innerhalb einer gemeinsamen Ummantelung entweder parallel geführt oder paarweise miteinander verdrillt (Bild 4.5 b).

> Leitungen, die in einer gemeinsamen Ummantelung paarweise verdrillt sind, werden als **Twisted-Pair-Kabel** – kurz **TP-Kabel** – bezeichnet.

Durch die Verdrillung werden Störungen durch magnetische Induktion (Kap. 6.3.6.1) zwar nicht abgeschirmt, aber sie heben sich größtenteils gegenseitig auf.

Standardmäßig befinden sich vier Aderpaare (d. h. acht Leitungen) in einer Ummantelung. Die jeweils paarweise zusammengehörenden Adern sind farblich entsprechend gekennzeichnet. Hierbei gibt es unterschiedliche Kennzeichnungsnormen (z. B. **DIN 47100**, Deutsche Industrie Norm, oder **EIA**, Electronic Industries Alliance). Auch die paarweise Zuordnung zu den RJ-45-Anschlusskontakten unterliegt unterschiedlichen Normierungen.

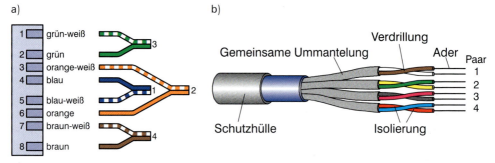

*Bild 4.5: a) Paarkennzeichnung nach **EIA 568A** und deren Kontaktzuordnung (bei **EIA 568B** sind die Farben grün/weiß-grün und orange/weiß-orange vertauscht) b) TP-Kabel mit Farbkennzeichnung nach DIN 47100*

Bei den TP-Kabeln findet man grundsätzlich folgende Ausführungen, die sich in der Art der (zusätzlichen) Abschirmung gegenüber elektromagnetischen Störungen (Kap. 6.3.6) voneinander unterscheiden. Zur Abschirmung verwendet man eine dünne Metallfolie und/oder ein Metallgeflecht, das einzelne Aderpaare (Paarabschirmung) oder alle Adern gemeinsam ummantelt (Gesamtabschirmung).

Bezeichnungen		Merkmale	prinzipieller Aufbau
aktuell	alt		
U/UTP	UTP	Unscreened/Unshielded Twisted Pair; Kabel ohne Gesamtabschirmung (U: Unscreened) und ohne Paarabschirmung (U: Unshielded)	Leiter Isolierung Außenmantel
U/FTP; kurz. FTP	STP	Unscreened/Folied Twisted Pair; Kabel ohne Gesamtabschirmung (U: Unscreened), aber mit Paarabschirmung (F: Foiled) (alte Bezeichnung STP: Shielded Twisted Pair)	Leiter Isolierung Außenmantel Paarabschirmung
S/UTP, F/UTP, SF/UTP	S/UTP	Screened/Unshielded Twisted Pair; Kabel mit Gesamtabschirmung aus Metallgeflecht (S: Screened) oder Metallfolie (F: Foiled) oder beidem (SF: Screened Foiled), aber ohne Paarabschirmung (U: Unshielded)	Leiter Isolierung Außenmantel Gesamtschirmung
S/FTP, F/FTP, SF/FTP	S/STP	Screened/Shielded Twisted Pair; Kabel mit Gesamtabschirmung aus Metallgeflecht (S: Screened) oder Metallfolie (F: Foiled) oder beidem (SF: Screened Foiled), und zusätzlich mit Paarabschirmung (F: Foiled)	Leiter Isolierung Außenmantel Paarabschirmung Gesamtschirmung

Bild 4.6: TP-Kabelarten

Des Weiteren werden TP-Kabel nach verschiedenen Kategorien klassifiziert (z. B. **Cat 6**: geeignet bis ca. 250 MHz, Einsatz für 100-Gbit/s-Ethernet).

> Eine **Kabel-Kategorie** *(cable category)* definiert eine bestimmte Güte eines Kabels und garantiert dadurch entsprechende Übertragungseigenschaften.

In der Praxis werden für die einzelnen TP-Kabelvarianten häufig Kurzbezeichnungen verwendet, z. B. **1000Base-T**. Der Zahlenwert gibt dabei die Übertragungsrate in Megabit pro Sekunde an (hier: 1 000 Mbit/s); „Base" bedeutet, dass es sich um ein sog. Basisbandkabel handelt (Übertragung einer Information im originalen Frequenzbereich, keine Mehrfachausnutzung oder Modulation; siehe Aufbauband); der nachfolgende Buchstabe (auch Buchstabe-Zahl-Kombination) kennzeichnet die dämpfungsbedingte maximal mögliche Leitungslänge (T: bis zu 100 m). Gleiche Bezeichnungsstrukturen findet man auch bei Lichtwellenleitern (LWL).

> Als **Dämpfung** *(attenuation, absorption)* bezeichnet man die Abnahme der Signalenergie bei der Übertragung eines elektrischen Signals infolge der auftretenden Verluste entlang des Signalwegs. (Kap. 6.3.4.1)

Je geringer die Dämpfung einer Leitung ist, über umso größere Strecken kann ein Signal übertragen werden, ohne zwischendurch verstärkt zu werden.

4.1.2.2 Aktive LAN-Komponenten

Häufig bestehen lokale Netze aus kleineren Teilnetzen oder Teilstrecken unterschiedlicher Technologie. Außerdem ist die physikalische Länge einzelner Leitungssegmente begrenzt. In diesen Fällen werden unterschiedliche Datenübertragungsgeräte verwendet, um diese Teilstrecken aktiv miteinander zu koppeln.

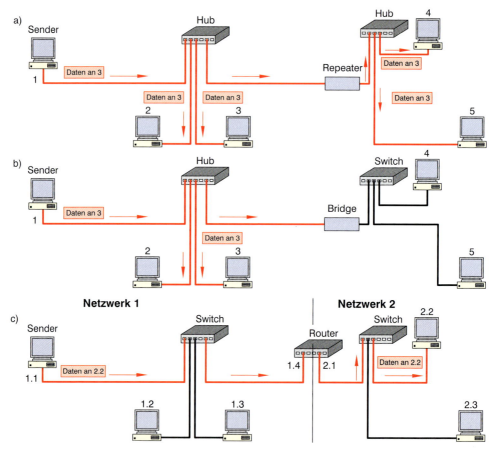

Bild 4.7: Aktive Komponenten in einem LAN (Grundprinzip)

Bezeichnung	Merkmale
Repeater (Bild 4.7 a)	– Bidirektionaler Verstärker zur Anhebung des Signalpegels, um längere Strecken überbrücken zu können – Verbindet zwei Leitungssegmente miteinander – Verstärkt und überträgt das Signal unabhängig davon, wo sich Sender und Empfänger befinden

Bezeichnung	Merkmale
Bridge (Bild 4.7 b)	– Ähnliche Funktion wie ein Repeater – Allerdings werden Daten zwischen zwei Leitungssegmenten nur dann weitergeleitet, wenn sich Sender und Empfänger auch tatsächlich in verschiedenen Segmenten befinden.
Hub (Bild 4.7 a, b)	– Verstärker/Verteiler im Mittelpunkt einer sternförmigen Verkabelung – Verfügt in der Regel über mehrere Anschlüsse (Ports) – An jeden Port lässt sich jeweils ein Endgerät anschließen – Sendet auf allen Ports die Summe aller Eingangssignale (**Punkt-zu-Mehrpunkt-Verbindung**) Hinweis: Anstelle von Hubs werden heute meist Switches eingesetzt.
Switch (Bild 4.7 b, c)	– Verstärker/Verteiler im Mittelpunkt einer sternförmigen Verkabelung – Verfügt in der Regel über mehrere Anschlüsse (Ports) – An jeden Port lässt sich jeweils ein Endgerät anschließen – Schaltet das zu übertragende Signal intern jeweils nur zwischen zwei beteiligten Ports durch (**Punkt-zu-Punkt-Verbindung**)
Router (Bild 4.7 c)	– PC oder Übertragungsgerät, mit dem sich zwei (Teil-)Netze miteinander verbinden lassen – Um diese Verbindung zu realisieren, ist der Router Bestandteil beider Netze, d.h., er besitzt zwei Netzwerkkarten, sodass er in beiden Netzen kommunizieren kann.
Gateway (nicht abgebildet)	– PC oder Übertragungsgerät, mit dem sich zwei unterschiedliche Netze miteinander verbinden lassen – Während der Router aber nur den Weg von Daten lenkt, kann das Gateway auch Dienste ineinander überführen bzw. miteinander koppeln. Beispiele: – Zugang zu einem E-Mail-Dienst über ein Web-Interface – Sprachkommunikation zwischen dem Festnetz und dem LTE-Netz (**L**ong **T**erm **E**volution; Mobilfunknetz)

Bild 4.8: Erläuterung der Komponenten in einem LAN

Die genauen Funktionalitäten der abgebildeten aktiven Komponenten werden im Band „Fachstufe IT-Systeme" thematisiert.

4.1.2.3 Endgeräte im LAN

Zu den Endgeräten zählen maßgeblich die **Client-PCs**, d.h. normale Arbeitsplatzrechner, und die **Server**, d.h. Computer, die meist über eine größere Leistungsfähigkeit verfügen, den Datenverkehr im Netz organisieren und den Clients verschiedene Dienste zur Verfügung stellen. Darüber hinaus lassen sich viele andere Geräte in ein LAN einbinden (z.B. Drucker, Scanner, externe Speicher, IP-Cameras, Multimediageräte usw.).

Die meisten LANs sind über einen entsprechenden Zugangspunkt auch global vernetzt. Um unerlaubte Zugriffe von außerhalb auf das LAN zu verhindern, ist ein entsprechendes Schutzsystem erforderlich.

Das Schutzsystem für ein Netzwerk gegen unerlaubte externe Zugriffe bezeichnet man als **Firewall**. Hierbei wird die Kommunikation zwischen einem Netzwerk-PC und einem netzfremden, externen Gerät nach bestimmten vorgegebenen Richtlinien (Policies) softwaremäßig überwacht und – sofern erforderlich – verhindert.

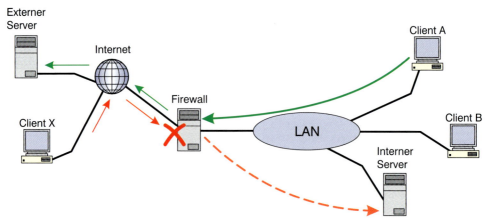

Bild 4.9: Prinzip einer Firewall

Damit ein Gerät Bestandteil eines Netzes werden kann, benötigt es eine entsprechende **Netzwerkschnittstelle**. Bei den heutigen Computern ist diese meist schon auf dem Board implementiert, die Steuerung und die Anpassung der Signale des Netzes an den Rechner erfolgen durch den On-Board-Netzwerkadapter. Jeder Netzwerkadapter besitzt eine weltweit eindeutige **MAC-Adresse** (Medium Access Control; Kap. 4.2.3).

4.1.3 Wireless LAN (WLAN)

WLAN (**W**ireless **L**ocal **A**rea **N**etwork) bezeichnet ein drahtloses, lokales Funknetz, basierend auf dem Standard **IEEE 802.11**.

Dieser Standard beinhaltet eine ganze Normen-Familie, deren Entwicklungsstufen durch jeweils einen oder mehrere nachfolgende Buchstaben näher gekennzeichnet sind und sich in ihren Eigenschaften voneinander unterscheiden. Als Oberbegriff für den 802.11-Standard hat sich auch die Bezeichnung **WiFi** (**Wi**reless **Fi**delity) etabliert. Mit dem Standard **802.11ax** hat die WiFi-Allianz zusätzlich ein neues, vereinfachtes Namensschema veröffentlicht, welches rückwirkend auch auf zwei ältere, weit verbreitete Standards übertragen wird (WiFi 4, WiFi 5, WiFi 6; Bild 4.10).

IEEE	Frequenzbereich (in Europa genutzte Frequenzen sowie Kanalzahl)	Bitrate (theoretisch, brutto)*	Sonstiges
802.11**a**	5 GHz	54 Mbit/s	kompatibel zu 802.11h
802.11**b**	2,4 GHz	11 Mbit/s	lizenzfreies Frequenzband; Mischbetrieb möglich, dann aber geringerer Datendurchsatz
802.11**g**	2,4 GHz	54 Mbit/s	
802.11**h**	5 GHz	54 Mbit/s	kompatibel zu 802.11a

IEEE	Frequenzbereich (in Europa genutzte Frequenzen sowie Kanalzahl)	Bitrate (theoretisch, brutto)*	Sonstiges
802.11**n** WiFi 4	2,4 GHz; 5 GHz	600 Mbit/s	Verwendung von **MIMO**-Technik (**M**ultiple **I**nput **M**ultiple **O**utput: Geräte, die gleichzeitig mehrere Eingangs- und Ausgangssignale verarbeiten können); maximal 4-fach-MIMO
802.11**ac** WiFi 5	5 GHz	6,93 Gbit/s	„Gigabit-WLAN"; Erweiterung zu 802.11n; gleichzeitige Nutzung von mehreren Verbindungen in Kombination mit 8-fach-MIMO; wegen begrenzter Übertragungsmöglichkeiten im 5-MHz-Band Nutzung des 60-GHz-Bandes (physikalisch bedingt nur mit sehr geringer Reichweite).
802.11**ad**	60 GHz	6,76 Gbit/s	
802.11**p**	5 GHz	27 Mbit/s	Erweiterung zu 802.11a; Anwendung speziell für intelligente Verkehrssysteme; Car-to-Car-Communication
802.11**ax** WiFi 6 WiFi 6E	WiFi 6: 2,4 GHz (2,3995–2,4845 GHz; 13 Kanäle); 5 GHz (5,150–5,350 GHz und 5,470–5,725 GHz; insgesamt 70 Kanäle) WiFi 6E zusätzlich: 6 GHz (5,925–6,425 GHz; 59 Kanäle)	Bis ca. 1,2 Gbit/s pro Kanal (Kanalbandbreite bis zu 160 MHz)	Durch Strombündelung bis zu 10 Gbit/s möglich; Multi-User MIMO-Technik (maximal 8-fach-MIMO). Bei gleich großer Übertragungsrate pro Kanal kann WiFi 6E gleichzeitig den zusätzlichen 6 GHz-Frequenzbereich nutzen und dadurch eine größere Anzahl freier Kanäle verwenden (ermöglicht in der Summe höhere Übertragungsraten).
802.11 **be** WiFi 7	gleiche Frequenzbereiche wie bei WiFi 6E	bis zu ca. 30 Gbit/s pro Kanal (bei verfügbaren Kanalbandbreiten von 320 MHz)	Maximale Übertragungsrate nur im 6 GHz-Band realisierbar bei Nutzung von 16-fach-MIMO sowie höherwertigeren Modulationsverfahren (4096 QAM; „Fachstufe IT-Systeme", Kap. 6.1.5.2)

Bild 4.10: Auswahl von IEEE-802.11-Spezifikationen (Hinweis: Datenraten können auch mit Binärpräfixen angegeben werden; Kap. 6.1.5.1; * In der Praxis meist wesentlich geringer.)

Der jeweils zur Verfügung stehende Frequenzbereich der einzelnen Standards wird in mehrere Übertragungskanäle unterteilt (siehe Bild 4.10). Die Reichweite beträgt bei der in Deutschland maximal zulässigen Sendeleistung von 100 mW je nach Gebäude- bzw. Geländebeschaffenheit bis zu 100 m. Die Kommunikation kann erfolgen im:

- **Infrastrukturmodus:** Endgeräte müssen sich je nach Einstellung mit ihrer MAC-Adresse bzw. ihrer IP-Adresse (Kap. 4.2.4) bei einem zentralen Knotenpunkt (Accesspoint) anmelden oder erhalten vom Knoten eine IP zugewiesen. Die Kommunikation wird vom Accesspoint gesteuert und überwacht, er kann auch eine Verbindung in ein anderes Netz (z. B. Internet) herstellen. Diese Struktur wird meistens verwendet.

- **Ad-hoc-Modus**: Zwei oder mehr Endgeräte bilden ein vermaschtes Netz und kommunizieren miteinander. Es ist *kein* zentraler, konfigurierender und steuernder Knotenpunkt erforderlich. Die Geräte bilden selbst jeweils die Knotenpunkte. Dieser Modus wird nur für „spontane" Vernetzung von Endgeräten verwendet, da Routing und Protokollierung aufwendiger sind.

Vom Ad-hoc-Modus abzugrenzen ist der **WiFi-Direct**-Standard, bei dem lediglich *zwei* (entsprechend zertifizierte) Geräte unter Verwendung vereinfachter, spezieller Protokolle direkt miteinander kommunizieren.

Alle Geräte in einem WLAN müssen zur Identifikation denselben Netzwerknamen (**SSID**: **S**ervice **S**et **I**dentifier; Länge bis zu 32 Zeichen) verwenden. Um ein unerwünschtes Einloggen in ein WLAN und ein Abhören übertragener Daten zu verhindern,

Bild 4.11: Infrastrukturmodus Wireless LAN

ist eine Verschlüsselung zwingend erforderlich. Sie ist Teil des 802.11-Standards. Es sollte eine **WPA2**- oder **WPA3**-Verschlüsselung verwendet werden (**WPA**: **W**iFi **P**rotected **A**ccess; die Versionen 2 bzw. 3 bieten jeweils verbesserte Verschlüsselungen; Verschlüsselungssystem **AES**: **A**dvanced **E**ncryption **S**tandard, Schlüssellänge bis 256 bit; Bezeichnung des zugrundeliegenden Verschlüsselungsprotokolls: CCMP).

Die Verschlüsselung muss gleichermaßen im Accesspoint und im Endgerät eingestellt werden. Im Bereich privater Netzwerke wird üblicherweise das WPA/WPA2/WPA3-**PSK**-Verfahren verwendet (**PSK**: **P**re-**S**hared **K**ey; Alternativbezeichnung: **WPA-Personal**). Die Eingabe dieses gemeinsamen „vorher ausgetauschten Schlüssels" ermöglicht prinzipiell das Einloggen jedes beliebigen WLAN-Geräts in das entsprechende Netzwerk.

Eine Vereinfachung bietet hierbei das sogenannte **WPS** (**W**iFi **P**rotected **S**etup), bei dem durch Drücken der WPS-Taste am Router beim Einrichten eines neuen WLAN-Clients diesem das erforderliche Passwort automatisch übermittelt wird, wodurch eine manuelle Eingabe nicht mehr erforderlich ist (**WPS-PBC**; WPS-**P**ush **B**utton **C**onfiguration).

Je nach Einstellung kann alternativ zur Kopplung gegebenenfalls auch eine mehrstellige Ziffernfolge (**WPS-PIN**) zwischen Router und Client ausgetauscht werden (wird teilweise auch zur sicheren Kopplung von Bluetooth-Geräten verwendet; Kap. 1.7.8).

Damit nicht beliebige Geräte eingeloggt werden können, lässt sich als Filtermöglichkeit beispielsweise die Beschränkung auf Geräte mit bereits bekannten MAC-Adressen (Kap. 4.2.3) aktivieren.

Die Gefahr der schnellen Verbreitung eines allgemein gültigen Zugangs-Schlüssels lässt sich unterbinden, indem man – wie bei Firmennetzen aufgrund erhöhter Sicherheitsstandards meist üblich – eine Anmeldung mit individuellen Zugangsdaten verwendet. Dieses Verfahren trägt die Bezeichnungen **WPA-Enterprise** bzw. **EAP/WPA-Enterprise RADIUS** oder auch **IEEE 802.1x** (Bezeichnung der Norm; **EAP**: **E**xtensible **A**uthentication **P**rotocol; siehe RFC 3748 und RFC 5247; RADIUS, „Fachstufe IT-Systeme", Kap. 3.1.4).

4.1.4   Internet

Das **Internet** *(Interconnected Networks)* ist ein globales Kommunikationsnetz, das aus einer Vielzahl einzelner, unterschiedlich großer Computernetzwerke besteht. Diese sind über zentrale Knotenpunkte, die regional von öffentlichen Netzbetreibern zur Verfügung gestellt werden, weltweit miteinander verbunden.

Für die Kommunikation selbst sowie auch für ihre Steuerung und ihre Überwachung bedarf es in einem solchen globalen Netz komplexer und aufwendiger Arbeitsabläufe. Hierbei müssen von allen Beteiligten vorab festgelegte Regeln eingehalten werden. Die Darstellung dieser Arbeitsabläufe erfolgt in einem sog. Schichtenmodell.

Ein **Schichtenmodell** ist ein vielfach verwendetes Darstellungsprinzip für die Architektur eines komplexen Softwaresystems. Hierbei werden die durchzuführenden, aufwendigen Kommunikationsabläufe „schrittweise" dargestellt. Die einzelnen Schritte werden in einem solchen Modell als **Schichten** *(layers)* bezeichnet. Die Schichten bauen hierarchisch aufeinander auf und werden stets vollständig und in einer bestimmten, festgelegten Reihenfolge durchlaufen.

Die bei der Kommunikation einzuhaltenden Regeln bezeichnet man als **Protokolle** *(protocols)*. Sie sind international standardisiert und normiert.

Bei Kommunikationsnetzen verwendet man meist das **ISO/OSI-Schichtenmodell** *(ISO/OSI layer model)*, welches aus insgesamt sieben Schichten besteht (**ISO/OSI**: International Standardization Organisation/Open Systems Interconnection; „Fachstufe IT-Systeme", Kap. 2.1.2). Jede Schicht erfüllt bestimmte, in den zugehörigen Protokollen festgelegte Aufgaben und Funktionen im Umgang mit den zu übertragenden Nutzdaten. So stellen beispielsweise die Übertragungsmedien einschließlich der Steckverbindungen etc. (Kap. 4.1.2) und die in ihnen übertragenen physikalischen Signale die (unterste) Schicht 1 des ISO/OSI-Modells dar.

Die **Schicht 1** (**Bitübertragungsschicht**; *physical layer*) des ISO/OSI-Modells sorgt dafür, dass die von einem Ursprungsrechner abgehenden Nutzbits beim entsprechenden Zielrechner *ankommen*.

Die **Schicht 2** (**Sicherungsschicht**; *data link layer*) sorgt durch Hinzufügen eines Adressvorspanns sowie mitgesendeter, angehängter Prüfbits dafür, dass die Nutzbits *fehlerfrei* beim Zielrechner ankommen (z. B. durch Verwendung des **HDLC**-Protokolls; **H**igh-**L**evel **D**ata **L**ink **C**ontrol).
Adressenvorspann und Prüfbits bilden einen sog. **Sicherungsrahmen**.

Die bekanntesten Protokolle bei Kommunikationsnetzen sind die Protokolle der TCP/IP-Protokollfamilie sowie diverse Hilfsprotokolle. Diese werden in Kapitel 4.2 einführend erörtert.

Das Internet stellt für die Kommunikation – so wie jedes lokale Netz – eine Infrastruktur zur Verfügung, auf deren Basis die Anwender/-innen (**Clients**) auf angebotene **Dienstleistungen** *(services)* zugreifen können. Diese Dienstleistungen (kurz: **Dienste**) werden von speziellen Computern – sog. **Servern** *(to serve:* (be-)dienen) – bereitgestellt.

Hierbei wird im allgemeinen Sprachgebrauch der Begriff Server sowohl für die erforderliche Hardware (d.h. die Dienste bereitstellende *Servermaschine*) als auch für die auf dieser Maschine laufenden *Serverprozesse* (Software) verwendet. Dies kann zu Missverständnissen führen, denn auf einer Servermaschine können durchaus mehrere Serverprozesse laufen.

Das für den jeweiligen Prozess erforderliche **Protokoll** legt fest, nach welchen Regeln und in welcher Form die Kommunikation zwischen einer Servermaschine und einem Client-PC abläuft. Hierzu ist auf dem Client-PC die Installation entsprechender Client-Software erforderlich, sofern diese nicht bereits Bestandteil des verwendeten Client-Betriebssystems ist (Kap. 2).

Sowohl das OSI-Modell als auch sämtliche Serverdienste sowie die erforderlichen Protokolle, die von einem Server zu verwalten sind, werden im Aufbauband ausführlich behandelt ("Fachstufe IT-Systeme", Kap. 2). An dieser Stelle soll die folgende Tabelle lediglich einen kurzen, beispielhaften Überblick geben.

Server-Typ	Server-Dienst	Protokolle (Auswahl)/Merkmale	Client-Software/ Bemerkungen
Web-Server	**WWW**: **W**orld **W**ide **W**eb; über das Internet abrufbares Hypertext-System	**HTTP** (**H**yper **T**ext **T**ransfer **P**rotocol): Protokoll für die Kommunikation mit einem Web-Server **HTTPS** (**H**yper **T**ext **T**ransfer **P**rotocol **S**ecure): Protokoll für *verschlüsselten* Datentransfer mit einem Web-Server; verwendet **TLS** (**T**ransport **L**ayer **S**ecurity) als Verschlüsselungsprotokoll **HTML** (**H**yper **T**ext **M**arkup **L**anguage): „Programmiersprache", in die die Hypertextseiten geschrieben sind **URL** (**U**niform **R**esource **L**ocator): eindeutige Adresse im Internet bzw. Bezeichnung einer Hypertextseite	Webbrowser, z. B. Edge, Firefox, Google Chrome
Mail-Server	Über das Internet übertragene, ggf. auch zwischengespeicherte briefartige Nachrichten, auch mit Dateianhängen	**SMTP** (**S**imple **M**ail **T**ransfer **P**rotocol): Protokoll für den Mailversand; die Version **SMTPS** verwendet **TLS** zur Verschlüsselung (s. o.) **POP3** (**P**ost **O**ffice **P**rotocol): Protokoll zum Abrufen einer E-Mail von einem Mailserver **IMAP** (**I**nteractive **M**essage **A**ccess **P**rotocol): Weiterentwicklung von POP3; ermöglicht Verwaltung von Nachrichtenordnern auf dem Server; **IMAPS**: verschlüsselte Version; arbeitet auf der Anwendungsschicht* des OSI-Modells	E-Mail-Programm, z. B. Outlook (bei Web-Mail: Web-Browser)

Server-Typ	Server-Dienst	Protokolle (Auswahl)/Merkmale	Client-Software/Bemerkungen
Name-Server, DNS-Server (Kap. 4.2.6)	Ermöglicht die Umsetzung zugewiesener Domainnamen (z. B. www.beispiel.de), die man sich als Mensch besser merken kann als Zahlen, in die zugehörige IP-Adresse (z. B. 145.97.39.155)	**DNS** (**D**omain **N**ame **S**ystem): Das DNS kann als weltweit auf verschiedenen Servern verteilte hierarchische Datenbank aufgefasst werden; arbeitet auf der Anwendungsschicht* des OSI-Modells. DNS-Anfragen werden meist mittels **UDP** (**U**ser **D**atagram **P**rotocol; Kap. 4.2.5.2) zu einem DNS-Server geschickt; arbeitet auf der Transportschicht* des OSI-Modells.	Der DNS-Dienst lässt sich auch lokal für ein Intranet einrichten.
DHCP-Server	Ermöglicht die dynamische Zuweisung einer IP-Adresse und weiterer Konfigurationsparameter (z. B. Netzmaske, Gateway) an Computer in einem Netzwerk	**DHCP** (**D**ynamic **H**ost **C**onfiguration **P**rotocol): Durch DHCP ist die vollautomatische Einbindung eines neuen Computers in ein bestehendes Firmen-Netzwerk ohne weitere Konfiguration möglich; arbeitet auf der Anwendungsschicht* des OSI-Modells.	Am Client muss im Normalfall lediglich der automatische Bezug der IP-Adresse eingestellt sein.
FTP-Server	Übertragung von Dateien, die von entsprechenden FTP-Servern zur Verfügung gestellt werden	**FTP** (**F**ile **T**ransfer **P**rotocol): Protokoll zur Dateiübertragung über ein TCP/IP-Netzwerk; arbeitet auf der Anwendungsschicht* des OSI-Modells	FTP-Server- bzw. FTP-Client-Software
Chat-Server	Echtzeitkommunikation *(instant messaging)* in Schriftform über das Internet, auch kombinierbar mit Datei-, Video- oder Audiotransfer	Meist verschiedene, untereinander nicht kompatible Protokolle	Skype, WhatsApp, Threema, Signal
Terminal-Server	Stellt PCs mit geringer Leistungsfähigkeit (Workstation, Terminal) eine Arbeitsumgebung zur Verfügung, auf die sie über das Netz zugreifen können	**RDP** (**R**emote **D**esktop **P**rotocol): Microsoft-Basisprotokoll für die Bereitstellung von Bildschirmausgaben von einem Terminalserver auf einem Terminal-Client; arbeitet auf der Anwendungsschicht* des OSI-Modells	Sämtliche Arbeitsprozesse laufen auf dem Server ab, der Client dient lediglich zur Ein-/Ausgabe, dadurch hohe Netzbelastung
Print-Server	Ermöglicht Client-PCs den Zugriff auf Netzwerkdrucker	**LPDP** (**L**ine **P**rinter **D**aemon **P**rotocol); arbeitet auf der Anwendungsschicht* des OSI-Modells	Einsatz im LAN bzw. Intranet (z. B. internes Firmennetzwerk)

Bild 4.12: Beispiele für Server-Dienste (*: siehe hierzu auch Bild 4.38)

4

In Zuge der ständig zunehmenden Vernetzung von technischen Geräten beschränkt sich die Verwendung des Internets heute nicht mehr auf die klassischen Kommunikationsmittel (PC, Notebook, Tablet, Smartphone usw.), sondern umfasst auch andere Geräte oder Gegenstände. Diese werden mit entsprechenden technischen Komponenten ausgestattet (Sensoren, Funkmodule) und können so aus der Ferne – mit und ohne Eingriff eines Nutzers oder einer Nutzerin – unter Verwendung der Ressourcen des Internets den Zustand von Geräten und Dingen ermitteln oder aktuelle Daten über physische Objekte und Vorgänge sammeln und übertragen (z. B. Fitnesstracker; Paketverfolgung im Internet; Heizungssteuerung eines Wohnhauses von unterwegs; Auto mit automatischem Polizeinotruf und Unfallortübermittlung bei einem Verkehrsunfall). In diesem Zusammenhang spricht man daher vom **Internet der Dinge** (engl. **IoT**: Internet of Things). Stehen nicht die Verbraucher und Anwender im Fokus, sondern primär industrielle Prozesse und Abläufe, so verwendet man auch die Bezeichnung **IIOT** (Industrial Internet of Things).

Die Netzabschnitte des öffentlichen Internets liegen in der administrativen Verwaltung *verschiedener* Betreiber, bei denen sich beispielsweise anbieterabhängig auch temporäre Kapazitätsengpässe ergeben können.

Als autarker Teil des Internets können aus heutiger Sicht prinzipiell auch diejenigen Kommunikationsnetze angesehen werden, die sich aus den ursprünglich nur der Sprachkommunikation dienenden Netzstrukturen (z. B. analoges Telefonnetz, ISDN-Netz) entwickelt haben. Diese verwenden – bis auf wenige Ausnahmen im Anschlussbereich – die gleiche IP-Technik wie andere Internetbereiche, werden aber jeweils von einem *einzigen* Netzanbieter verwaltet, d. h. es werden primär eigene, vom jeweiligen Netzbetreiber kontrollierte Netzknoten und Übertragungsstrecken mit einer größtenteils reservierten und garantierten Übertragungsbandbreite (**QoS**: Quality of Service) verwendet. So können die Daten auf dem kürzesten Weg zum Empfänger geleitet und bei Bedarf auf der gesamten Strecke priorisiert werden. Hierdurch verringert sich beispielsweise die Wahrscheinlichkeit von Störungen bei der Übertragung.

4.1.5 Internetzugang

Der Zugang eines einzelnen Computers oder eines anderen IT-Geräts zum Internet kann grundsätzlich auf unterschiedliche Arten realisiert werden:

1. Das Gerät wird in ein lokales Computernetz (LAN; Kap. 4.1.2) eingebunden. Diese Anbindung kann kabelgebunden oder über eine Funkschnittstelle erfolgen (WLAN; Kap. 4.1.3). Das LAN verfügt über einen zentralen Zugang für alle angeschlossenen PCs zu einem Internetknotenpunkt. Die Verwaltung erfolgt über einen zuständigen Administrator, LAN- und Internet-Einstellungen werden zentral verwaltet.

2. Das Gerät hat einen direkten, leitungsgebundenen Internetzugang, entweder über einen **DSL-Anschluss** (Digital Subscriber Line; Digitale Anschlussleitung) oder über einen **BK-Kabelanschluss** (Breitband-Kommunikations-Kabelanschluss). Das Gerät wird hierbei über seinen Netzwerkanschluss mit dem **DSL-Modem** oder dem **BK-Kabelmodem** verbunden.

Exkurs

*Die **DSL-Technik** beschreibt ein Anschluss- und Übertragungskonzept, mit dem ein PC oder ein anderes Kommunikationsgerät über eine vorhandene Telefon-Anschlussleitung mit dem Internet verbunden wird. Die DSL-Technik ist nur für den Datentransport über Kupferleitungen (Cu-Leitungen) einsetzbar. Die früheren **ADSL**-Anschluss-Varianten (**A**symmetrisches **DSL**; größere Downstream-, kleinere Upstream-Rate) wurden inzwischen durchgängig von den symmetrischen **VDSL**-Varianten (**V**ery **H**igh **B**it-Rate **DSL**; Downstream- und Upstreamrate prinzipiell gleich groß) verdrängt. VDSL wird auch asymmetrisch eingesetzt, ermöglicht aber wesentlich größere Datenraten als ADSL (VDSL: bis 100 Mbit/s Down- und bis 40 Mbit/s Upstream bei maximal 300 m Cu-Leitung).*

*Beim **BK-Kabelanschluss** wird das ehemalige TV-Kabelnetz genutzt, das durch Erweiterung mit einem Rückkanal zu einem bidirektionalen Netz ausgebaut wurde. Hierbei sind (theoretisch) Datenraten bis zu 10 Gbit/s Down- und bis zu 1 Gbit/s Upstream bei Leitungslängen bis zu 150 km möglich (DOCSIS 3.1; siehe „Fachstufe IT-Systeme", Kap. 5.3.3).*

Die real erreichbaren Datenraten sind bei beiden Anschlussarten entfernungsabhängig kleiner (vgl. Kap. 6.3.3) und hängen auch vom gewählten Tarif des Anbieters ab. Sämtliche modernen Anschlussvarianten sind ausschließlich IP-basierend.

3. Ein Smartphone oder ein Tablet mit Mobilfunkmodem verfügt naturgemäß über einen drahtlosen Zugang zu einem Funknetz. Dieser Zugang kann auch für die Datenkommunikation mit dem Internet genutzt werden. Geräte, die über keine solche Funkschnittstelle verfügen, können per Tethering (Kap. 1.1.4) die Funkschnittstelle eines Smartphones oder Tablets nutzen. Alternativ lassen sie sich auch per USB-Stick mit einer eigenen GSM-/LTE-/5G-Funkschnittstelle nachrüsten. Erforderlich sind eine jeweilige Netzverfügbarkeit und ein entsprechender Mobilfunkvertrag.

4

Exkurs

__Mobilfunknetze__ sind grundsätzlich zellular aufgebaut. In jeder Zelle befindet sich eine Sende- und Empfangsstation (Basisstation), die jeweils eine Funkschnittstelle bereitstellt. Die Basisstation stellt über eine Glasfaserleitung (LWL; siehe „Fachstufe IT-Systeme", Kap. 6.2) die Verbindung mit dem Backbone-Festnetz her. Der Netzzugang eines Endgeräts erfolgt über die Funkschnittstelle mittels elektromagnetischer Wellen (Kap. 6.3.6).
Die Entwicklung des kommerziellen Mobilfunks wird in verschiedene „Generationen" (G) unterteilt, die unterschiedliche technische Leistungsmerkmale aufweisen. Derzeit verwendet werden die Generationen:

- *__2G__: GSM-Netz (__G__lobal __S__ystem for __M__obile Communications; siehe „Fachstufe IT-Systeme", Kap. 5.8.1); Grundversorgung für die Sprachkommunikation (Datenrate bis ca. 14 kbit/s); durch technische Erweiterungen (GPRS, EDGE) auch zur Übertragung schmalbandiger Prozessdaten in cyber-physischen Systemen geeignet (z. B.: __M2M__: machine-to-maschine-communication; bis ca. 470 kbit/s)*
- *__4G__: LTE-Netz (__L__ong __T__erm __E__volution; Weiterentwicklungen: __LTE-Advanced__, __LTE-Advanced Pro__; siehe „Fachstufe IT-Systeme", Kap. 5.8.2); Verwendung für die Sprachkommunikation (__VoLTE__: Voice over LTE) sowie für die breitbandige Datenkommunikation, abhängig vom LTE-Entwicklungsschritt („Release") und der Endgerätekategorie Datenraten ca. 300 Mbit/s–1 700 Mbit/s im Downstream und ca. 50 Mbit/s–300 Mbit/s im Upstream*
- *__5G__: (siehe „Fachstufe IT-Systeme", Kap. 5.8.3) im Aufbau befindliches Kommunikationsnetz speziell für IoT, autonomes Fahren, Industrie 4.0, Smart City und die damit verbundenen vielfältigen Anwendungen; Datenraten im Endausbau bis zu 20 Gbit/s*

4. Alternativ zu einem der genannten klassischen Mobilfunknetze ist auch ein Internetzugang über ein Funknetz gemäß dem **IEEE-802.16-Standard** denkbar. Dieser Standard ist auch unter der Bezeichnung **WiMax** (**W**orldwide **I**nteroperability for **M**icrowave **A**ccess) bekannt und ermöglicht – sofern er von einem Netzbetreiber angeboten wird – einen drahtlosen bidirektionalen Breitbandzugang mit Datenraten bis zu 1 Gibit/s Download bei geländeabhängigen Entfernungen bis zu 5 km. Dabei stellt ein WiMax-Router dem Client eine IEEE-802.3-Schnittstelle zur Verfügung (in Deutschland kaum verbreitet). Derzeit im Aufbau befindet sich ein vom US-Unternehmen SpaceX betriebenes Satellitennetzwerk („Starlink"), das prinzipiell beliebigen Endgeräten mithilfe spezieller Terminals und Sende-/Empfangsantennen weltweit einen bidirektionalen Internetzugang ermöglichen kann (Downstream bis ca. 450 Mbit/s, Upstream bis ca. 100 Mbit/s).

Bei Internetanschlüssen im Businessbereich sind neben technischen Anschlussaspekten eine Reihe zusätzlicher Anforderungen zu erfüllen. Hierzu zählen neben der telefonischen Erreichbarkeit auch:

- schnelle Entstörung bei Problemen
- einfache Erweiterbarkeit
- Zusatzleistungen, z. B. feste IP-Adresse, mehrere Rufnummern
- firmenmäßige Web-Präsentation und Social-Media-Zugang
- flexible Kommunikationswege (z. B. Home-Office)
- 24-Stunden Business-Hotline

Der zunehmende Bedarf an Übertragungsbandbreite führt sowohl bei Firmenanschlüssen als auch bei Privatkunden und -kundinnen speziell in Ballungsgebieten dazu, dass die Netzbetreiber ihre Kupferanschlussleitungen durch Glasfaserleitungen ersetzen (**FTTH**: Fibre To The Home; „Fachstufe „IT-Systeme", Kap. 5.5.1). Hierdurch wird auch ohne DSL-Techniken ein Datenanschluss möglich, der weitaus höhere Datenraten zur Verfügung stellen kann.

Die genannten Anschlusstechniken werden im Band „Fachstufe IT-Systeme" ausführlich behandelt.

AUFGABEN

1. Welche Vorteile ergeben sich aus der Vernetzung von PCs?

2. Kommunikationsnetze werden nach ihrer Ausdehnung voneinander unterschieden. Nennen sie die international verwendeten Abkürzungen sowie deren Bedeutung von verschiedenen Ausdehnungsgrößen. Geben Sie deren ungefähre Ausdehnung sowie jeweils ein Anwendungsbeispiel an.

3. a) Was versteht man im Zusammenhang mit Kommunikationsnetzen unter „Topologie"?
   b) Welche grundsätzlichen Topologien unterscheidet man bei Kommunikationsnetzen? Nennen Sie jeweils markante Eigenschaften. (Erweiterte Aufgabenstellung: Erstellen Sie eine entsprechende Visualisierung der Topologien.)
   c) Nennen Sie neben der Ausdehnung und Topologie andere mögliche Merkmale, nach denen sich Kommunikationsnetze voneinander unterscheiden lassen.

4. a) Welches Merkmal zeichnet sog. TP-Kabel aus und aus welchem Grund werden sie verwendet? (Lösungshinweis: Verwenden Sie ggf. Informationen aus Kap. 6.3.6.)
   b) Nennen Sie unterschiedliche Ausführungen von TP-Kabeln und erläutern Sie die technischen Unterschiede.

5. Nennen Sie grundsätzliche aktive Komponenten, die zu einem LAN gehören. Erläutern Sie deren Eigenschaften.

6. Was versteht man bei einem LAN grundsätzlich unter einer Firewall?

7. a) Bei WLAN unterscheidet man zwischen WiFi 4, WiFi 5 und Wifi 6. Erläutern Sie die Unterschiede.
    b) Welche Unterschiede bestehen bei WLAN zwischen dem „Infrastrukturmodus" und dem „Ad-Hoc-Modus"?

8. Während Ihrer Ausbildung arbeiten Sie zeitweise im Support. Ein Kunde, der ein WLAN einrichten möchte, bittet um Hilfestellung bei der Auswahl im Zusammenhang mit den im Einstellungsmenü vorkommenden Bezeichnungen SSID, WPA und AES. Welche Informationen geben Sie ihm?

9. Erläutern Sie die im Zusammenhang mit einem LAN grundsätzlich vorkommenden Begriffe „Client" und „Server".

10. Nennen und erläutern Sie unterschiedliche Arten, wie der Zugang eines einzelnen Computers oder eines anderen IT-Gerätes zum Internet grundsätzlich realisiert werden kann. (Hinweis: Je nach Bearbeitungstiefe ggf. mit zusätzlicher Internetrecherche.)

4.2   Grundlagen der TCP/IP-Protokolle

4

Der Name **TCP/IP** bezeichnet eine Gruppe von Protokollen, von denen die Namensgeber **TCP** und **IP** die wichtigsten Einzelprotokolle sind. Es gibt Alternativen, etwa bei IBM-Großrechnern oder das früher in lokalen Netzen weit verbreitete Protokollsystem **Netware** der Firma Novell. Die TCP/IP-Protokolle sind aufeinander abgestimmt und bilden ein einheitliches System. Eine Vermischung der Protokolle verschiedener Systeme untereinander ist nicht möglich. Über sog. Gateways können aber beispielsweise ein TCP/IP-Netz und ein Netware-Netz miteinander verbunden werden.

4.2.1   Adressierungsebenen

Mit den in Kap. 4.1.2 beschriebenen Komponenten lassen sich lokale Netze aufbauen. Die LAN-Komponenten gestatten die physische Verbindung von Netzwerkschnittstellen.

Damit mehr als zwei Geräte untereinander kommunizieren können, muss jedes Gerät mindestens eine **eindeutig** gekennzeichnete Netzwerkschnittstelle haben. Diese Kennzeichnung heißt **MAC-Adresse** (**M**edia **A**ccess **C**ontrol; Kap. 4.1.2.3). Sie wird auch **physische Adresse**, **physikalische Adresse**, **Hardwareadresse** oder **Geräteadresse** genannt.

Wie im nächsten Kapitel erläutert wird, ist diese Adresse nur lokal anwendbar. Sie ist zwar eindeutig, aber ihr fehlt eine wichtige Eigenschaft: Neben der Eindeutigkeit muss vor allem ein globales Adressierungssystem gestatten, aus der Adresse auf den **Zielort** zu schließen, ähnlich wie bei Postleitzahlen. So kann (zunächst grob und dann immer feiner) die Richtung festgelegt werden, in die ein Datenpaket weitergeleitet werden muss.

Mit der **MAC-Adresse** kann ein **Nachbarrechner** (im gleichen lokalen Netz) gezielt adressiert werden. Sie ist zum Orten der Ziel-Schnittstelle nur bedingt (lokal) brauchbar. Zwischen den MAC-Adressen einer willkürlich in einem Netz zusammengestellten Gruppe von Interfaces besteht keinerlei Zusammenhang (Bild 4.13).

Abhilfe schafft ein global taugliches Adressierungssystem. Kommunikation über Netzwerkgrenzen hinweg ist Inter-Net-Working, kurz: **Internet**. Die Adressen werden ortsbezogen zugeteilt, sodass aus ihnen der Zielort gefunden werden kann. Die Details dazu beschreibt das Internetworking Protocol, kurz **IP**.

Mit der **IP-Adresse** kann ein **Partnerrechner** gezielt adressiert werden, auch wenn er sich nicht im gleichen (lokalen) Netz befindet.

Da IP-Adressen aus Zahlengruppen gebildet werden, sind sie für den Menschen nicht sonderlich umgänglich. Der Mensch braucht Bedeutung tragende Namen, sodass über die IP-Adressierung eine Namensadressierung gelegt wurde: Besser als z. B. 217.13.73.44 kann man sich www.westermann.de merken. Damit dies möglich wird, gibt es einen eigenen Dienst im Internet, das sog. **Domain Name System (DNS)**, das sogar ortsunabhängig, nur an organisatorischen Strukturen orientiert, verwendet werden kann.

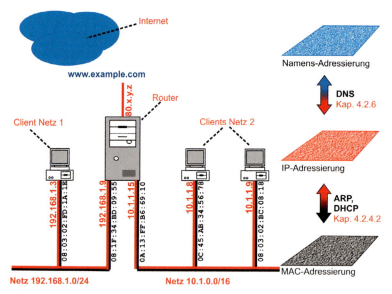

Bild 4.13: Ebenen der Adressierung

4.2.2   Adressierungsarten (Aussendeformen)

In den meisten Adressierungssystemen gibt es drei verschiedene Adressierungsarten:

- **Unicast**: Hier wird genau ein Endgerät adressiert (Bild 4.14 a).
- **Broadcast**: Alle erreichbaren Endgeräte werden adressiert (Bild 4.14 b).
- **Multicast**: Hier wird eine Gruppe von Endgeräten adressiert (Bild 4.14 c).

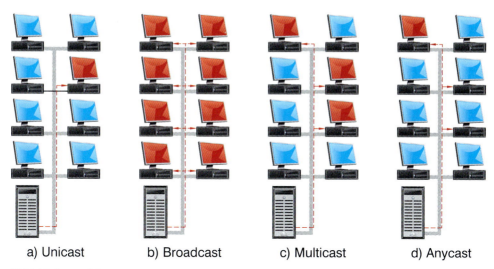

Bild 4.14: Aussendeformen

Bei der IPv6-Adressierung (Kap. 4.2.4.1) gibt es zusätzlich noch die Aussendefom **Anycast** (Bild 4.14 d), auf die hier aber nicht näher eingegangen wird.

4.2.3 MAC-Adressierung

4

Hinter jeder Kabelbuchse und hinter jeder Antenne von Endgeräten, nicht Hubs, Repeatern oder Switches etc., verbirgt sich eine MAC-Adresse, die für diese Schnittstelle weltweit eindeutig ist. Sie wird vom Hersteller eingebaut und ist meist 48 bit lang (Bild 4.15, blau markiert).

Network Connection Details		✕
Network Connection Details:		
Property	**Value**	
Connection-specific DN...	fritz.box	
Description	Realtek PCIe GbE Family Controller	
Physical Address	84-A9-38-F9-B5-63	
DHCP Enabled	Yes	
IPv4 Address	192.168.118.133	
IPv4 Subnet Mask	255.255.255.0	

Network Connection Details		✕
Network Connection Details:		
Property	**Value**	
Connection-specific DN...		
Description	Qualcomm Atheros QCA61x4A Wirele:	
Physical Address	14-5A-FC-59-91-A1	
DHCP Enabled	Yes	
IPv4 Address	192.168.189.99	
IPv4 Subnet Mask	255.255.255.0	

Bild 4.15: Windows zeigt die physischen Adressen als Netzwerkverbindungsdetails (links Kabel, rechts WiFi)

> Die physische Adresse (Kap. 4.2.1) ist immer gleich, egal in welchem Protokollsystem die Schnittstelle verwendet wird.

Die erste Hälfte der MAC-Adresse ist eine Herstellerkennung (**OUI: O**rganizationally **U**nique **I**dentifier), die zweite Hälfte die „Seriennummer" des Exemplars. Schon die beiden abgebildeten Schnittstellen eines PCs haben sehr unterschiedliche MAC-Adressen (Bild 4.15). Schnittstellen zweier oder mehrerer benachbarter Rechner haben fast sicher sehr unterschiedliche MAC-Adressen.

> Der räumliche Gültigkeitsbereich der MAC-Adressierung wird vom nächsten Netzkoppler (Router) begrenzt. Jenseits des Routers ist eine diesseitige MAC-Adresse unbekannt.

Die hier beschriebene MAC-Adressierung ist nach **IEEE 802.3** („Ethernet") standardisiert, seltener ist die Token-Ring-Standardisierung nach IEEE 802.5 bei Ring-Topologie.

Die MAC-Adressen von Sender und Empfänger werden den Nutzdaten zusammen mit anderen Protokoll-Informationen in einem Vorspann (Ethernet-Header) vorangestellt. Aus den Nutzdaten wird ein Prüfwert gebildet und den Nutzdaten nachgestellt *(trailer)*, sodass diese Schicht-2-Daten die Nutzdaten einrahmen. Daher spricht man auch von einem Ethernet-Rahmen oder Ethernet-Frame (Bild 4.16).

	DA	SA	TYPE	Nutzlast	FCS
8 Byte	6 Byte	6 Byte	2 Byte	46-1500 Byte	4 Byte

Präambel
14 Byte
Ethernet-DIX-Frame: 64-1518 Byte

Präambel: 10101010 10101010 10101010 10101010 10101010 10101010 10101010 10101011
DA   : Hardware-Zieladresse (Destination Adress)
SA   : Hardware-Quelladresse (Source Adress)
TYPE   : Nutzlast-Protokolltyp, Kodierung wie bei SNAP, 0800 (hex.) für IP
FCS   : Frame Check Sequence, CRC (Cyclic Redundancy Check)-Prüfwert

Bild 4.16: Der klassische Ethernet-Rahmen

4.2.4 IP-Adressierung

Um in einem Netzwerk eindeutig erkannt und gefunden zu werden, benötigt jedes Gerät eine eindeutige IP-Adresse.

> Die **IP-Adresse** (**I**nternet **P**rotocol **A**ddress) ist eine weltweit eindeutige Kennzeichnung eines Computers (oder eines anderen IT-Geräts), der (das) über das Internet mit anderen IT-Geräten kommuniziert.

Die IP-Adressen von Sender und Empfänger werden zusammen mit anderen Protokollinformationen in einem Paketvorspann (IP-Header, bei IPv4 mindestens 20 Bytes) den Nutzdaten vorangestellt (Bild 4.17), mitversendet und ggf. auf ihrem Weg zum Empfänger auch verändert.

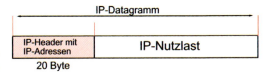

IP-Datagramm

| IP-Header mit IP-Adressen | IP-Nutzlast |

20 Byte

Bild 4.17: Vereinfachtes IP-Datagramm

4.2.4.1 Adressbildung

Auch in einem privaten, lokalen Netz wird diese Art der Kennzeichnung verwendet. Eine IP-Adresse in der IP-Version 4 **(IPv4)** besteht aus 4 Bytes = 32 bit. Hiermit lassen sich 2^{32} verschiedene IP-Adressen zuordnen. Dieser – aus heutiger Sicht – zu kleine Adressraum wird durch die Nachfolgeversion **IPv6**, bei der 16 Bytes für die Adressierung verwendet werden, auf 2^{128} IP-Adressen erweitert. Eine IPv4-Adresse wird binär folgendermaßen angegeben (Bild 4.18):

	1. Byte								2. Byte								3. Byte								4. Byte							
binär	1	0	0	0	1	0	1	1	0	1	0	1	1	0	0	0	0	0	0	0	0	0	1	1	0	1	1	0	0	1	0	0
dezimal	139								88								3								100							
Beispiel A	Netz-Adressteil								Host-Adressteil																							
Beispiel B	Netz-Adressteil																Host-Adressteil															

Bild 4.18: Aufbau einer IPv4-Adresse (Beispiel)

Die binär angegebenen Bytes werden einzeln in Dezimalzahlen umgewandelt und durch Punkte voneinander getrennt: 139.88.3.100.

Ähnlich wie bei der Telefonnummer mit Vorwahl und Rufnummer besteht die IPv4-Adresse aus zwei Teilen, dem **Netz-Adressteil**, der das Netz kennzeichnet, in dem sich der PC befindet, und dem **Host-Adressteil**, der den einzelnen PC eindeutig kennzeichnet. Von der Länge des Host-Adressteils hängt die maximale Anzahl der PCs ab, die in dem Netz eindeutig adressiert werden können (bei 16 bit theoretisch $2^{16} = 65\,536$, davon sind zwei Adressen reserviert und können nicht vergeben werden, siehe unten).

Zur eindeutigen Zuordnung eines PCs zu einem Netz muss zusätzlich zur IPv4-Adresse auch jeweils die Länge des Netz-Adressteils angegeben werden. Dies kann auf zweierlei Arten geschehen:

1. Man hängt die (binäre) Stellenzahl, die das Netz definiert, mit einem Schrägstrich an die IP-Adresse an, also etwa **139.88.3.100/16**. Das bedeutet, dass der Netz-Adressteil aus den ersten 16 bit der IP-Adresse besteht (also in Dezimalschreibweise 139.88; vgl. Beispiel B in Bild 4.18). Der Host-Adressteil besteht demzufolge aus den verbleibenden 16 bit (hier also 3.100).

2. Man gibt eine binäre Zahlengruppe an, die formal wie eine Netzadresse aussieht, die jedoch in den Bits des Netz-Adressteils nur Einsen und in den Bits des Host-Adressteils nur Nullen hat. In Dezimalschreibweise umgewandelt ergibt sich passend zum obigen Beispiel 255.255.0.0. Diese Zahlengruppe wird **Netzmaske** *(netmask)* genannt.

Mithilfe der Netzmaske lassen sich private Netze auch in kleinere Teilnetze (Subnetze) unterteilen. Hierdurch lassen sich Firmennetze nach Bereichen, Standorten oder anderen gewünschten Strukturen einteilen, wodurch meist eine einfachere Administration bzw. Rechtevergabe möglich ist. In den Eingabemasken für die Netzwerkeinbindung wird daher anstelle des Begriffs Netzmaske die Bezeichnung **Subnetzmaske** *(subnet mask)* verwendet.

> Zur vollständigen Kennzeichnung eines PC-Interface in einem IPv4-Netz gehören die **IP-Adresse** (Unicast) und die **Subnetzmaske**.

In vielen Fällen verläuft das Einbinden eines Client-PCs in ein bestehendes Netzwerk selbstständig und dem PC werden von einem DHCP-Server (Bild 4.12) automatisch die erforderlichen Daten zugewiesen.

Bei der Einrichtung eines Netzwerks können IP-Adresse und Subnetzmaske auch manuell in die entsprechenden Felder der Eingabemaske für das Einrichten einer Netzwerkverbindung eingegeben werden. Hierbei ist für die Eindeutigkeit bei der Vergabe von IP-Adressen zu beachten, dass die meisten IP-Adressen von einer zentralen Organisation an öffentliche Netzbetreiber vergeben werden.

Für den Einsatz von IP-Adressen innerhalb privater Netze werden jedoch bestimmte Adressbereiche reserviert. Da diese Adressen öffentlich nicht geroutet (weitergegeben) werden, dürfen sie in jedem privaten Netz verwendet werden. Hierzu gehören beispielsweise die IPv4-Adressen 10.x.x.x oder 192.168.x.x, wobei x jeden Wert zwischen 1 und 254 annehmen darf. Sowohl die niedrigste (x = 0) als auch die höchste (x = 255) in einem Netz vorkommende Adresse haben eine besondere Bedeutung und können nicht an einen PC vergeben werden.

> Die niedrigste einem Netz zugeordnete IPv4-Adresse (alle Bits im Host-Adressteil sind 0) ist die sog. **Netzadresse**. Diese Adresse kennzeichnet ein Netz von außerhalb (z. B. aus dem Internet).
>
> Die höchste einem Netz zugeordnete IPv4-Adresse (alle Bits im Host-Adressteil sind 1) ist die sog. **Broadcastadresse**. Mit dieser Adresse werden alle in einem Netz befindlichen PCs angesprochen.
>
> Diese Adressen können nicht an einzelne Hosts vergeben werden.

Durch die logische, bitweise UND-Verknüpfung einer in einem Netz vergebenen IP-Adresse mit der zugehörigen (Sub-)Netzmaske kann die Netzadresse softwaremäßig bestimmt werden.

Ebenso lässt sich die Broadcastadresse durch eine logische, bitweise ODER-Verknüpfung (Kap. 6.2.1.1) einer in einem Netz vergebenen IPv4-Adresse mit der zugehörigen invertierten (Sub-)Netzmaske softwaremäßig bestimmen.

Beispiel
In einem privaten Firmennetz wird die IPv4-Adresse 192.168.1.31 vergeben. Die Netzmaske lautet 255.255.255.0.
a) Welche Informationen beinhaltet die angegebene Netzmaske?
b) Wie lauten die zugehörige Netzadresse und die Broadcastadresse?
c) Wie viele Hosts sind maximal adressierbar?

Lösung
a) Die ersten 24 Bits (1. bis 3. Byte) der Netzmaske haben den Wert 1 ($255_{dezimal} = 11\,111\,111_{dual}$;
   Kap. 6.1.4).
   Somit bilden die ersten 24 Bits, d. h. 1. bis 3. Byte der IPv4-Adresse, den Netz-Adressteil. Die letzten 8 Bits (4. Byte) haben den Wert 0. Somit bilden diese den Host-Adressteil.
b) Bestimmung der Netzadresse durch bitweise UND-Verknüpfung (Kap. 6.2.1) von IPv4-Adresse und Netzmaske:

1. Byte								2. Byte								3. Byte								4. Byte								
1	1	0	0	0	0	0	0	1	0	1	0	1	0	0	0	0	0	0	0	0	0	0	1	0	0	0	1	1	1	1	1	IPv4-Adresse
1	1	1	1	1	1	1	1	1	1	1	1	1	1	1	1	1	1	1	1	1	1	1	1	0	0	0	0	0	0	0	0	(Sub-)Netzmaske
1	1	0	0	0	0	0	0	1	0	1	0	1	0	0	0	0	0	0	0	0	0	0	1	0	0	0	0	0	0	0	0	Netzadresse

Die zugehörige Netzadresse lautet dezimal 192.168.1.0.

Bestimmung der Broadcastadresse durch bitweise ODER-Verknüpfung (Kap. 6.2.1) von IPv4-Adresse und der invertierten (Sub-)Netzmaske:

1. Byte								2. Byte								3. Byte								4. Byte								
1	1	0	0	0	0	0	0	1	0	1	0	1	0	0	0	0	0	0	0	0	0	0	1	0	0	0	1	1	1	1	1	IPv4-Adresse
0	0	0	0	0	0	0	0	0	0	0	0	0	0	0	0	0	0	0	0	0	0	0	0	1	1	1	1	1	1	1	1	invertierte (Sub-)Netzmaske
1	1	0	0	0	0	0	0	1	0	1	0	1	0	0	0	0	0	0	0	0	0	0	1	1	1	1	1	1	1	1	1	Broadcastadresse

Die zugehörige Broadcastadresse lautet dezimal 192.168.1.255.

b) Der Host-Adressteil besteht nur aus dem 4. Byte. Die maximal adressierbare Anzahl von Hosts beträgt somit 254 ($2^8 = 256$, abzüglich Netzadresse und Broadcastadresse).

IPv6-Adressen werden nicht in dezimaler, sondern in hexadezimaler Schreibweise (Kap. 6.1.4.3) angegeben. Hierbei sollen – im Gegensatz zur MAC-Adresse (Bild 4.15) – gemäß Norm Kleinbuchstaben verwendet werden (Bild 4.19; Hinweis: Diese Norm wird in der Praxis nicht durchgängig eingehalten). Eine IPv6-Adresse besteht insgesamt aus 128 bit, die in acht Blöcken zu je 16 bit gruppiert werden. Jeder Block wird mit vier Hexadezimalstellen angegeben, die einzelnen Blöcke werden jeweils durch Doppelpunkte voneinander getrennt. Ähnlich wie eine IPv4-Adresse besteht auch eine IPv6-Adresse aus zwei Teilen, dem Präfix bzw. **Netz-Identifier** und dem **Interface-Identifier**. Beide Teile können aus der gleichen Anzahl von Bits bestehen (d. h. jeweils 64 bit), die Anzahl kann jedoch auch unterschiedlich sein (z. B. Präfix: 80 bit, Interface-Identifier: 48 bit). Die Summe beider Teile muss aber stets 128 bit ergeben. Die Anzahl der Bits, die zum Präfix gehören, wird hinter einem Schrägstrich an die IPv6-Adresse angehängt (Subnetzpräfix, Bild 4.19).

IPv6-Adresse	00d7	:	1605	:	0000	:	19e0	:	02aa	:	00ff	:	fe28	:	000a	/	64
Block-Nr.	1		2		3		4		5		6		7		8		Subnet-präfix
Länge	16 bit		16 bit		16 bit		16 bit		16 bit		16 bit		16 bit		16 bit		IPv4-Adress-bereich
Bezeichnung	Präfix/Netz-Identifier (64 bit)								Interface-Identifier (64 bit)								

Bild 4.19: Aufbau einer IPv6-Adresse (Beispiel)

Um den Schreibaufwand zu reduzieren, gelten folgende Verkürzungsregeln:

Verkürzungsregel	Beispiele
Führende Nullen innerhalb eines Blockes dürfen weggelassen werden.	00d7:1605:0000:19e0:02aa:00ff:fe28:000a wird zu d7:1605:0:19e0:2aa:ff:fe28:a
Beträgt der Wert *eines oder mehrerer aufeinanderfolgender* Blöcke den Wert 0 (bzw. 0000), dürfen diese **einmalig** ausgelassen werden; dies wird durch zwei aufeinanderfolgende Doppelpunkte dargestellt.	d7:0:0:0:2aa:ff:fe28:a wird zu d7::2aa:ff:fe28:a
	d7:0:0:0:2aa:0:0:a wird zu d7::2aa:0:0:a **oder** d07:0:0:0:2aa::a
Die letzten 32 bit (Block 7 und 8) entsprechen dem Adressraum von IPv4 (32 bit = 4 Bytes; in Bild 4.19 rot getönter Bereich). Für diese 4 Bytes darf die herkömmliche dezimale Schreibweise verwendet werden.	00d7:1605:0000:19e0:02aa:00ff:8b58:0364 oder d7:1605::19e0:2aa:ff:139.88.3.100
	IPv4-Adresse: 127.0.0.1 als IPv6-Adresse: ::127.0.0.1 oder ::7F00:1

Bild 4.20: Verkürzungsregeln

4.2.4.2 Adresszuweisung

IP-Adressen können **nicht beliebig** gewählt werden. Globale (offizielle) Adressen vergibt der **Provider**, lokale Adressen vergibt der örtliche **Administrator**.

Die lokale Adresse wird normalerweise von der Software des Betriebssystems automatisch zugewiesen, wenn das Endgerät eingeschaltet wird. Man muss den Host nur darauf einstellen, sich bedienen zu lassen (Bild 4.21).

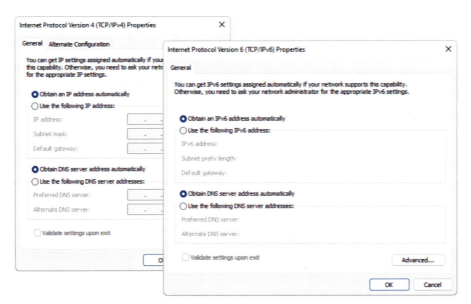

Bild 4.21: IP-Adresse automatisch beziehen

Es wird ein DHCP-Server im lokalen Netz vorausgesetzt. **DHCP** steht für **D**ynamic **H**ost **C**onfiguration **P**rotocol. Auf Anfrage des DHCP-Clients im Endgerät (PC) antwortet der DHCP-Server u. a. mit:

- IP-Adresse für diesen Client
- IP-Adresse des Routers, über den das nächstgrößere Netz erreichbar ist (Firmennetz oder Internet), die sog. Standardroute
- IP-Adresse des DNS-Servers (Kap. 4.2.5)

Jeder Heimrouter bietet diesen Dienst an. In größeren Netzen hält ein Administrator einen speziellen DHCP-Server vor.

> Derjenige Router, der das lokale Netz mit dem Internet verbindet, erhält seine globale Adresse durch ein ähnliches Protokoll vom **ISP** (**I**nternet **S**ervice **P**rovider).

Muss ausnahmsweise einmal eine IP-Adresse von Hand zugewiesen werden, muss man auf die Bordmittel des Betriebssystems zugreifen (Kap. 4.3 und Bild 4.133).

Adressauflösung mit ARP bei IPv4

Nach dieser Zuweisung (DHCP/manuell) kennt die Systemsoftware die eigene MAC-Adresse (aus der Netzwerkkarte) und die eigene IP-Adresse. Zur Kommunikation mit einem Nachbarrechner ist aber außer dessen IP-Adresse auch dessen MAC-Adresse erforderlich.

Um von einer gegebenen IP-Adresse (z. B. des Routers) im eigenen Netz die zugehörige MAC-Adresse zu bekommen, verwendet die Systemsoftware das ARP-Protokoll (**A**ddress **R**esolution **P**rotocol).

Wenn z. B. in Bild 4.13 der Rechner mit der IP-Adresse 10.1.1.9 ein IP-Paket an den Rechner mit der IP-Adresse 10.1.1.8 senden will, dann werden die Nutzdaten (Abfrage sinngemäß: „Wer hat 10.1.1.8?") mit einem IP-Header versehen (Bild 4.22) und der Schicht 2 übergeben:

FF:FF:FF:FF:FF:FF	08:03:02:BC:08:18	[...]	„Wer hat 10.1.1.8"	T2
Hardware-Zieladresse	Hardware-Quelladresse		IP-Zieladresse IP-Quelladresse	
Header der Schicht 2 (H2)			Nutzlast der Schicht 2: ARP-Daten	
Rahmen (Paket) der Schicht 2				

Bild 4.22: Anfrage (ARP-Request)

Die Netzwerkinterfaces aller eingeschalteten Rechner nehmen diesen (Broadcast-)Rahmen an, aber nur der Rechner mit der angefragten IP-Adresse antwortet gezielt mit einem ARP-Reply (Bild 4.23).

08:03:02:BC:08:18	0C:45:AB:34:56:78	[...]	„Ich habe 10.1.1.8"	T2
Hardware-Zieladresse	Hardware-Quelladresse		IP-Quelladresse	
Header der Schicht 2 (H2)			Nutzlast der Schicht 2: ARP-Daten	
Rahmen (Paket) der Schicht 2				

Bild 4.23: Antwort (ARP-Reply)

Damit ist der Rahmen vollständig (Bild 4.24) und kann versendet werden.

0C:45:AB:34:56:78	08:03:02:BC:08:18	[...]	10.1.1.9	10.1.1.8	[...]		T2
Hardware-Zieladresse	Hardware-Quelladresse		IP-Quelladresse	IP-Zieladresse			

Bild 4.24: Vollständiger Rahmen

Der Rechner erlernt so die Zuordnung zwischen IP-Adressen und Hardwareadressen und legt beide in einer Tabelle (ARP-Table, Bild 4.225) ab. Dadurch muss für einen nachfolgenden Zugriff kein neuer ARP-Request durchgeführt werden. Wird ein Eintrag in der ARP-Tabelle einige Minuten lang nicht verwendet, so wird er entfernt.

```
C:\Users\Frisch>arp -a

Schnittstelle: 192.168.192.33 --- 0x3
  Internetadresse        Physische Adresse       Typ
  192.168.192.1          20-d5-bf-99-c1-9c       dynamisch
  192.168.192.3          20-d5-bf-99-c1-9f       dynamisch
  192.168.192.16         04-d6-aa-0f-51-78       dynamisch
  192.168.192.17         74-2f-68-fc-d2-4b       dynamisch
  192.168.192.35         38-9d-92-af-9d-8b       dynamisch
  192.168.192.63         8c-89-a5-8b-59-e2       dynamisch
  192.168.192.249        74-da-38-be-c3-de       dynamisch
  192.168.192.250        00-08-9b-c6-0e-37       dynamisch
  192.168.192.255        ff-ff-ff-ff-ff-ff       statisch
  224.0.0.2              01-00-5e-00-00-02       statisch
  224.0.0.22             01-00-5e-00-00-16       statisch
  224.0.0.251            01-00-5e-00-00-fb       statisch
  224.0.0.252            01-00-5e-00-00-fc       statisch
  224.0.1.178            01-00-5e-00-01-b2       statisch
  224.0.2.3              01-00-5e-00-02-03       statisch
  239.255.255.250        01-00-5e-7f-ff-fa       statisch
  255.255.255.255        ff-ff-ff-ff-ff-ff       statisch
```

Bild 4.25: Abfrage der ARP-Tabelle mit Windows-Bordmitteln in der Konsole

4.2.4.3 Adressauswertung

Wie aus Bild 4.38 (Überblick TCP/IP-Protokollstapel) unmittelbar hervorgeht, ist die IP-Schicht (auch als Netzwerkschicht oder Schicht 3 des OSI-Modells bezeichnet) der zentrale Dreh- und Angelpunkt des gesamten Gebäudes. Trotz einiger Schwächen verdankt der ganze Protokollstapel seine Langlebigkeit ihrer Robustheit.

Die **Schicht 3** (**Vermittlungsschicht**; *network layer*) sorgt dafür, dass ein Datenpaket den richtigen Zielrechner findet (z. B. durch Einsatz der Protokolle IP und/oder ICPM; Kap. 4.2.4.4). Dazu werden folgende drei Aufgaben gelöst:

1. Adressierung
2. Wegesteuerung
3. Paketgrößenanpassung an die Schicht 2 (Kap. 4.2.7.2)

In Kap. 4.2.4.1 wurde die Adressierung schon beschrieben. Das Adressierungssystem ist so aufgebaut, dass zwei Rechner über einen koppelnden Router miteinander kommunizieren können (z. B. in Bild 4.26 der Rechner mit der IP-Adresse 192.168.1.3 mit dem Rechner mit der IP-Adresse 10.1.1.9). Die Protokollsoftware erkennt, dass der Zielrechner nicht im eigenen Netz (192.168.1.0/24) liegt und delegiert die Aufgabe der Zustellung an den ihm (via DHCP) bekannten Router (mit 192.168.1.9 am linken Interface im eigenen Netz). Das Paket wird an den Router gesendet, nachdem eine ARP-Abfrage nach der MAC-Adresse des Routers erfolgt ist. Die dazu erforderliche IP-Adresse des Routers ist schon durch die DHCP-Konfiguration bekannt.

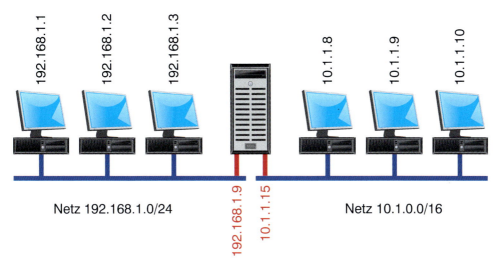

Bild 4.26: Kopplung zweier Netze durch einen Router

Aus dessen Sicht liegt der Zielrechner im eigenen Netz (10.1.0.0/16) am rechten Interface.

Es wird noch einmal daran erinnert, dass die MAC-Adressierung auf jeder der beiden Seiten am Router endet, aber die IP-Adressierung durch den Router hindurch wirkt. Der Router ist ein *dual homed host*, der auch automatisch Pakete weiterleiten kann. Dazu muss das Betriebssystem zunächst grundsätzlich konfiguriert sein. Größere Router besitzen ein proprietäres spezialisiertes Betriebssystem. Darüber hinaus muss angegeben werden, wie die „Umgebung aussieht“, d. h., für jedes Netz, das erreichbar sein soll, muss angegeben werden, über welchen Router es erreichbar ist. Voraussetzung dabei ist, dass der Router selbst erreichbar ist. Bei deutlich mehr als zwei Netzen kann dies aufwendig sein (Bild 4.27). Die Router führen Tabellen, in denen verzeichnet ist, welches Netz über welches seiner Interfaces erreicht werden kann. Diese Tabellen können bei internationalen Routern im Kernnetz der Provider schnell sehr groß werden.

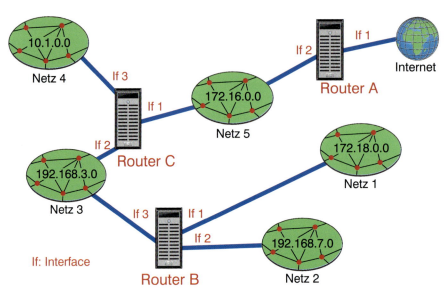

Bild 4.27: Großes Firmennetz eines Standortes mit mehreren Rechnern und Routern

Angenommene Interface-Konfiguration bei den Routern in Bild 4.27:

	Interface 1	Interface 2	Interface 3
Router A	62.225.255.13/24	172.16.255.254/16	
Router B	172.18.255.254/16	192.168.7.254/24	192.168.3.253/24
Router C	172.16.255.253/16	192.168.3.254/24	10.1.255.254/16

Bild 4.28: Interface-Konfiguration bei den Routern in Bild 4.27

Weg zu	Netz 1	Netz 2	Netz 3	Netz 4	Netz 5	Internet
Router A	Router C	Router C	Router C	Router C	Interface 2	Interface 1
Router B	Interface 1	Interface 2	Interface 3	Router C	Router C	Router C
Router C	Router B	Router B	Interface 2	Interface 3	Interface 1	Router A

Bild 4.29: Weiterleitungs-(Routing-)Information bei den Routern (zu Bild 4.27)

Weg zu	Netz 1	Netz 2	Netz 3	Netz 4	Netz 5	Internet
von Netz 1	direkt	Router B	Router B	Router B	Router B	Router B
von Netz 2	Router B	direkt	Router B	Router B	Router B	Router B
von Netz 3	Router B	Router B	direkt	Router C	Router C	Router C
von Netz 4	Router C	Router C	Router C	direkt	Router C	Router C
von Netz 5	Router C	Router C	Router C	Router C	direkt	Router A

Bild 4.30: Routinginformation in den übrigen Rechnern der einzelnen Netze (zu Bild 4.27)

Von Router C in seiner zentralen Position abgesehen, fällt auf, dass fast immer zu vielen verschiedenen Zielangaben nur wenige verschiedene Wegangaben erforderlich sind.

> Die Routingtabellen können verkürzt werden, wenn man Ziele zusammenfasst, die über gleiche Wege erreicht werden *(route aggregation)*.

Die Routingtabellen weisen dann nur noch lokal erreichbare Routen einzeln aus, alle anderen werden zu einer Standardroute zusammengefasst. Danach sehen die Routinginformationen in den Rechnern der einzelnen Netze so aus:

Weg zu	Netz 1	Netz 2	Netz 3	Netz 4	Netz 5	Internet
von Netz 1	direkt	Standardroute via Router B				
von Netz 2	Router B	direkt	Standardroute via Router B			
von Netz 3	Router B	Router B	direkt	Standardroute via Router C		
von Netz 4	Standardroute via Router C			direkt	Standardroute via Router C	
von Netz 5	Standardroute via Router C				direkt	Router A

Bild 4.31: Vereinfachte Routinginformation zu Bild 4.27

4.2.4.4 Hilfsprotokolle der IP-Schicht

Das Hilfsprotokoll ARP wurde bereits weiter oben beschrieben. Daneben gibt es noch weitere Hilfsprotokolle, z. B.: **IGMP** und **ICMP**. Diese sind oberhalb von IP angesiedelt, d. h., sie benutzen IP zur Erfüllung ihrer Aufgaben (siehe dazu auch Bild 4.38).

IGMP

Das IGMP (Internet Group Management Protocol) dient dazu, eine Multicast-Adressierung auf IP-Ebene zu ermöglichen. Dazu gibt es Gruppenadressen, die bei IPv4 mit `224.x.x.x` bis `239.x.x.x` beginnen, wie im unteren Teil von Bild 4.25. Bei IPv6 beginnen die Multicast-Adressen mit `ff01::` bis `ff0f::`.

ICMP

Das ICMP (Internet Control Message Protocol) dient der Steuerung der IP-Adressierung. Es werden Diagnosenachrichten, Fehlermeldungen und Informationen zur Konfigurationsunterstützung ausgetauscht (z. B. Zeitmarken-Anforderung, Subnetzmaske ermitteln). Beispielsweise kann ein Router einem anderen Router eine bessere Route zu einem Zielnetz mitteilen als die ursprüngliche.

Zu den wichtigsten Fehlermeldungen gehören, neben vielen anderen, „Netz nicht erreichbar" und „Host nicht erreichbar". Ein wichtiges Diagnosehilfsmittel bei der Konfiguration ist die Echoanforderung, mit der man die Erreichbarkeit und die Verbindungsqualität testen kann. Es gibt dafür ein eigenes Frontend mit dem klangvollen Namen Ping.

4.2.5   TCP/UDP-Adressierung und Transportschicht-Dienste

Mit den bisherigen Adressierungen konnten in der Schicht 2 mit den Hardwareadressen die Interfaces im physikalisch direkt angeschlossenen Netz und in der Schicht 3 mit den IP-Adressen die Interfaces in einem globalen Netz adressiert werden.

Die Endpunkte der technischen Kommunikation sind jedoch die **Prozesse** (Tasks; in Ausführung befindliche Programme, Bild 4.32): Der Clientprozess kommuniziert über die Protokolle, die Interfaces und das zwischen diesen liegende Netz mit einem Serverprozess. Hierzu dient die **Transportschicht** (OSI-Schicht 4) mit den Protokollen TCP, UDP und SCTP.

> Die **Schicht 4** (**Transportschicht**; *transport layer*) sorgt dafür, dass ein Clientprozess mit dem passenden Serverprozess im Zielrechner kommunizieren kann.

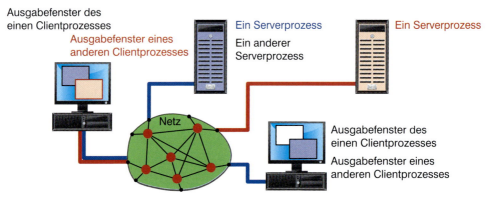

Bild 4.32: Mehrere Server kommunizieren mit mehreren Clients

4.2.5.1   Das Transportprotokoll TCP

Einige Dienste erfordern eine hohe Zuverlässigkeit. Sie werden über das Transportprotokoll **TCP** (Transmission Control Protocol) abgewickelt, welches vergleichsweise aufwendig ist.

Der Protokoll-Vorspann (Header), der den abschnittsweise übertragenen Daten vorangestellt wird, ist mindestens 20 Bytes groß. Jedes übertragene Byte wird gezählt und die Zeit bis zur Empfangsbestätigung durch den Kommunikationspartner überwacht. Parameter dazu befinden sich ebenfalls im TCP-Header. Der zentrale Begriff bei TCP ist die Verbindung.

4.2.5.2   Das Transportprotokoll UDP

Es gibt daneben auch Anwendungen und zugehörige Dienste, in denen es weniger auf Vollständigkeit ankommt als auf flüssige Übertragung, z.B. beim Bild einer Webcam. Dabei ist es tolerierbar, wenn ein Teilbild (eine Fünfundzwanzigstelsekunde) einer Übertragung fehlt (Nachliefern macht meistens keinen Sinn). Für diese Fälle wird das Transportprotokoll **UDP** (User Datagram Protocol; Datagram ist ein Kunstwort aus *data* und *telegram*) verwendet. Der UDP-Header, der jedem Paket vorangestellt wird, ist acht Bytes groß. Davon beschreiben zwei Bytes die Gesamtgröße des UDP-Pakets.

Ein wichtiger UDP-basierter Dienst ist der schon erwähnte DHCP-Dienst. Der Client (Bild 4.33) sendet ein UDP-Paket (Meldungstyp: Discover) als Broadcast ins Netz, woraufhin ein oder mehrere DHCP-Server dem Host eine IP-Adresse anbieten (Offer), der Host diese Adresse bei einem Server anfordert (Request) und dieser DHCP-Server die Adresse bestätigt (Acknowledge). Nicht ausgewählte Angebote anderer Server können wiederverwendet werden. Das Protokoll kennt noch weitere Meldungstypen für Sonderfälle außerhalb des normalen Ablaufs.

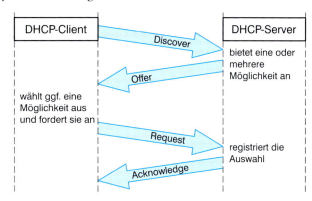

Bild 4.33: DHCP-Protokoll-Ablauf

Unterschiede zwischen TCP und UDP zeigt die nachfolgende Tabelle (Bild 4.34):

UDP	TCP
Beim Datagrammversand von UDP kann es durchaus sein, dass der Socket (Kap. 4.2.5.5) beim sendenden System schon wieder verschwunden ist, wenn das Datagramm beim Empfänger ankommt, und dadurch erst die Erzeugung eines Sockets beim empfangenden System veranlasst wird („Verpacken – Verschicken – Vergessen").	Bei TCP wird erst eine Verbindung aufgebaut, d.h., dass zunächst auf beiden Seiten Sockets eingerichtet werden und beide Seiten sich der „Zuwendung" durch die Gegenseite „bewusst" sind, bevor Daten ausgetauscht werden.
Die Anwendung strukturiert ihre Daten durch ihre Ausgabeoperationen in UDP-Pakete und bestimmt dadurch indirekt die Größe der IP-Pakete, aber beschränkt auf knapp 64 K.	TCP bietet der Anwendung die Möglichkeit, eine beliebig große Datenmenge als unstrukturierten Bytestrom (Stream) zu übertragen. TCP zerlegt nach eigenen Kriterien diesen Strom in sog. Segmente, die dann in je ein IP-Paket eingebettet werden.
Nach dem Verschicken des Datagramms ist für UDP der Vorgang endgültig abgeschlossen.	TCP legt großen Wert auf Zuverlässigkeit in der Ausführung des Transportauftrags.
Eine UDP-Kommunikation ist simplex: Es gibt nur die Richtung vom Sender zum Empfänger.	TCP bietet eine Vollduplex-Kommunikation an, beide Partner können über die Verbindung gleichermaßen senden und empfangen.

Bild 4.34: Unterschiede zwischen TCP und UDP

Bild 4.34 zeigt, dass es nicht genügt, einen Rechner bzw. sein Interface zu adressieren:

Am Anfangspunkt und am Endpunkt einer Kommunikationsbeziehung muss ein Prozess identifizierbar und adressierbar sein.

Die Prozesse der **Anwendungsschicht** (im TCP/IP-Modell entspricht das den OSI-Schichten 5-7, siehe Bild 4.38 und „Fachstufe IT-Systeme", Kap. 2.1.4) werden beim Transportsystem TCP/IP durch sog. **Portnummern** identifiziert. Das sind 16-Bit-Kennzahlen, die von der Systemsoftware zur eindeutigen Kennzeichnung einer Kommunikationsbeziehung vergeben werden. Dabei unterscheidet man Portnummern für Serverprozesse und Portnummern für Clientprozesse.

4.2.5.3 Portnummern für Serverprozesse

Diese Portnummern (Bild 4.35 f.) umfassen den Bereich von 0 bis 1 023. Sie heißen auch

- **privilegierte Portnummern**, weil nur systemnahe Prozesse sie benutzen dürfen, oder
- **well known Ports**, weil sie von der IANA (Internet Assigned Numbers Authority) standardisiert sind.

Die folgende Tabelle führt eine Auswahl der wichtigsten Server-Portnummern (TCP) auf:

Portnr.	Adressierter Serverprozess
20, 21	FTP
25	SMTP (E-Mail-Versand)
587	SMTP verschlüsselt
53	Domain Name System
80	HTTP
110	POP 3 (E-Mail-Abholung)
443	HTTPS
995	POP 3 verschlüsselt

Bild 4.35: Auswahl bekannter TCP-Portnummern

Dienstanforderungen an einen bestimmten Dienst werden somit an eindeutige Ports gestellt, z. B. HTTP an den Port 80.

Dies sind die wichtigsten UDP-Ports:

Portnr.	Verwendung
53	Domain Name System
67	DHCP-Zielport beim Server
68	DHCP-Quellport beim Client
111	Network File System
137	Zur Realisierung von NetBIOS (Microsoft) auf Basis des TCP/IP-Transportsystems
138	
139	
162	Netzwerkmanagement

Portnr.	Verwendung
1645	Benutzerauthentifizierung
5060	Einleiten von VoIP-Verbindungen (Internet-Telefonie: **V**oice **o**ver **IP**)

Bild 4.36: Auswahl bekannter UDP-Portnummern

4.2.5.4 Portnummern für Clientprozesse

Die Portnummern von 1024 bis 65535 werden den Clientprozessen vom Betriebssystem auf Anforderung zugeteilt. Einige Bereiche sind jedoch für spezielle Zwecke reserviert.

4.2.5.5 Konzept der Sockets

Da mit der IP-Adresse ein Rechner eindeutig adressiert wird und mit der Portnummer ein kommunizierender Prozess identifiziert werden kann, stellt das Zahlenpaar (IP-Adresse, Portnummer) eindeutig eine Seite einer Kommunikationsbeziehung dar.

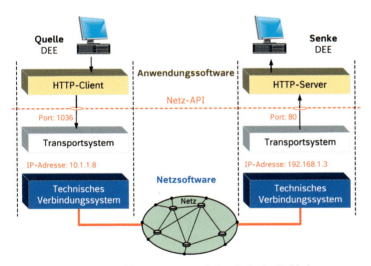

Bild 4.37: IP-Adressen und Portnummern an jedem Ende der Verbindung

Da aber der HTTP-Server in Bild 4.37 gleichzeitig auch einen weiteren Client bedienen könnte, ist das Zahlenpaar (192.168.1.3, 80) **auch** der Endpunkt dieser **zweiten** Kommunikationsbeziehung.

> Das Zahlenpaar (IP-Adresse, Portnummer) kann eine Kommunikationsbeziehung nicht eindeutig kennzeichnen.

Die Eindeutigkeit wird erst dadurch erreicht, dass auch das Zahlenpaar des jeweils anderen Endes mit einbezogen wird. Diese vier „Adressen", zusammen mit Angaben, wie und über welches Protokoll kommuniziert werden soll, werden zu einer Datenstruktur zusammengefasst und als **Socket** (Steckdose) bezeichnet. Oft heißt aber auch nur das Paar (IP-Adresse, Portnummer) so.

Die Socketstruktur und die Funktionen, die auf dieser Datenstruktur arbeiten, bilden unter dem Namen **Socketschnittstelle** ein **Netz-API** zum Umgang mit dem Transportsystem TCP/IP. Der Socket ist der zentrale Begriff der TCP/IP-Kommunikation, weil er aus Sicht der Applikation das Netz vereinfachend „auf den Punkt bringt".

> Man schreibt – auch in der Adresszeile – einen Socket in der Form **IPADRESSE:PORTNUMMER** (mit Doppelpunkt), also etwa http://217.13.73.44:8080.

Beim Betriebssystem Linux sind die Funktionen der Socketschnittstelle in den Systemkern integriert. Bei Windows sind sie (in größerem Umfang als bei Linux und mit windowsspezifischen Erweiterungen) in der WINSOCK.DLL als Library implementiert.

4.2.5.6　Das Transportprotokoll SCTP

Das **S**tream **C**ontrol **T**ransmission **P**rotocol SCTP ist das „jüngste" Protokoll und kann für die Übertragung von Multimedia-Daten verwendet werden. Auch hier werden Sockets gebildet. Da aber die Varianz möglicher Kommunikationsformen größer ist, wird nicht weiter auf SCTP eingegangen.

4.2.5.7　Protokollstapel

Noch aus der Gründerzeit des Internets stammt der erste Entwurf des TCP/IP-Protokollstapels (Bild 4.38) mit IP in der zentralen Position („IP-Spinne"). Die dort abgebildeten IP-Nutzlast-Protokollnummern kennzeichnen jeweils das übergeordnete Protokoll, für das in dieser Schicht der Dienst erbracht wird. Die Portnummern könnte man also folgerichtig auch als TCP-/UDP-Nutzlast-Protokollnummern bezeichnen, was aber unüblich ist.

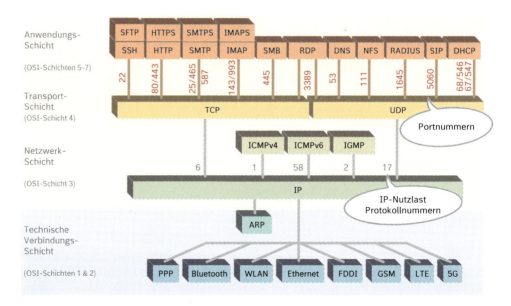

Bild 4.38: Der TCP/IP-Protokollstapel

4.2.6 Namens-Adressierung mit DNS

Die in der Netzwerkschicht verwendeten Adressen sind 32-Bit-Zahlen – bei IPv6 sogar 128-Bit-Zahlen –, die zwar gut für Maschinen, weniger aber für Menschen geeignet sind. Da eine Adressierung mit Namen sinnhaft Bedeutungen darstellt, ist sie für den Menschen viel einfacher zu merken als Zahlengruppen.

Rechner im Internet werden mit Namen belegt und in immer größeren Gruppen, sog. Namensdomänen, zusammengefasst. Eine Domäne kann fast beliebig in weitere Unterdomänen *(subdomains)* untergliedert werden. Ein Name muss damit nur noch innerhalb einer solchen Unterdomäne eindeutig sein, daher können alle Webserver den lokalen („Vor"-)Namen „www" tragen, weil sie sich durch ihre „Nachnamen" voneinander unterscheiden.

> Der **DNS**-Dienst bildet Namen auf IP-Adressen ab (und umgekehrt).
> Ein DNS-Server ist unter dem **UDP-Port 53** erreichbar.

Das **DNS** (**D**omain **N**ame **S**ystem) ist eine weltweit verteilte Datenbank, weil eine zentralisierte Datenhaltung bei diesem Volumen und der hohen Änderungsgeschwindigkeit nicht möglich ist. Die Internet Corporation for Assigned Names and Numbers (ICANN) hat auf der obersten Ebene dieses hierarchischen Systems die sog. Top Level Domains (TLD) festgelegt (Bild 4.39)

4

TLD	Beschreibung	Anzahl Domains (Stand: Juli 2019)
	Traditionelle TLD (USA, Generic Domains, gTLD)	
com	Kommerzielle Betreiber	140,7 Mio.
gov	US-Bundesregierung	
mil	Militär	
net	Netzprovider	13,4 Mio.
edu	Universitäten	
int	Internationale Organisationen, basierend auf internationalen Abkommen	
org	Sonstige große Organisationen	10,1 Mio.
	New gTLD, unsponsored: **uTLD**	
biz	Unternehmen	
info	Ohne Einschränkung	
name	Privatpersonen	
pro	Anwälte, Ärzte, Steuerberater	
	New gTLD, sponsored: **sTLD**	
aero	Luftfahrtindustrie	

TLD	Beschreibung	Anzahl Domains (Stand: Juli 2019)
coop	Genossenschaftliche Organisationen	
museum	Museen	1 200
asia	Region Asien/Australien/Pazifik	269 991
cat	Sprach-/kulturspezifisch: Katalanien	61 402
jobs	Personalwirtschaft	
mobi	Web-Inhalt optimiert für Mobilgeräte	773 628
tel	VoIP	
travel	Touristikbranche	
...	ca. 1 400 gTLDs	
ccTLD: Länderkürzel nach ISO 3166 (Country Code Domains)		**7 %**
nl	Niederlande	5,9 Mio.
ru	Russische Föderation	5,0 Mio.
de	Deutschland	16,3 Mio.
it	Italien	3.2 Mio.
uk	Großbritannien (nicht gemäß ISO: GB)	13,3 Mio.
...	Weitere 250 westliche Kürzel (22.04.2016, IANA)	
...	Weitere 55 Kürzel in anderen Kodierungen	
Special-Use Domain Names der **IETF** nach RFC 6761		
arpa	DNS-Rückwärtsauflösung und VoIP; vgl. auch Kap. 1.4.4.8	
example	Nur Dokumentationen; auch: **example.com, example.net, example.org**	
test	Nur für Testzwecke im lokalen Netz, auch **invalid**	
localhost	Name der IPv4-Adresse 127.0.0.1; auch **local**	
onion	Kein DNS; nur für das Anonymisierungsnetz TOR	

Bild 4.39: TOP-Level-Domains (TLD) (siehe auch: CENTRstats, Stand: Juli 2019, abrufbar unter: https://stats.centr.org/stats/global)

In den einzelnen Ländern gibt es Registraturen, in denen sich Behörden, Unternehmen oder Privatpersonen die sog. Second Level Domains gegen Gebühr einrichten lassen können. Diese Registraturen (meist Provider) sind in Deutschland in der Genossenschaft DENIC e.G. zusammengeschlossen. Diese Genossenschaft betreibt auch die für die TLD „.de" zuständigen Nameserver. Die Betreiber der europäischen ccTLDs haben sich zu einem Interessenverband zusammengeschlossen, der sich unter www.centr.org darstellt. Wer Inhaber einer Domain ist, kann sich mit eigenen Nameservern eine weitere Unterteilung in Subdomains einrichten.

Ein Rechner wird nun dadurch adressiert, dass man sich von seiner (Blatt-)Position im Domainbaum (Iridium) in Richtung der Baumwurzel („.(root)" in Bild 4.40) bewegt, alle durchlaufenen Knoten auflistet und die Namen (auch „Labels" genannt) durch Punkte trennt. Der durch den Pfeil in Bild 4.40 gekennzeichnete Rechner heißt mit vollem Namen (FQDN, **F**ully **Q**ualified **D**omain **N**ame) also

iridium.rechenzentrum.th-beispiel.de

Arbeitet dieser Rechner nach außen als Webserver, so kann er einen Zweitnamen mit „www" erhalten und unter **www.rechenzentrum.th-beispiel.de** angesprochen werden.

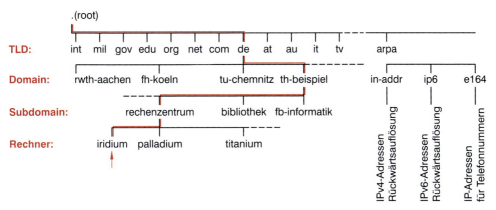

Bild 4.40: Hierarchie des DNS

Nameserver (NS)

Weltweit gibt es derzeit dreizehn Root-NS, die bei einer Anfrage wiederum auf die untergeordneten NS der (Top-Level-)Domainbetreiber (z. B. DENIC) verweisen, diese ggf. wieder auf die NS in den Subdomains usw. Durch diese hierarchische Anordnung müssen die ohnehin hoch belasteten Root-NS nicht die Details in den einzelnen lokalen Netzen kennen.

Der Domainbetreiber setzt seinen eigenen *(primary)* NS auf, der dann für diese Domain und die Subdomains zuständig ist. Zusätzlich muss wegen der Wichtigkeit dieses Dienstes mindestens ein weiterer *(secondary)* NS existieren.

NS werden so konfiguriert, dass sie automatisch ein Update (hier Zonentransfer genannt) zum sekundären NS durchführen. Eine wichtige Eigenschaft der Nameserver ist ihre Fähigkeit, bereits beschaffte Adressinformationen mittelfristig in einem Cache-Speicher abzulegen.

> Lokale Nameserver vermindern das Verkehrsaufkommen nach außen und entlasten damit die Internetanbindung und die übergeordneten Netzebenen.

Ein Einzelplatzrechner (im privaten Bereich) kann so konfiguriert werden, dass er auf einen elementaren NS im Heimrouter zugreift, der seinerseits alle Anfragen an den NS des Providers durchleitet. Aber gerade bei größeren lokalen Netzen sind eigene NS empfehlenswert, wenn sie nicht ohnehin vorgeschrieben sind (für Domainbetreiber). Häufig lässt sich clientseitig ein weiterer NS einstellen, der dann befragt würde, wenn Störungen im DNS weltweit oder beim eigenen Provider vorliegen. Hierfür kann man einen der im nächsten Abschnitt beschriebenen alternativen NS verwenden.

Alternative Nameserver

Die Federführung in der Verwaltung des traditionellen DNS liegt bei der ICANN, die vom US-Handelsministerium kontrolliert wird. Dieser Einfluss ist nicht nach dem Geschmack aller, sodass Alternativen geschaffen wurden. Diese gruppieren sich unter der Bezeichnung OpenNIC und verwalten eigene alternative TLDs (www.opennic.org).

Clients

Die Clientapplikationen (Browser, E-Mail-Programme usw.) akzeptieren grundsätzlich sowohl die numerischen Netzwerkadressen – soweit bekannt – als auch die Domainnamen.

Im zweiten Falle versuchen sie selbsttätig, eine Namensauflösung in die numerische Adresse durchzuführen. Die Benutzer/-innen bemerken dies normalerweise nicht.

Manuelle Anfrage bei einem NS

Mit dem Programm *nslookup* (ein DNS-Frontend aus den Windows-Bordmitteln) kann in der Eingabe-Aufforderungs-Konsole der aktuelle NS befragt werden (Bild 4.41)

```
C:\Users\Frisch>nslookup www.westermann.de
Server:   gwlogin.net
Address:  192.168.192.1

Nicht autorisierende Antwort:
Name:     www.westermann.de
Address:  217.13.73.44

C:\Users\Frisch>nslookup 217.13.73.44
Server:   gwlogin.net
Address:  192.168.192.1

Name:     w5-44.westermann.de
Address:  217.13.73.44
```

Bild 4.41: Manuelle Anfrage bei einem NS

Aus dem Bildschirmprotokoll lässt sich entnehmen, dass die Abbildung DNS-Name → IP-Adresse auch umkehrbar ist (bei korrekt aufgesetztem NS) und dass der Server eigentlich „w5-44" heißt und „www" nur sein „Künstlername" ist.

4.2.7 Zusammenspiel

4.2.7.1 Ein (fast) vollständiger Ablauf

Angenommen, am lokalen Rechner soll die Website www.westermann.de aufgerufen werden.

1. Der Benutzer oder die Benutzerin startet dazu den Webbrowser und gibt die Webadresse ein.

2. Der Browser fordert beim TCP/IP-Subsystem des Betriebssystems den Aufbau einer Verbindung zu Port 80 an.

3. Zuerst muss dafür aber die IP-Adresse bestimmt werden. Dazu wird eine Anfrage beim NS erforderlich.

4. Bei einem Rechner in einem kleinen Netz ist das der NS im Router (gleiche IP-Adresse). Dazu muss eine DNS-Anfrage nach der IP-Adresse zum Namen „www.westermann.de" abgesetzt werden. Die IP-Adresse des NS ist durch DHCP bekannt, die DNS-Portnummer ist standardmäßig 53.

5. Um das UDP-Paket mit der DNS-Abfrage zum NS zu schicken, muss aber erst die MAC-Adresse des NS/Routers bekannt sein.

6. Um die MAC-Adresse des Routers zu gewinnen, wird zuerst die ARP-Tabelle durchsucht. Wenn sie hier gefunden wird, kann sie sogleich verwendet werden (Bild 4.25).

7. Ansonsten wird ein ARP-Request als Ethernet-Broadcast verschickt, auf die der NS mit seiner MAC-Adresse antwortet (Bild 4.22 bis Bild 4.24).

8. Jetzt kann das UDP/DNS-Paket an den NS verschickt werden, der seinerseits den NS beim Provider befragt. Der NS (im Router, vgl. Bild 4.41) beantwortet die DNS-Anfrage mit 217.13.73.44.

9. Das TCP/IP-Subsystem erkennt, dass der Zielrechner nicht im eigenen Netz liegt, und formuliert ein TCP-Paket mit Verbindungswunsch an den Socket 217.13.73.44:80, das in ein IP-Paket gesteckt und an den Router geschickt wird.

10. Der Webserver nimmt die Verbindung an und antwortet mit der Auslieferung eines HTML-Dokuments an den anfragenden Browser. Der Inhalt wird dem Benutzer oder der Benutzerin angezeigt.

Der hier dargestellte Ablauf ist stark vereinfacht, weil:

- bei MAC-Frames die Unterform der LLC-Rahmung vernachlässigt wurde,
- nicht auf den Vorgang der TCP-Verbindungsherstellung eingegangen wurde,
- die übliche Adressumsetzung im (Heim-)Router zwischen lokalen und globalen Adressen weggelassen wurde,
- die Leitweglenkung jenseits des Heimrouters unberücksichtigt bleibt,
- der Abfrage-Ablauf durch verschiedene DNS-Server nicht beschrieben wurde, und
- insbesondere, weil Punkt 10 nur bis vor einigen Jahren so gültig gewesen wäre.

Heute müsste es heißen:

10. Der Webserver nimmt die Verbindung an und antwortet mit einem Verweis auf seinen Port 443, um aus der http-Verbindung eine https-Verbindung zu machen.

11. Der Browser fordert beim TCP/IP-Subsystem des Betriebssystems den Aufbau einer gesicherten Verbindung zu Socket 217.13.73.44:443 an (in der Adresszeile des Browsers erscheint ein Vorhängeschloss vor „https://www.westermann.de").

12. Über das Sicherungsverfahren TLS wird eine gesicherte Verbindung etabliert. TLS ist eine Verarbeitungsschicht zwischen TCP und Anwendung, die Verschlüsselung und – in ausgebauter Version – auch Teilnehmer-Authentifizierung bietet.

4.2.7.2 Ein vollständiges Paket

Die Protokollelemente der einzelnen Ebenen werden ineinander geschachtelt.

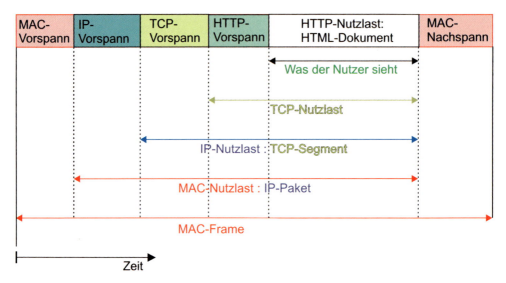

Bild 4.42: Ein vollständig gerahmtes „Paket"

Auf den unterschiedlichen Protokollebenen sind verschiedene Bezeichnungen für die jeweiligen „Einheiten" üblich.

> Bei **TCP** spricht man von **Segmenten**, bei **IP** und **UDP** spricht man von **Paketen** und auf **MAC**-Ebene spricht man von **Frames**.

Die Einheiten können unterschiedlich lang sein (Bild 4.43).

Ebene	Größe der „Einheit"
OSI-Schicht 3 und 4	
TCP-Segment	Theoretisch beliebig groß, praktisch aber vom Speicher des Empfängers abhängig (MSS: **M**aximum **S**egment **S**ize, wird beim Verbindungsaufbau ausgehandelt)
UDP-Paket	64 KiB; Nutzlast bei IPv4: 0-65.507 B; bei IPv6: 0-65.527 B
IP-Paket	IPv4: 64 KiB, Nutzlast 64KiB – 20 B Vorspann; IPv6: 64 Kib + 40 B
OSI-Schicht 1 und 2	
MAC-Frame	64–1518 B, Nutzlast: 46–1500 B; Proprietäre „Jumbo"-Frames: 9000 B

Bild 4.43: Größen von Daten-„Einheiten"

Da TCP-Segmente durchaus größer sein können als die maximale IP-Paketgröße, ist es normal, dass sich ein TCP-Segment über mehrere IP-Pakete erstreckt. Diese IP-Pakete vollständig und in der richtigen Reihenfolge beim Empfängerprozess abzuliefern, ist eine der Aufgaben des **TCP-Protokolls**.

IP-Pakete ihrerseits können größer sein als die **MTU** (**M**aximum **T**ransmission **U**nit) der Schicht 2. Das Ursprungspaket muss dann in kleinere Pakete zerlegt werden **(Fragmentierung)**, die in die MTU passen. Dies ist die dritte Aufgabe der Netzwerkschicht. Man versucht, eine Fragmentierung möglichst zu vermeiden.

AUFGABEN

1. Recherchieren Sie im Internet: Welcher Hersteller verbirgt sich hinter der OUI `44-8A-5B` aus Bild 4.15 (links)?
   Tpp: Die Lösung ist in einer reinen Textdatei enthalten (*.txt).

2. Recherchieren Sie im Internet: Was bedeutet die Abkürzung FCS und welches Verfahren wird dafür benutzt?
   Tipp: Suche in der englischen Wikipedia, Stichwort „Frame check sequence".

3. Rechnen Sie ausführlich nach, dass es im Adressbereich von 192.0.0.0 bis 223.255.255.255 bei einer Netzlänge von 24 genau 2 097 152 Netze gibt.

4. Berechnen Sie, wie viele zuweisbare Rechneradressen es in einem Netz mit der Netzlänge 18 gibt.

5. Bestimmen Sie für das Interface mit der IP-Adresse 172.16.63.170 die Broadcastadresse durch bitweise ODER-Verknüpfung mit der invertierten Netzmaske 255.255.0.0.

6. Deuten Sie im folgenden Bildschirmprotokoll die hohe Echozeit beim ersten Ping (markiert mit „<<<==").

```
C:\Users\Frisch>ping 8.8.8.8

Ping wird ausgeführt für 8.8.8.8 mit 32 Bytes Daten:
Antwort von 8.8.8.8: Bytes=32 Zeit=1924ms TTL=49      <<<==
Antwort von 8.8.8.8: Bytes=32 Zeit=77ms   TTL=49
Antwort von 8.8.8.8: Bytes=32 Zeit=95ms   TTL=49
Antwort von 8.8.8.8: Bytes=32 Zeit=45ms   TTL=49

Ping-Statistik für 8.8.8.8:
    Pakete: Gesendet = 4, Empfangen = 4, Verloren = 0
    (0% Verlust),
Ca. Zeitangaben in Millisek.:
    Minimum = 45ms, Maximum = 1924ms, Mittelwert = 535ms
```

7. Unter welcher Portnummer ist ein DNS-Server zu erreichen?

8. Recherchieren Sie im Internet: Welche weitere Portnummer (außer 587) wird für verschlüsseltes SMTP verwendet?

9. Warum kann ein UDP-Datagramm maximal gerade 65 507 Bytes transportieren?

10. Mit welchem Kommando in der Eingabeaufforderung stellen Sie die DNS-Abfrage auf den NS von Google ein?

11. Zeichnen Sie Bild 4.42 so um, dass eine DNS-Abfrage („Query") dargestellt wird.

4.3   Windows-Clients

Die Betriebssystemhersteller (z.B. Microsoft) unterscheiden bei ihren Produkten heutzutage vielfach zwischen **Client-Betriebssystem** und **Server-Betriebssystem** (Client: Kunde, Dienstnutzer; Server: Bediener, Anbieter, Dienstleister). Diese Bezeichnungen können insofern zu Missverständnissen führen, da es sich bei einem Server eigentlich um eine Funktion handelt, die ein Gerät ausübt, und nicht um einen Computer an sich. Die jeweils ausgeübte Serverfunktion wird als **Dienst** bzw. **Service** bezeichnet. Ein Client kann auf Anfrage einen Dienst nutzen, der von einem Server zur Verfügung gestellt wird. Die Serverfunktion kann sich hierbei auf einem separaten Computer befinden, aber auch auf dem gleichen Computer, der den Dienst in Anspruch nehmen möchte. Somit kann prinzipiell ein Computer an sich gleichzeitig als Client- *und* als Server fungieren (siehe Aufbauband).

Die Server-Betriebssysteme der Hersteller sind von ihrer Konzeption her nicht für Computer vorgesehen, an denen Nutzer/-innen mit Anwendungsprogrammen arbeiten (z.B. an einem Arbeitsplatzrechner), sondern für Computer, deren Aufgabe ausschließlich darin besteht, Serverfunktionen für andere Computer in einem Netzwerk bereitzustellen. Ein solcher Computer – d.h. in diesem Fall das Gerät an sich – wird dann ebenfalls als „Server" bezeichnet. Er verfügt über zusätzliche Softwarekomponenten, die für die Bereitstellung der jeweiligen Dienste sowie für die Verwaltung und die Kommunikation mit den anderen Computern im Netzwerk erforderlich sind (Client-Server-Netz).

An dieser Stelle werden einführend die grundsätzlichen Eigenschaften aktueller Client-Betriebssysteme dargestellt, Server-Betriebssysteme werden ausführlich im Band „Fachstufe IT-Systeme" behandelt.

Die ersten Versionen des Windows-Betriebssystems erschienen ab 1985 und waren zunächst wenig erfolgreich. Das lag vor allem daran, dass kaum Anwendungssoftware existierte. Mit der Einführung von Windows 2.0 im Jahr 1987 machte Microsoft die Office-Anwendungen „Word" und „Excel" auch für Windows verfügbar. Der Durchbruch gelang schließlich mit den Versionen 3.xx Anfang der 1990er-Jahre. Mit Erscheinen von Windows 3.1 führte Microsoft das auf den betrieblichen Einsatz ausgerichtete Windows NT 3.1 ein. Trotz gleicher Versionsnummern waren die Unterschiede groß. Der neu entwickelte Betriebssystem-Kernel (Kap. 2.3.2) wies eine 32-Bit-Architektur auf und sollte vor allem die Betriebsstabilität verbessern. Darüber hinaus war Windows NT auf die Unterstützung verschiedener Prozessorplattformen ausgelegt. Durch Abwärtskompatibilität konnten auch die bisherigen 16-Bit-Anwendungen weiterhin ausgeführt werden.

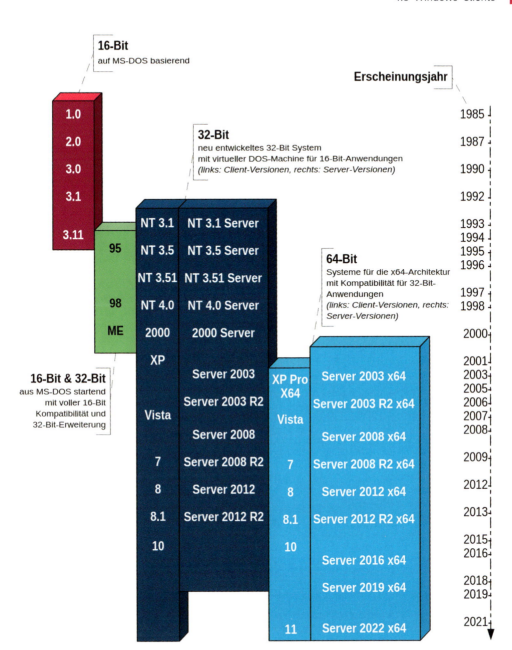

Bild 4.44: Windows-Versionen

Microsoft vertrieb Windows NT 3.1 neben der Client-Version für den Arbeitsplatz auch in einer Ausführung als Server-Version (Windows NT 3.1 Advanced Server). Entsprechend waren beide Fassungen direkt netzwerkfähig. Heimanwender/-innen erhielten für Windows 3.1 und Windows 3.11 erst in den Ausführungen mit dem Zusatz „für Workgroups" Netzwerkunterstützung, während diese in allen späteren Windows-Versionen bereits integriert war. Für Heimanwender/-innen waren das die Versionen der Windows 9x-Linie (Windows 95, Windows 98 und Windows ME).

Für den betrieblichen Einsatz folgte auf das 1996 erschienene Windows NT 4.0 Anfang 2000 dann die Version Windows 2000. Erst mit dessen Nachfolger Windows XP führte Microsoft ab 2001 die Desktop-Produktlinien für Heim- und Unternehmensanwender/-innen zusammen. Ausführungen wie Windows XP Home oder Windows XP Professional richteten sich an verschiedene Zielgruppen mit unterschiedlichen Bedürfnissen. Bei gleicher Code-Basis unterschieden sich die Ausführungen hauptsächlich im Funktionsumfang.

Die Server-Versionen der Windows-Betriebssysteme tragen seit Windows 2000 Server Jahreszahlen, die jeweils ihr Erscheinungsjahr kennzeichnen. Nach wenig erfolgreichen Umsetzungen für die alternativen 64-Bit-Prozessorplattformen DEC Alpha und Intel Itanium konzentrierte sich Microsoft für den Massenmarkt auf die Intel-x86-Prozessorplattform mit 64-Bit-Erweiterung (x64; Kap. 1.3.3). Erkennbar sind die entsprechenden Windows-Ausgaben am Zusatz „x64 Edition". Erste Vertreter dieser 64-Bit-Umsetzung waren die Ausführungen der Windows-Server-2003-Version und unter den Client-Systemen die Ausführung „Windows XP Professional x64 Edition".

Erscheinungs-jahr	Client-Version	Versionsnummer, Buildnummer	Server-Version
2000	Windows 2000	NT 5.0, 2195	Windows 2000 Server
2001	Windows XP	NT 5.1, 2600	
2003		NT 5.2, 3790	Windows Server 2003
2005	Windows XP Professional x64	NT 5.2, 3790	
2006		NT 5.2, 3790	Windows Server 2003 R2
2007	Windows Vista	NT 6.0, 6000	
2008		NT 6.0, 6001	Windows Server 2008
2009	Windows 7	NT 6.1, 7600	Windows Server 2008 R2
2012	Windows 8	NT 6.2, 9200	Windows Server 2012
2013	Windows 8.1	NT 6.3, 9200	Windows Server 2012 R2
2015	Windows 10 (1607)	NT 10.0, 14393	
2016		NT 10.0, 14393	Windows Server 2016 (1607)
2018	Windows 10 (1809)	NT 10.0, 17763	Windows Server 2019 (1809)
2020	Windows 10 (20H2)	NT 10.0, 19042	Windows Server (20H2)
2021		NT 10.0, 20348	Windows Server 2022
2021	Windows 11 (21H2)	NT 10.0, 22000	

Bild 4.45: Windows Client- und Server-Versionen

Beginnend mit Windows 7 entspricht die Code-Basis der Client-Version auf systematischer Weise der der jeweiligen Server-Version. So teilen sich Windows 7 und Windows Server 2008 R2 die gleiche Code-Basis. Dasselbe gilt beispielsweise für Windows 11 und Windows Server 2022.

Während sich Windows 8.0/8.1 nicht durchsetzen konnten, ist es Microsoft mit Windows 10 inzwischen gelungen (Stand Januar 2020), Windows 7 als meistgenutztes Client-System der Windows-Systeme abzulösen (Bild 4.46). Gründe dafür sind einerseits die bis Ende 2017 verlängerten und oft aggressiv vorangetriebenen kostenlosen Upgrade-Angebote, andererseits aber das Support-Ende von Windows 7, das für 2015 (Mainstream Support) bzw. 2020 (Extended Support) angesetzt war (Bild 4.47). Mit der Veröffentlichung von Windows 11 im Oktober 2021 bahnt Microsoft den nächsten Wechsel an: Windows 11 soll das noch mindestens bis 2025 unterstützte Windows 10 ablösen. In der Kritik stehen vor allem die strengen Systemanforderungen, die selbst vielen leistungsstarken Windows 10-Systemen einen Umstieg verwehren.

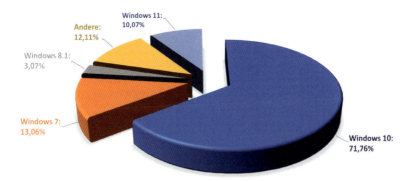

Bild 4.46: Marktverteilung der Windows-Client-Systeme weltweit (Mai 2022)[1]

4.3.1 Windows Life Cycle

Bild 4.47 stellt den bisherigen Lebenszyklus von Windows-Systemen am Beispiel von Windows 8.1 dar. Für Heimanwender/-innen endete demnach der Support mit Auslaufen der Mainstream-Support-Phase und damit auch die generelle Versorgung mit Sicherheits-Updates bereits 2018. Die Extended-Support-Option richtete sich an Firmenkunden und bot für weitere fünf Jahre die Versorgung mit Sicherheitsupdates. Über das Ende der Extended-Support-Phase hinaus ist eine zeitlich begrenzte Support-Verlängerung nur nach Absprache und über Sonderverträge möglich.

Bild 4.47: Lebenszyklus von Windows 8.1

---

[1] *Vgl. StatCounter: Desktop Windows Version Market Share Worldwide, veröff. im Mai 2022 unter https:// gs.statcounter.com/windows-version-market-share/desktop/worldwide#monthly-202105-202205 [04.06.2022]*

Mit Windows 11 setzt Microsoft die mit Windows 10 begonnene Umstellung des gesamten Windows-Vertriebsmodells fort. So sollen nicht mehr einzelne Windows-Produkte mit begrenzter Lebensspanne vermarktet werden, sondern ein ständig aktuell gehaltenes Windows. Microsoft bezeichnet dieses Angebot als **Windows-as-a-Service (WaaS)**. Mit der Anlehnung an den einschlägigen Begriff **Software-as-a-Service (SaaS)** unterstreicht der Konzern die Cloud-Ausrichtung seiner neuen Windows-Generation. So können mit einem Microsoft-Konto, wie es bei der Installation angelegt wird, bereits einige Cloud-Dienste in Anspruch genommen werden (z. B. Office-Anwendungen). Darüber hinaus bieten Cloud-Dienstleister wie Amazon, Google oder Microsoft noch weitere IT-Dienstleistungen an. Man unterscheidet dabei die folgenden drei Ebenen:

1. Ebene: **Software-as-a-Service (SaaS)**

- Bereitstellung von Software-Sammlungen, Applikationen oder Anwendungsprogrammen (Miet-Software)
- oft in Kombination mit Ebene 1 zu einem Gesamtbündel kombiniert
  Beispiele: Telefonanlage in der Cloud („Communication as a Service"); in der Regel verbirgt sich hinter einem solchen Angebot die Zusammenstellung von „Unified Communications-Diensten", wie Voice over IP-Telefonie, Instant Messaging, Webkonferenzen, E-Mail
- leichte Erweiterbarkeit und bedarfsorientierte Anpassung
- nutzungsabhängige Abrechnung

2. Ebene: **Platform-as-a-Service (PaaS)**

- Nutzungszugang zu Programmierungs- oder Laufzeitumgebungen mit flexiblen, dynamisch anpassbaren Rechen- und Datenkapazitäten
- Entwicklung von Software-Anwendungen innerhalb einer eigenen oder von einem Dienstanbieter bereitgestellten Software-Umgebung
  Beispiele: technische Frameworks, Datenbanken, Middleware oder die gesamte Anwendungssoftware (z. B. Windows Azure)
- nutzungsabhängige Abrechnung

3. Ebene: **Infrastructure-as-a-Service (IaaS)**

- Bereitstellung einer (für die Anwender meist virtuellen) Infrastruktur von IT-Komponenten durch einen entsprechenden IT-Dienstleister
  Beispiele: Server, Rechenleistung, Netzkapazitäten, Kommunikationsgeräte, Speicher, Archivierungs- und Backup-Systeme
- Vorteile: hohe Effizienz, bedarfsorientierte Skalierbarkeit, große Flexibilität, kostengünstige Nutzung stets aktueller Hardware
- nutzungsabhängige Abrechnung

Bei der Veröffentlichung von Windows 10 bezeichnete ein hochrangiger Microsoft-Entwickler es als die letzte Windows-Version – neue Versionen seien nicht geplant.[1] Mit Erscheinen der Nachfolgeversion Windows 11 gilt diese Aussage jedoch als widerlegt. Genau genommen hat sich Microsoft allerdings nie ausdrücklich auf Windows 10 festgelegt, wohl aber auf den mit Windows 10 eingeführten neuen WaaS-Vertriebsmodus. Dieser ist mit Windows 11 beibehalten, im Server-Segment jedoch aufgegeben worden. Für die

---

[1] Vgl. Tom Warren: Why Microsoft is calling Windows 10 ‚the last version of Windows'. The Verge. Veröff. am 07.05.2015 unter www.theverge.com/2015/5/7/8568473/windows-10-last-version-of-windows [28.07.2022]

Client-Systeme ist außerdem ein Wechsel auf die neue Version grundsätzlich möglich und kann in der Regel kostenlos durchgeführt werden.

Wie auch alle vorangegangenen neuen Versionen präsentiert sich Windows 11 mit einem sichtbar veränderten User-Interface. Am auffälligsten sind dabei die grafischen Veränderungen, gefolgt von den funktionalen Neuerungen. Letztere erstrecken sich von neu strukturierten Menüs hin zu neuen Funktionskomponenten. Darüber hinaus wartet die neue Version mit einer Reihe von weiteren Neuerungen auf, so wie sie sonst allerdings auch regelmäßig im Rahmen der Feature-Updates installiert werden. Microsoft nutzt die neue Version auch dazu, die Systemanforderungen anzupassen. Modernere Hardware wird damit zur zwingenden Voraussetzung. Die Konsequenz ist, dass vielen PCs mit Windows 10 der Umstieg auf Windows 11 verwehrt bleibt, weil sie nominell die Voraussetzungen nicht erfüllen. Kritiker bemängeln, dass Microsoft damit selbst leistungsstarke Büro-PCs unnötig zu Elektroschrott erklären würde.

Update-Kategorien

Microsofts aktuelle Update-Politik unterscheidet zwei übergreifende Update-Kategorien: Qualitäts-Updates und Feature-Updates.

> Das monatliche **Qualitäts-Update** *(quality update)* stellt eine Sammlung von Sicherheits-Updates und Detailverbesserungen dar. Es wird zu einem einheitlichen Paket geschnürt und baut auf die Updates der letzten Monate auf. Administratoren müssen nur noch dieses einheitliche Paket an alle Client-Systeme verteilen.

Zuvor wurden zum monatlichen Update-Release eine Vielzahl einzelner Updates bereitgestellt, die je nach Konfiguration des Client-Systems einzeln angefordert wurden. Für Systemadministratoren war die Verwaltung dieser Updates in Firmennetzen damit recht aufwendig. Die neue Strategie sieht den Versand einheitlicher Update-Pakete vor, die für alle Rechner mit der gleichen Windows-Version identisch durchgereicht werden können.

> **Feature-Updates** *(feature updates)* sind jährlich geplant und erscheinen in der Regel jeweils in der zweiten Jahreshälfte, etwa im Oktober. Sie treten an die Stelle der zuvor etwa zwei- bis dreijährlich erschienenen neuen Windows-Produkte. Durch die kürzeren Intervalle fallen die Neuerungen kleiner portioniert aus und erreichen die Nutzer schneller.

Während ein System-Upgrade auf ein Nachfolgeprodukt bedeutet, dass alle neuen Features auf einmal bereitgestellt werden, geschieht das im Windows-11-as-a-Service-Vertriebsmodell kontinuierlich und in kleiner Stückelung. Das Upgrade findet also an mehreren Terminen, aber in kleineren Schritten statt. Bei Unverträglichkeiten kann damit zielgerichteter auf die Ursache geschlossen und schneller reagiert werden. Bei kritischen Systemen wie medizinischen Geräten, Zahlungssystemen und Geldautomaten sind Feature-Updates in der Regel irrelevant. Hier steht die Betriebssicherheit im Vordergrund, sodass man Ausfallrisiken durch Feature-Updates möglichst vermeiden möchte. Hier bietet Microsoft die Wahl eines **Langzeit-Support-Kanals** (**Long-Term Servicing Channel**) an. Diese Versionen werden über ihre Lebenszeit hinweg mit Sicherheits-Updates und Detailverbesserungen versorgt, bleiben aber ansonsten weitgehend unverändert.

Für Unternehmen besteht die Möglichkeit, das Einspielen von Feature-Updates um bis zu 365 Tage und Qualitäts-Updates um bis zu 30 Tage systematisch zu verzögern. Auf diese

Weise soll sichergestellt werden, dass sich als problematisch erweisende Updates rechtzeitig blockiert werden können.

Update-Kanäle

Die Steuerung der Update-Versorgung geschieht über sog. Update-Kanäle *(servicing channels)*:

General Availability Channel:
Qualitäts- und Feature-Updates werden über diesen Kanal direkt mit ihrer Veröffentlichung bereitgestellt. Sofern die Updates nicht pausiert oder zurückgestellt wurden, erfolgt die Installation, sobald sie verfügbar sind.
Dieser Update-Kanal ist für alle Client-Versionen mit Ausnahme der LTSC-Version vorgegeben.

Long-Term Servicing Channel (LTSC):
Dieser Update-Kanal stellt etwa alle zwei bis drei Jahre eine neue langzeitunterstützte Windows-Version bereit. Feature-Updates werden nicht angeboten. Die Versorgung mit Qualitäts-Updates ist für jede LTSC-Version während ihrer Lebensdauer von zehn Jahren sichergestellt.

Windows Insider Program for Business:
Dieser Update-Kanal stellt Firmenkunden verschiedene Entwicklungsstände des nächsten Feature-Updates bereit, um ihnen die Möglichkeit zu geben, die neuen Features und ihre Kompatibilität mit der Unternehmens-IT auszuwerten. So können sie bei auftretenden Problemen frühzeitig Rückmeldungen an Microsoft liefern. Die Unternehmen können dabei wahlweise auf aktuelle Entwicklungsstände, Beta-Versionen oder Vorschau-Release-Versionen der Feature-Updates zugreifen.

Versionsnummern

Die Versionsnummern bestehen aus einem vierstelligen Datumskürzel. Aktuell wird es aus einer zweistelligen Jahreszahl und einem nachfolgenden „H1" oder „H2" zur Kennzeichnung der Jahreshälfte der Veröffentlichung zusammengesetzt (Bild 4.50). Bei älteren Versionsangaben findet man statt der Jahreshälfte die Monatsangabe des internen Versionsdatums.

4.3.2   Windows 11

Die ursprünglich unterschiedlichen Microsoft-Betriebssysteme für Arbeitsplatzrechner, Smartphones, Spielekonsolen oder für Geräte des Internet-der-Dinge (Kap. 4.1.4) werden aktuell nicht mehr als eigenständige Systeme geführt. Microsoft vereint mit Windows 11 alle Varianten in einem Produkt. Dabei wird die Bedienoberfläche entsprechend an das Endgerät angepasst. Im laufenden Betrieb kann dies beispielsweise bei Convertibles (Kap. 1.1.4) beobachtet werden. Diese Notebook-Tablet-Kombinationsgeräte lassen sich von einem Laptop durch Abnehmen oder Umklappen der Tastatur in einen Tablet-Computer mit Berührungsgesten (Touch) oder Stifteingabe-Steuerung konvertieren. Das Betriebssystem reagiert auf die veränderte Eingabeform und passt die Benutzerführung an die Touch- oder Stifteingabe an.

Bild 4.48: Windows 11 als einheitliches Betriebssystem

Anwendungsprogramme können für Windows 11 so erstellt werden, dass sie sowohl die klassische Bedienung per Maus und Tastatur als auch die Steuerung per Touch oder Bedienstift unterstützen. Außerdem werden weitere Faktoren, wie beispielsweise die Bildschirmgröße, mit in die Gestaltung der Bedienelemente einbezogen. Damit kann ein gemeinsames Anwendungsprogramm für den Arbeitsplatzrechner, das Touchpad und das Smartphone die jeweils optimale Benutzerführung bieten. Die Bereitstellung von separaten Programmvarianten ist nicht mehr erforderlich. Dennoch müssen die Programme in der Regel für die jeweilige Prozessorarchitektur (z. B. x86, x86-64, ARM) übersetzt werden. Für sog. UWP-Apps (Universal Windows Platform) gilt das nicht, weil diese mithilfe der UWP-Laufzeitumgebung des Betriebssystems ausgeführt werden und dafür keinen vorab übersetzten Programmcode benötigen. UWP-Apps haben sich allerdings bislang nicht durchsetzen können. Inzwischen hat Microsoft die Weiterentwicklung eingestellt. Als Alternative können in JavaScript oder TypeScript geschriebene Web-Apps dienen.[1]

Windows 11 ist in verschiedenen Editionen erhältlich:

Bezeichnung	Zielgruppe/Einsatzzweck
Windows 11 Home	Privatanwender/-innen
Windows 11 Pro	Privatanwender/-innen und kleinere Firmen
Windows 11 Enterprise	Einsatz in Firmen, meist als Volumenlizenz
Windows 11 Education	Für Schulen und Bildungseinrichtungen, meist als Volumenlizenz. Entspricht der Enterprise-Edition.
Windows 11 Pro Education	Meist auf Computern vorinstalliert, die von Lernenden gegen Nachweis vergünstigt erworben werden können. Entspricht der Pro-Edition.

---

[1] *Vgl. Paul Therrott: Microsoft Officially Deprecates UWP, veröff. am 19.10.2021 unter: www.thurrott.com/ dev/258377/microsoft-officially-deprecates-uwp [12.08.2022]*

Bezeichnung	Zielgruppe/Einsatzzweck
Windows 11 SE	Stark eingeschränkte Fassung für Schulen und Bildungseinrichtungen, die für den Einsatz auf günstiger PC-Hardware ausgelegt ist. Es können nur ausgewählte Bildungs-Apps ausgeführt werden.

Bild 4.49: Gängige Windows-11-Editionen (zusätzlich existieren spezielle Versionen, z. B. Windows 11 IoT Enterprise)

Microsoft vermarktet sämtliche Windows-11-Versionen nicht mehr klassisch als abgeschlossenes Produkt mit einem zum Kaufzeitpunkt festgelegten Funktionsumfang und einer zeitlich begrenzten Versorgung mit Updates (Lebensdauer).

Windows 11 soll als Softwaredienstleistung aufgefasst werden, die ständig weiterentwickelt und aktualisiert wird. Eine solche Veröffentlichungsform wird auch als **Rolling Release** (fortlaufende Veröffentlichung) bezeichnet.

Die Nutzer/-innen erhalten auf diese Weise neue Funktionen, sobald sie fertig sind, und müssen nicht erst jahrelang bis zur nächsten Windows-Version warten. Windows 11 bleibt damit aktuell und veraltet nicht. Andererseits haben die Nutzer/-innen hier aber auch keine Wahl. Vermuten sie Kompatibilitätsprobleme oder wollen sie an einer wegfallenden Funktion festhalten, können sie das Einspielen einer Aktualisierung zwar zeitlich befristet aufschieben, aber ablehnen können sie sie nicht mehr.

Anhand einer vierstelligen Versionsnummer, die zusätzlich zur Build-Bezeichnung und zum Update-Namen angegeben wird, kann man die Aktualität seiner installierten Version überprüfen.

Beispiel
Aus dem Informationsfenster der Windows-Einstellungen (Einstellungen → System → Info) lassen sich Informationen zur aktuellen Windows-11-Version ablesen:

Version:	**21H2**	Jahr und Jahreshälfte der Veröffentlichung
Update:	**KB5015882**	„Knowledge Base" (Microsoft-Support-Datenbankname) und Nummer eines einzelnen Updates
Build:	**22000.832**	Interne „Betriebssystem-Versionsnummer"

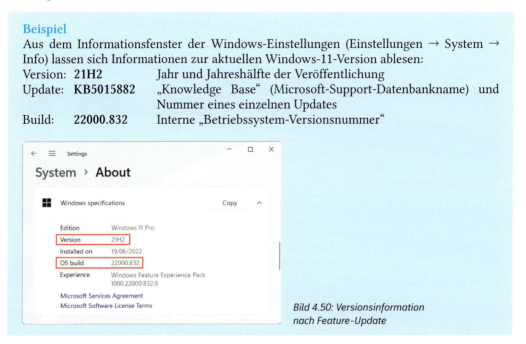

Bild 4.50: Versionsinformation nach Feature-Update

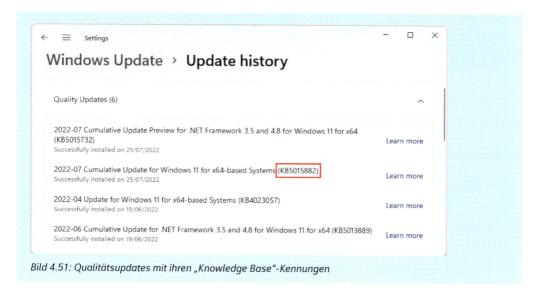

Bild 4.51: Qualitätsupdates mit ihren „Knowledge Base"-Kennungen

Windows 11 wird im General Availability Channel mit Qualitäts- und Feature-Updates versorgt. Werden Feature-Updates blockiert, endet der Mainstream Support mit Qualitäts-Updates 24 Monate nach Veröffentlichung des letzten Feature-Updates (Bild 4.52). Enterprise- und Education-Ausgaben werden allerdings noch 12 Monate länger unterstützt.

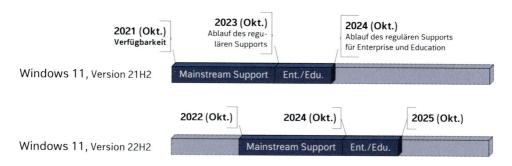

Bild 4.52: Windows 11 mit Feature-Updates im General Availability Channel

> **Windows 11** erhält im General Availability Channel Qualitäts- und Feature-Updates. Nur bei kontinuierlicher Versorgung mit Feature-Updates ist ein dauerhafter Support gewährleistet. Andernfalls enden der Support und damit auch die Versorgung mit Sicherheitsupdates nach spätestens 24 Monaten bzw. in Ausnahmefällen nach 32 Monaten (bei Enterprise/Education).

4.3.3 Installation

Um Windows installieren und nutzen zu können, gelten bestimmte Mindestanforderungen, die erfüllt werden müssen:

Komponente	Mindestanforderung
Prozessor	64-Bit-Prozessor oder System-on-Chip (SoC) aus der Liste der unterstützten Prozessoren mit mindestens 2 Kernen und mindestens 1 GHz
Arbeitsspeicher (RAM)	4 GiB (Im Handel wird allerdings oft noch die ungenaue alte Schreibweise mit dezimalen Präfixen verwendet. Mit „4 GB" sind dann jedoch 4 GiB gemeint.)
Festplattenspeicher	64 GB (Bei Festplattenspeicher hat sich die werbewirksame (und korrekte) Angabe mit dezimalen Präfixen etabliert.)
Grafikkarte	DirectX 12 oder höher mit WDDM 2.0 Treiber
Display	HD-Auflösung (720p) und 8 Bit pro Farbkanal bei einem Bildschirmdiagonalmaß von mindestens 22,9 cm (9 Zoll)
Firmware/BIOS	UEFI-BIOS mit aktiviertem Secure-Boot
TPM	Trusted Platform Module (TPM) Version 2.0
Internetverbindung	Für die Ersteinrichtung von Windows 11 Home ist zwingend eine Onlineverbindung und ein Microsoft-Konto erforderlich.

Bild 4.53: Systemanforderungen für Windows 11

Zwar lassen sich die Anforderungen nach TPM 2.0 und UEFI-BIOS/Secure-Boot derzeit noch durch Tricks aushebeln. Allerdings besteht die Gefahr, dass es zu Problemen kommt oder Microsoft solche Systeme mit einem späteren Update stilllegt.

UEFI-Systeme

Der entsprechend ausgestattete Arbeitsplatz-PC wird heute immer mit einem **UEFI** (Kap. 2.5.1) ausgeliefert. Für die Installation von Windows 11 setzt Microsoft ohnehin ein UEFI-System voraus. Daraus ergeben sich einige Vorteile, die von reinen BIOS-PCs oder UEFI-Systemen im Legacy-Modus nicht genutzt werden können:

- **GUID-Partitionstabelle**
  Jedes im UEFI-Modus installierte Windows verwendet die sog. GUID-Partitionstabelle (Globally Unique Identifier; Kap. 2.6.2.2), um die Festplatte(n) zu verwalten. Diese wird u.a. benötigt, um Festplatten mit mehr als 2 TiB (Tebibyte) zu verwalten. Der maximal adressierbare Bereich liegt bei 8 192 EiB (Exbibyte).

Bild 4.54: Boot-Menü

- **Schnelleres Booten**
  Das UEFI merkt sich den Ort der Windows-Installation und ermöglicht so ein schnelleres Starten des Betriebssystems. Windows 11 und andere 64-Bit-Versionen können diesen Vorteil nutzen, da sie sowohl den normalen als auch den speziellen Bootloader für UEFI-PCs enthalten.

Um Windows im UEFI-Mode zu installieren, wird der UEFI-Bootloader gestartet. Als erstes wird die Windows-(64-Bit)-Setup-DVD eingelegt. Im nächsten Schritt wird nicht direkt von der DVD gebootet, sondern das Boot-Menü des Rechners aufgerufen. Hierzu muss während der Bootphase des Rechners die entsprechende Funktionstaste gedrückt werden, häufig [**ESC**], [**F11**] oder [**F8**]. Anschließend erscheint das Boot-Menü. Das DVD-Laufwerk sollte dann zweimal angezeigt werden:

- einmal ohne Zusatz, siehe Bild 4.54 (1)
- ein zweites Mal mit dem Zusatz „UEFI", dieser Eintrag erscheint nur, wenn auf der DVD ein UEFI-Bootloader gefunden wurde, siehe Bild 4.54 (2)

Für die Installation muss nun der Eintrag mit „UEFI" ausgewählt und gestartet werden. Danach startet die Installation im UEFI-Mode. Die weitere Installation läuft wie gewohnt ab.

Nach der Installation lässt sich über die Datenträgerverwaltung (diese wird gestartet über [**Windows-Taste + R**] und den Befehl **diskmgmt.msc**) noch kontrollieren, ob die Installation im UEFI-Mode erfolgte. Hierzu sollte der Wert für den Partitionsstil „**GUID-Partitionstabelle**" (GPT) betragen.

Installationsablauf

Bei der Installation von Windows 11 werden die Nutzer/-innen in der geführten Ersteinrichtung zu Beginn nach der gewünschten Einsatzart gefragt (Bild 4.55). Neben der persönlichen Verwendung steht als zweite Option der Einsatz in einer Organisation zur Auswahl.

4

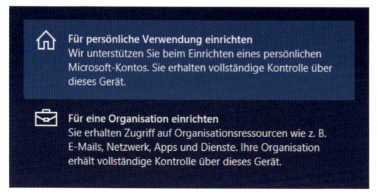

Bild 4.55: Ersteinrichtung mit Abfrage der Einsatzart

Umspannt ein Firmennetzwerk mehrere Büros oder Abteilungen, ist eine Vor-Ort-Administration in der Regel zu aufwendig. Für solche Anwendungsfälle ist die Installationsoption für Organisationsnetzwerke vorgesehen. Die Rechner stehen dann unter der vollständigen Kontrolle des Unternehmens.

Die persönliche Verwendung bezeichnet dagegen aber nicht bloß die Verwendung im Heimanwendungsbereich, sondern durchaus auch den Einsatz in sehr kleinen Firmennetzen. In diesen Fällen erhalten die Anwender/-innen oder der IT-Service vor Ort die vollständige Kontrolle über den jeweiligen Rechner. Diese Einsatzart wird im Folgenden betrachtet.

Die Installation von Windows 11 verläuft nach dem Start und der Eingabe einiger Basisinformationen (z. B. PC-Bezeichnung, Benutzername, ggf. Anmeldepasswort) weitgehend automatisch. Zur Nutzung sämtlicher angebotenen Features ist – sofern noch nicht vorhanden – die Einrichtung eines **Microsoft-Kontos** (Kap. 4.3.8) erforderlich. Dieses eröffnet auch den Zugang zum Microsoft Store mit der Möglichkeit, Apps über eine zentrale und vertrauenswürdige Plattform zu beziehen. Hat man Zahlungsmitteldaten hinterlegt, können dort ebenfalls kostenpflichtige Apps einfach erworben werden.

Bild 4.56: Microsoft Store

Derzeit lässt sich Windows 11 aber auch noch ohne Einrichtung eines Microsoft-Kontos installieren und nutzen. Die Updatefunktionen sind auch ohne Konto nicht eingeschränkt.

4.3.4 Sicherheitseinstellungen

Bereits bei der Erstinstallation sollte man auf den entsprechenden Datenschutz Wert legen. In den Systemeinstellungen hat er einen eigenen Bereich und erlaubt auch nachträglich eine umfangreiche Steuerung des Datenflusses an Microsoft. Die Übermittlung von Telemetriedaten lässt sich auf ein Minimum reduzieren, ganz abschalten lässt sie sich aber nicht. In den minimal erfassten Telemetriedaten der Stufe „Diagnostic data off (Security)" sind enthalten: Geräte-ID, Angaben zum Betriebssystem und, sofern nicht gesondert abgeschaltet, Infek-

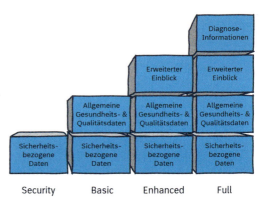

Bild 4.57: Stufenschema der Telemetrie-Profile

tionsberichte der Microsoft Schadsoftware-Erkennungs- und -Entfernungs-Programme (**MSRT, M**alicious **S**oftware **R**emoval **T**ool, sowie **Windows Defender** und **System Center Endpoint Protection**).

Windows 11 Home/Pro erlaubt nur die Reduzierung auf die Telemetrie-Stufe „Required (Basic)". Zusätzlich zu den Daten der Stufe „Diagnostic data off (Security)" sind Angaben zu den Geräten enthalten, wie Kameraauflösung, Displaytyp, Akkukapazität, Prozessortyp, Laufwerkstypen und -größen. Darüber hinaus werden qualitätsbezogene Informationen gesammelt und übermittelt, wie Systemleistung, Akkuverbrauch im Standby, Gesamtbetriebszeit einer App und Anzahl der Abstürze oder Blockierungen. Es werden Treiberdaten gesammelt, die Angaben zur Treiberauslastung und Nutzung durch Apps enthalten und Informationen über mögliche Kompatibilitätsprobleme nach Updates geben sollen. Außerdem werden Daten zur Nutzung des Microsoft Stores übermittelt, wie App-Downloads, Installationen und Updates, Seitenaufrufe und erworbene Lizenzen.

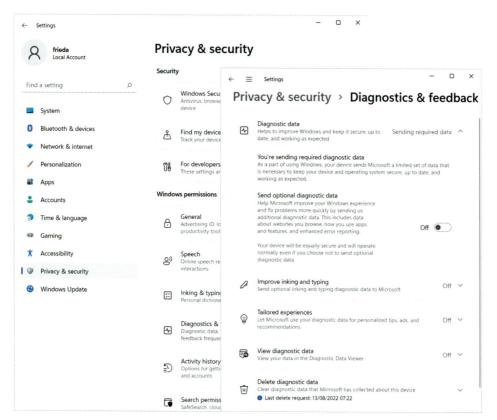

Bild 4.58: Menü für die Änderung von Datenschutzoptionen (Beispiel, versionsabhängige Abweichungen möglich)

Die Stufe „Enhanced" baut auf die Stufen „Required (Basic)" auf und sammelt darüber hinaus auch Informationen über Betriebssystem- und Microsoft-App-Ereignisse, die Einblicke in Arbeitsspeicher, Netzwerk, Dateisystem, Cortana und weitere Komponenten gewähren. Bei Abstürzen werden neben Fehlerberichten auch Speicherabbilder erstellt und übertragen.

Die Telemetrie erfolgt in der Stufe „Optional (Full)" ohne Beschränkungen. Sie baut auf die vorangegangene Stufe „Enhanced" auf. Zusätzlich können Registrierungsschlüssel sowie beliebige Nutzerdaten gesammelt und übertragen werden. Außerdem können Diagnoseprogramme auf dem Rechner der Nutzer/-innen ferngesteuert ausgeführt werden. Zu ihrem Schutz will Microsoft diese weiterreichenden Eingriffsmöglichkeiten durch ein eigenes Datenschutzkonzept und ein innerbetriebliches Genehmigungsverfahren auf ein als notwendig erachtetes Maß beschränken. Die Überprüfung sowie die nachträgliche Einstellung bestimmter Sicherheitseinstellungen können über das Icon für die System-Einstellungen (Bild 4.58) unter dem Menüpunkt Datenschutz erfolgen.

4.3.5 Bedienung und Benutzung

Nach Systemstart und Benutzer-Anmeldung liefert Windows 11 auf einem Arbeitsplatzrechner zunächst einen Windows-Arbeitsplatz.

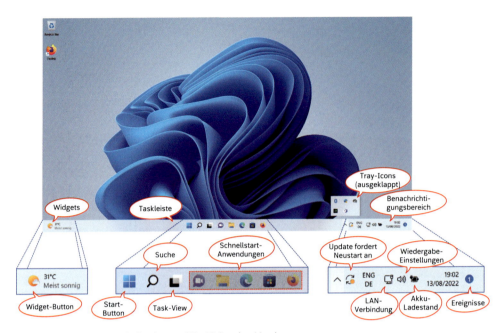

Bild 4.59: Windows-11-Arbeitsplatz und Taskleiste (taskbar)

Am unteren Bildrand befindet sich die **Taskleiste**. Sie wird zum Öffnen von Programmen, Dokumenten, Ordnern und anderen Objekten verwendet. Rechts neben dem Startsymbol können Anwendungen fixiert werden, um schneller auf sie zugreifen zu können. Über den Widget-Button am linken Rand können Benutzer/-innen mit einem Microsoft-Konto diverse Widgets (Wetter, Nachrichten usw.) verwenden. Der rechte Bereich der Taskleiste umfasst den Infobereich, er informiert z.B. über den Zustand des Netzwerkzugriffs oder ermöglicht eine direkte Einstellung der Wiedergabelautstärke.

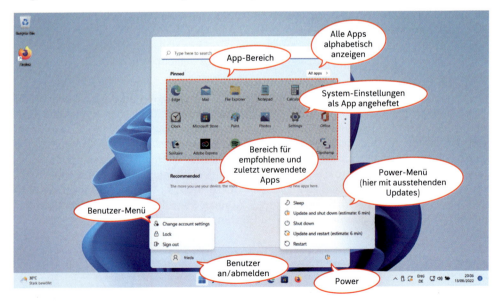

Bild 4.60: Windows 11 Startmenü

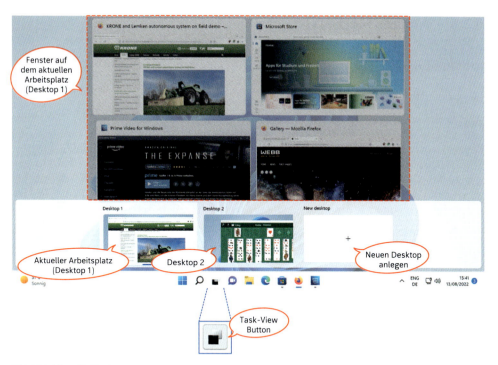

Bild 4.61: Virtuelle Desktops

Der Start-Button öffnet eine Programmleiste mit einem Bereich für angeheftete Objekte, in dem die Benutzer/-innen Apps und klassische Anwendungsprogramme frei anordnen können. Die Systemeinstellungen sind über das angeheftete Zahnrad-Icon erreichbar. Darüber können beispielsweise auch während der Installation vorgenommene Einstellungen – insbesondere zum Datenschutz – überprüft und nachträglich verändert werden. Der Button „All Apps" zeigt alle installierten Anwendungen in alphabetischer Sortierung an. Über das Power-Symbol lässt sich der PC herunterfahren oder neu starten. Über das Benutzersymbol können sich die Benutzer/-innen vom System abmelden, den Rechner sperren oder ihr Benutzerkonto bearbeiten.

Bei zahlreichen geöffneten und sich überlappenden Anwendungsfenstern verschafft der Task-View-Button einen Überblick. Ohne die Anordnung der tatsächlichen Fenster zu verändern, werden Abbildungen der einzelnen Fenster in der eingeblendeten Übersicht dargestellt. Ein Klick auf eines der abgebildeten Fenster schließt die Übersicht und holt das ausgewählte Fenster in den Vordergrund.

Alternativ besteht die Möglichkeit, zwischen verschiedenen Arbeitsplätzen umzuschalten oder einen neuen sog. **virtuellen Desktop** anzulegen. Auf diese Weise kann man Anwendungsfenster und Ordner auf verschiedene Desktops verteilen und ist nicht gezwungen, ständig Fenster zu minimieren oder zu verschieben, um in einem anderen weiter zu arbeiten.

4.3.6 Weitere Merkmale

Weitere Merkmale und Eigenschaften, die teilweise auch bereits von Vorgänger-Versionen unterstützt wurden, sind:

Eingabeaufforderung und PowerShell

Alle Windows-Versionen bieten die Möglichkeit, alternativ zur grafischen Oberfläche eine textbasierte Eingabeaufforderung zu nutzen, um direkt Kommandos zur Steuerung des Betriebssystems oder von Anwendungen auszuführen. Windows-Versionen vor Windows NT und Windows 2000 bauen noch auf dem kommandozeilenbasierten Betriebssystem **MS-DOS** (Microsoft Disk Operating System) auf. Die „**Eingabeaufforderung**" ist inzwischen ein Windows-Programm, das die MS-DOS-Funktionalität nachbildet. Die folgende Tabelle zeigt eine Auswahl gängiger Kommandozeilen-Befehle.

Kommando	Kurzbeschreibung
cd	wechselt das aktuelle Verzeichnis
cls	löscht den Inhalt des DOS-Fensters
dir	listet den Inhalt des aktuellen Verzeichnisses auf
exit	beendet die aktuelle Sitzung
copy xcopy robocopy	kopiert einzelne oder mehrere Dateien
del erase	löscht einzelne oder mehrere Dateien
move	verschiebt Dateien
ren	benennt eine Datei oder ein Verzeichnis um
mkdir md	erstellt ein neues Verzeichnis
help	listet die internen DOS-Befehle auf
type	gibt den Inhalt einer Datei im Konsolenfenster aus
format	formatiert das Dateisystem eines Laufwerks
diskpart	startet den Laufwerkspartitionseditor
bcdedit	erlaubt die Bearbeitung der Bootkonfiguration
ipconfig	zeigt die Netzwerkkonfiguration an, kann den DNS-Chache löschen und einen DHCP-Lease erneuern
tracert	gibt den Netzwerkpfad zu einer Zieladresse aus

Bild 4.62: Auswahl einiger Befehle der Windows-Eingabeaufforderung

Solche Kommandos lassen sich zu einer Sequenz zusammenfassen und in einer sog. **Batch-Datei** mit Endung „.bat" oder „.cmd" speichern. Für Batch-Dateien stehen zusätzliche Kommandos zur Verfügung, z.B. zur bedingten Ausführung oder für Sprünge.

Trotzdem ist es nicht möglich, mit den Befehlen der Eingabeaufforderung und mit Batch-Dateien alle Möglichkeiten der grafischen Benutzeroberfläche zu erreichen. Gerade für Administrationszwecke und im Serverumfeld ist es aber wichtig, weite Bereiche des Systems zu automatisieren, also durch Kommando-Skripte steuern zu können.

Diesen Ansatz verfolgt **PowerShell**. Die aus objektorientierter Skriptsprache und Kommandozeileninterpreter bestehende Administrations-Plattform war erstmals in Windows Server 2008 verfügbar und ist seit Windows 7 Bestandteil aller Windows-Ausgaben. PowerShell erlaubt nicht nur konsolenbasierte Interaktionen, sondern ermöglicht auch die Erstellung grafischer Dialoge. Mit PowerShell ISE (Integrated Scripting Environment) steht eine Skript-Entwicklungsumgebung zur Verfügung.

Logical Volume Manager

Der **Logical Volume Manager (LVM)** verwaltet logische Laufwerke. Das bedeutet, dass ein unter Windows verfügbares Laufwerk nicht mehr zwingend direkt einem physikalischen Gerät oder einer Partition zugeordnet sein muss (Kap. 2.6.2). Entsprechend ermöglicht der LVM, mehrere physikalische Datenträger zu einem logischen Laufwerk (Stripsetvolume) zusammenzufassen.

Sprachassistentin Cortana

Die Sprachassistentin Cortana ist bei Windows 11 nicht mehr in der Taskleiste und auch nicht in der Standardsuche integriert. Sie ist jetzt über die App „Cortana" zu erreichen.

4

> Mit **Cortana** bezeichnet Microsoft die in Windows 11 eingebaute digitale Sprachassistentin. Sie ermöglicht bei aktiver Internetverbindung die Suche nach Dateien, Texten, Anwendungen und Webinhalten, führt aber auch Sprachkommandos aus, wie beispielsweise das Anlegen und Prüfen von Kalendereinträgen oder das Diktieren und Versenden einer E-Mail.

Cortana reagiert auf die Schlüssel-Phrase „Hey, Cortana!" und interpretiert den folgenden Sprachanteil als eine an sie gerichtete Frage oder Anweisung. Über die Einstellungen kann der Nutzer oder die Nutzerin festlegen, welche Informationen Cortana verarbeiten und speichern darf. Je mehr Cortana über die Nutzer/-innen weiß, desto genauer kann sie deren Anfragen beantworten, Suchaufträge und Anweisungen bearbeiten oder auf sie zugeschnittene Nachrichten und Werbung einblenden.

Geräteverschlüsselung mit BitLocker

Mit der Festplattenverschlüsselung **BitLocker** bietet Microsoft eine umfassende Datenschutzmöglichkeit an. Hierbei kommt das vorhandene TPM-Hardware-Sicherheitsmodul zum Einsatz.

> Mit **TPM** (**T**rusted **P**latform **M**odule) bezeichnet man einen speziellen Chip, den Hersteller in ihre Computer oder sonstigen Kommunikationsgeräte (Smartphone, Tablet, Notebook) einbauen, um zusätzliche, grundlegende Sicherheitsfunktionen zu integrieren (z. B. Lizenzschutz, Datenschutz, Geräteidentifikation).
>
> Zusammen mit einer passenden Software bildet ein solches Gerät eine **Trusted Computing Platform (TCP)**, d. h. eine „vertrauenswürdige Plattform".

Die aktivierte Festplattenverschlüsselung stellt sicher, dass bei Diebstahl oder Verlust des geschützten Geräts (z. B. Laptop oder Tablet-PC) Unberechtigte keinen Zugriff auf die Daten erhalten.

Kritisiert wird, dass Microsoft mit der BitLocker-Ausgabe seit Windows 10 die Verschlüsselungsfunktionen aus unklaren Gründen abgeschwächt hat. Mutmaßungen, dass Hintertüren in die Verschlüsselung eingebaut wurden, um Ermittlungsbehörden und Geheimdiensten das Umgehen der Verschlüsselung zu ermöglichen, wurden bislang aber nicht belegt und erscheinen wenig wahrscheinlich. Wegen der nicht offengelegten Quelltexte ist eine unabhängige Kontrolle der Funktionsweise aber praktisch kaum möglich. Alternativ bieten sich Open-Source-Lösungen wie Veracrypt an, wenn sie von einem großen Fachpublikum untersucht wurden und aus sicheren Quellen bezogen werden.

Die oft in Festplatten integrierte Hardwareverschlüsselung kann von Bitlocker zur Entlastung des Prozessors genutzt werden. Weil wiederholt Schwachstellen in den Sicherheitsfunktionen verschiedener Festplatten bekannt und z. T. von den Herstellern auch nicht beseitigt wurden, wird diese Option von Windows 11 grundsätzlich gemieden. Ihr Einsatz ist dennoch möglich, sollte aber sehr genau überlegt sein.

Virtualisierung mit Hyper-V

Auf Systemen ab der Pro-Ausgabe von Windows kann die Virtualisierungstechnik **Hyper-V** von Microsoft eingesetzt werden. Nutzer/-innen der Home-Version müssen zu alternativen Angeboten greifen. Hyper-V stellt eine virtuelle Rechnerumgebung bereit, die scheinbar vorhandene PC-Komponenten und deren Funktion simuliert. Das gelingt so gut, dass es für die Software keinen Unterschied macht, ob sie auf einem tatsächlichen Rechner läuft oder in der simulierten Umgebung gestartet wird. Die vermeintliche Monitorausgabe wird dann von der Hyper-V-Software in einem Anwendungsfenster dargestellt. Umgekehrt werden bei Bedarf Tastatureingaben und Mausbewegungen an den simulierten Rechner umgeleitet. Auf die virtuelle Maschine muss zunächst ein Betriebssystem installiert werden. Unterstützt werden beispielsweise diverse Windows-Versionen, aber insbesondere auch verschiedene Linux-Varianten. Dadurch können andere Betriebssysteme ausprobiert werden, ohne sie auf einem tatsächlichen Rechner installieren zu müssen. Funktioniert eine Software nur mit einer älteren Windows-Version, kann sie durch Virtualisierung auch auf neueren Systemen weiter genutzt werden.

Windows Mixed Reality

Windows 11 unterstützt brillenähnliche Sichtgeräte, die computergeneriertes Bildmaterial in das Sichtfeld der Benutzer/-innen projizieren und mit den Kopfbewegungen abgleichen. Auf diese Weise entsteht für die Betrachter/-innen der Eindruck einer gänzlich neuen Umgebung, einer virtuellen Realität (**Virtual Reality**). Alternativ kann die reale Sicht erfasst und erweitert werden, beispielsweise durch das passgenaue Einfügen von computergenerierten Bildelementen. Man spricht in diesem Fall von **Augmented Reality**. Beide Formen fasst Microsoft mit der Bezeichnung **Mixed Reality** zusammen.

Shortcuts

Als **Shortcut**, **Hotkey** oder **Tastaturkombination** bezeichnet man das gleichzeitige oder aufeinanderfolgende Drücken mehrerer Tasten auf Computertastaturen. Hiermit können bestimmte Steuerbefehle oder beispielsweise auch Sonderzeichen eingegeben werden, die üblicherweise auf dem Tastaturlayout nicht zu finden sind. Hierdurch wird die Bedienung vielfach erleichtert. Gängige Tastaturkombinationen bei Windows 11, die teilweise auch von anderen Betriebssystemen verwendet werden, sind:

Tastaturkombination	Bedeutung/Aktion
Windows-Taste + A	aktiviert das Info-Center
Windows-Taste + C	startet eine Microsoft Teams-Sitzung
Windows-Taste + D	blendet den Desktop ein
Windows-Taste + E	öffnet den Datei-Explorer
Windows-Taste + I	öffnet die Windows-11-Einstellungen
Windows-Taste + K	startet das Fenster für die Verbindungsfunktion zum Streamen
Windows-Taste + L	aktiviert den Sperrbildschirm
Windows-Taste + R	öffnet das „Ausführen"-Fenster
Windows-Taste + X	startet die sog. Poweruser-Befehle (wie Rechtsklick auf Start-Button)
Windows-Taste + Plus-Taste	startet die Bildschirmlupe
Windows-Taste + Minus-Taste	schließt die Bildschirmlupe
Windows-Taste + Komma-Taste	Desktop kurz einblenden (solange die Windows-Taste gedrückt wird)

Bild 4.63: Windows 11-Tastaturkombinationen (Beispiele)

Standarddienste und Systemprogramme

Die folgende Aufstellung listet einige Beispiele für typische Systemdienste und System-programme auf:

- Anmeldedienst (LSASS, Local Security Authority Security Service)
- Benutzerprofildienst (User Profile Service)
- Druckwarteschlange (Print Spooler)
- Aufgabenplanungsdienst (Task Scheduler)
- Automatische Netzwerk-Konfiguration (DHCP Client Service)
- Lokaler DNS-Cache (DNS Client service)
- Windows-Ereignisprotokoll (Windows Event Log Service)
- Datenträger-Schattenkopierdienst (Volume Shadow Copy Service)

Eine Übersicht sämtlicher Systemdienste erhält man, indem man beispielsweise im „Ausführen"-Fenster (Windows-Taste + R; Bild 4.63) „services.msc" eingibt und anschließend den OK-Button betätigt.

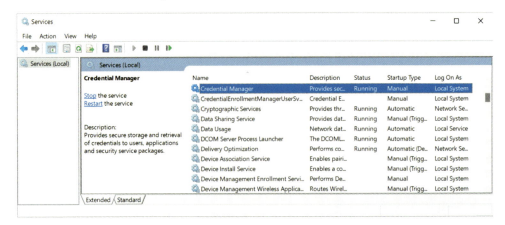

Bild 4.64: Übersicht über Windows 11-Systemdienste (Auszug)

Einstellungen und Systemsteuerung

Erste Anlaufstelle zur Veränderung von Windows-Einstellungen ist die „Einstellungen"-App im Startmenü (Bild 4.60), die zur Einstiegsseite führt (Bild 4.65).

Bild 4.65: Einstiegsseite der Windows-Einstellungen

Von hier aus erreichen die Anwender/-innen die spezifischeren Einstellungsmenüs. Einige noch nicht vollständig in das Windows 11-Design übertragene Menüs lassen sich noch in der versteckten Systemsteuerung (Control Panel) finden (Bild 4.66). Sie lässt sich beispielsweise durch kurzes Drücken der Windows-Taste mit anschließender Eingabe von „Systemsteuerung" aufrufen.

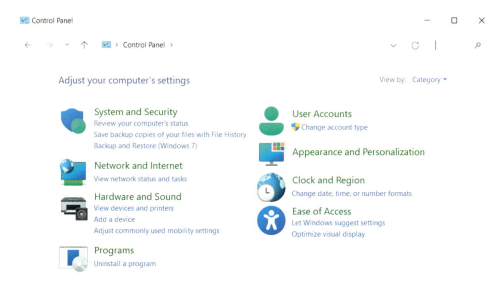

Bild 4.66: Einstellungsmenüs der Systemsteuerung

Microsoft hat auch in Windows 11 wieder eine Liste mit Direktaufrufen vieler Einstellungsmenüs versteckt, die besonders für fortgeschrittene Anwender/-innen interessant ist. Die Menüliste (Bild 4.69) kann über Doppelklick eines speziell benannten Verzeichnisses erreicht werden (Bild 4.67). Bild 4.68 zeigt, wie dieses Verzeichnis mithilfe eines Kommandozeilen-Befehls für die Windows-Benutzerin „Frieda" auf dem Desktop erstellt werden kann. Es erscheint dort ohne Namen mit dem Symbolbild der Systemsteuerung (Bild 4.67).

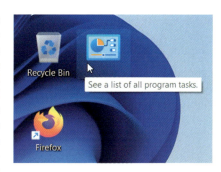

Bild 4.67: Namenloses Aufrufverzeichnis auf dem Desktop

Bild 4.68: Erstellen des Aufrufverzeichnisses

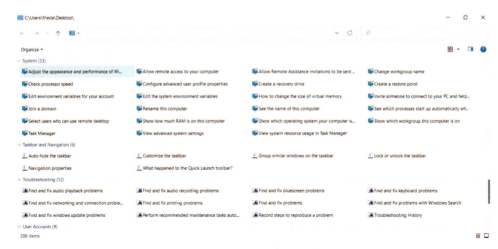

Bild 4.69: Verstecktes Einstellungsmenü mit Direktaufrufen (Auszug)

Benutzerkontensteuerung (User Account Control, UAC)

Als **Benutzerkonto** *(user account)* oder Account bezeichnet man eine Zugangsberechtigung zu einem zugangsbeschränkten IT-System. Der Zugang ist hierbei nur möglich, nachdem sich die Benutzer/-innen beim Einloggen mit Benutzernamen und Kennwort authentifiziert haben. Das Benutzerkonto ermöglicht beispielsweise:

- den Zugriff auf bestimmte Dateien, Ordner und Sub-Systeme, aber ggf. auch die Zugriffsverweigerung (z. B. auf systemrelevante Bereiche)
- die Speicherung bestimmter Konfigurationsdaten (z. B. individuell gestalteter Startbildschirm).

Das Benutzerkonto dient somit der Verwaltung verschiedener Benutzer/-innen eines Computers oder eines Netzwerks. Der oder die Verwalter/-in wird bei Microsoft Windows **Administrator** genannt. Er/Sie besitzt ein entsprechend privilegiertes **Administrator-Konto** mit sämtlichen zur Verfügung stehenden Rechten und kann anderen Benutzern und Benutzerinnen Zugriffsrechte gewähren oder verweigern. Oftmals werden Benutzerkonten auch zu Gruppen zusammengefasst. Die Rechte der Gruppe werden dann all ihren Mitgliedern zugewiesen.

Einstellungen zur Benutzerkontensteuerung können bei Windows 11 beispielsweise über die klassische Ansicht der Systemsteuerung (Bild 4.66) oder über die moderne Ansicht der Windows-Einstellungen (Bild 4.65) vorgenommen werden. In den letzten Windows-Versionen wurde die Benutzerkontensteuerung deutlich verbessert. Die Benutzer/-innen können inzwischen die Benachrichtigungseinstellungen selber ändern und damit vorgeben, welche Anlässe einer Benutzerbestätigung bedürfen. Selbst in der höchsten Stufe erscheinen wesentlich weniger Meldungen als anfänglich unter Windows Vista.

Erweiterte Taskleiste

Laufende Programme können als Schnellstartverknüpfungen an die Taskleiste angeheftet werden. Mehrere Fenster derselben Anwendung werden gruppiert, was die Übersicht verbessert. Fährt man den Anwendungseintrag in der Taskleiste mit der Maus an, öffnet sich darüber ein Vorschaubild des Anwendungsfensters, das durch Anklicken in den Vordergrund geholt werden kann. Bei gruppierten Anwendungen erscheint für jedes Anwendungsfenster ein separates Vorschaubild.

Scheduler

Die Unterstützung mehrerer physikalischer wie logischer Prozessorkerne wurde verbessert, um eine möglichst optimale Auslastung der Prozessorressourcen zu erreichen.

Kompatibilitätsmodus

Dieser Modus stellt älteren Anwendungen, die unter Windows 11 nicht mehr funktionieren, eine virtuelle Windows 7, Windows 8 oder Windows Vista-Umgebung bereit. Auf diese Weise lassen sich viele zu Windows 11 inkompatible Programme weiterhin nutzen.

WOW64 (Windows on Windows 64-Bit)

WOW64 ist ein weiteres Kompatibilitätssystem, das es ermöglicht, 32-Bit-Anwendungen auf 64-Bit-Systemen zu betreiben.

4.3.7 Netzwerkkonfiguration

Die Netzwerkfähigkeit von Windows war anfangs dem Firmenumfeld vorbehalten, wurde aber spätestens durch die Verbreitung des Internets ein fester Bestandteil aller Windows-Versionen. Um der Heimanwendung und kleinen Firmen eine einfache Vernetzung von Windows-Rechnern untereinander und mit Netzwerkdruckern zu ermöglichen, bot Microsoft die Bündelung in sog. **Arbeitsgruppen (Workgroups)** an. Der Austausch von Daten zwischen vernetzten Rechnern ist schon nach wenigen Konfigurationsschritten möglich. Dadurch, dass kein Server konfiguriert werden muss und die grundlegenden Konfigurationsschritte für alle Rechner gleich ausfallen, wird klar, dass es sich bei solchen Netzwerken um **Peer-to-Peer-Netzwerke** handelt.

Jeder Einzelplatzrechner verwaltet sich in diesem Peer-to-Peer-Netzwerk nur selbst. Damit eine funktionierende Netzwerkkommunikation zwischen den Computern einer Arbeitsgruppe sichergestellt werden kann, müssen an jedem einzelnen Rechner die entsprechenden Netzwerkeinstellungen vorgenommen werden. Daher eignet sich diese Form der Vernetzung nur für kleine Netzwerke, bei denen der Aufwand für die Wartung der angeschlossenen Computer überschaubar ist. Microsoft erlaubt bei Windows 11 die gleichzeitige Verbindung von bis zu 20 Geräten. Ältere Vorgängerversionen setzten die Grenze noch bei fünf oder zehn teilnehmenden Rechnern. Die für das vorliegende System geltende Höchstzahl ergibt sich einerseits als Lizenzvorgabe aus dem Text des Kleingedruckten (Befehl „winver", Klick auf Lizenzbedingungen). Andererseits kann sie als technische Vorgabe über die Kommandozeile ausgelesen werden. Dazu muss das Kommando „net config server" mit Administrator-Rechten ausgeführt werden (Bild 4.70).

Die Obergrenze von 20 Teilnehmenden bezieht sich in einem Windows-11-Peer-to-Peer-Netzwerk auf die Anzahl der gleichzeitigen Verbindungen. Solange immer maximal 20 Nutzer/-innen angemeldet sind, könnten an solch einem Netzwerk auch noch mehr Geräte angeschlossen sein.

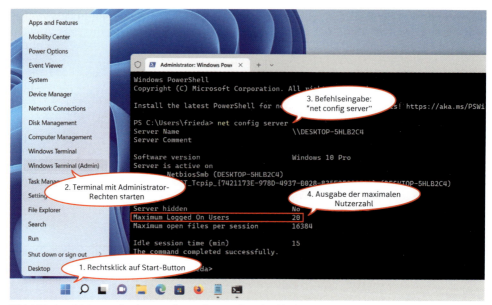

Bild 4.70: Anzahl der maximal unterstützten Peer-to-Peer-Verbindungen

> In **Arbeitsgruppennetzwerken** wird der Zugriff auf Freigaben über **Benutzerkonten** gesteuert. Auf jedem Rechner muss ein Benutzerkonto für die zugreifenden Nutzer/-innen vorhanden sein.

Während Arbeitsgruppennetzwerke nach dem Peer-to-Peer-Prinzip aufgebaut sind, also ohne Server auskommen, sind in solchen Netzwerken oft trotzdem Server anzutreffen. Diese erfüllen ihre Serverfunktionen dann jedoch für andere Netzwerkdienste. Ein Beispiel ist der DHCP-Serverdienst zur automatischen Verteilung von IP-Einstellungen, der in der Regel von jedem Internetzugangsadapter angeboten wird (Kap. 4.2.4.2).

Mit steigender Nutzerzahl wächst der Aufwand zur Verwaltung des Netzes erheblich. Denn um das Arbeitsgruppennetzwerk uneingeschränkt nutzen zu können, müsste auf allen Rechnern für alle Benutzer/-innen jeweils ein Benutzerkonto eingerichtet werden. In der Praxis sollte man daher ab etwa zehn Personen eine **serverbasierte** und damit **zentral** und besser wartbare Form der Vernetzung in Betracht ziehen.

> In **serverbasierten** Windows-Netzwerken werden **Benutzerkonten** und Zugriffsrechte **zentral** auf den Active-Directory-Servern verwaltet. Auf den jeweiligen Rechnern müssen keine Benutzerkonten angelegt werden.

Der Aufbau und die Konfiguration von serverbasierten Netzwerken wird im Aufbauband eingehend behandelt.

4.3.7.1 Netzwerkprofile

Nach der Ersteinrichtung befindet sich der Rechner in einer allgemeinen Grundkonfiguration, die in vielen Anschlusssituationen bereits ohne weitere Eingriffe die Internetkommunikation ermöglicht. Für den Datenaustausch in der Arbeitsgruppe gibt die Grundkonfiguration geeignete Einstellungen für den Computernamen und die Arbeitsgruppe (Workgroup) vor. Allerdings können Firewall-Einstellungen (Kap. 4.1.2.3) dafür sorgen, dass der lokale Netzzugriff scheitert. Das hängt von dem jeweiligen Netzwerkprofil ab, das der aktuellen Verbindung zugeordnet ist. Wird eine neue Verbindung erstmalig aufgebaut, z.B. durch den kabelgebundenen Netzwerkanschluss oder durch Verbinden mit einem neuen WLAN-Netzwerk, dann erfolgt die Nachfrage, ob damit eine Verbindung zu einem öffentlichen oder privaten Netz erfolgt. Über die Auswahl wird die Einstellung der Firewall gesteuert. Wird eine Verbindung als öffentlich markiert, gelten für sie die größten Einschränkungen. Verpasst man diese Nachfrage, wird automatisch eine öffentliche Verbindung angenommen. Die damit verbundenen Firewall-Einstellungen behindern allerdings dann auch den Datenaustausch in der Arbeitsgruppe.

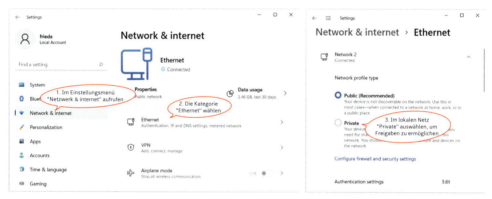

Bild 4.71: Umstellung des Netzwerkprofils

Für eine Netzwerkverbindung mit fremden Netzen, z.B. WLAN-Hotspots, sollte immer das öffentliche Netzwerkprofil gewählt werden. Fremde erhalten dann keinen Zugriff auf freigegebene Drucker oder Dateien.

Findet der Rechner hingegen bei der Verbindung mit dem lokalen Netz keine Freigaben, muss möglicherweise das Netzwerkprofil noch auf „Privat" umgestellt werden (Bild 4.71). Details der Freigabeeinstellungen können über die Verknüpfung „Erweiterte Freigabekonfiguration ändern" angepasst werden (Bild 4.72).

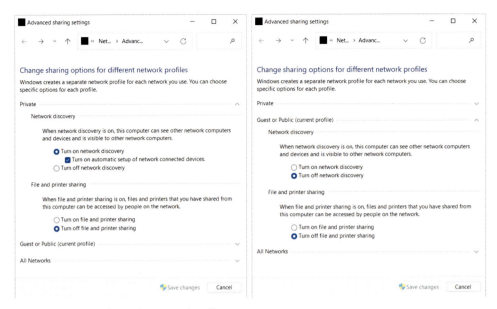

Bild 4.72: Freigabeoptionen der Netzwerkprofile

Darüber hinaus müssen alle Netzwerkgeräte derselben Arbeitsgruppe angehören und alle Geräte verschiedene Namen aufweisen. Im Bereich „About" der Kategorie „System" des Windows 11-Einstellungsmenüs kann der Computername geändert werden.

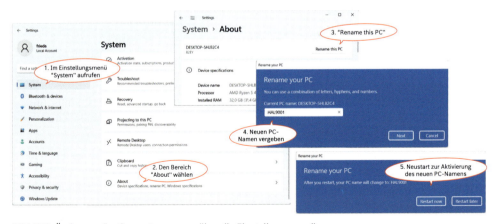

Bild 4.73: Änderung des Computernamens über die Einstellungsmenüs

Alternativ lässt sich der Computername auch über die PowerShell durch ein Kommando ändern. Dazu muss eine PowerShell mit Administratorrechten geöffnet werden (Bild 4.70, Schritte 1 und 2). Bild 4.74 zeigt den Aufruf des „Rename-Computer"-Kommandos zum Ändern des Computernamens in „HAL9001".

Bild 4.74: Änderung des Computernamens über die PowerShell

Der erste Aufrufparameter referenziert den zu ändernden Computernamen. Der Punkt kennzeichnet den lokalen Rechner. Als neuer Computername ist im Beispiel „HAL9001" angegeben. Der Parameter „-Restart" führt sofort nach Ausführung des Kommandos und ohne Rückfrage den notwendigen Neustart des Rechners durch.

Die Änderung des Arbeitsgruppennamens ist in der aktuellen Version 21H2 nicht in die neu gestalteten Windows 11-Menüs integriert. Stattdessen muss auf den klassischen „Systemeigenschaften"-Einstellungsdialog zurückgegriffen werden. Er lässt sich über die Verknüpfung „Advanced System Settings" im „About"-Dialogfenster der Systemeinstellungen oder einfach per Kommandozeile (Windows+R) aufrufen: „sysdm.cpl". Bild 4.75 zeigt die Konfigurationsschritte zur Umstellung des Arbeitsgruppennamens auf „TEAMDAVE".

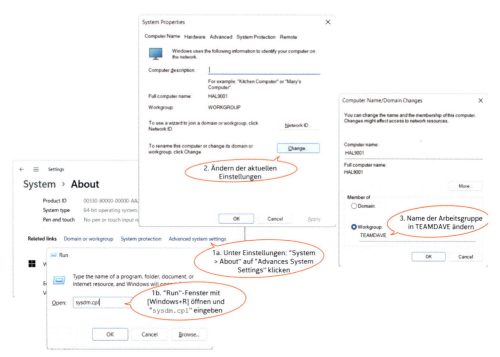

Bild 4.75: Änderung des Arbeitsgruppennamens über die Systemeigenschaften

Diese Aufgabe kann wie auch zuvor mit nur einer PowerShell-Zeile erledigt werden. Dazu wird im PowerShell-Fenster mit Administratorrechten (Bild 4.70, Schritte 1 und 2) das Kommando „Add-Computer" mit dem Parameter „-WorkGroupName" und dem Wert „TEAMDAVE" eingegeben (Bild 4.75). Anschließend muss der Computer neu gestartet werden, damit die Änderung gültig wird.

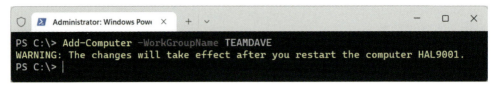

Bild 4.76: Änderung des Arbeitsgruppennamens über die PowerShell

4.3.7.2 Netzwerkfreigaben

Während die öffentlichen Ordner (siehe unten) nur für den Datenaustausch zwischen den Nutzern und Nutzerinnen eines Computers vorgesehen sind, ermöglichen Freigaben den Datenaustausch mit anderen Personen über das Netzwerk. Jede/-r Benutzer/-in kann eigene Ordner freigeben, auf die andere Netzwerkteilnehmer/-innen dann zugreifen können. Abhängig vom gewählten Netzwerkprofil kann die Freigabefunktion auch komplett abgeschaltet werden. Das ist besonders bei mobilen Computern wichtig, die sich z.B. unterwegs mit öffentlichen Hotspots verbinden. Bei aktivierter Freigabefunktion hätten Fremde in solchen Fällen Zugriff auf die Freigabeordner. Deshalb weist man solchen Netzwerkverbindungen das öffentliche Netzwerkprofil mit abgeschalteter Freigabefunktion zu. Für vertrauensvolle Netzwerke gilt das private Netzwerkprofil mit aktivierter Freigabe (siehe unten).

Grundlegende Freigabeoptionen der Netzwerkprofile lassen sich im Netzwerk- und Freigabecenter ändern (Bild 4.71 und Bild 4.72).

- Erst wenn die Netzwerkkennung eingeschaltet ist, können andere Computer des Netzes diesen Computer sehen.

- Dateien können nicht freigegeben werden, sondern nur Ordner. Allerdings werden Dateien innerhalb freigegebener Ordner ebenfalls freigegeben.

- Auf den öffentlichen Ordner können intern alle Benutzer/-innen jederzeit zugreifen. Über das Netzwerk gibt es die Möglichkeit, den Zugriff von einem Passwort abhängig zu machen.

- Drucker müssen freigegeben werden, wenn man über das Netz drucken will.

- Generell kann man den Zugriff über das Netz auf Ordner von einem Passwort abhängig machen. Benutzer/-innen des Computers haben dann von anderen Computern Zugriff, wenn sie ihren Namen und das Passwort angeben. Andere Benutzer/-innen müssen entweder den Benutzernamen und das Passwort kennen oder ein Konto auf dem Rechner besitzen, auf den sie zugreifen wollen. Am besten ist es, auf jedem Computer für jeden Nutzer und jede Nutzerin des Netzes ein Konto zu erstellen. Dies ist natürlich nur in kleinen Netzen möglich. In großen Netzen braucht man deshalb eine zentrale Verwaltung aller Benutzer/-innen.

4.3.7.3 Verzeichnisfreigaben einrichten

Ist ein Ordner gefunden, der freigegeben werden soll, kann über den Windows Explorer per Kontextmenü die Freigabe erteilt werden. Bild 4.77 zeigt die Einrichtung einer Freigabe für den Ordner „Dorfgeschehen". Dazu wird im Kontextmenü „Zugriff gewähren auf" angefahren und „Bestimmte Personen ..." ausgewählt. Es öffnet sich ein Fenster mit den aktuellen Freigaben für diesen Ordner. Im Beispiel führt die Liste zu diesem Zeitpunkt nur die angemeldete Benutzerin auf. Damit alle Netzwerkteilnehmer/-innen Zugriff erhalten, wird „Jeder" hinzugefügt. Voreingestellt sind nur lesende Zugriffsrechte. Sollen andere Benutzer/-innen auch schreiben können, muss der Eintrag entsprechend umgestellt werden.

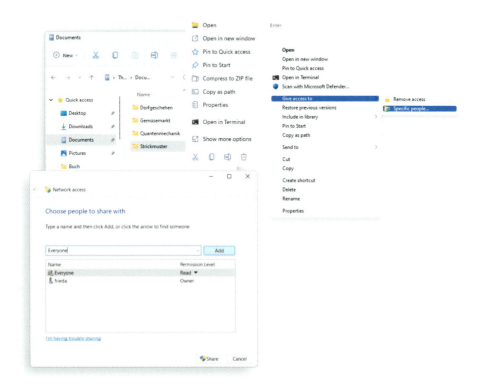

Bild 4.77: Ordnerfreigabe

4.3.7.4 Druckerfreigaben einrichten

Um einen Drucker für andere Benutzer/-innen über das Netzwerk zugänglich zu machen, muss er erst freigegeben werden. Die Freigabe muss dabei auf dem Computer erfolgen, an dem der Drucker angeschlossen ist. Kommen mehrere Computer infrage, reicht die Freigabe auf einem.

Bild 4.78 zeigt die Schritte zur Freigabe eines lokalen Druckers. Im Beispiel lautet der Name des Computers „HAL9002". Der Netzwerkfreigabename des Druckers lautet „Netzwerkdrucker".

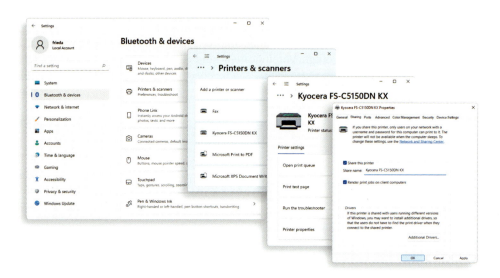

Bild 4.78: Druckerfreigabe

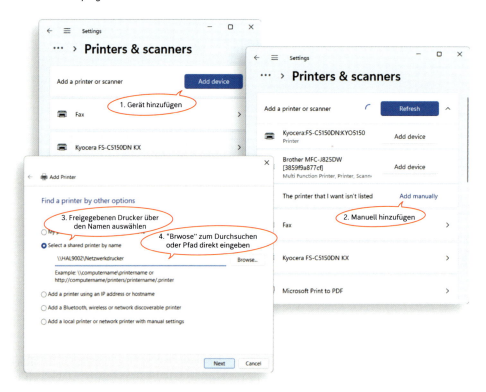

Bild 4.79: Einbinden eines freigegebenen Druckers

Handelt es sich sowohl bei den freigebenden als auch bei den freigabenutzenden Computern um Windows 11-Systeme, erleichtert dies die Installation. In diesem Fall werden die notwendigen Treiber direkt zwischen den Windows-Computern ausgetauscht.

4.3.8   Benutzerverwaltung

Betriebssysteme wie Windows 11 sind für den Massenmarkt konzipiert. Sie sollen auch von Menschen ohne tiefere Systemkenntnisse bedient werden können. Das bedeutet aber auch, dass eine unerfahrene Person nicht leichtfertig oder aus Unkenntnis systemgefährdende Aktionen durchführen können sollte, wie beispielsweise das Löschen wichtiger Systemdateien. In weiterer Konsequenz sollten aber auch andere Benutzer/-innen an unbefugten Systemeingriffen gehindert werden, während IT-Fachleute zur Systemwartung erweiterte Befugnisse erhalten sollten.

Windows 11 ist für die Nutzung durch mehrere Benutzer/-innen vorgesehen. Für sie alle muss dazu ein eigenes Benutzerkonto angelegt werden. Mit den entsprechenden Kenndaten, z.B. Name und Passwort, melden sich Benutzer/-innen beim System an, um es anschließend nutzen zu können. Vorgefertigte Nutzerprofile legen dabei fest, welche Aktionen durchgeführt werden dürfen und welche nicht.

> Bei einem Windows 11-System für die persönliche Verwendung kann ein Benutzerkonto als **lokales Benutzerkonto** (Offline-Konto) oder als **Microsoft-Konto** (Online-Konto) eingerichtet werden.

Bild 4.80: Optionales Vorgehen, um die Erstellung eines lokalen Benutzerkonto zu erreichen

Windows-Anmeldungen sind bei Microsoft-Konten nach der Einrichtung in der Regel auch ohne bestehende Internetverbindung möglich. Wird allerdings zwischenzeitlich online das Passwort geändert, ist diese Änderung dem lokalen System dann noch nicht bekannt. Die Benutzer/-innen müssen sich noch mit dem alten Passwort anmelden. Erst wenn die Internetverbindung wiederhergestellt wird, werden die Profildaten synchronisiert und die Passwortänderung wird übernommen.

> Im Rahmen der Installation wird die angelegte Person mit **Administratorrechten** ausgestattet. Deshalb ist es sinnvoll, diese Person als **lokale/-n Benutzer/-in** einzurichten. Das Konto ist dann an das lokale Gerät gebunden und unabhängig von externen Änderungen, z. B. einer online erfolgten Passwortänderung oder der Schließung des betreffenden Microsoft-Kontos.

Microsoft favorisiert jedoch die Verknüpfung mit einem Microsoft-Konto. Falls noch keins besteht, wird im Rahmen der Windows 11-Installation ein Microsoft-Konto eingerichtet. Dabei handelt es sich um ein Online-Konto, das auch für die Nutzung von Microsofts Online-Diensten wie dem Cloud-Speicher „OneDrive", dem cloudbasierten Office 365-Softwarepaket oder dem Internet-Telefondienst „Skype" erforderlich ist. Mit einem reinen Offline-Konto (lokales Benutzerkonto) können diese Dienste in der Regel nicht direkt genutzt werden.

> **Microsoft-Konten** können für **Familien** organisiert werden. Konten, die **Kindern** zugeordnet sind, können von **Erwachsenen** eingeschränkt und überwacht werden.

Wenn nicht der volle Umfang einer eigenen serverbasierten zentralen Benutzerverwaltung benötigt wird, können die Funktionen der Familien-Benutzerverwaltung beispielsweise für kleine Unternehmen eine sinnvolle Alternative darstellen.

Auf diese Weise haben Administratoren („Eltern") weitreichende Überwachungs- und Steuerungsmöglichkeiten. Sie haben die Möglichkeit, das Nutzungsverhalten einfacher Gruppenmitglieder („Kinder") zu überwachen und sich beispielsweise wöchentliche Berichte zusenden zu lassen über die Nutzungszeiten des Arbeitsplatz-PCs, aufgerufene Webadressen und wann welche Apps wie lange genutzt wurden.

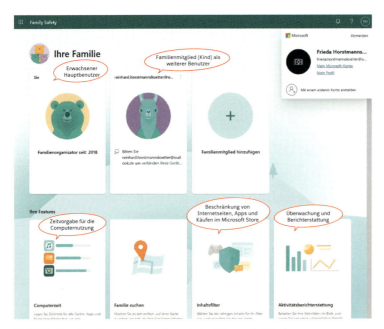

Bild 4.81: Familien-Benutzerverwaltung in der Microsoft-Cloud

Bei dieser Benutzerverwaltung ist z.B. voreingestellt, dass Käufe im Microsoft Store von einem oder einer Erwachsenen genehmigt werden müssen (Bild 4.82). Außerdem stehen Zugriffseinschränkungsfunktionen (Jugendschutzfunktionen) bereit, um unangemessene Apps, Spiele oder Internetseiten zu blockieren. Wahlweise kann auch eine Liste zu sperrender Internetadressen **(Block-List)** oder eine Liste ausschließlich erlaubter Internetadressen **(Allow-List)** angegeben werden. Die entsprechenden Einstellungen sind mit den Microsoft-Konten verknüpft und werden online in der Microsoft-Cloud verwaltet.

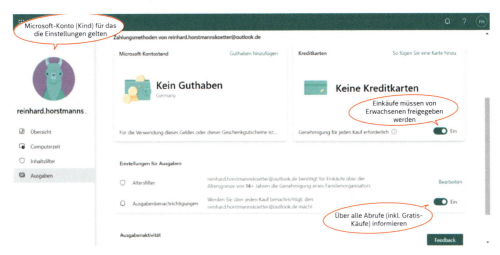

Bild 4.82: Kauf- und Zahlungseinschränkungen

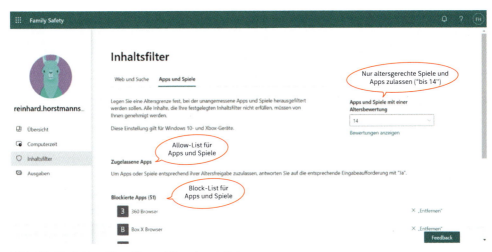

Bild 4.83: Block-List, Allow-List und Altersbeschränkungen

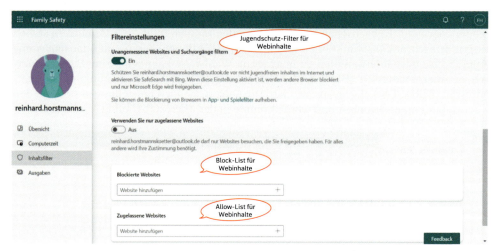

Bild 4.84: Jugendschutz-Einstellungen

Die Funktionen der Familien-Benutzerverwaltung erscheinen im Rahmen des erzieherischen Einsatzes im Familienumfeld sinnvoll.
Für den betrieblichen Einsatz muss jedoch beachtet werden, dass die Nutzung der angebotenen Funktionen je nach Art und Umfang generell nicht oder nur unter Auflagen (z. B. Information der Betroffenen) zulässig sein können.

Durch die Verwendung eines Microsoft-Kontos gelangen kontinuierlich Informationen über die lokale Nutzung an Microsoft. Wer das unterbinden möchte, wählt ein lokales Benutzerkonto. Allerdings können dann einige Microsoft-Dienste nicht mehr genutzt werden.

Das versteckte Administratorkonto

Bei der Erstinstallation von Windows 11 wird zusätzlich noch das versteckte „Administrator"-Benutzerkonto eingerichtet. Es unterscheidet sich von dem ersten Benutzerkonto, das bei der Installation ebenfalls als ein Administratorkonto erstellt wird. Um es nutzen zu können, muss es erst aktiviert werden.

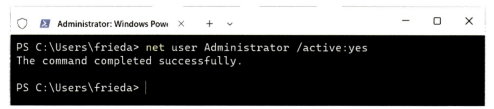

Bild 4.85: Aktivierung des versteckten Administrator-Benutzerkontos

Bei der Windows 11-Installation wird das Administratorkonto inaktiv und **ohne Passwort** angelegt. Wird das Administratorkonto aktiviert, sollte unbedingt ein Passwort eingestellt werden.

Meldet man sich anschließend als „Administrator" an, laufen die gestarteten Programme direkt mit Administratorrechten. Die erste als Benutzer/-in eingerichtete Person, die auch als Administrator verzeichnet ist, gewährt Administratorrechte allerdings erst auf Anforderung. Wird eine solche Anforderung nicht gestellt, erfolgt keine Anhebung der Rechte auf Administratorniveau. Das Programm wird dann weiterhin nur mit eingeschränkten Rechten ausgeführt und bricht dann in der Regel mit einer Fehlermeldung ab.

Beispielsweise erfordert der Befehl „net config server" Administratorrechte (Bild 4.70). Öffnet die Person, die ursprünglich mit der Administratorberechtigung angelegt wurde, eine gewöhnliche PowerShell und führt den Befehl aus, erhält sie eine Fehlermeldung (Bild 4.86, rechts unten). Nur als „Administrator"-Benutzer/-in lässt sich die PowerShell direkt mit Administratorrechten öffnen und der Befehl ohne Fehlermeldung ausführen (Bild 4.86, rechts oben).

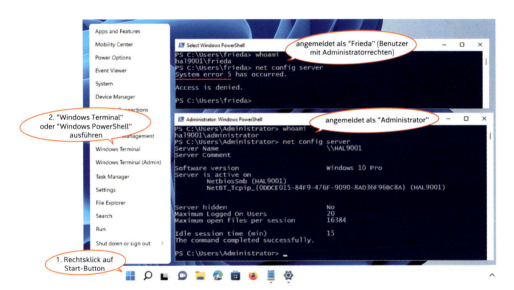

Bild 4.86: Administrator und Benutzerin mit Administratorrechten (Bildmontage)

Benutzergruppen

Benutzer/-innen lassen sich verschiedenen Gruppen zuordnen. So gehören die bei der Ersteinrichtung von Windows 11 erstellten Benutzer/-innen und der/die versteckt angelegte „Administrator"-Benutzer/-in der Gruppe „Administratoren" an (Bild 4.87). Alle weiteren Benutzer/-innen werden standardmäßig als Standardbenutzer/-innen angelegt und damit der Gruppe „Benutzer" zugeordnet.

Die Unterteilung in Gruppen bietet sich üblicherweise erst bei einer Vielzahl von Beteiligten an, sodass sich der Aufwand zur Verwaltung der Zugriffsrechte im Wesentlichen auf die Konfiguration der Gruppenrechte reduziert.

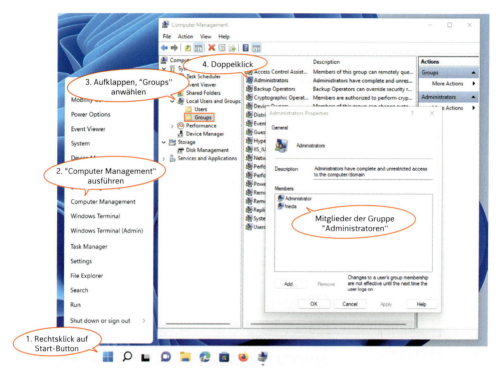

Bild 4.87: Verwaltung der lokalen Benutzergruppen

Persönliche Ordner

Zu jedem Benutzerkonto gehören Ordner, auf die nur der/die jeweilige Benutzer/-in zugreifen kann, z. B. „Eigene Dateien". Der Zugriff auf die persönlichen Ordner anderer Nutzer/-innen wird blockiert. Eine Ausnahme stellen Benutzer/-innen mit Administratorrechten dar. Sie können auf die lokalen Daten aller Benutzer/-innen zugreifen.

Öffentliche Ordner

Auf öffentliche Ordner können alle Benutzer/-innen zugreifen. Dateien können dort von allen gelesen, erstellt, verändert, verschoben und gelöscht werden. Die Ordner sind bei Windows 11 dem Benutzerkonto „Öffentlich" zugeordnet und sind in der Regel auf dem C-Laufwerk im Verzeichnis „C:\Users\Public" zu finden. Bei Windows 11 mit deutscher Spracheinstellung zeigt der Windows Explorer die übersetzten Verzeichnisnamen an (Bild 4.88). Aktiviert man in den Ordneroptionen („Ansicht" > „Optionen") die Einstellung „Vollständigen Pfad in der Titelleiste anzeigen", zeigt die Titelleiste den tatsächlichen Verzeichnispfad an. Eine andere Möglichkeit, diesen in Erfahrung zu bringen, ist der Klick in den freien Bereich neben dem übersetzten Verzeichnispfad (Bild 4.88). Die Pfadanzeige wird dadurch in ein Eingabefeld mit dem tatsächlichen Verzeichnispfad umgeschaltet.

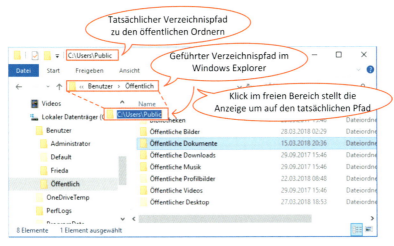

Bild 4.88: Verzeichnispfad zu den öffentlichen Ordnern im Windows Explorer

Um in der PowerShell oder der Eingabeaufforderung auf die öffentlichen Verzeichnisse zuzugreifen, müssen immer die tatsächlichen Verzeichnisnamen verwendet werden. Die deutschen Übersetzungen, die der Windows Explorer verwendet, funktionieren nicht (Bild 4.89).

```
Windows PowerShell                                                    —   □   ×
Windows PowerShell
Copyright (C) Microsoft Corporation. Alle Rechte vo
                                                     Verzeichnispfad existiert nicht
PS C:\Users\Frieda> cd c:\Benutzer\Öffentlich
cd : Der Pfad "C:\Benutzer\Öffentlich" kann nicht gefunden werden, da er nicht vorhanden ist.
In Zeile:1 Zeichen:1
+ cd c:\Benutzer\Öffentlich
+ ~~~~~~~~~~~~~~~~~~~~~~~~~
    + CategoryInfo          : ObjectNotFound: (C:\Benutzer\Öffentlich:String) [Set-Location],
ItemNotFound
    +   Verzeichniswechsel wurde ausgeführt      und,Microsoft.PowerShell.Commands.SetLocationCommand

PS C:\Users\Frieda> cd c:\users\public
PS C:\users\public> _
```

Bild 4.89: Verzeichnispfad zu den öffentlichen Ordnern in der PowerShell

4.3.9   Die Windows-Registrierungsdatenbank

Die Windows-Registrierungsdatenbank **(Registry)** dient als zentrale Sammelstelle für alle systemspezifischen Einstellungen. In der Registry speichern Windows und die meisten installierten Programme alle Informationen zur Hardwarekonfiguration, Softwarekonfiguration und Benutzereinstellungen zum Desktop und zum Startmenü.

Sie ist eine hierarchisch aufgebaute Datenbank, die aus Schlüsseln und Werten besteht, die verschiedene Typen annehmen können. Insgesamt gibt es fünf bzw. sechs Hauptschlüssel, die mit **HKEY** beginnen (das H steht für Hive = Bienenstock und soll auf die hierarchische Anordnung wie bei einem Bienenschwarm hinweisen).

Der sechste Hauptschlüssel **HKEY_PER-FORMANCE_DATA** ist auf vielen Rechnern nicht sichtbar.

Die Registry lässt sich nur mit speziellen Programmen bearbeiten. Zur Ausführung des Windows-eigenen Registrierungs-Editors sind Administratorrechte nötig (**[Windows-Taste + R]** und dann **regedit** eingeben). Anschließend zeigen sich im Registrierungs-Editor die Hauptschlüssel, die ihrerseits wieder mit zahlreichen Unterschlüsseln versehen sind.

Bild 4.90: Baumstruktur der fünf Registrierungs-hauptschlüssel

Dabei sind die Daten der Registry hierarchisch in Form einer Baumstruktur organisiert, vergleichbar den Ordnern auf der Festplatte, nur dass man sie nicht als Ordner oder Verzeichnisse bezeichnet, sondern als Schlüssel.

Jeder Eintrag in der Registry enthält mindestens einen Wert mit dem Namen „Standard". Für jeden weiteren Wert eines Schlüssels muss es sowohl einen Namen als auch einen Datenwert geben. Ein Name kann aus den Zeichen A bis Z, 0 bis 9, Leerzeichen und Unterstrich bestehen. Die Werte werden in der Spalte Daten angezeigt. Dabei unterscheidet die Registry folgende Arten von Datentypen:

Bezeichnung	Datentyp	Inhalt
REG_SZ	Zeichenfolge	Eine Zusammenstellung von Zeichen mit variabler Länge, die mit Null endet. Sie wird als Zeichen in Anführungszeichen eingeschlossen gespeichert.
REG_Binary	Binärwert	Ein definierter Wert kann eine Größe von ein bis 16 KiByte haben und wird als Folge von hexadezimalen Bytes dargestellt.
REG_DWORD	32-Bit-Wert	Ein binärer Wert mit einer maximalen Größe von vier Bytes. Er wird sowohl im hexadezimalen als auch im dezimalen Format angezeigt. Z.B. ist der Eintrag 0x00000000 (0) so zu lesen, dass 0x00000000 die hexadezimale Darstellung des Wertes und (0) die dezimale Darstellung ist.
REG_QWORD	64-Bit-Wert	Hierbei handelt es sich um die 64-Bit-Variante zum REG_DWORD. Sie wird ebenfalls im hexadezimalen und dezimalen Format dargestellt.
REG_Multi_SZ	mehrteilige Zeichenfolge	Hier können mehrere Zeichenketten in einem Registereintrag gesetzt werden.
REG_EXPAND_SZ	erweiterbare Zeichenfolge	Häufig wird dieser Datentyp für Umgebungsvariablen benutzt. Die aktuellen Werte der Variablen können somit auf den aktuellen Eintrag gesetzt werden.
REG_Full_RESOURCE_DESCRIPTOR		Diese Werte können nicht über Regedit gesetzt oder verändert werden. Es ist eine Folge verschachtelter Arrays, die für eine Hardwarekomponente oder einen Treiber benutzt werden.

Bild 4.91: Datentypen der Registry-Einträge

Wenn der Standardeintrag keinen Wert enthält, wird die Zeichenfolge „Wert nicht gesetzt" angezeigt.

Die Hauptschlüssel (HKEYs) der Registry haben folgende Funktionen und Inhalte:

HKEY_CLASSES_ROOT

Dieser Hauptschlüssel ist eigentlich kein richtiger Schlüssel, sondern ein Verweis auf **HKEY_LOKAL_MACHINE\SOFTWARE\Classes** und **HKEY_USERS\{SID des Benutzers}** (mit SID, z.B. S-1-5-20).

Hier sind die Verknüpfungen zwischen Dateiarten und Anwendungen definiert, d.h., welches Programm mit welcher Endung gespeichert wird sowie die Verhaltensweisen der Dateiextensionen. Das betrifft auch das Erscheinen und Verhalten von Dateitypen in Kontextmenüs und die Frage, mit welchem Icon der Dateityp angezeigt wird (OLE-Informationen). Im Unterschlüssel CLSID sind OLE-Settings, Active-X-Abläufe usw. definiert. Immer wenn ein OLE-fähiges Programm installiert wird, kommt eine weitere CLSID (Class Identifier) dazu. Es handelt sich hierbei um kryptische Zeichenfolgen, die z.B. so aussehen können:

{2C63E4EB-4CEA-41B8–919C-E947EA19A77C}

Die CLSIDs enthalten noch etliche Unterschlüssel, in denen Angaben zum Pfad, zu den verwendeten DLLs, Icons, Objektnamen usw. festgelegt werden. Diese Registry-Einträge werden auch benötigt, um „Drag & Drop"-Operationen durchzuführen.

HKEY_CURRENT_USER

Dieser Hauptschlüssel beschreibt die Konfiguration des jeweils aktiven Anwenders bzw. der Anwenderin und wird als Kopie der Einstellungen aus **HKEY_USER** übernommen. Wichtige Unterschlüssel sind hier z.B.:

- AppEvents (Systemklänge mit Soundschemas für Anwendungen)
- Control Panel (Farbschema, Powermanagement, Systemsteuerung, Screensaver usw.)
- Keyboard Layout (Tastatureinstellungen)
- RemoteAccess (Profile für Fernzugriff)
- Software (Konfiguration der Programme für den angemeldeten User)

HKEY_LOCAL_MACHINE

Dieser Hauptschlüssel enthält alle Informationen über die vorhandene Hardware und Software, alle Sicherheitseinstellungen und Benutzungsrechte. Diese Einträge gelten für das lokale System, unabhängig davon, welche/-r Benutzer/-in gerade angemeldet ist, und haben somit Vorrang vor den Werten unter **HKEY_CURRENT_USER**. Wesentliche Unterschlüssel sind:

- Hardware (die von der Hardwareerkennung ermittelten Daten, z.B. Informationen zur CPU, zu den Schnittstellen-Controllern, zur Grafikkarte usw.)
- Security (ein altes NT-Relikt)
- Services (Gerätetreiber für den Kernel, Dateisystem und Dienste)

- Software (die Konfigurationsdaten der installierten Software, allgemeine Software-einstellungen für 32- und 64-Bit-Programme)
- System (aus diesem Schlüssel werden die in der Bootphase benötigten Daten wie Treiber, Dienste und Einstellungen gelesen)

HKEY_USERS

Dieser Schlüssel enthält die benutzerspezifischen Daten wie Desktop-Einstellungen und Netzwerkverbindungen, die in USER.DAT gespeichert werden. Ist die Benutzerverwaltung nicht aktiv, so ist dort nur ein „Default"-Schlüssel vorhanden. Bei aktiver Benutzerverwaltung werden mehrere USER.DAT gespeichert. Für den jeweiligen Anwender bzw. die Anwenderin (USER) ist nur das eigene Profil bzw. die eigene USER.DAT sichtbar. Werden durch den Administrator neue Benutzer/-innen angemeldet, dann wird hier jeweils ein neuer Schlüssel für diese User angelegt.

HKEY_CURRENT_CONFIG

Das ist der Schlüssel für unterschiedliche Hardwareprofile. Konfigurationen für Drucker und andere Peripheriegeräte werden hier festgelegt. Es können Einstellungen für verschiedene Benutzer/-innen gespeichert sein.

Unterschlüssel sind:

- Software (Windows-Internetkonfiguration)
- System (Konfiguration von Druckern, Grafikkarte, PCI-Slots usw.)

Eine weitere Typisierung bilden die bereits genannten CLSID-Schlüssel. Ein CLSID (Class Identifier) ist zunächst einmal nichts weiter als ein Name für ein Objekt. Es ist eine spezielle Form eines GUIDs (Global Unique Identifier), also ein weltweit eindeutiger Bezeichner. Ein CLSID ist ein 16-Byte-Wert, welcher 32 hexadezimale Stellen enthält, die in Gruppen zu 8–4–4–4–12 angeordnet sind.

CLSIDs werden benötigt, um OLE-Objekte (OLE = Object Linking and Embedding) eindeutig identifizieren zu können.

Objekte, die eine CLSID besitzen, sind Desktop, Arbeitsplatz, Drucker usw.

Diese Objekte werden über ihre CLSID angesprochen. Alle Objekte besitzen sowohl Eigenschaften wie Name, Icon oder Shortcut als auch Methoden. Methoden sind objektorientierte Vorgänge und werden ausgeführt, wenn mit einem Objekt gearbeitet wird, z. B. beim Betätigen einer Maustaste.

Objekt	Klassenkennung (Class Identifier)
Netzwerkumgebung	{208D2C60-3AEA-1069-A2D7-08002B30309D}
Arbeitsplatz	{20D04FE0-3AEA-1069-A2D8-08002B30309D}
Eigene Dateien	{450D8FBA-AD25-11D0-98A8-0800361B1103}
Startmenü	{48e7caab-b918-4e58-a94d-505519c795dc}
Gemeinsame Dokumente	{59031a47-3f72-44a7-89c5-5595fe6b30ee}
Papierkorb	{645FF040-5081-101B-9F08-00AA002F954E}

Objekt	Klassenkennung (Class Identifier)
Ordneroptionen (Systemsteuerung)	{6DFD7C5C-2451-11d3-A299-00C04F8EF6AF}
Temporary Internet Files	{7BD29E00-76C1-11CF-9DD0-00A0C9034933}
Programme	{7be9d83c-a729-4d97-b5a7-1b7313c39e0a}
Internet Explorer	{871C5380-42A0-1069-A2EA-08002B30309D}
Fonts (Systemsteuerung)	{D20EA4E1-3957-11d2-A40B-0C5020524152}
Verwaltung (Systemsteuerung)	{D20EA4E1-3957-11d2-A40B-0C5020524153}

Bild 4.92: Beispiele für Klassenregistrierungen (CLSIDs)

Jede installierte Software hinterlässt einen oder mehrere Schlüssel in der Registrierungsdatei. Bei einer späteren Deinstallation werden oftmals diese Schlüssel in HKEY_LOCAL_MACHINE\SOFTWARE nicht gelöscht. Die Registrierungsdateien fragmentieren bei zunehmender Lebensdauer immer mehr. Wird ein Eintrag in der Registry gelöscht, wird diese nicht automatisch kleiner. An der betreffenden Stelle entsteht einfach eine Lücke, die Windows bei Bedarf mit einem neuen Schlüssel füllt. Dieser Vorgang führt dazu, dass die Registrierung selbst das System zunehmend verlangsamt. Daher sollte die Registry von Zeit zu Zeit manuell defragmentiert werden. Geeignete Programme werden auch als Sharewareversionen angeboten.

HKEY_PERFORMANCE_DATA (nicht überall sichtbar)

Dieser Schlüssel erlaubt verschiedenen Anwendungen den Zugriff auf Leistungsdaten *(performance data)*. Er wird erst bei entsprechenden Anforderungen erstellt und bei einer Standardinstallation nicht angezeigt.

Während der Schlüssel im Registrierungs-Editor nicht sichtbar ist, wird er beispielsweise über den PowerShell-Befehl „dir Registry::" in der Liste der vorhandenen Hauptschlüssel mit aufgeführt (Bild 4.93).

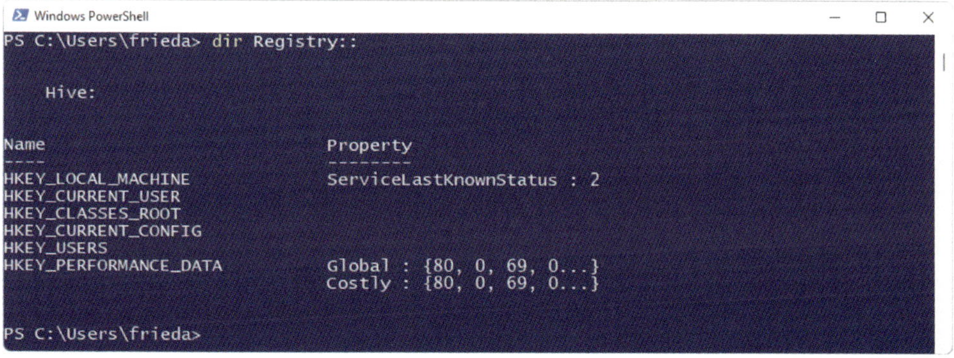

4

Bild 4.93: Anzeige aller vorhandenen Registry-Hauptschlüssel in der PowerShell

4.3.10 Systemeinstellungen und Fehlermeldungen: Interrupts, Ports und DMA

Betriebssystemstörungen und Betriebssystemabstürze können bei allen Betriebssystemen auftreten und unter Umständen für Datenverluste sorgen. In extremen Fällen ist eine komplette Neuinstallation des Betriebssystems erforderlich. Ursachen für Fehler liegen oft in Fehlbedienungen, in fehlerbehafteten Programmen der Softwarehersteller oder aber in Hardwarekonflikten und uneindeutigen Systemressourcen.

Eine erste Funktionsanalyse eines Computers ermöglicht – nicht nur im Fehlerfall – der **Task Manager** (aufrufbar z. B. mit *Strg* + *Alt* + *Entf*). Er liefert unter anderem grafisch aufbereitete Informationen zur CPU-Auslastung, zur Verwendung des Arbeits- und des Festplattenspeichers sowie der Bluetooth- und der LAN/WLAN-Nutzung. Darüber hinaus lassen sich auf jeweiligen Registerkarten aktive Prozesse, Dienste und sonstige Informationen tabellarisch anzeigen und ggf. auch beenden.

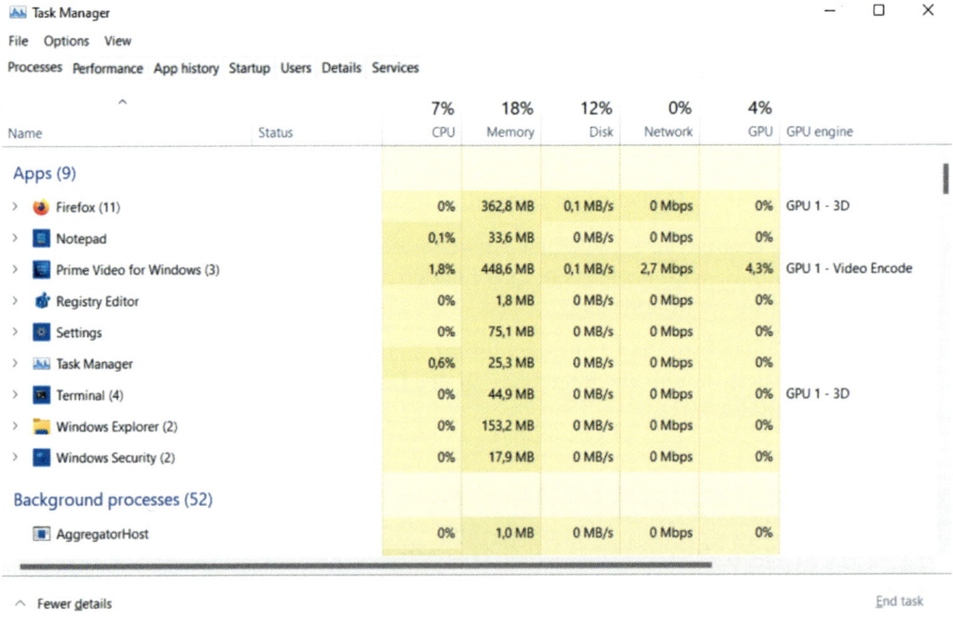
Task Manager
File Options View
Processes Performance App history Startup Users Details Services
Name Status 7% CPU 18% Memory 12% Disk 0% Network 4% GPU GPU engine
Apps (9)
Firefox (11) 0% 362,8 MB 0,1 MB/s 0 Mbps 0% GPU 1 - 3D
Notepad 0,1% 33,6 MB 0 MB/s 0 Mbps 0%
Prime Video for Windows (3) 1,8% 448,6 MB 0,1 MB/s 2,7 Mbps 4,3% GPU 1 - Video Encode
Registry Editor 0% 1,8 MB 0 MB/s 0 Mbps 0%
Settings 0% 75,1 MB 0 MB/s 0 Mbps 0%
Task Manager 0,6% 25,3 MB 0 MB/s 0 Mbps 0%
Terminal (4) 0% 44,9 MB 0 MB/s 0 Mbps 0% GPU 1 - 3D
Windows Explorer (2) 0% 153,2 MB 0 MB/s 0 Mbps 0%
Windows Security (2) 0% 17,9 MB 0 MB/s 0 Mbps 0%
Background processes (52)
AggregatorHost 0% 1,0 MB 0 MB/s 0 Mbps 0%
Fewer details
End task

Bild 4.94: Windows 11-Task Manager (Beispiel; versionsabhängige Abweichung der Registerkarten möglich)

Darüber hinaus bietet eine Sammlung von Service- und Dienstprogrammen, die bei Systemproblemen hilfreich sein können, mannigfaltige Einstellungsmöglichkeiten (Kap. 4.3.5, Bild 4.65). Von hier aus besteht Zugriff auf zahlreiche Ordner, die für die Überprüfung von Einstellungen und Anpassungen des Betriebssystems erforderlich sind. Viele dieser Ordner lassen sich auch über Hot-Keys oder Mausklicks aktivieren.

Um eine bestehende Fehlfunktion zu beseitigen, hilft in vielen Fällen der Versuch, über den Menüpunkt „Problembehandlung" („Troubleshoot") in der Kategorie „Update und Sicherheit" der Windows-Einstellungen die Ursache zu lokalisieren und automatisch zu beseitigen (Bild 4.95).

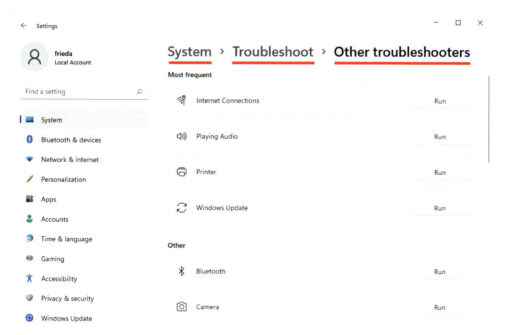

Bild 4.95: Menü Problembehandlung in den Windows-Einstellungen

Sofern dies erfolglos ist, kann man auch eine Systemwiederherstellung zu einem früheren Zeitpunkt durchführen.

> Beim Anlegen eines **Systemwiederherstellungspunktes** werden vom Betriebssystem sämtliche System- und Konfigurationseinstellungen zum jeweiligen Erstellzeitpunkt gespeichert. Man spricht hierbei auch von einer **Schattenkopie**. Bei einem späteren Auftreten von Betriebsproblemen kann das System durch einen vorhandenen Wiederherstellungspunkt auf einen früheren Systemstatus zurückgesetzt werden.

Wiederherstellungspunkte werden meist automatisch vom Betriebssystem erstellt. Sie lassen sich aber auch manuell erzeugen.

Windows-Wiederherstellungsumgebung

Lässt sich Windows 11 nicht mehr regulär starten oder treten nach dem Systemstart Probleme auf, ermöglicht die **Windows-Wiederherstellungsumgebung (Windows Recovery Environment, WinRE)** eine Problembehandlung (Bild 4.96). WinRE startet automatisch, wenn mindestens zweimal nacheinander der Windows-Start abgebrochen wurde. Diese Situation kann auch bewusst herbeigeführt werden, wenn zweimal in Folge nach dem Einschalten des Arbeitsplatz-PCs sofort beim ersten Anzeichen des Windows-Starts der Netzstecker gezogen wird. Wenn das Startmenü noch bedienbar ist, lässt sich WinRE starten, indem während des Anklickens der Neustart-Option die Shift-Taste gedrückt wird.

Bild 4.96: WinRE-Startmenü

Zur Problembehandlung bietet sich der Windows-Start im **abgesicherten Modus** an. Hierbei werden lediglich Standardtreiber und nur wenige Hintergrunddienste geladen, die Bildschirmdarstellung erfolgt in VGA-Auflösung (Kap. 1.9.1). Sofern möglich oder erforderlich, kann dann ggf. auf Kommandozeilenebene ein Systemzugang erfolgen und eine Fehlerbehebung oder zumindest eine Sicherung wichtiger Daten durchgeführt werden. Hierzu sind die – aus heutiger Sicht – „alten" MS-DOS-Befehle (Microsoft-Disk Operating System) erforderlich, die auch heute noch quasi als virtuelle Anwendung unter Windows zur Verfügung stehen (z. B. cd, chkdsk, copy, dir, del, ren, del usw.; Kap. 4.3.6). Der Start im abgesicherte Modus ist aus WinRE heraus über das Menü Problembehandlung > Erweiterte Optionen > Starteinstellungen und Klick auf „Neu starten" erreichbar (Bilder 4.96 und 4.97).

Bild 4.97: WinRE-Menü zur Problembehandlung

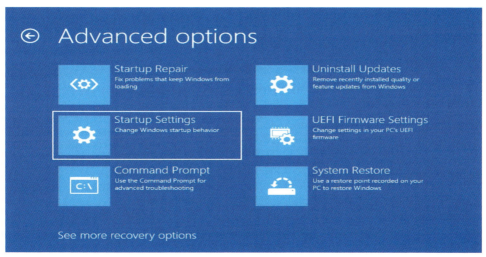

Bild 4.98: Erweiterte Problembehandlungsoptionen in WinRE

Anschließend erscheint das WinRE-Neustartmenü (Bild 4.98), in dem der Windows 11-Start im abgesicherten Modus über die Tasten 4, 5 (mit Netzwerkunterstützung) oder 6 (mit Eingabeaufforderung) ausgewählt werden kann (Bild 4.99).

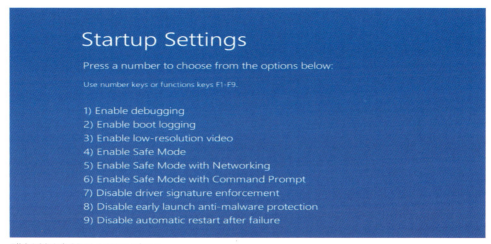

Bild 4.99: WinRE-Neustartoptionen

In extremen Fällen ist ggf. eine komplette Neuinstallation des Betriebssystems erforderlich.

Geräte-Manager

Ein wichtiges Analysehilfsmittel ist auch der **Geräte-Manager** (Device Manager) der in den Einstellungen unter System > About oder im [Windows + X]-Menü zu finden ist.

Er gibt darüber Auskunft, welche Hardware sich im PC befindet und wie einzelne Komponenten konfiguriert sind. Dazu fasst er die einzelnen Geräte in verschiedene Gruppen zusammen. So findet man z. B. unter Laufwerke (Disk Drives) alle Geräte, die dem Benutzer bzw. der Benutzerin ermöglichen, auf ihnen Daten zu speichern.

Falls notwendig, können die Anwender/-innen hier Änderungen vornehmen und Treiber aktualisieren. Solche gerätespezifischen Einstellungen müssen immer dann vorgenommen werden, wenn trotz Plug & Play zwei Karten den gleichen IRQ (Interrupt Re-Quest) beanspruchen (siehe Bild 4.100).

Immer dann, wenn Daten von oder zu einem Speichermedium oder einer Schnittstelle transportiert werden müssen, muss der PC seine aktuelle Arbeit unterbrechen. Obwohl diese Unterbrechungen nur Millionstelsekunden betragen, ist man bemüht, diese auf ein Mindestmaß zu beschränken. So sollen beispielsweise unnötige Wartepausen, die ein ständiges Überprüfen der Schnittstelle bzw. des Speichermediums erfordern würden, vermieden werden. Daher führt der Rechner nur dann Unterbrechungen aus, wenn auch wirklich Bedarf besteht. Dann meldet die Controller-Karte dem Hauptprozessor eine Unterbrechungsanforderung: den erwähnten Interrupt-Request (IRQ).

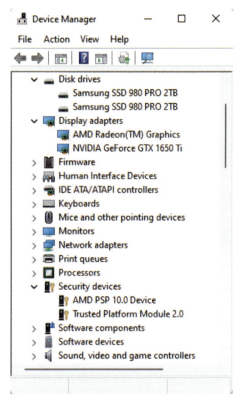

Bild 4.100: Geräte-Manager von Windows 11 (Beispielkonfiguration)

PC-Hardwarekomponenten können mittels eines elektrischen Signals den Prozessor zur Abarbeitung von Befehlen auffordern. Diesen Vorgang bezeichnet man als **Interrupt-Request** (**IRQ**).

Da in einem System mehrere IRQs gleichzeitig ausgelöst werden können, der Prozessor aber nur jeweils einen davon abarbeiten kann, gibt der IRQ-Controller diese geordnet nach ihrer Priorität an die CPU weiter. Treten mehrere Ereignisse zur selben Zeit ein, werden sie ihrer Wichtigkeit nach zur CPU weitergeleitet.

Jeder Kommunikationspartner eines PCs bekommt eine eigene Interrupt-Nummer. Für jede dieser Nummern gibt es im Rechner eine eigene Signalleitung. Jede Interrupt-Nummer darf nur einmal vergeben werden, denn bei einer Doppelbelegung würden zwei unterschiedliche Erweiterungen oder Systemkomponenten auf die Anforderung reagieren und es käme zu einer Art Kollision auf dem Datenbus. Keine der beiden Komponenten könnte dann richtig funktionieren. Fordert eine Karte oder eine Baugruppe eine Unterbrechung *(interrupt)* an, so erkennt der Prozessor anhand der Nummer, welche Komponente diese Unterbrechung angefordert hat.

Jede der in einen PC eingebauten Steckkarten belegt bestimmte Systemressourcen. Genau genommen ist es eigentlich der zu fast jeder Karte gehörende Gerätetreiber, der die Ressource belegt. Generell gilt, dass jede Ressourcenbelegung eindeutig sein muss, um Konflikte mit anderen Steckkarten zu vermeiden. Unter Ressourcen versteht man neben den Interrupt-Leitungen (IRQ) auch die Portadresse, die Speicheradressen und die DMA-Kanäle (siehe unten). Nicht jede Karte benutzt all diese Ressourcen.

Fast immer werden der IRQ und eine Portadresse gebraucht. Die Steckkarte muss auf bestimmte gültige und konfliktfreie, d. h. bisher nicht besetzte, Werte eingestellt werden. Kaum noch besteht die Möglichkeit, diese Werte an der Steckkarte anhand von Steckbrücken oder DIP-Schaltern einzustellen. Üblicherweise geschieht die Zuweisung automatisch oder über ein Konfigurationsprogramm, das nicht selten auch Bestandteil der Gerätetreiberinstallation ist. Die Installationsroutine fragt dann die entsprechenden Werte ab. Häufig kann mit dem gleichen Programm auch getestet werden, ob die eingestellten Werte gültig sind. Ist das nicht der Fall, kommt es zu Fehlermeldungen.

Aktuelle Systeme arbeiten mit einem Advanced Programmable Interrupt Controller (APIC). Dieser verarbeitet mehr als die zuvor möglichen 16 IRQs.

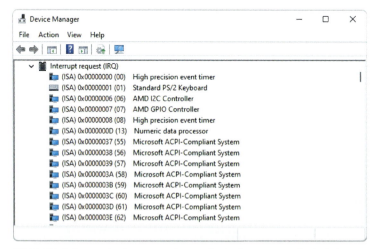

Bild 4.101: Belegung der Interrupt-Adressen im Geräte-Manager (Beispiel)

Zusätzlich zum Interrupt-Wert muss für jede Erweiterungskarte, die zum Datentransfer (Input/Output) eingesetzt wird, eine Basisadresse festgelegt werden. Die Angabe erfolgt, wie bei Speicheradressen üblich, in hexadezimaler Schreibweise. Diese Basisadresse gibt den Bereich des Arbeitsspeichers an, in dem die Karte mit dem Treiberprogramm die Daten austauscht. Diese I/O-Bereiche befinden sich bereits am Anfang des Hauptspeichers und umfassen meistens nur einige Bytes. Wird eine Adresse doppelt belegt, so kann es wie bei den Interrupt-Nummern zu einem Gerätekonflikt kommen.

Die vom I/O-Bereich verwendeten Adressen sind normalerweise festgeschrieben. Meistens bieten die Hersteller der Karten bestimmte Adressen zur Auswahl an. Bild 4.102 zeigt, an welchen Stellen und in welchen Bereichen sich die Adressen normalerweise befinden.

Das Bild zeigt einen Ausschnitt aus der Standardbelegung der zur Verfügung stehenden Portadressen in hexadezimaler Schreibweise. Die normale Funktionsweise von I/O-Karten sieht vor, die Daten über die o. g. Portadressen zu verwalten. Diese Form ist bei korrekter Konfiguration zwar recht störungssicher, birgt aber auch einige Nachteile.

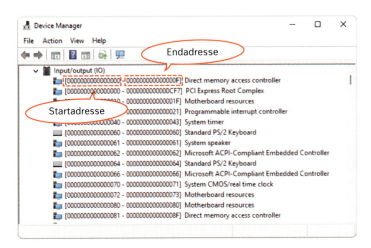

Bild 4.102: Belegung der Ein-/Ausgabe-Portadressen im Geräte-Manager (Beispiel)

Insbesondere wenn größere Datenmengen verwaltet werden müssen (wie etwa bei einer Blu-ray), ist diese Methode langsam, da der nur wenige Bytes große I/O-Adressbereich wie ein Flaschenhals wirkt und einen höheren Datendurchsatz verhindert.

> Deshalb wurde für eine schnelle Datenübertragung von großen Datenmengen in den Arbeitsspeicher ein Verfahren entwickelt, das als **DMA** (**D**irect **M**emory **A**ccess = direkter Speicherzugriff) bezeichnet wird. Mit diesem DMA-Verfahren werden die Daten direkt in den Arbeitsspeicher geschrieben.

Auch für den DMA-Betrieb gibt es im PC verschiedene Kanäle, die auch als **DRQ** (**D**MA **R**equest) bezeichnet werden. Auch hierbei handelt es sich lediglich um Kanäle, über die nur eine Anforderung erfolgt und keine Daten transportiert werden. Einige DMA-Kanäle werden für systeminterne Funktionen benötigt, andere sind frei.

Die unteren DMA-Nummern, bis einschließlich DMA 4, werden normalerweise vom PC-System für eigene Zwecke benutzt. Die Kanäle 0, 1 und 3 können aber trotzdem verwendet werden, wohingegen der zweite Kanal (noch immer) als Disketten-Controller und der vierte Kanal als RAM-Controller voll beansprucht werden. Die Kanäle 5 bis 7 stehen meistens für Systemerweiterungen zur freien Verfügung.

AUFGABEN

1. Was bedeutet WaaS?

2. Was sind Qualitäts-Updates und was unterscheidet sie von den bisherigen Windows-Updates?

3. Was sind Feature-Updates?

4. Was ist daran vorteilhaft, wenn umfangreiche Upgrades nicht auf einmal, sondern einzeln und zeitlich versetzt durchgeführt werden?

5. Welche Gründe sprechen für die Wahl einer langzeitunterstützten (LTSC) Windows-Version?

6. Was bezweckt die Option für Unternehmen, Feature-Updates systematisch verzögern zu können?

7. Was ist die Konsequenz, wenn Feature-Updates generell blockiert werden?

8. Der Begriff „Server" wird in Kombination mit dem Begriff „Client" im allgemeinen Sprachgebrauch oftmals mit unterschiedlicher Bedeutung verwendet. Erläutern Sie den Unterschied.

9. Was versteht man unter einem „Rolling Release"?

10. Welche Stufen unterscheidet Windows 11 bei seinen Telemetrieprofilen? Erläutern Sie diese.

11. Was versteht man unter einem „Trusted Platform Modul" und wozu wird es verwendet?

12. Wozu verwendet man in der PC-Technik „Shortcuts"? Listen Sie tabellarisch einige gängige Windows 11-Shortcuts auf und erläutern Sie deren Funktion.

13. Aus welchem Grund richtet man auf einem PC bzw. in einem Netzwerk sog. „Benutzerkonten" ein?

14. Erläutern Sie die Abkürzung GUID. Welchen Vorteil weist die Benutzung der GUID-Partitionstabelle auf?

15. Wie kann man überprüfen, ob das Betriebssystem im UEFI-Mode installiert wurde?

16. Auf welche zwei Arten lässt sich ein Betriebssystem auf modernen Rechnern mit einem UEFI installieren?

17. Was kennzeichnet ein Windows-Peer-to-Peer-Netzwerk?

18. Was ist die maximale Benutzeranzahl einer Arbeitsgruppe?

19. Unter welchen Umständen kann die maximale Benutzeranzahl einer Arbeitsgruppe überschritten werden?

20. Was bewirkt eine Umstellung des Netzwerkprofils von „Öffentlich" auf „Privat"?

21. Aus drei miteinander vernetzen PCs kann ein PC keine Dateifreigaben der anderen PCs sehen. Was sind mögliche Ursachen?

22. Zur Windows-Anmeldung kann entweder ein Offline-Konto oder ein Online-Konto eingesetzt werden. Worin bestehen die Unterschiede?

23. Weshalb ist es ratsam, ein Administrator-Konto als lokales Benutzerkonto einzurichten?

24. Welche benutzerkontengesteuerten Jugendschutzfunktionen gibt es und wie kann man sie einsetzen?

25. Was ist das versteckte Administratorkonto und worin unterscheidet es sich von anderen Administratorkonten?

26. Welchen Vorteil bietet die Einteilung der Benutzer/-innen in Benutzergruppen?

27. Was sind öffentliche und persönliche Ordner?

28. Wie unterscheiden sich öffentliche Ordner von freigegebenen Ordnern?

4

29. Im Windows Explorer klicken Sie das Laufwerk „C:" an. Danach klicken Sie auf „Benutzer" und dann auf „Öffentlich". Nun sollen Sie in der PowerShell auch in dieses Verzeichnis wechseln. Warum erhalten Sie bereits nach „cd c:\Benutzer" eine Fehlermeldung?

30. Wozu dienen die fünf Hauptschlüssel der Registry?

31. Welche Angaben enthält der Hauptschlüssel HKEY_LOCAL_MACHINE?

32. Wie setzt sich eine CLSID zusammen?

33. Wozu werden die Programme REGEDIT und REGCLEAN verwendet?

34. Welche Informationen stellt die Systemsteuerung bereit? Nennen Sie hierzu einige Beispiele.

35. Was ist ein Systemwiederherstellungspunkt und wozu kann er verwendet werden?

36. Was versteht man bei Betriebssystemen unter dem „abgesicherten Modus"?

37. Welche Informationen über einen PC erhält man vom sog. Geräte-Manager des Betriebssystems?

38. Was versteht man unter einem Interrupt-Request und wie viele gibt es davon standardmäßig?

39. Wozu dient der DMA-Modus?

40. Geben Sie in dezimaler Form den Adressbereich der Grafikeinheit an.

> ▷ 🖳 [000000000000E000 - 000000000000EFFF] Intel(R) 6 Series/C200 Series Chipset Family PCI Express Root Port 6 - 1C1A
> 🖳 [000000000000F000 - 000000000000F03F] Intel(R) HD Graphics Family
> 🖳 [000000000000F040 - 000000000000F05F] Intel(R) 6 Series/C200 Series Chipset Family SMBus Controller - 1C22

41. Hat man nach einem Betriebssystemabsturz nur noch Zugang zu einem Computer über die Kommandozeilenebene, muss man (z.B. zur Datenrettung) auf MS-DOS-Befehle zurückgreifen.

    a) Was bedeutet MS-DOS?

    b) Erstellen Sie – ggf. mit einer Internetrecherche und einem entsprechenden Anwendungsprogramm – eine Tabelle mit einigen wesentlichen DOS-Befehlen und erläutern Sie kurz deren jeweilige Funktion.

4.4   Clients der Unix-Familie

Ende der 1960er-Jahre entstand bei der US-amerikanischen Telefongesellschaft Bell Telephone Laboratories Inc. das Betriebssystem **Unix**. Auf dieser Grundlage bildeten sich sehr viele Abkömmlinge: Große Firmen brachten eigene, kommerzialisierte Geschmacksrichtungen hervor, z.B. **Sinix** von Siemens und **AIX** von IBM. Von **BSD-Unix** stammen die Betriebssysteme **macOS** und **IOS** der Apple-Rechner ab.

Da diese „Unixe" der 1980er-Jahre für Bildungseinrichtungen unerschwinglich waren, programmierte Prof. Andrew S. Tanenbaum in Amsterdam 1987 Unix nach und nannte es „Minix", vermutlich weil es auf zwei bis drei Disketten passte. **Linux** wurde 1991 als ein

Experiment des finnischen Informatikstudenten Linus Torvalds auf der Basis von Minix entwickelt und unterscheidet sich u. a. durch die liberale Lizenzgestaltung von kommerziellen Betriebssystemen wie Microsoft Windows oder macOS. Ein weiterer wichtiger Unterschied liegt darin, dass Linux

- nicht in einem geschlossenen Umfeld (z. B. firmeneigenes Entwicklungslabor) entstand, sondern auf internationaler Ebene von vielen einzelnen Personen ohne spezielle Eigeninteressen;

- aus diesem Grund seine Entwicklung im damals gerade weltweit aufkommenden Internet stattfand und dieses seinerseits durch kostenlose Software befruchtete und

- wie Unix nicht für eine bestimmte Hardware-Basis zugeschnitten war und ist.

Auch Linux unterliegt der ständigen Weiterentwicklung und Anpassung und existiert heute in sehr vielen Varianten:

- als Serverbetriebssystem (z. B. Red Hat Enterprise Linux, SUSE Linux Enterprise Server)

- als Desktopbetriebssystem, z. B. das populäre Ubuntu-Linux

- in den vielen kleinen Systemen, die eingebettet in Geräte und damit unerkannt in Fernsehern, Fitnessarmbändern, Videorecordern, Telefonanlagen und WLAN-Routern arbeiten

In den Jahren 2007/2008 wurde **Android** (Google) auf Basis eines Linux-Kerns entwickelt und stellt heute stückzahlmäßig wahrscheinlich das am häufigsten verwendete Betriebssystem bei Netzwerk-Clients dar.

Hier werden nun die Client-Installation und die Basis-Konfiguration bei

- Ubuntu-Linux in der Version 22.04.1 LTS,
- macOS in der Version „Catalina" und
- Android in der Version 12

dargestellt.

Für Arbeitsplatzrechner und bei grafisch unterstützten Desktopversionen ist das meiste heutzutage selbsterklärend und bedarf keines großen Hintergrundwissens. Fehlt jedoch die grafische Oberfläche, sind grundlegende Kenntnisse des Kommandozeilen-Interpreters **bash** (Bild 4.103) und der Dienstprogramme erforderlich.

Eine Shell bezeichnet hier eine nicht-grafische Benutzerschnittstelle. Sie nimmt über die Tastatur eingetippte Kommandos entgegen (wie z. B. auch die Eingabeaufforderung oder die PowerShell bei Windows). Kommandos sind interne Shell-Kommandos oder Namen von Dienstprogrammen. Dem Kommando kann eine Liste von Optionen folgen und eine Liste von Objekten, auf die das Kommando einwirken soll. Beispiele für Optionen sind:

-l   Ausgabe in **L**angform oder
-h   Ausgabe in für Menschen leichter erfassbarer Form (**h**uman readable)

Beispiele für Objekte können u. a. Datei- oder Verzeichnisnamen sein.

Aus der grafischen Oberfläche wird der Kommando-Interpreter über das Hilfsprogramm Terminal (in einem Fenster) gestartet.

```
                              werfri@ubuntulinux: ~              Q  ≡  _  □  ✕

werfri@ubuntulinux:~$
werfri@ubuntulinux:~$ help
GNU bash, Version 5.0.3(1)-release (x86_64-pc-linux-gnu)
Diese Shell-Befehle sind intern definiert.  Mit »help« kann eine Liste
angesehen werden.  Durch »help Name« wird eine Beschreibung der
Funktion »Name« angezeigt.  Die Dokumentation ist mit »info bash«
einsehbar.  Detaillierte Beschreibungen der Shell-Befehle sind mit
»man -k« oder »info« abrufbar.

Ein Stern (*) neben dem Namen kennzeichnet deaktivierte Befehle.

 Jobbezeichnung [&]                   history [-c] [-d Offset] [n] oder hi>
 (( Ausdruck ))                       if Kommandos; then Kommandos; [ elif>
 . Dateiname [Argumente]              jobs [-lnprs] [Jobbezeichnung ...] o>
 :                                    kill [-s Signalname | -n Signalnumme>
 [ Argument... ]                      let Argument [Argument ...]
 [[ Ausdruck ]]                       local [Option] Name[=Wert] ...
 alias [-p] [Name[=Wert] ... ]        logout [n]
 bg [Jobbezeichnung ...]              mapfile [-d Begrenzer] [-n Anzahl] [>
 bind [-lpsvPSVX] [-m Tastaturtabelle]> popd [-n] [+N | -N]
 break [n]                            printf [-v var] Format [Argumente]
 builtin [Shell-Kommando [Argument ...> pushd [-n] [+N | -N | Verzeichnis]
 caller [Ausdruck]                    pwd [-LP]
 case Wort in [Muster [| Muster]...) K> read [-ers] [-a Feld] [-d Begrenzer]>
```

Bild 4.103: Hilfe zum Befehlsinterpreter bash (Ausschnitt)

Kommandoname	Beschreibung in Kurzform
cat	gibt Textdatei aus
cd	wechselt das Verzeichnis
dir	zeigt Verzeichnisinhalt an, ähnlich wie bei Microsofts Eingabeaufforderung
echo	gibt Textdatei auf die Standardausgabe aus (meist Bildschirm oder Datei)
grep	Filter für Textbestandteile
ip	zeigt und verändert Netzwerkinterfaces Route etc.; löst `ifconfig` ab
joe	kann gut Texte editieren (Verlassen mit ‚Strg-K',‚**x**', Hilfe mit ‚Strg-K',‚**h**')
less	zeigt Inhalt einer Textdatei komfortabel an (Verlassen mit ‚**q**', Hilfe mit ‚**h**')
ls	zeigt Verzeichnisinhalt an, aber nur die Namen
lsblk	zeigt Block-Devices (Massenspeichergeräte)
man	zeigt das Handbuch zu einem Befehl und benutzt dazu `less` (s. o.)
shutdown -h now	System sofort herunterfahren
sudo	führt das nachfolgende Kommando als Systemverwalter aus (speziell bei Ubuntu gebraucht)
chmod	verändert zu Zugriffs-Flags (Lesen/Schreiben/Ausführen) einer Datei
arp	zeigt die ermittelten physikalischen Adressen von Netzwerkteilnehmenden an
ifconfig ip addr ip link	konfiguriert und informiert über Netzwerkverbindungen und -adressen

Bild 4.104: Elementarste Linux-Kommandos

Im Folgenden werden Kommandos in Rot dargestellt (vgl. Bild 4.122).

Die nachfolgenden Ausführungen beinhalten einführend lediglich grundlegende Informationen zur Linux-Installation auf einem Client-PC sowie zur Administration eines Linux-basierenden Netzwerks.

Für eine angemessen sichere Beherrschung der Administration sei auf den zugehörigen Aufbauband oder andere spezielle Werke verwiesen.

4.4.1 Installation

Linux

In der Regel erfolgt die Linux-Installation auf PC-artiger Hardware von einem lokalen Medium (CD/DVD als Bootmedium, als Bootreihenfolge DVD → Festplatte einstellen) oder von einem Installationsserver. Diese Medien werden mit einem Brennprogramm aus sog. ISO-Dateien erstellt, die ihrerseits vom jeweiligen Verteiler (Distributor) aus dem Internet heruntergeladen werden können. Daneben gibt es auch lokale Bezugsmöglichkeiten (z. B. Zeitschriftenverlage), denen wegen der meist beträchtlich höheren Download-Geschwindigkeit der Vorzug gegeben werden sollte (Die Datei „ubuntu-22.04.1-desktop-amd64.iso" hat ein Volumen von 3,6 GiB).

> **ISO-Dateien** sind CD/DVD-Abbilder nach einem von der ISO (International Organization for Standardization) genormten Verfahren (siehe dazu auch Kap. 2.7).

4

Das Installationsmedium (DVD) enthält alle verfügbaren Treiber, das Installationsprogramm versucht die Hardware zu erkennen und die zugehörige Treibersoftware auszuwählen. Dies dauert bei dieser Version verhältnismäßig lange, aber dafür werden die Zeitzone (Bild 4.105) und die Benutzersprache sowie das Tastatur-Layout bereits mit grafischer Oberfläche abgefragt.

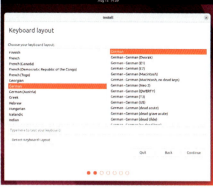

Bild 4.105: Abfrage von Zeitzone und Tastatur

Schwierig kann es werden, wenn das zu installierende Betriebssystem nicht das einzige auf dem Rechner ist (Bild 4.106). Für Arbeitsplatzrechner ist dann statt dieser sog. „nativen" Installation eine virtuelle Maschine die bessere Lösung. Für die Verwendung als Server stellt sich diese Frage in der Regel nicht.

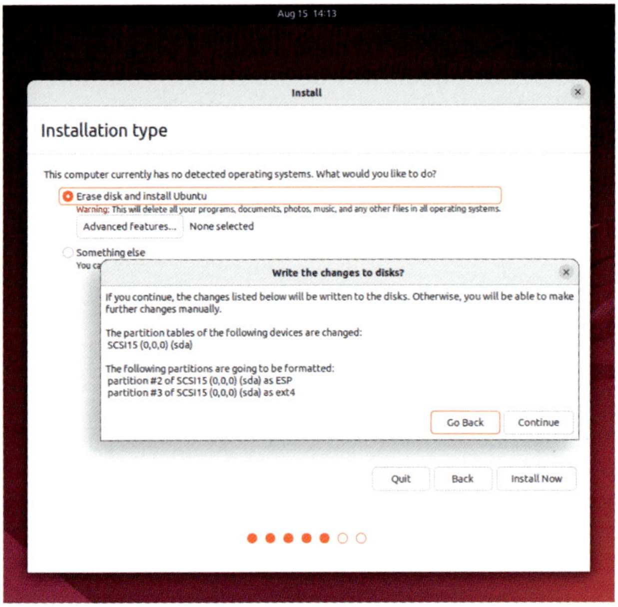

Bild 4.106: Auswahl der Installationsart

Als nächstes wird der/die erste Benutzer/-in eingerichtet (Bild 4.107).

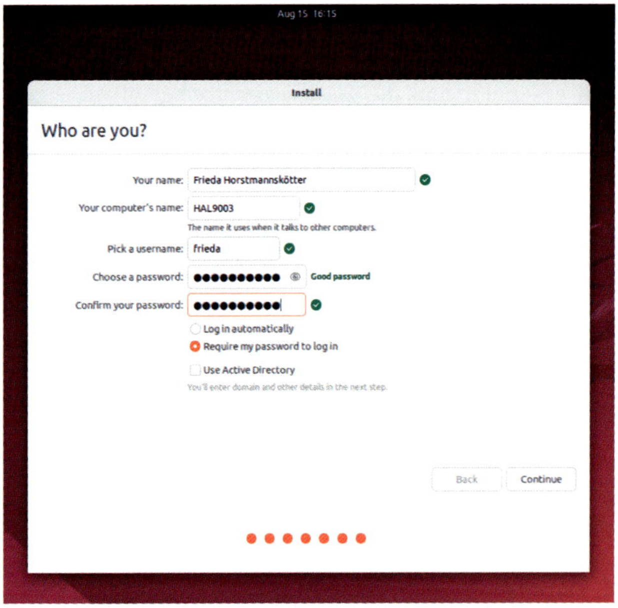

Bild 4.107: Der erste Benutzer wird eingerichtet

Bei den hier beschriebenen Systemen ist der/die zuerst eingerichtete Benutzer/-in mit Privilegien zur Systemverwaltung ausgestattet. Das folgt dem Trend der Microsoft-Betriebssysteme. Bei vielen anderen Systemen wird der Unix-Tradition entsprechend der Systemverwalter („root") gesondert eingerichtet.

Bild 4.108: Installation der Software-Pakete

Dem schließt sich die automatische Installation der zur Distribution gehörenden Softwarepakete an (Bild 4.108). Hier hat die installierende Person keine Auswahlmöglichkeit.

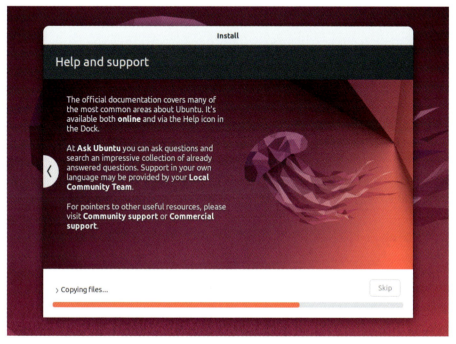

Bild 4.109: Allgemeiner Hinweis

Gegen Abschluss der Installation wird auf Unterstützungsmöglichkeiten hingewiesen (Bild 4.109) und das Installationsende angezeigt (Bild 4.110).

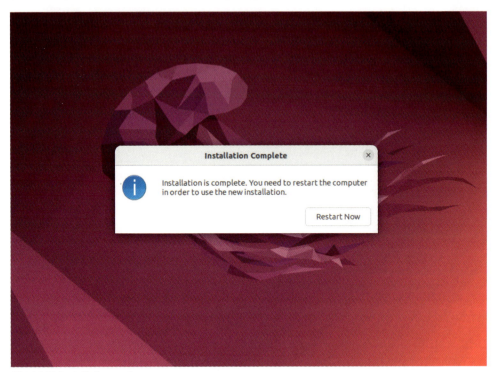

Bild 4.110: Installationsende

Vor dem Neustart muss das Installationsmedium aus dem Laufwerk entfernt werden, damit von der Festplatte und nicht wieder vom optischen Laufwerk gebootet wird.

Nach dem Neustart erfolgt das erste Booten des installierten Systems (Bild 4.111) und das Angebot, weitere Software zu installieren (siehe auch Kap. 4.4.4).

Zur Installation neuer Software muss das Passwort des Erstbenutzers oder der Erstbenutzerin (bzw. Administrators) angegeben werden.

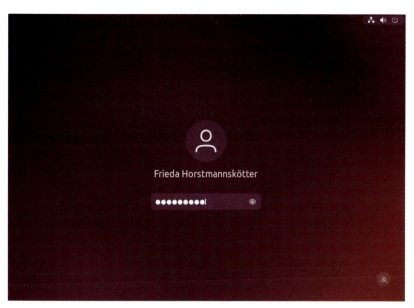

Bild 4.111: Das erste Login im neuen System

Wenn sich zwischendurch ein Bildschirmschoner eingeschaltet hat, reicht das Drücken der Enter-Taste, um die Login-Dialogbox wieder aufzurufen.

macOS

Bei macOS und bei Mobilgeräten (iOS und Android) ist die Erstinstallation beim Erwerb des Gerätes schon erfolgt. Es kann nur eine nachträgliche Neuinstallation durchgeführt werden. MacOS verfügt dazu über ein Wiederherstellungssystem, das beim Hochfahren durch Drücken der Tasten „cmd" gleichzeitig mit „R" aufgerufen wird und das mehrere Optionen vorsieht (Bild 4.112).

Bild 4.112: macOS erneut installieren

Zur Neuinstallation ist eine Internetverbindung nötig. Es wird die neueste Betriebssystemversion installiert, die zuletzt installiert war.

Bild 4.113: Partitionieren einer Platte

Ist jedoch das Wiederherstellungssystem nicht verfügbar, weil etwa die Festplatte gelöscht oder ausgetauscht wurde, aktivieren neuere Macs eine funktionsreduzierte Firmwareversion des Wiederherstellungssystems und leiten eine „Internetwiederherstellung" ein: Man kann dann vom Apple-Server ein Wiederherstellungssystem-Image laden und daraus kann das Festplattendienstprogramm (Bild 4.113) zur Bearbeitung (Partitionierung, Formatierung) der Platte gestartet werden.

Bild 4.114: Status der Platte nach dem Partitionieren bei macOS

Durch die Auswahl von „macOS erneut installieren" (Bild 4.112) wird die ursprünglich mit dem Gerät ausgelieferte Version installiert. Danach kann wieder auf neuere Versionen nachgerüstet werden.

Mobilgeräte

Auch bei Mobilgeräten kann nur ein Rücksetzen (z. B. auf die Werkeinstellungen) durchgeführt werden, solange und soweit die bisherige Installation noch funktionsfähig ist (Bild 4.115). Danach werden vorher installierte Apps automatisch nachinstalliert, weil sie im Google-Konto gespeichert sind.

Bild 4.115: Android zurücksetzen

4.4.2   Massenspeicherverwaltung

Exkurs

Linux kennt keine Laufwerksbuchstaben wie bei MS-Betriebssystemen, sondern Namen von Gerätedateien, welche im Linux-Verzeichnisbaum unter „/dev" zu finden sind. Dabei werden die Gerätedateinamen für Massenspeicher nach einem bestimmten Schema gebildet (Bild 4.116).

Gerätename	Bedeutung
sda	„erste" gefundene Platte
sda1	erste Partition auf erster Platte
sda2	zweite Partition auf erster Platte
. . .	(usw. bis maximal sda4 bei MBR-Partitionierung)
sdb	zweite gefundene Platte
sdb1	erste „erweiterte" Partition auf zweiter Platte

Gerätename	Bedeutung
sdb5	logisches Laufwerk in der erweiterten Partition sdb1 der zweiten Platte
. . .	(logische Laufwerke zählen immer ab 5)
sr0	erstes optisches Laufwerk
sr1	zweites optisches Laufwerk

Bild 4.116: Gerätenamen für Massenspeicher

Nach der Installation kann sich der Linux-Systemverwalter mit dem Hilfsprogramm „Laufwerke" vom ordnungsgemäßen Zustand des Speichergerätes überzeugen (Bild 4.117).

Bild 4.117: „Laufwerke" zeigt eine angeschlossene, aber nicht eingehängte Platte

Zu erwähnen ist der „Swap"-Bereich (Bild 4.118), der für die Auslagerung des Arbeitsspeichers (RAM) verwendet wird. Dies entspricht der Auslagerungsdatei „pagefile.sys" in Windows und vergrößert den virtuellen Speicher (Größe des RAM-Speichers plus Größe des Auslagerungsbereichs). Um die Verwaltung dieses Auslagerungsbereichs kümmern sich die Betriebssystemkerne in Eigenregie. Eine „Swap"-Partition, die bei manchen Linux-Varianten verwendet wird, ist deswegen für kein Dateisystem formatiert (siehe unten) und in der Größe nicht veränderbar. Eine Swap-Datei kann ihre Größe ändern, kann aber etwas langsamer sein.

```
werfri@ubuntulinux:/var/cache/snapd$ swapon -s
Dateiname          Typ         Größe  Benutzt   Priorität
/swapfile          file        483800       0   -2
```

Bild 4.118: Ubuntu 19.10 verwendet eine Swap-Datei

Übliche Dateisysteme bei Linux und macOS für systeminterne Festplatten sind in Bild 4.119 gelistet:

Dateisystem	Max. Dateigröße (in TByte)	Max. Dateisystemgröße (in TByte)	Bemerkungen
Btrfs	16 777 216	16 777 216	Standard bei SuSe; auch möglich bei Ubuntu
Ext4	16	1 048 576	Standard bei Ubuntu
APFS	8 388 608	8 388 608	Standard bei macOS

Bild 4.119: Übliche Dateisysteme außerhalb der Microsoft-Welt

Darüber hinaus werden jedoch viele weitere Dateisysteme unterstützt, wie man in **/lib/ modules/5.3.0-19-generic/kernel/fs** (Bild 4.120) nachlesen kann. Im Wiki für Ubuntu-Nutzer (wiki.ubuntuusers.de) bekommt man dazu weitere Informationen.

9p, efs, hfsplus, nfs_common, overlayfs, sysv, adfs, btrfs, f2fs, hpfs, nfsd, pstore, ubifs, affs, cachefiles, fat, isofs, nilfs2, qnx4, udf, afs, ceph, freevxfs, jffs2, nls, qnx6, ufs, aufs, cifs, fscache, jfs, ntfs, quota, xfs, autofs, coda, fuse, lockd, ocfs2, reiserfs, befs, cramfs, gfs2, minix, omfs, romfs, bfs, dlm, hfs, nfs, orangefs

Bild 4.120: Liste unterstützter Dateisysteme in Ubuntu 19.10

4

Weitere Informationen über die eingehängten physischen und virtuellen Platten liefert das Kommando „mount", dessen Ausgabe in Bild 4.121 wiedergegeben ist (mit „grep" gefiltert auf die erste Platte sda).

```
werfri@ubuntulinux:~$ mount|grep sda
/dev/sda1 on / type ext4 (rw,relatime,errors=remount-ro)
```

Bild 4.121: Das Kommando „mount" ohne Parameter

Linux abstrahiert vom Dateisystem des jeweiligen Speichermediums (Diskette mit FAT16, CD-ROM mit iso9660 oder Platte mit einem oben genannten Dateisysteme) zu einem **virtuellen Dateisystem**, sodass Benutzer/-innen sich darum nicht kümmern müssen. Auch der/die Systemverwalter/-in muss es nur bei solchen Wartungsarbeiten, die direkten Bezug auf das Medium nehmen.

Mit dem Kommando „mount" („montieren") kann man Platten in das Verzeichnissystem einhängen (an der Position /media/filme als Mountpoint, Bild 4.123) oder mit der Umkehroperation „umount" aushängen. Mit dem Kommando „lsblk" kann man noch eine Ebene tiefer blicken (Bild 4.122) und feststellen, dass noch eine zweite Platte angeschlossen ist, die aber noch nicht in das Dateisystem aufgenommen wurde.

```
werfri@ubuntulinux:~$ lsblk
NAME    MAJ:MIN RM    SIZE RO TYPE MOUNTPOINT
loop0    7:0    0    156M  1 loop /snap/gnome-3-28-1804/91
...
loop13   7:13   0 156,7M  1 loop /snap/gnome-3-28-1804/110
sda      8:0    0    10G  0 disk
└─sda1   8:1    0    10G  0 part /
sdb       8:16   0  1000G  0 disk
sr0      11:0   1  1024G  0 rom
```

Bild 4.122: Orten der zweiten Platte „sdb"

Um die zweite Platte „sdb" ins Dateisystem aufzunehmen, wird die Schaltfläche ▶ betätigt (Bild 4.117, roter Pfeil) oder man nutzt die Shell wie in Bild 4.123 gezeigt.

```
werfri@ubuntulinux:/media$ sudo mkfs -t ext4 /dev/sdb
mke2fs 1.45.3 (14-Jul-2019)
Ein Dateisystem mit 262144000 (4k) Blöcken und 65536000 Inodes
wird erzeugt.
UUID des Dateisystems: 1e5b4550-722b-4c7b-a479-ad58a78957d6
Superblock-Sicherungskopien gespeichert in den Blöcken:
32768, 98304, 163840, 229376, 294912, 819200, 884736, 1605632,
2654208, 4096000, 7962624, 11239424, 20480000, 23887872,
71663616, 78675968, 102400000, 214990848

beim Anfordern von Speicher für die Gruppentabellen: erledigt
Inode-Tabellen werden geschrieben: erledigt
Das Journal (262144 Blöcke) wird angelegt: fertig
Die Superblöcke und die Informationen über die
Dateisystemnutzung werden geschrieben: erledigt

werfri@ubuntulinux:/media$ sudo mount -t ext4 /dev/sdb /media/
filme
NAME    MAJ:MIN RM    SIZE RO TYPE MOUNTPOINT
loop0    7:0    0    156M  1 loop /snap/gnome-3-28-1804/91
...
loop13   7:13   0 156,7M  1 loop /snap/gnome-3-28-1804/110
sda      8:0    0    10G  0 disk
└─sda1   8:1    0    10G  0 part /
sdb       8:16   0  1000G  0 disk /media/filme
sr0      11:0   1  1024G  0 rom
```

Bild 4.123: Formatieren und Einhängen der zweiten Platte

Die Einträge von „loop0" bis "loop13" bezeichnen lange Verzeichnispfade, genauso wie das Kommando „subst" in der Eingabeaufforderung bei Windows Ordner als virtuelle Laufwerke auf einen freien Laufwerksbuchstaben abbilden kann.

Wenn es sich um eine neue Platte handelt, muss sie zuerst formatiert werden, d.h., es muss ein Dateisystem angelegt werden (Kap. 2.7). Die Schaltfläche ▶ fehlt zunächst. Über die Schaltfläche „Zusätzliche Partitionseinstellungen" wird die Formatierung ausgewählt und durchgeführt (Bild 4.124).

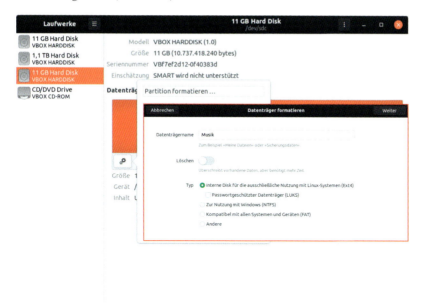

Bild 4.124: Formatieren eines neuen Datenträgers

Externe Massenspeicher

Externe Speicher sind fast immer USB-Geräte (Bild 4.125), die zur Datensicherung (Backup) benutzt werden.

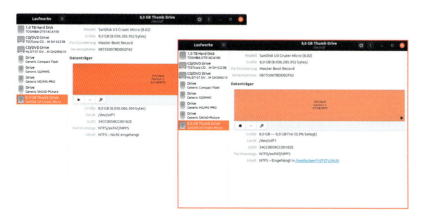

Bild 4.125: USB-Stick aus Gerätesicht vor (links) und nach (rechts) dem Einhängen

Moderne Linuxe mounten diese Speicher selbsttätig, z.B. mit einem Mountpoint unterhalb von /*media*.

Auch automatisch gemountete externe Speicher müssen manuell ausgehängt werden (Bild 4.126). Im Windows-Sprachgebrauch nennt man das „sicheres Entfernen".

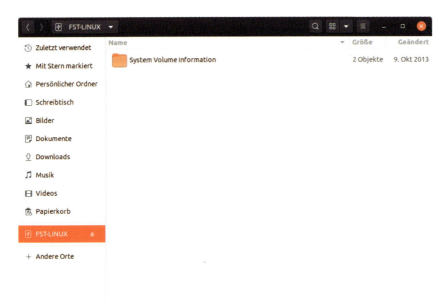

Bild 4.126: USB-Stick im Dateisystem, mit Auswurf-Schaltfläche

Auf Freigaben anderer Computer kann über Netzwerkdateisysteme wie

- das unixeigene Network File System **(NFS)** oder
- das windowseigene Common Internet File System **(CIFS)**

zugegriffen werden (Bild 4.127), wenn die entsprechende Clientsoftware geladen und aktiviert ist. CIFS ist eine Erweiterung des Protokolls Server Message Block **(SMB)**. NFS-Freigaben findet man normalerweise nicht auf Windows-Servern (wenngleich ebenfalls möglich), sondern nur auf lokalen Unix-/Linux-Servern.

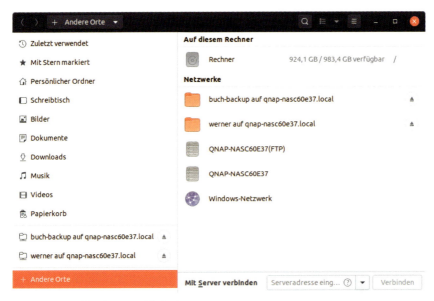

Bild 4.127: Zugriff auf Netzwerkfreigaben

macOS

Wie interne Massenspeicher verwaltet werden, wurde bereits in Kap. 4.4.1 unter „macOS" gezeigt.

Externe Speichermedien (USB-Laufwerke, Flash-Speicherkarten, aber auch Geräte wie iPods etc.) können mittels Steckanschlüssen oder Bluetooth mit dem System verbunden werden. Das Erkennen und Mounten der Geräte erfolgt dabei automatisch und auf dem Desktop erscheint je Gerät ein neues Symbol (z.B. ein Laufwerk) mit einer Bezeichnung.

Dieses Laufwerk wird auch in der Finder-Seitenleiste (unter der Rubrik „Geräte") angezeigt. Zusätzlich ist hier noch ein Symbol mit einem Dreieck und Unterstrich abgebildet. Ein Rechtsklick mit der Maus auf dieses Symbol (oder auch auf das Desktop-Symbol) sorgt nach einer Nutzung für eine korrekte Trennung des Laufwerks vom System (Aushängen).

Von anderen Computern im Netzwerk freigegebener Speicher (Bild 4.128) kann ebenfalls eingebunden werden.

Bild 4.128: Mit Server verbinden, Anmeldedaten in Schlüsselbund speichern

Bei langfristiger Nutzung von externen Speichermedien ist eine ständige Anmeldung (Bild 4.129) über die Systemeinstellungen realisierbar. Unmittelbar nach dem Hochfahren des Rechners sind dann alle externen Laufwerke direkt verfügbar.

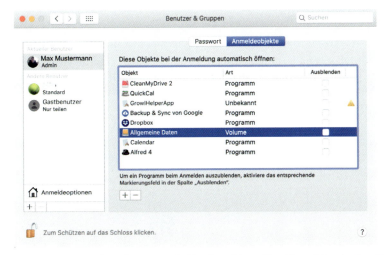

Bild 4.129: Systemeinstellungen – ständige Anmeldung: über Pluszeichen Laufwerk(e) hinzufügen

Mobilgeräte

Bei Mobilgeräten beschränken sich die Möglichkeiten auf das Einsetzen einer Speicher-karte (z. B. MicroSD, Bild 4.130). Eine bisher unbenutzte neue Karte muss nicht formatiert werden. Auch hier besteht die Notwendigkeit des manuellen „Auswerfens".

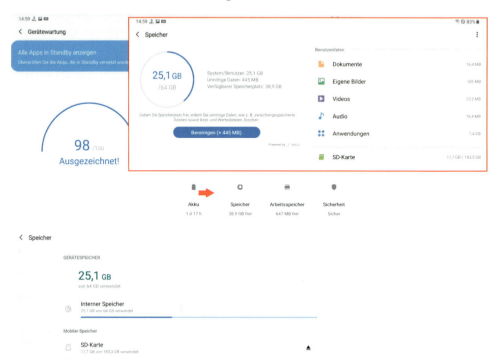

Bild 4.130: Verwaltung der SD-Karte bei Android

4.4.3   Netzwerkverwaltung

Netzwerk-Hardware

Nach der Installation wird das neue System erstmalig gestartet, dabei sind im Normalfall alle Voreinstellungen so getroffen, dass kein weiterer Eingriff erforderlich ist – Netzwerk-interfaces dienen als **DHCP-Client**. Soll die Maschine später als Server arbeiten, ist es dringend geraten, eine statische IP-Adresse zu verwenden.

> Ein Server braucht eine statische IP-Adresse. Manche Serverbetriebssysteme verweigern die Installation, wenn keine statische IP-Adresse verfügbar ist.

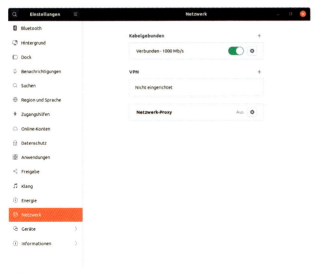

Bild 4.131: Inspektion des Netzwerkgerätes

Im obigen Fall (Bild 4.131) wurde das Netzwerkinterface erkannt und der Treiber geladen.

> Vor der Installation muss bei der Zusammenstellung der Hardware die Verfügbarkeit der **Treibermodule** unbedingt geprüft werden, um Zeitverlust und Kosten zu sparen. Gängige Interfaces bereiten normalerweise keine Probleme.

4

Netzwerk-Basiskonfiguration

Im obigen Fall wurde auch das Vorhandensein eines DHCP-Servers in einer IPv4-Umgebung vorausgesetzt (Bild 4.132).

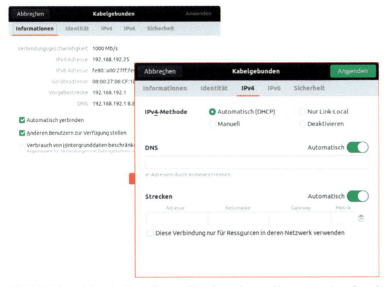

Bild 4.132: Inspektion der Einstellungen (Strecken = Routen; Vorzugsstrecke = Standardroute)

Sollte das nicht der Fall sein, kann das Interface manuell wie folgt konfiguriert werden: Entweder durch Wahl von „Manuell" in der Dialogbox (Bild 4.133) oder in der Kommando-Shell mithilfe des Hilfsprogramms **ethtool** (für Einsteiger/-innen nicht empfohlen).

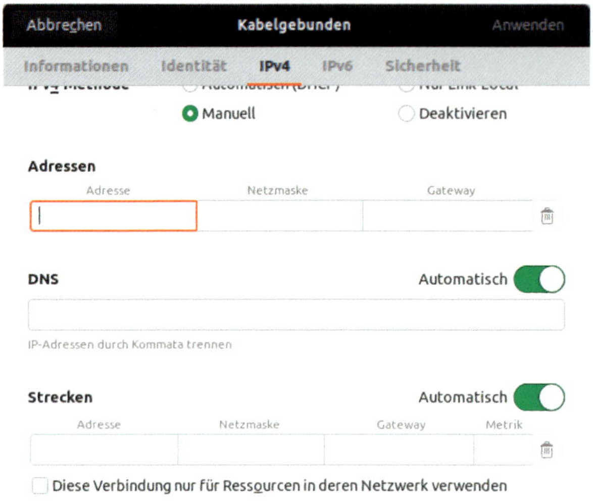

Bild 4.133: Manuelle Konfiguration des Netzwerk-Interfaces nach Vorgaben des Administrators

Bei **IPv6** werden die eigene IP-Adresse, der/die Router und der/die Nameserver selbsttätig gefunden.

macOS

Für die Netzwerk-Basiskonfiguration (z. B. Ethernet) wird in den Systemeinstellungen zur Bearbeitung „Netzwerk" ausgewählt (Bild 4.134).

Bild 4.134: Netzwerk-Konfiguration in den Systemeinstellungen

Danach wird die Umgebung „Automatisch" ausgewählt und unter dem Punkt „IPv4 konfigurieren" (Bild 4.135) wird die Auswahl „DHCP" getroffen.

Bild 4.135: Ethernet-Konfiguration

Bild 4.136: TCP/IP-Konfiguration

Wurde dem Rechner seine Adresse zugeordnet, erscheint in der Liste neben dem Eintrag „Ethernet" ein grüner Punkt (Bild 4.135). Bild 4.137 zeigt die Client-Konfiguration für DNS.

Bild 4.137: DNS-Client-Konfiguration

Der Hersteller bietet gute Online-Hilfen an, z. B. auf folgenden Seiten:

- https://support.apple.com/de-de/HT202663
- https://support.apple.com/de-de/HT202068

Mobilgeräte

Bei Mobilgeräten beschränken sich die Möglichkeiten auf die Auswahl des Funkmediums: Mobilfunk (GPRS/UMTS/HSPDA/LTE etc.) oder WLAN, wobei meist die Kosten die Entscheidung bestimmen. Bei der Nutzung von WLAN muss nur einmalig der Zugangspunkt ausgewählt und ggf. der Netzwerkschlüssel eingegeben werden.

> Es besteht die Möglichkeit, das Mobilgerät über das Mobilfunk-Interface mit dem Internet zu verbinden und einen WLAN-Accesspoint für andere Mobilgeräte einzurichten (Internet Connection Sharing). Diesen Vorgang nennt man **Tethering** (Kap. 1.1.4).

4.4.4   Softwareverwaltung

Ubuntu

Bereits installierte Software kann durch Klick auf das 9-Punkte-Icon (Bild 4.138, links unten) angezeigt werden; hier in zwei Teilfenstern, die über die zwei Punkte am rechten Bildrand ausgewählt werden. Die Icons am linken Bildrand gestatten einen Schnellzugriff auf häufig genutzte Software (sog. Favoriten). Nochmaliger Klick auf das 9-Punkte-Icon schließt diese Ansicht wieder.

Bild 4.138: Bereits installierte Software

Bild 4.139: Ändern der Favoritenleiste

Durch Rechtsklick auf die Icons können der Zugriff aus der Favoritenleiste entfernt und ein neuer Schnellzugriff für ein anderes Programm eingerichtet werden, z. B. auf die „Einstellungen" (Bild 4.139).

Paketverwaltung bei Ubuntu

Für Linux-Systeme wird Software in Form von sog. Paketen geliefert, die etwa den „*.cab"-Files in Windows entsprechen. Leider arbeiten die Distributionen mit verschiedenen Paketformaten und Programmen (Bild 4.140).

Distribution	Paketformat	Paketverwaltungs-programm
Suse Linux	RPM (Red Hat Packet Manager)	yast, zypper
Red Hat Linux		yum
Ubuntu	DEB	apt, „Software"

Bild 4.140: Paketverwaltung verschiedener Linux-Distributionen

Diese Softwarepakete werden über eine Internetverbindung von einem Repository des Distributors (Installationsmedium oder Downloadserver, vergleichbar mit „Play Store" oder „App Store") oder von dritter Seite geladen. Die Verwaltungsprogramme erkennen gegenseitige Abhängigkeiten der Pakete und erledigen die Einzelheiten der Installation.

Beispielhaft wird der Mediaplayer VLC installiert, indem zuerst das Programm „Ubuntu Software" aus der Favoritenleiste gestartet wird. Das Programm zeigt das Gesamtangebot (Bild 4.141), unterteilt in diversen Kategorien. Man beachte den Reiter „Alle" („*Explore*") ganz mitte-links an der Fensteroberkante (in Bild 4.141 im Hintergrund). Der Mediaplayer ist in der Regel in der Vorschlagsliste („*Editor's Choice*") enthalten. Er kann aber auch in der Kategorie „Foto und Video" („*Photo and Video*") gefunden werden.

Bild 4.141: Softwareauswahl

Der Klick auf das typische Leitkegel-Icon des VLC-Mediaplayers zeigt die Beschreibung (Bild 4.142) und wartet auf einen weiteren Klick auf den „Installieren"-(*„Install"*-)Button.

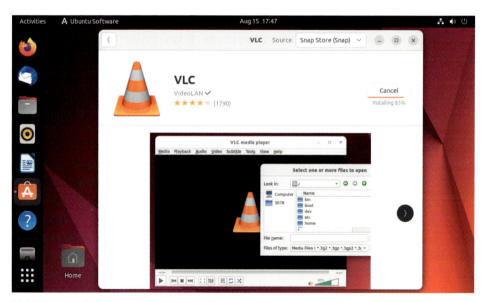

Bild 4.142: Installation eines Programms (VLC)

Wählt man den Reiter „Installiert" (*„Installed"*) in der Mitte (Bild 4.141, im hinteren Bild) und scrollt die Liste der installierten Software durch, dann kann man ebenso einfach Pakete wieder entfernen (Bild 4.143).

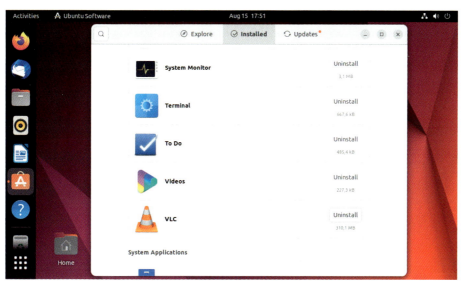

Bild 4.143: Softwarepakete deinstallieren

Hilfreich zur Einarbeitung und Vertiefung sind die folgenden Seiten:
- http://ubuntu-manual.org/?lang=de/ (zuletzt abgerufen am 11.01.2023)
- https://debian-handbook.info/browse/de-DE/stable/ (zuletzt abgerufen am 11.01.2023).

macOS

Aktualisierungen (Updates) der Systemsoftware oder die Installation einer neuen System-software (Upgrade) werden in den Systemeinstellungen (Bild 4.134) unter „Softwareup-date" angezeigt und auch durchgeführt (Bild 4.144).

Bild 4.144: Aktualisierung der Systemsoftware bei macOS

Anwendungen (Applikationen, Apps) werden im App Store angeboten (Bild 4.145) und dort auch verwaltet (Aktualisierungen). Der Vorgang der Installation bzw. Deinstallation wird nach einer Authentifizierung (Benutzer-ID/Passwort) automatisch durch den internen Apple Installer in Gang gesetzt und läuft im Hintergrund.

Bild 4.145: Softwareauswahl macOS

Bei anderen Anbietern muss man die Installation selbst durchführen. Die Programmdateien liegen nach dem Download als Disk Image File (Dateiendung „.dmg") oder als Package (Endung „.pkg") vor.

Durch Doppelklick auf die DMG-Datei (Bild 4.146) erscheinen das Laufwerkssymbol des Disk Image und ein Installationsfenster (mit App-Icon und Ordner „Applications") auf dem Desktop. Durch einfaches Verschieben des App-Icons in den Ordner „Applications" wird die eigentliche Installation gestartet.

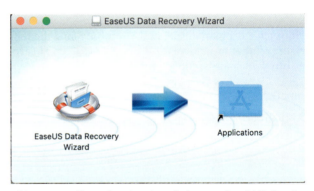

Bild 4.146: Auslösen einer App-Installation aus einer DMG-Datei bei macOS

Durch Doppelklick auf die PKG-Datei (4.147) wird auch hier ein Installationsprozess gestartet, wobei die aufgeführten Unterpunkte (Bilder 4.148) nacheinander abgearbeitet werden.

Bild 4.147: Auslösen einer App-Installation aus einer PKG-Datei bei macOS

Bild 4.148: Ablauf der Installation

Dann wird auch das Ende des Vorganges erreicht (Bild 4.149).

Bild 4.149: Installationsende

4

Mobilgeräte

Bei Android wird die Softwareinstallation über die System-App „Google Play Store" durchgeführt (Bild 4.150).

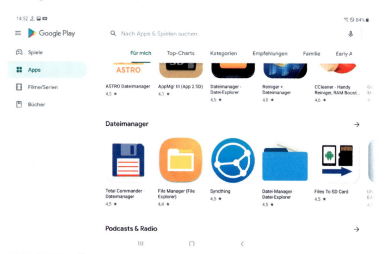

Bild 4.150: Installierte und aktualisierte Software und Updates bei Android

Bereits installierte Apps werden von der System-App „Einstellungen" gezielt bearbeitet (Bild 4.151 und Bild 4.152).

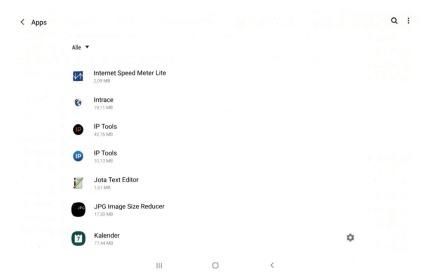

Bild 4.151: Anwendungsmanager bei Android

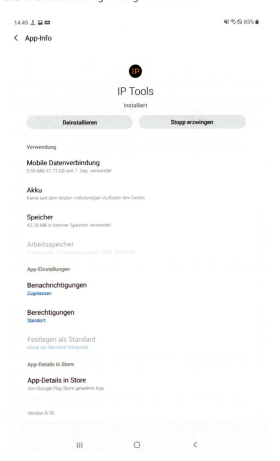

Bild 4.152: Bearbeiten einer Android-App

4.4.5 Lokale Benutzerverwaltung

Linux unterscheidet drei Klassen von Nutzern und Nutzerinnen (User genannt):

- root (der Superuser bzw. Systemadmimistrator des Linux-/Unix-Hosts)
- daemons (keine interaktiven Login-Accounts, Verwaltungsinstanzen im Hintergrund, z. B. „wwwrun" als Inkarnation des Webservers)
- User (Benutzer/-innen im eigentlichen Sinne)

Zweck der Benutzerverwaltung ist es, die Benutzer/-innen

- zu identifizieren (eindeutige Kennzeichnung),
- zu authentifizieren (Nachweis der Identität, z. B. durch Kenntnis eines Passwortes oder anders),
- nur mit denjenigen Rechten auszustatten (Autorisierung), die sie benötigen, und vor „Übergriffen" anderer Benutzer/-innen zu schützen.

Die Aufgaben des Administrators sind diesbezüglich in das Sicherheitskonzept des Unternehmens eingebettet. Bei der Installation der meisten jüngeren Betriebssysteme wird der Name (und ein dazugehöriges Passwort) eines „Hauptbenutzers" abgefragt. Diese Person hat dann entweder sehr weitgehende Rechte, wie bei Windows und Android, oder sie muss sich fallweise „ausweisen" (Bild 4.153), entweder durch Angabe seines Passwortes, wie bei Ubuntu, oder wie ein normaler Windowsbenutzer durch Angabe des Administrator-Passwortes:

```
werfri@ubuntulinux:~$ dhclient
RTNETLINK answers: Operation not permitted
werfri@ubuntulinux:~$ sudo dhclient
[sudo] Passwort für werfri:
RTNETLINK answers: File exists ...
```

Bild 4.153: Fallweise Authentifizierung bei Ubuntu

Das Kommando „dhclient", welches auf einem Interface die DHCP-Client-Funktion anwirft, darf nur vom Systemverwalter ausgeführt werden, nicht vom Benutzer „werfri". Er muss erst mit „sudo" diese Rolle übernehmen. In der Konsole gibt es bei der Eingabe des Passwortes kein Bildschirm-Echo und keine Sternchen. Dies ist eine Sicherheitsmaßnahme.

Andere Linux-Varianten verfolgen ein anderes Konzept: Hier kann entweder das oben beschriebene Verhalten eingestellt werden oder es wird (vernünftigerweise) ein separates Konto eingerichtet, das ein separates Passwort nur für die Systemverwalter/-innen versieht, die auch „Superuser" oder unixtypisch „root" genannt werden (*root* = Wurzel; weil von ihnen alles ausgeht). Alle anderen sind dann „normale" Benutzer/-innen, denen root ihre Rechte zuweist. Jede/-r Benutzer/-in hat sein/ihr Heimatverzeichnis *(home directory)*. Die Heimatverzeichnisse der normalen Benutzer/-innen liegen standardmäßig alle innerhalb des Verzeichnisses */home* (Bild 4.154), welches mit dem Heimatverzeichnis */root* des Systemverwalters in der Hauptverzeichnisebene liegt (auch Basis- oder Wurzelverzeichnis genannt).

```
werfri@uebuntulinux:~$ ls /
bin cdrom etc lib lib64 lost+found mnt proc run snap swapfile
tmp var boot
dev home lib32 libx32 media opt root sbin srv sys usr
werfri@ubuntulinux:~$ ls /home/
werfri
```

Bild 4.154: Das Heimatverzeichnis des Systemverwalters liegt separat

Bei Ubuntu ist das Verzeichnis /root nicht zugänglich.

Nicht zu verwechseln ist das Verzeichnis */root* mit dem Basisverzeichnis (Bild 4.155).

Name des Dateiverzeichnisses	Bedeutung
/	Basisverzeichnis, Wurzelverzeichnis (root directory), oberste Verzeichnisebene
/root	Heimatverzeichnis des Systemverwalters (Superuser, Administrator, root)

Bild 4.155: Was ist das root directory?

Die Benutzerdaten befinden sich in den hier nicht näher besprochenen Dateien */etc/passwd*, */etc/shadow* und */etc/group* und werden dort von den distributionsabhängigen Programmen verwaltet. Das Verzeichnis */etc/skel* (abgeleitet von engl. *skeleton* = Skelett) ist eine Vorlage für den anfänglichen Inhalt des neuen Benutzerverzeichnisses.

Alle Benutzer/-innen werden in der Datei */etc/passwd* geführt und erhalten eine natürliche Zahl als User-ID (UID). Der Systemverwalter root erhält die UID 0, die daemon-Konten haben Werte von 1–999 und normale Benutzer erhalten Werte ab 1 000 aufsteigend. Der Benutzer „werfri" hat folgenden Eintrag:

```
werfri:x:1000:1000:Werner Frisch:/home/werfri:/bin/bash
```

Bild 4.156: Benutzer-Eintrag eines Users

Die Felder dieses Datensatzes sind durch Doppelpunkte getrennt. Das zweite Feld enthält ein x, was bedeutet, dass der/die Benutzer/-in ein Passwort hat. Dieses steht jedoch verschlüsselt in der Datei */etc/shadow*. Im dritten Feld steht die Benutzer-ID (UID) 1 000, im vierten die Gruppen-ID (GID) 1 000. Das fünfte Feld ist der technisch nicht relevante Klartextname. Feld 6 gibt das Heimatverzeichnis */home/werfri* an und Feld 7 das erste für den/die Benutzer/-in gestartete Programm. Üblich ist ein Kommandozeilen-Interpreter (bash).

Aber einem/einer Benutzer/-in sind noch weitere Attribute zugeordnet, z. B. eine Liste von Verzeichnispfaden, die Befehlsverzeichnisse (Verzeichnisse mit ausführbaren Programmen) führen. Diese Liste liegt als Zeichenkette vor und ist einer sog. Umgebungsvariablen zugewiesen, die in diesem Fall „$PATH" heißt. Die einzelnen Listenelemente sind wieder durch Doppelpunkte getrennt.

```
werfri@ubuntulinux:~$ echo $PATH
/usr/local/sbin:/usr/local/bin:/usr/sbin:/usr/bin:/sbin:/bin:
/usr/games:/usr/local/games:/snap/bin
```

Bild 4.157: Auslesen der Umgebungsvariablen $PATH

Alle Programme in diesen Verzeichnissen können (unabhängig vom aktuellen Standort der Benutzer/-innen im Verzeichnissystem) ohne weitere Pfadangabe aufgerufen werden, weil automatisch nach ihnen gesucht wird (Bild 4.157). Bei Windows finden sich diese Umgebungsvariablen in den erweiterten Systemeigenschaften.

Arten und Gültigkeitsbereiche von Rechten

Rechte erlauben Usern, mit Dateien (oder Verzeichnissen) etwas tun zu dürfen:

- r: Lesen (engl. *to read*)
- w: Schreiben (engl. *to write*) sowie Umbenennen oder Löschen
- x: Ausführen einer Programmdatei (engl. *to execute*)

Diese Rechte an einer Datei können in unterschiedlichem Umfang verteilt werden:

- u: nur an den/die Benutzer/-in (engl. *user*), dem/der die Datei gehört
- g: an die Gruppe (engl. *group*), der der/die Benutzer/-in angehört (siehe nächster Abschnitt)
- o: an alle anderen (engl. *others*)

So ergibt sich ein Rechtefeld von neun Positionen je Datei, welches sehr kompakt im Directory-Eintrag abgespeichert wird (als Oktalzahl nach Bild 4.158, wobei ein bestehendes Recht durch ein 1-Bit gekennzeichnet ist; siehe auch Kap. 6.1.4.5).

Klasse	u			g			o		
Rechtsart	r	w	x	r	w	x	r	w	x
Wert (binär)	0/1	0/1	0/1	0/1	0/1	0/1	0/1	0/1	0/1
Stellenwert (oktal)	8^2			8^1			8^0		

Bild 4.158: Oktale Kodierung der Rechte an einer Datei oder einem Verzeichnis

Wären alle Rechte vorhanden, also alle Rechte-Bits gesetzt, entspräche dies dem oktalen Wert 777. Beim Erstellen einer neuen Datei oder eines neuen Verzeichnisses bleiben einige Rechte vorenthalten. Welche das sind, zeigt das Kommando „umask" (Bild 4.159): u = 111, g = 101, o = 101.

Markiert man die Stellen, an denen Rechte entzogen wurden, mit 1, dann ergibt sich als Resultat: $000\,010\,010_2$ (dual) oder 022_8 (oktal, zur Basis 8) (Bild 4.159).

Klasse	u			g			o		
Rechtsart	r	w	x	r	w	x	r	w	x
alle gesetzt	1	1	1	1	1	1	1	1	1
umask	0	0	0	0	1	0	0	1	0
Resultat (binär)	1	1	1	1	0	1	1	0	1

Bild 4.159: Aus „umask" resultierende Rechte einer neuen Datei oder eines neuen Verzeichnisses

> Der Vorgabewert für „umask" wird in */etc/login.defs* festgelegt.

Einer Gruppe können Rechte zugewiesen werden, die über die individuellen Rechte eines Benutzers oder einer Benutzerin hinausgehen. Wird der/die Benutzer/-in vom Systemverwalter dieser Gruppe hinzugefügt, bekommt er/sie für die Dauer der Mitgliedschaft diese Rechte ebenfalls. So können auch viele Benutzer/-innen einfach verwaltet werden.

> Jede/-r Benutzer/-in muss mindestens einer Gruppe (*initial group*, Standardgruppe) angehören. Er/Sie kann weiteren Gruppen (*supplementary groups*, sekundäre Gruppen) angehören.

Das Kommando „ls" (Bild 4.160) zeigt in der Langform u. a. Benutzer, Gruppe und Rechte an.

```
werfri@ubuntulinux:~$ ls -la
insgesamt 128
drwxr-xr-x 19 werfri werfri 4096 Nov 20 15:35 .
drwxr-xr-x  3 root   root   4096 Nov 11 13:06 ..
-rw-------  1 werfri werfri 2172 Nov 22 14:16 .bash_history
-rw-r--r--  1 werfri werfri  220 Nov 11 13:06 .bash_logout
-rw-r--r--  1 werfri werfri 3771 Nov 11 13:06 .bashrc
drwxr-xr-x  2 werfri werfri 4096 Nov 20 15:12 Bilder
drwxr-x--- 22 werfri werfri 4096 Nov 18 17:10 .cache
drwxr-x--- 17 werfri werfri 4096 Nov 12 17:14 .config
drwxr-xr-x  2 werfri werfri 4096 Nov 11 13:14 Dokumente
drwxr-xr-x  2 werfri werfri 4096 Nov 11 13:14 Downloads
...
```

Bild 4.160: Eigentümer, Gruppen und Rechte im Directory (Auszug)

Das Verzeichnis *Bilder* darf also von seinem Eigentümer „werfri" gelesen, beschrieben (geändert, gelöscht) und ausgeführt (d. h. zum Arbeitsverzeichnis gemacht) werden, alle anderen User dürfen nichts ändern. Die Datei *.bash_logout* ist nicht als Befehl ausführbar, darf von „werfri" verändert werden und von allen anderen nur gelesen. Der Punkt vor dem Dateinamen *.bash_ logout* bewirkt, dass der Verzeichniseintrag normalerweise nicht angezeigt wird. Bei diesen „Punkt-Dateien" handelt es sich meist um Initialisierungsdateien für Anwendungen, deren ständig wiederkehrendes Erscheinen im Alltag eher stören würde.

Vor den Rechten erscheint noch ein Zeichen, welches die Art des Eintrags kennzeichnet (Bild 4.161).

Zeichen	Bedeutung
-	normale Datei
d	Directory
b	blockorientierte Gerätedatei (Massenspeicher)
c	zeichenorientierte Gerätedatei (Tastatur, Drucker, Textbildschirm)

Zeichen	Bedeutung
s	Socket
l	Symbolischer Link (Verknüpfung)
p	Pipe (Interprozesskommunikation: Ausgabe eines Prozesses wird automatisch zur Eingabe eines anderen)

Bild 4.161: Arten von Verzeichniseinträgen

Neben diesen Grundrechten gibt es noch drei weitere rechtswirksame Bits für erweiterte Rechte:

- Das „Setuid"-Bit: Es bewirkt bei Programmdateien, dass der neue Prozess die Rechte des Eigentümers oder der Eigentümerin des Programms erhält (z. B. bei „sudo").

- das „Setgid"-Bit: Es bewirkt bei Programmdateien, dass der neue Prozess die Rechte der Gruppe der Datei erhält.

- das „Sticky"-Bit bei Verzeichnissen: Es bewirkt, dass (unabhängig von den Grundrechten) eine Datei dieses Verzeichnisses nur noch von seinem/seiner Eigentümer/-in gelöscht oder umbenannt werden darf. Auf das Schreibrecht hat es keinen Einfluss.

Alle diese Kennzeichnungen lassen sich mit dem Kommando „chmod" verändern. Bild 4.162 zeigt den Entzug („-") des Lese- und Ausführungsrechtes („rx") für Außenstehende („o") und Gruppe („g") des Verzeichnisses *Bilder*.

```
werfri@ubuntulinux:~$ chmod og-rx Bilder/
werfri@ubuntulinux:~$ ls -l
insgesamt 56
drwx------ 2 werfri werfri 4096 Nov 23 11:59 Bilder
. . .
```

Bild 4.162: Das Kommando „chmod" ändert den Datei-Modus (vgl. Bild 4.160)

Weitere Kommandos sind im nachfolgenden Abschnitt „Benutzerverwaltung bei Ubuntu" tabelliert (Bild 4.164).

Noch mehr Flexibilität (Bild 4.163) als mit diesen klassischen Unix-Dateirechten erreicht man mit einer Access Control List (**ACL**), die in die heutigen Dateisysteme (seit NTFS, ext2, OS X Tiger) eingearbeitet sind.

Bild 4.163 zeigt beispielhaft, wie einem oder einer einzelnen Benutzer/-in („butler") das Leserecht auf das Verzeichnis *Bilder* eingeräumt werden kann.

- Das Kommando „chacl" kann nur vollständige ACLs zuweisen.
- Will man Rechte ergänzen, muss man den bestehenden Zustand vorher mit „getfacl" auslesen und den Ergänzungen hinzufügen.
- ACL-Beschränkungen überlagern die klassischen Dateirechte.

```
werfri@ubuntulinux:~$ getfacl Bilder/
# file: Bilder/
# owner: werfri
# group: werfri
user::rwx
group::---
other::---
werfri@ubuntulinux:~$ chacl u::rwx,g::---,o::---,
u:butler:r--,m::r--    Bilder/
werfri@ubuntulinux:~$ getfacl Bilder/
# file: Bilder/
# owner: werfri
# group: werfri
user::rwx
user:butler:r--
group::---
mask::r--
other::---
```

Bild 4.163: Auslesen und Verändern der ACL für ein Verzeichnis

Benutzerverwaltung bei Ubuntu

Die grafische Oberfläche von Ubuntu 19.10 sieht kein Programm zur Benutzerverwaltung vor. Ubuntu verfügt aber wie jedes andere Linux über einen Satz von Kommandozeilen-Programmen zur Verwaltung der Benutzer/-innen und Gruppen, der in Bild 4.164 teilweise wiedergegeben ist.

Kommando	Bedeutung
adduser	richtet im System eine/-n Benutzer/-in ein
deluser	entfernt eine/-n Benutzer/-in aus dem System
groups	zeigt die Gruppen an, denen der/die Benutzer/-in angehört
addgroup	richtet im System eine Gruppe ein
delgroup	entfernt eine Gruppe aus dem System
chown	change file owner and group
chmod	change file mode bits

Bild 4.164: Kommandos zur Benutzer- und Gruppenverwaltung bei Ubuntu

Wie der nachfolgend dargestellte Ablauf zeigt (Bild 4.165), ist der durchgeführte Vorgang nicht grundsätzlich überraschend.

```
werfri@ubuntulinux:~$ sudo adduser butler
[sudo] Passwort für werfri:
Benutzer »butler« wird hinzugefügt …
Neue Gruppe »butler« (1001) wird hinzugefügt …
Neuer Benutzer »butler« (1001) mit Gruppe »butler« wird
hinzugefügt …
Persönliche Ordner »/home/butler« wird erstellt …
Dateien werden von »/etc/skel« kopiert …
Bitte ein neues Passwort eingeben:
Bitte das neue Passwort erneut eingeben:
passwd: Passwort erfolgreich geändert
Benutzerinformationen für butler werden geändert.
Geben Sie einen neuen Wert an oder drücken Sie ENTER für den
Standardwert
Vollständiger Name []: Bernd Butler
Zimmernummer []:
Telefon geschäftlich []:
Telefon privat []:
Sonstiges []:
Ist diese Information richtig? [J/N] J

werfri@ubuntulinux:~$ dir /home
butler werfri

werfri@ubuntulinux:~$ grep x:100[[:digit:]?] /etc/passwd
werfri:x:1000:1000:Werner Frisch,,,:/home/werfri:/bin/bash
butler:x:1001:1001:Bernd Butler,,,:/home/butler:/bin/bash
```

Bild 4.165: Einrichten eines neuen Benutzers bei Ubuntu

Die blau hervorgehobenen Ergänzungen für das Klartext-Namensfeld sind eine nette Erleichterung für das Verwalten vieler Benutzer. Der Aufruf von „grep" zeigt auch die Macht der Kommandozeile: Der (sog. „reguläre") Ausdruck „[[:digit:]?]" steht als Platzhalter für eine Ziffer, sodass die User-IDs von 1000 bis 1009 zur Anzeige ausgefiltert werden können.

Das Bildschirm-Protokoll und die Datei */etc/group* offenbaren:

- Bei Ubuntu bekommt jede/-r Benutzer/-in eine eigene Gruppe seines/ihres Namens als seine/ihre Standardgruppe.
- Die Standardvorgaben für das Anlegen eines neuen Benutzers oder einer neuen Benutzerin befinden sich in /etc/adduser.conf.
- Die Vorlage für das Erstbefüllen eines neuen Heimatverzeichnisses ist /etc/skel.

Benutzerverwaltung bei macOS

Der Administrator legt neue Benutzer/-innen (oder Benutzergruppen) fest und bestimmt auch deren Aktionsmöglichkeiten auf dem System (Bild 4.166).

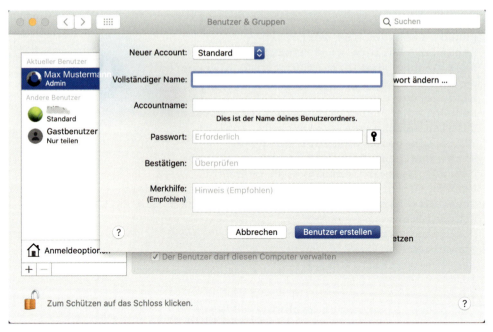

Bild 4.166: Anlegen eines neuen Benutzers bei macOS

Benutzer/-innen mit der Klassifizierung „Standard" (Bild 4.167) erhalten auch die Möglichkeit, die Arbeitsumgebung zu verändern oder auch Apps zu installieren. Neue Benutzer/-innen oder Benutzergruppen können von ihnen jedoch nicht angelegt werden.

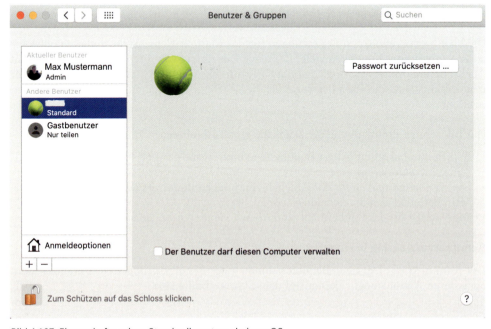

Bild 4.167: Eigenschaften eines Standardbenutzers bei macOS

Für Gastbenutzer/-innen (Bild 4.168) ist kein Benutzerkonto erforderlich. Hier bestimmen vorherige Einschränkungen bzw. die Freigaben von Dateien oder Objekten die Handlungsmöglichkeiten der Benutzer/-innen. Alle Daten werden nach der Nutzung automatisch aus dem System gelöscht.

Bild 4.168: Eigenschaften des Gastbenutzers bei macOS

Mobilgeräte

Android gestattet die Einrichtung weiterer Benutzer/-innen, entweder vollwertige oder mit eingeschränkten Rechten. Die Besitzer/-innen als Systemverwalter legen diese Rechte fest (Bild 4.169).

Bild 4.169: Benutzerverwaltung bei Android

Nach dem Erstellen eines neuen Benutzers oder einer neuen Benutzerin muss diese Person einen Einrichtungsvorgang durchführen. Benutzer/-innen können aktualisierte App-Berechtigungen im Namen aller anderen Benutzer/-innen akzeptieren (On-Screen-Hinweis der App „Einstellungen").

4.4.6   Druckerverwaltung

Drucken bedeutet unter Unix und Linux, dass Applikationen ihre Druckaufträge an einen lokalen Dienst übergeben. Ausgeführt wird dieser Dienst von einem Hintergrundprozess (Daemon). Der Dienst nimmt die Druckdaten zunächst an und speichert sie in einer Warteschlange (Spooling = Simultaneous Peripheral Operation Online) nach dem FIFO-Prinzip (First In, First Out). Der Grund für diese Vorgehensweise ist, dass in diesen Betriebssystemen

- mehrere Benutzer/-innen gleichzeitig arbeiten und damit auch gleichzeitig einen oder mehrere
- Druckaufträge absetzen können, aber
- ein Drucker nur exklusiv von einem einzigen Druckauftrag verwendet werden kann und das Betriebssystem die Aufträge voneinander trennen muss, und
- mehrere Drucker angeschlossen sein könnten, für die eine Lastverteilung gewünscht sein kann.

Des Weiteren unterscheiden sich Drucker hinsichtlich ihrer physikalischen Parameter und der Steuerbefehlssätze. Diese Besonderheiten sollen vom Benutzer und der Benutzerin ferngehalten werden. Der Daemon muss folglich die gelieferten Druckdaten den Warteschlangen zuordnen und sie passend bearbeiten.

Früher hieß dieser Dienst „lpd" (lp = line printer, d = daemon). Heute erledigt das sein Nachfolger CUPS (Common Unix Printing System). Die CUPS-Software muss installiert und der Daemonprozess gesteuert werden.

Ubuntu

Die Installation des Betriebssystems umfasst bereits die Installation der Client-Software. Über die App Einstellungen → Geräte → Drucker gelangt man zu einem Auswahldialog (Bild 4.170 und Bild 4.171). Bemerkenswert ist, dass auch Netzwerkdrucker den Anwendungen als lokale Drucker angeboten werden.

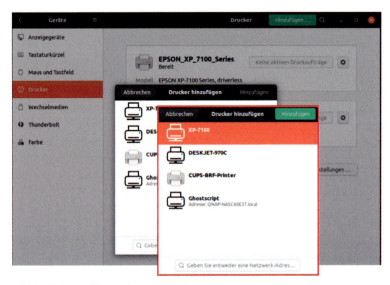

Bild 4.170: Auswahl aus erkannten Druckern

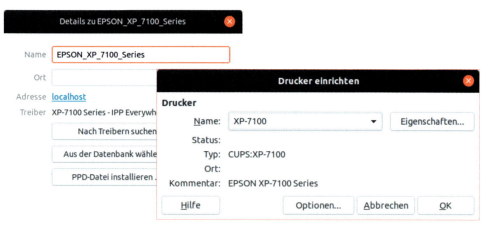

Bild 4.171: Der Netzwerkdrucker ist eingerichtet, rechts auch in der Anwendung LibreOffice

macOS

Die Druckerverwaltung erfolgt bei macOS wieder über die Systemsteuerung, Rubrik „Drucker & Scanner" (Bild 4.172). Die Installation von neuen Druckern oder Veränderungen an Einstellungen bereits installierter Drucker werden von dort aus geregelt (Bild 4.173).

Bild 4.172: Verwaltung der Drucker bei macOS

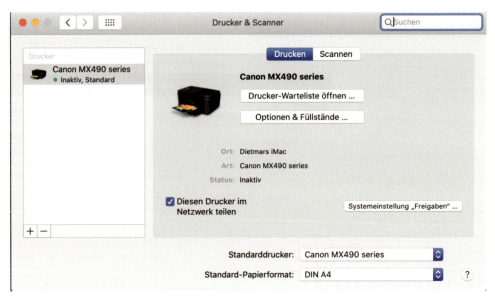

Bild 4.173: Konfiguration eines Druckers bei macOS

Mobilgeräte

Über die App „Einstellungen" → Verbindungen → Weitere Verbindungseinstellungen → Drucken führt der Weg an die richtige Position in der App „Google Play Store" (Bild 4.174). Meist kommen nur netzwerkfähige Drucker oder lokale Drucker an Rechnern infrage, die im Netzwerk freigegeben sind.

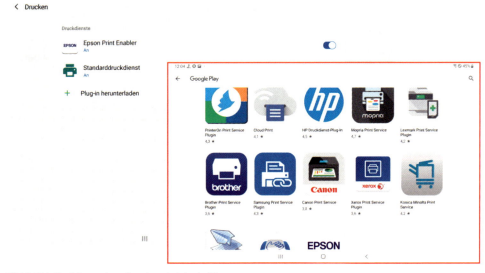

Bild 4.174: Einrichten eines Druckers bei Android

AUFGABEN

1. Recherchieren Sie: Welches Unix ist älter, AIX von IBM oder Sinix von Siemens?

2. Ab wann wurde Linux entwickelt?

3. Was sind ISO-Dateien?

4. Wie nennt ein Linux-Distributor seinen „App Store"?

5. Wie lautet unter Linux der Gerätename des zweiten logischen Laufwerks auf der dritten Festplatte?

6. Mit welchem Linux-Kommando geben Sie eine Textdatei „mit einem Schlag" auf dem Bildschirm aus?

7. Recherchieren Sie: Mit welchem Kommando (das es sowohl bei Linux als auch in der Eingabeaufforderung von Windows gibt) geben Sie eine Textdatei „bildschirmweise" auf dem Bildschirm aus?

8. Wie ruft man das Wiederherstellungssystem von macOS auf?

9. Wie groß kann eine Datei im Ext4-Dateisystem werden?

10. Mit welchem Unix-/Linux-Kommando wird ein Datenträger manuell in das Dateisystem eingebunden?

11. Welches Software-Paketformat verwendet die Distributionen Red Hat und SUSE?

12. Wie heißen die Paketformate bei macOS?

13. Was versteht man in der Unix-/Linux-Welt unter einem Daemon?

14. Welcher Vorgang geht bei der Anmeldung am System der Authentifizierung voraus?

15. Mit welchem Befehl geben Sie dem Verzeichnis Bilder in Bild 4.163 das Leserecht für Außenstehende zurück?

16. Was bedeutet die Abkürzung ACL?

17. Mit welchem Kommando wird bei Ubuntu ein neuer Benutzer oder eine neue Benutzerin angelegt?

18. Wie viele Einträge hat $PATH für werfri@ubuntulinux?

19. Was besagt das FIFO-Prinzip?

20. Wie heißt das in modernen Linux-Systemen gebräuchliche Drucksystem?

4

Für IT-Firmen werden Serviceleistungen zunehmend wichtiger. Ohnehin müssen sie bereits Serviceleistungen bereitstellen, um etwa die gesetzliche Gewährleistungspflicht oder freiwillige Garantiezusagen zu erfüllen. Darüber hinaus besteht der Bedarf der Kunden und Kundinnen nach weiteren produktbegleitenden Serviceleistungen, wie beispielsweise das Aufstellen, Installieren und die Inbetriebnahme von IT-Produkten, eine regelmäßige Wartung und im Bedarfsfall eine schnelle Beseitigung von Störungen. Die Serviceleistungen stellen damit nicht nur eine weitere Einnahmemöglichkeit dar, sondern festigen auch die Bindung zur Kundschaft.

Mitarbeiter/-innen, die in ihrem Unternehmen z. B. im Rahmen der Normenreihe ISO 9000 bereits ein Qualitätsmanagement (QM) zur Qualitätssicherung (QS) ihrer Produkte und Dienstleistungen einsetzen, werden viele Prozesse und Regeln im IT-Service-Management (ITSM) wiedererkennen. Wie im QM können auch im ITSM begrenzt gültige Zertifikate nach erfolgreichen Konformitätsuntersuchungen (Audits) erworben werden, mit denen sich das Unternehmen nach außen und gegenüber anderen Geschäftspartnern präsentieren kann.

Product Life Cycle

Der gesamte Lebenszyklus eines Produkts lässt sich in verschiedene Phasen unterteilen. Hierzu gehören auch die zu erbringenden produktspezifischen Serviceleistungen. Bild 5.1 zeigt beispielhaft den **Produktlebenszyklus** aus technischer Sicht. Im ersten Abschnitt (1) entsteht aus der Produktidee und einem innovativen Plan eine Beschreibung der Produkteigenschaften und der Anforderungen an die Umsetzung (vgl. Lastenheft). Darauf folgt die Entwicklungsphase (2), in der die Beschreibungen und Anforderungen weiterentwickelt und konkretisiert werden (vgl. Pflichtenheft). Die Untersuchung von Prototypen bietet

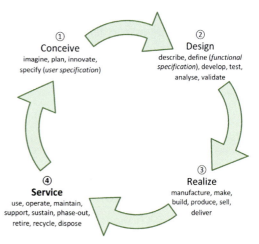

Bild 5.1: Product Life Cycle (technisch)

die Möglichkeit, die Produktdefinition weiter anpassen und validieren zu können. Die Umsetzungsphase (3) bündelt Herstellung, Aufbau, Errichtung, Verkauf und Auslieferung. In der abschließenden Servicephase (4) werden verkaufsnachgelagerte Handlungen und Serviceleistungen beschrieben. Darunter fallen Nutzung, Bedienung, Betrieb und Wartung des Produkts, aber auch Abkündigung, Produktionseinstellung, Recycling und Entsorgung. Der Kreis schließt sich mit dem Übergang zur ersten Phase, und soll andeuten, dass nach dem Lebensende eines Produkts der Lebenszyklus mit dem Nachfolgeprodukt erneut durchlaufen wird. Tatsächlich beginnt der Lebenszyklus des Nachfolgeprodukts deutlich vorher, um sicherstellen zu können, dass es rechtzeitig am Markt verfügbar ist.

Service Life Cycle

Im Zentrum des Lebenszyklus von IT-Serviceleistungen steht die **Servicestrategie**. Um sie verwirklichen zu können, müssen die Serviceziele und die hierzu erforderlichen Arbeitsschritte klar definiert, messbar, erreichbar, relevant und in einen Zeitrahmen eingepasst sein. Die Ziele und Prozesse müssen **SMART** sein (**S**pecific, **M**easurable, **A**chievable, **R**elevant, **T**ime-bound).

> Die **Servicestrategie** ist ein Plan des Serviceproviders, den besten **Mehrwert** für die Kundschaft zu erzeugen. Das bedeutet, dass genau ermittelt werden muss, was diese will. Dazu gehört auch ein Blick auf die **Geschäftsziele**, Marktstellung und Konkurrenten der Kunden und Kundinnen. Wichtig ist außerdem zu klären, was diese nicht wollen. Dadurch können Missverständnisse vermieden und Ressourcen effizient eingesetzt werden.

Der eigentliche Lebenszyklus einer IT-Serviceleistung beginnt mit der Entwicklungsphase (Bild 5.2). Hier wird die Servicestrategie umgesetzt. Dabei werden in dieser Phase nicht nur neue Serviceleistungen geschaffen, sondern auch bestehende weiterentwickelt. Die Übergangsphase bereitet den operativen Einsatz der Serviceleistung vor. Dazu zählt die Evaluierung der Praxismöglichkeiten und des Risikoprofils des Service. Schließlich folgt die operative Phase, in der neben Routineaufgaben zusätzlich die Kundenanfragen bedient, Probleme gelöst und Servicefehlschläge behoben werden.

Bild 5.2: Service Life Cycle (prinzipielle Darstellung)

5

5.1 IT-Service-Management

Jedes Unternehmen, das IT-Systeme (Kap. 1) betreibt oder bedient, leistet prinzipiell auch stets eine Art IT-Service-Management. Dazu zählen beispielsweise die Planung und Durchführung von Software-Updates, Hardware-Änderungen, Beseitigung von Störungen oder die Personal- und Budgetplanung.

> Unter **IT-Service** versteht man das Bündeln aller technischen und nicht-technischen Interaktionen zwischen Kunden- und Dienstleisterseite. Hierbei steht die vom IT-Dienstleister *(IT service provider)* erbrachte Serviceleistung im Mittelpunkt.
>
> Als **IT-Service-Management (ITSM)** bezeichnet man die Gesamtheit aller Maßnahmen und Aktivitäten, um die Qualität und die Quantität von IT-Services optimal und zielgerichtet umzusetzen. Hierbei sind die **Planung**, Überwachung und **Steuerung** sämtlicher Maßnahmen erforderlich.

Primäre Ziele des ITSM sind es, bezüglich einer erbrachten IT-Serviceleistung die Kundenzufriedenheit zu erreichen oder zu verbessern sowie alle an der Erbringung der IT-Serviceleistung beteiligten technischen wie nicht-technischen Ressourcen optimal einzusetzen. Um dies zu erreichen, ist die **Messbarkeit** *(measurability)* einer erbrachten IT-Serviceleistung in ihrer Gesamtheit erforderlich. Für eine Dienstleistung gilt aber, dass sie grundsätzlich vergänglich, nicht greifbar und immateriell ist und darüber hinaus subjektiv erfahren wird. Eine der Herausforderungen des ITSM ist es somit, aus den durchgeführten Aktivitäten messbare Größen abzuleiten.

Wie beispielsweise die Lieferung eines Fertigprodukts (z.B. eines Arbeitsplatz-PCs) an einen Kunden oder eine Kundin, stellt auch eine IT-Serviceleistung eine betriebswirtschaftlich relevante Aktivität dar. Hieraus ergeben sich vergleichbare Fragestellungen wie bei anderen unternehmerischen Vorgängen, z.B.:

- Wie kann die IT-Serviceleistung möglichst wirtschaftlich und effektiv realisiert werden?
- Wie lassen sich vorhandene Ressourcen optimal einsetzen?
- Wie können Serviceabläufe optimiert werden?
- Generell: Wie sieht innerbetrieblich die optimale IT-Service-Organisation aus?

Zusätzlich zu den rein betrieblichen Lösungen von IT-Serviceleistungen muss aber auch die Rolle der Kundschaft und der Anwendenden angemessen berücksichtigt werden. Um den Erwartungen der Kundinnen und Kunden gerecht werden zu können, muss der IT-Dienstleister sie verstehen und auf sie eingehen können (Bild 5.3).

Kundinnen und Kunden wollen ...	Aspekte für den IT-Servicedienstleister
... verstanden und ernst genommen werden.	Sehr gute IT-Kenntnisse alleine reichen nicht aus, es bedarf auch entsprechender kundenorientierter Kommunikationsfähigkeiten.
... ihre Bedürfnisse optimal befriedigt sehen.	– Die Kundschaft weiß nicht immer genau, was sie will. – Was bedeutet für die Kundschaft „optimal" (Kosten, Qualität, Umsetzungsdauer usw.)?
... dass die erbrachten Leistungen transparent für sie sind.	– Welcher Gegenwert wird für die in Rechnung gestellten Posten geboten? – Hat sich der erhoffte Nutzen eingestellt?

Bild 5.3: Bedeutung von Kundenerwartungen für den IT-Servicedienstleister (Beispiele)

Dem IT-Dienstleister stellen sich darüber hinaus weitere Herausforderungen, beispielsweise die Betreuung einer hohen Zahl unterschiedlicher Hardware- und Softwareprodukte und die zunehmende Komplexität der Informationstechnik. Dazu kommt der wirtschaftliche Druck durch den Preisverfall bei den IT-Komponenten. Die Kundschaft erwartet, dass die Preise des Dienstleisters analog fallen.

Wesentlich zum Erreichen dieser Ziele ist die Schaffung einer hohen Transparenz, damit die richtigen Entscheidungen getroffen werden, sowie die Etablierung eines strukturierten und zielgerichteten Vorgehens.

Aus den genannten (vereinfacht dargestellten) Aspekten ergeben sich Anforderungen an ein standardorientiertes, unternehmerisches IT-Service-Management.

AUFGABEN

1. Was versteht man unter einer Servicestrategie?

2. Was ist ITSM und was sind dessen primäre Ziele?

3. Eine Kundin beauftragt Sie mit der Einrichtung eines optimalen Internet-Arbeitsplatzes. Welche Fragestellungen ergeben sich daraus für Sie?

4. Was ist für Sie als IT-Servicedienstleister besonders wichtig, um richtige Entscheidungen treffen zu können?

5.2 ITSM-Standards und Best Practices

Ein **Serviceprozess** (oder Arbeitsprozess, Prozess) umfasst eine Abfolge von Aktivitäten zur Erbringung einer Leistung. Er ist steuerbar, hat in der Regel eine Eingabe und als Ausgabe ein Ergebnis, das bewertet werden kann.

Einheitliche IT-Prozesse werden so modelliert, dass sie die Leistung transparent und steuerbar machen und Abweichungen von den Vorgaben messbar sind. Organisatorisch werden Prozessverantwortlichkeiten definiert und die Zusammenarbeit der Teams und Fachkräfte im Prozess organisiert.

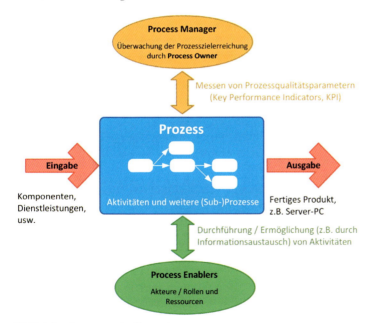

Bild 5.4: Serviceprozess im Unternehmen

Eine Prozessverbesserung führt nicht notwendigerweise zu einer Verbesserung der Ausgabe.

Unternehmen, die sich an ITSM-Standards ausrichten, können verschiedene Ziele verfolgen. So nutzen sie beispielsweise diese Standards ...

- bei der Umsetzung von IT-Prozessen, wobei die definierten Mindestanforderungen helfen, sich auf die wesentlichen Punkte der Umsetzung zu konzentrieren

- für die Überprüfung und Bewertung der Umsetzung der eigenen Serviceprozesse

- zum Nachweis der Wirksamkeit von IT-Prozessen, denn viele Standards bieten die Möglichkeit der Zertifizierung.

5.2.1 ITIL

Die **Information Technology Infrastructure Library (ITIL)** umfasst eine Sammlung bewährter Praktiken **(Best Practices)** und ein Rahmenwerk als Leitfaden zur Umsetzung eines ITSM. Dabei gibt ITIL keine verbindlichen Anforderungen vor, sondern zeigt Empfehlungen auf. Vordefinierte Prozesse bzw. Praktiken, Funktionen und Rollen dienen als Vorlage für alle Formen von Unternehmen, die diese nach ihren Bedürfnissen anpassen und umsetzen können. Inzwischen ist ITIL weit verbreitet und gilt de facto als Standard im IT-Service-Management. Ursprünglich wurde ITIL in den 1980er-Jahren von britischen Behörden entwickelt. Seit 2013 liegen die Rechte an ITIL bei der Firma AXELOS, die ITIL weiterentwickelt, vermarktet und Zertifizierungen regelt. Zertifiziert werden grundsätzlich nur Einzelpersonen. Wenn Firmen ITIL nur umsetzen wollen, benötigen sie keine Lizenz.

Mit Blick auf das ITIL-Rahmenwerk entsteht schnell die Vorstellung, dass die Umsetzung einer Reihe von Prozessen automatisch die Probleme eines Unternehmens löst. Dramatische Verbesserungen lassen sich so jedoch nicht erreichen. Der Hilfs- und Leitfadencharakter des ITIL-Rahmenwerks wird schnell als eine Sammlung von Schritt-für-Schritt-Anleitungen zum „ITIL machen" missverstanden.

Vier Dimensionen des Service-Managements

Die seit Februar 2019 erschienenen ersten Teile der neuen ITIL-Version 4 (ITILv4) setzen hier an und fassen den Blick etwas weiter. Dazu wird in einem von zwei großen Bausteinen das Service-Management in vier Dimensionen aufgespannt (Bild 5.5), die miteinander verbunden sind und auf die zahlreiche Faktoren einwirken:

1. **Organisation und Menschen**: Menschen sind mit Blick auf das Service-Management auch bei fortschreitender Automatisierung unverzichtbar. Sie bringen eine Vielzahl unterschiedlich ausgeprägter Fähigkeiten, Kompetenzen und Kulturen in das Unternehmen ein. Deshalb ist es wichtig, dass Rollen und Verantwortlichkeiten klar definiert, Berichtswege eindeutig, Kommunikationskanäle offen sind und die etablierte Führungsstruktur Orientierung gibt und Aufsicht leistet.

2. **Information und Technologie**: Daten und Informationen werden für IT-Unternehmen zunehmend wichtiger. Deshalb sehen die Unternehmen inzwischen ein, dass sie ein Informations-Management benötigen, das den Lebenszyklus von Informationen abdeckt (Erstellung, Zugriff, Nutzung, Veränderung, Speicherung und Entsorgung). IT-Security nimmt dabei eine wesentliche Rolle ein, denn die wichtigen Informationen sollen vor allem verlässlich, verfügbar und gegen unberechtigte Zugriffe geschützt sein. Technologien begründen neue IT-Serviceleistungen oder verändern bisherige Arbeitsweisen. Social-Media- und Team-Collaboration-Werkzeuge ermöglichen eine

bessere Wahrnehmung der Kundenbedürfnisse und lassen neue Servicemöglichkeiten zu. Cloud-Dienste ermöglichen es Unternehmen, Dienste schneller verfügbar zu machen, zu erweitern oder zu reduzieren. Aufstrebende Technologien wie beispielsweise künstliche Intelligenz, Machine Learning oder Blockchain sorgen dafür, dass sich Services immer schneller weiterentwickeln.

3. **Partner und Lieferanten**: Kein Unternehmen kann alle Bereiche der Versorgungkette seiner Services oder seines Service-Managements vollständig alleine abdecken. Ein Internetversand ist beispielsweise auf seinen Internet-Service-Provider angewiesen, während dieser wiederum auf Versorgungsbetriebe, Hardwareausrüster und Backbone-Provider angewiesen ist. Ist ein Partner oder Lieferant besonders wichtig, weil durch ihn ein entscheidender Zusammenhang mit der Serviceleistung besteht, sollte er von einer höher gelagerten Führungsinstanz gemanagt werden. Die Beziehung zu anderen Geschäftspartnern wird auf Warenebene betrieben, da sich für sie leicht Ersatz finden lässt. Unternehmen und Partnern muss klar sein, wie das Ziel und der Mehrwert der gemeinsamen Zusammenarbeit aussehen sollen und welchen Beitrag sie jeweils dazu leisten müssen.

4. **Wertstrom und Prozesse**: Als Wertstrom bezeichnet man die Reihe von Schritten, die ein Unternehmen unternimmt, um Werte in Form von Produkten oder Services zu schaffen. Prozesse, die aus einer Eingabe durch Aktivitäten als Ausgabe ein Ergebnis liefern, stützen den Wertstrom. Durch Kartografierung der Wertströme der einzelnen IT-Serviceleistungen entsteht ein detailliertes Flussdiagramm mit allen Aktivitäten und Kommunikationselementen. Auf Basis dieser Grundlage lassen sich Ansätze zur kontinuierlichen Verbesserung finden.

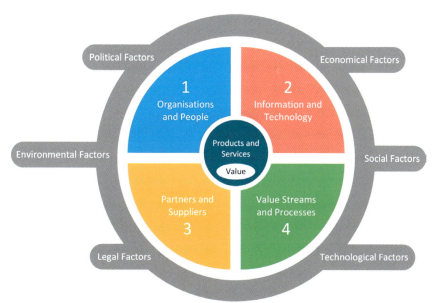

Bild 5.5: Vier Dimensionen des Service-Managements

5. **Politische Faktoren**: Änderungen in der Unternehmensführung, Änderung gesetzlicher Vorgaben oder Änderungen des Unternehmensstandorts, z.B. in ein anderes Bundesland mit abweichenden gesetzlichen Regelungen oder anderer lokaler Kundenstruktur

6. **Ökonomische Faktoren**: Änderung der Zinsraten, der Energiekosten oder des Gehaltsniveaus können dazu führen, dass sich Serviceleistungen verteuern oder nicht mehr profitabel angeboten werden können.

7. **Soziale Faktoren**: Die Bedürfnisse und Auffassungen von Menschen ändern sich mit der Zeit, was dazu führen kann, dass die angebotenen IT-Services angepasst oder Zielgruppen neu aufgeteilt werden müssen.

8. **Technologische Faktoren**: Die Serviceerbringung wird stark von der technologischen Entwicklung beeinflusst. Bereiche wie Big Data, Kryptowährungen, künstliche Intelligenz oder Continuous Delivery haben starken Einfluss auf die Gestaltung und Durchführung von Serviceleistungen.

9. **Rechtliche Faktoren**: Die Datenschutzgrundverordnung hat die Art, wie Unternehmen mit Nutzerdaten umgehen, massiv verändert. Andere rechtliche Vorgaben können die Möglichkeiten zur Erbringung oder Inanspruchnahme von Serviceleistungen positiv oder negativ beeinflussen.

10. **Umweltfaktoren**: Der Klimawandel beeinflusst Unternehmen darin, wie sie ihre Serviceleistungen und deren Umsetzung gewichten. Kunden und Kundinnen bevorzugen Dienstleister, die umweltschonend handeln.

Service-Wertschöpfungskette

Der andere wesentliche Baustein von ITILv4 ist die Service-Wertschöpfungskette (Service Value Chain, Bild 5.6). Die in den vorangegangenen ITIL-Versionen definierten **Serviceprozesse** werden nun als **Praktiken** bezeichnet und stehen im Zentrum der Service-Wertschöpfungskette. Die Namen der Praktiken orientieren sich an ihrem Gegenstand und nicht zwingend an einer Tätigkeit. So beschreibt die Praktik „Service Desk" die Abläufe im Service Desk (vgl. Bilder 5.7 und 5.11).

Sechs Aktivitäten stellen die Schritte dar, die ein Unternehmen bei der Wertschöpfung ausführt (Bild 5.6).

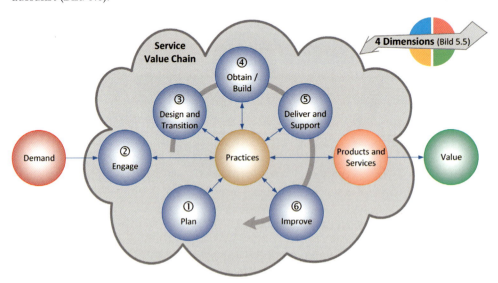

Bild 5.6: Service Value Chain

1. **Planen**: Diese Aktivität stellt ein gemeinsames Verständnis der Vision, des aktuellen Status und der Verbesserungsvorschläge sicher. Sie sorgt dafür, dass die Planungen unternehmensweit alle Produkte und Serviceleistungen umfassen und dabei eine ausgewogene Anwendung der vier Dimensionen (Bild 5.5) sichergestellt ist.

2. **Beteiligen**: Hier wird eine Schnittstelle zu allen Beteiligten zur Verfügung gestellt. Sie sorgt für eine umfassende Transparenz und stellt den Austausch zwischen allen Beteiligten sicher.

Beispiel
Vertriebsmitarbeiter/-innen können keine externen E-Mails empfangen.

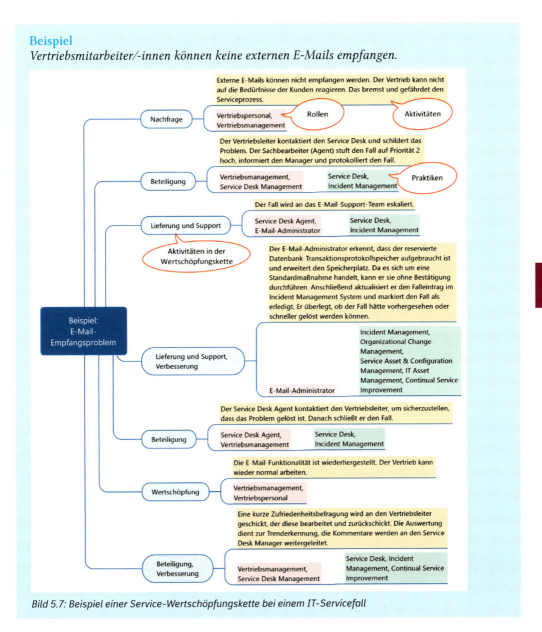

Bild 5.7: Beispiel einer Service-Wertschöpfungskette bei einem IT-Servicefall

3. **Entwerfen und Überführen**: Die Produkte und Serviceleistungen werden nach Maßgabe der Erwartungen an Qualität, Kosten und Marktbereitschaft erstellt. Für die Überführung in den operativen Einsatz werden Beeinträchtigungen der bestehenden Produkte und Serviceleistungen ausgeschlossen und eine kontinuierliche Bedienung der Erwartungen wird sichergestellt.

4. **Beschaffen/Konstruieren**: Sicherstellung, dass alle Komponenten und Servicebestandteile den vereinbarten Spezifikationen entsprechen und dann vorliegen, wenn sie benötigt werden.

5. **Liefern und Support leisten**: Hierbei wird dafür Sorge getragen, dass alle Produkte und Serviceleistungen den Erwartungen und den vereinbarten Spezifikationen entsprechend geliefert und betreut werden.

6. **Verbessern**: Gewährleistung der kontinuierlichen Verbesserung aller Produkte, Serviceleistungen und Elemente der Wertschöpfungskette einschließlich der vier Dimensionen.

5.2.2   ISO/IEC 20000

Die internationale Norm ISO/IEC 20000-1 gibt notwendige Mindestanforderungen für betriebliche Prozesse vor, damit Unternehmen IT-Services in einer festgelegten Qualität anbieten und managen können. Im Rahmen eines Zertifizierungsprozesses müssen Unternehmen die Einhaltung der Vorgaben nachweisen. Gelingt ihnen der Nachweis, erhalten sie ein Zertifikat, mit dem sie nach außen verlässlich darstellen können, dass ihr IT-Service-Management den Vorgaben des Standards entspricht. Auf diese Weise lässt sich neues Marktpotenzial erschließen, da manche Kunden und Kundinnen bei der Auftragsvergabe ein zertifiziertes IT-Service-Management voraussetzen.

Die ISO-Norm ISO/IEC 20000 besteht aus mehreren Teilen. Davon sind die beiden ersten die Wichtigsten.

▪ Die Norm **ISO/IEC 20000-1** legt fest, welche **Anforderungen** ein IT-Service-Managementsystem erfüllen muss, um zertifiziert werden zu können. Zertifiziert wird allein nach dieser Norm.

▪ Die Norm **ISO/IEC 20000-2** macht keine Vorgaben, sondern ist ausschließlich informativ. Dazu werden hier **Best Practices** aufgezeigt, die bei der Umsetzung des ersten Teils helfen.

Kritisiert wird, dass die Best Practices im zweiten Teil zu knapp und zu allgemein gehalten sind, um Unternehmen bei der Umsetzung wirklich helfen zu können. Empfohlen wird, die ISO-Norm und ITIL ergänzend zu nutzen. So können Unternehmen anhand der im ersten ISO-Teil genannten Anforderungen die für sie relevanten Bereiche heraussuchen und dann die zugehörigen Empfehlungen im ITIL-Rahmenwerk umsetzen.

Bild 5.8 zeigt schematisch ein (IT-)Service-Managementsystem mit seinen Anforderungsbereichen. Es stellt keine strukturelle Hierarchie und auch keine abgestuften Leitungsebenen dar, da auch der Standard diesbezüglich keine strukturellen Vorgaben für das Service-Managementsystem macht.

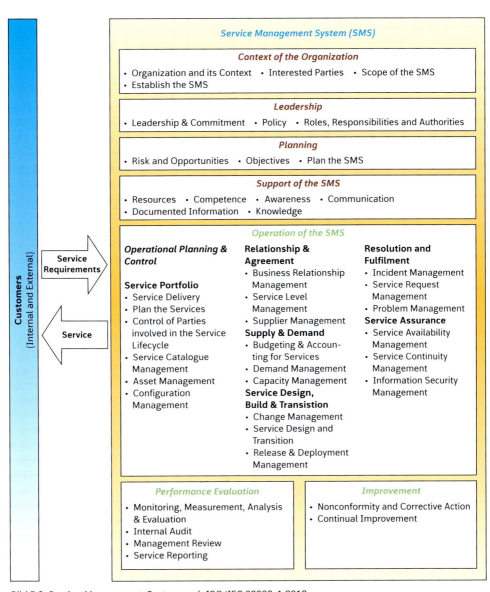

Bild 5.8: Service-Management-System nach ISO/IEC 20000-1:2018

AUFGABEN

1. Sie verbessern einen IT-Prozess, können aber keine Ausgabeverbesserung feststellen. Was machen Sie falsch?

2. Zu welchen Zwecken und auf welche Arten setzen Firmen ITSM-Standards ein?

3. Was ist ITIL und wer muss die ITIL-Vorgaben umsetzen?

4. Was sind Best Practices?

5. Was sind die vier Dimensionen des Service-Managements?

6. Was versteht man unter einer Service-Wertschöpfungskette?

7. Was ist die ISO/IEC 20000 und worin besteht der Unterschied zu ITIL?

8. Wer oder was kann a) ein ITIL-Zertifikat und b) ein ISO/IEC-20000-Zertifikat erhalten?

5.3   Service Level Management

Setzt ein Unternehmen **Service Level Management (SLM)** ein, verleiht das der Kundschaft die Sicherheit, dass der Dienstleister genau den Service in Art und Umfang (Service Level) leistet, der ihren Bedürfnissen entspricht. SLM setzt man zu dem Zweck ein, klare geschäftliche Ziele für den Serviceerfolg zu formulieren, sodass ein geleisteter Service klar erfasst, überwacht und mit Blick auf die Ziele gemanagt werden kann. SLM umfasst die Definition, Dokumentation und das aktive Management von Service Levels.

5.3.1   Service Level Agreement

Unternehmen, die IT-Services anbieten, sind an einer hohen Kundenzufriedenheit interessiert. Eine wesentliche Voraussetzung dafür ist, dass Kundschaft und Dienstleister die gleiche Vorstellung von der vereinbarten Serviceleistung haben und davon, wie in Problemfällen verfahren werden soll. Um für beide Seiten Transparenz zu schaffen, wird zwischen den Geschäftspartnern ein sog. Service Level Agreement (SLA) geschlossen.

Ein **Service Level Agreement** (**SLA**) ist eine vertragliche Vereinbarung zwischen Auftraggeber/-in und Dienstleister. Sie definiert spezifische und messbare Aspekte der angebotenen Dienstleistung, einschließlich Geltungsbereich, Prioritäten, Verantwortlichkeiten und Garantien.

Zur Erfüllung eines SLAs kann das Mitwirken verschiedener Stellen innerhalb eines Unternehmens erforderlich sein, sodass sich auch hier die Rollen von Auftraggeber und Dienstleister ergeben. **Operational Level Agreements (OLAs)** sichern in diesem Fall die erfolgreiche Zusammenarbeit und damit die Erfüllung des SLAs.

Bild 5.9 zeigt solch einen Fall, erweitert um einen externen Dienstleister, der notwendige Dienstleistungen für das Unternehmen zur Erfüllung des SLAs erbringt. Solch ein Vertrag mit einer Drittpartei wird als **Underpinning Contract (UC)** bezeichnet.

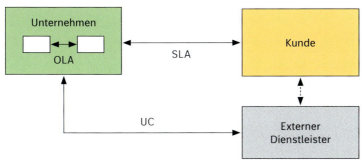

Bild 5.9: Servicevereinbarungen

Service Level Agreements kommen darüber hinaus auch unternehmensintern zum Einsatz. So ist üblicherweise die IT-Abteilung in einem Unternehmen Dienstleister für andere Abteilungen. SLAs regeln hier ebenfalls die Ausprägung der Serviceleistungen, Verantwortlichkeiten usw. Diesen Zusammenhang zeigt das folgende Beispiel.

Beispiel

Ein Unternehmen mit IT-Abteilung bietet für externe Kunden und Kundinnen Webshop-Systeme an. Die Vertriebsabteilung beauftragt die IT-Abteilung, ein Webshop-System mit Kunden- und Instanzen-Management-System bereitzustellen und Support zu leisten. Die Details werden in einem SLA festgelegt.

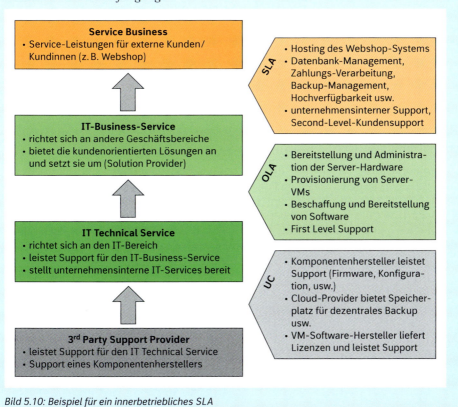

Bild 5.10: Beispiel für ein innerbetriebliches SLA

Die IT-Abteilung (IT Business Service) kann ihrer Kundschaft (Vertriebsabteilung) diese IT-Serviceleistung anbieten, muss zur Bereitstellung aber Leistungen des technischen IT-Bereichs (IT Technical Service) in Anspruch nehmen, z.B. Serverhardware, Server-VM-Instanzen, Datenbanken, Backups usw. Die Details dieser Zusammenarbeit regelt ein OLA.

Der technische IT-Bereich ist zur Erfüllung seiner Aufgaben wiederum auf externe Dienstleister angewiesen. Cloud-Provider stellen Speicherplatz für dezentrale Backups zur Verfügung, Datenbank- und VM-Software-Hersteller vergeben Lizenzen und leisten Produktsupport usw. Hier regeln UCs die Zusammenarbeit mit den beteiligten externen Unternehmen (3rd Parties).

5.3.2   Key Performance Indicators

Eine wichtige Grundlage für das Service Level Management sind die **Key Performance Indicators (KPIs)**. Diese Kennwerte, die auch Bestandteil eines SLAs sind, basieren auf messbaren Größen und zielen auf eine objektive Aussage über den Erfolg der erbrachten IT-Serviceleistung ab. Üblicherweise enthält ein SLA einige der folgenden KPIs:

- **Service availability**: Verfügbarkeit des IT-Service, z.B. 99,8 % der Tage des Abrechnungszeitraums

- **Time to resolve**: Zeit bis zur Erledigung eines Servicefalls

- **First-call resolution rate**: Anteil aller Servicefälle, die mit dem ersten Anruf erledigt wurden

- **SLA breach rate**: Anteil der nicht nach SLA-Vorgaben erledigten Servicefälle

- **User satisfaction**: Zufriedenheit des Nutzers, z.B. anhand von Zufriedenheitsumfragen im Anschluss an die Serviceleistung

- **Customer satisfaction**: Zufriedenheit der Kundschaft

- **Cost per contact**: Rechnerische Kosten, die im betrachteten Service Level pro Kundenkontakt (Anruf) entstehen

- **Net promoter score**: Score-Wert aus den gesammelten Antworten auf die Frage, ob man den IT-Servicedienstleister anderen Menschen empfehlen würde.

Um die Bedürfnisse der Kundschaft besser abbilden zu können, verbindet man beispielsweise den oben genannten KPI „Time to resolve" mit dem Schweregrad des Servicefalls und der Dringlichkeit, mit der Abhilfe geschaffen werden soll.

Priorität	gering	normal	hoch	dringend
Schweregrad	Keine Behinderung der Arbeit der Kundschaft. Ein Workaround ist verfügbar.	Unterbrechung der Arbeit der Kundschaft. Ein Workaround ist wahrscheinlich verfügbar.	Unterbrechung kritischer Prozesse, die einzelne Nutzer/-innen betrifft. Kein Workaround verfügbar.	Unterbrechung kritischer Geschäftsprozesse, die mehrere Nutzer/-innen betrifft. Kein Workaround verfügbar.
Dringlichkeit	Kundschaft benötigt keine sofortige Lösung.	Kundschaft benötigt keine sofortige Lösung.	Kundschaft benötigt eine sofortige Lösung.	Kundschaft benötigt eine sofortige Lösung.
SLA-Ziel: 80 % Zeit bis zur ersten Antwort	am selben Tag	am selben Tag	innerhalb von 2 Stunden	innerhalb von 30 Minuten
SLA-Ziel: 80 % Zeit bis zur Erledigung	innerhalb von 2–4 Wochen	innerhalb von 1–2 Wochen	2–5 Arbeitstage	24 Stunden (unmittelbarer Hotfix)

Bild 5.11: Beispiel für geplante Antwort- und Lösungszeiten nach Dringlichkeiten

Ein SLA regelt grundsätzlich das, was der Dienstleister erbringen soll, nicht aber, wie er dabei konkret vorzugehen hat. Oft sind Mindestwerte für messbare Eigenschaften der Dienstleistung enthalten. Ein SLA muss auch nicht immer formell abgeschlossen werden.

Beispiel
Ein Internet Service Provider (ISP) bietet seinen Kunden und Kundinnen einen Tarif mit einer Mindestbandbreite von 32 Mbit/s und einer jährlichen Verfügbarkeit von mindestens 99,8 %.

Weitere Bestandteile eines SLAs umfassen meist Gebühren/Kosten, Pflichten und Notfallmaßnahmen, Verantwortlichkeiten der Kundschaft, Richtlinien für Tracking und Reporting, Vertragsstrafen bei Nichteinhaltung von Vereinbarungen sowie Vertragsaustrittsklauseln.

5.3.3 Service Levels

Während das SLA (Kap. 5.3.1) die Bandbreite der zu erbringenden Serviceleistungen definiert, steht es dem Service-Provider in der Regel frei, wie er seine internen Ressourcen einsetzt, um die vereinbarten Serviceleistungen zu erbringen.

Ein Service-Provider stuft seine Serviceleistungen im Allgemeinen in einzelne **Service Levels** ab, um seine **Ressourcen** möglichst **effizient** einzusetzen.

Mit steigendem Service Level wächst der Spezialisierungsgrad der Sachbearbeiter/-innen, während sich die Qualifikationsanforderungen ändern. Bild 5.12 zeigt eine mögliche Service-Level-Hierarchie. Bezogen auf das in Kap. 5.3.1 behandelte Webshop-Beispiel würden Support-Anfragen grundsätzlich wie folgt ablaufen:

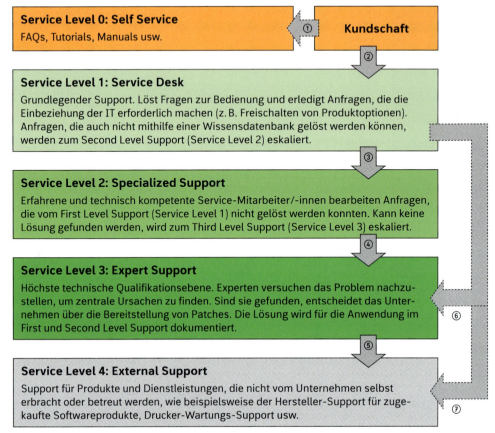

Bild 5.12: Service Levels und Übergänge

Erste Anlaufstelle für Support-Anfragen ist der Service Desk (2), der Service Level 1. Dem vorgelagert zeigt das Bild noch den Self Service (1) als Service Level 0, in dem die Kundin bzw. der Kunde ohne Beteiligung von Servicemitarbeitern Hilfe finden kann. Dies können Informationsangebote zum Selbststudium sein, z.B. FAQs, Tutorials und Fehlerbehandlungsdatenbanken oder beispielsweise ein automatisierter Webdienst zur Passwort-Rückstellung.

Die Aufgabe der Service-Desk-Mitarbeiter/-innen im First Level Support ist es, einfach gelagerte oder häufig auftretende Anfragen beispielsweise mithilfe einer Wissensdatenbank möglichst direkt zu lösen. Gelingt das nicht, holen sie zur Vorbereitung der weiteren Bearbeitung einige Eckdaten vom Anfragenden ein und eskalieren die Anfrage zum zuständigen Service Level. Grundsätzlich wird immer nur um ein Service Level hocheskaliert (3), (4). Ausnahmen bilden etwa konkrete Umstände, für die eine direkte Eskalation zu den Experten in den Service Level 3 vereinbart wurde (6), oder Outsourcing-Sachverhalte, wie etwa die Bereitstellung und Wartung von Druckern und Kopierern. Während hier z.B. das Nachfüllen von Papier noch von den eigenen Beschäftigten erledigt wird, werden andere Anfragen direkt zum Service Level 4 übertragen, also in diesem Fall an den externen Support des Druckerdienstleisters (7).

5.3.4   Service Review

Teil des Service-Lebenszyklus nach Bild 5.2 ist die kontinuierliche Serviceverbesserung (**Continual Service Improvement**, **CSI**). Dazu sind regelmäßige Erfolgskontrollen und der Abgleich mit der jeweiligen Zielsetzung notwendig, um daraus Verbesserungsmaßnahmen abzuleiten. Als Vorgehensweise empfiehlt ITIL einen siebenphasigen Prozess (Bild 5.13) nach dem Deming-Zyklus (PDCA-Modell, Bild 3.13).

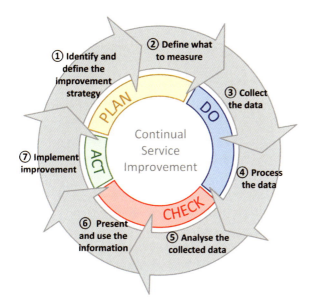

Bild 5.13: Sieben Schritte des Continual Service Improvement

Im ersten Schritt (1) gilt es, eine Verbesserungsstrategie zu formulieren. Dabei ist die Frage danach zu beantworten, welche Verbesserungen im IT-Bereich dem Unternehmen insgesamt zum Erreichen der gesteckten Ziele dienen.

Im nächsten Schritt (2) wird zunächst verglichen, welche Eigenschaften der formulierten Verbesserungsstrategie idealerweise gemessen werden sollten und welche tatsächlich gemessen werden können. Mit Rücksicht auf die identifizierten Abweichungen sollten dann realistische Messverfahren formuliert und umgesetzt werden.

Im anschließenden Ausführungsschritt (3) werden die Messdaten durch permanente Überwachung erfasst und gespeichert. In der Verarbeitungsphase (4) werden die erfassten Daten mit Kontext angereichert. Aus diesen Daten lassen sich beispielsweise KPI-Ergebnisse ableiten. Die Rohdaten werden damit zu Informationsdaten.

Im ersten Schritt der Prüfphase (5) werden zunächst Daten und Informationen aus verschiedenen Quellen zusammengeführt, um daraus Wissen zu generieren. Die weitere Analyse sucht nach Erwartungsabweichungen und deren Einfluss auf das Unternehmen. Zusammen mit der Berücksichtigung aller externen und internen Faktoren wird damit die Bewertung der Auswirkungen unterstützt: Sind sie insgesamt positiv oder negativ, decken sie sich mit den Erwartungen und Zielvorgaben des Unternehmens?

Die Prüfphase schließt mit der sachgerechten Aufbereitung und Übergabe der Analyseergebnisse ab (6). Dabei werden die gesammelten Informationen und die erarbeiteten

5

Analyseergebnisse so ausgewählt und aufbereitet, dass sie alle relevanten Informationen im erforderlichen Detailgrad enthalten, um eine fundierte Entscheidungsfindung zu unterstützen.

Die Handlungsphase bildet den letzten Schritt (7), in der die Verbesserungen umgesetzt werden. Unter Einbeziehung der Erfahrungen aus vorangegangenen Verbesserungszyklen werden aufgrund des neuen Wissens fundierte Entscheidungen getroffen und notwendige Verbesserungen umgesetzt.

Beispiel

Das CSI-Team möchte die Ticketabschlussrate im Service Level 1 der IT-Service-Hotline verbessern.

Sie verfolgen die Strategie (1), die Mitarbeiter/-innen anhand von Wissensdatenbanken und in Form von Schulungen in die Lage zu versetzen, häufige Anfragen direkt lösen zu können.

Die Umsetzung dieser Strategie entspricht den Unternehmensinteressen, da sie zu schnelleren Problemlösungen führt und die Mitarbeiter/-innen im Service Level 2 und Service Level 3 entlastet.

Gemessen werden sollte (2), welche gleich gelagerten einfachen Anfragen wie häufig im Service Level 2 und Service Level 3 bedient werden. Gemessen werden kann die Häufung gleichlautender Stichworte zu den behandelten Anfragen und Lösungen.

Zur Umsetzung (3) notieren die Mitarbeiter/-innen im Service Level 1 zu jeder Anfrage einige beschreibende Stichworte. Die Mitarbeiter/-innen in Service Level 2 und Service Level 3 ergänzen die Daten um Stichworte zur gefundenen Lösung und notieren den Schwierigkeitsgrad des Sachverhalts.

Die erfassten Daten werden in einer ersten automatisierten Verarbeitung (4) nach gleichartigen Stichworten sortiert, gezählt und zu Themenschwerpunkten zusammengefasst.

In der Analysephase (5) werden die identifizierten thematischen Häufungen mit den fachlichen Qualifikationen der Service-Level-1-Mitarbeiter/-innen abgeglichen und zusammen mit dem Schwierigkeitsgrad der Sachverhalte bewertet. Das aufbereitete Ergebnis (6) listet die identifizierten Themenschwerpunkte jeweils mit ihrem Anteil am Anfrageaufkommen auf. Ergänzt werden die Angaben mit einer Einschätzung, inwiefern der jeweilige Themenschwerpunkt durch Schulungen oder Einsatz einer Wissensdatenbank von Service-Level-1-Mitarbeitern und -Mitarbeiterinnen bedient werden kann.

Im abschließenden Schritt (7) wird mit Blick auf die bisherigen Erfahrungen die Entscheidung für Fortbildungsmaßnahmen in einem Themenschwerpunkt und die professionelle Aufbereitung der Wissensdatenbank für zwei andere Themenschwerpunkte getroffen.

Fehlt beispielsweise ein sorgfältiger Service Review oder CSI-Prozess und sind auch die ideellen Unternehmensziele in der Serviceplanung oder im SLA nicht angemessen berücksichtigt, können sich Fehlentwicklungen ergeben, die als **Wassermelonen-Effekt** bezeichnet werden.

Der Wassermelonen-Effekt

Ein verbreitetes Problem ist, dass ein geleisteter Service nach außen hin gut aussieht, im Inneren aber krankt. Das ist der sog. Wassermelonen-Effekt: außen grün, innen rot. SLAs mit schlecht gewählten KPIs sorgen dafür, dass der Dienstleister die vereinbarten Anforderungen zwar nominell erfüllt, die Kunden und Kundinnen aber trotzdem mit dem Ergebnis nicht zufrieden sind.

Beispiel
Ein Webshop-Hosting-Dienstleister stellt für seinen Kunden ein schlüsselfertiges Verkaufssystem im Internet bereit. Im SLA garantiert er dem Kunden eine Verfügbarkeit von 99,8 %. Der Dienstleister hält diese Vorgabe ein, aber der Kunde ist dennoch unzufrieden. Ein Grund liegt in der unterschiedlichen Auffassung von Verfügbarkeit. Monitoring-Tools bescheinigen dem Dienstleister zwar, dass das Shopsystem durchgängig und ohne Ausfall erreichbar ist. Der Kunde bemerkt allerdings, dass der Seitenabruf bei hoher Auslastung besonders träge wird, sodass viele Besucher entnervt aufgeben und die Zahl der Verkaufsabschlüsse stark zurückgeht. Dass der Webshop technisch zu jeder Zeit erreichbar war, ist in diesem Zusammenhang für den Kunden völlig unwichtig. Der Kennwert der Verfügbarkeit deckt sich hier nicht mit den Bedürfnissen und Erwartungen des Kunden.

Wichtig bei der Erstellung von SLAs ist es, die Geschäftsziele seiner Kundschaft im Auge zu behalten und daraus die richtigen und für die Kundschaft relevanten Erfolgskennwerte zu ermitteln.

Werden Aufgaben und Tätigkeiten aus einem Unternehmen ausgegliedert und an einen IT-Service-Provider vergeben, gilt es hier gleichfalls, im SLA die richtigen KPIs zu formulieren. Folgende Fragestellungen sollten dabei berücksichtigt werden:

- Wird das SLA lediglich mit Delegierten beispielsweise aus Einkauf, Vertrieb und der Rechtsabteilung oder mit den betroffenen Endanwendern und -anwenderinnen verhandelt?

- Misst das SLA Ergebnisse auf der Basis von wertegetriebenen Zielen?

- Basiert das SLA auf gemeinsamem Erfolg, Zukunftsflexibilität und möglichen Innovationen?

5

AUFGABEN

1. Was ist SLM und welchen Vorteil hat ein Kunde oder eine Kundin dadurch?

2. Was definiert ein SLA?

3. Was sind OLA und UC und in welcher Beziehung stehen sie zu SLA? Formulieren Sie ein Beispiel.

4. Wann kommt ein SLA auch firmenintern zum Einsatz?

5. Was sind KPIs, woraus werden sie gebildet und was sagen sie aus?

6. Was regelt ein SLA grundsätzlich bezüglich einer Serviceleistung und was nicht?

7. Weshalb stuft ein Service-Provider seine Serviceleistungen in Service Levels ein?

8. Welche Aufgaben hat der First Level Support (Service Level 1)?

9. Wie erfolgt der Übergang in andere Service Levels?

In allen Geräten der Informations- und Telekommunikationstechnik basieren die Datenverarbeitung und die Systemsteuerung auf *elektrischen* bzw. *elektronischen* Vorgängen. Sowohl für die Daten als auch für die Steuerung werden *digitale* Signale verwendet. Zum Verständnis dieser Vorgänge sind – speziell in den technisch ausgerichteten IT-Berufen – entsprechende berufsbezogene Grundkenntnisse aus den Bereichen Elektrotechnik, Informationstechnik und Digitaltechnik erforderlich.

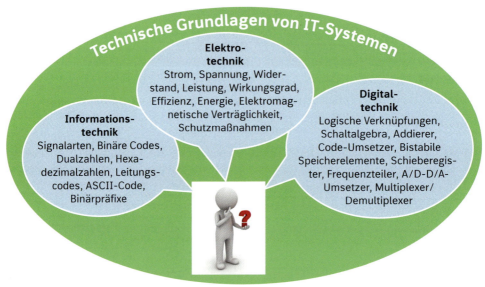

Bild 6.1: Technische Grundlagen von IT-Systemen

Darüber hinaus müssen Beschäftigte im IT-Bereich in der Lage sein, physikalisch-technische Informationen einzuordnen und zu bewerten. Hierzu sind Fachkompetenzen im Umgang mit physikalischen Größen (Formelzeichen und Einheiten) sowie deren wertemäßige Beurteilung unerlässlich.

Viele dieser Fachkompetenzen sind auch für Auszubildende der kaufmännisch geprägten IT-Berufe bedeutsam, beispielsweise bei der Bewertung und dem Kauf technischer Produkte oder im Verkaufsgespräch mit Kunden und Kundinnen.

Die den elektrischen und informationstechnischen Vorgängen zugrunde liegenden physikalischen Zusammenhänge, Bezeichnungen und technischen Schreibweisen werden unter Bezugnahme auf den IT-Bereich in den folgenden Kapiteln einführend dargestellt.

Weitergehende elektrotechnische, informationstechnische und übertragungstechnische Zusammenhänge, die speziell für die Fachrichtungen der IT-Systemelektronik und Informatik von praktischer Bedeutung sind, werden im Band „Fachstufe IT-Systeme" erörtert.

6.1 Informationstechnische Grundlagen

6.1.1 Zeichen und Daten

Informationen sind im Sinne der Umgangssprache die Kenntnisse und das Wissen über Sachverhalte, Vorgänge, Zustände, Ereignisse usw. Sie können durch gesprochene und geschriebene Wörter, durch Tabellen und Diagramme oder Grafiken und Bilder dargestellt, gespeichert und verbreitet werden. In der Informations- und Kommunikationstechnik werden Informationen durch Zeichen dargestellt.

Ein **Zeichen** *(character)* ist ein Element aus einer Menge verschiedener Elemente. Die Menge der Elemente wird als **Zeichenvorrat** *(character set)* bezeichnet.

Beispiele für Zeichen sind die Buchstaben des Alphabets, Ziffern, Interpunktionszeichen oder Steuerzeichen (Wagenrücklauf, Zeilenvorschub auf der Tastatur usw.).

In der Kommunikationstechnik dient eine Zeichenfolge zur Übertragung einer Information und wird **Nachricht** *(message)* genannt. In der Informationstechnik werden Zeichenfolgen, die eine Information zum Zweck der Verarbeitung enthalten, als **Daten** *(data)* bezeichnet.

6.1.2 Signalarten

Nachrichten und Daten müssen zur Übertragung oder Verarbeitung in (technische) **Signale** umgesetzt werden.

Signale *(signals)* dienen zur Darstellung von Nachrichten und Daten durch physikalische Größen wie z. B. Spannung, Stromstärke o. Ä.

Als **physikalische Größe** *(physical size, physical quantity)* bezeichnet man allgemein ein definiertes und messbares Merkmal oder eine Eigenschaft eines physischen Objekts sowie damit verbundene Erscheinungen und Vorgänge.

Eine physikalische Größe besteht stets aus einem **Zahlenwert** *(numerical value)* und einer zugehörigen kennzeichnenden **Einheit** (**Maßeinheit**, *measurement unit*). Sowohl die physikalische Größe selbst als auch ihre jeweilige Einheit wird abkürzend mit entsprechend zugeordneten Formelzeichen angegeben (z. B.: el. Spannung: **U**, in der Einheit Volt: **V**; Kap. 6.3 und Anhang F).

6

Zur Verdeutlichung eines Signalverlaufes wird der Signalwert in Abhängigkeit von der Zeit üblicherweise in Form eines Diagramms dargestellt. Signale können sowohl hinsichtlich des Wertebereiches als auch hinsichtlich des Zeitbereiches **kontinuierlich** (stetig, lückenlos zusammenhängend) oder **diskret** (durch endliche Abstände voneinander getrennt) sein. Man unterscheidet folgende Signalarten (Bild 6.2):

1. Ein **wert- und zeitkontinuierliches Signal** kann jeden beliebigen Signalwert annehmen; in jedem Zeitpunkt ist ein Signalwert vorhanden.

2. Ein **wertdiskretes zeitkontinuierliches Signal** kann nur bestimmte Werte zwischen einem negativen und einem positiven Höchstwert annehmen; in jedem Zeitpunkt ist ein Signalwert vorhanden.

3. Ein **wertkontinuierliches zeitdiskretes Signal** kann jeden beliebigen Signalwert annehmen, ist aber nur zu bestimmten Zeiten vorhanden.

4. Ein **wert- und zeitdiskretes Signal** kann nur bestimmte Werte annehmen und ist nur zu bestimmten Zeiten vorhanden.

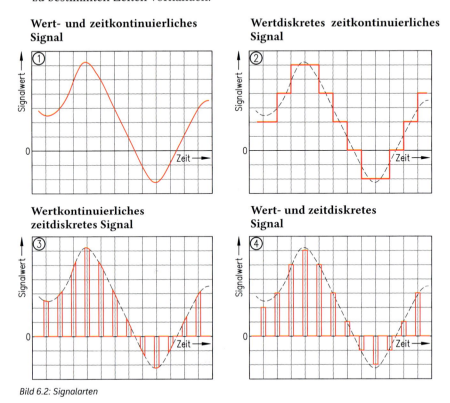

Bild 6.2: Signalarten

In der IT-Technik werden sowohl analoge als auch digitale Signale verarbeitet und übertragen.

Ein Beispiel für ein **analoges Signal** ist die sog. Sprechwechselspannung, die in einem Mikrofon durch Umwandlung der auf die Membran auftreffenden Schallwellen p erzeugt wird (Bild 6.3).

Bild 6.3: Analoges Signal

Bei einem **digitalen Signal** können innerhalb eines begrenzten Wertebereiches nur bestimmte (diskrete) Signalwerte auftreten. Jedem Signalwert kann ein Zeichen zugeordnet werden. So können z. B. die Zeichen von 0 bis 5 jeweils durch einen festen Signalwert dargestellt werden (Bild 6.4).

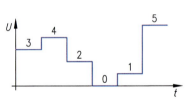

Bild 6.4: Digitales Signal

In IT-Systemen werden – bedingt durch die zwei einfach zu realisierenden Schaltzustände elektromechani-
scher und elektronischer Schaltelemente (Schalter auf,
Schalter zu) – fast ausschließlich Digitalsignale verarbeitet, die nur *zwei* verschiedene Signalwerte annehmen können; man bezeichnet sie als **binäre** (d. h. zwei-
wertige) **Signale** (Bild 6.5).

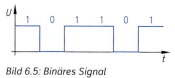

Bild 6.5: Binäres Signal

Als Binärzeichen werden den beiden Signalzuständen die Ziffern 0 und 1 zugeordnet. In der
binären Schaltungstechnik verwendet man oft
die Buchstaben **L (Low Level)** und **H (High Level)**, wobei die Wertebereiche für L und H durch
die Technologie der Schaltungen bestimmt werden (Bild 6.6).

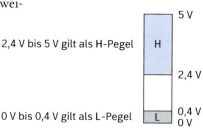

2,4 V bis 5 V gilt als H-Pegel

0 V bis 0,4 V gilt als L-Pegel

Bild 6.6: Wertebereiche der Signalpegel
in einer Binärschaltung

In einer elektronischen Binärschaltung eines be-
stimmten Typs (sog. TTL-Logik; TTL: Transistor-Transistor-Logik) werden den Pegeln
beispielsweise die dargestellten Spannungsbereiche zugeordnet. Kenntnisse der verwendeten Logikpegel sind z. B. bei Schaltungen mit Arduino oder Raspberry Pi erforderlich
(vgl. „Fachstufe IT-Systeme", Kap. 5).

Für die Arbeitssicherheit von Digitalschaltungen ist die Größe des Spannungsabstandes
zwischen H-Pegel und L-Pegel wichtig.

Für das Beispiel gilt:
Abstand = 2,4 V – 0,4 V = **2 V**

6.1.3   Signalübertragung

Den in Bild 6.7 dargestellten binären Zustände 0 und 1 (alternative Schreibweise: **log 0**
und **log 1**; lies: logisch Null, logisch 1) werden zur Signalverarbeitung in IT-Geräten vielfach die Spannungswerte 0 V und 5 V zugeordnet. Diese Spannungswerte können auch
für die Signalübertragung über eine elektrische Leitung verwendet werden. Dies nennt
man eine unsymmetrische Übertragung.

6

> Bei einer **unsymmetrischen Übertragung** *(unbalanced transmission)* eines Binärsignals
> liegt auf dem Hinleiter entsprechend dem logischen Zustand (0 oder 1) die jeweils zuge-
> ordnete Spannung (0 V oder 5 V); der Rückleiter liegt stets fest auf 0 V.

Das Potenzial 0 V wird auch als **Bezugspotenzial** *(reference potential)* oder **Massepotenzial** *(ground potential)* bezeichnet (Kap. 6.3.1.1).

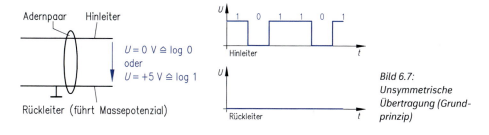

Bild 6.7:
Unsymmetrische
Übertragung (Grund-
prinzip)

Diese Art der Signalübertragung ist zwar einfach zu realisieren, hat aber den Nachteil, dass man auf der Empfangsseite den Binärzustand 0 (also 0 V) nicht von einer Leitungsunterbrechung unterscheiden kann.

Aus diesem Grunde werden den binären Zuständen 0 und 1 zur Signalübertragung oftmals andere Spannungswerte zugeordnet. Von besonderer Bedeutung ist da die Übertragung mit differenziellen Signalen.

> Als **differenzielles Signal** *(differential signal)* bezeichnet man die Spannungszuordnung zu einem Binärsignal, bei der sich entsprechend dem logischen Zustand (0 oder 1) sowohl auf dem Hinleiter als auch auf dem Rückleiter der zugehörige Spannungswert ändert.
>
> Die Datenübertragung mithilfe eines differenziellen Signals, bei dem sich der Spannungswert auf dem Hin- und dem Rückleiter symmetrisch zum Nullpotenzial ändert, bezeichnet man als **symmetrische Übertragung** *(balanced transmission)*.
>
> Beispiel:
> Logisch 0: auf dem Hinleiter −5 V und auf dem Rückleiter +5 V
> Logisch 1: auf dem Hinleiter +5 V und auf dem Rückleiter −5 V

Sowohl bei der Übertragung von logisch 0 als auch bei logisch 1 führt jede Leitung stets ein sich von 0 V unterscheidendes Potenzial. Somit ist eine Leitungsunterbrechung eindeutig erkennbar. Die Bezeichnung symmetrische Übertragung resultiert aus der symmetrischen Lage der beiden Leiterpotenziale bezogen auf das Massepotenzial (0 V). Der Potenzialunterschied zwischen beiden Leitern wird auch als **Spannungshub** bezeichnet und ist im dargestellten Beispiel mit ±10 V doppelt so groß wie bei der unsymmetrischen Übertragung.

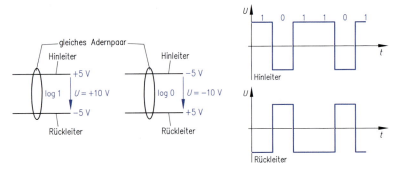

Bild 6.8: Symmetrische Übertragung (Grundprinzip)

Da die symmetrische Übertragung wesentlich weniger störanfällig als die unsymmetrische Übertragung ist, verwendet man in der Praxis auch wesentlich geringere Spannungen für die Datenübertragung (z. B. ± 250 mV bei SATA; Kap. 1.7.1).

> Ein spezielles Verfahren zur **differenziellen Datenübertragung** *(differential data transmission)* mit geringem Spannungshub über zwei Leitungen bezeichnet man mit der Abkürzung **LVDS** (**L**ow **V**oltage **D**ifferential **S**ignaling).

Im angegebenen Beispiel arbeitet LVDS mit einem Spannungshub von 0,3 V auf beiden Leitungen. Eine 0 wird dargestellt, indem Leitung A (Hinleiter) auf 1,1 V und Leitung B (Rückleiter) auf 1,4 V liegt; eine 1 wird durch die umgekehrten Spannungswerte angezeigt

(Bild 6.9). Die Signalpegel auf beiden Leitungen haben also immer entgegengesetzte Werte, sind dabei aber dauernd positiv (d. h., es handelt sich hierbei nicht um ein symmetrisches Signal).

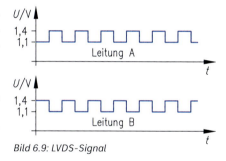

Bild 6.9: LVDS-Signal

Die erreichbare Bitrate bei LVDS liegt zum derzeitigen Stand der Technik (2023) bei mehreren Gbit/s.

LVDS wurde als Übertragungsstandard (ANSI/ TIA/EIA-644-1995) zur Hochgeschwindigkeits-Datenübertragung für Platinen und Backplanes entwickelt. Er wird heute zur Übertragung von Daten mit hoher Störsicherheit über Entfernungen von einigen Metern eingesetzt, z. B. bei USB, Firewire u. Ä. Ein anderes wichtiges Anwendungsgebiet ist die digitale Ansteuerung von Flachbildschirmen. Darüber hinaus wird LVDS in der Kfz-Elektronik (Verbrenner und E-Autos) zur Vernetzung von Kameras, Displays und den jeweiligen Steuer- und Auswertegeräten im Fahrzeug verwendet.

6.1.4　Zahlensysteme

6.1.4.1　Dezimalsystem

Im täglichen Leben wird zur Darstellung von Zahlen fast ausschließlich das **Dezimalsystem (Zehnersystem)** benutzt. In diesem **Zahlensystem** *(number system)* werden die zehn verschiedenen **Ziffern** *(digits)* von 0 bis 9 in der sog. **Stellenschreibweise** *(positional notation)* verwendet (Bild 6.10).

Dezimalzahl	5	4	7	9	,	2	6
Stellennummer	4	3	2	1		1	2
Stellenwert	10^3	10^2	10^1	10^0		10^{-1}	10^{-2}
Potenzwert	$5 \cdot 1000$	$4 \cdot 100$	$7 \cdot 10$	$9 \cdot 1$		$2 \cdot \frac{1}{10}$	$6 \cdot \frac{1}{100}$
Zahlenwert	$5\,000 + 400 + 70 + 9 + 0{,}2 + 0{,}06 = 5\,479{,}26_{\text{dez}}$						

Bild 6.10: Zahlenwert der Dezimalzahl

Aus Bild 6.10 sind die Regeln zu erkennen, nach denen Zahlensysteme aufgebaut sind:

- Die zur Darstellung einer Zahl erforderlichen Ziffern werden von einer Markierung – dem **Komma** *(comma;* Hinweis: Im englischen Sprachraum wird stattdessen ein Punkt verwendet.) – ausgehend nebeneinander geschrieben und nummeriert.

- Die **Basis B** des Zahlensystems ist gleich der Anzahl der verfügbaren Ziffern. (z. B. im Dezimalsystem: B = 10)

- Jede Stelle hat einen **Stellenwert** *W*; er berechnet sich aus der Basis *B* des Zahlensystems und der Stellennummer *n*;

Stellenwert vor dem Komma: $W = B^{n-1}$
Stellenwert nach dem Komma: $W = B^{-n} = \dfrac{1}{B^n}$

- Der Potenzwert einer Stelle ergibt sich durch Multiplikation der Ziffer mit dem Stellenwert.

- Der Zahlenwert ist die Summe aller Potenzwerte.

- Wird beim Hochzählen in einer Stelle die höchste Ziffer (im Dezimalsystem also die 9) erreicht, so wird im folgenden Schritt ein **Übertrag** von 1 in die nächsthöhere Stelle geschrieben und die hochgezählte Stelle beginnt wieder mit 0 (Bild 6.11).

Nach diesen Regeln können Zahlensysteme mit beliebiger Basis aufgebaut werden. Fragt man jedoch nach dem Wert einer Ziffernfolge in einem beliebigen Zahlensystem, so meint man mit der Kurzform „Wert" immer den Wert dieser Ziffernfolge im Dezimalsystem. Das Dezimalsystem ist damit das Bezugssystem für alle anderen Zahlensysteme.

Hexadezimalsystem				Dezimalsystem				Dualsystem				
16^3	16^2	16^1	16^0	10^3	10^2	10^1	10^0	2^4	2^3	2^2	2^1	2^0
4096	256	16	1	1000	100	10	1	16	8	4	2	1
			0				0					0
			1				1					1
			2				2				1	0
			3				3				1	1
			4				4			1	0	0
			5				5			1	0	1
			6				6			1	1	0
			7				7			1	1	1
			8				8		1	0	0	0
			9				9		1	0	0	1
			A			1	0		1	0	1	0
			B			1	1		1	0	1	1
			C			1	2		1	1	0	0
			D			1	3		1	1	0	1
			E			1	4		1	1	1	0
			F			1	5		1	1	1	1
		1	0			1	6	1	0	0	0	0
		1	1			1	7	1	0	0	0	1

Bild 6.11: Zahlensysteme

6.1.4.2 Dualsystem

In der IT-Technik werden nur binäre Signale verarbeitet. Daher wird als Zahlensystem das **Dualsystem (Zweiersystem)** verwendet, das nur über zwei Ziffern verfügt. Es ist nach der gleichen Gesetzmäßigkeit aufgebaut wie das Dezimalsystem (Bild 6.12).

Dualzahl	1	0	1	0	1	1	1	, 1	1
Stellennummer	7	6	5	4	3	2	1	1	2
Stellenwert	2^6	2^5	2^4	2^3	2^2	2^1	2^0	2^{-1}	2^{-2}
Potenzwert	$1 \cdot 64$	$0 \cdot 32$	$1 \cdot 16$	$0 \cdot 8$	$1 \cdot 4$	$1 \cdot 2$	$1 \cdot 1$	$1 \cdot \frac{1}{2}$	$1 \cdot \frac{1}{4}$
Zahlenwert	$64 + 0 + 16 + 0 + 4 + 2 + 1 + 0{,}5 + 0{,}25 = 87{,}75_{dez}$								

Bild 6.12: Zahlenwert der Dualzahl

Im dualen und dezimalen Zahlensystem werden – wie in allen Zahlensystemen – die gleichen Zahlzeichen (Ziffern) verwendet. Um Verwechslungen zu vermeiden, ist es daher notwendig, das jeweils vorliegende Zahlensystem durch einen Index zu kennzeichnen, z. B.:

$$10_{10} = 10_{dez} = 1010_2 = 1010_{du}$$

Der Vergleich der Zahlen in den verschiedenen Systemen (Bilder 6.11 und 6.12) ergibt:

Je weniger Ziffern in einem Zahlensystem verfügbar sind, umso mehr Stellen sind zur Darstellung einer Zahl erforderlich.

6.1.4.3 Hexadezimalsystem

In IT-Systemen werden Dualzahlen mit 8, 16, 32, 64 und mehr Stellen verarbeitet. Für den Menschen sind solche Ziffernkolonnen sehr unübersichtlich. Deshalb ersetzt man vielstellige Dualzahlen durch ein Zahlensystem mit höheren Stellenwerten. Hierfür erweist sich das Dezimalsystem als nicht optimal, denn zur Darstellung einer einstelligen Dezimalzahl ist eine vierstellige Dualzahl erforderlich (Bild 6.11). Andererseits lassen sich mit vierstelligen Dualzahlen 16 verschiedene Zahlzeichen (Ziffern) darstellen. Ein Zahlensystem, das über 16 Ziffern verfügt, ist das **Hexadezimalsystem (Sechzehnersystem**, auch Sedezimalsystem). Als Hexadezimalziffern werden die Dezimalziffern 0 bis 9 und zusätzlich die Ziffern (Buchstaben) A bis F verwendet (Bild 6.11). Hexadezimalzahlen werden beispielsweise zur Darstellung von IPv6-Adressen verwendet.

Zur Umwandlung einer Dualzahl in eine Hexadezimalzahl werden vom Komma ausgehend jeweils vier Dualstellen zu einer Gruppe zusammengefasst. Jede so entstandene Gruppe wird als vierstellige Dualzahl betrachtet, deren Zahlenwert durch eine einstellige Hexadezimalzahl dargestellt wird (Bild 6.13). Ihr Zahlenwert ist wieder als Dezimalzahl angegeben.

6

Stellenwert der Dualzahl	2^{15}	2^{14}	2^{13}	2^{12}	2^{11}	2^{10}	2^9	2^8	2^7	2^6	2^5	2^4	2^3	2^2	2^1	2^0	2^{-1}	2^{-2}	2^{-3}	2^{-4}
Dualzahl	0	0	1	1	1	0	1	1	0	1	1	1	1	1	1	0	1	1	0	0
Hexadezimalzahl		3				B				7				E				C		
Stellenwert der Hexadezimalzahl		16^3				16^2				16^1				16^0				16^{-1}		
Potenzwert der Hexadezimalzahl		$3 \cdot 4096$				$11 \cdot 256$				$7 \cdot 16$				$14 \cdot 1$				$12 \cdot \frac{1}{16}$		
Zahlenwert		$12\,288 + 2\,816 + 112 + 14 + 0{,}75 = 15\,230{,}75_{dez}$																		

Bild 6.13: Umwandlung einer Dualzahl in eine Hexadezimalzahl

Eine Dezimalzahl kann in eine Hexadezimalzahl umgerechnet werden, indem die Dezimalzahl durch den größtmöglichen in ihr enthaltenen Stellenwert des Hexadezimalsystems dividiert wird. Der Rest wird durch den nächstkleineren Stellenwert geteilt usw., bis kein Rest mehr bleibt (Bild 6.14).

Die Umrechnung einer Dezimalzahl in eine Dualzahl erfolgt nach dem gleichen Schema durch fortlaufendes Teilen der Dezimalzahl durch die Stellenwerte des Dualsystems. Um den Rechenvorgang abzukürzen, wandelt man – vor allem bei vielstelligen Dezimalzahlen – diese zunächst in Hexadezimalzahlen und dann in Dualzahlen um.

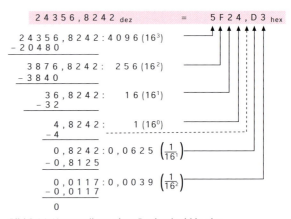

Bild 6.14: Umwandlung einer Dezimalzahl in eine Hexadezimalzahl

6.1.5   Codes

Zur Darstellung von Informationen werden in der IT-Technik Zeichensätze verwendet – wie überall in der zwischenmenschlichen Kommunikation. Solche Zeichensätze sind z. B. die Ziffern des Dezimalsystems oder die Buchstaben des Alphabets.

Sollen **gleiche Informationen** durch **verschiedene Zeichensätze** dargestellt werden, so müssen dafür bestimmte Vorschriften festgelegt werden. Die Vorschrift, nach der die Zuordnung der Zeichensätze erfolgt, bezeichnet man als **Code**.

Ein **Code** ist eine Vorschrift für die eindeutige Zuordnung der Zeichen eines Zeichensatzes zu den Zeichen eines anderen Zeichensatzes.

Sollen z. B. die Ziffern des Dezimalsystems durch Buchstabenfolgen des Alphabets dargestellt werden, so muss jeder Ziffer eine feste Buchstabenfolge zugeordnet werden (Bild 6.15). Die Umsetzung geschieht in Geräten, die man Codierer nennt (Codeumsetzer; Kap. 6.2.2.2). Beispiele für Codierer sind Tastaturen von Computern, Taschenrechnern, Telefonen usw.

Zeichensatz „Dezimalziffern"	Zeichensatz „Alphabet"
0	NULL
1	EINS
2	ZWEI
3	DREI
4	VIER

Bild 6.15: Zuordnung von Ziffern und Buchstaben

Nach ihrem Verwendungszweck unterscheidet man verschiedene Code-Arten (Bild 6.16).

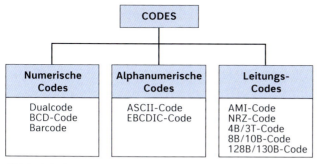

Bild 6.16: Code-Arten

- **Numerische Codes** codieren Ziffern. Angewendet werden sie beim Zählen und Rechnen, zur Codierung von Postleitzahlen oder Artikelnummern in Warenhäusern (Barcode; Kap. 1.11.4 und 6.1.5.5).

- **Alphanumerische Codes** codieren neben Ziffern auch die Buchstaben des Alphabets und Steuerzeichen (Kap. 6.1.5.4).

- **Leitungscodes** dienen zur Umwandlung von binären Signalen in Digitalsignale, die für das Übertragungsmedium (z.B. Kupferleitung, Lichtwellenleiter) am besten geeignet sind (Kap. 6.1.5.7 und „Fachstufe IT-Systeme", Kap. 6.1.9).

6.1.5.1 Darstellung von binären Zeichenfolgen

In der IT-Technik werden vielstellige Zeichenfolgen verarbeitet. Jede Stelle, die nur einen von zwei möglichen Werten annehmen kann – z.B. „0" oder „1" – wird als **Bit** (*binary digit*) bezeichnet.

Ein **Bit (1 bit)** ist die kleinste Informationseinheit.

Zur übersichtlichen Darstellung von Daten werden die Bits einer Zeichenfolge nummeriert und jeweils acht Bits zu einem **Byte** zusammengefasst (Bild 6.17).

1 Byte = 8 bit							
b_8	b_7	b_6	b_5	b_4	b_3	b_2	b_1
1	0	0	1	1	1	1	1

Bit-Nummer (links), Bit-Folge (links), — Bit (1 bit)

Bild 6.17: Darstellung einer Bitfolge

Entsprechend der Stellenzahl einer Zeichenfolge spricht man bei der Informationsverarbeitung von **Datenbreite** oder **Wortlänge**, z.B. 8 bit oder 1 Byte, 16 bit oder 2 Byte usw.

> Als **Wort** bezeichnet man eine Bitfolge, die eine Einheit bildet.

Zur abkürzenden Darstellung einer großen Menge von Datenworten wurden zunächst die aus dem Dezimalsystem bekannten Präfixe für Zehnerpotenzen übernommen (**Dezimalpräfixe**, z.B. 768 kbit/s, 512 MByte; Bild 6.18). Da in der Datenverarbeitung aber nicht mit Zehnerpotenzen, sondern mit Zweierpotenzen gearbeitet wird, kommt man bei der Verwendung eines Dezimalpräfixes zu unterschiedlichen Ergebnissen, abhängig davon, ob man das Präfix als Abkürzung für eine Zehner- oder eine Zweierpotenz interpretiert.

Beispiel
Das DSL-Modem (Kap. 4.1.5) eines Kunden gibt als momentane Download-Rate den Wert 13 800 kbit/s an.
Interpretiert man das „k" als Dezimalpräfix, ergibt sich eine Bitrate von
$$13\,800 \cdot 1000\,\text{bit/s} = 13\,800\,000\,\text{bit/s};$$
interpretiert man „k" als Binärpräfix, ergibt sich eine Bitrate von
$$13\,800 \cdot 1024\,\text{bit/s} = 14\,131\,200\,\text{bit/s}.$$

Um diese Mehrdeutigkeiten zu vermeiden, wurden von einem Normungsgremium (**IEC**: International Electrotechnical Commission) spezielle **Binärpräfixe** definiert, die nur im Zusammenhang mit Zweierpotenzen zu verwenden sind (IEC-Norm 60027-2):

Dezimalpräfixe			Binärpräfixe		
Name	Symbol	Wert	Name	Symbol	Wert
Kilo	k	$1000^1 = 10^3$	Kibi	Ki	$1024^1 = 2^{10}$
Mega	M	$1000^2 = 10^6$	Mebi	Mi	$1024^2 = 2^{20}$
Giga	G	$1000^3 = 10^9$	Gibi	Gi	$1024^3 = 2^{30}$
Tera	T	$1000^4 = 10^{12}$	Tebi	Ti	$1024^4 = 2^{40}$
Peta	P	$1000^5 = 10^{15}$	Pebi	Pi	$1024^5 = 2^{50}$
Exa	E	$1000^6 = 10^{18}$	Exbi	Ei	$1024^6 = 2^{60}$
Zetta	Z	$1000^7 = 10^{21}$	Zebi	Zi	$1024^7 = 2^{70}$

Bild 6.18: Dezimalpräfixe und Binärpräfixe

Obwohl auch andere Normungsgremien inzwischen die Nutzung der Binärpräfixe empfehlen (insbesondere bei der Angabe speicherbarer oder übertragbarer Datenmengen), konnten sich diese bislang im IT-Bereich nicht vollständig durchsetzen. Die bedeutungsrichtige Verwendung von Dezimalpräfixen (d.h. als Abkürzung für eine Zehnerpotenz) in der Datenverarbeitung ist in den Normungsvorgaben aber weiterhin ausdrücklich zugelassen. Hiervon wird aber (noch) oftmals abgewichen, sodass man meist aus dem Zusammenhang heraus „erkennen" muss, wie ein Dezimalpräfix zu interpretieren ist. Manchmal wird es auch extra angegeben (z. B. bei Prüfungen).

Beispiel

Herstellerangabe für die Speicherkapazität einer USB-Festplatte	Windows-Angaben zu dieser Festplatte (unter „Eigenschaften" erfolgt die Angabe in Byte und in GB)	
1 TB	**1000097705984 Byte**	**931 GB**
Der Hersteller interpretiert das „T" als **Dezimalpräfix**, somit $1 \cdot 1000^4$ Byte $= 1 \cdot 10^{12}$ Byte (also 1 Terabyte)	Windows gibt die erkannte Speicherkapazität in Byte an ...	... und wandelt diese Information unter Verwendung des Faktors 1024 in GB um (1000097705984 Byte : 1024^3); hier ist das „G" als **Binärpräfix** zu interpretieren.

Unter Windows wird das „G" also nicht bedeutungsrichtig als Abkürzung für eine Zehnerpotenz verwendet, sondern soll als Binärpräfix verstanden werden, da intern mit dem Faktor 1024 gerechnet wird. Nach derzeitigen Normvorgaben sollte es unter Windows bedeutungsrichtig heißen 931 **GiB** (oder 931 **GiByte**).

Würde umgekehrt das „G" des Herstellers als Binärpräfix interpretiert, müsste die Festplatte eine Kapazität von umgerechnet 1 099 511 627 776 Bytes aufweisen (was aber nicht der Fall ist).

Die Angabe einer Datenrate (synonym: Übertragungsrate, Datentransferrate, Übertragungsgeschwindigkeit) erfolgt meist mit Dezimalpräfixen und bezieht sich dann auf die *Bitrate*, d. h. die Anzahl der Bits, die pro Sekunde physikalisch übertragen werden können. Da digital gespeicherte Daten bekanntlich aber auf Zweierpotenzen basieren, sollte zur Angabe einer *Datenmenge* (z. B. einer zu übertragenden Datei) richtigerweise ein Binärpräfix verwendet werden (was in der Praxis ebenfalls nicht immer so gehandhabt wird).

Bild 6.19 zeigt Beispiele für die Schreibweisen von Dezimal- und Binärpräfixen sowie die sich bei der jeweiligen Umrechnung ergebenden unterschiedlichen Zahlenwerte.

Schreibweisen Dezimalpräfixe	Sprechweise	Umrechnung in Byte	entspricht ca.
4 GB oder **4 GByte**	„4 Gigabyte"	$4 \cdot 10^9$ Byte $= 4 \cdot 1000^3$ Byte $=$ 4 000 000 000 Byte	3,725 GiByte
2 TB oder **2 TByte**	„2 Terabyte"	$2 \cdot 10^{12}$ Byte $= 2 \cdot 1000^4$ Byte $=$ 2 000 000 000 000 Byte	1,819 TiByte
1 PB oder **1 PByte**	„1 Petabyte"	$1 \cdot 10^{15}$ Byte $= 1 \cdot 1000^5$ Byte $=$ 1 000 000 000 000 000 Byte	0,888 PiByte (oder 888 TiByte)
Schreibweisen Binärpräfixe	**Sprechweise**	**Umrechnung in Byte**	**entspricht ca.**
4 GiB oder **4 GiByte**	„4 Gibibyte"	$4 \cdot 2^{30}$ Byte $= 4 \cdot 1024^3$ Byte $=$ 4 294 967 296 Byte	4,295 GByte
2 TiB oder **2 TiByte**	„2 Tebibyte"	$2 \cdot 2^{40}$ Byte $= 2 \cdot 1024^4$ Byte $=$ 2 199 023 255 552 Byte	2,199 TByte
1 PiB oder **1 PiByte**	„1 Pebibyte"	$1 \cdot 2^{50}$ Byte $= 1 \cdot 1024^5$ Byte $=$ 1 125 899 906 842 624 Byte	1,126 PByte

Bild 6.19: Beispiele für Schreib- und Sprechweisen von Dezimal- und Binärpräfixen

6

Anstelle von „k" (für Kilo, d.h. Faktor 1000) findet man manchmal auch den Großbuchstaben „K", um anzudeuten, dass mit dem Faktor 1024 gerechnet werden soll (z.B. 768 KB, somit 768 432 Byte). Diese Darstellung ist jedoch nicht normiert.

6.1.5.2 Binär codierte Dualzahlen

Jeder möglichen Bitkombination kann ein Zeichen, z.B. ein Buchstabe oder eine Ziffer, zugeordnet werden (vgl. Kap. 6.1.5.4). Soll mit einer solchen Bitfolge eine Dualzahl dargestellt werden, so muss jedem Bit ein Stellenwert des Dualsystems zugeordnet werden (Bild 6.20).

Das Bit b_1 ist die niedrigstwertige Stelle der Dualzahl und wird als **LSB** (Least Significant Bit) bezeichnet; das Bit b_8 als höchstwertige Stelle wird **MSB** (Most Significant Bit) genannt.

Das Byte kann in ein höherwertiges und ein niederwertiges Halbbyte aufgeteilt werden, dessen vier Stellen jeweils als einstellige Hexadezimalzahl angegeben werden. Ein solches Halbbyte wird auch als **Nibble** bezeichnet.

Bei einer Wortlänge von 8 bit ergeben sich $2^8 = 256_{dez}$ verschiedene Bit-Kombinationen. Damit können die Zahlen von 0_{dez} bis $255_{dez} = 1111\ 1111_{du} = FF_{hex}$ dargestellt werden.

Bei der Codierung von positiven und negativen Dualzahlen werden die Vorzeichen durch Binärzeichen ersetzt:

$$\text{„0" = „+"} \qquad \text{„1" = „–"}$$

Byte							
Höherwertiges Halbbyte				Niederwertiges Halbbyte			
MSB							LSB
b_8	b_7	b_6	b_5	b_4	b_3	b_2	b_1
2^7	2^6	2^5	2^4	2^3	2^2	2^1	2^0
1	0	0	1	1	1	0	1
9				D			

Bit-Nummer / Stellenwert / Dualzahl / Hexadezimalzahl

Bild 6.20: Darstellung einer Dualzahl

Stehen 8 bit zur Verfügung, so können 7 bit zur Zahlendarstellung genutzt werden, das achte Bit gibt das Vorzeichen an (Vz, Bild 6.21).

Vergleicht man die positive Dualzahl mit der negativen, so stellt man fest, dass sich bei der negativen Zahl nicht nur das Vorzeichen ändert, sondern auch die Zahl selbst.

	Byte							
	b_8	b_7	b_6	b_5	b_4	b_3	b_2	b_1
	Vz	2^6	2^5	2^4	2^3	2^2	2^1	2^0
$+45_{dez}$	0	0	1	0	1	1	0	1
-45_{dez}	1	1	0	1	0	0	1	1

Bild 6.21: Codierung positiver und negativer Dualzahlen

> **Negative Dualzahlen** *(negative binary number)* werden durch das sogenannte *Zweierkomplement* dargestellt.

Mit 8-Bit-Wörtern können Dualzahlen von $1000\,0000_{du}$ (= -128_{dez}) bis $0111\,1111_{du}$ (= $+127_{dez}$) binär codiert werden.

Das **Zweierkomplement** *(two's complement)* einer Dualzahl wird folgendermaßen gebildet:

- Von der positiven Dualzahl wird das Einerkomplement gebildet, indem in jeder Stelle eine „0" durch eine „1" und eine „1" durch eine „0" ersetzt wird.

- Das Zweierkomplement erhält man durch Addition einer „1" in der niedrigstwertigen Stelle des Einerkomplements.

In gleicher Weise lässt sich durch Bildung des Zweierkomplements eine negative Dualzahl in eine negative Dezimalzahl umwandeln.

Als Beispiel sind in Bild 6.22 die vierstelligen positiven und negativen Dualzahlen den entsprechenden Dezimalzahlen zugeordnet.

Positive Dualzahl				Positive Dezimalzahl		Negative Dualzahl				Negative Dezimalzahl	
Vz	2^2	2^1	2^0	Vz	10^0	Vz	2^2	2^1	2^0	Vz	10^0
0	0	0	0	+	0	1	0	0	0	–	8
0	0	0	1	+	1	1	0	0	1	–	7
0	0	1	0	+	2	1	0	1	0	–	6
0	0	1	1	+	3	1	0	1	1	–	5
0	1	0	0	+	4	1	1	0	0	–	4
0	1	0	1	+	5	1	1	0	1	–	3
0	1	1	0	+	6	1	1	1	0	–	2
0	1	1	1	+	7	1	1	1	1	–	1

Bild 6.22: Vierstellige Dualzahlen mit Vorzeichen

6.1.5.3 Binär codierte Dezimalzahlen

Zur Darstellung von Dezimalzahlen mit Binärzeichen sind zwei Verfahren möglich:

- Die Dezimalzahl wird in eine Dualzahl umgewandelt, die wie oben beschrieben codiert wird.
- Jeder Stelle der Dezimalzahl wird ein eigenes 4 bit langes Codewort zugeordnet.

Die Zuordnungsvorschrift von Dezimalziffern zu Binärwörtern wird als **BCD-Code** (**B**inary **C**ode **D**ecimals) bezeichnet.

In Bild 6.23 sind einige häufig verwendete BCD-Codes mit unterschiedlichen Eigenschaften zum Vergleich nebeneinander aufgelistet.

6

Dezimal-ziffer	1-aus-10-Code	2-aus-5-Code	8-4-2-1-Code	5-4-2-1-Code	2-4-2-1-Code	Excess-3-Code	Gray-Code
0	0000000001	00011	0000	0000	0000	0011	0000
1	0000000010	00101	0001	0001	0001	0100	0001
2	0000000100	00110	0010	0010	0010	0101	0011
3	0000001000	01001	0011	0011	0011	0110	0010
4	0000010000	01010	0100	0100	0100	0111	0110
5	0000100000	01100	0101	1000	1011	1000	0111
6	0001000000	10001	0110	1001	1100	1001	0101
7	0010000000	10010	0111	1010	1101	1010	0100
8	0100000000	10100	1000	1011	1110	1011	1100
9	1000000000	11000	1001	1100	1111	1100	1101

Bild 6.23: BCD-Codes für Dezimalziffern

- Der 1-aus-10-Code und der 2-aus-5-Code sind **Fehlererkennungs-Codes** *(error detection code)*. In jedem Codewort sind nur 1 bit bzw. 2 bit mit „1" besetzt. Ein Bitfehler wird somit erkannt und ergibt kein falsches Codewort.

- Der 8-4-2-1-Code ist ein **gewichteter Code** *(weighted code)*, d.h., jeder Stelle ist ein fester Stellenwert zugeordnet. Die Codewörter sind mit den Zahlen des **Dualsystems** *(binary system)* identisch.

- Der 5-4-2-1-Code ist ein gewichteter Code. Das vierte Bit der Codewörter für die Ziffern 0 bis 4 ist mit „0", für die Ziffern 5 bis 9 mit „1" besetzt. Das erste bis dritte Bit ist jeweils gleich für die Ziffern 0 und 5, 2 und 6, 3 und 7 usw.

- Der 2-4-2-1-Code ist ein gewichteter und **symmetrischer Code** *(symmetrical code)*. Die mit „0" bzw. „1" besetzten Bits in den Codewörtern für die Ziffern 0 bis 4 sind in den Codewörtern für die Ziffern 5 bis 9 mit „1" bzw. „0" besetzt.

- Der Exzess-3-Code ist ein ungewichteter symmetrischer Code.

- Der Gray-Code ist ein **einschrittiger Code** *(single step code)*, d.h., beim Zählen ändert sich jeweils nur 1 bit des Codewortes.

Die Codewörter der BCD-Codes werden auch als **Tetraden** bezeichnet. Von den 16 möglichen Tetraden werden zur Darstellung der zehn Dezimalziffern jeweils sechs Tetraden nicht verwendet. Diese werden **Pseudotetraden** oder **Pseudodezimale** genannt.

Zur Codierung von mehrstelligen Dezimalzahlen wird für jede Stelle ein entsprechendes Codewort des gewählten Codes eingesetzt (Bild 6.24).

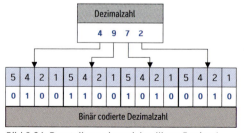

Bild 6.24: Darstellung einer vielstelligen Dezimalzahl im 5-4-2-1-Code

6.1.5.4 Alphanumerische Codes

Der **ASCII-Code** (American Standard Code for Information Interchange) ist ein international genormter 7-Bit-Code (Bild 6.25). Er dient zur Ein- und Ausgabe bei Datenverarbeitungsanlagen und zum Austausch digitaler Daten zwischen solchen Anlagen.

	7	0		0		0		0		1		1		1		1	
	6	0		0		1		1		0		0		1		1	
	5	0		1		0		1		0		1		0		1	
Bit-Nr. 4 3 2 1		Hexadezimal	Zeichen	Hexadezimal	Zeichen	Hexadezimal	Zeichen	Hexadezimal	Zeichen	Hexadezimal	Zeichen	Hexadezimal	Zeichen	Hexadezimal	Zeichen	Hexadezimal	Zeichen
0 0 0 0		00	NUL	10	DLE	20	SP	30	0	40	@	50	P	60	`	70	p
0 0 0 1		01	SOH	11	DC1	21	!	31	1	41	A	51	Q	61	a	71	q
0 0 1 0		02	STX	12	DC2	22	„	32	2	42	B	52	R	62	b	72	r
0 0 1 1		03	ETX	13	DC3	23	#	33	3	43	C	53	S	63	c	73	s
0 1 0 0		04	EOT	14	DC4	24	$	34	4	44	D	54	T	64	d	74	t
0 1 0 1		05	ENQ	15	NAK	25	%	35	5	45	E	55	U	65	e	75	u
0 1 1 0		06	ACK	16	SYN	26	&	36	6	46	F	56	V	66	f	76	v
0 1 1 1		07	BEL	17	ETB	27	'	37	7	47	G	57	W	67	g	77	w
1 0 0 0		08	BS	18	CAN	28	(	38	8	48	H	58	X	68	h	78	x
1 0 0 1		09	HT	19	EM	29	)	39	9	49	I	59	Y	69	i	79	y
1 0 1 0		0A	LF	1A	SUB	2A	*	3A	:	4A	J	5A	Z	6A	j	7A	z
1 0 1 1		0B	VT	1B	ESC	2B	+	3B	;	4B	K	5B	[	6B	k	7B	
1 1 0 0		0C	FF	1C	FS	2C	,	3C	<	4C	L	5C	\	6C	l	7C	/
1 1 0 1		0D	CR	1D	GS	2D	-	3D	=	4D	M	5D	]	6D	m	7D	
1 1 1 0		0E	SO	1E	RS	2E	.	3E	>	4E	N	5E	^	6E	n	7E	~
1 1 1 1		0F	SI	1F	US	2F	/	3F	?	4F	O	5F	_	6F	o	7F	DEL

Bild 6.25: ASCII-Code

Der ASCII-Zeichensatz umfasst 128 Zeichen. Von diesen sind 94 Schriftzeichen, mit denen die Groß- und Kleinbuchstaben des lateinischen Alphabets, die Dezimalziffern, Interpunktionszeichen und mathematische Zeichen sowie einige Sonderzeichen (z.B. Währungszeichen) dargestellt werden. 34 Zeichen (in Bild 6.25 blau unterlegt) werden als Steuerzeichen genutzt. Ihre Bedeutung ist in Bild 6.26 aufgelistet. Die Zeichen „SP" und „DEL" gelten außerdem als nicht abdruckbare Schriftzeichen bzw. als Füllzeichen.

6

Zeichen	Bedeutung	Zeichen	Bedeutung
NUL	NULL	DLE	DATALINK ESCAPE
SOH	START OF HEADING	DC1 BIS 4	DEVICE CONTROL 1 BIS 4
STX	START OF TEXT	NAK	NEGATIVE ACKNOWLEDGE
ETX	END OF TEXT	SYN	SYNCHRONOUS IDLE
EOT	END OF TRANSMISSION	ETB	END OF TRANSMISSION BLOCK
ENQ	ENQUIRY	CAN	CANCEL
ACK	ACKNOWLEDGE	EM	END OF MEDIUM

Zeichen	Bedeutung	Zeichen	Bedeutung
BEL	BELL	SUB	SUBSTITUTE
BS	BACKSPACE	ESC	ESCAPE
HT	HORIZONTAL TABULATION	FS	FILE SEPARATOR
LF	LINE FEED	GS	GROUP SEPARATOR
VT	VERTICAL TABULATION	RS	RECORD SEPARATOR
FF	FORM FEED	US	UNIT SEPARATOR
CR	CARRIAGE RETURN	SP	SPACE
SO	SHIFT OUT	DEL	DELETE
SI	SHIFT IN		

Bild 6.26: Bedeutung der Steuerzeichen im ASCII-Code

Die Schriftzeichen in den grau unterlegten Feldern in Bild 6.25 können durch länderspezifische Schriftzeichen ersetzt werden.

Die in der deutschen Referenz-Version des ASCII-Codes geänderten Schriftzeichen sind in Bild 6.27 dargestellt.

Hexa-dezimal	Zeichen	Hexa-dezimal	Zeichen
5B	Ä	7B	ä
5C	Ö	7C	ö
5D	Ü	7D	ü
		7E	ß

Bild 6.27: Deutsche Referenz-Version

Wegen der üblichen 8-Bit-Wortlänge bei der Darstellung von Zeichen kann das achte Bit als **Prüfbit** *(check bit)* zur Erkennung von Übertragsfehlern genutzt werden. Im Beispiel in Bild 6.28 ist dem Codewort als Prüfbit ein **Paritätsbit** *(parity bit)* für gerade Parität hinzugefügt. Das Paritätsbit ist „0", wenn die Anzahl der mit 1 besetzten Stellen des Codewortes gerade ist; es ist „1", wenn diese Anzahl ungerade ist.

Bit-Nr.	8	7	6	5	4	3	2	1
Codewort „F"	1	1	0	0	0	1	1	0
Codewort „f"	0	1	1	0	0	1	1	0

Bild 6.28: ASCII-Code mit Prüfbit (hier grau)

Mit einer erweiterten 8-Bit-Variante (**Extended ASCII**) können 256 Zeichen dargestellt werden. Davon entsprechen die ersten 128 Zeichen dem normalen ASCII-Code. Die Zeichen von 128 bis 255 dienen zur Darstellung von weiteren Sonderzeichen (z.B. länderspezifische Zeichen) und Grafiksymbolen. Der **EBCDI-Code** (Extended **BCD** Interchange Code) ist ein auf ASCII basierender erweiterter Umwandlungscode. Mit diesem 8-Bit-Code sind 256 Zeichen darstellbar. Codiert werden die Dezimalziffern, die Buchstaben des lateinischen Alphabets, Sonder- und Steuerzeichen. Im Gegensatz zum ASCII-Code ist der EBCDI-Code nicht genormt.

6.1.5.5 Barcodes

Barcodes – auch Strichcodes oder Balkencodes (bar = Balken) – sind binäre Zeichencodes, die zur Kennzeichnung von Waren im Handel und in der Lagerhaltung sowie zur Codierung von Postleitzahlen angewendet werden. Sie können mit einem Laserabtaster oder einem Lesestift (Kap. 1.11.4) entschlüsselt werden.

In Bild 6.29 ist eine Artikelkennzeichnung mit dem EAN-Code (European Article Numbering) dargestellt. Dieser Barcode besteht aus zwei Hälften, von denen jede sechs Dezimalziffern enthält. Jede Dezimalziffer wird durch sieben Binärzeichen codiert, die durch Balken („1") oder Lücken („0") dargestellt werden. Die beiden Hälften eines Codes werden durch Randzeichen („101") und Trennzeichen („01010") begrenzt.

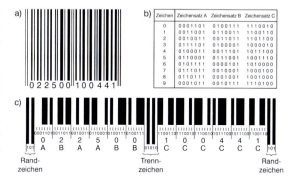

Zur Codierung der Dezimalziffern werden die Zeichensätze A, B und C angewendet; die linke Hälfte in der Folge ABAABB, in der rechten Hälfte alle sechs Ziffern nach Zeichensatz C.

Bild 6.29: a) EAN-Codierung
b) Zeichensätze des EAN-Codes
c) Decodierung eines EAN-Codes

6.1.5.6 2D-Codes

Neben den eindimensionalen Strichcodes (1D-Barcodes) werden zunehmend **zweidimensionale Codes (2D-Codes)** verwendet. Aus einer ganzen Reihe verschiedener 2D-Codes soll hier als Beispiel der **Data-Matrix-Code (DMC)** kurz erläutert werden.

Den DMC gibt es in verschiedenen Versionen, von denen die aktuelle und sicherste die DMC ECC 200 ist. ECC bedeutet „Error Checking and Correction" und beschreibt das verwendete Verfahren zur Fehlerkorrektur, bei dem die Rekonstruktion des Dateninhalts selbst dann noch möglich ist, wenn bis zu 25 % des Codes zerstört sind.

Ein DMC besteht aus mehreren **Datenregionen**. Diese sind aus quadratischen Symbolelementen zusammengesetzt, wovon jedes bis zu 88 numerische oder 64 alpha-

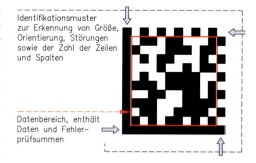

Bild 6.30: Datenregion eines DMC

numerische Zeichen speichern kann. Ein Identifikationsmuster unterteilt die Region in die einzelnen Symbole. Dabei ist das Aussehen der Ränder genau festgelegt. Der linke und der untere Rand bestehen aus einem durchgezogenen schwarzen Balken, am rechten und oberen Rand wechseln sich schwarze und weiße Quadrate ab. Durch dieses Muster kann ein Bildverarbeitungssystem die Größe, die Ausrichtung, die Zahl der Zeilen und Spalten sowie die Orientierung des Codes bestimmen. Daher sind 2D-Codes in jeder 360-Grad-Position lesbar.

Insgesamt ist die Informationsdichte eines DMC wesentlich größer als die eines 2D-Barcodes. Die Kapazität ist abhängig vom gespeicherten Datentyp und beträgt 1556 Bytes, 2335 ASCII-Zeichen oder 3116 Ziffern.

Unter der Bezeichnung **QR-Code** (QR: Quick Response) werden 2D-Codes immer häufiger zur Kennzeichnung von Produkten verwendet. Scannt man diesen Code mit der Kamera eines Smartphones, erkennt eine entsprechende App die codierten Informationen und öffnet automatisch eine Internetseite mit weiterführenden Informationen zu dem Produkt. Auch in anderen Bereichen werden QR-Codes inzwischen vielfältig eingesetzt, z.B. gedruckt als Sicherheitsmerkmal auf Flugtickets oder Eintrittskarten, alternativ auch direkt auf dem Smartphone als fälschungssicherer Nachweis einer Buchung oder als Nachweis des Impfstatus.

Bild 6.31: Beispiel für einen QR-Code

6.1.5.7 Leitungscodes

Die *Verarbeitung* von Steuer- und Nutzsignalen erfolgt in der Datentechnik grundsätzlich mit binären Signalen. Hierbei werden den logischen Zuständen „Eins" („1"-bit) und „Null" („0"-bit) die elektrischen Zustände „Gleichspannung ein" und „Gleichspannung aus" (oder umgekehrt) zugeordnet. Der Spannungszustand bleibt für die Zeitdauer eines Bits unverändert.

Die *Übertragung* binärer Signale auf elektrischen Leitungen ist nur bedingt möglich.

> Bei der Übertragung einer binären Zeichenfolge wird das kürzeste vorkommende Signalelement **Schritt** *(step)* genannt, seine zeitliche Dauer wird als **Schrittdauer** T_0 *(time step interval)* bezeichnet (Bild 6.32).
>
> Den Kehrwert der Schrittdauer bezeichnet man als **Schrittgeschwindigkeit** v_S *(step rate; modulation rate)*; sie wird in **Baud** (**Bd**) angegeben (1 Bd = 1/s).
>
> Hinweis: Formal besitzt die Schrittgeschwindigkeit v_S die gleiche Einheit wie die Frequenz f. Die beiden physikalischen Größen haben aber technisch unterschiedliche Bedeutungen.

Binäre Signale lassen sich auf elektrischen Leitungen nur über kurze Strecken übertragen, da der Mittelwert des Spannungsverlaufs meist nicht Null ist und das Signal somit nicht gleichspannungsfrei sein kann (Bild 6.32 unten). Dies ist

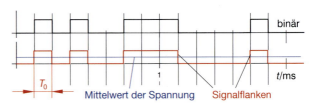

Bild 6.32: Beispiel für einen Leitungscode (Grundprinzip)

aber beim Transport über eine Entfernung von einigen hundert Metern erforderlich, da aus technischen Gründen die elektrischen Leitungen auf solchen Übertragungsstrecken vielfach mit Bauelementen verschaltet werden, die keine Gleichspannung übertragen können (z.B. Übertrager, Kap. 6.3.6.1). Der Signalverlauf würde dadurch soweit verändert, dass eine Bitfolge am Zielort möglicherweise nicht mehr richtig erkannt wird.

Außerdem muss zur einwandfreien Verarbeitung übertragener Signale neben der Nutzinformation auch eine Taktinformation zur Synchronisation vorliegen. Diese wird oftmals aus den Signalflanken (Bild 6.32 unten) des Nutzsignals gewonnen. Ein binär codiertes Signal kann jedoch lange Null- oder Eins-Folgen beinhalten, sodass die Taktinformation zeitweise fehlt.

Da die Dämpfung (Kap. 4.1.2.1) elektrischer Leitungen mit zunehmender Frequenz ansteigt, können hochfrequente Signale ohne entsprechend teure Zwischenverstärker weniger weit übertragen werden. Die Schrittgeschwindigkeit – und damit die höchste vorkommende Frequenz des zu übertragenden Signals – sollte also möglichst gering sein. Trotz niedriger Schrittfrequenz sollten aber dennoch große Datenmengen transportiert werden können, beispielsweise, indem pro Schritt mehrere Datenbits übertragen werden.

Diese Forderungen führen insbesondere im Weitverkehrsbereich zur Entwicklung unterschiedlicher Leitungscodes, die im Band „Fachstufe IT-Systeme" betrachtet werden.

> Die **Leitungscodierung** bzw. der **Leitungscode** *(line code)* passt ein Datensignal an die Eigenschaften des Übertragungsmediums an, um es entsprechend den übertragungstechnischen Anforderungen effizient (d. h. insbesondere gleichspannungsfrei mit vielen Nutzdaten pro Schritt bei möglichst geringer Schrittgeschwindigkeit) transportieren zu können.

AUFGABEN

1. a) Wozu werden in der Informationstechnik Zeichen verwendet?
    b) Nennen Sie einige Beispiele für Zeichen.

2. Was verstehen Sie unter dem Begriff „Signal"?

3. Nennen Sie die charakteristischen Merkmale zur Unterscheidung verschiedener Signalarten.

4. Wodurch unterscheiden sich analoge und digitale Signale?

5. Was verstehen Sie unter
    a) einer unsymmetrischen Übertragung und
    b) einer symmetrischen Übertragung?

6. Welche Art von Datenübertragung wird als LVDS bezeichnet?

Hinweis: Die folgenden Umwandlungsaufgaben (7 bis 13) lassen sich vergleichsweise einfach mit technischen Hilfsmitteln lösen. Zum Verständnis des jeweils zugrunde liegenden Rechenprozesses sollte man es aber einmal ohne Hilfsmittel versuchen.

7. Gegeben sind die Zahlen:
    A) 4 302,1   B) 715,02   C) 302,12   D) 1 220,2
    In jeder Zahl ist die höchste Ziffer auch gleichzeitig das höchste Zahlzeichen des verwendeten Zahlensystems.
    a) Geben Sie an, in welchem Zahlensystem die Zahlen A) bis D) dargestellt sind.
    b) Ermitteln Sie für jede der vier Zahlen die entsprechende Dezimalzahl.
    (Lösungshinweis: Stellen Sie für jede der vier Zahlen eine Tabelle nach dem Beispiel in Kap. 6.1.2 auf.)

8. Wandeln Sie die folgenden Dualzahlen in Dezimalzahlen um:
    a) 10110,101   b) 111101,11   c) 10011,011   d) 100010,01

6

9. Wandeln Sie die folgenden Dezimalzahlen in Dualzahlen um:
   a) 4 273   b) 97 241   c) 37 842   d) 6 224

10. Geben Sie für die folgenden Dualzahlen die entsprechenden Hexadezimalzahlen an:
    a) 10 111 001 010,101   b) 10 111 000,110001
    c) 11 110 011 011,01   d) 100 000 111 101,001

11. Wandeln Sie die folgenden Hexadezimalzahlen in Dualzahlen um:
    a) 4BF,5   b) D4E,9   c) C94,7   d) 0,4B3

12. Wandeln Sie die folgenden Hexadezimalzahlen in Dezimalzahlen um:
    a) 5F8C,3A   b) 27BE,7D   c) 974F,8B   d) ABCD,6E

13. Wandeln Sie die folgenden Dezimalzahlen in Hexadezimalzahlen um:
    a) 698,5   b) 4 763,6875   c) 28 359,44   d) 97 438,125

14. Was verstehen Sie unter einem Code?

15. a) Erklären Sie die Begriffe Bit, Byte und Datenwort.
    b) Aus welchem Grund wurden zur Angabe einer großen Anzahl von Datenworten sogenannte Binärpräfixe eingeführt?
    c) Geben Sie die folgenden Werte mit Binärpräfixen an: 25 GB; 128 TB; 6 000 Mbit/s; 53,8 GByte/s.

16. Beschreiben Sie, wie positive und negative Dualzahlen binär codiert werden.

17. Geben Sie die folgenden Dezimalzahlen als binär codierte Dualzahlen mit Vorzeichenbit bei einer Wortlänge von 8 bit an:
    a) +5 und -5,   b) +40 und −40,   c) +100 und −100

18. Geben Sie die höchste (positive) und niedrigste (negative) Dezimalzahl an, die mit binär codierten Dualzahlen mit Vorzeichenbit bei einer Wortbreite von 12 bit dargestellt werden kann.

19. Geben Sie für folgende mit Vorzeichenbit codierte Dualzahlen jeweils die entsprechende Dezimalzahl an:
    a) 0110 0111   b) 1110 0111   c) 0111 1111   d) 1111 1111

20. Die Zeichenfolgen mit unterschiedlichen Wortlängen stellen binär codierte Dualzahlen mit Vorzeichen dar. Geben Sie jeweils die dargestellte Zahl als Dezimalzahl an:
    a) 1000 0100   b) 10 0100   c) 1 0100   d) 1100

21. a) Wie unterscheidet sich der Dualcode vom 8-4-2-1-BCD-Code?
    b) Geben Sie die Zahl $Z = 5 427_{dez}$ als Dualzahl und im 8-4-2-1-BCD-Code an.

22. Der ASCII-Code (7-Bit-Code) enthält Steuerzeichen und Schriftzeichen. Die einzelnen Zeichen sind durch die Bitkombinationen in der Reihenfolge b7, b6 ... b1 gekennzeichnet.
    a) An welcher Bitkombination sind die Steuerzeichen zu erkennen?
    b) Zwei Zeichen des Codes sind sowohl Steuer- als auch Schriftzeichen. Geben Sie die Bitkombinationen der beiden Zeichen an.
    c) Vergleichen Sie die Codewörter der Dezimalzahlen. Wie sind diese codiert?
    d) Wodurch unterscheiden sich bei den Buchstaben die Bitkombinationen für die Groß- und die Kleinschreibung?
    e) Fugen Sie den Codewörtern für die deutschen Umlaute in Groß- und Kleinschreibung als achtes Bit ein Prüfbit an, wenn eine gerade Parität vereinbart ist.

23. a) Aus welchem Grund verwendet man Leitungscodierungen?
    b) Welche prinzipiellen Anforderungen sollte ein Datensignal bei der Übertragung möglichst erfüllen?

6.2 Digitaltechnische Grundlagen

Die in diesem Kapitel vorgestellten Schaltelemente bilden die Basis sämtlicher digitaler Datenverarbeitungsvorgänge und Steuerungsprozesse (z. B. SPS: Speicherprogrammierbare Steuerung). Sie sind nahezu in allen IT-Geräten – meist in integrierter Form – zu finden. Die dargestellte Schaltalgebra bildet auch die Basis der in vielen Programmen (z. B. Excel) vorhandenen Logikfunktionen.

6.2.1 Logische Verknüpfungen

6.2.1.1 Schaltalgebra

Die Schaltalgebra dient zur mathematisch exakten Beschreibung der funktionellen Zusammenhänge zwischen den Eingangs- und Ausgangssignalen digitaler Schaltelemente. Sie wurde von dem englischen Mathematiker George Boole (1815–1864) entwickelt.

Die Arbeitsweise aller digitalen Informationssysteme beruht auf den Gesetzen der „booleschen Algebra"; diese sind nur auf binäre Schaltvariablen anwendbar.

Eine **binäre Schaltvariable** kann nur die zwei Werte „0" und „1" annehmen.

Zwischen diesen beiden Werten besteht die Beziehung:

$0 = \overline{1}$ (lies: Null ist gleich Eins nicht)

$1 = \overline{0}$ (lies: Eins ist gleich Null nicht)

Der Querstrich über einer binären Schaltvariablen stellt eine Verneinung (Negation) dar.

Die Abhängigkeit des Ausgangssignals von den Eingangssignalen – die **Schaltfunktion** (*switching function*) – kann wie folgt dargestellt werden:

- Durch ein Symbol für die **boolesche Verknüpfung** (Bild 6.33, Spalte 1)
- Durch eine **Wahrheitstabelle** (*truth table*; Bild 6.33, Spalte 2)
- Durch eine **Funktionsgleichung** (*functional equation*; Bild 6.33, Spalte 3)
- Durch ein **Zeitablaufdiagramm** (*timing diagram*; Bild 6.33, Spalte 4)

In der Wahrheitstabelle wird für jede mögliche Wertekombination der Eingangsvariablen der Ausgangswert angegeben.

In der Funktionsgleichung wird die Verknüpfungsart der Schaltvariablen durch Zeichen dargestellt:
- ∧ oder · für UND-Verknüpfung (Konjunktion)
- ∨ oder + für ODER-Verknüpfung (Disjunktion)

6

Schalt-zeichen-Symbol	Wahrheits-tabelle	Schaltfunktion, Benennung, Gleichung	Zeitablauf-diagramm	Beschreibung
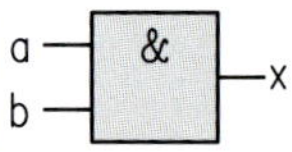 a —[&]— x, b	b a x / 0 0 0 / 0 1 0 / 1 0 0 / 1 1 1	**UND**-Funktion (Konjunktion) $x = a \wedge b$ $x = a \cdot b$	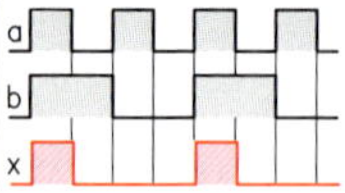	Der Ausgang nimmt nur dann den 1-Zustand an, wenn sich beide Eingänge im 1-Zustand befinden.
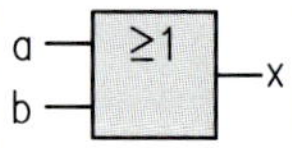 a —[≥1]— x, b	b a x / 0 0 0 / 0 1 1 / 1 0 1 / 1 1 1	**ODER**-Funktion (Disjunktion) $x = a \vee b$ $x = a + b$	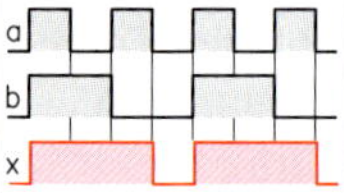	Der Ausgang nimmt nur dann den 1-Zustand an, wenn sich mindestens ein Eingang im 1-Zustand befindet.
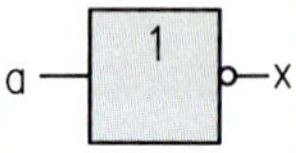 a —[1]o— x	a x / 0 1 / 1 0	**NICHT**-Funktion (Negation) $x = \overline{a}$	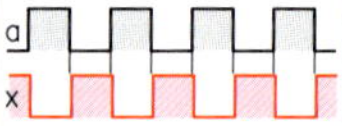	Der Ausgang nimmt nur dann den 1-Zustand an, wenn sich der Eingang im 0-Zustand befindet.
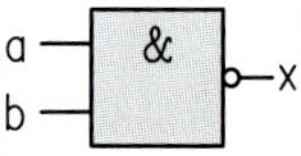 a —[&]o— x, b	b a x / 0 0 1 / 0 1 1 / 1 0 1 / 1 1 0	**NAND**-Funktion $x = \overline{a \wedge b}$ $x = \overline{a \cdot b}$	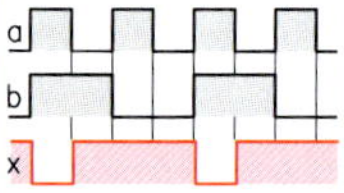	Der Ausgang nimmt nur dann den 1-Zustand an, wenn sich mindestens ein Eingang im 0-Zustand befindet.
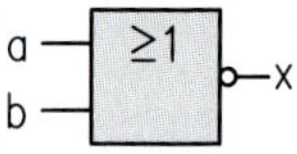 a —[≥1]o— x, b	b a x / 0 0 1 / 0 1 0 / 1 0 0 / 1 1 0	**NOR**-Funktion $x = \overline{a \vee b}$ $x = \overline{a + b}$	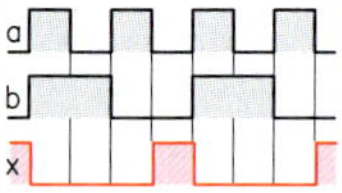	Der Ausgang nimmt nur dann den 1-Zustand an, wenn sich beide Eingänge im 0-Zustand befinden.
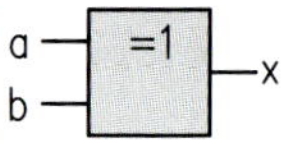 a —[=1]— x, b	b a x / 0 0 0 / 0 1 1 / 1 0 1 / 1 1 0	**Antivalenz**-Funktion (Exklusiv-ODER) $x = (a \wedge \overline{b}) \vee (\overline{a} \wedge b)$ $x = (a \cdot \overline{b}) + (\overline{a} \cdot b)$	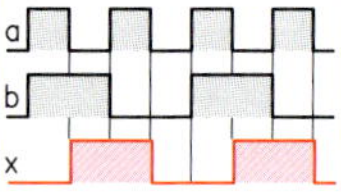	Der Ausgang nimmt nur dann den 1-Zustand an, wenn sich beide Eingänge in unterschiedlichen Zuständen befinden.
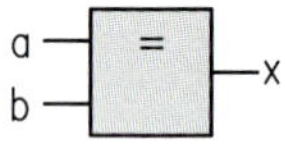 a —[=]— x, b	b a x / 0 0 1 / 0 1 0 / 1 0 0 / 1 1 1	**Äquivalenz**-Funktion (Exclusiv-NOR) $x = (\overline{a} \wedge \overline{b}) \vee (a \wedge b)$ $x = (\overline{a} \cdot \overline{b}) + (a \cdot b)$	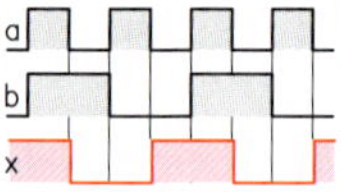	Der Ausgang nimmt nur dann den 1-Zustand an, wenn sich beide Eingänge in demselben Zustand befinden.

Bild 6.33: Binäre (boolesche) Verknüpfungen

Die Funktionsgleichung lässt sich aus der Wahrheitstabelle herleiten, indem

- die Eingangsvariablen einer Zeile, deren Ausgangswert „1" ist, UND-verknüpft werden und

- alle Zeilen mit dem Ausgangswert „1" miteinander ODER-verknüpft werden (Bild 6.33, Antivalenz- und Äquivalenz-Funktion).

In den nachfolgenden Bildern sind die Regeln der Schaltalgebra tabellarisch zusammengefasst. Hierbei wird die Schreibweise mit $\vee$ und $\wedge$ bevorzugt verwendet, alternativ ist in allen Darstellungen auch die Verwendung von $+$ und $\cdot$ möglich.

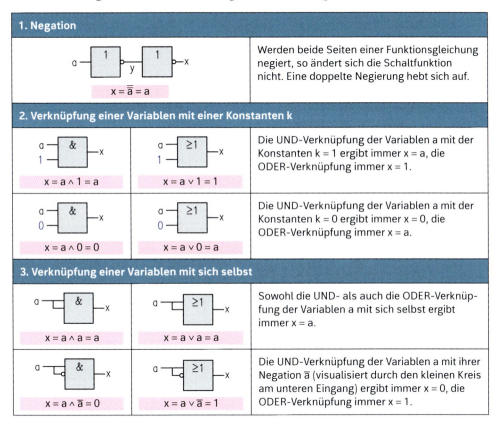

Bild 6.34: Regeln für eine Variable

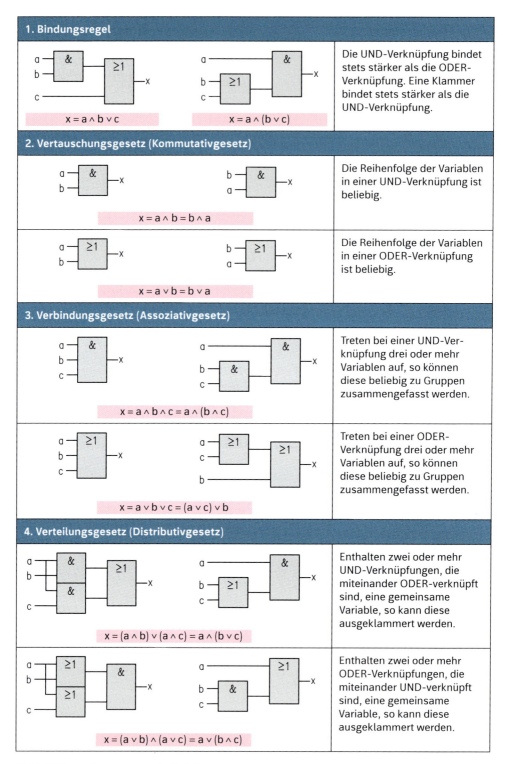

1. Bindungsregel	
$x = a \wedge b \vee c$ $\qquad$ $x = a \wedge (b \vee c)$	Die UND-Verknüpfung bindet stets stärker als die ODER-Verknüpfung. Eine Klammer bindet stets stärker als die UND-Verknüpfung.
2. Vertauschungsgesetz (Kommutativgesetz)	
$x = a \wedge b = b \wedge a$	Die Reihenfolge der Variablen in einer UND-Verknüpfung ist beliebig.
$x = a \vee b = b \vee a$	Die Reihenfolge der Variablen in einer ODER-Verknüpfung ist beliebig.
3. Verbindungsgesetz (Assoziativgesetz)	
$x = a \wedge b \wedge c = a \wedge (b \wedge c)$	Treten bei einer UND-Verknüpfung drei oder mehr Variablen auf, so können diese beliebig zu Gruppen zusammengefasst werden.
$x = a \vee b \vee c = (a \vee c) \vee b$	Treten bei einer ODER-Verknüpfung drei oder mehr Variablen auf, so können diese beliebig zu Gruppen zusammengefasst werden.
4. Verteilungsgesetz (Distributivgesetz)	
$x = (a \wedge b) \vee (a \wedge c) = a \wedge (b \vee c)$	Enthalten zwei oder mehr UND-Verknüpfungen, die miteinander ODER-verknüpft sind, eine gemeinsame Variable, so kann diese ausgeklammert werden.
$x = (a \vee b) \wedge (a \vee c) = a \vee (b \wedge c)$	Enthalten zwei oder mehr ODER-Verknüpfungen, die miteinander UND-verknüpft sind, eine gemeinsame Variable, so kann diese ausgeklammert werden.

Bild 6.35: Regeln für zwei und mehr Variablen

Die nach dem englischen Mathematiker De Morgan (1806–1871) benannten Gesetze ermöglichen die Umwandlung negierter Funktionsgleichungen (Bild 6.36).

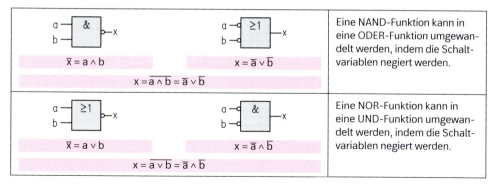

		Eine NAND-Funktion kann in eine ODER-Funktion umgewandelt werden, indem die Schaltvariablen negiert werden.

$\bar{x} = a \wedge b$ $x = \bar{a} \vee \bar{b}$

$x = \overline{a \wedge b} = \bar{a} \vee \bar{b}$

		Eine NOR-Funktion kann in eine UND-Funktion umgewandelt werden, indem die Schaltvariablen negiert werden.

$\bar{x} = a \vee b$ $x = \bar{a} \wedge \bar{b}$

$x = \overline{a \vee b} = \bar{a} \wedge \bar{b}$

Bild 6.36: De Morgansche Gesetze

6.2.1.2 Verknüpfungselemente

Verknüpfungselemente *(combinatorial elements)* enthalten Schaltungen, die boolesche Verknüpfungen von Schaltvariablen bewirken.

In der IT-Technik werden integrierte Schaltkreise (IC = Integrated Circuit) eingesetzt, die mehrere gleiche Verknüpfungselemente enthalten und auf einem Halbleiterchip hergestellt werden.

Der Funktionszusammenhang, der zwischen der Ausgangsspannung und den Eingangsspannungen besteht, kann in einer Arbeitstabelle dargestellt werden. Bild 6.37a zeigt die Arbeitstabelle für eine Schaltung mit zwei Eingängen, deren Eingangs- und Ausgangsspannungen die Werte +2 V und −3 V annehmen können. Da die absoluten Spannungswerte durch die Technologie des Schaltkreises bestimmt sind, werden in der Arbeitstabelle meist nur die Pegelwerte angegeben:

- H (**High**) für das höhere Potenzial
- L (**Low**) für das niedrigere Potenzial

Die Verknüpfungsfunktion ergibt sich durch die Zuordnung der Pegel zu den binären Schaltvariablen:

- Bei der **positiven Logik** gilt L = 0 und H = 1,
- bei der **negativen Logik** gilt L = 1 und H = 0.

Die Wahrheitstabelle (Bild 6.37b) zeigt, dass ein und dasselbe Verknüpfungselement abhängig von der gewählten Logik zwei verschiedene boolesche Verknüpfungen durchführen kann: bei positiver Logik eine NAND-Verknüpfung, bei negativer Logik eine NOR-Verknüpfung.

Arbeitstabelle mit						Wahrheitstabelle und Gleichung für					
Spannungswerten			Pegelwerten			a) Positive Logik			b) Negative Logik		
b	a	x	b	a	x	b	a	x	b	a	x
−3V	−3V	+2V	L	L	H	0	0	1	1	1	0
−3V	+2V	+2V	L	H	H	0	1	1	1	0	0
+2V	−3V	+2V	H	L	H	1	0	1	0	1	0
+2V	+2V	−3V	H	H	L	1	1	0	0	0	1

$$x = \overline{a} \vee \overline{b}$$
$$= \overline{a \wedge b}$$

$$x = \overline{a} \wedge \overline{b}$$
$$= \overline{a \vee b}$$

Bild 6.37: a) Positive Logik und b) negative Logik

Alle booleschen Schaltfunktionen lassen sich auf die Grundfunktionen UND, ODER und NICHT zurückführen. So entsteht eine NAND-Verknüpfung, wenn der Ausgang eines UND-Elementes mit einem NICHT-Element invertiert wird. Ein ODER-Element mit einem nachgeschalteten NICHT-Element bildet eine NOR-Verknüpfung. Das Kurzschließen der Eingänge eines NAND- oder NOR-Elementes ergibt eine NICHT-Verknüpfung (Bild 6.38).

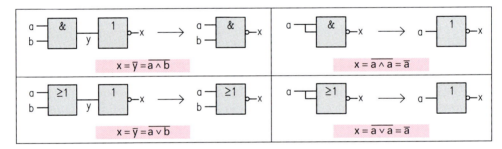

Bild 6.38: Grundverknüpfungen

Für jede boolesche Verknüpfung lassen sich nach den De Morganschen Gesetzen zwei in der Funktion gleichwertige Gleichungen aufstellen: eine konjunktive und eine disjunktive. Ebenso lässt sich zu jedem Schaltzeichen, das eine oder mehrere Grundverknüpfungen darstellt, ein zweites gleichwertiges Schaltzeichen nach folgenden Regeln zeichnen:

1. Ein UND-Symbol wird durch ein ODER-Symbol ersetzt.
   Ein ODER-Symbol wird durch ein UND-Symbol ersetzt.

2. Alle nicht negierten Ein- und Ausgänge werden negiert.
   Alle negierten Ein- und Ausgänge werden nicht negiert.

Die Umwandlung einer **Konjunktion** (UND-Schaltung) in eine **Disjunktion** (ODER-Schaltung) und umgekehrt ermöglicht die Realisierung beliebiger Verknüpfungsschaltungen sowohl *nur* mit NAND-Elementen als auch *nur* mit NOR-Elementen. Dies ist besonders bedeutsam beim Einsatz integrierter Schaltkreise, da diese wesentlich preiswerter herstellbar sind, wenn sie nur eine einzige Art von Verknüpfungselement enthalten.

6.2.2 Schaltnetze

Schaltnetze *(combinatorial cicuit)* sind Verknüpfungsschaltungen, bei denen das Ausgangssignal nur von den anliegenden Eingangssignalen abhängig ist.

Schaltnetze entstehen durch Zusammenschalten von Verknüpfungselementen. Sie sind als integrierte Schaltkreise (IC) erhältlich.

6.2.2.1 Addierer

Zur Addition von Dualzahlen wird den Schaltvariablen ein Stellenwert zugeordnet. Dieser ist bei einstelligen Dualzahlen 2^0. Die Summe von zwei einstelligen Dualzahlen A und B lässt sich bei drei der vier möglichen Kombinationen der beiden Schaltvariablen in einer Stelle mit dem gleichen Stellenwert 2^0 bilden (Bild 6.39). Haben beide Schaltvariablen den Wert 1, so tritt bei der Addition ein Übertrag in den nächsthöheren Stellenwert 2^1 auf.

Stellenwert			
2^0	2^0	2^0	2^1
B	A	Σ	C
0	0	0	0
0	1	1	0
1	0	1	0
1	1	0	1

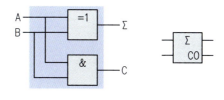

Bild 6.39: Wahrheitstabelle, Verknüpfungsschaltung und Schaltzeichen eines Halbaddierers

Anhand der Tabelle können die Funktionsgleichungen für die Summe Σ und den Übertrag C (Carry, im Schaltzeichen CO = Carry **o**ut) aufgestellt werden:

$$\Sigma = (A \wedge \overline{B}) \vee (\overline{A} \wedge B)$$
$$C = A \wedge B$$

Das Schaltnetz zum Addieren von zwei einstelligen Dualzahlen lässt sich mit einem Antivalenzelement und einem UND-Element realisieren (Bild 6.39); es wird als **Halbaddierer** bezeichnet.

Mit einem **Halbaddierer** *(half adder)* können zwei einstellige Dualzahlen addiert werden.

Sollen mehrstellige Dualzahlen addiert werden, so muss in jeder Stelle noch der Übertrag aus der nächstniederwertigen Stelle addiert werden. Hierzu ist ein **Volladdierer** erforderlich.

Mit einem **1-Bit-Volladdierer** *(full adder)* können drei einstellige Dualzahlen addiert werden.

Ein Volladdierer kann aus zwei Halbaddierern geschaltet werden (Bild 6.40). Der erste Halbaddierer addiert die beiden Dualzahlen A und B zur Zwischensumme Σ_1 mit dem Übertrag C_1. Die mit dem zweiten Halbaddierer durchgeführte Addition des Übertrags CI (Carry in) aus der nächstniederwertigen Stelle zu der Zwischensumme Σ_1 ergibt die Endsumme Σ und den Übertrag C_2. Die Überträge C_1 und C_2 werden zum Übertrag C ODER verknüpft.

1. Halbaddierer				2. Halbaddierer				Übertrag
Stellenwert				Stellenwert				
2^n	2^n	2^n	2^{n+1}	2^n	2^n	2^n	2^{n+1}	2^{n+1}
B	A	Σ_1	C_1	CI	Σ_1	Σ	C_2	C
0	0	0	0	0	0	0	0	0
0	1	1	0	0	1	1	0	0
1	0	1	0	1	1	0	1	1
1	1	0	1	1	0	1	0	1

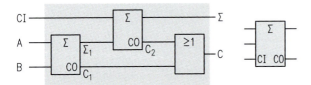

Bild 6.40: Wahrheitstabelle, Schaltung und Schaltzeichen eines 1-Bit-Volladdierers

Mit vier solcher 1-Bit-Volladdierer kann ein 4-Bit-Volladdierer geschaltet werden, der auch als IC erhältlich ist (Bild 6.41). Ebenso gibt es 4-Bit-Subtrahierer als IC. Mit diesen Schaltkreisen lassen sich Addierer und Subtrahierer für Dualzahlen mit beliebig vielen Stellen aufbauen.

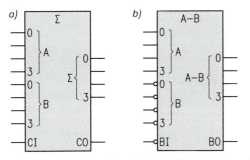

Volladdierer und Subtrahierer sind Funktionselemente der ALU eines Prozessors (Kap. 1.3.1).

Bild 6.41: 4-Bit-Volladdierer (a) und 4-Bit-Subtrahierer (b)

6.2.2.2 Code-Umsetzer

Um reale Vorgänge oder Zustände in einem Informationssystem verarbeiten zu können, müssen sie mit einem **Codierer** in binäre Signale umgewandelt werden. Nach der Verarbeitung erfolgt in einem **Decodierer** die Umwandlung der binären Signale in einen realen Zustand oder Vorgang.

Ein **Coder** *(coder)* ist eine Schaltung zur Umsetzung eines realen Vorgangs oder Zustandes in ein binäres Codewort.

Ein **Decoder** *(decoder)* ist eine Schaltung zur Umwandlung eines Codewortes in eine unmittelbar wahrnehmbare optische oder akustische Anzeige.

Häufig erfordert die Verarbeitung binärer Daten einen Wechsel des Binärcodes. Hierzu werden Code-Umsetzer eingesetzt.

Ein **Code-Umsetzer** *(code converter)* wandelt das Codewort eines Codes in ein entsprechendes Codewort eines anderen Codes um.

Bild 6.42 zeigt eine Anordnung zur optischen Anzeige der Nummern einer Tastatur. Durch Betätigen einer Taste wird die Tastennummer im 1-aus-10-Code codiert. Der Code-Umsetzer wandelt den 1-aus-10-Code (DEC) in den 7-Segment-Code (7SEG) zur Ansteuerung der optischen Anzeige um.

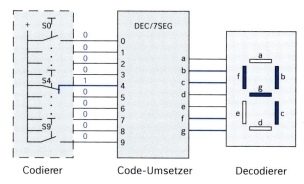

Codierer   Code-Umsetzer   Decodierer

Im Schaltsymbol für Code-Umsetzer wird die Art der Umsetzung durch die Bezeichnung des

Bild 6.42: Codieren, Umcodieren und Decodieren

Eingangs- und des Ausgangscodes angegeben (Bild 6.43 b, c, d).

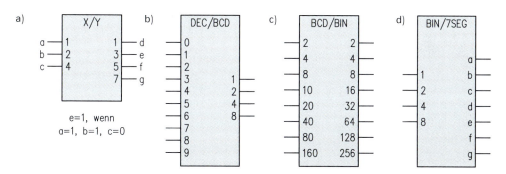

Bild 6.43: Code-Umsetzer
a) von einem beliebigen Code X in einen Code Y
c) von BCD-Code auf Binärcode
b) von 1-aus-10-Code auf BCD-Code
d) von Binärcode auf 7-Segment-Code

Beliebige Codes werden mit X und Y bezeichnet, wobei die Art der Umsetzung durch eine Codetabelle oder durch Zahlen an den Ein- und Ausgängen dargestellt wird. Bei der Kennzeichnung durch Zahlen gilt: Die Summe der Eingangszahlen (in Bild 6.43a: 1, 2, 4) ergibt eine interne Zahl, die am Ausgang einen 1-Zustand bewirkt, der mit dieser Zahl bezeichnet ist (Beispielrechnung für Ausgang e, siehe Bild 6.43a).

6.2.2.3 Multiplexer und Demultiplexer

Zur besseren Ausnutzung von Leitungen sowie zur Übertragung und Anzeige binärer Daten wird die Multiplextechnik angewandt. Dabei wird durch einen **Multiplexer** aus einer Anzahl von Eingängen jeweils einer auf den Ausgang durchgeschaltet. Die Dateneingänge eines Multiplexers werden durch Steuereingänge „adressiert", d. h. ausgewählt (Bild 6.44a). In einem Code-Umsetzer werden die Signale der beiden Steuereingänge vom Binärcode in den 1-aus-4-Code umgesetzt. Die Bezeichnung G_3^0 bedeutet, dass die vier Ausgänge des Code-Umsetzers mit den Dateneingängen 0 bis 3 UND-verknüpft sind. So wird abhängig von der Bitkombination an den Steuereingängen nur jeweils ein Dateneingang freigegeben.

> Ein **Multiplexer** *(multiplexer)* wählt aus einer Anzahl von Dateneingängen entsprechend der anliegenden Adresse einen Eingang aus, der zum Datenausgang durchgeschaltet wird.

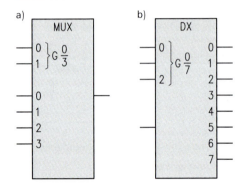

Bild 6.44: a) 1-aus-4-Multiplexer und b) 1-auf-8-Demultiplexer

Am Ende der Übertragungsleitung werden die ankommenden Daten durch einen **Demultiplexer** wieder auf eine Anzahl von Leitungen verteilt (Bild 6.44b). Die Ausgänge des Demultiplexers werden in gleicher Weise adressiert und freigegeben wie die Eingänge des Multiplexers.

> Ein **Demultiplexer** *(demultiplexer)* wählt aus einer Anzahl von Datenausgängen entsprechend der anliegenden Adresse einen Ausgang aus, auf den der Dateneingang durchgeschaltet wird.

6.2.3 Schaltwerke

> **Schaltwerke** *(sequential circuit)* sind Verknüpfungsschaltungen, bei denen das Ausgangssignal sowohl von den anliegenden Eingangssignalen als auch von den gespeicherten Signalwerten abhängig ist.

Hierzu werden – im Gegensatz zu den Schaltnetzen (Kap. 6.2.2) – die Ausgänge auch auf entsprechende Eingänge zurückgeführt (z. B. Bild 6.45).

6.2.3.1 Bistabile Elemente

> Ein **bistabiles Schaltelement (Flipflop)** hat zwei stabile Schaltzustände; seine beiden Ausgänge führen immer entgegengesetzte Signalpegel.

Das **RS-Flipflop** bildet das Grundelement aller bistabilen Schaltelemente. Es kann aus zwei NOR- oder zwei NAND-Elementen geschaltet werden, indem jeweils der Ausgang des einen Elementes auf den Eingang des anderen zurückgeführt wird (Bild 6.45).

Im Logik-Symbol werden die Eingänge mit **S** (Setzen) und **R** (Rücksetzen) bezeichnet. Beide Buchstaben dienen der Namensgebung des Schaltelements. Der stets entgegengesetzte Signalzustand der beiden Ausgänge wird durch das Negationssymbol am Ausgang Q_2 gekennzeichnet. Jeder Eingang steuert den ihm zugeordneten (im Symbol gegenüberliegenden) Ausgang (Bild 6.45):

- $S = 0, R = 0$:   Das zuletzt eingelesene Signal bleibt gespeichert:
  $Q_1 = Q_n, Q_2 = \overline{Q_n}$

- $S = 1, R = 0$:   Flipflop wird gesetzt: $Q_1 = 1, Q_2 = 0$

- $S = 0, R = 1$:   Flipflop wird rückgesetzt: $Q_1 = 0, Q_2 = 1$

- $S = 1, R = 1$:   Dieser Signalzustand ist zu vermeiden, da er zu einem nicht definierten Signalzustand der Ausgänge führt.

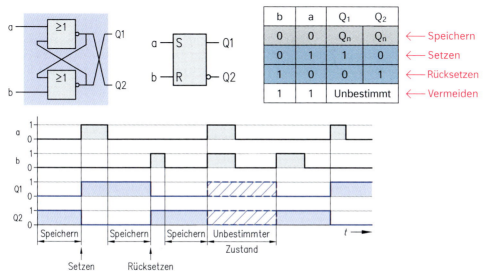

Bild 6.45: RS-Flipflop (Schaltung, Schaltzeichen, Wahrheitstabelle, Zeitablaufdiagramm)

Bistabile Elemente werden als statische Speicher (SRAM, Kap. 1.5.2.1) und in sequenziellen (zeitabhängigen) Schaltungen eingesetzt, da sie ihren Signalzustand sehr schnell ändern können und keinen Refresh benötigen. Bei zeitabhängigen Schaltungen lässt sich ihre Schaltfunktion deutlicher in einem **Zeitablaufdiagramm** als in einer Wahrheitstabelle darstellen (Bild 6.45).

Oft werden in Logik-Schaltungen Flipflops benötigt, die nur zu bestimmten Zeitpunkten die Eingangssignale aufnehmen. Ein solches Flipflop hat einen zusätzlichen Steuereingang (Bild 6.46a).

> Setz- und Rücksetzeingang eines **einzustandsgesteuerten RS-Flipflops** sind nur dann wirksam, wenn der Steuereingang C1 im internen 1-Zustand ist.

Im Logiksymbol wird der Steuereingang mit dem Buchstaben C (Clock, Takt) und einer nachgestellten Ziffer gekennzeichnet. Die gleiche Kennziffer wird vor die Kennbuchstaben aller gesteuerten Eingänge gesetzt.

Das einzustandsgesteuerte RS-Flipflop ist weniger störanfällig als ein ungetaktetes Flipflop, da ein Störimpuls an einem Eingang nur während des anstehenden Taktsignals wirksam werden kann (d. h. solange C1 = 1 ist).

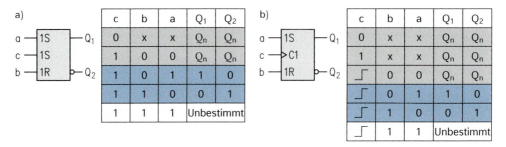

a)

c	b	a	Q_1	Q_2
0	x	x	Q_n	Q_n
1	0	0	Q_n	Q_n
1	0	1	1	0
1	1	0	0	1
1	1	1	Unbestimmt	

b)

c	b	a	Q_1	Q_2
0	x	x	Q_n	Q_n
1	x	x	Q_n	Q_n
⌐	0	0	Q_n	Q_n
⌐	0	1	1	0
⌐	1	0	0	1
⌐	1	1	Unbestimmt	

Bild 6.46: a) Einzustandsgesteuertes und b) einflankengesteuertes RS-Flipflop

Die Störanfälligkeit lässt sich weiter verringern, wenn das Setzen und Rücksetzen des Flipflops nur in der kurzen Zeit möglich ist, in der das Taktsignal seinen Zustand wechselt. Der Wechsel von 0 auf 1 wird als positive Taktflanke, der Wechsel von 1 auf 0 als negative Taktflanke bezeichnet (Bild 6.46b).

> Ein **einflankengesteuertes RS-Flipflop** kann nur während der ansteigenden (positiven) oder während der abfallenden (negativen) Taktflanke gesetzt oder rückgesetzt werden.

Für viele Anwendungen, z. B. bei Schieberegistern (Kap. 6.2.3.2), sind Flipflops erforderlich, welche die letzte Information noch speichern, während eine neue Information eingelesen wird. Diese Anforderung erfüllt ein zweizustandsgesteuertes RS-Flipflop.

> Ein **zweizustandsgesteuertes RS-Flipflop** übernimmt die Eingangsinformation während des einen Taktsignalzustandes und gibt diese beim folgenden Taktsignalzustand aus.

Ein zweizustandsgesteuertes RS-Flipflop wird auch **Master-Slave-Flipflop** genannt. Es enthält zwei Speicherelemente: einen Zwischenspeicher (Master) und einen Hauptspeicher (Slave). Die Ausgänge, die das Eingangssignal verzögert ausgeben, werden als **retardierende Ausgänge** bezeichnet, sie werden im Schaltsymbol besonders gekennzeichnet (Bild 6.47).

c	b	a	Q_1	Q_2
0	x	x	Q_n	Q_n
1	x	x	Q_n	Q_n
⊓	0	0	Q_n	Q_n
⊓	0	1	1	0
⊓	1	0	0	1
⊓	1	1	Unbestimmt	

Bild 6.47: Zweizustandsgesteuertes RS-Flipflop

Im Gegensatz zu einem zwei*zustands*gesteuerten sind bei einem zwei*flanken*gesteuerten RS-Flipflop S- und R-Eingang nur während der Flanken des Taktsignals wirksam.

> Ein **zweiflankengesteuertes RS-Flipflop** übernimmt ein Eingangssignal bei der einen Taktflanke und gibt es bei der folgenden Taktflanke aus (Bild 6.48).

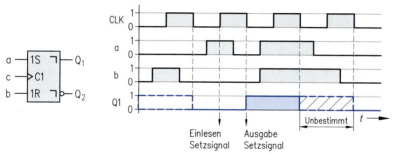

Bild 6.48: Zweiflankengesteuertes RS-Flipflop

Sind die Signaleingänge eines taktgesteuerten RS-Flipflops intern miteinander verknüpft und als gemeinsamer Anschluss nach außen geführt, so entsteht ein Flipflop, das über nur einen Eingang gesetzt und rückgesetzt werden kann. Dieser Eingang wird mit D bezeichnet (Bild 6.49).

Ein **D-Flipflop** speichert, durch einen Taktimpuls gesteuert, das am Dateneingang anliegende Signal.

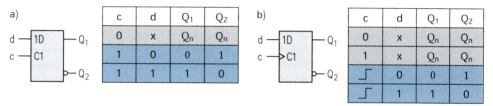

Bild 6.49: a) Einzustandsgesteuertes und b) einflankengesteuertes D-Flipflop

6.2.3.2 Schieberegister

Register sind kleine Speichereinheiten zur Zwischenspeicherung binärer Signale. Bei einem Schieberegister lassen sich die gespeicherten Signale mit einem Taktimpuls von einer Speicherzelle zur folgenden verschieben.

Ein **Schieberegister** *(shift register)* ist ein taktgesteuerter digitaler Speicher, in den seriell anliegende Binärsignale eingelesen, gespeichert und mit jedem Taktimpuls um eine Stelle verschoben werden.
Die seriell eingelesenen Signale werden in unveränderter Reihenfolge wieder ausgegeben (Bild 6.50).

Im Schaltsymbol werden Schieberegister mit **SRG** (**S**hift **R**e**g**ister) gekennzeichnet; die folgende Zahl gibt die Anzahl der Speicherplätze an. Der Takteingang **CLK** (= **C**loc**k**) steuert das Einlesen der am seriellen Dateneingang D_S anstehenden Signale. Der Pfeil weist auf die stellenweise Verschiebung der Signale innerhalb des Registers hin (Bild 6.50).

Wie das Zeitablaufdiagramm zeigt, erscheint bei einem 4-Bit-Schieberegister ein eingegebenes Signal nach vier Taktimpulsen am seriellen Datenausgang Q_S (Bild 6.50).

Schieberegister werden auch als **FIFO-Speicher** (**F**irst **i**n – **F**irst **o**ut) bezeichnet, da das zuerst eingegebene Signal auch als erstes wieder ausgegeben wird.

6

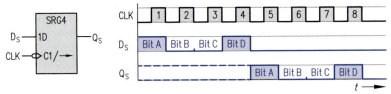

Bild 6.50: 4-Bit-Schieberegister mit seriellem Ein- und Ausgang

Es gibt auch Schieberegister, in die sich die Daten parallel einlesen lassen. Ein typisches Beispiel für den Einsatz solcher Schieberegister ist die Übertragung von mehrstelligen Datenwörtern über eine einzige Signalleitung. Sie sind stets dann erforderlich, wenn parallel verarbeitete Daten seriell auf einer Leitung übertragen werden müssen (z. B. USB). Bild 6.51 veranschaulicht den Vorgang für ein 4-Bit-Datenwort. Zu Beginn der Übertragung werden die Bits A bis D parallel in das Schieberegister D1 eingelesen. Mit dem ersten Takt wird auf der Leitung, die an Ausgang Q_{D1} angeschlossen ist, als erstes das D-Bit übertragen. Beim nächsten Takt werden die Bits jeweils ein Register weitergeschoben, sodass nun das C-Bit an Ausgang Q_{D1} anliegt. Nach vier Takten sind die gespeicherten Signale seriell ausgegeben und übertragen. In D2 werden sie seriell eingelesen und im Takt jeweils um ein Register verschoben. Nach vier Takten stehen alle Bits an den Ausgängen von D2 als paralleles Signal (Datenwort) an.

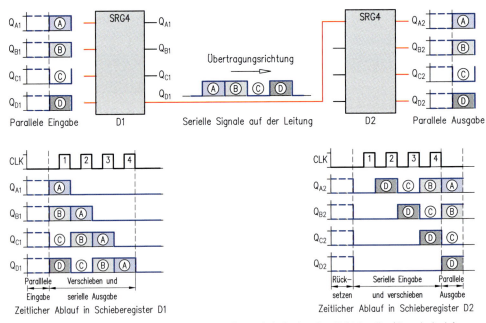

Bild 6.51: Schieberegister als Parallel-Serien-Wandler und als Serien-Parallel-Wandler (Grundprinzip)

6.2.3.3 Zähler und Frequenzteiler

Ein Zähler muss zwei Bedingungen erfüllen (Bild 6.52):

- Er muss, gesteuert durch einen Zählimpuls, eine „1" zu einer gespeicherten Zahl addieren.
- Das Ergebnis der Addition muss als neue Zahl gespeichert und ausgegeben werden.

Zähler *(counter)* sind Schaltwerke, bei denen ein eindeutiger Zusammenhang zwischen der Anzahl der eingegebenen Zählimpulse und dem Signalzustand der Ausgänge besteht.

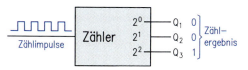

Bild 6.52: Prinzip einer Zählschaltung

Ein Zähler kann mit hintereinandergeschalteten Flipflops realisiert werden. Die gezählten Impulse werden durch die Signalkombinationen an den Ausgängen der Flipflops dargestellt. Nach der Zuordnung der Signalkombinationen zu Zahlen unterscheidet man:

Binärzähler (Dualzähler) mit n hintereinander geschalteten Flipflops zählen maximal bis $2^n - 1$. Nach 2^n Impulsen stehen sie wieder auf null.

Dekadische Zähler (Dezimalzähler) zählen maximal bis neun. Mit dem zehnten Impuls werden sie auf null zurückgesetzt.

Zählerbausteine können auch als Frequenzteiler eingesetzt werden. Dabei wird nur der Signalzustand *eines* Zählerausgangs ausgewertet (Bild 6.53).

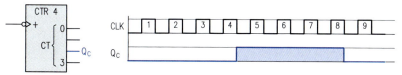

Bild 6.53: Binärzähler als Frequenzteiler 8:1

Das Teilerverhältnis eines **Frequenzteilers** *(frequency devider)* ist das Verhältnis der Pulsfrequenz am Eingang zur Pulsfrequenz am Ausgang des Zählers.

6

Durch Auswerten des Zählerstandes und anschließendes Rücksetzen auf 0 lässt sich jedes ganzzahlige Teilerverhältnis erzielen.

6.2.4 AD- und DA-Umsetzer

Nachrichten (Sprache, Bilder usw.) müssen zur Übertragung und Verarbeitung in elektrische Signale umgewandelt werden. Die Wandler (z.B. Mikrofone oder Messwertaufnehmer, d.h. Sensoren) liefern analoge Signale, die in digitale Signale umgesetzt werden. Dadurch ergeben sich wesentliche Vorteile:

- Digitale Signale können in Rechnern verarbeitet werden.
- Digitale Signale können einfacher gespeichert werden als analoge Signale.
- Die bei einer Übertragung unvermeidbare Verzerrung (d.h. Veränderung) der Signalform lässt sich bei einem Digitalsignal wesentlich einfacher rückgängig machen als bei einem Analogsignal. Die Übertragung digitaler Signale ist dadurch weniger störanfällig.

Ein analoges Signal kann innerhalb eines vorgegebenen Spannungsbereichs unendlich viele verschiedene Signalwerte annehmen. Daher kann nicht für jeden analogen Wert ein eigenes Codewort gebildet werden. Aus diesem Grund wird bei der Analog-Digital-Wandlung (kurz: AD-Wandlung) zunächst der gesamte Spannungsbereich in einzelne Stufen unterteilt. Diesen Schritt bezeichnet man als Quantisierung.

> **Quantisierung** *(quantization)* ist die Einteilung des analogen Spannungsbereichs in Spannungsstufen.

In Bild 6.54 ist der analoge Spannungsbereich von $-U_{END}$ bis $+U_{END}$ (im Beispiel -2 V bis $+2$ V) in acht gleich große Stufen unterteilt. Diese sog. **Quantisierungsintervalle** *(quantization interval)* sind durch Entscheidungswerte abgegrenzt. Jeder analoge Signalwert innerhalb einer Stufe wird dem gleichen Quantisierungsintervall zugeordnet. Ein Signalwert, der einen Entscheidungswert übersteigt, wird dem darüberliegenden Quantisierungsintervall zugeordnet. Im nächsten Schritt der AD-Umsetzung werden die Quantisierungsintervalle codiert.

> Durch die **Codierung** *(coding, encoding)* wird jedem Quantisierungsintervall ein binäres Codewort zugeordnet. Jeder analoge Spannungswert innerhalb eines Quantisierungsintervalls erhält somit das gleiche Codewort (in Bild 6.54 erhalten z.B. alle analogen Spannungen zwischen 1,0 V und 1,5 V das binäre Codewort 110).

Zur Codierung von acht Stufen (Bild 6.54) sind 3 bit erforderlich. Das MSB (Kap. 6.1.5.2) ist das Vorzeichenbit. Im vorliegenden Fall kennzeichnet eine „1" den positiven, eine „0" den negativen Bereich der analogen Signalspannung (vgl. Kap. 6.1.5.3). Sowohl im positiven als auch im negativen Bereich werden die Quantisierungsintervalle von null ausgehend aufwärts gezählt und als Dualzahl dargestellt.

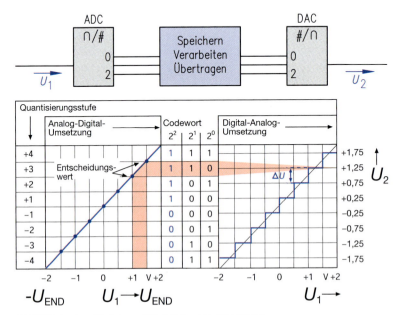

Bild 6.54: Analog-Digital- und Digital-Analog-Umsetzung

Schaltungen oder integrierte Schaltkreise (ICs), die ein analoges Signal in ein binäres Digitalsignal umsetzen, werden als Analog-Digital-Umsetzer (Bezeichnung gemäß DIN), Analog-Digital-Wandler oder Analog-Digital-Converter (ADC) bezeichnet.

Analog-Digital-Converter (ADC)

- stellen den Spannungswert des analogen Eingangssignals fest,
- ordnen diesen Wert dem Quantisierungsintervall zu und
- geben das entsprechende binäre Codewort aus.

Um die ursprüngliche Form der Nachricht (Sprache, Bilder usw.) zurückzugewinnen, muss das binäre Codewort (im Beispiel von Bild 6.54: 110) wieder in eine analoge Spannung umgesetzt werden. Diese Aufgabe übernehmen Schaltungen, die als Digital-Analog-Umsetzer (Bezeichnung gemäß DIN), Digital-Analog-Wandler oder Digital-Analog-Converter (DAC) bezeichnet werden (Bild 6.54).

Digital-Analog-Converter (DAC) setzen das an den Eingängen anliegende binäre Codewort in einen Spannungswert um.

Aus jedem Codewort wird ein Spannungswert zurückgewonnen, der dem Mittelwert des Quantisierungsintervalls entspricht (im Beispiel für 110 also 1,25 V; Bild 6.54). Dadurch entsteht möglicherweise eine Abweichung des zurückgewonnenen vom ursprünglichen Signalwert, die maximal dem halben Spannungswert einer Stufe entspricht (im Beispiel maximal 0,25 V; Bild 6.54). Diese Abweichung bezeichnet man als **Quantisierungsfehler** *(quantization error)*.

Ein DAC kann nur eine endliche Zahl von Spannungswerten liefern. Das Ausgangssignal (U2) ist somit immer ein mehrstufiges Digitalsignal. Die Auflösung einer analogen Signalspannung in einzelne Spannungsstufen ist umso höher, je mehr Bits für die Codierung zur Verfügung stehen. Je höher die Auflösung ist, desto kleiner wird auch der Quantisierungsfehler.

ADC und DAC werden als ICs mit einer Auflösung von 8 bit bis 48 bit hergestellt.

6

AUFGABEN

1. a) Was versteht man unter der boolschen Schaltalgebra und wozu wird sie benötigt?

    b) Welche Werte kann hierbei eine Schaltvariable annehmen und wie werden diese Werte dargestellt?

2. Auf welche drei digitalen Grundverknüpfungen lassen sich alle anderen möglichen Verknüpfungen zurückführen?

3. Die Schaltfunktion digitaler Schaltelemente lässt sich auf fünf verschiedene Arten darstellen. Nennen Sie die unterschiedlichen Darstellungsarten und geben Sie diese am Beispiel einer Exklusiv-ODER-Funktion an.

4. a) Stellen Sie für die angegebene Verknüpfungsschaltung die Wahrheitstabelle auf.

    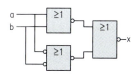

    b) Welche Funktion erfüllt die Schaltung?

    c) Geben Sie die Funktionsgleichung und das Symbol an.

5. a) Geben Sie die Funktionsgleichung der Schaltung an.

    b) Vereinfachen Sie die Gleichung nach den Regeln der Schaltalgebra.

    c) Überprüfen Sie die Gleichung anhand der Wahrheitstabelle.

    (Hinweis: In Schaltplänen wird bei mehreren gleichen, untereinander angeordneten Schaltelementen vielfach nur im obersten Element das Symbol der Verknüpfungsart angegeben.)

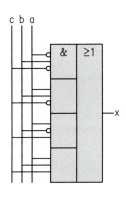

6. An einem Verknüpfungselement wurden die in der Arbeitstabelle angegebenen Spannungen gemessen.

    a) Stellen Sie eine Pegeltabelle auf.

    b) Geben Sie die Funktionsgleichung des Elementes bei Anwendung der positiven und der negativen Logik an.

b	a	x
4,2 V	4,2 V	0,3 V
4,2 V	0,3 V	0,3 V
0,3 V	4,2 V	0,3 V
0,3 V	0,3 V	4,2 V

7. Für eine Verriegelungsschaltung wurde die Wahrheitstabelle angegeben.

    a) Stellen Sie die Funktionsgleichung auf.

    b) Vereinfachen Sie die Gleichung mithilfe der Schaltalgebra.

    c) Formen Sie die Gleichung durch Anwendung der Gesetze von De Morgan so um, dass die Verknüpfung ausschließlich mit NAND-Elementen realisiert werden kann.

    d) Formen Sie die Gleichung für eine Realisierung ausschließlich mit NOR-Elementen um.

    e) Zeichnen Sie für c) und d) die Verknüpfungsschaltungen.

c	b	a	x
0	0	0	0
0	0	1	0
0	1	0	0
0	1	1	1
1	0	0	0
1	0	1	1
1	1	0	1
1	1	1	1

8. Vereinfachen Sie die folgenden Logik-Gleichungen mit den Mitteln der Schaltalgebra.
    a) $X = a \wedge (\bar{a} \vee b) \vee (b \wedge c \wedge \bar{c})$
    b) $X = (a \wedge b \wedge \bar{c}) \vee (a \wedge b \wedge c)$
    c) $X = (a \wedge \bar{b} \wedge \bar{c}) \vee (a \wedge \bar{b} \wedge c) \vee (a \wedge b \wedge \bar{c})$
    d) $X = (a \vee b) \wedge (\bar{a} \vee b) \wedge (a \vee \bar{b})$
    e) $X = (\bar{a} \wedge b \wedge c) \vee (\bar{a} \wedge \bar{b} \wedge c \wedge d) \vee (a \wedge b \wedge \bar{c} \wedge \bar{d}) \vee (a \wedge b \wedge \bar{c} \wedge d)$

9. Was versteht man im Zusammenhang mit digitalen Verknüpfungsfunktionen unter der positiven Logik und der negativen Logik?

10. Die binär codierte Dezimalzahl 0101 soll als Ziffer auf einer 7-Segment-Anzeige dargestellt werden.

    a) Um welche Dezimalzahl handelt es sich?

    b) Skizzieren Sie die 7-Segmentanzeige und den erforderlichen Code-Umsetzer jeweils mit allen Ein- und Ausgängen (vgl. Bild 6.42). Verwenden Sie zur Darstellung ggf. ein geeignetes Computerprogramm.

    c) Geben Sie für alle Ein- und Ausgänge die erforderlichen Signalpegel an (0 = aus; 1 = an).

11. Wozu dient in der IT-Technik ein Multiplexer?

12. Die Speicherzelle eines statischen RAMs ist mit einem RS-Flipflop aufgebaut. Erläutern Sie – ggf. mit einer Skizze –, warum eine solche Speicherzelle keinen Refresh benötigt.

13. Was versteht man unter einem FIFO-Speicher?

14. Worin unterscheiden sich Schaltnetze und Schaltwerke?

15. Die Eingänge eines RS-Flipflops sollen so miteinander verknüpft werden, dass bei einem 1-Signal an beiden Eingängen das Flipflop rückgesetzt wird.
    a) Stellen Sie die Wahrheitstabelle auf.
    b) Zeichnen Sie die Beschaltung der Eingänge.

16. Ein Zählerbaustein arbeitet als Binärzähler bis zur Zahl 31.
    a) Über wie viele Ausgänge muss dieser Baustein verfügen? (Antwort mit Begründung)
    b) Der Baustein soll als Frequenzteiler 8:1 eingesetzt werden. Welcher Ausgang muss ausgewertet werden? (Antwort mit Begründung)

17. Für einen AD-Umsetzer wird vom Hersteller eine Auflösung von 24 bit angegeben. Wie viele Spannungsstufen lassen sich mit dem Umsetzer darstellen?

6.3 Elektrotechnische Grundbegriffe

Zum Verständnis der *elektrischen* Eigenschaften von IT-Geräten und cyber-physischen Systemen benötigt man fachliche Kenntnisse über die in der Elektrotechnik verwendeten grundlegenden Begriffe Spannung, Strom und Widerstand sowie – auch aus wirtschaftlichen und ökonomischen Aspekten – über die Begriffe elektrische Leistung, Energie und Wirkungsgrad.

6.3.1 Elektrische Spannung

6.3.1.1 Elektrische Ladung und elektrisches Potenzial

Aus dem Physikunterricht ist bekannt, dass alle Körper aus Atomen aufgebaut sind, deren Elementarteilchen elektrische Ladungen besitzen. Auch wenn heute wesentlich differenziertere Erkenntnisse über den Atomaufbau existieren, genügt zur Erklärung der meisten Vorgänge in der Elektrotechnik ein einfaches **Atommodell** (Bild 6.55).

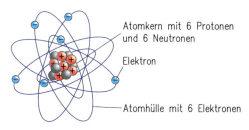

Atomkern mit 6 Protonen und 6 Neutronen

Elektron

Atomhülle mit 6 Elektronen

Bild 6.55: Atommodell von Kohlenstoff

Ein **Atommodell** *(atomic model)* vermittelt eine Vorstellung vom Aufbau eines Atoms, um physikalische Vorgänge plausibel erklären zu können. Eines dieser Modelle besagt, dass ein Atom aus einem **Atomkern** *(nucleus)* und einer **Atomhülle** *(atomic shell)* besteht.

Im **Atomkern** befinden sich
- elektrisch **positiv geladene Protonen** *(positively charged protons)* und
- elektrisch **ungeladene Neutronen** *(uncharged neutrons)*.

Die **Atomhülle** besteht aus elektrisch **negativ geladenen Elektronen** *(negatively charged electrons)*, welche den Atomkern auf unterschiedlichen Bahnen umkreisen. Die Masse eines Elektrons ist wesentlich geringer als die Masse eines Protons oder Neutrons.

Zwischen den elektrisch geladenen Teilchen wirken Kräfte. Hierbei gilt:
- Gleichartige elektrische Ladungen stoßen sich ab.
- Ungleichartige elektrische Ladungen ziehen sich an.

Im Normalzustand ist die Anzahl der Protonen im Atomkern gleich der Anzahl der Elektronen in der Atomhülle. In diesem Zustand ist ein Atom **elektrisch neutral** *(electrically neutral)*, also ungeladen.

Durch eine Kraft, die der Anziehungskraft der Teilchen entgegenwirkt, lassen sich positive und negative Ladungen trennen. Für Atome bedeutet dies beispielsweise, dass in der Hülle befindliche Elektronen vom jeweiligen Atomkern losgelöst werden. Solche Atome sind dann nicht mehr elektrisch neutral, sondern **elektrisch geladen** *(electrically charged)*. Dies gilt dann auch für den gesamten Körper, in dem sie sich befinden. Ein elektrisch geladenes Atom wird auch als **Ion** bezeichnet (Verwendung des Begriffs z. B. bei „Lithium-Ionen-Akku"; Kap. 1.10.2).

Ein Körper ist positiv geladen, wenn die Anzahl der negativ geladenen Teilchen (Elektronen) geringer ist als die Anzahl der positiv geladenen Teilchen (Protonen); es herrscht **Elektronenmangel** *(deficiency of electrons)*.

Ein Körper ist negativ geladen, wenn die Anzahl der negativ geladenen Teilchen (Elektronen) größer ist als die Anzahl der positiv geladenen Teilchen (Protonen); es herrscht **Elektronenüberschuss** *(excess of electrons)*

Das **Formelzeichen** *(symbol)* für die elektrische Ladung ist *Q*.
Die **Einheit** *(unit)* der elektrischen Ladung ist **1 Coulomb** (**1 C**).

Die Ladung 1 C entspricht etwa $6{,}25 \cdot 10^{18}$ Elementarladungen. Als **Elementarladung** bezeichnet man die Ladung eines Elektrons.

Physikalisch bedeutet die Trennung ungleichnamiger Ladungen, dass an den jeweiligen elektrischen Ladungen aufgrund einer Krafteinwirkung eine **Arbeit** verrichtet wird (**Trennungsarbeit**). Die Trennungsarbeit ist in den elektrischen Ladungen dann in Form von **Energie** gespeichert. Dadurch sind diese Ladungen in der Lage, nach der Trennung selbst Arbeit zu verrichten. In Analogie zu mechanischen Vorgängen bezeichnet man die in den elektrischen Ladungen nach der Trennung gespeicherte Energie als Energie der Lage oder potenzielle Energie (Bild 6.56). Bei getrennten Ladungen sagt man auch, sie besitzen ein **elektrisches Potenzial**.

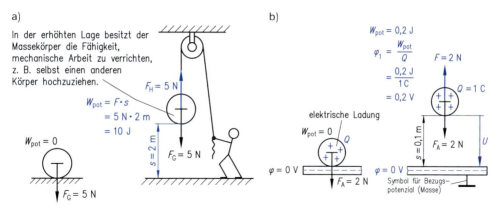

Bild 6.56: Vergleich potenzieller Energie: a) mechanisch, b) elektrisch

Als **Energie** *(energy)* bezeichnet man das **Arbeitsvermögen** *(work capacity)* eines Körpers.

Das allgemeine Formelzeichen der Energie ist **W**. Zur genaueren Kennzeichnung der Energieart wird in vielen Fällen zusätzlich ein Index verwendet.

Potenzielle Energie *(potential energy)* ist Energie der Lage (Lageenergie).

Das Formelzeichen der potenziellen Energie ist W_{pot}.
Energiebeträge der potenziellen Energie werden in der Einheit **1 Joule** (**1 J**) angegeben.
Hinweis: 1 J = 1 N · 1 m; N: Newton, Einheit der Kraft; m: Meter, Einheit der Länge (Anhang F)

Das **elektrische Potenzial** *(electrical potential)* gibt an, wie groß die an der Ladung 1 Coulomb verrichtete Trennungsarbeit ist, d.h. wie groß die potenzielle Energie ist, die eine Ladung von 1 Coulomb besitzt (Bild 6.56 b).

Das Formelzeichen des elektrischen Potenzials ist **φ** (lies: „fi"; griechischer Buchstabe).
Die Einheit des elektrischen Potenzials ist **1 Volt** (**1 V**)
Hinweis: In anderem Zusammenhang wird das Formelzeichen φ auch zur Bezeichnung eines Winkels verwendet (Bild 6.60).

Abhängig von der geleisteten Trennungsarbeit können elektrische Ladungen unterschiedliche elektrische Potenziale besitzen (mechanische Analogie: Ein Massekörper kann auf unterschiedliche Höhen gehoben werden; Bild 6.56 a). Zur Unterscheidung werden angegebene Potenzialwerte häufig mit einem Index versehen (siehe Beispiel unten).

Der Unterschied zwischen zwei elektrischen Potenzialen wird als **elektrische Spannung** *(voltage)* bezeichnet. Alternativ wird auch der Begriff **Potenzialdifferenz** *(potential difference)* verwendet.

Die elektrische Spannung wird mit dem **Formelzeichen U** dargestellt und – wie das Potenzial – in der Einheit **1 Volt** (**1 V**) angegeben.

Das Potenzial φ = 0 V wird auch **Nullpotenzial** *(zero potential)* genannt und als **Bezugspunkt** *(reference point)* für die Angabe anderer Potenzialwerte verwendet. Hierbei ist stets das Potenzial eines Punktes genauso groß wie die Spannung dieses Punktes gegenüber dem Nullpotenzial.

6

Beispiel

Gegeben sind die Potenziale $\varphi_0 = 0$ V; $\varphi_1 = 2$ V; $\varphi_2 = 3$ V; $\varphi_3 = 6{,}5$ V.

a) Wie groß sind die Spannungen zwischen den Punkten 2 und 1, 3 und 1 sowie 3 und 2?

b) Wie groß sind die Spannungen zwischen Punkt 2 und dem Nullpotenzial sowie zwischen Punkt 3 und dem Nullpotenzial?

Lösung

a) $U_{21} = \varphi_2 - \varphi_1 = 3V - 2V = 1V$; $U_{31} = \varphi_3 - \varphi_1 = 6{,}5$ V $- 2$ V $= 4{,}5$ V; $U_{32} = \varphi_3 - \varphi_2 = 6{,}5$ V $- 3$ V $= 3{,}5$ V

b) $U_{20} = \varphi_2 - \varphi_0 = 3$ V $- 0$ V $= 3$ V; $U_{30} = \varphi_3 - \varphi_0 = 6{,}5$ V $- 0$ V $= 6{,}5$ V

Hinweis: U_{21} lies: „U zwei eins", nicht „U einundzwanzig"; analog U_{20}: „U zwei null" usw.

Abhängig vom jeweiligen Anwendungsfall (z.B. Haus-Energieversorgung oder elektrisches Gerät) wird das Nullpotenzial auch als **Erdpotenzial** *(earth potential)* oder **Massepotenzial** *(ground potential)* bezeichnet und mit einem Zeichensymbol entsprechend gekennzeichnet (Bild 6.56 b).

Eine elektrische Spannung liegt also immer zwischen zwei Punkten mit unterschiedlichen Potenzialen. Zur eindeutigen Festlegung in zeichnerischen Darstellungen ordnet man der elektrischen Spannung eine Richtung zu, eine sog. **Zählrichtung** *(counting direction)*, die durch einen Pfeil dargestellt wird, der immer vom höheren zum niedrigeren Potenzial weist (Bild 6.57).

Der **Spannungspfeil** *(voltage arrow)* weist immer vom höheren zum niedrigeren Potenzial.

Technische Einrichtungen zur Spannungserzeugung bezeichnet man allgemein als **Spannungsquellen** (in der Energietechnik auch als **Generatoren**). Jede Spannungsquelle besitzt (mindestens) zwei Anschlüsse (Klemmen) mit unterschiedlichen Potenzialen. Die Klemme, an der die Elektronen in der Überzahl sind, nennt man **Minuspol** *(negative terminal)*. Die Klemme, an der

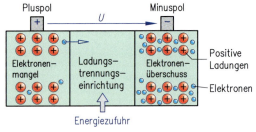

Bild 6.57: Prinzip einer Spannungsquelle

Elektronenmangel herrscht, ist der **Pluspol** *(positive terminal*; Bild 6.57).

Eine **Spannungsquelle** *(voltage source)* ist ein Energiewandler, der die zugeführte Energie in elektrische Energie umwandelt.

Am Pluspol einer Spannungsquelle herrscht Elektronenmangel, am Minuspol herrscht Elektronenüberschuss.

An der Spannungsquelle zeigt der Spannungspfeil immer vom Pluspol (höheres Potenzial) zum Minuspol (niedrigeres Potenzial).

In den meisten Fällen wird der Minuspol einer Spannungsquelle als Bezugspotenzial – d.h. als Massepunkt – festgelegt. Prinzipiell kann aber jeder beliebige Potenzialpunkt einer Schaltung als Bezugspotenzial definiert werden. Aus diesem Grund können innerhalb einer elektrischen Schaltung *bezogen auf das Massepotenzial* auch negative Spannungen auftreten (z. B. PC-Netzteil: +12 V und –12 V; Kap. 1.10.1).

Spannungsquellen lassen sich nach unterschiedlichen Kriterien voneinander unterscheiden, z. B.:

- Art der zugeführten Energie; hierbei gewinnen neben den „klassischen" Energieformen (Kohle-, Gas-, Atomkraftwerke) sogenannte **erneuerbare** bzw. **regenerative Energien** (d. h. nahezu unerschöpflich zur Verfügung stehende oder vergleichsweise schnell neu entstehende und nachhaltig einsetzbare Energien) zunehmend an Bedeutung. Zu diesen Energiequellen gehören neben der Sonne (Solarzellen) beispielsweise auch Geothermie (Wärmepumpen), Wasserkraft (Pump-Wasserkraftwerke, Gezeitenkraftwerke), Windkraft (Windenergieanlagen) und Biomasse (Biomassekraftwerke).

- Art des Spannungsverlaufs (z. B. Gleich- oder Wechselspannungsquelle) Hinweis: Auch bei einer Wechselspannungsquelle, die technisch bedingt die Polarität der Spannung an den Klemmen periodisch wechselt (Kap. 6.3.1.2), wird durch einen Spannungspfeil eine Zählrichtung definiert.

- Elektronische Spannungsquellen (z. B. Netzteil; Kap. 1.10.1)

- Chemische Spannungsquellen (z. B. Batterien oder Akkus; Kap. 1.10.2 und Kap. 6.3.4.3)

Darüber hinaus dienen in der IT-Technik einige „Spannungsquellen" weniger zur Energieversorgung als zur Erzeugung von Spannungen, die als **Datensignale** *(data signal)* zur Verarbeitung und Übertragung von Informationen (Kap. 6.1.2) oder zur Umwandlung nicht-elektrischer Größen in **Signalspannungen** *(signal voltage)* für die Mess-, Steuerungs- und Kommunikationstechnik (z. B. Sensoren, Mikrofone) dienen.

6.3.1.2 Spannungsarten

Elektrische Spannungen lassen sich sehr einfach voneinander unterscheiden, wenn man deren zeitlichen Verlauf in einem sog. **Liniendiagramm** *(line chart)* zeichnerisch darstellt. Hierzu wird auf der horizontalen Achse („X-Achse") die Zeit aufgetragen und auf der vertikalen Achse („Y-Achse") werden die möglichen Spannungswerte festgehalten.

Im IT-Bereich sind die folgenden beiden Spannungsarten von grundsätzlicher Bedeutung.

Eine **Gleichspannung** *(direct voltage, d. c. voltage)* behält mit fortschreitender Zeit sowohl ihre Polarität als auch ihre Größe unverändert bei. Eine Angabe wie z. B. $U = 6$ V ist also eindeutig und unmissverständlich (Bild 6.58).

Sämtliche Geräte der IT-Technik benötigen für den Betrieb eine oder mehrere Gleichspannungen unterschiedlicher Größe, die von einer chemischen Spannungsquelle (z. B. Smartphone: 3,6 V) oder von einem eingebauten Netzteil (z. B. PC: 3,3 V,

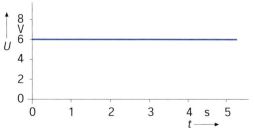

Bild 6.58: Darstellung einer Gleichspannung im Liniendiagramm

5 V, 12 V; Kap. 1.10.1) zur Verfügung gestellt werden.

Bei einer (sinusförmigen) **Wechselspannung** *(alternating voltage)* liegen die Dinge nicht so einfach. Hier wechselt die Polarität der Spannung fortwährend und dabei ändert sich zwangsläufig auch fortwährend ihre Größe. Zur Beschreibung des Verlaufs reicht ein einziger (Spannungs-)Wert nicht aus, es sind mehrere unterschiedliche Informationen erforderlich.

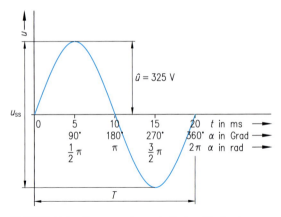

Bild 6.59: Liniendiagramm der periodischen Wechselspannung im Energieversorgungsnetz

Die im Liniendiagramm (Bild 6.59) angegebenen Werte beziehen sich auf die Wechselspannung des Energieversorgungsnetzes, die bezeichneten Größen haben die folgenden Bedeutungen:

u	= **Augenblickswert** *(instantaneous value)*, Momentanwert; dieser Spannungswert ist von der Zeit abhängig, er ändert sich fortwährend
$\hat{u}$	= **Maximalwert** *(maximum value)*, Spitzenwert, Höchstwert, Scheitelwert, Amplitudenwert; der höchste Spannungswert in einer Periode
u_{ss}	= **Spitze-Spitze-Wert** *(peak-to-peak value)*; der Spannungswert zwischen dem positiven und negativen Maximalwert
T	= **Periodendauer** *(period duration, cycle duration)*; die Zeit, in der die Wechselspannung ihre Augenblickswerte einmal durchläuft; danach wiederholt sich der Vorgang periodisch
$f = \dfrac{1}{T}$	= **Frequenz** *(frequency)*; sie ist der Kehrwert der Periodendauer und gibt die Anzahl der Perioden pro Sekunde an; sie hat die **Einheit**

$$\frac{1}{s} = 1 \text{ Hz (Hertz)}$$

Hinweis: Im Unterschied zu Gleichspannungsgrößen verwendet man gemäß DIN bei der Angabe von Wechselspanungsgrößen kleine Buchstaben. International sind abweichende Schreibweisen möglich.

Die Spannung im Energieversorgungsnetz ist eine sinusförmige Wechselspannung, bei der sich der Kurvenverlauf immer im gleichen Zeitraum (Periode $T = 20$ ms) wiederholt. Man spricht daher von einer **periodischen Wechselspannung** (Bild 6.59). Obwohl diese Wechselspannung in jedem Augenblick einen anderen Augenblickswert hat, wird im allgemeinen Sprachgebrauch der Wert der Energieversorgungsspannung bekanntlich stets mit $U = 230$ V angegeben. Dieser Wert taucht in obigem Liniendiagramm zwar nicht auf, hat in der Technik aber eine besondere Bedeutung und wird als „Effektivwert" bezeichnet.

Als **Effektivwert** *(root mean square)* **U** einer Wechselspannung bezeichnet man denjenigen Spannungswert, der für den in einem Verbraucher erzielten Effekt (z. B. Erwärmung) maßgebend ist.

Bei einer sinusförmigen Wechselspannung berechnet sich der Effektivwert nach der Gleichung

$$U = \frac{\hat{u}}{\sqrt{2}}$$

Hinweis: Da der Effektivwert eine zeitunabhängige Größe ist, verwendet man für das Formelzeichen einen Großbuchstaben. Zur Abgrenzung von anderen Werten wird dieses Formelzeichen oft mit einem Index versehen, z. B.: U_{eff}

Um also beispielsweise in einem Verbraucher die gleiche Erwärmung hervorzurufen (allgemein: die gleiche Leistung umzusetzen; Kap. 6.3.4.3) wie mit einer sinusförmigen Wechselspannung mit einem Maximalwert von 325 V, müsste man an den Verbraucher eine Gleichspannung von 230 V anlegen. Durch die Effektivwertangabe ist man bei Berechnungen unabhängig vom zeitlichen Verlauf einer Spannung, wodurch sich der Rechenvorgang oft vereinfacht.

Neben der (sehr anschaulichen) zeichnerischen Darstellung benötigt man für Berechnungen und in Simulationsprogrammen auch eine mathematische Beschreibung einer sinusförmigen Wechselspannung. Hierzu verwendet man eine der in Bild 6.59 auf der waagerechten Achse angegebenen Werteeinteilungen (die Zeit t, im angegebenen Beispiel 0 bis 20 ms, oder den Winkel α im **Gradmaß**, engl. *degrees*, d. h. 0° bis 360°, oder im **Bogenmaß**, engl. *radian*, d. h. 0π bis 2π) sowie die mathematische Sinusfunktion.

(Hinweis: Der Zusammenhang zwischen Zeit- und Winkelangaben besteht darin, dass Kraftwerksgeneratoren eine sinusförmige Wechselspannung von 50 Hz durch kontinuierliche Rotation erzeugen. Für eine komplette Umdrehung, d. h. für einen Winkel von 360°, benötigen sie 20 ms. Werte im Bogenmaß werden mit der Pseudoeinheit „**rad**" gekennzeichnet.)

Der Verlauf einer sinusförmigen Wechselspannung lässt sich mit den Gleichungen

$$u = \hat{u} \cdot \sin\alpha \qquad \text{oder} \qquad u = \hat{u} \cdot \sin(\omega \cdot t)$$

berechnen. Hierbei gilt: $\omega = \dfrac{(2 \cdot \pi)}{T}$; mit $T = \dfrac{1}{f}$ folgt: $\omega = 2 \cdot \pi \cdot f$

(ω, lies: „Omega"; griechischer Buchstabe für die **Winkelgeschwindigkeit**, auch **Kreisfrequenz** genannt)

6

Ein weiterer Begriff, der beim Umgang mit Wechselspannungen von Bedeutung sein kann, ist die **Phasenverschiebung** *(phase shift)*. Hierbei werden zwei frequenzgleiche Wechselspannungen verglichen hinsichtlich des Zeitpunktes, in dem sie ihre Nullstellen bzw. ihre Maximalwerte durchlaufen (Bild 6.60). Die Phasenverschiebung kann als die Zeit Δt (lies: „Delta t"; Delta: griechischer Buchstabe) oder als Phasenverschiebungswinkel φ (lies: „fi"; griechischer Buchstabe) angegeben werden.

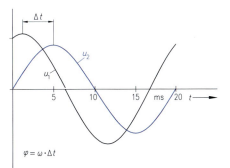

Bild 6.60: Liniendiagramm phasenverschobener Wechselspannungen

Phasengleiche Wechselspannungen durchlaufen ihre Null- und Maximalwerte zur gleichen Zeit.

Phasenverschobene Wechselspannungen durchlaufen ihre Null- und Maximalwerte zu verschiedenen Zeitpunkten.

So ist beispielsweise unser Energieversorgungssystem ein sog. Dreiphasensystem, welches aus drei sinusförmigen Wechselspannungen gleicher Größe und Frequenz besteht, die jeweils um 120° gegeneinander phasenverschoben sind. Dieses steht flächendeckend zur Verfügung („Fachstufe IT-Systeme", Kap. 7.1).

Zur eindeutigen Darstellung einer sinusförmigen Wechselspannung benötigt man den Wert ihrer Amplitude $\hat{u}$ und ihrer Frequenz f.

Zur Unterscheidung mehrerer sinusförmiger Wechselspannungen gleicher Frequenz ist darüber hinaus vielfach auch eine Information über deren Phasenlage erforderlich.

Hinweis: Amplitude und Frequenz lassen sich ggf. aus anderen bekannten Werten berechnen, z. B.:

$$\hat{u} = \frac{u_{ss}}{2}; \ \hat{u} = \sqrt{2} \cdot U_{eff} \text{ oder } f = \frac{1}{T}.$$

Beispiel

Gegeben sind zwei sinusförmige Wechselspannungen u_1 und u_2, deren Effektivwert jeweils 400 V beträgt. Die Frequenz der beiden Spannungen beträgt f = 50 Hz. Im Liniendiagramm erfolgt der Nulldurchgang von u_1 zum Zeitpunkt t = 0, der Nulldurchgang von u_2 erfolgt 6,67 ms später.

a) Wie groß sind jeweils Maximalwert, Spitze-Spitze-Wert und Periodendauer?
b) Wie viele Millisekunden nach dem Nulldurchgang erreicht u_1 ihren Maximalwert?
c) Wie groß ist der Augenblickswert von u_1 zum Zeitpunkt t_1 = 8 ms?
d) Wie groß ist der Phasenverschiebungswinkel φ?

Lösung

a) $\hat{u} = \sqrt{2} \cdot U_{eff} = \sqrt{2} \cdot 400 \ V = 565{,}7 \ V$ $\qquad u_{SS} = 2 \cdot \hat{u} = 2 \cdot 565{,}7 \ V = 1\,131{,}4 \ V$

$T = \dfrac{1}{f} = \dfrac{1}{50s^{-1}} = 20 \ ms$

b) Die Periodendauer T beträgt 20 ms, somit dauert die positive Halbwelle 10 ms und der Maximalwert wird nach 5 ms (T : 4) erreicht.

c) $u_1 = \hat{u} \cdot sin \ (\omega \cdot t_1) = 565{,}7 \ V \cdot sin \ (2 \cdot \pi \cdot 50 s^{-1} \cdot 8 \cdot 10^{-3} s) = 332{,}5 \ V$
Hinweis: Bei der Berechnung der Sinusfunktion mit dem Taschenrechner muss stets der richtige Rechenmodus (Gradmaß oder Bogenmaß) eingestellt sein; hier: Bogenmaß (rad).

d) $\varphi = \omega \cdot \Delta t = 2\pi \cdot f \cdot \Delta t = 2\pi \cdot 50 \ Hz \cdot 6{,}67 \ ms = \dfrac{2}{3} \pi \ rad$ (im Bogenmaß) entspricht $\varphi = 120°$ (im Gradmaß)

Darüber hinaus gibt es in der Technik eine Vielzahl unterschiedlichster Spannungsarten (z. B. Dreieckspannung, Rechteckspannung, Rechteckimpuls). Für die Datenverarbeitung in IT-Geräten werden grundsätzlich Signalspannungen mit einem rechteckförmigen Verlauf verwendet (binäre Datensignale; Kap. 6.1.2).

6.3.1.3 Spannungsmessung

Soll die Größe der elektrischen Spannung zwischen zwei Punkten mit unterschiedlichem Potenzial festgestellt werden, so muss ein Spannungsmesser (Voltmeter) an diese beiden Punkte angeschlossen werden. Um z. B. die Spannung an einer Batterie zu messen, müssen die Klemmen des Spannungsmessers mit den Klemmen der Batterie leitend verbunden werden (Bild 6.61).

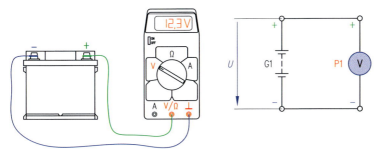

Bild 6.61: Anschluss eines Spannungsmessers mit zugehöriger technischer Darstellung

> Ein **Spannungsmesser** wird immer an die beiden Punkte angeschlossen, zwischen denen die Spannung gemessen werden soll.

In der Praxis werden für solche Messungen meist **Vielfachmessinstrumente (Multimeter)** benutzt, mit denen Gleich- und Wechselspannungen in verschiedenen Messbereichen gemessen werden können. Je nach Ausstattung sind auch Strom-, Widerstands-, Kapazitäts- und Frequenzmessungen möglich. Diese Multimeter bieten in der Regel auf einem relativ großen Display eine digitale Anzeige mit großen Ziffern, manchmal auch ergänzt mit zusätzlichen Informationen (z. B. der Einheit der gemessenen Größe, etwa in der Form mA, A, µV, mV oder auch MΩ, kΩ oder Ω) oder durch eingeblendete Symbole (z. B. Zustand der Batterieladung oder bei Messbereichsüberschreitung).

Bei der Benutzung dieser Messinstrumente ist darauf zu achten, dass

- die richtige **Spannungsart** eingestellt ist,
- der erforderliche **Messbereich** eingestellt ist und
- bei Gleichspannung die **Polarität** von Messinstrument und zu messender Spannung übereinstimmt.

Digitaldisplay

Messbereichseinstellung

Anschlussbuchsen für Messleitungen

Bild 6.62: Beispiel für ein Digitalmultimeter mit Strom-, Spannungs-, Widerstands- und Kapazitätsmessbereichen

Anstelle eines Multimeters kann die Spannung auch mit einem **Oszilloskop** gemessen werden, das genauso angeschlossen werden muss wie ein Spannungsmesser. Moderne, tragbare Oszilloskope sind heute kaum größer als ein Multimeter (Bild 6.62), arbeiten rein digital und bieten die Möglichkeit, neben der Messwertangabe zusätzlich den Spannungsverlauf auf einem kleinen TFT-Bildschirm (Kap. 1.12.3.3) als Liniendiagramm zu visualisieren. So kann man beispielsweise auch die Periodendauer einer Wechselspannung messtechnisch erfassen und den Spannungsverlauf bewerten.

Bild 6.61 zeigt neben der bildhaften Darstellung der Messschaltung mit einem Multimeter auch den zugehörigen elektrischen Schaltplan. Diese Art von Schaltplan bezeichnet man als **Wirkschaltplan** (*functional wired diagram, detailed wiring diagramm*; früher: **Stromlaufplan in zusammenhängender Darstellung**. Alle Betriebsmittel (*equipment*; Schalter, Geräte, Messinstrumente, Leitungen usw.) werden durch genormte Schaltzeichen dargestellt und mit ebenfalls genormten Kennzeichnungen versehen. Eine tabellarische Aufstellung gängiger elektrotechnischer Schaltzeichen befindet sich in Anhang A.

6.3.2 Elektrischer Strom

6.3.2.1 Elektrischer Stromkreis

Bild 6.63 zeigt die Anordnung eines Generators (Spannungsquelle), an den über zwei isolierte Kupferdrähte (elektrische Leitung) eine Glühlampe (Verbraucher) angeschlossen ist. Wird der Generator angetrieben, so leuchtet die Lampe auf. Beim

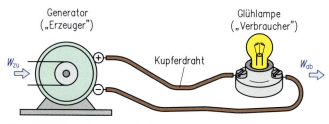

Bild 6.63: Aufbau eines Stromkreises (dargestellt als technische Anordnung)

Leuchten strahlt sie Licht und Wärme ab. Eine solche Anordnung bezeichnet man als elektrischen Stromkreis.

> Ein **elektrischer Stromkreis** *(electrical circuit)* besteht aus Spannungsquelle, Leitung und Verbraucher.

Bild 6.64 stellt das Prinzip eines elektrischen Stromkreises mithilfe sog. Funktionsblöcke dar. In der Spannungsquelle wird die zugeführte mechanische Energie W_{zu} in elektrische Energie (Spannung) umgewandelt. Die Leitung überträgt diese elektrische Energie zur Lampe und diese wandelt die ihr zugeführte elektrische Energie in Licht und Wärme W_{ab} um. Der Begriff „Verbraucher" ist historisch geprägt und irreführend, da hierbei keine Energie *verbraucht*, sondern *umgewandelt* wird.

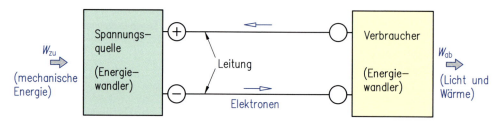

Bild 6.64: Prinzip eines Stromkreises (dargestellt mit Funktionsblöcken)

> Ein **elektrischer Stromkreis** ist im Prinzip ein System zur Übertragung elektrischer Energie.

Der Stromkreis ist ein über Spannungsquelle, Leitung und Verbraucher **geschlossener Leiterkreis**, in dem die Elektronen vom Minuspol (Elektronenüberschuss) über den Verbraucher zum Pluspol (Elektronenmangel) fließen (blaue Pfeile in Bild 6.64). Der Begriff „Verbraucher" ist historisch bedingt und hat sich eingebürgert, ist aber insofern irreführend, als hier keine Energie verbraucht, sondern lediglich in eine andere Energieform umgewandelt wird.

> **Elektrischer Strom** *(electric current)* ist die gerichtete Bewegung elektrischer Ladungen in einem Stromkreis. Elektrischer Strom kann nur fließen, wenn der Stromkreis geschlossen ist.

Bild 6.65 zeigt den Stromlaufplan des einfachen Stromkreises nach Bild 6.63 bzw. 6.64 mit entsprechenden technischen Schaltsymbolen. Durch die roten Pfeile in diesem Schaltplan wird die Richtung des elektrischen Stro-

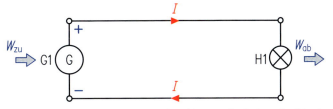

Bild 6.65: Schaltplan eines Stromkreises (dargestellt als Stromlaufplan)

mes angegeben. Es fällt auf, dass diese im Stromlaufplan eingetragene Richtung entgegengesetzt zur Richtung des Elektronenflusses ist. Man bezeichnet sie als **technische Stromrichtung**. Historisch bedingt ist es international üblich, in Stromlaufplänen stets die technische Stromrichtung anzugeben.

> Die **technische Stromrichtung** *(technical current direction)* führt vom Pluspol der Spannungsquelle über den Verbraucher zum Minuspol.

6

6.3.2.2 Elektrische Stromstärke

Die elektrische Spannung gibt an, wie groß die Energie ist, die durch die Ladung 1 Coulomb von der Spannungsquelle zum Verbraucher übertragen wird. In Stromkreisen, die mit

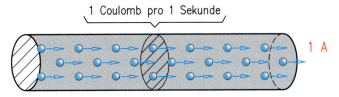

Bild 6.66: Definition der elektrischen Stromstärke

der gleichen Spannung arbeiten, trägt jedes Coulomb also die gleiche Energie. Benötigt der Verbraucher viel Energie (z.B. ein Supercomputer), so müssen mehr Ladungen über die Leitung fließen als bei einem Verbraucher, der in der gleichen Zeit weniger Energie umsetzt (z.B. ein Client-PC). Zum Betrieb unterschiedlicher Verbraucher müssen bei gleicher Spannung also auch verschieden große Ströme fließen. Um diese verschiedenen Ströme genau angeben zu können, definiert man die elektrische Stromstärke.

Die **elektrische Stromstärke** *(conduction current)* gibt an, wie groß die elektrische Ladung Q ist, die in einer Sekunde durch den Querschnitt eines Leiters fließt.

Das Formelzeichen für den elektrischen Strom ist I.

Die Einheit der Stromstärke ist **1 Ampere (1 A)**.

$$I = \frac{Q}{t} \qquad 1A = \frac{1\ Coulomb}{1\ Sekunde} = 1\,\frac{C}{s}$$

In einem geschlossenen Stromkreis ist die Stromstärke an allen Stellen gleich.
Hinweis: Der Buchstabe C hat hier die Bedeutung der physikalischen Einheit „Coulomb", er wird aber auch zur Bezeichnung der physikalischen Größe „Kapazitat" verwendet. Physikalische Größen und Einheiten siehe Anhang F.

6.3.2.3 Elektrische Stromdichte

In einem Lampenstromkreis fließt der gleiche Strom durch den dicken Draht der elektrischen Leitung und durch den sehr dünnen Draht des Glühfadens in der Lampe (Bild 6.63). Dabei wird der Glühfaden offensichtlich wesentlich stärker erwärmt als die Leitung. Wie weit dies durch die unterschiedlichen Metalle von Leitung und Glühfaden verursacht wird, soll hier zunächst nicht betrachtet werden.

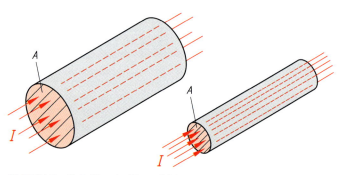

Bild 6.67: Zur Definition der Stromdichte

Die Temperaturzunahme eines Leiters wird nämlich maßgeblich vom Verhältnis der Stromstärke I zum Querschnitt A des Leiters bestimmt und nicht allein von der Stromstärke. Dieses Verhältnis bezeichnet man als Stromdichte (Bild 6.67).

Die **Stromdichte** *(current density)* gibt an, wie groß die elektrische Stromstärke je Quadratmillimeter in einem Leiterquerschnitt ist (praxisübliche Angabe; alternativ mit SI-Einheiten auch: Stromstärke je Quadratmeter, siehe Anhang F).

Das Formelzeichen für die Stromdichte ist S.

Die Einheit der Stromdichte ist **1 Ampere pro Quadratmillimeter**.

$$S = \frac{I}{A} \qquad 1\,\frac{A}{mm^2} = \frac{1\ A}{1\ mm^2}$$

Die in einem Leiter entwickelte Wärme ist umso größer, je größer die Stromdichte ist.

Hinweis: Der Buchstabe A hat einerseits die Bedeutung der physikalischen Größe „Fläche", andererseits aber auch die Bedeutung der physikalischen Einheit „Ampere".

Diese Erkenntnis findet eine wichtige praktische Anwendung bei Schmelzsicherungen, die zum Geräteschutz eingesetzt werden. In der Schmelzsicherung befindet sich ein sehr dünner Draht, der genau so bemessen ist, dass er die für ein technisches Gerät zulässige Stromstärke „aushalten" kann. Steigt infolge eines Fehlers im Gerät die Stromstärke über den höchstzulässigen Wert, schmilzt der Draht in der Sicherung durch und unterbricht den Stromkreis, bevor das Gerät durch zu hohe Ströme geschädigt wird.

Darüber hinaus sind in Geräten die Leiterquerschnitte von Leitungen, die höhere Ströme leiten müssen (z. B. CPU-Stromversorgung), stets größer bemessen als von Leitungen, die geringere Ströme übertragen (z. B. SATA-Datenkabel). Da Leitungen mit großen Querschnitten aber oft unhandlich werden, kann man stattdessen auch mehrere Leitungen mit geringeren Querschnitten parallel schalten (z. B. beim CPU-Spannungsversorgungsstecker auf dem Mainboard; Kap. 1.10.1).

Auch im Bereich der Energieversorgung elektrischer Geräte sind die Leitungsquerschnitte nur für Stromstärken bis zu einem bestimmten Maximalwert dimensioniert. Damit dieser Maximalwert nicht überschritten wird (was zu einem Kabelbrand führen könnte), werden elektrische Stromkreise in Gebäuden mit (rücksetzbaren) Sicherungen versehen, die als Schutzmaßnahme den Stromkreis üblicherweise bei einer Stromstärke von 16 A automatisch abschalten.

6.3.2.4 Strömungsgeschwindigkeit und Signalgeschwindigkeit

Elektrische Ladungen (Elektronen) bewegen sich in einem elektrischen Strom relativ langsam durch einen metallischen Leiter. So beträgt die **Strömungsgeschwindigkeit** v *(flow velocity)* in einem Kupferleiter von $1\ mm^2$ Querschnitt bei einer Stromstärke von 1 A weniger als 1 mm/s (Bild 6.68). Im Gegensatz zu dieser geringen Strömungsgeschwindigkeit elektrischer Ladungen ist die Geschwindigkeit, mit der sich der Bewegungsimpuls im Leiter fortpflanzt, sehr groß. Sie beträgt je nach Art der Leitung zwischen 50 % und 90 % der Lichtgeschwindigkeit ($c = 300\,000$ km/s). Sie wird als **Sig-**

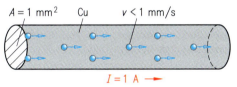

Bild 6.68: Strömungsgeschwindigkeit

Bild 6.69: Signalgeschwindigkeit

nalgeschwindigkeit *(signal speed)* bezeichnet und gibt an, wie schnell sich ein Signal entlang einer Leitung fortpflanzt (Bild 6.69).

6.3.2.5 Stromarten

In der Elektrotechnik unterscheidet man grundsätzlich folgende Stromarten:

Ein **Gleichstrom** *(direct current)* fließt dauernd in die gleiche Richtung. Seine Stromstärke ist in jedem Zeitpunkt gleich groß (Bild 6.70).

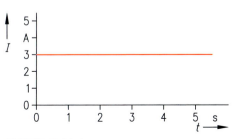

Bild 6.70: Gleichstrom

Ein **Wechselstrom** *(alternating current)* wechselt dauernd seine Richtung. Dabei ändert sich auch die Stromstärke ständig. Der zeitliche Verlauf des technischen Wechselstromes ist sinusförmig. Er wiederholt sich immer im gleichen Zeitraum von einer Periode (Bild 6.71). Hinsichtlich der Kennwerte (Maximalwert, Effektivwert, Periodendauer usw.) eines sinusförmigen Wechselstromes gelten die gleichen Festlegungen und Bezeichnungen wie bei Wechselspannungen. Es wird lediglich u durch i ersetzt.

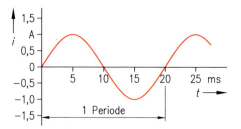

Bild 6.71: Sinusförmiger Wechselstrom

In Datenblättern werden Gleich- und Wechselströme vielfach mit einem kennzeichnenden Index versehen (**DC**: **D**irect **C**urrent; **AC**: **A**lternating **C**urrent). Die gleiche Indizierung hat sich auch bei entsprechenden Spannungsangaben eingebürgert.

Neben den periodischen Wechselströmen gibt es auch Ströme, die ihre Richtung nicht in gleichen Zeitabständen wechseln, sog. **nicht periodische Wechselströme**, z.B. Sprechwechselströme, wie sie in Mikrofonen erzeugt werden (Bild 6.72).

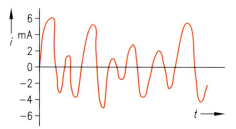

Bild 6.72: Nicht-periodischer Wechselstrom

Fließen in einem Leiter gleichzeitig ein Gleichstrom und ein Wechselstrom, so ergibt sich durch Überlagerung ein sog. **Mischstrom** *(mixed current*; Bild 6.73). Die-

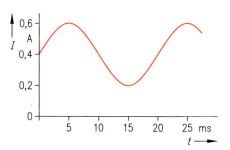

Bild 6.73: Pulsierender Gleichstrom

ser behält zwar seine Richtung bei, ändert aber ständig seine Stärke. Er wird auch als **pulsierender Gleichstrom** *(pulsating direct current)* bezeichnet.

6.3.2.6 Strommessung

Um die Stromstärke z.B. in einer Lampe zu messen, muss ein Strommesser (Amperemeter) so in den Stromkreis geschaltet werden, dass er von dem zu messenden Lampenstrom durchflossen wird. Hierzu müssen der Stromkreis aufgetrennt und das Messgerät an den Trennpunkten angeschlossen

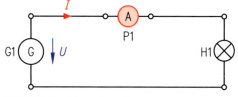

Bild 6.74: Anschluss eines Strommessers

werden (Bild 6.74). Da die Stromstärke im gesamten (unverzweigten) Stromkreis überall gleich groß ist, kann der Strommesser an jede beliebige Stelle des Stromkreises angelegt werden. Wird zur Messung der Stromstärke ein Vielfachmessinstrument (Multimeter) benutzt, so ist – wie bei der Spannungsmessung – auf die richtige Einstellung von Stromart, Messbereich und Polarität zu achten.

6.3.3 Elektrischer Widerstand

6.3.3.1 Widerstandsbegriff

Obwohl zur Vereinfachung bei Schaltungsberechnungen vielfach angenommen wird, dass die verwendeten elektrischen Leitungen den elektrischen Strom nahezu widerstandslos transportieren, ist dies in der Praxis nicht der Fall (Ausnahme: Supraleiter, d. h. Leitungen bei Temperaturen nahe dem absoluten Nullpunkt von −273° C).

> **Elektrischer Widerstand** *(electrical resistance)* ist allgemein die Eigenschaft eines Leiters, die Fortbewegung elektrischer Ladungen zu behindern.
>
> Er ist ein Maß dafür, welche elektrische Spannung benötigt wird, um eine bestimmte elektrische Stromstärke in einem Stromkreis fließen zu lassen.
>
> Der elektrische Widerstand wird mit dem Formelzeichen **R** gekennzeichnet.
>
> Die Einheit des elektrischen Widerstandes ist **1 Ohm** (1 Ω; griechischer Buchstabe Omega, hier gesprochen: „Ohm").

Elektrische Leiter haben die Eigenschaft, auf elektrische Ströme hemmend einzuwirken, d. h., sie setzen dem Strom einen Widerstand entgegen.

Der vorhandene Widerstand eines elektrischen Leiters ist hierbei abhängig von den Abmessungen (Länge l, Querschnitt A) und dem Werkstoff des Leiters. Die jeweiligen speziellen Werkstoffeigenschaften werden durch den sogenannten **spezifischen Widerstand** ρ (lies: „Rho"; griechischer Buchstabe) bzw. die **spezifische Leitfähigkeit** γ (lies: „Gamma"; griechischer Buchstabe; es gilt: $\gamma = \frac{1}{\rho}$) beschrieben.

Vom Grundsatz her bestehen folgende Zusammenhänge:

> Der **Widerstand R** eines elektrischen Leiters:
>
> - Nimmt in demselben Verhältnis ab wie der Querschnitt des Leiters zunimmt
> - Nimmt in demselben Verhältnis zu wie die Länge l des Leiters zunimmt
> - Nimmt in demselben Verhältnis zu wie der spezifische Widerstand ρ des Werkstoffs zunimmt.
>
> Damit errechnet sich der Widerstand eines elektrischen Leiters nach der Gleichung
>
> $$R = \frac{l \cdot \rho}{A} \qquad 1\,\Omega = \frac{1\,m \cdot 1\,\frac{\Omega \cdot mm^2}{m}}{1\,mm^2}$$

> **Beispiel**
> *Ein Kupferleiter mit dem spezifischen Widerstand von 0,0178 $\frac{\Omega \cdot mm^2}{m}$ hat einen Leiterquerschnitt von 1,5 mm² und ist 2,6 km lang. Wie groß ist sein Widerstand?*
>
> **Lösung**
> $$R = \frac{l \cdot \rho}{A} = \frac{2,6\,km \cdot 0,0178\,\frac{\Omega \cdot mm^2}{m}}{1,5\,mm^2} = \frac{2,6 \cdot 10^3\,m \cdot 0,0178\,\Omega\,mm^2}{1,5\,mm^2 \cdot m} = 30,85\,\Omega$$
>
> *Hinweis: Physikalische Größen und Einheiten siehe Anhang F.*

Ökonomisch und wirtschaftlich sinnvoll hat sich für elektrische Leitungen der Einsatz von Kupferlegierungen erwiesen, da dieses Metall in großen Mengen auf der Erde vorhanden ist, einen geringen spezifischen Widerstand hat und damit ausgezeichnete elektrische Leitungseigenschaften aufweist.

Der hier eingeführte physikalische Begriff „elektrischer Widerstand" ist eine Eigenschaft elektrischer Leiter, die in der Regel unerwünscht ist und vielfach kostspielige Energieverluste verursacht, da ein Teil der in Ladungsträgern gespeicherten Energie auf dem Weg zwischen Spannungsquelle und Verbraucher verloren geht. Aus diesem Grund wird stets versucht, den Leitungsweg zwischen Erzeugerort und Verbraucherort möglichst kurz zu halten.

Auch die Leiterbahnen gedruckter Schaltungen (z.B. PC-Mainboard) werden aus Kupferlegierungen gefertigt. Mit der fortschreitenden Miniaturisierung der Strukturen in Schaltungen der Micro- und Nanotechnik werden die Leiterquerschnitte stetig kleiner, wodurch zwangsläufig die Stromdichte steigt. Dadurch kommt es vermehrt zu Zusammenstößen von Leitungselektronen mit den gitterförmig angeordneten Kupferatomen. Einzelne Atome können sich im Leiter lösen und es kommt zu unerwünschten Materialwanderungen. Diesen Vorgang bezeichnet man als **Elektromigration** (*electromigration*). Hierdurch reduzieren sich einerseits die ohnehin schon geringen Leiterquerschnitte weiter bis hin zu völligen Unterbrechungen. Andererseits lagern sich die gewanderten Atome an anderen Stellen an, wo dann Kurzschlüsse entstehen können. Beides sind Effekte, die bei größeren Strukturen bislang vernachlässigbar waren, durch die bei heutigen Mikrostrukturen die Leiterplatinen aber unbrauchbar werden können.

Der Widerstandsbegriff bezeichnet in der Elektrotechnik aber nicht nur eine Eigenschaft, sondern wird auch für Bauelemente verwendet. Diese Bauelemente werden in elektrischen Schaltungen eingesetzt, damit Ladungsträger einen Teil ihrer gespeicherten Energie abgeben, um bestimmte technische Effekte zu bewirken (z.B. um eine vorhandene Spannung bedarfsgerecht zu verringern, sog. „Spannungsteilerschaltung").

> Der Begriff **Widerstand** wird in der Elektrotechnik mit zwei verschiedenen Bedeutungen verwendet:
> - Widerstand als Eigenschaft von Leitungen und anderen Bauteilen (engl.: *resistance*) und
> - Widerstand als Name für ein Bauelement (engl.: *resistor*)

Ein Bauelement, das maßgeblich die Eigenschaft besitzt, einen elektrischen Widerstandswert zu haben, der unabhängig von Spannung, Stromstärke und Frequenz ist, bezeichnet man auch als **ohmschen Widerstand**. In Schaltplänen wird ein ohmscher Widerstand allgemein mit einem genormten Rechtecksymbol und dem Formelzeichen R dargestellt (Bild 6.75). Manchmal gibt man in Darstellungen oder bei Schaltungsberechnungen stattdessen auch den *Kehrwert des Widerstandes* an. Dieser wird dann als **elektrischer Leitwert G** bezeichnet und in der Einheit **Siemens** (Formelzeichen: S) angegeben (G = 1/R; 1S = 1/Ω; siehe Anhang F).

6.3.3.2 Ohmsches Gesetz

Bild 6.75 zeigt den Schaltplan eines Versuchs, bei dem nacheinander mit zwei verschiedenen großen Widerstandswerten (z.B. 20 Ω und 40 Ω) bei verschiedenen Spannungswerten U die jeweiligen Ströme I durch die Widerstände gemessen werden (siehe Tabelle in Bild 6.76).

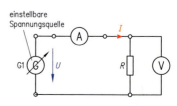

Bild 6.75: Schaltplan eines Versuchs

Die Messungen führen zu folgenden Erkenntnissen:

- Bei beiden Widerständen nehmen bei den eingestellten Spannungen die gemessenen Stromstärken jeweils im selben Verhältnis zu. Hieraus folgt: **Bei einem elektrischen Widerstand ist die Stromstärke der angelegten Spannung direkt proportional**, d.h. $I \sim U$.

- Vergleicht man weiter die jeweils bei gleicher Spannung fließenden Ströme mit den angeschlossenen Widerständen, so sieht man, dass bei Verdoppelung des Widerstandes die Stromstärke jeweils auf die Hälfte abnimmt. Hieraus folgt: **Bei einem elektrischen Widerstand ist die Stromstärke dem Widerstand umgekehrt proportional**, d.h. $I \sim \frac{1}{R}$.

Diese Gesetzmäßigkeiten im Zusammenhang von Spannung, Stromstärke und Widerstand werden in dem nach seinem Entdecker benannten Ohmschen Gesetz zusammengefasst.

Das **Ohmsche Gesetz** besagt:

Bei einem elektrischen Widerstand ist die Stromstärke
- der angelegten Spannung direkt proportional und
- dem Widerstand umgekehrt proportional.

Somit gilt:

$$I = \frac{U}{R}$$ Durch Umformung ergibt sich: $U = I \cdot R$ bzw. $R = \frac{U}{I}$

Die Betrachtung der Einheiten ergibt jeweils folgende Zusammenhänge:

$$1\,A = \frac{1\,V}{1\,\Omega}$$ Durch Umformung ergibt sich: $1\,V = 1\,A \cdot 1\,\Omega$ bzw. $1\,\Omega = \frac{1\,V}{1\,A}$

Hinweis: Physikalische Größen und Einheiten siehe Anhang F.

6.3.3.3 Widerstandskennlinie

Das Verhalten von Bauelementen und Geräten wird in der IT-Technik vielfach in Diagrammen visualisiert. Als exemplarisches Beispiel einer solchen Veranschaulichung sollen die Werte aus den Messungen zu Bild 6.75 dienen, bei denen zusammengehörende Strom- und Spannungswerte in einem Diagramm dargestellt sind (Bild 6.76).

6

U	Messung am 1. Widerstand		Messung am 2. Widerstand	
	I	U/I	I	U/I
V	A	V/A	A	V/A
0	0	–	0	–
2	0,05	40	0,1	20
4	0,10	40	0,2	20
6	0,15	40	0,3	20
8	0,20	40	0,4	20
10	0,25	40	0,5	20
12	0,30	40	0,6	20

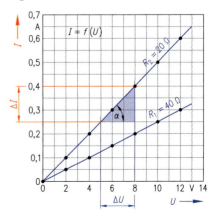

Bild 6.76: Wertetabelle und daraus resultierende Widerstandskennlinien

Verbindet man zusammengehörende (schwarze) Messpunkte mit einer Linie, so ergibt sich eine Darstellung, die das Bauteilverhalten auch für Strom-Spannungswerte visualisiert, die nicht explizit gemessen wurden (Bereiche zwischen den Messpunkten). Dies bezeichnet man allgemein als Kennlinie, im konkreten Fall als Widerstandskennlinie.

> Die **Widerstandskennlinie** *(resistance characteristic)* eines elektrischen Bauelementes zeigt die durch das Bauelement bestimmte Abhängigkeit der Stromstärke von der Spannung (mathematische Schreibweise: $I = f(U)$; lies: „I als Funktion von U").

In ihren Datenblättern stellen Hersteller nicht nur das Strom-Spannungs-Verhalten eines Bauelementes mithilfe einer Kennlinie dar, sondern auch eine Vielzahl anderer technischer Zusammenhänge (z.B. Abhängigkeit eines Widerstands von der Temperatur). Insbesondere bei Bauelementen mit nicht linearem Verhalten (d.h., die Kennlinie ist keine Gerade, sondern hat einen gekrümmten Verlauf) ist dies eine gängige Darstellungsart, da keinerlei mathematische Gleichungen benötigt werden.

6.3.4 Elektrische Energie und elektrische Leistung

6.3.4.1 Elektrische Energie

Ein elektrischer Stromkreis mit Spannungsquelle, Leitung und Verbraucher dient sowohl in der Kommunikationstechnik als auch in der Energietechnik zur Übertragung elektrischer Energie (Bild 6.77).

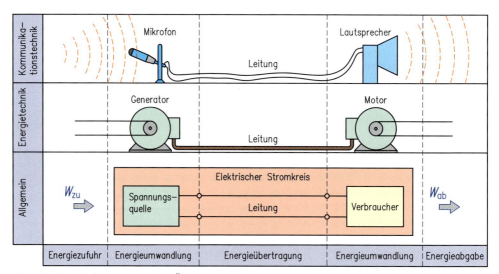

Bild 6.77: Elektrischer Stromkreis als Übertragungssystem für elektrische Energie

In der Spannungsquelle wird die von außen in Form von mechanischer Energie (Generator) oder Schallenergie (Mikrofon) zugeführte Energie (W_{zu}) durch Umwandlung in elektrische Energie in den Stromkreis eingespeist.

Die Leitung überträgt die von der Spannungsquelle abgegebene elektrische Energie zum Verbraucher. In der Praxis geht dabei ein Teil der zu übertragenden Energie verloren (Kap. 6.3.4.5). Dies äußert sich in der Energietechnik als **Spannungsverlust** (*voltage loss*; Erwärmung der Leitung) und in der Kommunikationstechnik als **Dämpfung** (*attenuation*; frequenzabhängige Verringerung der Amplitude und dadurch Veränderung der Signalform; Kap. 4.1.2.1) der zu übertragenden Signale.

Im Verbraucher wird die über die Leitung zugeführte elektrische Energie wieder in eine andere Energieform – z. B. akustische Energie (Schall) oder mechanische Energie – umgewandelt und somit vom Stromkreis wieder abgegeben (W_{ab}). Die Berechnung der von einem Stromkreis übertragenen elektrischen Energie ist aus Bild 6.78 ersichtlich.

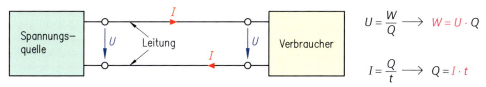

$$U = \frac{W}{Q} \longrightarrow W = U \cdot Q$$

$$I = \frac{Q}{t} \longrightarrow Q = I \cdot t$$

Bild 6.78: Berechnung der elektrischen Energie

Die durch einen Stromkreis zu einem Verbraucher übertragene elektrische **Energie W_{el}** errechnet sich aus
- der am Verbraucher liegenden Spannung U,
- der vom Verbraucher aufgenommenen Stromstärke I und
- der Einschaltdauer t des Verbrauchers.

Die Einheit der elektrischen Energie ist **1 Wattsekunde** (**1 Ws**).

$$W_{el} = U \cdot I \cdot t \qquad 1\,\text{Ws} = 1\,\text{V} \cdot 1\,\text{A} \cdot 1\,\text{s}$$

Hinweis: Bei der Umwandlung von Energieformen gilt für die Einheiten: **1 Ws = 1 J**. Informationen zu physikalischen Größen und Einheiten befinden sich in Anhang F.

Die in einem Verbraucher umgesetzte Energie wird in der Praxis selten in Wattsekunden angegeben, sondern meist mit der Zeiteinheit 1 Stunde (1 h). Dadurch ergeben sich wesentlich kleinere und praktikablere Zahlenwerte zur Angabe von Energiebeträgen in der Einheit 1 Wattstunde (1 Wh) oder 1 Kilowattstunde (1 kWh).

6

6.3.4.2 Messung elektrischer Energie

Die von einem Verbraucher aus dem Versorgungsnetz entnommene elektrische Energie wird von den Energieversorgungsunternehmen (zur Berechnung der Kosten) dauernd gemessen. Das hierzu verwendete Messinstrument ist der Zähler, der die vom Verbraucher aus dem Netz entnommenen Kilowattstunden zählt. Wie aus Bild 6.79 zu erkennen ist, werden im Zähler gleichzeitig die Stromstärke (roter Pfad) und die Spannung (schwarzer Pfad) gemessen. Die Einschaltdauer wurde ursprünglich über ein mechanisch arbeitendes Zählwerk erfasst. Seit geraumer Zeit werden bei Neuinstallationen jedoch vollelektronisch arbeitende

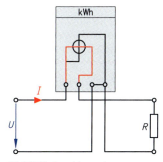

Bild 6.79: Anschluss eines Kilowattstundenzählers (Grundprinzip)

Zähler verwendet, deren Ablesung auch automatisiert per Fernzugriff über das Energieversorgungsnetz erfolgen kann.

Die von einem Kunden an das Energieversorgungsunternehmen (EVU) zu zahlenden **Energiekosten** *(K)* werden aus dem vom Zähler angezeigten Energieverbrauch *(W)* und dem **Kilowattstundenpreis** *(k)* berechnet.

> Energiekosten = Energieverbrauch · Kilowattstundenpreis
> $$K = W \cdot k \qquad 1{,}00 \text{ EUR} = 1 \text{ kWh} \cdot 1{,}00 \text{ EUR/kWh}$$

Der Preis für eine Kilowattstunde ist je nach Art des Verbrauchers (Industrie, Landwirtschaft, Gewerbe, Haushalt) und Größe des Energieverbrauchs in Tarifen gestaffelt. In der Regel setzt sich der vom Kunden an das EVU zu zahlende Endpreis zusammen aus

- einem verbrauchsunabhängigen Betrag (Bereitstellungspreis) und
- einem verbrauchsabhängigen Betrag (Arbeitspreis).

6.3.4.3 Speicherung elektrischer Energie

Neben der Übertragung elektrischer Energie ist auch ihre Speicherung in vielen technischen Bereichen von großer Bedeutung. Weltweit wird an Möglichkeiten geforscht, elektrische Energie für stationäre und mobile Anwendungen wirtschaftlich und in großem Umfang speichern zu können (Stichwort: Elektromobilität).

> Die stationäre Speicherung elektrischer Energie erfolgt hauptsächlich *indirekt*, indem elektrische Energie in potenzielle Energie oder chemische Energie umgewandelt wird.

So wird beispielsweise überschüssiger Strom dazu verwendet, Wasser in höhergelegene Speicherbecken zu pumpen. Bei Bedarf wird die potenzielle Energie (Kap. 6.3.1.1) des hochgepumpten Wassers wieder in elektrische Energie umgewandelt, indem man das Wasser durch Turbinen (Generatoren) hinabströmen lässt, die dann wieder elektrischen Strom erzeugen.

Mobile Energiequellen basieren meist auf chemischen Prozessen, bei denen durch das Einbringen bestimmter Metalle (und auch Kohle) in eine elektrisch leitende Flüssigkeit – den sog. **Elektrolyten** – durch die gegenseitige Berührung ein elektrisches Potenzial (Kap. 6.3.1.1) entsteht. Mit zwei verschiedenen Metallen in einem gemeinsamen Elektrolyten entsteht ein **elektrochemisches Element**, dessen Spannung gleich der Differenz der beiden Berührungspotenziale ist (Bild 6.80).

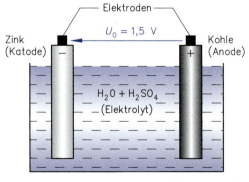

Bild 6.80: Elektrochemisches Element (Grundprinzip)

Die Anordnung zweier verschiedener chemischer Elemente (**Elektroden**) in einem gemeinsamen Elektrolyten, in der durch chemische Vorgänge eine elektrische Spannung entsteht, bezeichnet man als **elektrochemische** (oder **galvanische**) **Zelle** oder **Batterie**.

Wird eine höhere Spannung benötigt, als eine einzige Zelle liefern kann, so können mehrere Zellen *in Reihe* geschaltet werden (Bild 6.81 a). Wird ein höherer Strom benötigt, als eine Zelle zu liefern vermag, so besteht die Möglichkeit, mehrere Zellen *parallel* zu schalten (Bild 6.81 b). Hierbei dürfen nur Zellen mit gleichen Spannungswerten, gleichen Ladungszuständen und gleichen Innenwiderständen verwendet werden, da sonst Ausgleichsströme fließen und die Zellen geschädigt werden.

Bei den Batterien unterscheidet man zwischen Primärelementen und Sekundärelementen.

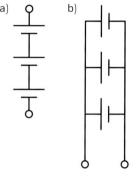

Bild 6.81: a) Reihenschaltung und b) Parallelschaltung von Batteriezellen

Primärelemente *(primary element)* können nur *einmal* entladen werden, da sich der durch die Entladung ablaufende chemische Prozess nicht rückgängig machen lässt.

Sekundärelemente (*secondary element*; Alternativbezeichnung: **Akkumulatoren**, kurz: **Akkus**) können *mehrfach* entladen und wieder aufgeladen werden, da sich der bei der Entladung ablaufende chemische Prozess umkehren lässt. Ein einzelner Entlade- und anschließender Ladevorgang wird als (Lade-)**Zyklus** bezeichnet.

Zu den wichtigsten Kenngrößen von Batterien gehören:

Kenngröße	Bedeutung
Kapazität *(capacity)*	K_L (Ladekapazität; in Herstellerunterlagen auch oft als C bezeichnet) gibt die gespeicherte Ladung in **Amperestunden** (**Ah**) bzw. in **Milliamperestunden** (**mAh**) an. Damit kann (näherungsweise, da belastungsabhängig) berechnet werden, wie lange ein Strom fließen kann, bis die Entlade-Endspannung erreicht ist.
Energiedichte *(energy density)*	Als W_d bezeichnet man die gespeicherte Energie, die von der Batterie, bezogen auf ihre Masse, bereitgestellt werden kann. Sie wird in **Wattstunden pro Kilogramm** (**Wh/kg**) angegeben.
Innenwiderstand *(internal resistance)*	Als Innenwiderstand R_i bezeichnet man den elektrischen Widerstand einer Batterie. Er verursacht im Inneren der Batterie einen zum Strom proportionalen Spannungsabfall. Daher misst man an den Batterieklemmen unter Last stets einen geringeren Spannungswert als im Leerlauf (d. h. ohne Last). Der Innenwiderstand steigt bei den meisten Batterietypen mit zunehmender Entladung an.

Bild 6.82: Batterie-Kenngrößen

6

Die *direkte* Speicherung elektrischer Energie ist technisch nur zeitlich begrenzt und nur mit vergleichsweise geringen Energiemengen möglich. Hierzu werden sog. Kondensatoren eingesetzt.

> Ein **Kondensator** *(capacitor)* ist ein elektrisches Bauelement, das elektrische Energie in begrenztem Umfang direkt aufnehmen, speichern und wieder abgeben kann.
>
> Der Kondensator wird mit dem Formelzeichen **C** gekennzeichnet.
>
> Hinweis: Der Buchstabe C wird einerseits zur Angabe der Speicherkapazität elektrischer Energie in einem Kondensator verwendet, andererseits aber auch als Abkürzung der physikalischen Einheit „Coulomb".

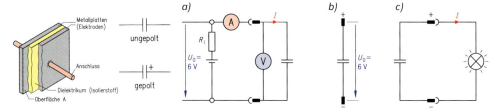

Bild 6.83: Prinzipieller Aufbau eines Kondensators

Bild 6.84: Kondensator als Energiespeicher (Grundprinzip)

Bild 6.84 beschreibt anschaulich das Grundprinzip: Wird ein Kondensator an eine Gleichspannung gelegt, so fließt für kurze Zeit ein Strom. Während dieser Zeit steigt die Spannung am Kondensator auf den Wert der angelegten Spannung (Bild 6.84 a), die Metallplatten des Kondensators (Bild 6.83) werden hierbei positiv bzw. negativ geladen. Trennt man den Kondensator von der Spannungsquelle, behält er seine Ladungen auf den Platten. Er hat elektrische Energie gespeichert und kann selbst wie eine Spannungsquelle wirken (Bild 6.84 b). Schließt man dann eine Lampe (Verbraucher) an den geladenen Kondensator, so leuchtet diese kurz auf. Die Kondensatorspannung sowie die elektrische Ladung gehen dabei auf null zurück (Bild 6.84 c).

Diese technische Eigenschaft des Kondensators nutzt man energietechnisch – z. B. durch Einsatz sog. Doppelschichtkondensatoren (Alternativbezeichnung: Supercaps) –, um kurzzeitige Spannungsschwankungen einer Energieversorgung auszugleichen.

In der Informationstechnik benötigt man keine großen Ladungsmengen, hier dienen Kondensatoren zur Speicherung von Signalzuständen (DRAM-Zellen; Kap. 1.5.2.2). Hierbei wird ein Kondensator mit einer sehr kleinen Speicherkapazität über einen elektronischen Schalter entweder geladen oder entladen. Der jeweilige Ladungszustand repräsentiert dann den logischen Wert 0 oder 1 (Kap. 6.2.1.1). Aufgrund der Selbstentladung muss der jeweilige Ladungszustand allerdings in vergleichsweise kurzen Zeitabständen erneuert werden (Refresh).

6.3.4.4   Elektrische Leistung

Verbraucher wandeln die ihnen zugeführte Energie in eine andere Energieform um. Dabei ist ein wesentliches Merkmal solcher Energiewandler, wie lange es dauert, bis ein vorgegebener Energiebetrag umgesetzt ist. Um diese Fähigkeit von Energiewandlern beurteilen zu können, definiert man den Begriff der Leistung.

Die **Leistung** *(power)* eines Verbrauchers (Energiewandlers) ist allgemein definiert als das Verhältnis der von ihm umgewandelten Energie W zu der dafür benötigten Zeit t („Power is energy per unit of time.").

Das Formelzeichen für die Leistung ist P.

Die Einheit der Leistung ist **1 Watt** (**1 W**).

$$P = \frac{W}{t} \qquad 1\ \text{Watt} = 1\ \text{W} = \frac{1\ \text{J}}{1\ \text{s}}$$

Für die elektrische Leistung P_{el} gilt mit $W_{el} = U \cdot I \cdot t$ speziell:

$$P_{el} = \frac{W_{el}}{t} = \frac{U \cdot I \cdot t}{t} = U \cdot I \qquad 1\ \text{Watt} = 1\ \text{W} = 1\ \text{V} \cdot 1\ \text{A}$$

Elektrische Leistung ist das Produkt aus Spannung und Stromstärke.

Hinweis: Der Buchstabe W hat einerseits die Bedeutung der physikalischen Größe „Energie", andererseits aber auch die Bedeutung der physikalischen Einheit „Watt".

In vielen praktischen Fällen steht einer der beiden Faktoren U und I für die Berechnung der Leistung nicht zur Verfügung, dafür ist aber der Widerstand R des Verbrauchers bekannt.

Durch Anwendung des Ohmschen Gesetzes ergeben sich als alternative Gleichungen zur Berechnung der elektrischen Leistung:

$$P_{el} = I^2 \cdot R \qquad\qquad P_{el} = \frac{U^2}{R}$$

Aus der letzten Gleichung ist zu erkennen, dass sich die Leistung direkt proportional *zum Quadrat der Spannung* verhält. Wird die Spannung auf die Hälfte (z.B. von 3 V auf 1,5 V) verringert, so sinkt die Leistung auf ein Viertel des ursprünglichen Wertes (z.B. von 8 W auf 2 W). Dies ist z.B. bei Prozessoren bedeutsam, bei denen die Corespannung vielfach kleiner ist als die I/O-Spannung (Kap. 1.3). Hierdurch kann die CPU-Leistung, die in Form von Wärme abgeführt werden muss, erheblich reduziert werden.

6

Beispiel
In einem Schulungsraum entnehmen vier PC-Arbeitsplätze an einem Arbeitstag von acht Stunden durchschnittlich eine Energie von 19,2 kWh aus dem 230-V-Energieversorgungsnetz. Die Nutzung des Schulungsraums erfolgt an 260 Tagen im Jahr. Zur besseren Luftzirkulation wird im Raum ein Ventilator eingesetzt, dessen Motor laut Typenschild einen Widerstand von 115 Ω aufweist.
a) Wie groß ist der Strom in der Zuleitung zu einem Arbeitsplatz?
b) Wie groß ist die elektrische Leistung pro Arbeitsplatz?
c) Wie hoch sind durchschnittlich die jährlichen Stromkosten pro Arbeitsplatz bei einem Kilowattstundenpreis von 32 Cent?
d) Wie groß ist die elektrische Leistungsaufnahme des Ventilators?

Lösung

a) $W_{el} = U \cdot I \cdot t \rightarrow I = \dfrac{W_{el}}{U \cdot t} = \dfrac{19{,}2 \text{ kWh}}{230 \text{ V} \cdot 8 \text{ h}} = \dfrac{19{,}2 \cdot 10^3 \text{ V} \cdot \text{A} \cdot \text{h}}{230 \text{ V} \cdot 8 \text{ h}} = 10{,}43$ A, d. h. pro Arbeitsplatz 2,61 A

b) $P = U \cdot I = 230 \text{ V} \cdot 2{,}61 \text{ A} = 600 \text{ W}$

c) $K = W_{el} \cdot k = \dfrac{19{,}2 \text{ kWh}}{4} \cdot 0{,}32 \dfrac{\text{Euro}}{\text{kWh}} = 1{,}54$ Euro pro Tag,

d. h. 1,54 Euro · 260 = 400,40 Euro im Jahr

d) $P = \dfrac{U^2}{R} = \dfrac{(230 \text{ V})^2}{115 \text{ }\Omega} = \dfrac{230^2 \cdot \text{V}^2}{115 \dfrac{V}{A}} = \dfrac{52\,900 \cdot \text{V}^2 \cdot \text{A}}{115 \cdot \text{V}} = 460 \text{ VA} = 460 \text{ W}$

Hinweis: Physikalische Größen und Einheiten siehe Anhang F.

In technischen Unterlagen wird die Leistungsangabe durch Namenzusätze genauer spezifiziert (z. B. Verlustleistung; Kap. 6.3.4.6). Ein bedeutsamer Begriff ist hierbei auch die sog. Nennleistung.

Die **Nennleistung** *(rated power)* ist diejenige höchste Dauerleistung, die bei einem bestimmungsgemäßen Betrieb eines Gerätes (Erzeuger oder Verbraucher) ohne zeitliche Einschränkung dauerhaft erbracht bzw. umgesetzt werden kann, ohne die Lebensdauer und die Sicherheit des Gerätes zu beeinträchtigen.

Werden ein oder mehrere elektrische Geräte an einem gemeinsamen Stromanschluss (z. B. über eine Mehrfachsteckdose) betrieben, so darf die Summe der von diesen Geräten aufgenommenen Leistung maximal der auf der Leitung übertragbaren Leistung betragen. Liegt der Maximalwert des elektrischen Stromes aufgrund des Leiterquerschnitts beispielsweise bei 16 A (vgl. Kap. 6.3.2.3), so beträgt die maximale Leistung $P_{max} = U \cdot I_{max} = 230 \text{ V} \cdot 16 \text{ A} = 3\,680 \text{ W}$. Zum Schutz vor Überlastung ist einer solchen Leitung ein entsprechender Sicherungsautomat vorgeschaltet, der die Leitung (und damit auch die angeschlossenen Geräte) bei Überschreitung des 16 A-Wertes vom Versorgungsnetz trennt.

6.3.4.5 Messung elektrischer Leistung

Um die elektrische Leistung eines Verbrauchers *(R)* festzustellen, können verschiedene Messmethoden angewendet werden.

Bei der indirekten Leistungsmessung (Bild 6.85 a) wird mit einem Voltmeter die Spannung und gleichzeitig mit einem Amperemeter die Stromstärke gemessen. Die Leistung lässt sich aus den Messwerten errechnet.

In der Praxis werden hierzu häufig Multimeter verwendet, bei denen besonders darauf zu achten ist, dass die beiden Messbereiche für Spannung und Stromstärke richtig eingestellt sind, sodass bei beiden Messungen keine Überlastung des Instrumentes erfolgt.

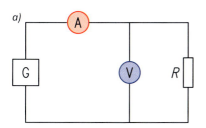
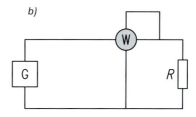

Bild 6.85: a) Indirekte und b) direkte Leistungsmessung

Bei der direkten Leistungsmessung (Bild 6.85b) wird ein **Leistungsmesser** (Wattmeter) verwendet. Dieses Messinstrument kann Spannung und Stromstärke gleichzeitig aufnehmen. Es zeigt die Leistung direkt an.

6.3.4.6 Wirkungsgrad

Bei der Umwandlung von Energie in einem Verbraucher (Energiewandler) entstehen immer Verluste. So geben beispielsweise Stecker-Schaltnetzteile, wie sie bei portablen Geräten (Smartphones, Tablets) zum Einsatz kommen, nur einen Teil der ihnen zugeführten Leistung (P_{zu}) am Ausgang (P_{ab}) wieder ab. Ein beträchtlicher Teil von P_{zu} wird als Wärme und damit als sog. **Verlustleistung P_V** *(power loss)* abgestrahlt. Der Zusammenhang zwischen P_{zu}, P_{ab} und P_V kann in einem sog. Leistungsschema verdeutlicht werden (Bild 6.86).

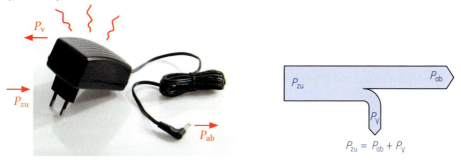

Bild 6.86: Verluste und Leistungsschema eines Stecker-Netzteils

Auf dem Leistungsschild von technischen Geräten werden die dargestellten Verhältnisse durch den Wirkungsgrad angegeben.

> Der **Wirkungsgrad η** (sprich: „Eta"; griechischer Buchstabe) ist das Verhältnis von abgegebener Leistung zu zugeführter Leistung.
>
> $$\eta = \frac{P_{ab}}{P_{zu}}$$
>
> Der Wirkungsgrad *(efficiency)* ist eine dimensionslose Größe, die stets kleiner 1 ist. Sie wird als Zahlenwert (z. B. 0,8) oder als Prozentwert (z. B. 80 %) angegeben.
>
> Der Gesamtwirkungsgrad einer Anlage ist das Produkt aus den Wirkungsgraden der einzelnen Energiewandler.

6.3.5 Bauteilerwärmung und Kühlung

In der Regel erwärmen sich alle elektronischen Bauteile im normalen Betrieb aufgrund der durch sie fließenden elektrischen Ströme. Damit die Erwärmung keine unzulässigen Werte annimmt und zur Zerstörung des Bauteils führt, muss die entstehende Wärme möglichst schnell an die Umgebung abgeführt werden. Die Ableitung der Wärme erfolgt umso besser, je größer die Oberfläche des erwärmten Bauteils ist. Deshalb wird die Oberfläche – insbesondere bei Leistungsbauteilen – durch zusätzliche Kühlkörper vergrößert, wodurch sich der Wärmewiderstand verringert.

> Analog zum elektrischen Widerstand ist der **Wärmewiderstand** *(thermal resistance)* ein Maß dafür, wie hemmend ein Körper einem Wärmefluss entgegenwirkt. Er wird auch als **thermischer Widerstand** bezeichnet. Sein Wert ist umso kleiner, je besser der Körper Wärme leitet und je größer die Oberfläche des Körpers ist.
>
> Das Formelzeichen für den Wärmewiderstand ist R_{th}.
>
> Die Einheit des Wärmewiderstandes ist **Kelvin pro Watt** ($1\dfrac{K}{W}$).

Die abzuführende Wärme ergibt sich aus der **Verlustleistung** P_V (Kap. 6.3.4.6), die aus den Betriebswerten der Schaltung berechnet werden kann und in keinem Falle größer sein darf als die vom Hersteller angegebene **höchstzulässige Verlustleistung** P_{tot}.

> Eine Wärmeableitung durch Kühlkörper bewirkt,
> - dass sich das Bauteil bei gleicher Verlustleistung weniger erwärmt oder
> - dass das Bauteil bei gleicher Erwärmung eine höhere Verlustleistung haben darf.

Um die bei modernen Prozessor-Chips (CPU-Dies; Kap. 1.3) mit Verlustleistungen bis über 100 W entstehende Wärme abzuleiten, muss die Wirkung von (passiven) Kühlkörpern noch wesentlich gesteigert werden. Dies wird erreicht durch die Auswahl entsprechender Werkstoffe. So werden z.B. Kühlkörper als Kupfer-Aluminium-Mischbauformen hergestellt, bei denen die Bodenplatte aus Kupfer und die Lamellen aus Aluminium bestehen. Zusätzlich werden Wärmeleitungen (**Heatpipes**) eingesetzt, um die Wärme von der Bodenplatte zu den entfernteren Bereichen der Lamellen zu leiten (Bild 6.87).

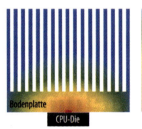 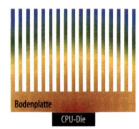 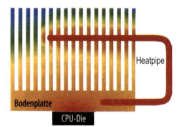

Temperaturverteilung bei schlecht wärmeleitender Bodenplatte

Temperaturverteilung bei gut wärmeleitender Bodenplatte

Temperaturverteilung mit Heatpipe

Bild 6.87: Wärmeverteilung in unterschiedlichen Kühlkörpern

Eine weitere Steigerung der Kühlung von Bauteilen wird durch den Einbau von aktiven Lüftern (Ventilatoren) erreicht, die für einen Luftstrom zwischen den Lamellen und damit für einen schnelleren Abtransport der Wärme sorgen (Bild 1.36). Eine elektronische Lüftersteuerung sorgt ggf. für eine temperaturabhängige Regelung der Lüfterdrehzahl. Inzwischen werden auch Systeme mit einer zirkulierenden Kühlflüssigkeit angeboten.

6.3.6 Elektromagnetische Phänomene

Elektromagnetische Phänomene stellen natürliche physikalische Erscheinungen dar, die in der IT-Technik eine bedeutende Rolle spielen. Sie werden einerseits technisch in vielfältiger Weise ausgenutzt, andererseits müssen Geräte durch entsprechende Maßnahmen auch vor ihnen geschützt werden.

Um die räumlichen Auswirkungen dieser Phänomene zu beschreiben, benutzt man die Begriffe elektrisches Feld und magnetisches Feld. Anders als etwa der elektrische Strom, dessen Fluss an einen elektrischen Leiter gebunden ist, benötigen beide Feldarten prinzipiell kein Medium, um sich auszubreiten. Durch geeignete, technische Maßnahmen lässt sich ihre Ausbreitung allerdings gezielt beeinflussen (siehe z. B. Bild 6.88).

6.3.6.1 Elektrische und magnetische Felder

Elektrische und magnetische Felder zeichnen sich u. a. dadurch aus, dass sie Auswirkungen auf bestimmte Materialien haben, die sich in ihrem Einflussbereich befinden.

> Ein **elektrisches Feld** *(electric field)* ist ein Raum, in dem auf elektrisch positiv oder negativ geladene Gegenstände (z. B. Elektronen) Kräfte wirken.
>
> Ein **magnetisches Feld** *(magnetic field)* ist ein Raum, in dem auf magnetische Stoffe (z. B. Eisen) oder bewegte Ladungsträger Kräfte wirken.

Die Veranschaulichung eines elektrischen oder magnetischen Feldes erfolgt in zeichnerischen Darstellungen jeweils mithilfe sogenannter **Feldlinienbilder** (z. B. grüne Linien in Bild 6.88). Obwohl beide Feldarten stets räumlich (d. h. dreidimensional) wirken, werden die Feldlinien meist nur in einer Ebene (d. h. zweidimensional) dargestellt. Die Richtung vorhandener Kraftwirkungen auf im jeweiligen Feld befindliche Elemente wird durch Pfeile an den Linien symbolisiert (z. B. im el. Feld per Definition auf eine *positive* Probeladung; weitere Informationen siehe z. B. https://studyflix.de/elektrotechnik/elektrisches-feld-264 oder https://studyflix.de/elektrotechnik/magnetisches-feld-268).

Ein elektrisches Feld existiert beispielsweise stets in dem Bereich zwischen getrennten elektrischen Ladungen (z. B. zwischen den Platten eines geladenen Kondensators, Bild 6.83: Ausrichtung der Moleküle des Dielektrikums durch die elektrostatischen Kräfte bewirkt eine größere Kapazität). Die elektrostatische Kraftwirkung elektrisch geladener Komponenten nutzt man beispielsweise auch beim Laserdrucker (Kap. 1.13.4).

Ein magnetisches Feld kann beispielsweise von einem Dauermagneten erzeugt werden (**Ferromagnetismus**, engl.: *ferromagnetism*; Ausrichtung von Molekülen bestimmter Materialien; Anwendungsbeispiele: Elektromotor, dynymischer Lautsprecher). Auch bewegte elektrische Ladungen (Elektronen) erzeugen stets ein magnetisches Feld (**Elektromagnetismus**, engl.: *electromagnetism*). Fließt ein elektrischer Strom (Kap. 6.3.2) durch einen (runden) Leiter, so umgibt das Magnetfeld den Leiter ringförmig (Darstellung im Feldlinienbild mit konzentrischen Kreisen um den Leiter; Kraftwirkung visualisierbar durch Einbringen einer Kompassnadel in den Wirkungsbereich des Feldes).

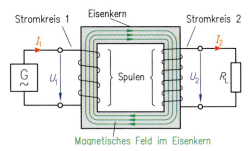

Mit einem sich ständig ändernden magnetischen Feld (hervorgerufen durch einen fließenden Wechselstrom; Kap. 6.3.2.5) lässt sich beispielsweise – wie in Bild 6.88 prinzipiell dargestellt – elektrische Energie von einem Stromkreis 1 in einen zweiten Stromkreis übertragen, ohne dass die beiden Stromkreise *elektrisch* miteinander verbunden sind.

Bild 6.88: Grundprinzip der Energieübertragung durch magnetische Induktion

Eine mehrfach (um einen Eisenkern) gewickelte elektrische Leitung bezeichnet man als **Spule** *(electric coil)* oder **Induktivität** *(inductance)*. Fließt ein elektrischer Strom durch Spule 1, ergibt sich im Inneren dieser Spule ein besonders starkes magnetisches Feld (Ursache: Wechselstrom I_1; Wirkung: magn. Wechselfeld). Durch den Eisenkern im Spuleninnneren lässt sich dieses magnetische Feld quasi „bündeln" und vorzugsweise in bestimmte Bahnen leiten (grüne Linien in Bild 6.88).

Die Anordnung zweier *elektrisch getrennter* Spulen auf einem gemeinsamen Eisenkern nennt man **Übertrager** *(transformer)* oder **Transformator**.

Bei einem Übertrager/Transformator wird auch das Innere von Spule 2 vom magnetischen Feld (erzeugt von Spule 1) durchsetzt. Dieses Magnetfeld bewirkt einen Wechselstrom in Spule 2 (Ursache: magn. Wechselfeld; Wirkung: Wechselstrom I_2 bzw. Wechselspannung U_2).

Diesen Vorgang bezeichnet man allgemein als **magnetische Induktion** *(magnetic induction*; Bild 6.88), die Verbindung beider Stromkreise über das Magnetfeld als **induktive Kopplung** *(inductive coupling)*.

Die induktive Kopplung wird beispielsweise für das kontaktlose Aufladen von Smartphone-Akkus verwendet. Unerwünscht ist jedoch etwa das (auf dem gleichen Effekt beruhende) Übertragen von Signalen zwischen zwei voneinander isolierten, parallel liegenden Datenkabeln. Aus diesem Grunde müssen Datenkabel abgeschirmt werden (Kap. 4.1.2.1).

Mit einem magnetischen Feld (erzeugt durch eine winzige Spule im Schreib-/Lesekopf der Festplatte; Bild 1.107) werden beispielsweise mikroskopisch kleine Bereiche der dünnen, magnetisierbaren Oberfläche einer Festplatte unterschiedlich magnetisiert. Der jeweilige magnetische Zustand bleibt bestehen, sodass diese Bereiche dauerhaft die logischen Zustände 0 oder 1 (Kap. 6.1.1) speichern können.

Elektrische und magnetische Felder können auch miteinander gekoppelt auftreten. Dies kann man schaltungstechnisch realisieren, indem man Kondensatoren und Spulen so zusammenschaltet, dass die in den Feldern jeweils vorhandene Energie ständig zwischen dem elektrischen und dem magnetischen Feld hin und her schwingt (sog. **Schwingkreis**). Bei geeigneter Anordnung und entsprechend hoher Schwingfrequenz (kHz, MHz, GHz) kann sich die schwingende Energie über weite Strecken in den umgebenden Raum ausbreiten.

Ein sich im Raum ausbreitendes, gekoppeltes elektrisches und magnetisches Feld bezeichnet man als **elektromagnetische Welle** *(electromagnetic wave)*.

> Eine technische Anordnung zur Abstrahlung (bzw. zum Empfang) elektromagnetischer Wellen bezeichnet man allgemein als **Antenne** *(antenna)*.

Eine elektromagnetische Welle breitet sich im freien Raum (Luft, Vakuum) mit Lichtgeschwindigkeit aus, d. h., sie ist nicht an ein Medium gebunden.

Auf der Abstrahlung elektromagnetischer Wellen durch Sendeantennen und deren Empfang durch Empfangsantennen basiert die gesamte drahtlose Kommunikation in der IT-Technik. Durch Modulation dieser Wellen (d. h. durch Aufprägen einer Nutzinformation, siehe „Fachstufe IT-Systeme", Kap. 6.1.5) lassen sich Daten leitungsungebunden übertragen (z. B. Mobilfunk, WLAN, Bluetooth, GPS, NFC usw.).

6.3.6.2 Elektromagnetische Verträglichkeit

Durch elektromagnetische Einflüsse können die Funktionen technischer Geräte auch erheblich gestört werden. Insbesondere in der PC-Technik kommt es durch immer höhere Taktraten bzw. immer kürzere Schaltzeiten in digitalen Hochgeschwindigkeitsschaltungen zu immer stärkeren Störstrahlungen („**Elektrosmog**"). Aus diesem Grunde müssen IT-Geräte gegen unerwünschte Einflüsse durch diese Felder geschützt werden.

Durch elektrische Felder und hierdurch bedingte (meist unerwünschte) **elektrostatische Aufladungen** *(electrostatic charge)* können empfindliche elektronische Bauelemente und Schaltungen beschädigt werden. Elektrostatische Aufladungen ergeben sich im alltäglichen Leben u. a. durch Reibungseffekte (Reibungselektrizität) und

Achtung
Nur geschultes Personal darf die Verpackung öffnen
Elektrostatisch gefährdete Bauelemente (EGB)

Attention
Observe Precautions for Handling
Electrostatic Sensitive Devices (ESD)

Bild 6.89: Aufkleber für EGB

sind allgegenwärtig. Eine große elektrostatische Aufladung geht einher mit einer teilweise sehr hohen elektrischen Spannung, sodass es auch über eine Luftstrecke zu einer **elektrostatischen Entladung** *(electrostatic discharge)* kommt, die die oben genannten Schädigungen bewirken kann. Aus diesem Grunde werden elektrostatisch gefährdete Bauelemente (**EGB**; engl. **ESD**: *electrostatic-sensitive device*) durch Verpackungsaufkleber besonders gekennzeichnet (Bild 6.89).

Ein **ESD-Schutz** *(ESD protection)* ist überall dort erforderlich, wo häufig mit EGBs gearbeitet wird. Dieser Schutz wird erreicht, indem der Arbeitsplatz mit einem antistatischen Tisch- und Bodenbelag, mit einem Sicherheits-Handgelenkband und mit Erdungszubehör ausgerüstet wird (Bild 6.90).

Bild 6.90: ESD-Schutz am Arbeitsplatz

6

Das Thema **Elektromagnetische Verträglichkeit** (**EMV**; *electromagnetic compatibility*) hat beträchtlich an Bedeutung gewonnen. Man unterscheidet hierbei

- **elektromagnetische Verträglichkeit mit der Umwelt** (**EMVU**), die sich mit den Wirkungen elektromagnetischer Felder auf biologische Systeme (Mensch, Tier, Pflanze) befasst, und

- **elektromagnetische Verträglichkeit von Geräten** (**EMVG**).

> **Elektromagnetische Verträglichkeit (EMVG)** ist die Fähigkeit eines Gerätes,
> - in der elektromagnetischen Umwelt zufriedenstellend zu arbeiten,
> - ohne dabei selbst elektromagnetische Störungen zu verursachen, die für andere in dieser Umwelt vorhandene Geräte unannehmbar wären.

Die wesentlichen Begriffe der EMVG sind:

- **Störfestigkeit**; sie bezeichnet die Fähigkeit eines Gerätes, während einer elektromagnetischen Störung von außen (z.B. durch Blitzschlag) einwandfrei zu funktionieren.

- **Störaussendung**; sie beschreibt die Fähigkeit eines Gerätes, elektromagnetische Störungen zu erzeugen.

Geräte im Sinne der EMVG-Vorschriften sind:

- Alle Apparate, Anlagen und Systeme, die elektrische oder elektronische Bauteile enthalten, z.B. Rundfunk- und TV-Empfänger, mobile Funkgeräte, informationstechnische Geräte, Telekommunikationsgeräte und -netze usw.

- Sämtliche Baugruppen, Geräteteile u.Ä., die allgemein im Handel erhältlich sind, z.B. PC-Karten, Motherboards, Schnittstellenkarten, Schaltnetzteile, Relais usw.

Alle diese Geräte müssen den EMV-Vorschriften entsprechen, damit sie das **CE-Zeichen** (vgl. Kap. 1.14.3) führen und auf dem freien Markt angeboten werden dürfen.

Keine Geräte im Sinne der EMVG-Vorschriften sind alle elementaren Bauteile wie z.B. Widerstände, Kondensatoren, Spulen, Kabel, Stecker, ICs, Sicherungen usw.

Bei der Frage, ob elektromagnetische Strahlung die **Gesundheit des Menschen** (EMVU) beeinträchtigt, sollte man bedenken, dass alle inneren Regelmechanismen des Körpers auf kleinsten elektrischen Strömen und Spannungen beruhen. Künstlich erzeugte Felder rufen oft viel höhere Ströme und Spannungen im Körper hervor, deren gesundheitsgefährdende Wirkung jedoch noch nicht vollständig erforscht ist.

Recht gut bekannt ist die Wärmewirkung hochfrequenter (handyspezifischer) elektromagnetischer Strahlung. Die Wassermoleküle – der Mensch besteht zu etwa 60% aus Wasser – bilden elektrische Dipole. Diese schwingen in dem ständig wechselnden elektromagnetischen Feld im Rhythmus der hohen Frequenz und reiben dabei aneinander. Dadurch entsteht Wärme zusätzlich zur Körpertemperatur. Bei Erwärmung um mehr als 1 °C können Stoffwechsel und Nervensystem gestört werden. Bei zu starker Erwärmung kann es auch zu Schäden im Auge kommen. Diese weitgehend erforschten thermischen Effekte bilden die Grundlage für die „Grenzwerte für elektromagnetische Strahlenbelastung" nach der 26. Bundesimmissionsschutzverordnung.

Als Messgröße für den Einfluss von Hochfrequenzfeldern und die damit verbundene Energieabsorption im menschlichen Gewebe dient die **SAR** (**S**pezifische **A**bsorptions-**R**ate); sie wird angegeben in Watt pro Kilogramm Körpermasse (W/kg). Die maximal zulässige SAR beträgt

- 0,08 W/kg (z. B. Antennen von Basisstationen für GSM-, LTE- und 5G-Netze; siehe „Fachstufe IT-Systeme", Kap. 5.8) für den ganzen Körper und

- 2,00 W/kg für Teile des Körpers, z. B. für den Kopf (von der Weltgesundheitsorganisation WHO festgesetzter Grenzwert).

Die Messbedingungen für die SAR sind durch die europäische Norm (seit 2007 in der EN 62209-1) festgelegt.

Der SAR-Wert z. B. eines Smartphones gibt an, wie viel Energie der Körper beim Telefonieren mit diesem Gerät maximal aufnimmt. Die SAR-Werte von aktuellen Smartphones liegen zwischen 0,1 und 1,9 W/kg. Damit ein Smartphone mit dem Blauen Engel ausgezeichnet wird, darf sein SAR-Wert höchstens 0,6 W/kg betragen.

Hinweise zum Schutz vor elektromagnetischer Strahlung:

- Möglichst **Abstand halten** von strahlenden Geräten (z. B. TV, Monitor)

- Nicht benötigte **Geräte abschalten** (z. B. Drucker, Kopierer). Die Netzteile vieler Geräte geben auch im Stand-by-Betrieb ein Magnetfeld ab.

- **Strahlungsarmes Display** verwenden

- **Schnurlose Telefone** am Telefonnetz haben eine relativ geringe Leistung im Vergleich zu Mobiltelefonen.

- Im **Schlafzimmer sollte keine TV- oder Stereoanlage** stehen; **Radiowecker oder Uhren möglichst weit weg** vom Bett.

- **Netzfreischalter** trennen das gesamte Schlafzimmer vom Stromnetz, sobald der letzte Verbraucher ausgeschaltet ist.

6

AUFGABEN

1. Beschreiben Sie mit eigenen Worten eine Modellvorstellung vom Aufbau eines Atoms. Beantworten Sie in diesem Zusammenhang folgende Fragen:
   a) Aus welchen Grundbausteinen sind Atome aufgebaut?
   b) Wie sind diese Bausteine im Modell angeordnet?
   c) Was stellen Sie sich unter einer Atomhülle vor?
   d) Wie sind die Atombausteine elektrisch geladen?
   e) Welche der Grundbausteine bilden die Basis für den elektrischen Strom?

2. Wann gilt ein Körper als „positiv geladen", wann gilt er als „negativ geladen"?

3. a) Was versteht man unter einer elektrischen Spannung? Wie wird sie angegeben?
   b) Nach welchen Kriterien lassen sich elektrische Spannungsquellen voneinander unterscheiden? Nennen Sie Beispiele.

4. Welche Kenngröße(n) benötigt man zur eindeutigen Darstellung einer
   a) Gleichspannung?
   b) sinusförmigen Wechselspannung?

5. Innerhalb einer elektronischen Schaltung liegt an Messpunkt 1 ein elektrisches Potenzial von 30 V, an Messpunkt 2 ein Potenzial von 12 V. Berechnen Sie
   a) die Spannung von Punkt 1 gegenüber Punkt 2 und
   b) die Spannung von Punkt 2 gegenüber Punkt 1.

6. a) Wie groß sind in der nebenstehenden Schaltung die Potenziale φ_1 und φ_2?
   b) Wie groß ist die Spannung U_{12}?

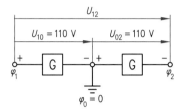

7. In der nebenstehenden Schaltung ist zunächst die Klemme 2 auf Nullpotenzial (Masse) gelegt.
   a) Wie groß ist die Gesamtspannung an der Schaltung?
   b) Welche Potenziale liegen an den Punkten 1 bis 4?
   c) Wie groß ist die Stromstärke in der Schaltung?
   d) Wie groß sind die Widerstände R2 und R3?
   e) Welche Potenziale treten an den Klemmen 1 bis 4 auf, wenn das Nullpotenzial von Klemme 2 nach Klemme 3 verlegt wird?
   f) Wie ändern sich die Spannungen in der Schaltung durch die unter e) angegebene Verlegung des Nullpotenzials?

8. Mit einem Oszilloskop wird die Periodendauer von zwei sinusförmigen Wechselspannungen gemessen. Aus dem Messergebnis ist zu entnehmen, dass $T_1 = 2 \cdot T_2$ ist. Welche Aussage kann über die Frequenzen f_1 und f_2 der Wechselspannungen gemacht werden?

9. Wie viele Millisekunden nach dem Nulldurchgang erreicht eine sinusförmige Wechselspannung mit der Frequenz von 5 kHz ihren Maximalwert?

10. Die Taktfrequenz einer CPU beträgt 1,2 GHz. Wie groß ist die Periodendauer?

11. Der Chiptakt eines DDR4-RAM-Bausteins durchläuft eine Periode in 2,5 ns. Wie groß ist die Taktfrequenz?

12. Aus welchem Grund definiert man für eine Wechselspannung den sog. Effektivwert?

13. Eine sinusförmige Wechselspannung, deren Maximalwert mit 325 V angegeben ist, hat eine Frequenz von 50 Hz. Wie groß ist
    a) ihr Effektivwert?
    b) ihr Augenblickswert bei $t = 2,5$ ms?

14. Berechnen Sie den Maximalwert und den Spitze-Spitze-Wert einer sinusförmigen Wechselspannung, die einen Effektivwert von 800 mV hat.

15. Wie viel Prozent des Maximalwertes beträgt der Effektivwert einer sinusförmigen Wechselspannung?

16. Was muss bei der Messung einer Spannung mit einem Multimeter alles beachtet werden?

17. a) Beschreiben Sie mit eigenen Worten, was Sie unter einem elektrischen Strom und einem elektrischen Stromkreis verstehen.
    b) Nennen Sie allgemein die Hauptbestandteile eines Stromkreises und erklären Sie, welche Aufgabe die genannten Teile im Stromkreis erfüllen. Geben Sie als Beispiel jeweils eine oder mehrere entsprechende PC-Komponente(n) an.

18. Welche Ladungsmenge muss pro Sekunde durch den Leiterquerschnitt strömen, wenn die Stromstärke 4,5 A betragen soll?

19. Durch den Leitungsdraht für die Stromversorgung eines DVD-Brenners wird in einer Zeit von 2 min eine Ladungsmenge von 60 C bewegt. Berechnen Sie die Stromstärke in diesem Leiter in Milliampere (mA).

20. Was versteht man unter der „technischen Stromrichtung"?

21. a) Welche Arten von Wechselströmen unterscheidet man? Erläutern Sie die Unterschiede.
    b) Elektrische Ströme werden vielfach mit dem Index DC oder AC versehen. Erläutern Sie diese Indizierung.

22. Beim technischen Wechselstrom im Energieversorgungsnetz dauert eine Periode 20 ms.
    a) Wie viele Perioden können demnach in 1 Sekunde ablaufen?
    b) Wie oft wechselt in 1 Sekunde die Stromrichtung?

23. Wird in der nebenstehenden Schaltung der Stromkreis durch den Schalter S geschlossen, so leuchtet die 100 m entfernte Lampe H sofort auf, obwohl die elektrischen Ladungen nur eine Strömungsgeschwindigkeit von ca. 1 mm/s haben.
    a) Begründen Sie diesen Sachverhalt.
    b) Berechnen Sie die Signallaufzeit vom Schalter bis zur Lampe (Signalgeschwindigkeit = 90 % der Lichtgeschwindigkeit).

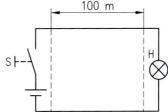

24. In der Stromversorgungsleitung (Leitungsquerschnitt 4 mm², Cu) zu einem Serverraum fließt ein Strom von 22,8 A. Wie groß ist die Stromdichte in der Leitung?

25. a) Wo liegt in nebenstehender Schaltung der Pluspol, wo liegt der Minuspol der Spannungsquelle? (Antwort mit Begründung.)
    b) Berechnen Sie den Wert des Widerstandes in Kiloohm.

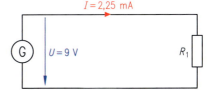

26. Der Begriff „elektrischer Widerstand" wird in der Technik mit zwei unterschiedlichen Bedeutungen verwendet. Erläutern Sie den Unterschied.

27. Durch einen Widerstand von 10 kΩ fließt ein Strom von 10 mA. Wie groß ist die am Widerstand liegende Spannung?

28. Um welchen Faktor ändert sich der Spannungsverlust U_V an einer Leitung bei gleichbleibender Stromstärke, wenn
    a) die Leitungslänge verdoppelt oder
    b) der Leiterdurchmesser verdoppelt wird?

29. Das Diagramm zeigt die Kennlinien von drei verschiedenen Widerständen.
    a) Beschreiben Sie, wie Sie in einem solchen Diagramm die Größe eines Widerstandes ablesen können.
    b) Bestimmen Sie die Größe der drei Widerstände.
    c) Welche Spannung muss an den Widerstand R2 gelegt werden, damit sich eine Stromstärke von 3 A einstellt?
    d) Wie groß ist die Stromstärke im Widerstand R1, wenn eine Spannung von 25 V anliegt?

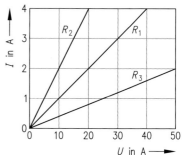

30. Ein Mikrofon in einem Diktiergerät wird mit einer Spannung von 1,5 V gespeist. Dabei stellt sich ein Speisestrom von 75 mA ein.
    a) Berechnen Sie den Mikrofonwiderstand.
    b) Bestimmen Sie den Bereich, in dem der Mikrofonwiderstand schwankt, wenn beim Besprechen der Membran der Widerstand um 20 % zu- und abnimmt.

31. Bei einer Spannung von 24 V fließt durch einen Sensor in einem IT-Gerät ein Strom von 16 mA. Die Stromstärke soll um 20 % verringert werden. Um wie viel Prozent muss dazu der Sensorwiderstand vergrößert werden?

32. Auf dem Leistungsschild eines IT-Gerätes findet man folgende Angaben: P_{ab} = 5 kW; η = 85 %; U = 230 V.
    a) Wie groß ist die elektrische Leistung, die diesem Gerät zugeführt werden muss?
    b) Wie groß ist die Stromstärke in der Zuleitung?

33. Eine Signallampe in einer telekommunikationstechnischen Einrichtung trägt auf dem Sockel die Aufschrift „24 V/25 mA". Berechnen Sie
    a) den Widerstand der Lampe und
    b) die von der Lampe aufgenommene Leistung.

34. Ein Mikroprozessor hat bei einer Betriebsspannung von 5 V eine Stromaufnahme von 170 mA. Wie viele Tage und Stunden kann der Mikroprozessor arbeiten, bis er 1 kWh verbraucht hat?

35. Ein LED-Panel nimmt bei einer Spannung von 1,6 V eine Stromstärke von 70 mA auf. Die Anzeige hat eine tägliche Betriebsdauer von 9,5 h; 1 kWh kostet 0,35 EUR.
    a) Wie viele Wattstunden verbraucht die Anzeige in einem Monat (30 Tage)?
    b) Wie lange (Tage, Monate, Jahre) kann die Anzeige bei der angegebenen täglichen Betriebsdauer arbeiten, bis sie für 1 EUR elektrische Energie verbraucht hat?

36. Um wie viel Prozent geht der Energieverbrauch einer CPU zurück, wenn die Core-spannung um 6 % verringert werden kann?

37. Die auf dem Leistungsschild von Verbrauchern angegebene Leistung ist immer die von diesem abgegebene Leistung. So kann beispielsweise einem Stecker-Netzteil am Ausgang eine Leistung von 5 W entnommen werden; sein Wirkungs-grad beträgt (typischerweise) 65 %. Berechnen Sie die aufgenommene Leistung und die Verlustleistung.

38. Die CPU auf einem Mainboard hat bei einer Betriebsspannung von 12 V eine Leis-tungsaufnahme von maximal 120 W.
    a) Wie groß ist die maximale Stromstärke in der Zuleitung?
    b) Wie groß ist die Stromdichte, wenn der Querschnitt der Zuleitung 1,5 mm^2 beträgt?
    c) Wie verändert sich die Stromdichte pro Leitung, wenn man den zufließenden Strom auf zwei parallel geschaltete Leitungen mit einem jeweiligen Quer-schnitt von 1 mm^2 verteilt?

39. Sämtliche Energieversorgungs-Steckdosen in einem Büro Ihrer Firma sind über einen einzigen Sicherungsautomaten abgesichert, der bei einem Nennstrom von 16 A abschaltet.
    a) Begründen Sie, warum bei einem elektrischen Stromkreis zur Energieversor-gung grundsätzlich eine solche Sicherheitsabschaltung erforderlich ist.
    b) Berechnen Sie, wie viele PC-Arbeitsplätze sich maximal an die Steckdosen anschließen lassen, wenn pro PC eine Leistung von 680 W und pro Display eine Leistung von 80 W erforderlich ist und sonst keine weiteren Geräte ange-schlossen werden.
    c) Durch welche Maßnahme könnte man die Anzahl der Arbeitsplätze erhöhen?

40. Woraus besteht prinzipiell eine elektrochemische Zelle? Wovon hängt die Höhe ihrer Spannung ab?

41. a) Welcher wesentliche Unterschied besteht zwischen einem Primärelement und einem Sekundärelement? Welche Bedeutung hat in diesem Zusammenhang der Begriff „Zyklus"?
    b) Erläutern Sie die Kenngrößen Kapazität, Energiedichte und Innenwiderstand bei einer Batterie.

42. Ein NiMH-Akku trägt die Aufschrift: 1,2 V; 1 200 mAh.
    a) Welche Informationen kann man dieser Aufschrift entnehmen?
    b) Auf welchen Ladestrom muss ein Ladegerät eingestellt werden, um den Akku nach völliger Entladung standardmäßig (in der Regel 10 Std.) wieder aufzu-laden?
    c) Mit welcher Stromstärke muss geladen werden, wenn der Akku innerhalb ei-ner Stunde geladen werden soll?

43. Erläutern Sie den Unterschied zwischen der direkten und der indirekten Speiche-rung von elektrischer Energie.

44. Wie definiert man in der IT-Technik
    a) ein elektrisches Feld?
    b) ein magnetisches Feld?
    c) eine elektromagnetische Welle?
    d) Nennen Sie Anwendungsbeispiele für die technische Nutzung elektrischer, magnetischer und elektromagnetischer Phänomene. (Hinweis: Abhängig von der Bearbeitungstiefe; ggf. auch mit einer Internetrecherche.)

45. Wie lässt sich am Arbeitsplatz der erforderliche ESD-Schutz erreichen?

46. a) Welche Bedeutung haben die Bezeichnungen EMVU und EMVG?
    b) Erläutern Sie die Bedeutung der Bezeichnung SAR. In welcher Größenordnung liegen die SAR-Werte aktueller Smartphones?

Anhang A: Schaltzeichen technischer Betriebsmittel (Auswahl)

	Leiter Gruppe von Leitern Leitung Kabel		Widerstand, allgemein		Halbleiterdiode, allgemein		
	Kennzeichnung der Leiterzahl z. B. 3 Leiter		Widerstand, veränderbar		Leuchtdiode, allgemein		
	Abzweig von Leitern		Widerstand, spannungsabhängig Varistor		Z-Diode		
	Doppelabzweig von Leitern		Kondensator, allgemein		Fotodiode		
	Buchse Pol einer Steckdose		Kondensator, gepolt (unteres Symbol veraltet)		Bipolar- Transistor		
	Stecker Pol eines Steckers		Kondensator, einstellbar		Feldeffekt- Transsitor		
	Buchse und Stecker Steckverbindung		Induktivität Spule				
	Masse Gehäuse		Induktivität mit Magnetkern		Optokoppler		
	Sicherung, allgemein		Transformator mit zwei Wicklungen		Gleichstrom- Umrichter DC/DC-Wandler		
			Elektromechanischer Antrieb, allgemein		Gleichrichter AC/DC-Wandler		
	Handantrieb, allgemein		Elektromechanischer Antrieb eines polarisierten Relais		Wechselrichter DC/AC-Wandler		
	Selbsttätiger Rückgang Das Dreieck zeigt in die Richtung des Rückgangs		Lampe, allgemein Leuchtmelder, allgemein		Verstärker, allgem ein		
	Raste Nicht selbsttätiger Rückgang		Wecker, allgemein		ODER-Element, allgemein		
	Schließer		Summer		UND-Element, allgemein		
	Öffner		Hupe		Äquivalenz- Element, allgemein		
			Strommessgerät mit Angabe der Einheit Ampere		Exklusiv-ODER- Element, allgemein		
			Spannungsmessgerät mit Angabe der Einheit Volt				
	Wechsler mit Unterbrechung		Wattstundenzähler Elektrizitätszähler		NICHT-Element, Inverter		

Schaltzeichen nach DIN (Hinweis: Gemäß Zeichnungsnorm besteht zwischen zwei rechtwinklig kreuzenden Linien ohne Punkt an der Kreuzung keine elektrisch leitende Verbindung.)

Anhang B: Zusammenfassung von Bewertungs-aspekten für IT-Komponenten

Zusammenstellung möglicher Aspekte und Kriterien (ohne Anspruch auf Vollständigkeit) für die Bewertung von IT-Komponenten und IT-Geräten als Entscheidungshilfe bei der Kundenberatung und bei der Einrichtung eines PC-Arbeitsplatzes:

Bereiche	Komponenten und Bewertungsaspekte
Geräte-ausstattung	– **Prozessor** (Sockeltyp, Kernzahl, CPU-Takt, Cache-Größe, Mikroarchitektur, APU, MIPS, FLOPS, Verbindungsart zum Chipsatz, Anzahl Speicherkanäle, Herstellungstechnologie, Kühlung/Geräuschentwicklung) – **Mainboard/Chipsatz** (Formfaktor, Anzahl/Typ Schnittstellen, Anzahl Speicherslots, Firmware) – **Arbeitsspeicher** (RAM-Kapazität, Geschwindigkeitsklasse, DDR-RAM-Typ, Anzahl unterstützter Module, Speicherorganisation) – **Massenspeicher** (Magnetfestplatte, SSD, Flash-Speicher, CD/DVD/BD-Laufwerk, Speicherkapazität, Zugriffszeiten, Wechselspeicher, IOPS, Zuverlässigkeit) – **Grafikanbindung** (GPU, GPU-Takt, GPU-Rechenleistung, Größe Grafik-speicher, Bildrate/fps, Anzahl Shader-Einheiten, Benchmark) – **Sound** (intern/extern, Anzahl der unterstützten Kanäle, Anzahl und Art der Anschlüsse, Frequenzbereich, Latenzzeit) – **Netzwerkanbindung** (LAN, WLAN, Bluetooth, NFC, Mobilfunk) – **Bedienung** (Tastatur, Maus, Touchpad, Touchscreen, Gestensteuerung, Fingerabdruckscanner) – **Integrierte Kamera** (Anzahl, Anordnung Front-/Rückseite, Auflösung)
Schnitt-stellen	– **Video** (VGA, DVI, HDMI, DisplayPort, Thunderbolt) – **Audio** (Klinkenbuchse/Cinch, S/PDIF, Toslink, unterstützte Soundverfahren) – **Daten** (USB, Firewire, Kartenslot, Ladebuchse, PCIe, M.2, Pfostenstecker, Datenanschluss zur Energieversorgung nutzbar)
Energie-versorgung	– **Netzteil** (integriert/extern, Leistungsaufnahme maximal/minimal/Stand-by, Wirkungsgrad, Kühlung/Geräuschentwicklung, Anschlussarten und Anschlussstecker) – **Akku** (Kapazität, fest verbaut/wechselbar, Ladezeit, Laufzeit, Gewicht)
Peripherie-geräte	– **Display** (Typ: LCD TN/IPS, TFT, OLED, Plasma; Technik: Touchscreen, Auflösung, Displayformat, Bildschirmdiagonale, Helligkeit, Kontrast, Ausleuchtung) – **Drucker** (Typ: Nadel, Tintenstrahl, Laser, thermografisch, Schwarz-Weiß, Farbe, Multifunktionsdrucker; Auflösung, Druckgeschwindigkeit, Papier-formate, Papierart, Papierfachgröße, Einzugsart, Ein-/Zweiseitendruck, Anschlüsse, Folgekosten, Geräuschentwicklung, Energieverbrauch, Emissionen, Nachhaltigkeit) – **Tastatur** (Standard, Sondertasten, ergonomische Anordnung, industrielle Spezialanwendungen, Anschlussart, Tastenanschlag und -schaltertyp) – **Scanner** (Scannerart, Auflösung, Scangeschwindigkeit, Papierformate, Papierart) – **Multifunktionsgerät** (Drucken, Scannen und Faxen; technische Merkmale, Vor- und Nachteile bei Kombigeräten)

Bereiche	Komponenten und Bewertungsaspekte
Funk-standard	– **WLAN** (WiFi, WiMax, Funkbereiche, Up- und Downloadraten, Verschlüsselung) – **Bluetooth** (unterstützte Version, Reichweite, Übertragungssicherheit, Latenzzeit) – **Mobilfunk** (GSM, LTE, 5G, unterstützte Funkbänder, lokale Netzabdeckung, Netzanbieter, Tarife) – **Sonstige** (NFC, GPS, GLONASS, Galileo, LoRaWAN)
Software	– **Hardwareanforderungen** (Betriebssystem, Dateisystem, Speicherbedarf Netzwerkfähigkeit) – **Softwarefunktionen** (Funktionsumfang, Aktualität, Bedienbarkeit, Benutzer-oberfläche, Verständlichkeit, Performance, Mehrsprachigkeit, Barrierefreiheit, Ergonomie, Dokumentation/Handbuch, mobiler Einsatz) – **Sicherheit** (Zertifizierungen, Datenschutz/Informationssicherheit, Daten-speicherung lokal/Cloud) – Updatemöglichkeit, Upgrademöglichkeit, Lizenzmodell
Ökologie	– **Produktion** (Ressourcenverbrauch, Klimaneutralität, Nachhaltigkeit, soziale Auswirkungen) – **Energieverbrauch** (Effizienzklasse, Energiesparfunktionen, Stand-by-Betrieb, Abschaltmechanismen) – **Nachhaltigkeit** (Umweltschutz, Recycling, Rohstoff-Wiederverwertung, nachhaltige Entsorgung) – **Ökologische Prüf- und Gütesiegel** (Blauer Engel, EU Energie Star, Eco-Label, Green Product) – **Lebensdauer** (Nach- und Aufrüstbarkeit, robustes Gehäuse, wechselbarer Akku)
Ökonomie	– **Kosten** (Betriebskosten, Folgekosten, Wartungskosten, Entsorgungskosten) – **Nutzungsdauer** (Zeiträume für Updates, Upgrades und Support; Zeit bis zum Ersatz durch neue Technologien) – **Geschäftsmodell** (Kauf/Leasing/Miete, Lieferumfang, bedarfsmäßige Ausstattung, Garantiezeit, Anzahl Benutzerlizenzen, Digital Rights Management) – **Service** (Produktgarantie, Garantiedauer, Serviceleistungen, SLAs, Service-management, Kommunikation)
Sonstiges	– **Größe** (Abmessungen, Gewicht) – **Anwendungsbereich** (stationär/portabel/industriell; Office-Anwendungen, Außendienst-Anwendungen, Bildbearbeitung, Messwertaufnahme, Steuerung und Überwachung) – **Umgebungseinflüsse** (Temperatur, Schmutz, Feuchtigkeit, EMV) – **Normen und Vorschriften** (DIN/ISO-Normen, Zertifikate, Kennzeichnungen, Sicherheitsvorgaben) – **Informationsquellen** (Verfügbarkeit, Barrierefreiheit, digitale Medien/Printmedien, Internetpräsenz)

Anhang C: Typische Ausstattungsmerkmale verschiedener PC-Gerätetypen

Nutzungsart	Stationär			
Gerätetyp	**Desktop-PC**	**Kompakt-PC (Mini-PC)**	**All-in-One-PC**	
Prozessor	– Büroanwendungen: Aktueller x86-Mehrkernprozessor (Mittelklasse, bis 3,0 GHz) – Multimediaanwendungen: Aktueller x86-Mehrkernprozessor (Mittelklasse, ca. 2,8 GHz bis 3,7 GHz) – Gamer: Aktueller x86-Mehrkernprozessor (High-End-Klasse, 3,6 GHz bis 4,8 GHz, Turbo-Boost)			
Grafik	– Onboard Grafik (Office, Internet) – PCIe-Grafikkarte, Mittelklasse (Multimedia) – PCIe-High-End-Grafikkarte (Gamer)	Onboard-Grafik oder Hybrid-Grafik		
Massenspeicher	– SATA 6G bis 2 TByte (Office und Multimedia), zusätzlich auch bis zu 2 GByte M.2-SSD – SATA 6G, bis 2 TByte HDD (Gamer), zusätzlich auch bis zu 2 GByte M.2-SSD	Anwendungsabhängig bis zu 2 TByte SSD, SATA oder M.2	Anwendungsabhängig SATA 6G bis 2 TByte und zusätzlich bis zu 2 TByte SSD	
Netzteil (integriert/mobil)	Integriert: – Bis 500 W (Office) – Bis 650 W (Multimedia) – Bis 1 200 W (Gamer)	Integriert oder mobil bis 250 W	Anwendungsabhängig bis 350 W (meist integriert)	
Arbeitsspeicher	– 4 GByte bis 8 GByte (Office) – 8 GByte bis 16 GByte (Multimedia) – Bis 32 GByte (Gamer)	Anwendungsabhängig: 4 GByte bis 16 GByte	Anwendungsabhängig: 4 GByte bis 16 GByte	
Typ. Energieverbrauch u. Kosten pro Jahr*	30 kWh–150 kWh 10 Euro–45 Euro	15 kWh–80 kWh 5 Euro–25 Euro	10 kWh–70 kWh 3 Euro–21 Euro	
Display	Büroanwendungen: 19 bis 28 Zoll, TFT, Edge-LED, IPS/matt Multimedia: 21 bis 34 Zoll, zum Teil auch Sondergrößen, TFT, Edge- oder Full-LED Gamer: 21 bis 34 Zoll, TFT, zum Teil auch mehrere Displays nebeneinander			

: Die Angaben legen eine tägliche Nutzung von 4 Stunden sowie 19 Stunden Stand-by-Betrieb bei einem kWh-Preis von 30 Cent zugrunde und sind als typisches, statistisches Verbrauchsspektrum zu verstehen. Geräteabhängig können sich Abweichungen ergeben.

Mobil		
Notebook	**Netbook**	**Tablet**
Anwendungsabhängig: Aktueller mobiler x86-Mehrkernprozessor (z. B. 2,2 GHz bis 4,1 GHz; Gamer: 8-Kern-CPU)	Aktueller, mobiler ARM-oder Intel-Mehrkernprozessor (z. B. 1,8 GHz bis 2,2 GHz)	Anwendungsabhängig: Aktueller, mobiler x86- oder ARM-Mehrkernprozessor
Onboard-Grafik oder Hybrid-Grafik	Onboard-Grafik	Onboard-Grafik
– Office und Multimedia bis 2 TByte HDD oder bis 1 TByte SSD – Gamer bis 2 TByte HDD, zusätzlich bis 2 TByte SSD	Preisabhängig 64 GByte bis 512 GByte SSD	Preis- und Anwendungs-abhängig: 64 GByte bis 1 TByte SSD
Extern bis 200 W	Extern bis 100 W	Extern bis 60 W
– 4 GByte bis 16 GByte (Office und Multimedia) – Gamer bis 32 GByte	2 GByte bis 4 GByte	Preis- und Anwendungs-abhängig: 2 GByte bis 8 GByte
10 kWh–60 kWh 3 Euro–20 Euro	8 kWh–40 kWh 3 Euro–12 Euro	5 kWh–30 kWh 2 Euro–10 Euro
15 bis 17 Zoll	8,9 bis 12,1 Zoll	11 bis 13 Zoll, formatabhängig auch andere Größen

Anhang D: Beispiel für eine fächerübergreifende Handlungsaufgabe

Die Firma MediaStar, Zeißstraße 16, 30519 Hannover, ist eine vor drei Jahren gegründete Firma im Bereich Mediengestaltung. Wegen ständig steigender Umsatzzahlen und der guten Konjunktur beabsichtigt die Firmenleitung, im Verwaltungsbereich eine/-n Mitarbeiter/-in und im Bereich Mediengestaltung zwei Mitarbeiter/-innen neu einzustellen.

Sie absolvieren bei der Firma derzeit eine Ausbildung im IT-Bereich und erhalten von Ihrem Ausbilder den Auftrag, Vorschläge für die neu einzurichtenden Arbeitsplätze auf Basis der unten aufgeführten Anforderungen zu erarbeiten und ihm diese vorzustellen.

Für die ausgewählten Vorschläge sollen Sie alle erforderlichen Komponenten beschaffen und die Arbeitsplätze einrichten. Sie erhalten von Ihrem Ausbilder die folgenden Vorgaben:

- Die PCs werden komponentenweise gekauft, von Ihnen zusammengebaut und konfiguriert.

- Als lokales Betriebssystem soll aus Kompatibilitätsgründen ein aktuelles Windows-Betriebssystem verwendet werden.

- Jeder neue Rechner verfügt über Tastatur und Maus, die jeweils kabellos angebunden werden sollen, und wird mit jeweils zwei Monitoren ausgestattet.

- In allen PCs sollen ausschließlich SSD-Festplatten verbaut werden.

- Zur Datensicherung erhält jeder Arbeitsplatz eine externe 10-TB-HDD.

- Die Medienarbeitsplätze sollen jeweils über 16 GB Arbeitsspeicher und über eine 1-TB-NVMe-SSD verfügen.

- Die Medienarbeitsplatz-PCs sollen mit Prozessoren ausgestattet werden, die der Leistungsklasse eines Intel Core i7-12700K entsprechen.

- Es sollen ausschließlich AMD-Prozessoren eingesetzt werden.

- Der Büro-PC soll ohne optische Laufwerke ausgestattet werden, die anderen PCs sollen jeweils über einen BD/DVD/CD-Multiformat-Brenner verfügen.

- Im Zuge der Neuanschaffung erhält das Verwaltungsbüro einen neu anzuschaffenden Multifunktionsdrucker mit Netzwerkanschluss. Dabei handelt es sich um einen Farblaserdrucker, der im Duplexbetrieb beidseitig DIN-A4-Seiten bedrucken kann. Die Scanner-Einheit soll über einen automatischen Duplex-Dokumenteneinzug verfügen. Das Druckvolumen beträgt ca. 1 000 Seiten pro Monat. Der vorhandene Laserdrucker soll aufgrund seines Alters entsorgt werden.

- Über das vorhandene Netzwerk sollen alle Arbeitsplätze des Büros auf den Drucker zugreifen können. Hierzu müssen der neue PC und der neue Drucker entsprechend eingerichtet werden.

- Im Bereich der Mediengestaltung werden gelegentlich Grafiken in einem sehr breiten Format verarbeitet, sodass für einen der neuen Arbeitsplätze auch angedacht wird, statt zwei einzelner Monitore einen entsprechend großen Curved-Monitor anzuschaffen.

- Der Bürorechner dient in erster Linie zur Erstellung von Geschäftspost, Rechnungen, Angeboten usw. Es besteht ein Zugriff auf eine zentrale Kundendatenbank, ein Warenwirtschaftssystem und ein Service-Management-System (SMS). Service-Anfragen werden meist hier in das SMS eingepflegt und dann weitergeleitet. Da hierbei vielfach in mehreren Fenstern gleichzeitig gearbeitet werden muss, sollten die Monitore eine Größe von 80 cm (32") in UHD-Auflösung aufweisen.

- Für eine farbtreue Wiedergabe muss bei den Monitoren der Medienarbeitsplatz-PCs sichergestellt sein, dass es sich um Modelle mit IPS-Displaytechnik handelt.

- Für die neuen PCs sind jeweils neue Lizenzen für das Betriebssystem erforderlich.

- Alle sonstigen erforderlichen Softwareprogramme sind firmenintern vorhanden und verursachen keine zusätzlichen Kosten.

- Auf den Medienarbeitsplatz-PCs soll Photoshop CC (Creative Cloud) eingerichtet werden (Software und Lizenzen sind vorhanden). Alle in den Systemanforderungen genannten Photoshop-Funktionen wie Scrubby Zoom (Rauer Zoom) und Flick Panning (Ziehschwenken) müssen von der Arbeitsplatz-PC-Hardware erfüllt werden.

- Die erforderliche Netzwerkverkabelung und die Netzwerkanschlüsse sind vorhanden.

- Der innerbetriebliche Datenaustausch findet über Netzwerkfreigaben in der Netwerkarbeitsgruppe „MediaStar" statt.

Ihre Aufgaben:

1. a) Werten Sie die von Ihrem Ausbilder genannten Vorgaben aus und erstellen Sie ein Anforderungsprofil für die Anschaffung der erforderlichen Hard- und Software.
   b) Suchen Sie im Internet entsprechende Angebote für die zu beschaffende Hardware.
   c) Wählen Sie für alle Komponenten jeweils drei Angebote nach technischen, wirtschaftlichen und ökologischen Gesichtspunkten aus.
   d) Erstellen Sie eine tabellarische Auflistung, aus der Ihr Ausbilder vergleichende technische Informationen zu den einzelnen Komponenten sowie die jeweiligen Kosten beziehen kann. Beachten Sie auch die Energieeffizienz der gewählten Varianten und dokumentieren Sie diese.
   e) Begründen Sie Ihre jeweilige Auswahl und geben Sie eine Kaufempfehlung ab.

   (Hinweis: Die Aufgabenschritte sind vergleichsweise allgemein formuliert und ermöglichen individuell unterschiedliche Lösungsansätze (z. B. bei der Auswahl der Komponenten). Sofern diese zu den obigen Vorgaben passen und entsprechend begründet werden, können sie als „richtig" bewertet werden.)

2. Nach Absprache mit Ihrem Ausbilder ist eine Kaufentscheidung gefallen und die Beschaffungsfreigabe ist erfolgt. Sie führen den Bestellvorgang durch. Nach Lieferung der bestellten Ware prüfen Sie diese auf Vollständigkeit und auf Fehler. Hierbei stellen Sie fest, dass ein Bildschirmdisplay Kratzer aufweist.
   Formulieren Sie ein Reklamationsschreiben auf der Basis bestehender gesetzlicher Garantieleistungen an die Lieferfirma BestDisplay AG, Wannseestraße 95, 10705 Berlin.

3. Nachdem Sie die Komponenten zusammengebaut haben, wollen Sie diese an die Energieversorgung anschließen. Vom Gebäudemanagement Ihrer Firma erfahren Sie, dass alle Arbeitsplatz-PCs im Verwaltungsbüro am gleichen Energieversorgungsstrang angeschlossen sind. Dieser Strang ist mit einem 16-A-LS-Schalter abgesichert.
   a) Was bedeutet „LS-Schalter" und welche Funktion hat er?
   b) Wie groß ist die maximale Leistungsaufnahme im Büro nach der Einrichtung des neuen Arbeitsplatzes, wenn man von folgenden Maximaldaten ausgeht:

– Leistungsaufnahme pro ursprünglich vorhandenem Arbeitsplatz: 900 W
– Anzahl ursprünglich vorhandener Arbeitsplätze: 3
– Leistungsaufnahme neuer PC: 600 W
– Leistungsaufnahme neuer Bildschirm: 40 W
– Leistungsaufnahme neuer Drucker: 150 W

c) Um wie viel Prozent steigen die Energiekosten durch die Einrichtung des neuen Arbeitsplatzes im Büro, wenn man von folgenden durchschnittlichen Werten pro Arbeitsplatz ausgeht:
– Nutzung pro Jahr an 250 Tagen,
– Nutzung 7,5 Stunden pro Tag,
– Energiekosten: 35 Cent pro KWh,
– Leistungsaufnahme: 50 % des jeweils unter b) angegebenen Maximalwertes?

d) Prüfen Sie durch Berechnung und begründen Sie, ob bei einer späteren Erweiterung ein weiterer (fünfter) Arbeitsplatz-PC an dem vorhandenen Energieversorgungsstrang angeschlossen werden kann (PC: 600 W; Bildschirm: 40 W).

4. Aufgrund falscher Daten im CMOS-Speicher bootet einer der PCs nicht korrekt. Zur Fehlerbehebung müssen die Daten im CMOS-Speicher zunächst gelöscht und anschließend neu geschrieben werden. Im Manual des Mainboards finden Sie die nachfolgenden Informationen über den durchzuführenden Löschvorgang. Übersetzen Sie den Text.

Clear RTC RAM jumper (2-pin CLRTC)

This jumper allows you to clear the Real Time Clock (RTC) RAM in CMOS. You can clear the CMOS memory of date, time, and system setup parameters by erasing the CMOS RTC RAM data. The onboard button cell battery powers the RAM data in CMOS, which include system setup information such as system passwords.

To erase the RTC RAM:
1. Turn OFF the computer and unplug the power cord.
2. Short-circuit pin 1–2 with a metal object or jumper cap for about 5–10 seconds.
3. Plug the power cord and turn ON the computer.
4. Hold down the <Delete> key during the boot process and enter BIOS setup to re-enter data.

Except when clearing the RTC RAM, never place a metal object or jumper cap on the CLRTC jumper. Placing a metal object or jumper cap will cause system boot failure!

If the steps above do not help, remove the onboard battery und place a metal object or jumper cap again to clear the CMOS RTC RAM data. After the CMOS clearance, reinstall the battery.

You do not need to clear the RTC when the system hangs due to overclocking. For system failure due to overclocking, use the C.P.R. (CPU Parameter Recall) feature. Shut down and reboot the system so the BIOS can automatically reset parameter settings to default values.

Due to the chipset behavior, AC power off is required to enable C.P.R. function. You must turn off and turn on the power supply or unplug and plug the power cord before rebooting the system.

([ASUSTeK Computer Inc.]: Clear RTC RAM jumper (2-pin CLRTC). In: ASUS Motherboard Prime Z390-A User's Manual, 2018, Seite 1-11; abgerufen unter: https://dlcdnets.asus.com/pub/ASUS/mb/ LGA1151/PRIME_Z390-A/E15017_PRIME_Z390-A_UM_V2_WEB.pdf [16.01.2023].)

5. Da noch eine Lizenz eines Bildbearbeitungsprogramms vorhanden ist, das Windows 7 voraussetzt, wird überlegt, einen PC mit diesem Betriebssystem auszustatten. Bewerten Sie diese mögliche Entscheidung und begründen Sie Ihre Bewertung.

6. Vom Netzwerk-Admin erfahren Sie, dass das Firmennetz über einen DHCP-Serverdienst verfügt.
   a) Erläutern Sie die Abkürzung DHCP und beschreiben Sie, zu welchem Zweck DHCP im Firmennetz eingesetzt wird.
   b) Welche grundsätzliche(n) Einstellung(en) für den lokalen Betrieb innerhalb des Firmennetzes müssen bei den neuen PCs geprüft werden, falls keine Verbindung mit ihnen möglich ist?

7. Nach der Installation funktioniert der Datenaustausch nicht. Nur die beiden neu eingerichteten PCs können untereinander Daten über Netzwerkfreigaben austauschen, nicht jedoch mit den PCs der anderen Kollegen.
   Geben Sie mögliche Ursachen an und schlagen Sie Abhilfemaßnahmen vor.

8. Welche Aspekte müssen bei der Entsorgung des Altdruckers beachtet werden?

9. Nach der Installation einer Foliendruckersoftware für den neuen Drucker zeigen sich massive Probleme. Das Betriebssystem friert wenige Sekunden nach der Benutzeranmeldung ein. Das System kann dann nicht mehr bedient werden und auf wichtige Daten kann nicht mehr zugegriffen werden. Welche Maßnahmen empfehlen Sie?

10. Der externe Austausch großer Mediendateien soll zukünftig über einen Cloud-Provider abgewickelt werden. Die Mitarbeiter/-innen müssen von wechselnden Rechnern, einschließlich Kunden-PCs, mit ihren Zugangsdaten auf die Cloud zugreifen.
    Wie kann verhindert werden, dass Unberechtigte z. B. durch Phishing Zugang zur Cloud erhalten?

11. Ihre Firma gestaltet Werbepromotionen mit Webauftritten, insbesondere für Aktionszeiten wie den Black Friday und die Vorweihnachtszeit. Ihr Webservice-Provider garantiert Ihnen eine Verfügbarkeit von 99,8 % der Tage im Jahr.
    a) Bewerten Sie, inwiefern die Garantieaussage des Webservice-Providers geeignet ist, die Zufriedenheit Ihrer Kundschaft zu gewährleisten.
    b) Schlagen Sie ggf. geeignetere KPIs vor.

Anhang E: Grundlagen der Teamarbeit

Die Bearbeitung gestellter Aufgaben kann je nach Komplexität in **Einzelarbeit** (1 Person), in **Partnerarbeit** (2 Personen) oder in **Gruppenarbeit** (3–5 Personen) erfolgen. Anstelle der Bezeichnung Gruppenarbeit wird heute häufiger der Begriff **Teamarbeit** verwendet. Die Teamarbeit ist dadurch gekennzeichnet, dass alle Mitglieder gemeinsam für die Ergebnisse sorgen, sie verantworten und auch nach außen vertreten. Teamarbeit ist stets dann sinnvoll, wenn

- umfangreiche und vielschichtige Aufgaben zu erledigen sind,

- zur Bewältigung anstehender Aufgaben unterschiedliche Kenntnisse, Fähigkeiten oder Begabungen erforderlich sind,

- eine Aufteilung der zu bewältigenden Aufgaben aus zeitökonomischen Gründen angezeigt ist.

Für eine effiziente Teamarbeit müssen bestimmte allgemeine Regeln vereinbart und eingehalten werden. Diese Regeln sind dann für alle Teammitglieder verbindlich.

Im Team abgestimmte Ergebnisse werden von allen Teammitgliedern positiv nach außen weitergegeben.

Noch nicht im Team abgestimmte Ergebnisse werden nicht nach außen weitergegeben.

Alle Teammitglieder helfen und unterstützen sich gegenseitig entsprechend ihrer jeweiligen Qualifikation.

Alle Teammitglieder haben gleiche Rechte und Pflichten.

Alle Teammitglieder haben gleiche Rechte und Pflichten.

Regeln für die Teamarbeit

Im Team werden alle Diskussionen respektvoll geführt.

Jedes Teammitglied bringt seine Arbeitskraft voll in die Teamarbeit mit ein.

Es gibt keine persönlichen verbalen Angriffe.

Jedes Teammitglied vertritt offen und ehrlich seine Meinung.

Jedes Teammitglied darf ausreden.

Jedem Teammitglied wird aufmerksam zugehört.

Beispiele für Teamarbeitsregeln

Innerhalb eines Arbeitsteams kann es aus den unterschiedlichsten Gründen zu Konfliktsituationen kommen, die sich stets negativ auf das Arbeitsklima und das Arbeitsergebnis auswirken. Solche Situationen sowie deren Eskalation müssen daher möglichst verhindert werden. Hierbei gilt:

- Konflikte dürfen nicht übergangen werden.

- Konflikte müssen stets angesprochen und ausführlich diskutiert werden.

- Eine Konfliktlösung muss durch vernünftige Argumentation, nicht durch Lautstärke angestrebt werden.

- Eine Konfliktlösung darf nicht durch ein „Machtwort" einer oder eines Vorgesetzten erfolgen.
- Bei der Konfliktlösung darf es keine Gewinner oder Verlierer geben.

Um bei einem Projekt oder einer Aufgabenstellung möglichst effizient zu einem gewünschten Ergebnis zu kommen, werden oftmals geeignete Arbeitstechniken eingesetzt. Neben speziellen Fachtechniken (z. B. Software Engineering, Techniken zum Entwurf und zur Entwicklung von Software), gibt es eine Reihe von allgemeinen Arbeitstechniken, die sich sowohl in Projekten als auch in anderen Problemlösungssituationen oder in der Ausbildung anwenden lassen.

Bezeichnung	Merkmale
Brainstorming	– Spontaner, zeitlich begrenzter Austausch von Ideen, die in einer Gruppe als mögliche Lösungsansätze zu einem anstehenden Problem geäußert und von einer Person protokolliert werden – Ziel ist zunächst die Quantität, aber nicht die Qualität von Ideen
Mindmapping	– Verfahren zur einfachen Strukturierung, Analyse und Ausarbeitung von Aufgaben – Einsatz meist in Verbindung mit einem Programmtool (z. B. Mind-Manager) – Verfahren: Ausgehend von einem dargestellten Kreis o. Ä., in welchem die zu bearbeitende Problemfrage geschrieben steht, werden zunächst formlos für alle relevanten Aspekte Äste an den Kreis gezeichnet; diese Äste lassen sich dann für verschiedene Merkmale eines Aspektes weiter verzweigen (siehe z. B. Bild C.1)
Moderation	– Steuerung von Gruppenprozessen durch eine/-n oder mehrere neutrale Diskussionsleiter/-innen – Hierbei werden je nach Bedarf unterschiedliche Hilfsmittel und Methoden eingesetzt.

Beispiele für Arbeits- und Problemlösetechniken

Anhang F: Übersicht Dezimalpräfixe und physikalische Größen

International festgelegte Einheitenvorsätze (Dezimalpräfixe)				
Name	**Zeichen**	**Bedeutung**	**Zehnerpotenz**	**Dezimalzahl**
Atto	a	Trillionstel	10^{-18}	0,000 000 000 000 000 001
Femto	f	Billiardstel	10^{-15}	0,000 000 000 000 001
Pico	p	Billionstel	10^{-12}	0,000 000 000 001
Nano	n	Milliardstel	10^{-9}	0,000 000 001
Mikro	µ	Millionstel	10^{-6}	0,000 001
Milli	m	Tausendstel	10^{-3}	0,001
Zenti	c	Hundertstel	10^{-2}	0,01
Dezi	d	Zehntel	10^{-1}	0,1
Deka	da	zehnfach	10^{1}	10
Hekto	h	hundertfach	10^{2}	100
Kilo	k	tausendfach	10^{3}	1 000
Mega	M	millionenfach	10^{6}	100 000
Giga	G	milliardenfach	10^{9}	100 000 000
Tera	T	billionenfach	10^{12}	100 000 000 000
Peta	P	billiardenfach	10^{15}	100 000 000 000 000
Exa	E	trillionenfach	10^{19}	100 000 000 000 000 000

Hinweis: Mathematisch gilt: $10^0 = 1$ (dies gilt allgemein, somit auch im Hexadezimalsystem $16^0 = 1$)

Physikalische Basisgrößen und Basiseinheiten (SI: System International)			
SI-Basisgröße		**SI-Basiseinheit**	
Name	**Kennzeichen**	**Name**	**Kennzeichen**
Elektrische Stromstärke	I	Ampere	A
Länge	l	Meter	m
Masse	m	Kilogramm	kg
Zeit	t	Sekunde	s
Lichtstärke	I_V	Candela	cd
Absolute Temperatur	T	Kelvin	K
Stoffmenge	n	Mol	mol

Das SI-System beruht auf diesen sieben Basisgrößen mit den entsprechenden Basiseinheiten. Basisgrößen und Basiseinheiten lassen sich nicht durch andere Größen und Einheiten ausdrücken.
Hinweis: Alternativ wird für Temperaturangaben auch der griechische Buchstabe ϑ (sprich: Theta) und die Einheit Grad Celsius (°C) verwendet (es gilt näherungsweise: $0 K = -273 °C$).

Abgeleitete physikalische Größen und Einheiten für den Bereich Elektrotechnik				
Physikalische Größe		**Physikalische Einheit**		
Name	**Kennzeichen**	**Name**	**Kennzeichen**	**Abgeleitete SI-Einheiten**
el. Spannung	U	Volt	V	$\dfrac{kg\ m^2}{A\ s^3}$
el. Widerstand	R	Ohm	Ω	$\dfrac{V}{A}$
el. Leitwert	G	Siemens	S	$\dfrac{1}{\Omega} = \dfrac{A}{V}$
el. Ladung	Q	Coulomb	C	$A\ s$
el. Kapazität	C	Farad	F	$\dfrac{A\ s}{V}$
el. Stromdichte	S	Ampere pro Quadratmeter	–	$\dfrac{A}{m^2}$
Energie, Arbeit	W	Joule	J	$\dfrac{kg\ m^2}{s^2} = Nm = Ws$
Leistung	P	Watt	W	$\dfrac{kg\ m^2}{s^3} = \dfrac{J}{s} = VA$
Leuchtdichte	L	Candela pro Quadratmeter	–	$\dfrac{cd}{m^2}$
Kraft	F	Newton	N	$\dfrac{kg\ m}{s^2}$
Frequenz	f	Hertz	Hz	$\dfrac{1}{s}$

Abgeleitete Größen und Einheiten lassen sich stets auf Basisgrößen und Basiseinheiten zurückführen. Wie bei den Zahlen lassen sich auch physikalischen Einheiten gegeneinander kürzen. Vor dem Kürzen müssen die entsprechenden Einheiten gegebenenfalls zunächst gleichnamig gemacht werden. So kann in einer Gleichung beispielsweise eine Kilometerangabe im Zähler erst gegen eine Meterangabe im Nenner gekürzt werden, wenn sie in Meter umgewandelt wurde. (z. B. 2 km als 2000 m schreiben und zur abkürzenden Schreibweise Zehnerpotenzen verwenden)

Beispiel

Ein Kupferleiter mit dem spezifischen Widerstand von 0,0178 $\dfrac{\Omega \cdot mm^2}{m}$ hat einen Leiterquerschnitt von 1,5 mm² und ist 2,6 km lang. Wie groß ist sein Widerstand?

Lösung

$$R = \frac{l \cdot \rho}{A} = \frac{2{,}6\ km \cdot 0{,}0178\ \frac{\Omega \cdot mm^2}{m}}{1{,}5\ mm^2} = \frac{2{,}6 \cdot 10^3\ m \cdot 0{,}0178\ \Omega\ mm^2}{1{,}5\ mm^2 \cdot m} = 30{,}85\ \Omega$$

Sachwortverzeichnis

Bildquellenverzeichnis

123RF.com, Hong Kong: 101.3

ASRock EUROPE B.V., AR Nijmegen: 6546 35.1, 98.1

ASUS Computer GmbH, Ratingen: 37.1, 37.2

Canonical Ltd. Ubuntu, London: 389.1, 390.1, 390.2, 391.1, 391.2, 392.1, 393.1, 403.1, 403.2, 404.1, 406.1, 407.1, 408.1, 408.2, 409.1, 422.1, 423.1; Ubuntu is a trademark of Canonical Limited 388.1, 396.1, 399.1, 399.2, 400.1, 400.2

Di Gaspare, Michele (Bild und Technik Agentur für technische Grafik und Visualisierung), Bergheim: 17.2, 23.1, 27.1, 36.1, 36.2, 51.1, 64.2, 68.1, 72.2, 72.5, 72.7, 72.9, 79.2, 81.1, 86.1, 87.1, 87.2, 88.5, 89.3, 90.1, 95.2, 103.2, 108.1, 115.3, 121.2, 129.1, 135.1, 136.1, 136.2, 136.3, 140.1, 142.1, 142.2, 144.1, 156.1, 159.1, 160.1, 160.2, 169.1, 173.2, 175.1, 179.1, 179.2, 180.1, 181.1, 182.1, 185.1, 187.1, 188.1, 191.1, 191.2, 194.1, 196.1, 196.2, 197.1, 197.2, 247.1, 278.1, 278.2, 279.1, 287.1, 288.1, 296.1, 296.2, 296.3, 296.4, 298.2, 298.3, 299.1, 299.2, 299.3, 299.4, 304.1, 313.1, 314.1, 315.1, 317.1, 319.1, 319.2, 320.1, 321.1, 322.1, 324.1, 325.1, 331.1, 446.1, 446.2, 446.3, 446.4, 446.5, 446.6, 447.1, 447.2, 447.3, 448.1, 448.2, 449.1, 461.1, 461.2, 462.2, 466.1, 466.2, 466.3, 466.4, 466.5, 466.6, 466.7, 466.8, 466.9, 466.10, 466.11, 466.12, 466.13, 466.14, 467.1, 467.2, 467.3, 467.4, 467.5, 467.6, 467.7, 467.8, 467.9, 468.1, 468.2, 468.3, 468.4, 468.5, 468.6, 468.7, 468.8, 468.9, 468.10, 468.11, 468.12, 468.13, 468.14, 469.1, 469.2, 469.3, 469.4, 470.1, 470.2, 470.3, 470.4, 470.5, 470.6, 470.7, 470.8, 471.1, 472.1, 472.2, 472.3, 472.4, 473.1, 473.2, 474.1, 475.1, 475.2, 475.3, 476.1, 476.2, 476.3, 477.1, 477.2, 477.3, 477.4, 478.1, 478.2, 478.3, 478.4, 478.5, 479.1, 479.2, 479.3, 480.1, 480.2, 481.1, 482.1, 483.1, 486.1, 487.1, 488.1, 489.1, 491.1, 492.1, 492.2, 493.1, 493.2, 494.1, 495.1, 495.2, 495.3, 496.1, 496.2, 496.3, 496.4, 498.1, 499.1, 500.1, 501.1, 501.2, 502.1, 503.1, 503.2, 504.1, 504.2, 507.1, 507.2, 507.4, 508.1, 510.1, 514.1, 514.2, 515.1, 515.2, 516.1

DIN CERTCO Gesellschaft für Konformitätsbewertung mbH, Berlin: 213.1, 214.1

ETICS European Testing Inspection Certification System, Brussels: 214.2

Europäische Kommission, Berlin: 219.1

fotolia.com, New York: WoGi 210.1

Frisch, Werner, Aachen: 171.1, 199.1, 312.1, 314.2, 334.1

Google Germany GmbH, Hamburg: Google Play ist eine Marke von Google LLC. Google und Google Text & Tabellen sind Marken von Google LLC und dieses Buch wird in keiner Weise von Google unterstützt oder ist mit Google verbunden 411.3, 424.2; Google und Google Text & Tabellen sind Marken von Google LLC und dieses Buch wird in keiner Weise von Google unterstützt oder ist mit Google verbunden 395.1, 402.1, 412.1, 412.2, 421.2

Hama, Monheim: 115.4, 153.2, 159.2

Hegemann, Klaus, Hörstel: 211.1, 232.1, 327.1, 328.1, 337.1, 339.1, 339.2, 348.2, 426.1, 427.1, 429.1, 431.1, 432.1, 433.1, 441.1

Heise Medien GmbH & Co. KG, Hannover: c't 2013, Heft 5 160.3

Intel Corporation, Nürnberg: 58.1, 120.1

iStockphoto.com, Calgary: ULRO 54.2